KB135171

리걸플러스+141

항공법정책

이 론 및 실 무

리걸플러스+141

항공법정책

이 론 및 실 무

이구희 지음

2001년 한국이 미국으로부터 항공법 및 제도 미흡으로 항공안전 불합격 판정을 받아 항공 관련 국치를 접한 후 항공법규 준수의 중요성을 인식한 필자는 만학도가 되어 '항공 전문 인력 양성프로그램'에 합류하여 국제항공전문가과정 및 항공법학도의 문을 힘차게 들어섰던 기억이 생생하다.

필자는 약 25년간 항공업무와 항공법 연구·강의를 병행하면서 국제항공법의 일반원칙을 토대로 실제 항공업무수행에 조력자 역할을 하는 교재의 필요성을 실감했다.

본서의 발간 목적은 항공학도, 항공종사자, 항공사, 정부기관, 법률가, 언론인 및 항공실무를 담당하는 자가 항공법규를 이해하고 학습하고 공유하고 개선하는 데 도움을 주고 더 나아가 항공안전 및 항공발전에 기여하기 위함이다.

항공의 특성이 국제성과 전문성에 있는 만큼 항공분야의 발전은 다양한 국제조약 및 기준들이 함께 발전하여 왔다. 시카고협약은 국제민간항공의 질서와 발전에 있어서 가장 기본이 되는 국제조약이다. 항공분야에는 시카고협약 이외에도 동경협약, 몬트리올협약 등과 같이 중대한 영향을 미치는 다양한 조약들이 있다.

시카고협약에 의거 ICAO는 '표준 및 권고방식(SARPs)'을 수록한 부속서를 채택하고 있다. 각 체약국은 국가항공안전프로그램의 일환으로 항공법규를 제정하여 운영 중이며, 안전하고 효율적인 기준 수립 및 적용을 위해 지속적으로 노력하고 있다. 한국도 SARPs에 따라 항공법 및 항공·철도 사고조사에 관한 법률 등에 항공 관련 기준을 규정하고 있다. 시카고협약 체약국은 항공안전기준을 수립할 때 ICAO SARPs를 준수해야 하며 이를 위해 방대한 전문지식이 요구된다. 미국 및 EU는 ICAO SARPs에 비해 구체적인 기준을 규정하고 있고 ICAO SARPs 제·개정에 선도적으로 참여한다.

본서의 내용은 항공법정책을 연구하는 학생과 연구원은 물론 항공분야에 몸담고 있는 항공종사자,

항공사, 정부기관 및 실무담당자에게 필수적인 내용으로 선별했으며, 필자를 포함한 항공법 학자들의 연구논문 및 오랜 실무경험을 토대로 작성하였다.

본서는 항공에 대한 근거법 및 적용에 대한 이해를 도모하고 실무상의 편의를 위하여 항공법과 항공정책 및 제도로 나누어 편제를 하였다.

제1편인 항공법에서는 항공법 개념 및 분류, 항공법 발달, 시카고협약과 ICAO, 국가별 항공법 개관, 항공종사자 자격, 항공기, 항공운송사업, 항공안전, 항공보안, 사고조사 등 항공법 전 분야에 대한 최근 국내외 항공 관련 법률에 근거하여 저술하였다.

제2편인 항공정책 및 제도에서는 항공법 토대하에서 이루어지는 항공정책 및 이에 따른 각종 기준 제도를 다루었으며 조종사의 운항자격제도와 2개 형식 항공기 운항, 피로관리, 특수운항, 현안 및 개선방안 등은 별도의 장으로 구분하여 종합적으로 다루었다. 특히, 개선이 필요한 항목은 국내외 기준 비교와 함께 착안사항은 물론 주요 논점 및 개선방안을 함께 다루어 항공법정책에 대한 이해의 폭을 넓히도록 기술하였다.

부록에서는 항공법 관련 문제와 주요 국제항공공법 및 국제항공사법 관련 국제조약을 수록하였으며, 이용자의 편의를 위하여 가급적 조약별로 영문과 국문을 나란히 병기하였다.

아무쪼록 이렇게 기쁜 마음으로 본서를 집필할 수 있기까지 지도와 격려를 해주신 한국항공대학교 박원화 교수님, 김선이 교수님, 황호원 교수님과 한국항공우주정책·법학회의 여러 교수님께 더없는 감사를 드린다. 아울러 항공 사랑의 큰 그릇이 되어준 대한항공과 다양한 항공분야에서 항공발전을 실천하시는 분들께도 감사의 인사를 드린다.

끝으로 본서가 항공업무 관계자에게 도움이 되고 항공발전에 기여하길 기원하며, 든든한 후원자인 가족과 항공을 사랑하는 모든 분께 무한한 고마움을 전한다.

2015년 10월
이구희

　항공사에서 국내외 항공법규와 관련한 표준 업무를 담당한 자로서 25년간 대한항공에 근무하면서 항공법에 대한 공부와 강의를 병행하며, 국내외 항공법과 항공정책에 정통한 이구희 박사가 이론과 실무를 바탕으로 '항공법정책' 제하의 저서를 출간하게 되어 매우 기쁜 마음이다.

　저서를 출판한다는 게 전문지식만 있어서 되는 것이 아니다. 이를 위하여서는 꾸준한 연구와 다른 일을 희생해가면서 많은 시간을 투입하여 저술작업을 하여야 하는 학자의 노고가 병행되어야 하는데 충분히 넘치고도 남음이 있기 때문이다.

　항공분야의 경우 가장 큰 특징이 국제성과 전문성을 근간으로 하는바, 국내외 항공법과 항공정책과는 불가분의 관계에 있다. 그럼에도 불구하고 국제항공법을 토대로 항공정책 및 제도를 함께 다루기는 충분한 지식과 실무경험이 기초하지 않는 한 불가능하다고 본다.

　국내외에서 출간된 항공법 관련 저서의 경우에 법과 정책을 같이 다루는 경우가 있다는 것을 알지 못하는 본인으로서는 본서가 항공분야를 공부하는 자는 물론 항공 실무를 하는 국내 여러 종사자들의 항공법과 항공정책에 대한 이해를 돕고 높이는 데 중요한 길잡이가 될 것을 믿어 의심치 않아 본서를 적극 추천하는 바이다.

2015년 10월

한국항공대학교 초빙교수 박원화

목차

제2편 항공정책 및 제도

부록

14CFR(Code of Federal Regulations_Title 14 Aeronautics and Space)	:미국연방규정집, 미 연방 법규집의 Title 14에 해당하는 것으로 일명 'FAR'을 말함
Accident	:사고, 항공기 사고
Accident/Incident Data Report	:항공기 사고 및 항공안전장애 데이터 보고
Acts of unlawful interference	:불법방해행위
AFM(Airplane Flight Manual)	:비행교범, 항공기 비행교범
Aircraft radio station licenses	:항공기 무선국 허가증
Airline transport pilot	:운송용조종사
Airworthiness	:감항성
AIS(Aeronautical Information Services)	:항공정보업무
AMC(Acceptable Means of Compliance)	:허용되는 법규 준수방식
AMC/GM(Acceptable Means of Compliance and Guidance Material)	:허용되는 법규 준수방식 및 일반 적용기준
AMO(Approved Maintenance Organization)	:정비조직인증
AOC(Air Operator Certificate)	:운항증명(서)
AQP(Advanced Qualification Program)	:진보된 자격 프로그램
ATM(Air Traffic Management)	:항공교통관리
ATS(Air Traffic Services)	:항공교통업무
Aviation safety / Safety	:항공안전
Aviation security / Security	:항공보안
BCN / biological weapons, chemical weapons, nuclear weapons	:생물학·화학·핵무기
BR(Basic Regulation)	:기본법률
Certificate of airworthiness	:감항증명서
Certificate of registration	:등록증명서
Check pilot	:검열조종사, 검열운항승무원
CITEJA: Comité International Technique d'Experts Juridiques Aériens	:국제항공법전문위원회
Commercial pilot	:사업용조종사
Competency	:역량, 능력, 기량
Convention on International Civil Aviation(Chicago Convention)	:국제민간항공협약, 시카고협약

CS(Certification Specification)	:인증기준, 인증사양, 인가기준
CVR(Cockpit Voice Recorder)	:조종실 음성 기록 장치
DC	:District of Columbia(USA)
Designated examiner	:위촉평가관
DG(Dangerous Goods)	:위험물
Diversion time	:항로상 교체공항까지의 회항시간
DOT(Department of Transportation)	:미국교통부
EASA(European Aviation Safety Agency)	:유럽항공안전청
EDTO(extended diversion time operations)	:회항시간 연장운항
EMS(Emergency Medical Services)	:응급항공이송
EPTA(English Proficiency Test for Aviation)	:항공영어구술능력증명시험
ERA(en-route alternate aerodrome)	:항로상 교체공항
ETOPS(Extended Twin-engine Operations)	:쌍발항공기장거리운항
EU(European Union)	:유럽연합
European Commission	:유럽집행위원회, EU집행위원회
European public law	:유럽일반법, 유럽공법
FAA(Federal Aviation Administration)	:미연방항공청
FAOC(Foreign AOC)	:외국항공사 운항증명
FAOSD(Foreign Air Operator Surveillance Database)	:외항사 감시 데이터베이스
FAR(Federal Aviation Regulation)	:미연방항공법령, 미연방항공규정
Fatigue Management	:피로관리
FCL(flight crew licence)	:운항승무원 자격증명
FDA(Flight Data Analysis)	:비행자료 분석
FDAP(Flight Data Analysis Programmes)	:비행자료 분석 프로그램
FDM(Flight Data Monitoring)	:비행자료 모니터링
FDR(Flight Data Recorder)	:비행자료 기록장치
Finding	:지적사항
FIR(Flight Information Service)	:비행정보업무
Flight Time	:비행시간, 승무시간
FOQA(Flight Operational Quality Assurance)	:비행품질보증
FRMS(Fatigue Risk Management System)	:피로위험관리시스템
General aviation	:일반항공
GHG(Greenhouse Gas)	:지구온난화가스
GM(Guidance Material)	:일반적용기준, 적용안내, 일반안내자료
GNSS(Global Navigation Satellite System)	:위성항법시스템
IASA(International Aviation Safety Assessment)	:항공안전평가/국제항공안전평가(FAA)
IATA(International Air Transport Association)	:국제항공운송협회
ICAO Annexes	:시카고협약부속서, ICAO부속서
ICAO(International Civil Aviation Organization)	:국제민간항공기구

ICJ(International Court of Justice)	:국제사법재판소
ICRP(International Commission of Radiological Protection)	:국제방사선방호위원회
IFR(Instrument Flight Rules)	:계기비행규칙
IFSO(in-flight security officer)	:기내 보안 담당자
IMF(International Monetary Fund)	:국제통화기금
in flight	:비행중(항공보안법에서는 운항중으로 표기)
in service	:서비스중
Incident	:항공안전장애
Inspection	:감독, 항공안전감독
Inspector/Aviation Safety Inspector	:감독관, 항공안전감독관
IOSA(IATA Operational Safety Audit)	:항공안전평가(IATA)
IR(Implementing Rule)	:이행법률, 이행기준
IR(Instrument rating)	:계기비행증명, 계기비행자격
JAA(Joint Aviation Authority)	:유럽합동항공기구
JAR(Joint Aviation Requirements)	:유럽합동항공규정
Journey log book	:항공일지
LC(Line check)	:노선심사
LCC(Low cost carrier)	:저비용항공사
License	:자격증명
LVO(Low Visibility Operations)	:저 시정 운항
Mandatory Incident Reporting System	:항공안전장애의무보고제도, 항공안전의무보고
MEL(Minimum Equipment List)	:최소장비목록
military, customs and police services	:군용·세관용·경찰용
MRTD(Machine Readable Travel Document)	:전자여권
Multi-crew pilot	:부조종사
NAA(National Aviation Authority)	:국가항공당국
Noise Certificate	:소음기준적합증명서
Non-punitive	:비처벌
North Polar Operations	:북극항공로 운항
NTSB(The National Transportation Safety Board)	:미국연방교통안전위원회
Observation	:관찰비행
ODR(Operator Differences Requirements)	:운영자 차이요건
OE(Operating Experience)	:운항경험
Operating ban	:운항금지
Operational restriction	:운항제한
Operations Manual	:운항규정
Operations Specifications	:운영기준
PBN(Performance Based Navigation)	:성능기반항행요구공역운항
PC(Proficiency check)	:기량심사

PED(portable electronic device, personnel electronic device)	:휴대용 전자기기
Personal Licensing	:항공종사자 자격증명
PIC(Pilot-in-Command)	:기장
Pilot log book or Personal log book	:조종사 비행기록부
Positioning, Deadhead	:비임무 이동
Qualification	:운항자격
Ramp Inspection	:램프지역 점검
Ratings(Instrument rating, Type rating)	:한정자격(계기비행자격/계기비행증명, 형식한정자격)
Recent experience	:최근비행경험
Recommendation	:권고, 권고사항
Recommended Practices	:권고방식
Rest Facility	:기내휴식시설
RFFS category(Rescue and fire fighting services category)	:구조 및 소방 등급
RNAV(Area Navigation)	:지역항법
RNP(Required Navigation Performance)	:항행성능
RPAS(remotely piloted aircraft systems)	:무인항공기, 무인항공기시스템
RVSM(Reduced Vertical Separation Minima)	:수직분리축소공역운항
SAFA(Safety Assessment of Foreign Aircraft)	:항공안전평가(SAFA)
Safety Management	:안전관리
SARPs(Standards and Recommended Practices)	:표준 및 권고방식
SDCPS(Safety Data Collection and Processing Systems)	:안전 데이터의 수집 및 처리 시스템
SDR(Special Drawing Right)	:특별인출권
Serious Incident	:심각한 항공안전장애(국내항공법에서는 준사고로 표기)
Single pilot operator	:1명 조종사를 보유한 운영자
SMS(Safety Management System)	:안전관리시스템, 항공안전관리시스템
Soft law	:연성법(경성법인 hardlaw와 대비되는 개념)
SSP(State Safety Programme)	:국가안전프로그램, 국가항공안전프로그램
Standards/International Standards	:표준/국제표준(혼용사용)
State aircraft	:국가항공기
State of occurrence	:발생지국
State of registry, State of registration	:등록국
State of the operator	:운영국
TCA(Third Country Aircraft)	:제3국 항공기
TCO(Third Country Operator)	:제3국 항공사
Threshold time	:기준시간
Two Tier Liability System	:2단계 책임제도
Type certification	:형식증명
UAS(Unmanned Aircraft Systems)	:무인항공기, 무인항공기시스템

UNIDROIT(International Institute for the Unification of Private Law)	:사법통일국제기구
Unlawful Interference	:불법방해
Unruly passenger	:난동승객
UOC(Unforeseen operational circumstance)	:예측하지 못한 운항 상황
USAP(Universal Security Audit Programme)	:항공보안평가, 항공보안종합평가(ICAO)
USOAP(Universal Safety Oversight Audit Program)	:항공안전평가, 항공안전종합평가(ICAO)
VFR(Visual Flight Rules)	:시계비행규칙
Voluntary Incident Reporting System	:항공안전장애자율보고제도, 항공안전자율보고
Warsaw system/Warsaw regime	:바르샤바체제
Wilful misconduct	:고의적과실

항공법

제1장

항공법 개념 및 분류

1. 항공법 개념

항공법(Air law)이란 항공기에 의하여 발생하는 법적 관계를 규율하기 위한 법규의 총체로서 공중의 비행 그 자체뿐 아니라 그 전제로서의 지상에 미치는 영향, 항공기 이용 등을 모두 포함한 개념이다.

이 용어는 라이트형제가 최초로 동력비행을 하기 1년 전인 1902년에 브뤼셀대학의 어니스트 나이 교수가 '항공법(droit et aerostat)'을 주제로 국제법학회(Institute de Droit International)에 발표했던 논문에서 만들어진 용어이다.[1] 'air law'는 공기만을 지칭하여 논쟁의 여지도 많고 정확한 표현이 아님에도 실제로는 한 세기 이상 사용되어 왔다.

대다수 학자들이 'air law' 또는 'aeronautical law'를 사용하나 일부 학자들은 'aviation law', 'air-aeronautical law', 'law of space and flight'를 사용하기도 한다. 항공법이라는 용어는 항공법의 정의 및 관장하는 내용과 밀접한 관련이 있음에도 불구하고 대다수의 학자들은 공기나 항공기로 한정하여 정의하는 것에는 비판적이다. Eacalada 교수는 항공법이 다루는 것은 항행에 관련한 법과 제도의 총체임을 강조하면서 이를 정확히 표현한다는 Aeronautical law를 다음과 같이 정의하였다.[2]

> 항공법(Aeronautical law)은 공법과 사법, 국내와 국세적 싱격의 양자를 포괄하며 항행활동 또는 동 활동으로부터 변경되어 나오는 것의 제도와 법적 관계를 규율하는 원칙과 규범의 총체이다.

이와 같이 항공법은 항공분야의 특수성을 고려하여 항공활동 또는 동 활동에 파생되어 나오는 법적 관계와 제도를 규율하는 원칙과 규범의 총체라고 말할 수 있다.

---

1) Michael Milde, International Air law and ICAO, 2011, pp.1-4, (정준식 역).
2) 박원화, 「국제항공법(제3판)」, 한국학술정보, 2014, p.45.

2. 항공법 분류

항공법의 분류에 대해서는 적용지역에 따라 국제항공법과 국내항공법으로 구분하며, 일반적인 법률의 분류 개념에 따라 항공공법과 항공사법으로 구분한다. 이와 같은 항공법의 분류는 명확한 기준이 있는 것은 아니나 항공분야에 대한 전반적인 법의 이해 및 적용과 관련하여 필요하다 하겠다.

예컨대 국제민간항공협약(Convention on International Civil Aviation, 이하 '시카고협약'이라 한다)[3]은 국제민간항공의 질서와 발전에 있어서 가장 기본이 되는 국제조약으로 대표적인 국제항공법이면서 동시에 항공공법에 해당한다.

시카고협약에 의거 설립된 국제민간항공기구(International Civil Aviation Organization, 이하 'ICAO'라 한다)[4]는 항공안전기준과 관련하여 부속서(Annexes or ICAO Annexes)를 채택하고 있으며, 부속서에서는 모든 체약국들이 준수할 필요가 있는 '표준(standards)'과 준수하는 것이 바람직하다고 권고하는 '권고방식(recommended practices)'을 규정하고 있다. 이에 따라 각 체약국은 시카고협약 및 동 협약 부속서에서 정한 '표준 및 권고방식(SARPs: Standards and Recommended Practices, 이하 'SARPs'라 한다)[5]'에 따라 항공법규를 제정하여 운영하고 있다. 한국도 SARPs에 따라 국내 항공법령에 규정하여 적용하고 있다.

2.1 국제항공법과 국내항공법

국제항공법이 국제적으로 통용되는 항공법인데 반해 국내항공법은 해당 국가 내에서 적용되는 항공법을 말하여, 일반적으로 국내항공법은 국내 실정법을 의미한다.

항공의 가장 큰 특성이 국제성에 있듯이, 국제항공법은 국제민간항공에게 적용되는 국가항공법 사이의 충돌과 불편을 제거하는 것을 목적으로 한다. 따라서 항공분야에 있어서 국내법은 다양한 국제법상의 규정이 준수될 수밖에 없다. 각 국가가 국내항공법을 규정함에 있어 국제법과 상충되게 규정한다면 항공기 운항 등과 관련하여 법 적용상의 혼선이 증대될 것은 명백하다.

이런 연유로 각 국가는 국제항공법과 상충됨이 없이 세부적인 기준을 국내항공법에 규정한다. 한국

---

3) 1944년 시카고에서 채택된 'Convention on International Civil Aviation, 국제민간항공협약, 약칭 시카고협약'을 말하며, 항공법 및 항공·철도사고조사에 관한 법률에서는 '국제민간항공조약'으로 표기하였으며, 항공보안법에서는 '국제민간항공협약'이라고 표기하였음. 일반적인 조약 표기법 및 외교부의 입장은 국제민간항공협약이 올바른 표현이며, 혼선을 피하기 위해 표기법 통일이 필요함. 필자는 가능한 한 시카고협약으로 통일하여 표기함. 당사국 191개국 (2015.7.1. 기준).

4) 국제민간항공기구(International Civil Aviation Organization, ICAO) UN specialized agency. Established by the "Convention on International Civil Aviation" in 1944. 협약 당사국 수 191 (2014.10.1. 기준).

5) SARPs(Standards and Recommended Practices)는 ICAO에서 당사국이 준수할 표준 및 권고방식으로 19개 Annexes에 기술된 내용을 말하며, 10,000개 이상의 '표준' 조항이 있음 (2014.10.1. 기준).

의 경우 국내항공법에는 「항공법」, 「항공보안법」, 「항공·철도 사고조사에 관한 법률」, 「항공운송사업진흥법」, 「항공안전기술원법」, 「상법(항공운송편)」 등이 있다.

항공법을 구성하는 가장 중요한 내용은 시카고협약과 같은 다자조약에 근거하는 바, 항공법은 그 성격상 태동 시부터 국제성을 띨 수밖에 없다. 가령 1919년 파리와 런던 사이에 세계 최초로 정기 항공운항이 시작된 해에 세계 첫 항공 관련 다자조약인 파리협약이 채택된 것을 보아도 그러하다. 또 항공의 급속한 발달에 보조를 같이하여 온 항공법은 대부분 법원(法源)으로서 관습법을 추월하게 되었으며 그 결과 오늘날 항공법은 거의 다 성문법(written law)으로만 존재하고 있다.

한편 국제항공법과 관련하여 다음과 같이 국제항공법의 일반적인 법원 및 분쟁발생 시 분쟁해결을 위한 적용기준을 통하여 항공법의 법원을 살펴볼 수 있다.

국제항공법 법원(法源, source of law)[6]
- 다자조약
- 양자협정
- 국제법의 일반원칙
- 국내법
- 법원 판결
- 지역적 합의내용(European Union, 즉 구주연합에서 적용되는 법률 등)
- IATA(International Air Transport Association) 등 국제 민간항공기구의 규정
- 항공사들 간의 계약, 항공사와 승객 간의 계약, 기타 항공운송과 항행에 관련한 관계 당사자들 간의 계약

국제사법재판소(International Court of Justice: ICJ) 규정 제38조 (1)항
(분쟁발생 시 해결을 위한 적용 기준)
(a) 분쟁국이 명시적으로 인정한 규칙을 규정하는 일반 또는 특수 국제협약
(b) 법으로 수락된 일반 관행으로서의 국제관습
(c) 문명제국에 의하여 인정된 법의 일반원칙
(d) 법의 규칙 결정 보조수단으로서의 여러 국가의 사법적 결정 및 유수한 국제법 학자의 학설

상기 조문은 일반적으로 국제법 법원의 선언으로 간주되는데, 이를 통해서도 국제항공법의 가장 중요한 법원은 국제조약임을 알 수 있다. 이에 따라 국제조약에 대한 일반적인 개념을 살펴보면 다음과 같다.[7]

국제법상 '조약'이란 "단일의 문서에 또는 둘 또는 그 이상의 관련 문서에 구현되고 있는가에 관계없이 또한 그 특정의 명칭에 관계없이, 서면 형식으로 국가 간에 체결되며, 또한 국제법에 의하여 규

---

6) 박원화, 「국제항공법(제3판)」, 한국학술정보, 2014, pp.32-33 참조.
7) 외교부 홈페이지 조약과 국제법 및 외교통상부, 알기 쉬운 조약업무 (2006.3) 참조.

율되는 국제적 합의"8)를 말한다. 그러나 상기 정의는 편의상 국가 간의 조약만을 대상으로 규율하고 있는 비엔나협약상의 정의이며, 동 정의가 국가와 국제기구 또는 국제기구 간의 국제적 합의를 조약의 범주에서 제외시키는 것은 아니다. 이러한 조약에 관한 내용을 규율하기 위한 다자협약으로 "국가와 국제기구 간의 또는 국제기구 상호 간의 조약법에 관한 비엔나협약"이 있다(1986년 채택). 즉, 조약은 ① 국제법 주체 간에 ② 권리·의무관계를 창출하기 위하여 ③ 서면형식으로 체결되며 ④ 국제법에 의하여 규율되는 합의라고 할 수 있다.

일반적으로 다자조약은 관계국가가 참가하는 국제기구의 총회에서 이루어지거나 조약의 채택을 위해 별도로 소집되는 외교회의(Diplomatic Conference)를 통해서 조약안의 내용과 형식을 결정한다.

조약문은 크게 제목(title), 전문(preamble), 본문(main parts)으로 구성되어 있으며 본문은 다시 주된 조문(articles), 최종조항(final clauses), 부속서(annex)로 구성되어 있다. 부속서란 본문과는 분리되어 있으나 역시 본문의 일부를 이루는 문서로서 보통 기술적인 규정이나 보충사항을 그 내용으로 한다. 조약의 조문에 이러한 내용까지 포함시킬 경우 조약 본문의 분량이 너무 방대해지거나 그 체제가 산만하게 되므로 이런 현상을 막기 위해 이를 부속서로 따로 분리시키는 것이다. 그러나 법률적으로 부속서도 본문과 일체(integral part)를 이루며 이에 따라 당연히 상응하는 법적 구속력을 지니게 된다.

조약의 명칭에는 관행적으로 조약(treaty), 헌장(charter), 규정(statute), 규약(covenant), 협정(agreement), 협약(convention), 의정서(protocol) 등으로 구분하며 조약의 유형과 명칭은 다음과 같다.9)

조약(treaty)
- 가장 격식을 따지는 정식의 문서로서 주로 당사국 간의 정치적, 외교적 기본관계나 지위에 관한 포괄적인 합의를 기록하는 데 사용된다.
- 이 형태의 조약으로는 평화, 동맹, 중립, 우호, 방위, 영토조약 등이 있으며 대개 국회의 비준동의를 요함. 체결주체는 주로 국가이다.
  예) 한·미 간 상호방위조약(Mutual Defense Treaty, 1953), 한·일 간 기본관계에 관한 조약(Treaty on Basic Relations, 1965)

헌장(Charter, Constitution), 규정(Statute) 또는 규약(Covenant)
- 주로 국제기구를 구성하거나 특정제도를 규율하는 국제적 합의에 사용된다.
  예) 국제연합 헌장(UN Charter, 1945) 국제원자력기구 규정(Statute of the IAEA, 1956) 국제연맹 규약 (Covenant of the League of Nations, 1919)

협정(Agreement)
- 주로 정치적인 요소가 포함되지 않은 전문적, 기술적인 주제를 다룸으로써 조정하기가 어렵지 아니한 사안에 대한 합의에 많이 사용됨. (체결주체는 주로 정부임) 가장 일반적으로 사용되는 양자조약

---

8) 조약법에 관한 비엔나협약(VCLT: Vienna Convention on the Law of Treaties) 제2조 참조.
9) 외교부 홈페이지 조약과 국제법 및 외교통상부, 알기 쉬운 조약업무 (2006.3) 참조.

형태이다.

예) 무역협정(Trade Agreement), 문화협정(Cultural Agreement)

협약(Convention)
- 양자조약의 경우 특정분야 또는 기술적인 사항에 관한 입법적 성격의 합의에 많이 사용된다.
- 국제기구의 주관 하에 개최된 국제회의에서 체결되는 조약의 경우에도 흔히 사용된다.
  예) 국제민간항공협약(Convention on International Civil Aviation, 1944) 외교관계에 관한 비엔나협약(Vienna Convention on Diplomatic Relations, 1961) 영사관계에 관한 비엔나협약(Vienna Convention on Consular Relations, 1963)

의정서(Protocol)
- "의정서"라는 명칭은 기본적인 문서에 대한 개정이나 보충적인 성격을 띠는 조약에 주로 사용되나, 최근에는 전문적인 성격의 다자조약에도 많이 사용된다.
  예) 2001년 케이프타운협약과 항공기장비의정서(Protocol to the Convention on International Interests in Mobile Equipment on Matters Specific to Aircraft Equipment, 2001), 오존층 파괴물질에 관한 몬트리올의정서(Montreal Protocol on Substances that Delete the Ozone Layer, 1987)

각서교환(Exchange of Notes)
- 전통적인 조약이 동일서면에 체약국의 대표가 서명함으로써 체결하는 데 비하여 각서교환은 일국의 대표가 그 국가의 의사를 표시한 각서(Proposing Note)를 타방국가의 대표에 전달하면, 타방국가의 대표는 그 회답각서(Reply Note)에 전달받은 각서의 전부 또는 중요한 부분을 확인하고 그에 대한 동의를 표시하여 합의를 성립시키는 형태이다.
- 주로 기술적 성격의 사항과 관련된 경우에 많이 사용되며 조약체결절차를 간소화함으로써 긴급한 행정수용에 부응할 수 있는 장점이 있으며, 우리의 경우에는 사증협정 또는 차관공여협정 등에 많이 사용된다.

양해각서(Memorandum of Understanding)
- "합의각서(Memorandum of Agreement)" 및 "양해각서(Memorandum of Understanding)"는 이미 합의된 내용 또는 조약 본문에 사용된 용어의 개념들을 명확히 하기 위하여 당사자 간 외교교섭의 결과 상호 양해된 사항을 확인, 기록하는 데 주로 사용되나, 최근에는 독자적인 전문적·기술적 내용의 합의 사항에도 많이 사용된다.

2.2 항공공법과 항공사법

항공공법은 항공기 및 항공기 운항과 관련된 법률분야 중 공법상의 법률관계를 정한 법규의 총체를 말하며, 국가가 주체인 대부분의 항공법은 항공공법에 해당한다. 일반적으로 항공공법은 항공사법에 관한 사항보다 광범위한 내용을 규율하고 있다. 국제항공공법은 국제협정에 의하여 사법규칙을 통일하고 조정할 뿐만 아니라 ICAO와 같은 특정 국제기구가 '표준(standards)'과 '권고방식(recommended practices)'을 통하여 국제 민간항공의 발전과 안전을 촉진하기 위하여 제반 기준을 규율할 수 있도록 하고 있다. 항공공법은 비행허가, 노선개설허가, 항공안전 및 보안을 위한 국가 간 협정, 사고조사, 항공사의 감독에 관한 각종 법규, 항공범죄 처벌 등 매우 광범위하다.

국내 항공법규 중 「항공법」, 「항공보안법」, 「항공·철도 사고조사에 관한 법률」, 「항공운송사업진흥법」, 「항공안전기술원법」, 「항공기등록령」 등이 항공공법에 해당된다. 국제적으로는 타국의 영공을 통과함에 따라 발생하는 공역주권 및 항행관련 기준 등을 규율한 파리협약(1919), 하바나협약(1928), 시카고협약(1944) 등과, 항공기 운항 상의 안전을 위하여 체결된 형사법적 성격의 국제협약인 동경협약(1963), 헤이그협약(1970), 몬트리올협약(1971), 북경협약(2010) 등이 항공공법에 해당된다.

항공사법은 항공기 및 항공기 운항과 관련된 법률분야 중 사법상의 법률관계를 정한 법규의 총체를 말하며, 항공 사고가 발생하여 항공기, 여객, 화물 등의 손해에 대해 운항자 또는 소유자의 책임관계 규율 및 항공기의 사법상의 지위, 항공운송계약, 항공기에 의한 제3자의 피해, 항공보험, 항공기 제조업자의 책임 등은 항공사법에 해당한다. 국제항공사법에 해당하는 국제조약으로는 바르샤바협약(1929), 로마협약(1933), 헤이그의정서(1955), 과달라하라협약(1961), 몬트리올추가의정서 1/2/3/4(1975), 몬트리올협약(1999), 항공기 유발 제3자 피해 배상에 관한 몬트리올 2개 협약(2009) 등이 있다.

한편 국가는 항공사법을 국제적으로 통일하는 조약체결의 주체이기도 하며, 때로는 사법의 적용과 통일이 국가의 관여하게 사법의 통일적 적용이 보장되고 있다. 1929년 바르샤바협약과 후속 관련 조약, 2001년 케이프타운 협약 등 대다수 협약이 국가가 당사자로 되어 있다.

제2장

항공법 발달

1. 국제항공법 발달

1.1 국제항공공법: 항공안전

1783년 몽골피에(Joseph Michel Montgolfier)의 기구(balloon) 비행 후 유럽 각국에서는 기구의 제작과 비행이 확산되었다. 기구의 비행은 국내뿐만 아니라 국제적으로 규제의 필요성이 대두되었으며 1880년 국제법협회(ILA)의 의제로 채택되었으며, 1889년 파리에서 최초로 국제 항공회의가 개최되는 계기가 되었다. 이후 1899년 제1차 헤이그 국제평화회의에서 항공기구로부터 총포류의 발사금지 선언을 채택하였고, 1913년에는 프랑스와 독일이 월경 항공기에 대한 규제에 동의하는 각서를 교환하였는데 이는 항공과 관련하여 최초로 국가 간에 주권 원칙을 인정한 사례로 볼 수 있다. 이러한 일련의 사건들이 국제항공법의 초기 형태이다.[1]

제1차 세계대전 이후, 항공규칙 통일을 위하여 1919년 전쟁 승리 국가 위주의 협약인 파리협약이 채택되었는데 파리협약의 내용은 시카고협약의 모델이 되었다. 파리협약에서는 제1조 영공의 절대적 주권 명시, 제27조 외국 힝공기의 사진촬영기구 부착 비행 금지, 제34조 국제항행위원회(ICAN) 설치 등을 규정하고 있으나, 미국이 미 상원의 비준 거부로 협약 당사국이 되지 못하여 국제적으로 큰 힘을 발휘하지 못하였다. 파리협약 이후 자국 영공 제한 또는 금지 등 영공국의 권한이 강화되었으며, 협약은 무인항공기가 영공국의 허가 없이 비행하는 것을 금지하는 내용을 포함하여 지속적으로 개정되었다.

전쟁 승리 국가 위주의 파리협약 이후, 1926년 중립국인 스페인 위주의 마드리드협약과 1928년 미국 및 중남미 국가 위주의 하바나협약이 채택되어 각각 세력 확장을 꾀하였으나 제2차 대전 이후 1944년 시카고협약의 채택으로 전 세계 국가가 명실상부한 통일 기준을 적용하는 계기가 되었다.

시카고협약은 국제민간항공의 질서와 발전에 있어서 가장 기본이 되는 국제조약으로 협약에 의해

---

1) 박원화, 「국제항공법(제3판)」, 한국학술정보, 2014, p.45.

설립된 ICAO는 항공안전기준과 관련하여 부속서를 채택하고 있으며, 각 체약국은 시카고협약 및 동 협약 부속서에서 정한 SARPs에 따라 항공법규를 제정하여 운영하고 있다. 이러하듯이 항공분야에서 시카고협약이 갖는 의미는 전 세계 모든 분야에서 UN헌장이 갖는 의미 내지 한국에서 헌법이 갖는 의미와 견줄 만하다.

시카고협약에 대한 세부 내용은 제3장에 기술하였다.

1.2 국제항공공법: 항공범죄

항공범죄가 점차 다양한 형태로 발생됨에 따라 항공안전 분야 이외에 항공범죄를 규율하기 위한 국제조약도 이에 상응하는 발전을 가져왔다.

항공관련 국제적으로 통일적 적용을 위한 국제조약 중 항공범죄와 관련한 주요 국제조약은 다음과 같다.

① 항공기 내에서 행하여진 범죄 및 기타 행위에 관한 협약(1963 동경협약)[2]

② 항공기의 불법 납치 억제를 위한 협약(1970 헤이그협약)[3]

③ 민간항공의 안전에 대한 불법적 행위의 억제를 위한 협약(1971 몬트리올협약)[4]

④ 1971년 9월 23일 몬트리올에서 채택된 민간항공의 안전에 대한 불법적 행위의 억제를 위한 협약을 보충하는 국제민간항공에 사용되는 공항에서의 불법적 폭력행위의 억제를 위한 의정서(1971 국제민간항공의 공항에서의 불법적 행위 억제에 관한 의정서)[5]

⑤ 탐색목적의 플라스틱 폭발물의 표지에 관한 협약(1991 플라스틱 폭발물 표지협약)[6]

⑥ 국제민간항공에 관한 불법행위 억제를 위한 협약(2010 북경협약)[7]

⑦ 항공기의 불법 납치 억제를 위한 협약 보충의정서(2010 북경의정서)[8]

⑧ 항공기 내에서 행하여진 범죄 및 기타 행위에 관한 협약에 관한 개정 의정서(1963년의 동경협약을 개정한 의정서, 2014 몬트리올의정서)[9]

---

2) ICAO Doc 8364. 1963.9.14. 채택되어 1969.12.4 발효, 한국은 1971.2.19. 비준서를 기탁하여 1971.5.20. 발효. 2015년 7월 현재 당사국 186 개국임.

3) ICAO Doc 8920. 1970.12.16. 채택되어 1971.10.14 발효, 한국은 1973.1.18. 비준서를 기탁하여 1973.2.17. 발효. 2015.7.1. 현재 당사국 185개국임. 본 협약은 ICAO에서 영어, 프랑스어, 스페인어 이외에 러시아어로도 채택된 최초의 법률문서임.

4) ICAO Doc 8966. 1971.9.23. 채택, 1973.1.26. 발효, 한국은 1973.8.2. 비준서를 기탁하여 1973.9.1. 발효. 2015.7.1. 현재 당사국 188 개국임.

5) ICAO Doc 9518. 1988.2.24. 채택, 1989.8.6. 발효, 한국은 1995.7.19. 비준서를 기탁하여 1995.8.18. 발효. 2015.7.1. 현재 당사국 173 개국임.

6) ICAO Doc 9571. 1991.3.1. 채택, 1998.6.21. 발효, 한국은 2002.1.2. 비준서를 기탁하여 2002.3.3. 발효. 2015.7.1. 현재 당사국 152 개국임. 일반적으로 '탐색목적의 플라스틱 폭발물의 표지에 관한 조약' 또는 '플라스틱 폭약의 탐지를 위한 식별조치에 관한 협약'이라 사용되나 항공보안법 제3조에서는 '가소성 폭약의 탐지를 위한 식별조치에 관한 협약'이라고 표기하고 있음.

7) ICAO Doc 9960. 2010.9.10. 채택. 2015.7.1 현재 발효되지 않았으며 한국 미가입.

8) 2010.9.10. 채택. 2015.7.1 현재 발효되지 않았으며 한국 미가입.

⑨ 국제민간항공협약 부속서 17 항공보안

항공범죄에 대한 상기 조약 중 2010 북경협약, 2010 북경의정서 및 2014 몬트리올의정서를 제외한 모든 조약은 기 발효된 조약이고 한국도 당사국의 위치에 있어 항공보안에 관한 국제법 및 국내법 체계의 근간이 되고 있다. 반면, 2010 북경협약, 2010 북경의정서 및 2014 몬트리올의정서는 발효까지는 장기간 소요될 것으로 예상된다. 이에 따라 한국은 한국이 당사국으로 되어 있는 발효된 조약을 항공보안법에 명시하여 준수의 의무를 공고히 하고 있다.

상기 조약 이외에 국제연합 총회 및 안전보장이사회 결의와 UN 주도하의 정상회의를 통한 선언[10] 등이 항공보안관련 커다란 영향을 미친다.

1.2.1 1963 동경협약(Tokyo Convention, 1963)

"항공기 내에서 행한 범죄 및 기타 행위에 관한 협약(Convention on Offenses and Certain Other Acts Committed on Board Aircraft, 약칭 1963 동경협약)"

동경협약은 항공기 내에서 일어난, 특히 공해상에서 일어난 범죄 행위에 관한 조약으로 기장의 권한 및 관할권 등을 규정하고 있는 보편적인 국제법이다. 협약은 공해상 일어난 기내 범죄 행위에 대해 기장에게 막대한 권한을 부여하고 항공기 등록국의 형사 관할권을 부여하고 불법행위로 인한 문제를 해결하고 있다는 점에서 항공범죄에 대한 국제법의 발전에 상당한 공헌을 한 것으로 평가되고 있다. 협약의 주요 내용 및 특징은 다음과 같다.

* 적용범위(제1조);

  협약의 적용범위는 항공기 내 위법행위 또는 항공기 안전에 위험을 줄 수 있는 행위로 한다. 다만, 군용·세관용·경찰용(military, customs or police services) 항공기는 적용 대상에서 제외한다.
* 기장의 권한 및 면책(제1조, 제5조);

  비행중(in flight)[11] 기내의 범죄 행위에 대한 기장의 권리와 의무를 명확히 규정하고 있다.

---

9) 2014.4.4. 채택. 2015.7.1. 현재 발효되지 않았으며 한국 미가입.

10) (21세기 정치학대사전) 예를 들어, 1978년 본회의에서 '공중납치에 관한 공동 성명'(본성명)이 채택되어 공중납치를 옹호하는 국가를 비난하였다. 1984년의 런던회의에서는 국제 테러를 비난하는 '국제 테러리즘에 관한 선언'이, 1985년의 도쿄회의에서는 리비아 비난을 담은 '국제 테러리즘에 관한 성명'이 발표되었다. 국제연합에서는 1985년 12월에 테러를 명백하게 비난하는 총회결의(40/61)가 채택되었다. 또한 안전보장이사회에서는 로커비 상공에서의 팬암기폭파사건(1988. 12. 21)에 관하여(로커비 사고사건) 1992년에 리비아에 대해 영미로의 범죄인도를 권고하였지만(안전보장이사회결의 731(1992. 1. 21)), 그것이 받아들여지지 않은 것을 이유로 리비아에 대한 제재조치를 결정하였다(안전보장이사회결의 748(1992. 3. 31)).

11) 비행중(in flight)에 대해서는 여러 조약에서 용어정의를 하고 있음. 항공범죄 관련하여 농경협약 제1조 3항은 '비행중(in flight)'을 이륙을 목적으로 엔진이 작동되는 때부터 착륙을 위해 주행이 끝날 때까지로 정의하고 있으나, 헤이그 협약 제3조 1항과 몬트리올협약 제2조 (a)항에는 '비행중(in flight)'을 항공기 출입문이 승객이 탑승하고 닫힌 때부터 하강하기 위하여 출입문이 열릴 때까지로 정의하고 있음. 단, 동경협약에서도

- 관할권(제3조);

  기본적으로 항공기 등록국에게 기내 범죄 및 여타 행위에 대해 관할권이 있으며, 각 체약국은 등록국으로서 관할권 설정이 필요한 경우 자국에 등록된 항공기 내에서 일어난 범죄에 대해 조치를 취한다.

- 기장(aircraft commander)[12]의 권한과 의무(제5조, 제6조, 제8조);
  - 비행중(in flight) 항공기 안전운항 최종적 책임(제5조)
  - 기내의 인명 및 재산의 안전 보장
  - 기내의 질서와 규율의 유지를 위한 조치
  - 합리적 근거(resonable grounds)가 있으면 범죄자 감금 조치(제6조)
  - 승객 하기 조치 권한(제8조)

- 기장 및 승무원 등의 면책(제10조);

  범죄혐의자에 대하여 기장, 승무원, 승객이 취한 조치는 제재조치로 인해 범죄혐의 탑승객이 받은 조치에 대하여 법적인 책임을 지지 않는다.

- 착륙국의 범죄혐의자 인수(제13조);

  기장이 범죄혐의자를 착륙국가에 인계할 경우 체약국인 착륙국가는 인수

본 협약은 항공범죄를 규율하기 위한 최초의 국제조약이고 185개국 이상이 당사국이라는 점에서 매우 성공적인 국제조약으로 평가되고 있다. 반면에, 범죄를 구체적으로 정의하지 않았고, 실질적으로 등록국에만 관할권을 인정하였을 뿐 아니라 체약국에게 관할권 행사 의무를 부여하고 있지 않은 사항들에 대한 개선 필요성이 꾸준히 지적되었다.

1.2.2 1970 헤이그협약(Hague Convention, 1970)

"항공기의 불법 납치 억제를 위한 협약(Convention for the Suppression of Unlawful Seizure of Aircraft, 약칭 1970 헤이그협약)"

본 협약은 1963년 동경협약의 문제점을 개선하고 좀 더 실효적인 협약의 필요성에 의거 ICAO 법률위원회의 심의를 거쳐 1970년 헤이그에서 개최된 외교회의에서 채택되었다. 이에 따라 1963년 동경협

기장의 권한에 대해서는 헤이그협약 및 몬트리올협약에서 규정한 비행중 정의를 채택하고 있음(동경협약, 제5조2항). 동경협약 가입 시 번역조약문에도 in flight를 비행중으로 번역하여 사용하였으며, 국내 대다수 학자들도 'in flight'를 '비행중'으로 사용하고 있으나, 국내 항공법규에서는 항공범죄 및 기장의 권한과 관련한 'in flight' 용어를 '비행중' 또는 '운항중'으로 혼재하여 사용하고 있음. 한편 항공보안법에서는 '운항중'이란 '승객이 탑승한 후 항공기의 모든 문이 닫힌 때부터 내리기 위하여 문을 열 때까지를 말한다'라고 규정하고 있으며 이는 동경협약의 in flight를 의미하는 것으로 '비행중'을 말함. 필자는 'in flight'에 해당되는 용어를 가능한 한 '비행중'으로 통일하여 사용함.

12) 동경협약에서는 기장을 'aircraft commander'로 표기하고 있으며, 시카고협약 부속서에서는 이를 'pilot in command'로 표기함.

약에서 문제점으로 지적되었던 사항들을 고려하여 헤이그협약에서는 범죄의 정의 추가, 관할권 확장 및 처벌 아니면 송환의 원칙을 반영하여 규정하였다. 아울러 비행중 항공기에서 불법적으로 또는 무력으로 항공기를 장악하거나 기도한 자 또는 공범자를 범죄로 규정함으로써 하이재킹 처벌 근거를 마련하였다. 협약의 주요 내용 및 특징은 다음과 같다.

- 범죄 행위자 및 가담자를 포함하여 범죄의 정의를 추가하였다. 즉, 비행중에 있는 항공기에 탑승한 여하한 자도 폭력 또는 그 위협에 의하여 또는 그밖에 어떠한 다른 형태의 협박에 의하여 불법적으로 항공기를 납치 또는 점거하거나 또는 그와 같은 행위를 하고자 시도하는 경우, 또는 그와 같은 행위를 하거나 하고자 시도하는 자의 공범자인 경우에 이를 "범죄"라 한다(제1조).
- 군용·세관용·경찰용(military, customs or police services) 항공기에는 적용되지 아니한다(제3조 제2항).
- 관할권은 등록국으로 한정한 것에서 벗어나 상황에 따라 능동적으로 대처할 수 있도록 보편적 관할권을 설정하였으며, 항공기 등록국, 항공기 착륙국 및 사업장의 주된 소재지 또는 영업소, 범인 발견국이 관할권을 행사할 수 있도록 하였다(제4조).
- 범죄인을 발견한 체약국에게 범죄인에 대한 "추방 아니면 소추의무"를 부여하여 범죄인에 대한 엄정처벌을 규정하고 있다(제7조).

본 협약은 비행중 발생하는 항공기 납치사건 등의 항공범죄에 대하여 추방 아니면 소추라는 원칙을 규정함으로써 항공범죄 대처에 성공적인 협약으로 평가된다. 반면에 비행중이 아닌 주기하고 있는 항공기에서의 범죄에 대해서는 규율하지 못하는 문제점이 있다.

1.2.3 1971 몬트리올협약(Montreal Convention, 1971)

"민간항공의 안전에 대한 불법적 행위의 억제를 위한 협약(Convention for the Suppression of Unlawful Acts against the Safety of Civil Aviation, 약칭 1971 몬트리올협약)"

본 협약은 비행중 항공기 불법납치 등의 위험 이외에 폭발물에 의한 항공기 또는 항행시설의 파괴행위에 대한 범죄행위를 대처하기 위해 마련되었으며 1971년 몬트리올에서 개최된 외교회의에서 채택되었다. 본 협약에서는 범죄의 정의를 보다 구체적으로 규정하고 있으며, 비행중(in flight) 이외에 서비스중(in service)에 발생한 범죄에 대해서도 적용하도록 규정하고 있다. 협약의 주요 내용 및 특징은 다음과 같다.

- 민간항공의 안전에 대한 불법행위(항공기 파괴, 탑승자 폭행, 안전저해행위 등)를 비행중(in flight) 뿐 아니라 서비스중(in service)[13] 발생한 범죄까지 범죄 적용 범위를 확대하였다(제1조, 제2조).

- 체약국은 규정된 범죄에 대해 엄중한 형벌로 처벌할 의무를 가진다(제3조).
- 군용・세관용・경찰용(military, customs or police services) 항공기에는 적용되지 아니한다(제4조).
- 체약국은 범죄인에 대해 '인도 아니면 소추'의 의무를 가진다(제7조).

본 협약은 범죄 행위를 구체화하고 적용 범위를 서비스중(in service)으로 확대하였으나, 항공기를 무기로 이용하는 범죄 등에 대해서는 규율하지 못하는 문제점이 있다. 이에 따라 1988년 몬트리올의정서가 채택한 데 이어 9・11사태 이후에는 새로운 범죄 행위를 다루기 위해 2010년에 베이징협약이 채택되었다.

1.2.4 1988 몬트리올협약 보충 의정서

"1971년 9월 23일 몬트리올에서 채택된 민간항공의 안전에 대한 불법적 행위의 억제를 위한 협약을 보충하는 국제민간항공에 사용되는 공항에서의 불법적 폭력행위의 억제를 위한 의정서(Protocol for the Suppression of Unlawful Acts of Violence at Airports Serving International Civil Aviation, Supplementary to the Convention for the Suppression of Unlawful Acts against the Safety of Civil Aviation, done at Montreal on 23 September 1971, 약칭: 국제민간항공의 공항에서의 불법적 행위 억제에 관한 의정서)"

이 의정서는 1971년 몬트리올협약을 보충하는 의정서로, 나리타공항에서의 폭발사건(1985.6), 로마 및 비엔나 공항에서의 무장공격사건(1985.12) 등과 같이 공항에서 발생한 일련의 사고가 계기가 되었다.

이 의정서의 당사국 간에는 협약과 이 의정서는 함께 단일문서로 취급되고 해석되며(본 의정서 제1조) 이 의정서의 주요 추가 내용은 국제공항에서의 폭력행위와 파괴행위를 범죄행위에 포함하여 다루고 있으며 범죄의 정의에 대해서도 보완하였다(본 의정서 제2조).

1.2.5 1991 플라스틱 폭발물 표지 협약

"탐색목적의 플라스틱 폭발물의 표지에 관한 협약(Convention on the Marking of Plastic Explosives for the Purpose of Detection, 약칭 1991 플라스틱 폭발물 표지협약)"

본 협약은 1987년 11월 29일 대한항공 858편 보잉707 미안마 인접 상공 폭발사건, 1988년 12월 21일

---

13) 서비스중(in service)이란 항공기가 사전 비행준비를 하는 단계부터 시작하여 이륙을 하여 착륙한 후 24시간까지의 시간임(몬트리올협약 제2조 (b)). 한국 항공보안법에서는 'in service' 용어정의는 명시하고 있지 않으나 항공기 계류중의 범죄까지 포함하고 있으며 계류중은 서비스중의 의미를 포함하고 있다고 볼 수 있음. 반면에 항공보안법에서 규정하고 있는 운항중은 본 협약상의 비행중(In flight)에 해당되는 사항이나 본 협약에 대한 외교부 번역 문서에는 in service를 '운항중'으로 표현하고 있고, 국내 학자들도 본 협약상의 'in service'를 '운항중', '업무중', '서비스중', '사용중'으로 번역하여 사용하고 있어 혼란이 야기되기도 함. in service는 in flight와는 엄격히 다른 용어로 정의되어야 함으로 운항중으로 사용되는 것은 금지되어야 함. 필자는 이런 점을 고려하여 in service를 서비스중으로 번역 사용함.

팬암103편 보잉747 영국 스코틀랜드 로커비상공 폭발사건을 계기로 플라스틱 폭약의 탐지 어려움을 방지하기 위하여, 플라스틱 폭약 탐지가 가능하도록 플라스틱 폭약에 표지(marking)를 의무화한 협약이다. 협약의 특징 및 주요 내용은 다음과 같다.

- 각 당사국은 표지 없는 폭약이 자국 영토 안에서 제조되는 것을 금지·방지하기 위하여 필요한 효과적인 조치를 행한다(제2조).
- 표지 없는 폭약의 이동을 금지한다(제2조).
- 이 협약 당사국에 의하여 지명된 자 중에서 ICAO 이사회가 임명한 15인 이상 19인 이하의 위원으로 구성되는 국제폭약기술위원회를 둔다(제5조).
- 이 협약의 일부로 기술부속서(Technical Annex)를 포함한다(제10조).

1.2.6 2010 북경협약(Beijing Convention, 2010)

"국제민간항공에 관한 불법행위 억제를 위한 협약(Convention on the Suppression of Unlawful Acts Relating to International Civil Aviation, 약칭 2010 북경협약)"

9·11 테러 이후 ICAO는 민간항공을 위협하는 새로운 위협을 대처하기 위해 다각적인 노력을 하였다. 항공범죄 관련 이전의 조약들은 9·11 사태와 같은 테러를 규율할 수 있는 체계가 아니었다. 그 결과 보다 효율적인 대처를 위해 1970년 헤이그협약 및 1971년 몬트리올협약을 개정할 필요성이 제기되었다. 이에 따라 ICAO 법률위원회에서는 초안으로 1970년 헤이그협약과 1971년 몬트리올협약을 개정하는 내용으로 2개의 의정서 안이 마련되었다. 그러나 2010년 북경 외교회의에서 논의결과 투표를 통해 1개의 협약(1971년의 몬트리올협약과 1988년의 몬트리올협약 보충 의정서를 개정한 북경협약)과 1개의 개정 의정서(1970년 헤이그협약을 개정한 북경의정서)의 형태로 채택하게 되었다.[14]

본 협약은 범죄의 개념을 구체화하여 확대하였으며, 항공기를 이용한 범죄 및 생물학·화학·핵무기에 대한 불법운송 등을 범죄행위에 추가함으로써 9·11 사태와 같은 항공기를 무기로 이용한 테러행위도 규율대상으로 하였다. 또한 무력 충돌 시 군 활동에 대해서는 협약이 아니라 국제인도법이 적용되도록 하였다. 협약의 주요 내용 및 특징은 다음과 같다.

- 9·11 테러 이후 1971년의 몬트리올협약과 1988년의 몬트리올협약 보충 의정서를 개정한 조약이다.
- 범죄의 개념을 이전 조약보다 더욱 확대 하였다. 즉 범죄의 적용 시기를 "비행중(in flight)"뿐 아

---

14) 2010년 70여 국가가 참석한 북경 외교회의에서 투표를 통해 채택(찬성 55, 반대 14).

니라 "서비스중(in service)"까지 적용하였으며 범죄의 개념에 범죄 행위를 도와주는 행위도 포함하였다. 또한 운항 항공기를 이용한 범죄, 생물학·화학·핵무기(BCN)[15]의 살포 및 사상을 목적으로 불법 항공운송을 하는 경우에도 범죄에 포함하였다(제1조, 제2조).

- 군용·세관용·경찰용(military, customs or police services) 항공기는 적용되지 않는다(제5조).
- 각 체약국은 범죄인을 중벌(severe penalties)에 처벌한다(제3조).
- 범죄인에 대하여 '소추 아니면 인도'라는 원칙이 고수되었다(제10조).
- 범죄인 인도 요청을 접수할 경우 관련자는 정치인 범죄로 간주하지 않는다(제13조).
- 헤이그협약 및 몬트리올협약상 4개 관할권 이외에 3개의 관할권(자국민에 의한 범죄, 자국민에 대한 범죄, 자국 상주 무국적자에 대한 범죄)을 추가하였다.
- 민간항공기 납치 및 파괴 행위를 한 자는 정치범으로 간주할 수 없음을 명확히 하였다.
- 무력분쟁에 가담하거나 군사 활동을 하는 경우에는 적용을 배제한다.
- 본 협약은 6개 언어(영어, 아랍어, 중국어, 불어, 러시아 및 스페인어)로 작성되었는데, 이는 사용자의 효용성을 고려한 획기적인 조치이며 아울러 중국어가 포함되었다는 상징성이 있다고 볼 수 있다.

이렇듯 북경협약과 북경의정서는 9·11 테러와 같은 위험에 적극적인 대응을 위해 전시 행정의 분위기 속에서 투표에 의해 채택된 조약이다. 논란이 되었던 주요 내용으로는 범죄에 해당하는 문구, 관할권 확대 정도, 생물학·화학·핵무기 불법운송을 범죄에 포함여부, 군사배제 조항 등이었다. 이런 연유로 북경협약과 북경의정서가 질적으로 완성도가 높지 않고 국가 간에 이견이 상존하여 당사국이 180개국 이상인 헤이그협약이나 몬트리올협약을 대체하기에는 어려움이 있을 것으로 보기도 한다.[16]

1.2.7 2010 북경의정서(Beijing Protocol, 2010)

"항공기의 불법 납치 억제를 위한 협약 보충의정서(Protocol Supplementary to the Convention for the Suppression of Unlawful Seizure of Aircraft Done, 약칭 북경의정서)"

본 의정서는 9·11 테러 이후 사태의 심각성을 고려하여 2010년 북경 외교회의에서 베이징협약과 함께 투표를 통해 채택되었으며 1970년 헤이그협약을 개정한 의정서이다. 본 의정서는 헤이그협약 대

---

15) 베이징협약 제2조. BCN: biological weapons, chemical weapons, nuclear weapons.

16) 박원화 교수는 발효전망이 밝지 않고, 발효되더라도 헤이그협약이나 몬트리올협약만큼 지지를 받을지 미지수라고 보았으며, 마이클밀데 교수는 적용범위를 양적으로 넓혔으나 국제법 발전에 질적으로 기여했다고는 볼 수 없다고 하였으며 아울러 BCN 무기는 ICAO보다 UN에서 다루는 것이 합리적으로 봄.

비 범죄 구성요소를 확대하였으며, 헤이그협약상 3개의 관할권(등록국, 착륙국, 항공기 임차 시 임차인의 상주국) 이외에 5개의 관할권(자국영토상 범죄, 자국민에 의한 범죄, 자국민 피해 범죄, 무국적자 범죄일 경우 동 무국적자 상주국, 범인이 발견되었으나 인도하지 않는 당사국)을 추가하였으며(북경의정서 제7조), 2010 베이징협약과 마찬가지로 6개 언어(영어, 아랍어, 중국어, 불어, 러시아 및 스페인어)로 작성되었다.

1.2.8 2014 몬트리올의정서(Montreal Protocol, 2014)

"항공기 내에서 행하여진 범죄 및 기타 행위에 관한 협약에 관한 개정 의정서(Protocol to amend the convention on offences and certain other acts committed on board aircraft, 약칭 2014 몬트리올의정서)"

본 조약은 1963년의 동경협약을 현대화하여 개정한 의정서로 비행중(in flight)의 정의를 통일하였으며, 기내 난동승객에 대한 처벌을 강화하기 위해 재판 관할권을 등록국 이외에 착륙국 및 운영국으로 확대하였으며, 기내보안요원의 탑승요건에 대하여 규정하고 있다.[17] 주요 내용 및 특징은 다음과 같다.

- 동경협약은 협약 본문으로만 구성되어 있으나 몬트리올의정서는 전문(Preamble)을 두어 기내난동 행위의 수준 및 빈도의 증가에 대해 우려와 이에 대한 적절한 조치의 필요성을 기술하고 있다.
- 비행중(in flight) 용어 정의 통일.
  동경협약에서 정의하고 있는 비행중(in flight)에 대한 2개의 용어정의(제1조 제3항_이륙목적으로 엔진이 작동되는 때부터 착륙을 위한 주행이 끝날 때까지, 제5조제2항_승객 탑승 후 항공기 출입문이 닫힐 때부터 승객하기를 위해 항공기 출입문이 열릴 때까지) 하나의 용어정의로 통일하였다(승객 탑승 후 항공기 출입문이 닫힐 때부터 승객하기를 위해 항공기 출입문이 열릴 때까지로 통일).
- 관할권 확대(제3조 제1항 bis)
  기내 난동승객의 처벌을 강화하기 위해 관할권을 항공기 등록국 이외에 착륙국 및 운영국까지 확대하였다. 이에 따라 자국에 착륙한 외국 항공기에서 발생한 외국인의 기내난동에 대해서도 최소한 초동 수사 등 기본적인 관할권을 행사하여야 한다. 다만, 예정된 착륙국이 아니라 회항 등으로 불가피하게 착륙한 경우에는 착륙국일지라도 관할권을 행사할 의무가 없음을 명시하고 있다.
- 기내보안담당자(IFSO, in-flight security officer) 탑승
  기장, 승무원 이외에 IFSO의 탑승을 규정하고 있으며, IFSO의 권한은 승객과 유사한 수준으로

---

17) 기내 보안요원의 지위는 승객과 동일하게 함.

규정하였다.

이상과 같이 몬트리올의정서는 동경협약을 현대화하여 개정하였으며 각 국가가 비준을 꺼릴 만한 독소조항은 없는 것으로 평가되고 있다. 본 의정서는 22개국이 비준하면 발효되는바, 최근 ICAO가 중심이 되어 성안한 조약 중 가장 발효 가능성이 클 것으로 예상되며 이로 인해 기내 난동 승객의 발생을 줄일 수 있을 것으로 기대된다.[18]

1.3 국제항공사법: 국제항공운송인의 책임

항공운송인의 책임은 항공기 운항자로서 계약관계에 있는 탑승객 등에 대한 손해배상책임과 제3자에 대해 발생시킨 손해배상책임을 들 수 있다.

항공기가 국경을 넘어 2개 국가 이상을 비행하면서 점차 통일된 규범이 필요하게 되었다. 1차 세계대전 후인 1920년대 항공운송산업이 발전하기 위해서 사법의 통일이 절대적으로 필요하다고 인식하게 되었으며, 그 결과 국제항공법전문위원회(CITEJA)의 노력에 힘입어 1929년 10월 21일 폴란드 바르샤바에서 열린 제2회 국제항공사법회의에서 오늘날 항공운송인의 책임에 관한 대헌장으로 일컬어지는 소위 바르샤바협약(Warsaw Convention, 1929)이 탄생되었다. 이후 바르샤바협약은 항공운송사업의 급속한 발달로 인해 여러 차례 개정되었으며,[19] 이들 협약을 총칭하여 바르샤바체제(Warsaw system or Warsaw regime)라 한다. 이 바르샤바체제는 1999년 국제항공운송책임에 대한 기준을 통합한 몬트리올협약이 제정·시행되기 전까지 항공운송인의 책임에 대해 가장 널리 통일된 기준을 제공한 국제항공사법이다.

항공관련 국제적으로 통일적 적용을 위한 국제조약 중 항공운송인의 책임과 관련한 주요 국제조약은 다음과 같다.

① 국제항공운송에 있어서의 일부 규칙의 통일에 관한 협약(1929 바르샤바협약)[20]
② 1929년 바르샤바협약의 개정 의정서(1955 헤이그의정서)[21]
③ 계약당사자가 아닌 운송인이 행한 국제항공운송과 관련된 일부 규칙의 통일을 위한 바르샤바협

---

18) 2001년 9·11 사태 이후 ICAO가 중심이 되어 성안한 조약 중 2009년 제3자의 손해에 대한 2가지 협약 및 2010년 베이징협약 및 베이징의정서는 국제항공법 학자들로부터 강한 비판과 함께 가까운 미래에 발효 가능성이 낮을 것으로 예상되고 있음.

19) 바르샤바체제는 1929년에 채택된 '국제 항공운송에 있어서의 일부 규칙의 통일에 관한 협약'(Convention for the Unification of Certain Rules Relating to International Carriage by Air)을 기본으로 하고 연후 채택된 1955년 헤이그의정서, 1961년 과달라하라협약, 1966년 미국을 운항하는 항공사 간의 몬트리올협정, 1971년 과테말라시티의정서, 1975년 몬트리올 추가 의정서 4개(1, 2, 3, 4)를 지칭함.

20) 1929.10.12. 채택되어 1933.2.13. 발효. 2015.7.1 현재 당사국 152개국이며 한국은 바르샤바협약에는 가입하지 않았으나 바르샤바협약을 개정한 1955 헤이그의정서에는 가입함.

21) ICAO Doc 7632. 1955.9.28. 채택, 1968.8.1. 발효. 2015.7.1 현재 137개 당사국. 한국은 1967.10.11. 당사국이 됨.

약을 보충하는 협약(1961 과달라하라협약)[22]

④ 미국을 출발지 도착지 경유지로 하는 항공운송인의 책임을 규정한 항공사 간 협정(1966 몬트리올협정)[23]

⑤ 1955년 헤이그의정서로 개정된 1929년 바르샤바협약의 개정 의정서(1971 과테말라의정서)[24]

⑥ 몬트리올 제1, 제2, 제3추가의정서 및 제4의정서(1975 몬트리올추가의정서)[25]

⑦ 국제항공운송에 관한 일부 규칙의 통일에 관한 협약(1999 몬트리올협약)[26]

1.3.1 CITEJA[27]

제1차 세계대전 후 각국은 국제항공사법 분야에서 상이한 국내법이 적용될 경우 야기되는 혼란을 제거하기 위해 통일된 법의 적용 필요성을 인식하였다. 이런 필요성 인식을 토대로, 1925년에 프랑스 파리에서 제1차 항공사법 국제회의가 개최되었다. 이 회의를 통해 추후 외교 회의에서 조약으로 채택할 전반적인 국제 항공사법을 기초하기 위한 목적으로 국제항공법전문위원회(CITEJA)를 설치하기로 하였으며, CITEJA 제1차 회의는 1926년 파리에서 개최되었다.

이후 CITEJA는 국제항공사법의 통일을 위해 노력하였으며 CITEJA가 성안한 협약은 다음과 같다. 1947년 시카고협약이 발효되면서 CITEJA가 수행하던 업무는 ICAO 법률위원회가 계승하였다.

① 국제항공운송에 있어서의 일부 규칙의 통일에 관한 협약(1929 바르샤바협약)

② 지상에서의 제3자에 대한 피해에 관한 일부 규칙의 통일을 위한 로마협약(1933 로마협약)

③ 상기 로마협약을 개정하는 브뤼셀의정서(1938 브뤼셀의정서)

④ 항공기 가압류에 관한 일부규칙의 통일을 위한 협약(1933 로마협약)[28]

⑤ 해상에서의 항공기 구조에 관한 특정 규칙의 통일을 위한 브뤼셀협약(1938 브뤼셀협약)

---

22) ICAO Doc 8181. 1961.6.18. 채택, 1964.5.1. 발효, 2015.7.1 현재 당사국은 86개국이며 한국은 미가입.

23) 동 몬트리올 협정은 운송구간이 미국을 출발지, 도착지 또는 경유지로 할 경우에 적용되는 항공사 간 협정.

24) 1971.3.8. 채택, 2015.7.1. 현재 미발효되었으며 한국 미가입.

25) ICAO Doc 9145. 제1/제2의정서는 1996.2.15. 발효되었고 제4의정서는 1998.6.14. 발효됨.
1929년 바르샤바협약, 1955년 헤이그의정서, 1971년 과테말라의정서를 개정한 제1/2/3 의정서와 국제화물운송에 관한 새로운 내용으로 헤이그의정서를 개정한 제4 의정서.

26) ICAO Doc 9740. 1999.5.28. 채택, 2003.11.4. 발효. 2015.7.1 현재 113개 당사국. 한국은 2007.12.29. 당사국이 됨.
바르샤바체제를 하나의 조약문서로 통일한 협약.

27) Comiti International Technique d'Experts Juridiques Aeriens(CITEJA), established by the First International Conference on Private Air Law(Paris 1925).

28) 정식명칭은 "Convention for the Unification or Certain Rules relating to the Precautionary Arrest of Aircraft"이며, 이 협약은 항공기의 가압류를 국제적으로 제한하고 항공운송의 원활화를 목적으로 한 조약으로, 1933년 5월 29일 로마회의에서 채택되었으며 1937년 7월 1일 발효되었음.

1.3.2 1929 바르샤바협약(Warsaw Convention, 1929)

"국제항공운송에 있어서의 일부 규칙의 통일에 관한 협약(Convention for the Unification of Certain Rules Relating to International Carriage by Air, 약칭 1929 바르샤바협약)"

바르샤바협약은 국가 간 항공운송산업에 있어서 법적 문제가 발생할 경우 법적용의 통일된 기준을 제시하기 위해 채택된 조약이다. 항공운송의 발전과 함께 제기된 법의 충돌(conflict of laws) 문제는 국제항공법전문위원회(CITEJA)의 주요 과제로 논의되어 왔고 결국 1929년에 바르샤바협약이 채택되었다. 본 협약은 항공기 사고의 경우 항공운송인의 책임을 전제로 하는 대신에 '고의적 과실'의 경우가 아닌 한 항공운송인의 책임한도를 일정한 금액으로 한정함으로써 항공운송사업의 발전에 크게 기여하였다. 이러한 항공운송산업에 대한 특별한 배려는 항공기 제작기술의 미숙에서 오는 항공안전의 불확실성과 초창기 항공기 운송산업의 육성이라는 관점에 대하여 각 체약 당사국이 인식을 같이 하여 베푼 정책적 혜택이었다. 협약의 주요 내용 및 특징은 다음과 같다.

- 국제항공운송인의 책임에 관한 통일법을 제정하여 하나의 사건에 대한 각국의 법의 충돌(conflict of laws)을 방지하고 국제항공운송인의 책임을 일정 한도로 제한하여 국제항공운송산업의 발전을 도모한 국제조약이다.
- 승객과 화물소유인의 권한 및 항공운송인의 책임을 둘러싸고 어느 국가의 법을 적용하느냐에 관련하여 야기된 혼동과 불확실성이 제거되었다.
- 항공운송에 있어서의 여객과 화물소유자의 권한을 정의하고, 동 권한의 한계와 이행을 명시하며, 항공운송인의 책임을 규정하고 있다.
- 유한책임주의와 과실책임주의를 채택하고 있다. 책임한도액을 규정하고 있는데 여객의 사망, 부상, 기타 신체상해의 경우 1인당 최고 125,000프랑, 위탁수하물 및 화물의 파괴, 멸실, 훼손의 경우 1kg당 최고 250프랑, 휴대수하물의 경우에는 최고 5,000프랑을 배상하도록 규정하고 있다. 연착의 경우에도 위의 각 한도 내에서 배상하여야 한다. 다만, 고의로 또는 고의에 상당한 행위(Willful Misconduct)로 인하여 손해가 발생한 경우에는 운송인은 무한책임을 진다.
- 급격한 국제항공운송산업의 변화에 대응하기 위해 1999년 몬트리올협약이 제정·시행되기 전까지 여러 차례의 개정이 이루어지긴 했지만, 바르샤바협약은 오늘날 국제항공운송인의 책임에 관한 대헌장으로 일컬어지면서 항공운송인의 책임을 규정한 최초의 협약으로서 큰 의미를 가진다.

항공운송인의 배상책임을 규정한 바르샤바협약은 여타 국제항공사법의 발달을 자극하였으며 그 결과 바르샤바협약에서 정한 규율범위를 확대하여 항공기 가압류, 지상 제3자 피해 및 항공기에 대한 권리문제 등으로 조약 범위를 확대하는 계기가 되었다.

1.3.3 1955 헤이그의정서(Hague Protocol, 1955)

"1929년 10월 12일 바르샤바에서 서명된 국제항공운송에 있어서의 일부 규칙의 통일에 관한 협약 개정을 위한 의정서(Protocol to Amend the Convention for the Unification of Certain Rules Relating to International Carriage by Air, Signed at Warsaw on 12 October 1929, Done at the Hague on 28 September 1955, 약칭 1955 헤이그의정서)"

본 의정서는 화폐가치의 하락으로 1929년 성립된 바르샤바협약의 책임한도액이 현실에 맞지 않아 일부 조항만 개정이 진행되었다.

1929년 바르샤바협약과의 관계에 있어서 헤이그의정서는 원 협약의 개정된 조항만을 포함하고 있고, 개정되지 않은 조항은 원 협약에만 있기 때문에 양자는 서로 다른 독립적인 단일 문서로 간주된다. 주요 개정내용은 다음과 같다.

- 여객의 사망, 부상, 기타 신체상해의 경우 1인당 최고 250,000프랑, 위탁수하물 및 화물의 파괴, 멸실, 훼손의 경우 1kg당 최고 250프랑 등의 책임한도액을 상향조정한 것이다.
- 배상한도철폐에 해당하는 과실의 정도를 좀 더 구체화하였다.[29]

1.3.4 1961 과달라하라협약(Guadalajara Convention, 1961)

"계약당사자가 아닌 운송인이 행한 국제항공운송과 관련된 일부 규칙의 통일을 위한 바르샤바협약을 보충하는 협약(Convention Supplementary to the Warsaw Convention for Unification of Certain Rules Relating to International Carriage by Air Performed by a Person Other than the Contracting Carrier, 약칭 1961 과달라하라협약)"

본 협약은 1929년 바르샤바협약이 정의하지 못했던 계약운송인(Contracting Carrier)과 실제운송인(Actual Carrier)의 구별에 대하여 협약상의 운송인이 누구를 가리키는 것인가에 대한 해석상의 문제가 발생함에 따라 이를 해결하기 위해 계약 항공사에게 부여하는 바르샤바협약 체제상의 권리와 의무를 실제 항공사에게도 동일하게 부여하기 위해 1961년 멕시코 과달라하라에서 채택된 협약이다.

본 협약은 계약운송인과 실제운송인을 구별하여 정의규정을 두었고, 각 운송인의 권리관계와 책임

---

29) 고의적 과실(wilful misconduct)을 고의적 또는 무모한 과실(intentional or reckless misconduct)로 변경.

관계에 대하여 명확한 규정을 둠으로써 피해자의 권리규제에도 기여하였다. 피해자는 양자 또는 각각에 대하여 손해배상을 청구할 수 있도록 하였고, 양자는 연대책임의 관계로 배상액의 합계는 한쪽에서 받을 수 있는 최고액을 초과할 수 없도록 규정하였다.

1.3.5 1966 몬트리올협정(Montreal Agreement, 1966)

동 몬트리올협정은 바르샤바협약 또는 헤이그의정서에 정한 바와 같이 국제 운송을 대상으로 하되 동 운송구간이 미국을 출발지, 도착지 또는 경유지로 할 경우에 적용되는 협정이나 정부 간 협정이 아니고 항공사 간의 협정이다. 따라서 정식 국제법의 지위를 부여받지 못하고 엄격히 말하면 바르샤바 체제의 일부분도 아니지만 사실상 바르샤바협약의 개정으로 간주되고 있다.

미국은 바르샤바협약과 헤이그의정서의 배상액이 미국의 기준으로 볼 때 너무 낮게 평가한 것이라는 거센 국내 반발을 이유로 바르샤바협약을 탈퇴하기로 결정한 후 협약 탈퇴를 1965.11.15.자로 통고하였다. 동 사실을 접한 각 국은 미국이 협약에서 이탈할 경우 바르샤바 체제가 붕괴할 뿐만 아니라 법 적용상 혼란이 야기될 것에 크게 긴장하였다. 결국 각국은 미국의 협약 잔류를 설득하기 위한 각국 및 국제항공운송협회(IATA)의 노력으로 미국이 탈퇴통고서를 철회하게 되었으며, 미국을 출발지, 종착지 또는 경유지로 한 승객을 운항하는 항공사가 승객사상 사고 시 1인당 7만 5,000미불을 배상한다는 것을 내용으로 한 몬트리올협정을 수락하고 대신 미국은 바르샤바협약 탈퇴를 철회하였다.

이전의 배상금보다 그 한도가 훨씬 인상된 동 배상금액은 추후 세계의 많은 항공사가 미국으로의 비행에 관계없이 적용 지급하는 모델이 되었다.

1.3.6 1971 과테말라의정서(Guatemala Protocol, 1971)

"1955년 9월 28일에 헤이그에서 작성된 의정서에 의하여 개정된 1929년 10월 13일 바르샤바에서 서명한 국제항공운송에 대한 규칙의 통일에 관한 협약의 개정 의정서(Signed at Guatemala City Protocol th Amend the Convention for th Unification of Certain Rules Relating to International Carriage by Air Signed at Warsaw on 12 October 1929 as Amended by the Protocol Done at The Hague on 28 September 1955, 약칭 1971 과테말라의정서)"

본 의정서는 1955년 헤이그의정서에 의해 개정된 바르샤바협약의 책임한도액이 현실에 맞지 않는다는 계속된 문제제기로 인해 다시 한 번 개정작업이 추진됨에 따라 ICAO 법률위원회가 준비한 조약안을 가지고 1971년 3월 8일 과테말라에서 채택되었으나, 책임한도액을 둘러싸고 선진국과 개발도상국 간 이해관계가 얽히고 많은 항공 선진국들이 비준을 하지 않아 결국 발효되지 못한 사문화된 협약으로 간주된다.

1.3.7 1975 몬트리올 추가의정서 4개

"몬트리올 제1, 제2, 제3추가의정서 및 제4의정서(Montreal Additional Protocol No. 1, No. 2, No. 3 and Montreal Protocol No. 4, 약칭 1975 몬트리올추가의정서)"

본 의정서는 과테말라의정서가 발효되면 여객, 수하물 및 화물과의 사이에 운송인의 책임제도에 차이가 발생함으로 바르샤바협약상의 화물에 관한 규정을 개정할 목적으로 채택되었다. 아울러 본 의정서는 논란이 되어 왔던 협약상의 금 본위 배상금 계산을 보다 안정적인 국제통화기금(IMF: International Monetary Fund)의 특별인출권(SDR: Special Drawing Right)[30]으로 대체하는 내용으로 관련 의정서의 개정을 채택하였다.

바르샤바협약은 물론 1971년 과테말라시티의정서까지 금을 바탕으로 한 '프랑(FRF)'으로 배상금이 기술되고 있다. 그러나 금 가격은 수시로 변동되어 바람직한 방법이 되지 못하였다. 이를 안정적인 화폐의 가치로 대체함이 필요하다는 판단 하에 그 해결방안으로 SDR을 도입하게 된 것이다.

이에 따라 화물에 관한 규정을 개정한 의정서인 제4의정서 이외에 3개의 추가 의정서가 채택되었는바, 제1추가 의정서는 바르샤바 협약상의 배상금을, 제2추가 의정서는 헤이그의정서상의 배상금을, 그리고 제3추가 의정서는 과테말라의정서상의 배상금을 각기 SDR로 개정 표기한 것이다.

1.3.8 1999 몬트리올협약(Montreal Convention, 1999)

"국제항공운송에 관한 일부 규칙의 통일에 관한 협약(Convention for the Unification for Certain Rules for International Carriage by Air, 약칭 1999 몬트리올협약)"

본 협약은 1929년 바르샤바협약 이후 개정된 다수의 국제협약으로 인해 각 국가 간 적용되는 협약의 내용이 상이하고 바르샤바협약상의 배상액이 현실적으로 너무 적은 문제점과 바르샤바협약의 본래 제정목적을 달성하기 위해 국제항공운송의 책임원칙을 통일해야 할 필요성이 제기됨에 따라 그간

---

30) SDR(국제통화기금의 특별인출권): 금은 생산에 한계가 있고 달러는 공급이 지나치면 미국의 국제수지 적자 및 달러불안을 야기하게 되므로, 제3의 세계화폐를 창출하기 위하여 고안되었음. 초기 1SDR은 1달러의 가치와 같았으나, 현재는 세계 주요5개국(미국, 영국, 독일, 일본, 프랑스)의 통화를 가중 평균하여 그 가치를 결정하는 방식(currency basket system)을 따르고 있으며, 2016.10.1부터 중국통화가 추가로 편입됨.

바르샤바체제의 조약 개정을 방관하던 ICAO가 정상적인 조약 준비 및 승인절차까지 일탈하여 투명성도 결여된 채 급조한 협약이다. 그러나 몬트리올협약은 과거 70여 년간 적용되었던 바르샤바체제의 내용이 여러 조약과 항공사 간의 협정으로 분산 규율되어 있는 바를 하나로 통합하면서 배상상한 인상 등을 현대화한 것으로 주요 항공대국의 순조로운 비준과 가입으로 바르샤바 체제를 대체하고 있다. 협약의 주요 내용 및 특성은 다음과 같다.

- 소비자 이익의 보호원칙과 실제 손해배상의 원칙

  협약 전문에서 소비자 이익의 보호원칙과 실제 손해배상의 원칙을 선언함으로써 소비자를 보호하고 항공운송으로 인한 피해자를 구제하는 데 중점을 두었다.

- 바르샤바협약체제를 통합 및 현대화

  과거 70여 년간 적용되었던 바르샤바 체제의 내용이 여러 조약과 항공사 간의 협정으로 분산 규율되어 있는 바를 하나로 통합하면서 배상상한 인상 등을 현대화하였다.

- 제7장 57개 조문으로 구성

  본 협약은 제1장 총칙, 제2장 여객·수하물 및 화물의 운송에 관한 증권과 당사자의 의무, 제3장 운송인의 책임 및 손해배상의 범위, 제4장 복합운송, 제5장 계약운송인 이외의 자가 행하는 항공운송, 제6장 기타조항, 제7장 최종규정으로 구성되어 있다.

- 협약의 적용범위

  항공기에 의해 유상으로 운항하는 사람, 수하물, 화물로 행해지는 모든 운송에 적용할 뿐 아니라 항공운송기업에 의해 무상으로 행해지는 모든 운송에도 적용된다.

- 항공운송인의 손해배상책임 강화

  여객의 손해(사상 또는 부상)에 대한 배상액으로 1인당 최고 100,000SDR까지 항공사에게 엄격책임(Strict Liability)을 부과하였고, 100,000SDR을 초과하는 부분에 있어서는 항공사의 무과실항변권을 인정하는 2단계 책임제도(Two Tier Liability System)을 도입하였다.

  승객의 화물 손해에 대하여 고의에 상당한 행위가 인정되는 경우에도 책임제한 배상액을 적용하였고, 위탁수하물과 휴대수하물의 구분 없이 수하물의 배상책임한도액을 1인당 1,000SDR로 규정하는 한편 승객운송 연착 시 1인당 4,150SDR의 책임한도액을 설정하였다.

- 책임한도액 자동 조정

  5년마다 SDR을 구성하는 국가의 소비자물가지수의 인플레이션이 10% 넘으면 배상한도액이 자동으로 상향 조정된다.

- 여객운송에 있어 소송 제기를 위한 제5관할권 인정(제33조 2항)

바르샤바체제가 규정한 4개 관할권(① 항공사의 주소지, ② 항공사의 주된 영업소 소재지, ③ 운송 계약이 체결된 영업소 소재지, ④ 도착지) 이외에 '여객의 주소지 또는 영구 거주지'가 추가되었다.

- 전자티켓 발급 근거조항 규정(제3조 및 제4조)

운송증권이 서면으로 교부되지 않더라도 책임제한을 원용할 수 있도록 규정하고 있어 e-Ticket system 등 운송 서류 간소화를 통한 e-business 추진이 가능하게 되었다.

이 밖에 운송인의 선급금 지급 및 보험가입의무 등을 규정하고 있다. 한편 한국은 본 협약에 가입함으로써 미국, 일본, EU 국가들과 같이 항공기 및 승객에 대해서 국제적으로 통용되는 '1999년 몬트리올협약'이 적용되게 되었다.

〈표 1〉 바르샤바협약과 몬트리올협약 비교

구 분		바르샤바협약 (Warsaw Convention)	몬트리올협약 (Montreal Convention)
채택, 발효 및 당사국 현황		• 채택: 1929년 • 발효: 1933년 • 당사국: 152개국(2015.7)	• 채택: 1999년 • 발효: 2003년 • 당사국: 113개국(2015.7)
목적		• 국제항공운송에 관한 통일법 제정 • 항공 산업 보호·육성차원에서 운송인의 책임제한을 통한 국제항공운송산업 발전 도모	• 바르샤바 협약의 책임원칙의 현대화 및 현실화 • 소비자이익의 보호원칙 및 실제 손해배상의 원칙 반영

책임원칙		• 운송인의 유한책임주의
		• 운송인의 과실책임주의(과실추정주의)
		• 고의에 상당하다고 인정되는 행위(Willful Misconduct)로 인한 손해가 발생한 경우 운송인은 무한책임
			• 여객: 2단계 책임제도(2 tier liability system)
			  - 10만 SDR 이하: 절대책임주의[31]
			  - 10만 SDR 초과: 과실추정주의[32]
			• 화물의 경우 유한절대책임주의

책임경감, 면제사유		• 피해자 기여과실 • 운송인 무과실 • 불가항력 등	• 승객의 기여과실 • 승객의 10만 SDR 초과배상 시 운송인의 무과실 항변 • 지연 시 운송인의 무과실 항변 등
책임 제한액	여객 (PAX)	• FRF 125,000(USD 10,000)	• 승객사상 시 무한책임 • 승객연착 시 SDR 4,150

	수하물	• 휴대수하물(PAX):
		  FRF 5,000(USD 400)
		• 위탁수하물(KG):
		  FRF 250(USD 400)
			• 수하물 파손, 분실, 연착:
			  SDR 1,000(승객 당)

	화물 (KG)	• FRF 250(USD 20)	• SDR 17(KG당)[33]
	한도액 조정	-	• 매 5년 조정검토
관할권		• 4 개 관할권 (① 운송인의 주소지, ② 운송인의 주된 영업소 소재지, ③ 운송인이 계약을 체결한 영업소 소재지, ④ 도착지)	• 5 관할권 인정 (① 운송인의 주소지, ② 운송인의 주된 영업소 소재지, ③ 운송인이 계약을 체결한 영업소 소재지, ④ 도착지, ⑤ 승객의 영구적인 주(거)소지[34])
선급금		-	• 국내법 의거 지급
징벌적 손해배상		• 해석상 부인	• 명시적 배제
항공보험		-	• 가입 강제

1.4 국제항공사법: 제3자 손해에 대한 책임

항공운송인의 책임은 항공기 운항자로서 계약관계에 있는 탑승객 등에 대한 손해배상책임과 제3자에 대해 발생시킨 손해배상책임을 들 수 있다. 항공기 운항자로서 제3자에 대해 발생시킨 손해배상책임에 대한 최초 국제조약은 1933년 로마협약이다. 로마협약체제는 바르샤바협약체제와 함께 운송인의 책임에 대한 두 축 중 한 축을 담당해왔다. 1933년 로마협약은 여러 번 개정이 되었으나 배상금에 대한 시각차가 커서 바르샤바체제에서만큼의 지지를 받지 못했다. 또한 항공 선진국들이 협약을 비준하지 않아 실질적으로 오랫동안 국제협약으로서의 역할을 수행하지 못했다. 그러던 중 2001년 9월 11일 오사마 빈라덴이 주도하여 미국을 공격한 9·11 테러가 발생하고 1999년 몬트리올협약이 발효되면서 제3자에 대한 손해배상도 현대화가 필요함이 강력히 제기되었다. 이후 2009년 일반위험배상협약과 불법방해배상협약이 채택되었지만 얼마만큼 각 국가의 지지를 받을 수 있을지 의문이다.

항공관련 국제적으로 통일적 적용을 위한 국제조약 중 제3자 손해에 대한 책임과 관련한 주요 국제조약은 다음과 같다.

① 항공기에 의한 지상 제3자의 손해에 관한 규칙의 통일을 위한 협약(1933 로마협약)[35]
② 외국항공기가 지상 제3자에 가한 손해에 관한 규칙의 통일을 위한 협약(1952 로마협약)[36]
③ 1952년 로마협약을 개정하는 몬트리올의정서(1978 몬트리올의정서)[37]
④ 항공기 유발 제3자 피해 배상에 관한 협약(2009 일반위험협약)[38]
⑤ 항공기 사용 불법방해로 인한 제3자 피해 배상에 관한 협약(2009 불법방해 배상협약)[39]

1.4.1 1933 로마협약(Rome Convention, 1933)

"항공기에 의한 지상 제3자의 손해에 관한 규칙의 통일을 위한 협약(Rome Convention on Surface

---

31) 주의할 점은 100,000SDR까지 운송인이 절대책임을 지는 경우라도 손해배상을 청구하는 자의 기여과실이 있을 때에는 그 정도에 따라 감면될 수 있다는 점(협약 제20조)과 어떠한 경우라도 100,000SDR까지 무조건 지급되는 것이 아니라 피해자의 실제 손해만큼 배상된다는 점임.

32) 운송인은 스스로 무과실을 입증해야 면책됨.

33) 승객과 수하물의 배상상한이 wilful misconduct의 경우 파기되지만 화물의 경우에는 어떠한 경우에도 kg당 17SDR의 배상상한이 파기될 수 없음(협약 제22조 제3항).

34) 제5관할권은 승객의 사망 또는 상해에 관한 손해배상에만 적용되며 화물에는 적용되지 않음.

35) 1933년 채택, 1942년 발효, 2015년 7월 현재 당사국 5개국이며 한국 미가입. 사문화된 협약으로 간주됨.

36) ICAO Doc 7364. 1952.10.7. 채택, 1958.2.4. 발효, 2015.7.1 현재 당사국 49개국이며 한국은 미가입.

37) ICAO Doc 9257. 1978.9.23. 채택, 2002.7.25. 발효, 2015.7.1 현재 당사국 12개국이며 한국은 미가입.

38) ICAO Doc 9919. 2009년 5월 2일 채택, 2015년 7월 현재 미발효.

39) ICAO Doc 9920. 2009년 5월 2일 채택. 2015년 7월 현재 미발효.

Damage, 약칭 1933 로마협약)"

본 협약은 항공기가 발달함에 따라 항공기 자체가 대형화되고 이로 인해 발생하는 지상 제3자의 인명이나 재산상의 피해에 대한 항공운송인의 보상에 대한 기준을 다룬 협약으로 항공기가 지상 제3자에게 끼친 손해에 관한 배상 관련 규정을 통일하고자 1933년 로마에서 개최된 제3회 국제사법회의에서 채택된 협약이다.

본 협약의 주요 내용 및 특징은 다음과 같다.

- 항공기 운항자는 피해자가 항공기로부터 손해가 발생했다는 것을 증명하는 것에 대한 배상책임을 가진다(제2조).
- 항공기 중량에 따라 지상 피해에 대한 배상한도를 상이하게 규정한다.
- 항공기 운항자의 배상책임은 절대책임과 유한책임을 원칙으로 한다.
- 고의 또는 중과실에 의해 발생한 경우에는 무한책임을 진다. 그러나 과실로부터 발생했거나 손해방지를 위해 상당한 조치를 취한 것을 운항자가 증명하는 경우에는 면책된다(제14조).
- 항공기는 타 체약국으로 비행하는 경우 책임한도를 충족할 수 있는 보험을 가입해야 하며, 운항자는 보험증권 또는 담보증명서를 기내에 탑재해야 한다(제12조, 제13조).
- 본 협약은 1933년 채택되어 1942년 2월 발효되었으나 2015년 7월 현재 당사국이 5개국에 불과하여 실질적으로 사문화된 협약으로 간주된다.

1.4.2 1952 로마협약(Rome Convention, 1952)

"외국항공기가 지상 제3자에 가한 손해에 관한 규칙의 통일을 위한 협약(Convention on Damage Caused by Foreign Aircraft to Third Parties on the Surface, 약칭 1952 로마협약)"

본 협약은 1933년 로마협약이 가진 문제점을 보완하여 책임의 범위, 책임액의 지불보증 등 독자적인 내용을 규정함으로써 1933년 로마협약을 대체하기 위해 1952년 10월 7일 로마에서 개최된 국제항공사법 회의에서 채택된 협약이다.

본 협약의 주요 내용 및 특징은 다음과 같다.

- 1933년 로마협약과 같이 지상의 선의의 피해자를 고려하여 몇 가지 예외 적용을 제외하고는 항공기 운항자의 절대적 책임(Absolute Liability) 및 유한책임을 원칙으로 한다.
- 1933년 로마협약과 같이 항공기 중량에 따른 사고별 배상한도를 5개로 분류하였으며 각 배상최고한도를 상향조정하였다(제11조).

- 본 협약은 항공선진국 입장에서 보면 1933년 로마협약과 마찬가지로 배상한도액이 낮고 국내법으로도 지상 제3자 보호가 가능하여 대다수 항공선진국들이 가입하지 않는 결과를 초래했다고 볼 수 있다.

1.4.3 1978 몬트리올의정서(Montreal Protocol, 1978)

"1952년 로마협약을 개정하는 몬트리올의정서(Protocol to Amend the Convention on Damage Caused by Foreign Aircraft to Third Parties on the Surface Signed at Rome on 7 October 1952, 약칭 1978 몬트리올의정서)"

본 의정서는 1952년 로마협약이 항공기 운항자에 대한 절대책임을 규정하면서 항공기 중량에 따른 유한책임을 채택하고 있는데 그 배상한도액이 너무 낮아 수용할 수 없다는 이유로 미국, 영국, 일본 등 많은 항공선진국이이 가입하지 않아 가입국이 49개국에 불과하다는 문제점을 해결하고자 1978년 9월 23일 채택되어 2002년 7월 25일 발효되었다.

본 협약의 주요 내용 및 특징은 다음과 같다.

- 1952년 로마협약에서의 항공기 중량에 따른 배상한도 분류를 5개로 했던 것을 4개로 축소하면서 배상액을 4~6배가량 대폭 상향조정하였고, 화폐단위도 SDR로 표기하였다(의정서 제3조).
- 군용·세관용·경찰용(military, customs or police services)으로 사용되는 항공기에 의한 피해에 대해서는 적용 대상에서 제외하였다(의정서 제132조).
- 1952년 로마협약에서 타 체약국에 등록된 외국 항공기에 의한 손해에만 적용되던 것을 리스·전세·교환에 의해 타 체약국의 운항자에 의해 운항되는 자국의 항공기에도 적용되도록 변경하였다(의정서 제23조).
- 본 협약은 2002년 7월 25일 발효되었음에도 불구하고 2015년 7월 현재 당사국이 12개국에 불과하여 실질적인 국제협약으로서의 실효성이 낮고 사문화된 조약으로 평가되기도 한다.

1.4.4 2009 일반위험협약

"항공기 유발 제3자 피해 배상에 관한 협약(Convention on Compensation for Damage Caused by Aircraft to Third Parties, 약칭 2009 일반위험협약)"

본 협약은 1933년 로마협약, 1952년 로마협약, 1978년 몬트리올의정서 등 지상 제3자의 손해에 대한 협약에 많은 항공선진국들이 가입하지 않아 제 역할을 충분히 수행하지 못하는 문제점이 제기되었고, 수많은 피해자가 발생하였던 9·11 테러가 결정적인 계기가 되어 2009년 5월 2일 몬트리올에서 개최된 외교회의에서 채택된 협약이다.

본 협약은 1952년 로마협약을 개정한 1978년 몬트리올의정서를 전면 개정하여 현대화하였으며, 본 협약의 주요내용 및 특징은 다음과 같다.

- 국제항공운송인의 책임제도가 1999년 몬트리올협약의 발효로 현대화된 통일된 기준이 적용되고 있고 이에 따라 제3자 손해에 대한 현대화된 법률이 요구됨에 따라 종전 협약들을 대폭 개정 및 통합하여 통일화된 협약을 마련하기 위함이다.
- 적용대상을 규율하는 기준에 '지상'이라는 표현을 삭제하면서 지상뿐만 아니라 공중에서의 항공기가 제3자로서 피해를 입을 경우에도 배상할 수 있게 하였다(제2조 1항).
- 일반적인 국제법 원칙으로 적용되는 바와 같이 군용·세관용·경찰용 항공기에 의한 피해는 적용 대상이 아니다(제2조 4항).
- 인적 피해(personal injury)에 대한 배상을 할 때, 신체적 피해(bodily injury)에 의한 정신적 피해(mental injury) 또는 사망이나 신체적 피해가 임박한 상황에서 야기되는 정신적 피해에 대해서도 배상할 수 있게 하였다(제3조 3항).
- 운항자의 책임과 관련하여 항공기 중량에 따른 배상한도 분류를 10개로 세분하면서 배상액을 최대 7억 SDR까지 대폭 인상하였다(제4조 1항).
- 10% 이상의 인플레이션 발생 시 배상금액에 반영한다(제15조 2항).
- 2015년 7월 현재 본 협약은 미발효된 상태이다.

1.4.5 2009 불법방해 배상협약

"항공기 사용 불법방해로 인한 제3자 피해 배상에 관한 협약(Convention on Compensation for Damage to Third Parties, Resulting from Acts of Unlawful Interference Involving Aircraft, 약칭 2009 불법방해 배상협약)"

본 협약은 9·11 테러와 같은 사고 발생 시를 대비하여 일반위험협약과 분리하여 혁신적인 내용을 담은 협약으로 2009년 5월 2일 몬트리올에서 개최된 외교회의에서 채택되었다.

2001년 9월 11일 오사마 빈 라덴이 주도한 알카에다 테러범들은 항공기를 탈취하여 미국 국방부 청사 및 뉴욕의 무역센터 빌딩에 충돌시켜 막대한 인명피해 및 재산피해를 발생시켰다. 나아가 보험회사의 지불능력상 한계를 초과하여 항공보험 거부로 이어졌고 이로 인해 정상적인 항공기 운항이 불가능하게 되었다. 이런 일련의 과정을 거치면서 ICAO 법률위원회의 노력으로 일반위험협약과 분리하여 항공기사용 불법방해로 인한 제3자 피해배상협약이 채택되었다.

본 협약의 주요내용 및 특징은 다음과 같다.

- 일반위험배상협약과 같이 군용·세관용·경찰용 항공기에 의한 피해는 적용 대상이 아니다(제2조 4항).
- 운항자의 책임과 관련하여 항공기 중량에 따른 배상한도 분류를 10개로 세분하면서 운항자의 유한책임액을 최대 7억 SDR까지 대폭 인상하였다(제4조 1항).
- 국제민간항공배상기금(International Civil Aviation Compensation Fund: 약칭 국제기금)을 설치하여 항공사가 가입한 보험에서 보장하는 7억 SDR을 초과하는 피해액을 배상할 수 있도록 하였다. 또한 국제민간항공배상기금은 항공사가 보험으로 커버하는 배상상한을 초과하는 금액에 대해서 배상하며, 배상기금을 이용한 배상금은 제3자 피해를 발생시킨 사건 당 최대 30억 SDR을 초과할 수 없다(제18조 2항).
- 10% 이상의 인플레이션 발생 시 이를 배상금액에 검토 반영한다(제31조 2항).
- 협약의 발효요건으로는 35개국의 가입과 가입국 전체의 공항 출발 여객의 숫자가 7억 5천만 명 이상일 것을 충족하도록 하였으며 탈퇴 시에도 어느 당사국의 탈퇴가 국제기금의 운용을 크게 손상시킨다고 판단될 경우나 당사국이 8개국 미만으로 줄어들었을 경우 특별총회를 소집하여 타 당사국도 동일한 날짜에 탈퇴할 수 있도록 하는 규정을 두고 있다(제42조).
- 2015년 7월 현재, 본 협약을 미발효된 상태이다.

1.5 국제항공사법: 항공기 권리

항공관련 국제적으로 통일적 적용을 위한 국제조약 중 시카고협약 체결 이후 항공기의 권리와 관련한 주요 국제조약은 다음과 같다.

① 항공기에 대한 국제적 권리 인정에 관한 협약(1948 제네바협약)[40]
② 이동 장비에 대한 국제권리/국제담보권에 관한 협약(2001 케이프타운협약)[41]

---

40) ICAO Doc 9740. 정식명칭은 Convention on the International Recognition of Rights in Aircraft(ICAO Doc 7620)으로 1948년 6월 19일 제네바에서 열린 국제민간항공기구(ICAO)의 제2회 총회에서 채택되었으며 1953년 9월 17일 발효. 2015.7.1. 현재 당사국 89개국이며 한국은 미가입.

41) ICAO Doc 9793. 정식명칭이 Convention on International Interests in Mobile Equipment(ICAO Doc 9793)와 Protocol to the Convention on International Interests in Mobile Equipment on Matters Specific to Aircraft Equipment(ICAO Doc9794)이며 양자 모두 2001.11.16. 채택되어 2006.3.1. 발효하였음. 2015년 7월 현재 당사국은 68개국이며 한국은 미 가입. 조약의 수탁처는 UNIDROIT임.

1.5.1 1948 제네바협약(Geneva Convention, 1948)

"항공기에 대한 국제적 권리 인정에 관한 협약(Convention on the International Recognition of Rights in Aircraft, 약칭 1948 제네바협약)"

본 협약은 제2차 세계 대전 후 항공기 최대 제조국인 미국의 주도하에 항공기 수출을 촉진하는데 도움을 줄 방안으로 추진되었다.

협약의 목적은 국제항공에 제공되는 항공기의 이동의 확보와 항공기에 대한 권리의 조정을 도모하기 위한 것이다. 즉, 항공기 구입을 위해 소요되는 자금 조달을 촉진하고, 항공기 구입 시 항공기를 담보로 자금을 빌려준 채권자를 보호하고, 항공기에 대한 권리청구의 우선순위를 규정함으로써, 국제적인 권리 행사 보호를 용이하게 하여 항공기의 국적 이전을 용이하게 하는 데 있다. 협약은 전문 외에 총 23조로 구성되어 있으며 항공기에 대한 권리, 항공기의 구조(salvage)와 보존(preservation)을 위한 비용에 관한 채권의 우선적 취급과 경매절차 등을 규정하고 있다. 이 협약은 국제적인 권리를 새로 통일하여 규율하는 것이 아니라 당사국의 국내법을 전제로 하고 있다.

항공기 소유권의 국제적 이전에 관한 조약의 작성은 1944년의 ICAO 회의에서 권고된 바 있으며, 이를 토대로 본 협약은 1948년 6월 19일 스위스 제네바에서 열린 ICAO 총회에서 채택되어 1953년 9월 17일 발효되었다.

협약의 특징 및 주요 내용은 다음과 같다.

- 항공기에 대한 당사국의 4가지 권리는 다음과 같다.[42]

    (1) 항공기의 소유권

    (2) 점유를 수반한 매매에 의한 항공기의 취득권

    (3) 6개월 이상의 장기 임차 항공기의 점유권

    (4) 채권의 보증계약에 의해 항공기에 설정된 담보권

    단, 이것들은 항공기의 등록국법에 의해 성립하고 등록국의 공식 기록부에 등기된 것이어야 한

---

42) Article I

  1. The Contracting States undertake to recognise:

  (a) rights of property in aircraft;

  (b) rights to acquire aircraft by purchase coupled with possession of the aircraft;

  (c) rights to possession of aircraft under leases of six months or more;

  (d) mortgages, hypotheques and similar rights in aircraft which are contractually created as security for payment of an indebtedness;

    provided that such rights

    (i) have been constituted in accordance with the law of the Contracting State in which the aircraft was registered as to nationality at the time of their constitution, and

    (ii) are regularly recorded in a public record of the Contracting State in which the aircraft is registered as to nationality.

  The regularity of successive recordings in different Contracting States shall be determined in accordance with the law of the State where the aircraft was registered as to nationality at the time of each recording.

다(제1조).

- 항공기의 구조(salvage)비용 또는 보존(preservation)을 위해 발생한 특별비용은 다른 채권보다 우선 권이 인정된다. 단, 그것이 다른 당사국에 의해 3개월 이후에도 인정되기 위해서는 3개월 이내에 그 권리가 등기되고 그 금액이 합의되거나 소송이 개시되어야 한다(제4조).
- 항공기의 강제경매는 경매지법에 의한다. 단, 늦어노 경매의 6주 전에 기일과 장소가 결정되어야 한다. 경매채권자는 재판소에 등기증명을 제출함과 동시에 항공기의 등록지에 있어서 적어도 1개월 전에 경매공고를 하고 항공기의 소유자 및 다른 권리자에 경매를 통지해야 한다(제7조).
- 항공기의 국적이나 등록국 변경은 항공기에 대한 권리 소유자의 동의 없이 허용되지 않는다(제9조).

1.5.2 2001 케이프타운협약과 항공기 장비 의정서

"이동 장비에 대한 국제권리/국제담보권에 관한 협약(Convention on International Interests in Mobile Equipments, 일명 2001 케이프타운협약)"

본 협약은 1948년 제네바협약이 채택된 지 50여 년이 지남에 따라 고가의 이동 장비(mobile equipment)에 대하여 효율적인 금융조달 및 금융거래에 있어 발전된 노하우가 반영된 조약으로, 국제등록에 의한 항공기 장비의 저당, 소유권, 담보권의 설정 및 우선권에 관한 국제법적 제도를 규정하고 있으며, 고가의 이동 장비들에 대하여 재정출연한 채권자들에게 전 세계적으로 담보되어지는 담보권을 제정함으로서, 효율적이고 안정적인 자금의 조달을 장려하고자 제정되었다. 여기에는 오늘날의 통상적인 재정조달 방식이 집대성되어 있다.[43]

이동장비와 관련하여 1948년 제네바협약이 발효 중이지만 항공기 등 고가의 이동 장비 구입 시 과거의 방식으로는 고가의 이동장비에 대한 권리확보상 불안함이 상존하고 금융조달에 어려움이 많았다. 이에 따라, 캐나다 정부가 제안하고 사법통일국제기구(UNIDROIT)[44]가 초안을 작성하였으며, 이를 UNIDROIT와 ICAO가 함께 검토를 거친 후 2001년 11월 16일 남아공 케이프타운 외교회의에서 채택되었으며 2006년 3월 1일 발효되었다.

본 협약은 고가의 이동 장비(항공기, 기차, 우주장비)[45]에 대한 금융을 용이하게 하는 목적으로의 협약과 각 이동 장비별로 적용하는 의정서를 작성하여 모법이 되는 협약과 이동 장비별 의정서를 연

---

43) 소재선·김대경, EU에 있어서 항공장비에 대한 국제동산담보권에 관한 소고, 항공우주법학회지 제27권 제2호, 2012. pp.30-35 참조. 박원화, 「국제항공법(제3판)」, 한국학술정보, 2014, pp.222-224 참조.

44) 사법통일국제기구(UNIDROIT: International Institute for the Unification of Private Law)를 지칭하는 독립된 정부 간 국제기구로서 국가 간 사법(특히 상법)을 연구하는 목적을 가지고 있음. 1926년 국제연맹 부속기관으로 설립된 후 이태리 로마에 소재함.

45) Article 2의 3. (a) airframes, aircraft engines and helicopters; (b) railway rolling stock; and (c) space assets.

계시키는 체제를 갖추었으며[46] 2001년 케이프타운에서의 외교회의에서는 모범이 되는 케이프타운 협약과 항공기 장비 의정서(항공기 기체, 항공기 엔진, 헬기 포함)를 동시에 채택하였으며, 기차 및 우주물체 등의 이동장비에 대한 의정서는 2007년 및 2012년에 각각 채택되었다.[47]

협약의 주요 5가지 목적은 다음과 같다.

① 모든 체약국에서 인정되는 권한을 만들어 국제적으로 이동성 자산의 취득 및 자금조달을 용이하게 함

② 채무 불이행에 있어 채권자에게 상환 청구권(creditors recourse) 제공 및 신속한 구제를 위해 설계된 지불불능과 관련된 해결책 제공

③ 제3자에게 통지하고 우선권을 입증하는 국제담보권에 대한 전자등록 설정

④ 항공기 산업의 특정 요구 충족

⑤ 차용자에게 신용 대출시 채권자에게 신뢰 제공

케이프타운 협약과 항공기 장비 의정서 채택은 관련자 모두에게 이익인 것으로 평가되고 있다. 항공사는 항공기 및 항공기 엔진 구입 경비절감을 기대할 수 있으며, 항공기 제조사와 리스 회사는 항공기 구입경비 하락에 따른 판매증대를 기대할 수 있고, 금융조달 기관은 자산에 대한 권리 보호가 강화되어 대부 위험이 감소하게 되기 때문이다. 또 많은 후진국 항공사들은 국가 항공사로 운영되면서 정부가 재정 보증을 하고 있는바, 본 조약 당사국이 될 경우 번거로운 정부 보증이 불필요하고, 항공승객은 항공요금 인하를 기대할 수 있다.[48]

---

46) Article 6 Relationship between the Convention and the Protocol.

47) 추가로 채택 대상이었던 기차 등을 규율하는 철도의정서(Protocol to the Convention on International Interests in Mobile Equipment on Matters Specific to Railway Rolling Stock)는 2007년 룩셈부르크에서 채택되었으며, 우주자산을 규율하는 우주자산 의정서(Protocol to the Convention on International Interests in Mobil Equipment on Matters Specific to Space Assets)는 2012년 베를린에서 채택되었음.

48) 박원화, 「국제항공법(제3판)」, 한국학술정보, 2014, pp.222-224.

2. 국내항공법 발달

한국의 법령체계는 최고규범인 「헌법」을 정점으로 그 헌법이념을 구현하기 위하여 국회에서 의결하는 법률을 중심으로 하면서, 헌법이념과 법률의 입법취지에 따라 법률을 효과적으로 시행하기 위하여 그 위임사항과 집행에 관하여 필요한 사항을 정한 대통령령과 총리령·부령 등의 행정상의 입법으로 체계화되어 있다. 법은 사회질서를 유지하기 위한 규범으로서 통일된 국가의사를 표현하는 것으로 보편적으로 타당한 것이어야 한다. 이에 따라 모든 법령은 통일된 법체계로서의 질서가 있어야 하며, 상호 간에 충돌이 생겨서는 아니 된다.

2.1 법령 입안 원칙 및 법령체계

한국의 기본적인 법령체계 및 법령입안의 기본원칙은 다음과 같다.

한국의 법령체계
- 헌법(Constitution)
- 법률(Act), 조약(treaty)
- 대통령령(Presidential Decree) = 시행령(Enforcement Decree)
- 총리령(Ordinance of the Prime Minister)·부령(Ordinance of the Ministry of 각 부) = 시행규칙(Enforcement Rule)
- 조례(Municipal Ordinance)·규칙(Municipal Rule)
- 행정규칙(Administrative Rule)

법령 입안의 기본 원칙[49]
- 입법조치의 필요성과 타당성
- 입법내용의 정당성과 법 적합성
- 입법내용의 체계성·통일성과 조화성
- 표현의 명료성과 평이성

2.2 국내항공법 발달

오늘날 191개국이 시카고협약의 체약국으로서 동 협약에 의하여 창설된 ICAO의 활동에 참여하고 있지만 모든 체약국이 항공사를 보유하고 있는 것은 아니다. 일부 후진국은 항공법이라는 독립적인 국내법을 아직 제정하고 있지 않을 것이다. 무릇 법이라는 것은 관련 활동의 질서를 위하여 제정되지만 관련 활동이 없을 경우 법이 존재하지 않을 수 있다. 항공법의 경우도 국내적인 항공 산업과 활동

---

49) 법제처 2010 중앙행정기관 법제교육 자료. 한상우, 정책의 법제화.

이 없을 경우 제정되지 않을 가능성이 많다. 그럼에도 불구하고 국제화 시대에 항공이라는 교통수단이 세계 도처에 운항이 되면서 한 나라 내에서 국내적 산업과는 연관이 없는 활동이 외국 항공기의 국내 운항이 이루어지는 관계상 항공법을 제정하는 경우도 있겠다.

시카고협약이 1944년 채택된 후 1947년에 발효하였지만 1948년에 수립된 대한민국 정부가 이러한 조약에 관심을 가질 형편은 아니었다. 그러나 1950년 한국전쟁이 발발하여 미군과 외국 항공기의 한국으로의 비행이 빈번하게 된 것을 계기로 한국전쟁 중인 1952년에 시카고협약을 가입하게 된 것을 추측하는 데 어렵지 않겠다. 1948년 정부 수립과 동시에 제정된 대한민국 헌법50)은 제7조에서 "비준 공포된 국제조약과 일반적으로 승인된 국제법규는 국내법과 동일한 효력을 가진다"라고 규정하면서 국제적 지원 하에 탄생된 우리 정부의 대외적 인식을 표명함과 동시에 헌법 제정자가 미리 예견하였는지 모르지만 신생 독립국으로서 국제교류와 협력을 하는 데 있어서 국제 표준을 정하고 협력의 틀이 되는 조약에 한국이 참여할 경우 바로 한국 내에도 적용되도록 하는 결과가 되었다. 이에 따라 신생국으로서 한국 정부가 제대로 가동하기에는 많은 시일이 걸릴 것이고 또 이러한 연후에야 관련 국내법이 필요시 제정되는 상황을 생략할 수도 있는 장치가 도입된 것이다.

조약 등 국제법을 국내법으로 수용하는 방식은 나라마다 다르다. 한국은 국제법을 국내법과 동일한 효력을 갖는 것으로 헌법에 규정51)하였기 때문에 조약 등 국제법이 그대로 국내법으로 적용되지만, 중요한 내용이나 국내적용을 위해서 국내 입법이 필요하다거나 생소한 내용을 적용하기 위해서는 관련 국내법을 제정하기도 한다. 항공법이 그러한 부문에 해당되어 우리 정부는 관련 국내법을 제정할 필요성을 인식하였고 이에 따라 1961년 3월 7일 법률 제591호로 「항공법」을 제정하였다.

항공법은 제정된 후 항공 산업의 발전과 기술에 부응하는 한편 지속적으로 개정하면서 '항공기 사고조사'와 '항공보안'에 관한 내용 등은 별도의 국내법으로 분화시키는 작업을 하였다.

2015년 현재 국내 항공관련 법으로는 「항공법」, 「항공·철도 사고조사에 관한 법률」, 「항공보안법」, 「항공운송사업 진흥법」, 「공항소음 방지 및 소음대책지역 지원에 관한 법률」, 「항공안전기술원법」, 「상법(제6편 항공운송)」, 「군용항공기 운용 등에 관한 법률」, 「군용항공기 비행안전성 인증에 관한 법률」, 「항공우주산업개발 촉진법」 등이 있다.

한편 대한민국 정부 수립 이전에 적용된 국내항공법은 1927년 조선총독부령에 의해 제정되었으며 해방 후 독자 법령이 준비되기 전까지는 1945년의 미군정청령에 의거 기존 제 법령이 유지되었다. 이후 1952년에 시카고협약에 가입하면서 독자적인 국내항공법의 제정 필요성이 대두되었다.

---

50) 헌법 제1호, 1948.7.17. 제정 일자에 바로 시행.

51) 1987.10.29. 전부 개정, 1988.2.25. 시행하여 현재 적용중인 헌법 제10호 제6조 1항은 "헌법에 의하여 체결·공포된 조약과 일반적으로 승인된 국제법규는 국내법과 같은 효력을 가진다"라고 함.

국내항공법 제정을 위해 1958년 미국연방항공청(FAA)의 항공법전문가를 초청하여 국내항공법 제정 방안을 검토하는 등 자체적인 준비과정을 거친 후 국내법체계를 고려한 항공법이 마련되었으며 입법 절차를 거친 후 1961년에 항공법이 공포됨으로써 우리나라 민간항공에 적용하는 기본법으로서의 독자적인 항공법은 1961년 6월 7일부터 시행되었다. 국내항공법 제정 연혁은 다음과 같다.

① 조선총독부령 제56호(1927.6.1.): 항공법 세정

② 미군정청령 제21호(1945.11.2.): 제 법령 존속 령에 의거 기존 법률을 계속 사용(일본의 항공법, 시행령, 시행규칙 사용)

③ 시카고협약(ICAO 회원국) 가입(1952.12.11.): ICAO 가입 이후 독자적인 국내항공법의 제정 필요성이 대두되었으며, 1958년 미연방항공청의 항공법 전문가를 초청, 항공법의 초안을 작성하였으나, 한국 실정에 맞지 않아 국내 법률전문가에 의해 별도로 초안 작성

④ 항공법 공포 및 시행: 법률 제591호(1961.3.7.)
   - 항공법 구성: 전문 10장 143조
   - 공포(1961.3.7.) 시행(1961.6.7.)
   → 조선총독부령 제56호 폐지(1961.9.22.)

⑤ 항공법 시행령(각 령 제96호) 공포: 1961.8.10.

⑥ 항공법 시행규칙(교통부령 제135호) 공포: 1962.9.7.

제3장

시카고협약과 국제민간항공기구

1. 시카고협약 및 부속서

1.1 시카고협약

시카고협약은 1944년 11월 1일부터 12월 7일까지 계속된 시카고 회의결과 채택되었으며, 국제민간항공의 항공안전기준 수립과 질서정연한 발전을 위해 적용하는 가장 근원이 되는 국제조약이다. 항공분야에서 시카고협약이 갖는 의미는 전 세계 모든 분야에서 UN헌장이 갖는 의미 내지 한국에서 헌법이 갖는 의미와 견줄 만하다. 현재 본 협약은 협약 본문 이외에 부속서를 채택하여 적용하고 있으며 부속서는 총 19개 부속서가 있으며 각 부문별 SARPs를 포함하고 있다.

1944년 시카고회의 참석자들은 협약에 전후 민간항공업무를 전담할 상설기구로서 국제민간항공기구(ICAO: International Civil Aviation Organization)를 설치하는 데 아무런 이의가 없었다. 시카고협약은 ICAO의 설립헌장일 뿐 아니라 추후 체약 당사국 간 국제 항공운송에 관한 다자협약을 채택할 법적 근거도 마련하여 주었다. 시카고협약은 국제 항공운송을 정기와 비정기로 엄격히 구분하여 비정기로 운항되는 국제 항공운송에 대해서는 타 체약 당사국의 영공을 통과 또는 이·착륙하도록 특정한 권리를 부여(제5조)하나 정기 국제 민간항공에 대해서는 이를 허용하지 않고 있다(제6조). 국제 민간항공기의 통과 및 이·착륙의 권리를 상호 인정할 것인지에 대하여 회의 참석자들은 의견 대립을 보였는 바, 회의는 동 권리를 인정하지 않는 내용으로 시카고협약을 채택한 다음 통과 및 단순한 이·착륙의 권리는 '국제항공통과협정'에서, 승객 및 화물의 운송을 위한 이·착륙에 관한 권리는 '국제항공운송협정'에서 따로 규율하여 이를 원하는 국가들 사이에서만 서명·채택되도록 하였다. 2015년 7월 현재 130개국이 국제항공통과협정의 당사국으로 되어 있어 동 협정은 상당히 보편화되어 있는 반면 국제항공운송협정은 미국 등 8개국이 탈퇴한 후 11개국만이 당사국으로 되어 있어 보편적인 국제 협약으로서의 의미가 없고 그 결과 국제항공운송에 대한 양자협정은 지속적으로 필요할 수밖에 없다.

시카고협약은 4부(Part), 22장(Chapter), 96조항(Article)로 구성되어 있으며, 동 협약 부속서(Annexes)로 총 19개 부속서를 채택하고 있다. 시카고협약에서 규정하고 있는 항공안전기준 준수 및 항공기 운항과 관련된 주요 내용은 다음과 같다.

국제민간항공협약(시카고협약)

Part 1 Air Navigation(Article 1~42)
- Article 1. Territorial Sovereignty. 배타적 주권 인정
- Article 6. Scheduled Air Service 정기항공(국제 정기항공은 체약국 인가 필요 및 인가 조건 준수)
- Article 11. Applicability of air regulations. 항공법규 적용(협약 준수 조건하에 체약국 규정 준수)
- Article 12. Rules of the air. 항공규칙(해당지역 비행규칙 준수하고 체약국은 협약에 따른 개정된 규칙과 일치시킴)
- Article 16. Search of aircraft. 항공기의 검사(불합리한 지연 없이 항공기 증명서 및 서류 점검)
- Article 18. Dual registration. 항공기 이중 등록 금지
- Article 26. Investigation of accident 사고조사
- Article 28. Air navigation facilities and standard systems 항행시설 및 시스템(항행안전시설 설치 및 서비스 제공)
- Article 29. Documents carried in aircraft. 항공기 휴대 서류
- Article 30. Aircraft radio equipment. 항공기 무선장비
- Article 31. Certificates of airworthiness. 감항증명서(탑재요건)
- Article 32. licenses of personnel. 항공종사자 자격증명(소지요건 등)
- Article 33. Recognition of Certificates. 증명서 승인(체약국 간 증명서 자격증명의 승인)
- Article 34. Journey log books. 항공일지(항공일지 탑재 유지)
- Article 35 Cargo restrictions 화물의 제한(군수품 운송 금지 등)
- Article 37. Adoption of international standards and procedures. 국제표준 및 절차의 채택
- Article 38. Departures from international standards and procedures. 국제표준 및 절차의 적용 배제
- Article 39. Endorsement of certificates and licenses 증명서 및 자격증명의 이서
- Article 40. Validity of endorsed certificates and licenses 이서된 증명서 및 자격증명의 효력

Part 2 The International Civil Aviation Organization(Article 43~66)
- Article 43. Name and composition. ICAO 명칭 및 구성(ICAO 설립근거)
- Article 44. Objectives 설립 목적
- Article 48. Meeting of Assembly and voting 총회의 회합 및 표결
- Article 49. Powers and duties of Assembly 총회의 권한 및 임무
- Article 50. Composition and election of Council 이사회의 구성 및 선거
- Article 52. Voting in Council 이사회에 있어서의 표결
- Article 54. Mandatory functions of Council 이사회의 수임기능
- Article 55. Permissive functions of Council 이사회의 임의기능
- Chapter X The air navigation commission 항행위원회
- Chapter XIII Other international arrangements 기타 국제약정

Part 3 International Air Transport(Article 67~79)
- Article 68. Designation of route and airport. 항공로 및 공항의 지정
- Article 69. Improvement of air navigation facilities 항행시설의 개선

Part 4 Final Provisions(Article 80~96)
- Article 82. Abrogation of inconsistent arrangements. 양립할 수 없는 협정 폐지
- Article 87. Penalty for non-conformity of airline. 항공사의 위반에 대한 제재(운항금지)
- Article 88. Penalty for non-conformity by State. 국가의 위반에 대한 제재(투표권 정지 등)
- Article 90. Adoption and amendment of Annexes. 부속서 채택 및 개정
- Chapter 22 Definitions 용어정의(Article 96. Air service, Airline 등 용어정의)

시카고협약은 1919년 체결된 파리협약을 대체하였으며 시카고협약과 파리협약과의 주요 차이점은 다음과 같다.[1]

① 시카고협약은 파리협약과 달리 협약 본문과 부속서로 구성되어 있다. 협약의 기본 원칙은 협약 본문에서 규정하고, 과학기술의 발전과 실제 적용을 바탕으로 수시 개정될 수 있는 내용들은 협약 부속서에서 규정하고 있다. 이는 1919년의 파리협약의 단점 및 1928년의 하바나협약의 장점을 반영한 것으로 과학기술 발달 등으로 인한 기술적 사항의 수시 개정을 용이하게 하고 있다.

② 파리협약과 시카고협약은 모두 적용대상에서 국가 항공기를 제외하고 있다. 한편 시카고협약은 파리협약과 다르게 시카고협약은 국가항공기(State aircraft)를 정의하는 데 있어서 우편물 운송에 이용되는 항공기를 국가항공기 범주에서 제외하였다.

③ 시카고협약은 정기 민간항공과 비정기 민간항공을 보다 엄격히 구분하였다.

④ 시카고협약은 무인항공기를 규제하여 무인항공기가 허가 없이 영공을 비행하는 것을 금지하였다.

⑤ 시카고협약은 전염병의 확산방지 조치를 포함하여 타 체약국의 항공기가 도착하고 출발하는 것에 관련한 규정을 두었다.

⑥ 파리협약은 항공기의 국적을 바로 규율하였지만 시카고협약은 항공기 국적에 관련된 등록문제를 각 체약국의 국내법에 위임하였다.

⑦ 시카고협약은 통관을 포함하여 항공의 편의를 증진시키는 규정을 포함하였다.

⑧ 시카고협약은 사고조사 절차를 규정하였다.

⑨ 시카고협약은 특정한 경우에 항공기를 압류하는 것을 금하였다.

⑩ 시카고협약은 노선, 비행장, 비행시설, 공동 운항 항공사 등을 포함한 광범위한 항공 관련 규정을 두었다.

⑪ 시카고협약은 분쟁 해결절차를 두었다.

⑫ 파리협약과는 달리 시카고협약은 주요한 용어 3개에 대한 정의를 포함시켰는바, 이는 국제 항공(international air service), 정기 항공사(airline) 및 운송목적이 아닌 착륙(stops for non-traffic purposes)이다.

한편 1944년 11월 시카고회의는 제1차 세계대전 이후 실무영어로 부상한 영어가 1815년 나폴레옹 패전 이후 외교회의나 협약 문서에서 전통적인 공식 언어로 사용되던 불어의 아성을 깨트린 회의로 평가된다.[2] 1944년 시카고회의는 영어가 공식 언어로 사용되었으며, 회의 결과 법률 문서들도 시간적 여유가 없어 영어로만 작성되었다. 다만, 협약 말미에 영어 이외에 불어와 스페인어도 동등한 지위를

---

1) 박원화, 「국제항공법(제3판)」, 한국학술정보, 2014, p.68 참조.

2) 전통적으로 협약문의 공식 언어는 라틴어 사용되다가 1815년 나폴레옹 패전 후 열린 빈회의를 시작으로 불어가 외교언어로 사용되었으나 제1차 세계대전 이후 영어가 실무언어로 등장하였으며 1944년 시카고 회의에서는 영어가 공식 언어로 사용됨.

가진다고 다음과 같이 명시하였다.

1.2 시카고협약 개정

시카고협약 제94조는 협약의 개정에 대하여 규정하고 있다. 협약 제94조 (a)항에 따라 협약의 개정은 그 개정안을 비준한 국가에 한해서만 효력이 있으며 개정안을 비준하지 않은 국가에 대해서는 해당 개정안은 적용되지 않음을 명시하고 있다. 이 조항은 시카고협약 개정안의 경우 비준여부에 따라 발효국가가 달라질 수 있기 때문에 협약의 법적 적용 및 실질적인 적용상 혼란이 있을 수 있다.[3)]

제94조 협약의 개정
(a) 본 협약의 개정안은 총회의 3분의 2의 찬성투표에 의하여 승인되어야 하고 또 총회가 정하는 수의 체약국이 비준한 때에 그 개정을 비준한 국가에 대하여 효력을 발생한다. 총회의 정하는 수는 체약국의 총수의 3분의 2의 미만이 되어서는 아니 된다.
(b) 총회는 전항의 개정이 성질상 정당하다고 인정되는 경우에는, 채택을 권고하는 결의에 있어 개정의 효력 발생 후 소정의 기간 내에 비준하지 아니하는 국가는 직시 기구의 구성원과 본 협약의 당사국의 지위를 상실하게 된다는 것을 규정할 수 있다.

이와 관련하여 시카고협약의 주요 개정현황은 다음과 같다.

① 제3조의 2(Article 3bis) 민간 항공기에 대한 무기 사용 금지 및 영공 주권 확인

이 조항은 비행중에 있는 민간 항공기에 대한 무기의 사용 금지와 영공에 대한 주권을 재확인하고 있는데, 이는 KAL007사고 이후 민간 항공기에 대한 무기사용금지를 보장토록 촉구하는 주장과 영공 침범을 방지토록 하자는 주장이 함께 반영된 것이다(1984.5.10. 제25차 임시총회에서 개정의정서로 채택되어 1998.10.1. 발효).

② 제48조 총회 주기 조정

효율적인 총회 운영을 도모하기 위해 총회의 개최 주기를 최소한 3년에 1회 실시하는 것으로 규정하였다(1956.12.12. 발효).

---

3) 반면에 해양법에 관한 UN협약 제316조의 5항은 혼선의 여지를 사전에 방지한 선례로 평가된다. 해양법 제316조 5항은 "영역 내 활동에 배타적으로 관련된 모든 개정, 그리고 부속서 6장과 관련된 모든 개정은 체약국 3/4의 비준을 받은 법률문서의 보관 1년 후 전체 체약국에게 발효된다"라고 규정하고 있음.

③ 제50조 이사국 수 변경

이사국 수와 관련하여 ICAO 회원국이 급증하면서 체약국들의 입장을 대표할 수 있는 이사국의 증가 필요성이 제기되었고 그 결과 수차례 반영하였다. 최초 이사국 수는 21개국이었으나 제13차 임시총회(1961.6.21.)에서 27개국, 제17차 임시총회(1971.3.12.)에서 30개국, 제21차 총회(1974.10.16.)에서 33개국, 제28차 임시총회(1990.10.26.)에서 36개국으로 각각 변경되어 현재에 이르고 있다(2002.11.28. 발효).

④ 제56조 항행위원 수 변경

항행위원 수를 12명에서 15명으로 변경하였다(2005.4.18. 발효).

⑤ 제83조의 2(Article 83bis) 항공기운영국으로 기능 및 의무 일정부분 이양

항공기의 임차, 전세, 교환 시 항공기의 등록국으로부터 항공기운영국으로 기능 및 의무의 일정부분 이양할 수 있다(1997.6.20. 발효).

⑥ 영어, 불어, 스페인어 이외에 러시아어, 아랍어, 중국어 정본 추진

1968년 부에노스아이레스의 보충협약에 의거 영어 이외에 불어, 스페인어 정본을 만들어졌다. 러시아어 정본과 관련해서는 제22차 총회(1977.9.30.)와 연계하여 개최된 외교회의에서 "시카고협약 4개 정본에 대한 보충협약"이 채택되어 1999.9.16.에 발효되었다.[4] 반면에 아랍어와 중국어는 제31차 총회(1995)와 제32차 총회(1998)에서 연계한 외교회의에서 시카고협약 보충협약으로 각각 채택되었으나 아직 발효되지 않은 상태이다.[5]

시카고협약 제3조의 2(Article 3bis)
(a) 체약국은 모든 국가가 비행중인 민간항공기에 대하여 무기의 사용을 삼가야 하며, 또한 민간항공기를 유도 통제하는 경우에 탑승객의 생명과 항공기의 안전을 위태롭게 하여서는 아니 된다는 것을 인정한다. 이 규정은 어떠한 경우에도 국제연합헌장에 규정된 국가의 권리와 의무를 수정하는 것으로 해석되지 아니한다.
(b) 체약국은 모든 국가가 그 주권을 행사함에 있어서, 민간항공기가 허가 없이 그 영토 상공을 비행하거나 또는 이 협약의 목적에 합치되지 아니하는 어떠한 의도로 사용되고 있다고 믿을 만한 합리적인 이유가 있는 경우, 동 민간항공기에 대하여 지정된 공항에 착륙할 것을 요구하거나, 또는 그러한 위반을 종식시키기 위하여 동 민간항공기에 대하여 기타 지시를 할 수 있음을 인정한다. 이러한 목적으로 체약국은 이 협약의 관계 규정, 특히 이 조의 (a)항을 포함한 국제법의 관계 규칙에 합치되는 모든 적절한 수단을 취할 수 있다. 각 체약국은 민간항공기의 유도통제에 관한 자국의 현행 규정을 공표할 것을 동의한다.

---

4) ICAO Doc 7300/9 pp.48-51.

5) ICAO Doc 9663 시카고협약 5개 국어 정본에 관한 보충협약_아랍어, 2015.7.1. 현재 미발효.
ICAO Doc 9721 시카고협약 6개 국어 정본에 관한 보충협약_중국어, 2015.7.1. 현재 미발효.

시카고협약 제83조의 2(Article 83bis) 일정한 권한 및 의무의 이양6)

(a) 제12, 30, 31 및 32조(a)의 규정에도 불구하고, 체약국에 등록된 항공기가 항공기의 임차·대절 또는 상호교환 또는 이와 유사한 조치를 위한 협정에 따라 주 영업지, 주 영업지가 없을 경우에는 상주지가 타방 체약국에 속해 있는 사용자에 의해 운용되고 있을 때는, 등록국은 여타국과의 협정에 의해 제12, 30, 31 및 32조(a)에 따라 등록국의 권한 및 의무의 전부 또는 일부를 이양할 수 있다. 등록국은 이양된 권한 및 의무에 관하여 책임을 면제받는다.

(b) 상기 이양은 이양이 규정된 관련국간의 협정이 제83조에 따라 이사회에 등록되고 공표되거나, 협정의 존재나 범위가 협정당사국에 의하여 여타 관련 체약국에 직접 통지되기 전에는 여타 체약국에 대하여 효력을 가지지 아니한다.

1.3 시카고협약 부속서

시카고협약 부속서는 '국제표준(International Standards)'과 '권고방식(Recommended Practices)'을 수록하고 있다. 이사회는 부속서를 채택하고 개정할 권한과 기능을 행사하면서 항공의 안전, 질서 및 효율에 관련한 국제질서를 수립하고 있다(협약 제54조 (l), (m)). 협약 제90조 (a)는 이사회가 부속서를 채택하는데 이사회의 2/3 찬성을 요하도록 규정하고 부속서 개정에 관해서는 명시적인 언급을 하지 않고 있다. 그러나 이사회는 협약의 합리적인 해석을 통하여 부속서 개정도 이사회의 2/3 찬성으로 처리하고 있다. 이와 같이 시카고협약 부속서는 필요에 따라 제정되거나 개정될 수 있다. 현재 총 19개의 부속서가 있으며 부속서 19 Safety Management는 2013년부터 적용되고 있다.

시카고협약과 시카고협약 부속서의 관계 및 시카고협약 부속서 현황은 다음과 같다.

〈표 2〉 시카고협약과 시카고협약 부속서 관계

구 분	내 용	비 고
시카고협약	• 제37조 국제표준 및 절차의 채택 ✓ 각 체약국은, 항공기 직원, 항공로 및 부속업무에 관한 규칙, 표준, 절차와 조직에 있어서의 실행 가능한 최고도의 통일성을 확보하는 데에 협력 ✓ ICAO는 국제표준 및 권고방식과 절차를 수시 채택하고 개정 • 제38조 국제표준 및 절차의 배제	ICAO를 통해 국제표준, 권고방식 및 절차의 채택 및 배제
	• 제43조 본 협약에 의거 ICAO를 조직 • 제54조 ICAO 이사회는 국제표준과 권고방식을 채택하여 협약 부속서로 하여 체약국에 통보 • 제90조 부속서의 채택 및 개정	시카고협약과 시카고협약 부속서 관계

---

6) 1980.10.3. 제23차 총회에서 개정되었으며 1997.6.20. 발효됨.

7) 시카고협약 각 부속서 서문 Material comprising the Annex proper: Standards and Recommended Practices.

	· 시카고협약 부속서 ✓ Annex 1 Personnel Licensing ✓ Annex 2~18(생략) ✓ Annex 19 Safety Management	총19개 부속서
시카고협약 부속서	· 각 부속서 전문에 표준 및 권고방식(SARPs) 안내[7] ✓ 표준(Standards): 필수적인(necessary) 준수 기준으로 체약국에서 정한 기준이 부속서에서 정한 '표준'과 다를 경우, 협약 제 38조에 의거 체약국은 ICAO에 즉시 통보 ✓ 권고방식(Recommended Practices): 준수하는 것이 바람직한(desirable) 기준으로 체약국에서 정한 기준이 부속서에서 정한 '권고방식'과 다를 경우, 체약국은 ICAO에 차이점을 통보할 것이 요청됨.	시카고협약 부속서 전문에 SARPs에 따른 체약국의 준수의무사항 규정

* 출처: 「항공우주정책법학회지」 제28권 제1호(2013), "시카고협약체계에서의 항공안전평가제도에 관한 연구(이구희·박원화)"

〈표 3〉 시카고협약 부속서
(Annexes to the Convention on International Civil Aviation)

부속서	영문명	한글명
Annex 1	Personal Licensing	항공종사자 자격증명/면허
Annex 2	Rules of the Air	항공규칙
Annex 3	Meteorological Service for International Air Navigation	항공기상
Annex 4	Aeronautical Chart	항공도
Annex 5	Units of Measurement to be Used in Air and Ground Operation	항공단위
Annex 6	Operation of Aircraft	항공기운항
Part I	International Commercial Air Transport - Aeroplanes	국제 상업항공 운송 - 비행기
Part II	International General Aviation - Aeroplanes	국제 일반항공 - 비행기
Part III	International Operations - Helicopters	국제 운항 - 헬기
Annex 7	Aircraft Nationality and Registration Marks	항공기 국적 및 등록기호
Annex 8	Airworthiness of Aircraft	항공기 감항성
Annex 9	Facilitation	출입국 간소화
Annex 10	Aeronautical Telecommunication	항공통신
Vol I	Radio Navigation Aids	무선항법보조시설
Vol II	Communication Procedures including those with PANS Status	통신절차
Vol III	Communications Systems	통신시스템
Vol IV	Surveillance Radar and Collision Avoidance Systems	감시레이더 및 충돌방지시스템
Vol V	Aeronautical Radio Frequency Spectrum Utilization	항공무선주파수 스펙트럼 이용
Annex 11	Air Traffic Services	항공교통업무
Annex 12	Search and Rescue	수색 및 구조
Annex 13	Aircraft Accident and Incident Investigation	항공기 사고조사
Annex 14	Aerodromes	비행장
Vol I	Aerodrome Design and Operations	비행장 설계 및 운용
Vol II	Heliports	헬기장
Annex 15	Aeronautical Information Services	항공정보업무
Annex 16	Environmental Protection	환경보호

Vol I	Aircraft Noise	항공기 소음
Vol II	Aircraft Engine Emissions	항공기 엔진배출
Annex 17	Security	항공 보안
Annex 18	The Safe Transport of Dangerous Goods by Air	위험물 수송
Annex 19	Safety management	안전관리

현실석으로 부속서가 갖는 가장 중요한 의미는 각 부속서에서 표준 또는 권고방식으로 규정한 사항이 무엇이며 이에 대한 체약국의 준수여부라고 볼 수 있다. ICAO는 각 부속서의 이해를 증진하기 위해 부속서 발행 시 표준 및 권고방식을 규정하는 본문 이외에 각 부속서 전문에 개정현황(Amendments), 목차(Table of contents), 서문(Foreword), 역사적 배경(Historical background), 체약국에 의한 차이점 통보 조치(Action by Contracting States_Notification of difference), 부속서 구성(Status of Annex components, Material comprising the Annex proper), 사용언어(Selection of language), 편집방식(Editorial practices) 등을 명시하고 있으며, 부속서 별 특성을 고려하여 일반사항, 책임, 협약과의 관계 등을 명시하기도 한다. 총 19개 부속서 중 유일하게 부속서 2(Rules of the Air, 항공규칙)의 본문은 표준 또는 권고방식의 두 가지 형태가 아니라 표준(Standard)으로만 구성되어 있으며 부속서2의 표지에도 '국제표준 및 권고방식(International Standards and Recommended Practices)'이 아니라 '국제표준(International Standards)'이라고 명시하고 있다.

1.4 표준 및 권고방식

시카고협약 부속서는 '국제표준(International Standards)'과 '권고방식(Recommended Practices)'을 수록하고 있는데, 체약국은 동 부속서 내용에 상응하는 준수의무를 가진다. 이사회는 부속서를 채택하고 개정할 권한과 기능을 행사하면서 항공의 안전, 질서 및 효율에 관련한 국제질서를 수립하고 있고(협약 제54조 (l), (m)) 부속서를 채택하는데 이사회의 2/3 찬성을 요하도록 규정하고 있으며(협약 제90조 (a)) 부속서 개정에 관해서는 명시적인 언급을 하지 않고 있다. 그러나 이사회는 협약의 합리적인 해석을 통하여 부속서 개정도 이사회의 2/3 찬성으로 처리하고 있다.

ICAO는 제1차 총회(1947년) 시 내부적으로 사용할 목적으로 Standard와 Recommended Practice를 다음과 같이 정의하였으며[8] 각 부속서 전문에 용어정의를 명시하고 있으며 이를 통해 체약국의 의무를 강조하고 있다.

---

[8] 제1차 총회 결의문 Al-31(Definition of 'International Standard' and 'Recommended Practice'). 동 결의문은 약간의 수정을 가하여 제14차 총회 시부터 통합 결의문(consolidating resolution)으로 정기 총회 시마다 채택되어 오고 있음.

표준(Standard)

"Standard: Any specification for physical characteristics, configuration, matériel, performance, personnel or procedure, the uniform application of which is recognized as necessary for the safety or regularity of international air navigation and to which Contracting States will conform in accordance with the Convention; in the event of impossibility of compliance, notification to the Council is compulsory under Article 38."

"표준(Standard)이란 국제 항공의 안전, 질서 또는 효율을 위하여 체약국이 준수해야 하는 성능, 절차 등에 대해 필수적인(necessary) 기준을 말한다. 체약국에서 정한 기준이 부속서에서 정한 '표준'과 다를 경우, 협약 제 38조에 의거 체약국은 ICAO에 즉시 통보하여야 한다."

표준(Standards) 적용 사례; Roman체 표기, Shall 사용

4.2.8.3   Category II and Category III instrument approach and landing operations shall not be authorized unless RVR information is provided.

권고방식(Recommended Practice)

"Recommended Practice: Any specification for physical characteristics, configuration, matériel, performance, personnel or procedure, the uniform application of which is recognized as desirable in the interest of safety, regularity or efficiency of international air navigation, and to which Contracting States will endeavour to conform in accordance with the Convention."

"권고방식(Recommended Practices) 이란 국제 항공의 안전, 질서, 효율 등을 위하여 체약국이 준수하고자 노력해야 할 성능, 절차 등에 대한 바람직한(desirable) 기준을 말한다. 체약국에서 정한 기준이 부속서에서 정한 '권고방식'과 다를 경우, 체약국은 ICAO에 차이점을 통보할 것이 요청된다."

권고방식(Recommended Practices) 적용 사례: *Italics*체 표기, Should 사용, Recommendation 표기

4.2.8.4   **Recommendation.**— *For instrument approach and landing operations, aerodrome operating minima below 800 m visibility should not be authorized unless RVR information is provided.*

협약 제38조 및 각 부속서에서는 표준과 권고방식에 대하여 각기 다른 의미를 부여하고 있다. 양자가 동일한 수준의 구속력을 가지는 것은 아니지만 일정한 조건하에서는 구속력이 있다. 국제표준과 자국의 국내규칙 사이에 차이가 있을 경우 체약국은 이를 즉각 ICAO에 통보할 의무를 가진다. ICAO 표준의 개정내용이 자국규칙과 상이한 체약국은 자국규칙을 ICAO 표준에 부합하도록 개정하는 조치를 취하지 않는 경우 국제표준 채택으로부터 60일 이내에 ICAO에 통보할 의무가 있다. 국제표준과 자국의 규칙 사이의 차이점을 ICAO 이사회에 통보하지 않을 경우 국제표준이 구속력 있게 적용된다. 또한 동 차이점과 관련하여 부속서 15(Aeronautical Information Services)는 국내의 규정과 방식(practices)이 ICAO의 표준 및 권고방식과 상이할 때 체약 당사국이 이를 항공간행물로 발간할 의무를 부과하였다. 이와 같이 ICAO에서 국제표준으로 설정한 기준이 있는 경우 체약국은 이를 필수적으로 준수하여야 하며, 불가피하게 체약국의 기준이 ICAO에서 정한 표준과 다른 경우에는 ICAO에 통보하여야 한다. 차이점 통보 종류는 3가지 형태(① 강화 이행, ② 다르게 이행, ③ 약화 이행)가 있다. 반면에 ICAO

에서 규정한 권고방식과 상이한 국내규칙에 관하여는 ICAO에 통보할 의무는 협약에 규정되어 있지 않다. 권고방식과 국내에서 실시하는 규칙과의 상이점을 통보하는 것이 협약상의 의무는 아니나 ICAO 총회와 이사회는 결의문을 통하여 표준과 권고방식을 따르도록 권고하고 이것이 불가할 경우에는 표준은 물론 권고방식도 다른 국내규칙상의 차이점을 ICAO에 통보할 것이 요청된다.

상기에서 보듯이 표준은 권고방식보다 규범성이 더 강한 내용이며, 표준 및 권고방식보다 더 강한 규범성을 부여한다면 이는 협약본문의 조문으로 포함시켜야 할 성질의 것이 되겠다. 한편 표준과 권고방식은 항공질서 확립을 위한 안전성 및 효율성을 고려한 항공안전 국제기준으로 각 체약국에서 제정하여 운영하고 있는 항공법 조항의 실질적인 법원이 되고 있다.

2. 국제민간항공기구

국제민간항공기구(ICAO)는 시카고협약에 의거 국제민간항공의 안전, 질서유지와 발전을 위해 항공기술, 시설 등 합리적인 발전을 보장 및 증진하기 위해 설립되고 준 입법, 사법, 행정 권한이 있는 UN 전문 기구이다. ICAO는 설립 취지에 맞게 '글로벌 민간항공시스템의 지속적 성장 달성'이라는 비전을 제시하고 있으며 이러한 비전 달성을 위해 ICAO의 미션 및 전략목표도 이에 부합하는 내용들을 담고 있다. 그중에서 항공안전은 가장 중요한 요소 중의 하나이다.[9]

시카고협약 Part Ⅱ(제43조부터 제66조)는 ICAO의 설립·운영에 대한 전반적인 사항을 규율하는데, 여기에서 ICAO 총회, 이사회, 항행위원회, 인원, 재정, 기타 국제문제를 규율하고 있으며 협약 제44조는 ICAO의 목적을 다음과 같이 규정하고 있다.

시카고협약 제44조 목적
이 기구의 목적은 국제 공중항행의 원칙과 기술을 발전시키며 국제 항공운송의 계획과 발달을 진작시킴으로써
① 전 세계에 걸쳐 국제 민간항공의 안전하고 질서 있는 성장을 보장하며
② 평화적 목적을 위한 비행기 디자인과 운항의 기술을 권장하며
③ 국제 민간항공을 위한 항로, 비행장, 항공시설의 발달을 권장하며
④ 안전하고, 정기적이며, 효율적임과 동시에 경제적인 항공운송을 위한 세계 모든 사람의 욕구를 충족

---

9) ICAO Vision, Mission and Strategic Objectives 2014-2016
Vision: Achieve the sustainable growth of the global civil aviation system.
Mission: To serve as the global forum of States for international civil aviation. ICAO develops policies and Standards, undertakes compliance audits, performs studies and analyses, provides assistance and builds aviation capacity through many other activities and the cooperation of its Member States and stakeholders. ICAO Strategic Objectives 2014-2016: Safety, Air Navigation Capacity and Efficiency, Security & Facilitation, Economic Development of Air Transport, Environmental Protection.

하며

⑤ 불합리한 경쟁에서 오는 경제적 낭비를 방지하며

⑥ 체약국의 권리가 완전 존중되고 각 체약국이 국제 민간항공을 운항하는 공평한 기회를 갖도록 보장하며

⑦ 체약국 간 차별을 피하며

⑧ 국가 공중항행에 있어서 비행의 안전을 증진하며

⑨ 국제 민간항공 제반 분야의 발전을 일반적으로 증진한다.

ICAO는 상기 목적을 달성하기 위하여 준 입법기능을 가지고 시카고협약 부속서를 제·개정할 수 있는 권한이 주어졌으며 아울러 체약국 간 협약 해석·적용에 관련한 분쟁을 해결하는 준사법적 기능도 부여받았다. 그러나 이사회가 과거 준사법적 기능을 행사하는 것을 부담스러워하면서 스스로 동 기능을 포기한 행태를 보였으며, 이사회에 참석하는 각 이사국 대표의 법률적 자질과 이사국의 기존 태도를 감안할 때 이사회의 입법·사법적 기능에 내재적인 결함과 한계가 있다.[10]

시카고협약에 의거 ICAO는 동 기구 내에 총회(Assembly), 이사회(Council), 사무국(Secretariat)을 두고 있으며, 이사회의 산하 기관으로 항행위원회(Air Navigation Commission), 항공운송위원회(Air Transport Committee), 법률위원회(Legal Committee), 불법 방해 위원회(Committee on Unlawful Interference) 등이 설치되어 있다.

총회(Assembly)는 이사국 선출, 분담금, 예산 및 협약 승인 등을 결정하는 ICAO의 최고의사결정기구이다. 체약국은 협약 제62조에 따른 분담금을 지불하지 않은 경우 등으로 인해 총회에서 투표권을 상실할 수 있는 것을 제외하고는 1국 1표의 동등한 투표권을 행사한다. 총회는 통상 3년마다 개최되지만 이사회나 체약국의 1/5 이상의 요청에 의하여 특별총회가 소집될 수 있다(제48조 (a)).[11] 시카고협약은 ICAO의 최고기관인 총회의 강제적 권한과 의무를 다음과 같이 규정하고 있다.

총회(The Assembly)의 주요 기능[12]

① 이사국 선출(제50~55조)

② 이사회의 보고서를 심의하고 적의 조처하며 이사회가 제기하는 모든 문제에 관하여 결정(제49조 (c))

③ 자체의사 규칙을 채택하며 필요시 보조기구를 설치(제49조 (d))

④ 예산안 투표 및 협약 제12장(제61~63조) 규정에 따른 ICAO의 재정분담 결정(제49조 (e))

⑤ 기구(ICAO)의 지출을 심사하고 계정을 승인(제49조 (f))

⑥ 이사회 또는 자체 보조기구에 자체 심의안건을 이송하고, 이사회에 기구의 임무수행 권한을 위임(제49조 (g), (h))

---

10) 박원화, 「국제항공법(제3판)」, 한국학술정보, 2014, p.69.

11) 특별 총회는 주로 시카고협약 개정을 위하여 개최되었는바 1983년 대한항공 007기가 소련 전투기에 의하여 격추된 후 민간항공기 안전을 강화하는 내용으로 협약을 개정하기 위하여 1984년 소집된 제25차 ICAO 총회도 특별 총회임.

12) 박원화, 「국제항공법(제3판)」, 한국학술정보, 2014, p.70.

⑦ 기타 유엔 기구와의 협정 체결권 등을 규정한 협약 제13장(제64~66조)의 규정을 이행
⑧ 협약의 개정안 심의 및 체약국에 대한 동 권고(제94조)
⑨ 이사회에 부여되지 않은 기구 관할 사항인 모든 문제(제49조 (k))

　　이사회(Council)는 3종류의 회원국을 대표하는 36개 이사국으로 구성된다. 3년마다 개최되는 성기 총회 시마다 선출되는 36개 이사국은 형식적으로는 3가지 종류로 나누어서 선출하고 있다. 이사회의 주요 기능 및 이사국 종류별 구분 기준은 다음과 같다.

　　이사회의 주요 기능[13]
① 일반적 기능
• 총회에 연차보고서 제출(제54조 (a))
• 총회의 지시를 이행하고 협약에 규정된 권리·의무를 수행(제54조 (b))
• 체약국이 제기하는 협약에 관련한 모든 문제를 심의(제54조 (n))
② 국제 행정 및 사법 기능
• 여타 국제기구와 협정 등을 체결(제65조)
• 국제항공통과협정과 국제항공운송협정이 위임한 업무를 수행(제66조)
• 공항과 여타 항행시설의 제공과 개선(제69조-76조)
• 분쟁의 해결 및 협약 위반에 대한 제재(제84조-88조)
• 협약의 위반 또는 이사회의 권고사항이나 결정의 위반을 총회와 체약국에 보고(제54조 (j)-(k))
③ 입법기능
• 항행의 안전, 질서 및 효율에 관련한 문제에 있어서의 '국제표준과 권고방식(International Standards and Recommended Practices, 약칭 SARPs)'을 수록하는 협약의 부속서를 채택하고 개정(제54조 (l), (m))
④ 정보교류기능
• 항행과 국제 항공운항의 발전에 필요한 정보를 취합하고 발간(제54조 (i))
• 체약국의 국제 항공사에 관련한 운송보고와 통계를 접수(67조)
• 체약국이 당사자로 되어 있는 항공 관련 협정을 등록받고 발간(제81조, 83조)
⑤ 기구 내부 행정
• 협약 제12장과 제15조의 규정에 따른 재정을 관리(제54조 (f))
• 사무총장 등의 인선과 임무부여(제54조 (h), 58조)
⑥ 연구·검토
• 국제적 중요성을 갖는 항공운송과 항행에 관련한 모든 부문에 대한 연구(제55조 (c))
• 국제 항공운송의 기구와 활동에 영향을 주는 모든 문제를 검토하고 이에 대한 계획을 총회에 보고(제55조 (d))
• 체약국의 요청에 따라 국제 공중항행의 발전에 지장을 줄 수 있는 모든 상황을 조사하고 이에 관하여 보고서를 제출(제55조 (e))

　　이사국 종류
① PART I: States of chief importance in air transport(주요 항공 운송국가, 11개국)
② PART II: States which make the largest contribution to the provision of facilities for international civil air navigation(국제민간항공시설 기여국가, 12개국)

---

13) 박원화, 「국제항공법(제3판)」, 한국학술정보, 2014, p.74.

③ PART III: States ensuring geographic representation(Part Ⅰ Ⅱ 이외의 지역 대표국가, 13개국)

사무국(Secretariat)은 연구, 통계와 협정의 정리와 분석, 문서 발간, 기금의 취급과 전달, ICAO와 여타 국제기구 간 연락업무, 홍보 등을 담당하며, 사무국에는 항행국, 항공운송국, 기술협력국, 행정서비스국, 법률대외국과 함께 지역사무소를 두고 있다.

ICAO의 설립목적, ICAO의 조직 및 산하기관들의 역할은 시카고협약 체약국의 규모에 따라 다를 수 있으나 각 체약국은 기본적으로 체약국내 항공당국의 설립 목적, 조직 및 기능을 ICAO의 그 것과 연계하여 구성 및 발전시킬 필요가 있다.

3. 시카고협약과 국내항공법과의 관계

항공법은 국제적 성격이 강한 바, 항공질서 확립을 목적으로 하는 국내 항공 법규에서도 국제법과의 관계를 명시하고 있다. 따라서 항공법규의 적용 및 해석에 있어, 해당 항공법령 이외에 헌법, 국제조약 등에서 정한 기준을 고려해야 하는 것은 당연하다.

한편 유엔헌장 제103조[14]는 어느 조약도 유엔헌장에 우선할 수 없다고 규정하였다. 따라서 유엔헌장과 조약 그리고 우리 국내법 3자 간의 조약에 관련한 내용에 있어서는 유엔헌장이 먼저이고 조약과 국내법은 동등한 지위에 있는 것으로 해석된다. 또한 헌법 제6조 제1항은 "헌법에 의하여 체결·공포된 조약과 일반적으로 승인된 국제법규는 국내법과 같은 효력을 가진다"라고 규정하고 있어 시카고협약상의 내용이 국내법과 동등한 지위에 있는 것으로 해석된다.

시카고협약과 항공법의 관계에서 알 수 있듯이 시카고협약 체약국은 항공질서 및 통일성 확보에 협력하고 ICAO에서 정한 국제표준을 준수할 책임이 있다. 이를 위하여 체약국은 SARPs를 기반으로 하는 체약국의 법규를 마련하여 항공안전체계가 유지될 수 있도록 관리감독하게 된다. 또한, 모든 시카고협약 체약국은 자국을 운항하는 외국 항공사 및 항공기에 대해서도 국제법적으로 인정되는 범위 내에서 항공기 사고 등을 방지할 목적으로 SARPs에 대한 이행상태를 확인 점검할 권리를 가진다. 최근 세계 각국 항공당국의 외국 항공사 및 항공기에 대한 점검 활동 강화 및 확대도 이러한 맥락으로 이해되며 이들에 대한 실제 점검 내용도 국제표준을 어떻게 준수하고 있는지를 확인하고 필요 조치를 취하는 것이다.

---

14) UN 헌장 Article 103: In the event of a conflict between the obligations of the Members of the United Nations under the present Charter and their obligations under any other international agreement, their obligations under the present Charter shall prevail.

<표 4> 국제항공법과 국내항공법과의 관계

구 분	내 용
국제 항공법	• (UN 헌장): 국제조약과 상충 시 헌장상의 의무가 우선함 • 국제민간항공협약 및 국제민간항공협약 부속서(국제 표준 및 권고방식) • 항공기 운항 상 안전을 위해 체결된 형사법적 국제조약(1963 동경협약, 1970 헤이그협약, 1971 몬트리올협약 등) • 항공기 사고 시 승객의 사상과 화물의 피해에 대한 배상 등에 관한 국제조약(1929 바르샤바협약, 1999 몬트리올협약 등) • 항공기에 의한 지상 피해 시 배상에 관한 조약(1952 로마협약, 1978 몬트리올의정서 등)
국내 항공법	• 헌법 • 항공법/시행령/시행규칙 • 항공보안법/시행령/시행규칙 • 항공·철도 사고조사에 관한 법률/시행령/시행규칙 • 상법(제6편 항공운송)/시행령 • 운항기술기준(FSR) 등

국제
및 국내항공법 관계
	• (헌법) 승인된 국제법규는 국내법과 같은 효력을 가짐
	• (항공법)「국제민간항공조약」및 같은 조약의 부속서에서 채택된 표준과 방식에 따름
	• (항공보안법) 이 법에서 규정하는 사항 이외에는 다음 각 호의 국제협약에 따름
	  ✓「항공기 내에서 범한 범죄 및 기타 행위에 관한 협약」
	  ✓「항공기의 불법납치 억제를 위한 협약」
	  ✓「민간항공의 안전에 대한 불법적 행위의 억제를 위한 협약」등
	• (항공·철도사고조사에 관한 법률)
	  ✓「국제민간항공조약」에 의하여 대한민국이 관할권으로 하는 항공사고 등에도 적용
	  ✓이 법에서 규정하지 아니한 사항은「국제민간항공조약」과 같은 조약의 부속서에서 채택된 표준과 방식에 따라 실시한다.
	• (상법_제6편 항공운송): 국제 항공조약 중 사법성격의 내용을 반영

* 출처: 「항공우주정책법학회지」 제28권 제1호(2013), "시카고협약체계에서의 항공안전평가제도에 관한 연구(이구희·박원화)"

<표 5> 시카고협약을 인용한 국내 항공법규 내용

구 분	내 용	비 고
항공법	제1조(목적) 이 법은「국제민간항공조약」및 같은 조약의 부속서에서 채택된 표준과 방식에 따라 항공기가 안전하게 항행하기 위한 방법을 정하고, 항공시설을 효율적으로 설치·관리하도록 하며, 항공운송사업의 질서를 확립함으로써 항공의 발전과 공공복리의 증진에 이바지함을 목적으로 한다.	항공법과 시카고협약 및 부속서 관계
항공 보안법	제1조(목적) 이 법은「국제민간항공협약」등 국제협약에 따라 공항시설, 항행안전시설 및 항공기 내에서의 불법행위를 방지하고 민간항공의 보안을 확보하기 위한 기준·절차 및 의무사항 등을 규정함을 목적으로 한다.	항공보안법과 시카고협약 관계
항공철도사고조사에 관한 법률	제3조 (적용범위 등) ① 이 법은 다음 (중략) 사고조사에 관하여 적용한다. 2. 대한민국 영역 밖에서 발생한 항공사고등으로서「국제민간항공조약」에 의하여 대한민국을 관할권으로 하는 항공사고 등 ④ 항공사고 등에 대한 조사와 관련하여 이 법에서 규정하지 아니한 사항은「국제민간항공조약」과 같은 조약의 부속서에서 채택된 표준과 방식에 따라 실시한다.	항공철도사고조사에 관한 법률과 시카고협약 관계

* 출처: 「항공우주정책법학회지」 제28권 제1호(2013), "시카고협약체계에서의 항공안전평가제도에 관한 연구(이구희·박원화)"

제4장

국가별 항공법 개관

항공법규와 관련하여 ICAO는 시카고협약에 따라 총 19개 부속서를 채택하여 규정하고 있고 한국은 항공법 등에 관련 내용을 규정하고 있다. 미국은 우주분야를 포함하여 14CFR에 Part로 구분하여 규정하고 있으며, EU는 기본법에 근거하여 11종류의 이행법률을 규정하고 있다. 미국과 EU는 시카고협약 부속서 제·개정에 적극적으로 참여하고 있으며 항공법규 제·개정과 관련한 체약국의 준수 의무, 안전성 및 효용성을 고려하여, 미국 EU 간 항공법규 협력협정을 체결하였다. 이에 따라 법규 제·개정 시 내용을 공유하고 있으며 항공기 감항성 및 인증기준 등을 상호 인정하고 있다.

1. 국내항공법

국내항공법은 항공관련 국내에서 규정하고 있는 항공법규를 총칭하는 것으로 모든 국내 항공공법 및 항공사법을 포함한다. 항공 산업 자체가 국제적 성격을 가지고 있고 항공법규가 국제 항공법 성격이 강한 바, 일반적으로 각 국가가 항공관련 국제조약을 채택 및 국내항공법에 반영하고 있듯이 국내 항공법규는 국제 항공공법 및 국제 항공사법의 반영을 토대로 하며 국제항공법에서 적용되지 않는 특정 사항들을 보완하여 규정하고 있다.[1]

한국의 국내 항공 법률은 다음과 같으며, 각 법률을 관장하는 주무부처에서 하위 법령을 제정하여 운영하고 있다. 항공관련 국내 법규는 시카고협약 등과 같은 국제조약을 반영하여 규정하고 있다. 현재 국내 항공 관련 법규 현황은 다음과 같다.

---

[1] 시카고협약 제3조에는 국가항공기에 적용되지 않는다고 규정하고 있으며, 한국은 「항공법」 이외에 「군용항공기 운용 등에 관한 법률」 등을 두고 있음.

구 분	시행령	시행규칙
항공법	동법시행령	동법시행규칙(국토교통부령)
	항공기등록령	항공기등록규칙(국토교통부령)
	공항시설관리권등록령	공항시설관리권등록령시행규칙(국토교통부령)
	-	공항시설관리규칙(국토교통부령)
항공보안법	동법시행령	동법시행규칙(국토교통부령)
항공·철도사고조사에 관한 법률	동법시행령	동법시행규칙(국토교통부령)
공항소음방지 및 소음대책지역 지원에 관한 법률	동법시행령	동법시행규칙(국토교통부령)
항공안전기술원법	동법시행령	
항공운송사업진흥법	동법시행령	동법시행규칙(국토교통부령)
한국공항공사법	동법시행령	-
인천국제공항공사법	동법시행령	-
항공우주산업개발촉진법	동법시행령	동법시행규칙(산업통상자원부령)
우주개발진흥법	동법시행령	동법시행규칙(미래창조과학부령)
우주손해배상법	-	-
군용항공기 운용 등에 관한 법률	동법시행령	동법시행규칙(국방부령)
군용항공기 비행안전성 인증에 관한 법률	동법시행령	동법시행규칙(국방부령)

1.1 항공법

항공 관련 기본법으로서 항공기, 항공종사자, 항공기의 운항, 항공시설, 항공운송사업 등 제10장으로 구성되어 있다.

항공법 제1조에서 이 법의 목적을 "국제민간항공조약 및 같은 조약의 부속서에서 채택된 표준과 방식에 따라 항공기가 안전하게 항행하기 위한 방법을 정하고, 항공시설을 효율적으로 설치·관리하도록 하며, 항공운송사업의 질서를 확립함으로써 항공의 발전과 공공복리의 증진에 이바지함을 목적으로 한다"라고 규정하고 있듯이 이 법은 국제 항공법규 준수 성격이 강하여 국제기준 변경 등 국제 환경 변화가 있을 때마다 이를 반영하기 위하여 개정작업이 이루어지고 있다.

항공법의 장별 주요 내용은 다음과 같으며, 조종사 운항자격 및 피로관리와 같은 항공법에 근거를 두고 행하는 주요 사항에 대해서는 제2편 항공정책 및 제도에서 항목별로 깊이 있게 다루었다.

「항공법」 제1장 총칙은 항공법의 목적, 항공용어 정의, 국가 항공기 적용 특례, 항공정책기본계획의 수립 등을 명시하고 있으며, 시카고협약 등에서 정한 기준을 준거하여 규정하고 있다. 「항공법」에서 정한 주요 용어 정의는 다음과 같으며 특별히 제한하여 규정하지 않는 한 항공법규 전반에서 통일된 의미를 가진다.

구 분	내 용
제1장 총칙	항공법의 목적과 개념, 항공용어의 정의
제2장 항공기	항공기등록, 감항증명, 소음적합증명, 형식증명, 수리개조검사, 예비품증명
제3장 항공종사자	항공종사자 자격증명시험, 항공기승무원 신체검사, 계기비행증명 및 조종교육증명, 항공기의 조종연습
제4장 항공기의 운항	공역지정, 비행제한, 의무무선설비, 항공기의 연료, 항공일지, 구급용구, 항공 등화, 기장, 조종사의 운항자격, 운항관리사, 최저안전고도, 순항고도, 계기비행방식에 의한 비행, 항공교통지시, 비행계획의 승인
제5장 항공시설	비행장 및 항행안전시설의 설치/완성검사/변경/사용폐지/휴지/관리, 항공장애등, 사용료, 공항개발기본계획, 소음부담금, 공항운영증명
제6장 항공운송사업 등	항공운송사업 등
제7장 항공기취급업 등	항공기취급업, 정비조직인증, 상업서류송달업
제8장 외국항공기	외국항공기 항행, 외국항공기 국내사용, 외국인 국제항공운송사업
제9장 보칙	보고의 의무, 재정지원, 권한의 위임/위탁, 청문, 수수료
제10장 벌칙	항공상 위험발생 등의 죄, 과태료
부칙, 별표, 서식	

「항공법」제2장 항공기는 항공기의 등록 및 말소 관련사항, 감항증명, 소음기준적합증명, 형식증명, 제작증명, 수리개조승인, 초경량비행장치 및 경량항공기 등에 대하여 규정하고 있다. 항공기의 등록 및 감항성에 대해서는 시카고협약 및 동 협약 부속서 등에서 정한 기준을 준거하여 규정하고 있다.[2] 항공기의 항공운송사업에 항공기를 사용하기 위해서는 해당 항공기에 대하여 유효한 등록증명서, 감항증명서, 소음기준적합증명서 등이 있어야 한다. 항공기 등 관련 분류체계는 항공기, 경량항공기, 초경량비행장치로 항공기를 구분하고 있다.

「항공법」제3장 항공종사자는 항공기의 안전운항을 확보하기 위해 항공 업무에 종사하는 자에 대한 항공종사자의 자격증명 종류 및 업무 범위, 자격증명의 한정, 전문교육기관, 항공신체검사증명, 계기비행증명, 항공영어구술능력증명 등에 대하여 규정하고 있으며. 시카고협약 및 동 협약 부속서 1에서 정한 기준을 준거하여 규정하고 있다.[3]

「항공법」제4장 항공기의 운항은 공역지정, 비행제한, 항공일지, 무선설비 설치 운용 의무, 항공기의 연료, 항공기의 등불, 승무시간 기준, 항공안전프로그램, 항공안전 의무보고, 항공안전자율보고, 기장의 권한, 조종사의 운항자격, 운항관리사, 비행규칙, 비행중 금지행위, 긴급항공기 지정, 위험물 운송, 전자기기 사용 제한, 회항시간 연장운항 승인, 수직분리축소공역운항, 항공교통업무, 항공정보 제공, 항공기안전을 위한 운항기술기준 등에 대하여 규정하고 있으며 시카고협약 및 동 협약 부속서에

---

2) 시카고협약 제17조(항공기의 국적), 제18조(항공기 이중 등록 금지), 제19조(등록에 관한 국내법), 제21조(등록의 보고), 제31조(감항증명서), 제33조(증명서 및 면허의 승인), 제6장(국제표준 및 권고방식), 동 협약 부속서 7(항공기의 국적 및 등록기호), 부속서 8(항공기의 감항성), 부속서 16 Vol 1(항공기소음) 등.

3) 시카고협약 제32조(항공종사자 자격증명) 및 동 협약 부속서 1(항공종사자 자격증명) 등.

서 정한 기준을 준거하여 규정하고 있다.

「항공법」 제5장 항공시설은 제1절 비행장과 항행안전시설, 제2절 공항, 제3절 공항운영증명에 대하여 규정하고 있으며 시카고협약 및 동 협약 부속서에서 정한 기준을 준거하여 규정하고 있다.[4]

제1절 비행장과 항행안전시설에서는 비행장 및 항행안전시설의 설치·검사·변경·사용·관리, 항행안전시설의 성능적합증명, 항공통신업무, 장애물의 제한, 항공장애 표시등의 설치, 유사등화의 제한, 비행장설치자의 지위승계 등에 대하여 규정하고 있다.

제2절 공항에 관한 규정은 공항개발 중장기 종합계획, 공항시설관리권, 공항시설에서의 금지행위, 공항시설사용료, 저소음운항절차 등에 대하여 언급하고 있다.

제3절 공항운영증명에서는 공항운영증명, 공항운영규정, 검사 등에 대하여 규정하고 있다. '공항운항증명'이란 공항을 안전하게 운영할 수 있는 체계를 갖추고 있음을 증명하는 것을 말한다. 국제항공노선이 있는 공항을 운영하려는 공항운영자는 국토교통부장관으로부터 공항운영증명을 받아야 한다. 국토교통부장관은 공항의 안전운영체계를 위하여 필요한 인력, 시설, 장비 및 운영절차 등에 관한 기술기준인 "공항안전운영기준"을 고시로 제정하여 운영하고 있다.

「항공법」 제6장 항공운송사업 등에서는 항공운송사업(국제, 국내, 소형), 항공운송사업자에 관한 안전도 정보 공개, 면허기준, 항공운송사업의 운항증명, 운항규정 및 정비규정, 운수권 배분, 운송약관, 항공교통이용자 보호, 사업의 합병, 면허의 취소, 항공기사용사업 등에 대하여 규정하고 있으며 시카고협약 및 동 협약 부속서 6에서 정한 기준을 준거하여 규정하고 있다.[5]

「항공법」 제7장 항공기취급업 등에서는 항공기취급업, 항공기정비업, 정비조직, 상업서류송달업, 항공기 대여업, 초경량 비행장치 사용사업, 한국항공진흥협회 등에 대하여 규정하고 있다.

「항공법」 제8장에서 외국항공기는 외국항공기 항행, 외국항공기 국내사용, 군수품 수송의 금지, 외국인 국제항공운송사업, 외국항공기의 국내 운송 금지 등 외국항공기 및 외국인이 사용하는 항공기에 대하여 규정하고 있으며 시카고협약 및 동 협약 부속서에서 정한 기준을 준거하여 규정하고 있다. 외국 국적을 가진 항공기에 대하여 국내 항행, 국내 지역 간 운항, 군수품 수송 금지 및 외국인 국제항공운송사업의 허가 등에 대한 기준을 규정하고 있다. 또한, 안전운항을 위한 외국인 국제항공운송사업자가 준수해야 할 의무, 국토교통부장관이 행하는 검사 및 필요시 운항정지 조치 등의 기준을 명시하고 있다. 이들 국제항공운송사업자 등에 대한 검사는 기본적으로 시카고협약 부속서에서 정한 기준 및 인가받은 내용의 준수여부를 확인하는 것이다.

---

4) 시카고협약 제15조(공항의 사용료), 제28조(항공시설 및 표준양식), 동 협약 부속서 14(비행장) 등.
5) 시카고협약 제5조(부정기비행의 권리), 제6조(정기항공), 동 협약 부속서 6(항공기의 운항) 등.

「항공법」 제9장 보칙은 항공종사자・항공운송사업자 등에 대한 항공안전 활동, 재정지원, 권한의 위임・위탁, 청문, 수수료 등에 대하여 규정하고 있다.

「항공법」 제10장 벌칙은 각 장에서 규정하고 있는 법 조문의 실효성을 확보하기 위해 각종의 벌칙을 규정하고 있으며 항공상 위험 발생 등의 죄, 항행중 항공기 위험 발생의 죄, 항행중 항공기 위험 발생으로 인한 치사・치상의 죄, 미수범, 과실에 따른 항공상 위험 발생 등의 죄, 감항증명을 받지 아니한 항공기 사용 등의 죄, 공항운영증명에 관한 죄, 주류 등의 섭취・사용 등의 죄, 승무원 등을 승무시키지 아니한 죄, 무자격자의 항공업무 종사 등의 죄, 수직분리축소공역 등에서 승인 없이 운항한 죄, 기장 등의 탑승자 권리행사 방해의 죄, 기장의 항공기 이탈의 죄, 기장의 보고의무 등의 위반에 관한 죄, 비행장 불법 사용 등의 죄, 항행안전시설 무단설치의 죄, 초경량비행장치 불법 사용 등의 죄, 경량항공기 불법 사용 등의 죄, 항공운송사업자의 업무 등에 관한 죄, 항공운송사업자의 운항증명 등에 관한 죄, 외국인 국제항공운송사업자의 업무 등에 관한 죄, 항공운송사업자의 업무 등에 관한 죄, 검사 거부 등의 죄, 양벌 규정, 벌칙 적용의 특례, 과태료, 과태료의 부과・징수절차 등을 규정하고 있다.

「항공법」에서 규정하고 있는 내용 중 항공종사자 자격증명, 항공기 관련제도, 항공운송사업, 항공안전, 항공안전정책・제도, 특수운항 등과 관련된 구체적인 기준은 각각 별도의 해당 장에 기술하였다.

1.2 항공보안법

민간항공 보안에 관한 동경협약, 헤이그협약, 몬트리올협약의 채택은 많은 나라가 항공기 보안 문제에 대한 경각심을 갖고 별도의 국내법을 제정하는 계기가 되었다. 우리나라도 1974년 12월 26일 법률 제2742호로 「항공기운항안전법」을 제정하였으나, 몬트리올협약상의 범죄가 누락되는 등 미흡한 점이 많았다. 「항공기운항안전법」은 2002년 8월 26일 전면 개정되어 법률6734호 「항공안전 및 보안에 관한 법률」로 제정되었으나, 2013년 4월 5일 법률 제11753호로 이 법의 제명을 다시 「항공보안법」으로 변경하고 항공보안에 관한 사항을 전반적으로 정비하였다. 이 법의 제명을 「항공보안법」으로 변경한 이유는 항공안전에 관한 사항은 「항공법」에 총괄적으로 규정되어 있어 이 법에서 항공안전에 관한 사항을 별도로 규정할 이유가 없기 때문이다.

이 법은 국제민간항공 협약 및 1963년 항공기 내에서 범한 범죄 및 기타 행위에 관한 협약(동경협약), 1970년 항공기의 불법납치 억제를 위한 협약(헤이그협약), 1971년 민간항공의 안전에 대한 불법적 행위의 억제를 위한 협약(몬트리올협약), 1988년 민간항공의 안전에 대한 불법적 행위의 억제를 위한 협약을 보충하는 국제민간항공에 사용되는 공항에서의 불법적 폭력행위의 억제를 위한 의정서, 1991년 플라스틱 폭약의 탐지를 위한 식별조치에 관한 협약 등 항공범죄 관련 국제협약에서 정한 기준을 준거하여 규정하고 있다.

이 법은 총 8장(제1장 총칙, 제2장 항공보안협의회 등, 제3장 공항·항공기 등의 보안, 제4장 항공기 내의 보안, 제5장 항공보안장비 등, 제6장 항공보안 위협에 대한 대응, 제7장 보칙, 제8장 벌칙)으로 구성되어 있다. 주요 내용으로는 항공보안협의회 구성 및 운영 등에 관한 사항, 국가항공보안계획의 수립에 관한 사항, 공항운영자 등의 자체 보안계획의 수립에 관한 사항, 공항시설, 보호구역, 승객의 검색 등 보안에 관한 사항, 무기 등 위해물품의 휴대금지, 보안장비, 교육훈련 등에 관한 사항, 항공보안을 위협하는 정보의 제공, 우발계획 수립, 항공보안감독, 항공보안 자율신고 등에 관한 사항, 항공기 이용 피해구제, 권한위임 등에 관한 사항을 규정하고 있다.

「항공보안법」 제1장 총칙에서는 법의 목적, 용어정의, 국제협약의 준수, 국가의 책무 및 공항운영자 등의 협조의무를 규정하고 있다.

> 항공보안법 제1조(목적) 2015.7.1. 현재
> 이 법은 「국제민간항공협약」 등 국제협약에 따라 공항시설, 항행안전시설 및 항공기 내에서의 불법행위를 방지하고 민간항공의 보안을 확보하기 위한 기준·절차 및 의무사항 등을 규정함을 목적으로 한다.

법의 목적에 비추어볼 때 항공보안법 상의 용어는 중요한 의미를 가질 수밖에 없다. 이에 따라 항공보안법에서는 운항중, 불법방해행위, 보안검색, 항공보안검색요원 등에 대하여 다음과 같이 용어를 정의하고 있으며, 아울러 이 법에 특별히 규정한 것을 제외하고는 「항공법」에서 정하는 바에 따른다고 명시하고 있다.

> 항공보안법 제2조(정의) - 2015.7.1. 현재
> 이 법에서 사용하는 용어의 뜻은 다음과 같다. 다만, 이 법에 특별한 규정이 있는 것을 제외하고는 「항공법」에서 정하는 바에 따른다.
> 1. "운항중"이란 승객이 탑승한 후 항공기의 모든 문이 닫힌 때부터 내리기 위하여 문을 열 때까지를 말한다.
> 2. "공항운영자"란 「항공법」 제2조제7호의2에 따른 공항운영자를 말한다.
> 3. "항공운송사업자"란 「항공법」 제112조에 따라 면허를 받은 국내항공운송사업자 및 국제항공운송사업자, 같은 법 제132조에 따라 등록을 한 소형항공운송사업자 및 같은 법 제147조에 따라 허가를 받은 외국인 국제항공운송업자를 말한다.
> 4. "항공기취급업체"란 「항공법」 제137조에 따라 항공기취급업을 등록한 업체를 말한다.
> 5. "항공기정비업체"란 「항공법」 제137조의2에 따라 항공기정비업을 등록한 업체를 말한다.
> 6. "공항상주업체"란 공항에서 영업을 할 목적으로 공항운영자와 시설이용 계약을 맺은 개인 또는 법인

을 말한다.

7. "항공기 내보안요원"[6]이란 항공기 내의 불법방해행위를 방지하는 직무를 담당하는 사법경찰관리 또는 그 직무를 위하여 항공운송사업자가 지명하는 사람을 말한다.

8. "불법방해행위"[7]란 항공기의 안전운항을 저해할 우려가 있거나 운항을 불가능하게 하는 행위로서 다음 각 목의 행위를 말한다.

　가. 지상에 있거나 운항중인 항공기를 납치하거나 납치를 시도하는 행위

　나. 항공기 또는 공항에서 사람을 인질로 삼는 행위

　다. 항공기, 공항 및 항행안전시설을 파괴하거나 손상시키는 행위

　라. 항공기, 항행안전시설 및 제12조에 따른 보호구역(이하 "보호구역"이라 한다)에 무단 침입하거나 운영을 방해하는 행위

　마. 범죄의 목적으로 항공기 또는 보호구역 내로 제21조에 따른 무기 등 위해물품(危害物品)을 반입하는 행위

　바. 지상에 있거나 운항중인 항공기의 안전을 위협하는 거짓 정보를 제공하는 행위 또는 공항 및 공항시설 내에 있는 승객, 승무원, 지상근무자의 안전을 위협하는 거짓 정보를 제공하는 행위

　사. 사람을 사상(死傷)에 이르게 하거나 재산 또는 환경에 심각한 손상을 입힐 목적으로 항공기를 이용하는 행위

　아. 그 밖에 이 법에 따라 처벌받는 행위

9. "보안검색"[8]이란 불법방해행위를 하는 데에 사용될 수 있는 무기 또는 폭발물 등 위험성이 있는 물건들을 탐지 및 수색하기 위한 행위를 말한다.

10. "항공보안검색요원"이란 승객, 휴대물품, 위탁수하물, 항공화물 또는 보호구역에 출입하려고 하는 사람 등에 대하여 보안검색을 하는 사람을 말한다.

　제2장 항공보안협의회 등에서는 항공보안협의회, 지방항공보안협의회, 항공보안기본계획 및 국가항공보안계획 등의 수립에 대해서 규정하고 있다.

항공보안법 제9조(항공보안 기본계획) - 2015.7.1. 현재
① 국토교통부장관은 항공보안에 관한 기본계획(이하 "기본계획"이라 한다)을 5년마다 수립하고, 그 내용을 공항운영자, 항공운송사업자, 항공기취급업체, 항공기정비업체, 공항상주업체, 항공여객·화물터미널운영자, 그 밖에 국토교통부령으로 정하는 자(이하 "공항운영자 등"이라 한다)에게 통보하여야 한다.
(이하 생략)

　제3장 공항·항공기 등의 보안에서는 공항시설 등의 보안, 공항시설 보호구역의 지정, 보호구역에의 출입허가, 항공기의 보안, 승객 및 사람에 대한 검색, 통과 승객 또는 환승 승객에 대한 보안검색, 상용화주, 기내식 등의 통제 및 비행 서류의 보안관리 절차 등에 대해 규정하고 있다.

---

6) 시카고협약 부속서 17의 In-flight security officer(항공기 내 보안요원).
　시카고협약 부속서에서는 항공기 등록국이나 항공기 운영국가의 정부에 의해 지명된 자료 규정하고 있으나 항공보안법에서는 한국운송사업자가 지명한 사람으로 규정하고 있고 정부의 승인 여부를 명시하지 않음.

7) 시카고협약 부속서 17의 Acts of unlawful interference(불법방해행위).

8) 시카고협약 부속서 17의 Screening(검색).

항공보안법 제14조(승객의 안전 및 항공기의 보안) - 2015.7.1. 현재
① 항공운송사업자는 승객의 안전 및 항공기의 보안을 위하여 필요한 조치를 하여야 한다.
② 항공운송사업자는 승객이 탑승한 항공기를 운항하는 경우 항공기 내 보안요원을 탑승시켜야 한다.
③ 항공운송사업자는 국토교통부령으로 정하는 바에 따라 조종실 출입문의 보안을 강화하고 운항중에는 허가받지 아니한 사람의 조종실 출입을 통제하는 등 항공기에 대한 보안조치를 하여야 한다.
④ 항공운송사업자는 매 비행 전에 항공기에 대한 보안점검을 하여야 한다. 이 경우 보안점검에 관한 세부 사항은 국토교통부령으로 정한다.
⑤ 공항운영자 및 항공운송사업자는 액체, 겔(gel)류 등 국토교통부장관이 정하여 고시하는 항공기 내 반입금지 물질이 보안검색이 완료된 구역과 항공기 내에 반입되지 아니하도록 조치하여야 한다.
⑥ 항공운송사업자 또는 항공기 소유자는 항공기의 보안을 위하여 필요한 경우에는 「청원경찰법」에 따른 청원경찰이나 「경비업법」에 따른 특수경비원으로 하여금 항공기의 경비를 담당하게 할 수 있다.

항공보안법 제17조(통과 승객 또는 환승 승객에 대한 보안검색 등) - 2015.7.1. 현재
① 항공운송사업자는 항공기가 공항에 도착하면 통과 승객이나 환승 승객으로 하여금 휴대물품을 가지고 내리도록 하여야 한다.
② 공항운영자는 제1항에 따라 항공기에서 내린 통과 승객, 환승 승객, 휴대물품 및 위탁수하물에 대하여 보안검색을 하여야 한다.
③ 제2항에 따른 보안검색에 드는 비용은 공항운영자가 부담하고, 항공운송사업자는 통과 승객이나 환승 승객에 대한 운송정보를 공항운영자에게 제공하여야 한다.
(이하 생략)

항공보안법 제17조의2(상용화주)[9] - 2015.7.1. 현재
① 국토교통부장관은 검색장비, 항공보안검색요원 등 국토교통부령으로 정하는 기준을 갖춘 화주(貨主) 또는 항공화물을 포장하여 보관 및 운송하는 자를 지정하여 항공화물 및 우편물에 대하여 보안검색을 실시하게 할 수 있다.
② 국토교통부장관은 제1항에 따라 지정된 자[이하 "상용화주(常用貨主)"라 한다]가 준수하여야 할 화물보안통제절차 등에 관한 항공화물보안기준을 정하여 고시하여야 한다.
③ 항공운송사업자는 상용화주가 보안검색을 한 항공화물 및 우편물에 대하여 보안검색을 아니할 수 있다.
(이하 생략)

   이와 같이 국토교통부장관이 지정한 상용화주가 보안검색을 한 화물에 대하여 항공사의 검색을 면제할 수 있도록 규정하고 있는데 이는 화물보안과 함께 항공물류의 흐름을 원활하게 하기 위해 법적 근거를 마련한 것이다.

   한편 승객에 대한 보안검색용 과도한 검색장비는 인권침해로 인해 문제가 되기도 하였다. 탐지 성능을 높이기 위하여 2009년 이후 미국을 위주로 전신 스캐너 사용이 확대되면서 지속적으로 인권침해에 대한 논란이 있었다. 미국 정부는 2009년 크리스마스 당일 폭발물을 몸에 지닌 한 남자가 디트로이트행 비행기를 몰래 타려던 것을 적발해낸 이후 전신 스캐너 사용을 급속도로 늘려왔다. 다음해인

---

9) 시카고협약 부속서 17의 Known consignor(상용화주).

2010년에는 주요 공항에 '알몸 투시기'로 불리는 전신투시 스캐너(full-body scanner)를 추가 설치하기로 하는 등 보안검색강화에 박차를 가하였다. 한편 전신투시 스캐너는 옷 속까지 투시해 비금속성 물질과 폭발물을 탐지해낼 수 있지만 은밀한 신체부위는 물론 각종 성형 보형물과 인공항문 등 시술 흔적 등이 선명하게 드러나 오랫동안 인권침해 논란을 불러일으켰다. 그러던 중 민간단체의 사생활침해 문제 제기로 2013년 1월 미국연방교통안전청(TSA)은 과도할 정도로 신체를 노출한다는 지적을 받아온 공항의 보안검색 장비에 대해서는 철수하기로 결정하였다.

제4장 항공기 내의 보안에서는 무기 등 위해물품 휴대 금지, 기장 등의 권한, 승객의 협조의무, 수감 중인 사람 등의 호송 및 범인의 인도·인수 등에 대하여 규정하고 있다.

국제적으로 기내 난동 등에 대한 법적제재가 강화되고 있으며, 한국도 항공기 운항중 탑승객의 안전한 여행과 항공기를 보호하기 위하여 기내 난동 등에 대하여 법적제재를 강화하고 있다.

항공보안법 제22조(기장 등의 권한) - 2015.7.1. 현재
① 기장이나 기장으로부터 권한을 위임받은 승무원(이하 "기장등"이라 한다) 또는 승객의 항공기 탑승 관련 업무를 지원하는 항공운송사업자 소속 직원 중 기장의 지원요청을 받은 사람은 다음 각 호의 어느 하나에 해당하는 행위를 하려는 사람에 대하여 그 행위를 저지하기 위한 필요한 조치를 할 수 있다.
  1. 항공기의 보안을 해치는 행위
  2. 인명이나 재산에 위해를 주는 행위
  3. 항공기 내의 질서를 어지럽히거나 규율을 위반하는 행위
② 항공기 내에 있는 사람은 제1항에 따른 조치에 관하여 기장등의 요청이 있으면 협조하여야 한다.
③ 기장등은 제1항 각 호의 행위를 한 사람을 체포한 경우에 항공기가 착륙하였을 때에는 체포된 사람이 그 상태로 계속 탑승하는 것에 동의하거나 체포된 사람을 항공기에서 내리게 할 수 없는 사유가 있는 경우를 제외하고는 체포한 상태로 이륙하여서는 아니 된다.
④ 기장으로부터 권한을 위임받은 승무원 또는 승객의 항공기 탑승 관련 업무를 지원하는 항공운송사업자 소속 직원 중 기장의 지원요청을 받은 사람이 제1항에 따른 조치를 할 때에는 기장의 지휘를 받아야 한다.

항공보안법 제23조(승객의 협조의무) - 2015.7.1. 현재
① 항공기 내에 있는 승객은 항공기와 승객의 안전한 운항과 여행을 위하여 다음 각 호의 어느 하나에 해당하는 행위를 하여서는 아니 된다.
  1. 폭언, 고성방가 등 소란행위
  2. 흡연(흡연구역에서의 흡연은 제외한다)
  3. 술을 마시거나 약물을 복용하고 다른 사람에게 위해를 주는 행위
  4. 다른 사람에게 성적 수치심을 일으키는 행위
  5. 「항공법」 제61조의2를 위반하여 전자기기를 사용하는 행위
  6. 기장의 승낙 없이 조종실 출입을 기도하는 행위
  7. 기장등의 업무를 위계 또는 위력으로써 방해하는 행위
② 승객은 항공기의 보안이나 운항을 저해하는 폭행·협박·위계행위를 하거나 출입문·탈출구·기기의 조작을 하여서는 아니 된다.
③ 승객은 항공기가 착륙한 후 항공기에서 내리지 아니하고 항공기를 점거하거나 항공기 내에서 농성

하여서는 아니 된다.

④ 항공기 내의 승객은 항공기의 보안이나 운항을 저해하는 행위를 금지하는 기장등의 정당한 직무상
지시에 따라야 한다.

⑤ 항공운송사업자는 금연 등 항공기와 승객의 안전한 운항과 여행을 위한 규제로 인하여 승객이 받는
불편을 줄일 수 있는 방안을 마련하여야 한다.

⑥ 기장등은 승객이 항공기 내에서 제1항 제1호부터 제5호까지의 어느 하나에 해당하는 행위를 하거나
할 우려가 있는 경우 이를 중지하게 하거나 하지 말 것을 경고하여 사전에 방지하도록 노력하여야
한다.

⑦ 항공운송사업자는 다음 각 호의 어느 하나에 해당하는 사람에 대하여 탑승을 거절할 수 있다.
   1. 제15조 또는 제17조에 따른 보안검색을 거부하는 사람
   2. 음주로 인하여 소란행위를 하거나 할 우려가 있는 사람
   3. 항공보안에 관한 업무를 담당하는 국내외 국가기관 또는 국제기구 등으로부터 항공기 안전운항
      을 해칠 우려가 있어 탑승을 거절할 것을 요청받거나 통보받은 사람
   4. 그 밖에 항공기 안전운항을 해칠 우려가 있어 국토교통부령으로 정하는 사람

⑧ 누구든지 공항에서 보안검색 업무를 수행 중인 항공보안검색요원 또는 보호구역에의 출입을 통제하는
사람에 대하여 업무를 방해하는 행위 또는 폭행 등 신체에 위해를 주는 행위를 하여서는 아니 된다.

항공보안법 제25조(범인의 인도·인수) - 2015.7.1. 현재

① 기장등이 항공기 내에서 죄를 범한 범인을 인도할 때에는 직접 또는 해당 관계 기관 공무원을 통하
여 해당 공항을 관할하는 국가경찰관서에 인도하여야 한다.

② 기장등이 다른 항공기 내에서 죄를 범한 범인을 인수한 경우에 그 항공기 내에서 구금을 계속할 수
없을 때에는 직접 또는 해당 관계 기관 공무원을 통하여 해당 공항을 관할하는 국가경찰관서에 지
체 없이 인도하여야 한다.

③ 제1항 및 제2항에 따라 범인을 인도받은 국가경찰관서의 장은 범인에 대한 처리 결과를 지체 없이
해당 항공운송사업자에게 통보하여야 한다.

항공보안법 제26조(예비조사) - 2015.7.1. 현재

① 국가경찰관서의 장은 제25조제1항 및 제2항에 따라 범인을 인도받은 경우에는 범행에 대한 범인의
조사, 증거물의 제출요구 또는 증인에 대한 진술확보 등 예비조사를 할 수 있다.

② 국가경찰관서의 장은 제1항에 따른 예비조사를 하는 경우에 해당 항공기의 운항을 부당하게 지연시
켜서는 아니 된다.

제5장 항공보안장비 등에서는 항공보안장비, 교육훈련 및 검색 기록의 유지 등에 대하여 규정하고
있다.

제6장 항공보안 위협에 대한 대응에서는 항공보안을 위협하는 정보의 제공, 국가항공보안 우발계
획의 수립, 항공보안 감독 및 항공보안 자율신고 등에 대하여 규정하고 있다.

국토교통부장관은 항공보안을 해치는 정보를 알게 되었을 때에는 관련 행정기관, 국제민간항공기
구, 해당 항공기 등록국가의 관련 기관 및 항공기 소유자 등에 그 정보를 제공하여야 한다.

항공보안법 제33조의2(항공보안 자율신고) - 2015.7.1. 현재

① 민간항공의 보안을 해치거나 해칠 우려가 있는 사실로서 국토교통부령으로 정하는 사실을 안 사람은 국토교통부장관에게 그 사실을 신고(이하 이 조에서 "항공보안 자율신고"라 한다)할 수 있다.

② 국토교통부장관은 항공보안 자율신고를 한 사람의 의사에 반하여 신고자의 신분을 공개하여서는 아니 되며, 그 신고 내용을 보안사고 예방 및 항공보안 확보 목적 외의 다른 목적으로 사용하여서는 아니 된다.

③ 공항운영자등은 소속 임직원이 항공보안 자율신고를 한 경우에는 그 신고를 이유로 해고, 전보, 징계, 그 밖에 신분이나 처우와 관련하여 불이익한 조치를 하여서는 아니 된다.

④ 국토교통부장관은 제1항 및 제2항에 따른 항공보안 자율신고의 접수·분석·전파에 관한 업무를 대통령령으로 정하는 바에 따라「교통안전공단법」에 따른 교통안전공단에 위탁할 수 있다. 이 경우 위탁받은 업무에 종사하는 교통안전공단의 임직원은「형법」제129조부터 제132조까지의 규정을 적용할 때에는 공무원으로 본다.

(이하 생략)

교통안전공단은 국토교통부로부터 '항공보안 비밀보고제도' 운영기관으로 지정됨에 따라 2011년 6월 1일부터 항공보안 비밀제도를 시행해오고 있다. '항공보안 비밀보고제도'는 시카고협약 부속서 17에서 규정한 바에 따라[10] 국토교통부가 항공보안을 저해하는 사건·상황·상태 등에 관한 보안위험 정보를 수집하기 위하여 도입한 제도로서 보고자에 대해서는 철저한 비밀이 보장되는 자율적인 보고제도이다.

보고자는 승객, 승무원, 공항운영자 및 항공사 등의 보안업무 종사자를 포함하여 항공보안을 해치거나 해칠 우려가 있는 상황이 발생하였거나 발생한 것을 안 사람 또는 발생될 것이 예상된다고 판단되는 사람은 누구든지 보고할 수 있다. 비밀보고서의 내용은 분석을 통해 항공보안에 중대한 영향을 미칠 수 있다고 판단되는 경우 관계기관, 공항운영자, 항공사 등에 그 내용을 통보하게 되며, 필요한 경우에는 보안대책 수립 등 정책에 반영하게 된다.

제8장 벌칙에서는 운항중이거나 계류중인 항공기에 대한 항공기 파손죄, 항공기 납치죄, 항공시설 파손죄, 항공기항로 변경죄, 직무집행방해죄, 항공기 위험물건 탑재죄, 공항운영 방해죄, 항공기 안전 운항 저해 폭행죄, 항공기 점거 및 농성죄, 운항 방해정보 제공죄, 벌칙, 양벌규정 및 과태료에 대하여 규정하고 있다.

1.3 항공·철도 사고조사에 관한 법률[11]

「항공·철도 사고조사에 관한 법률」은 시카고협약 및 같은 협약 부속서에서 정한 항공기 사고조사 기준을 준거하여 규정하고 있다.[12] 이 법은 항공·철도 사고조사에 관한 전반적인 사항을 총 5장(제1

---

10) 각 체약국은 국가 항공보안 수준 관리프로그램을 보완할 수 있도록 비밀보고제도(Confidential Reporting System)를 운영해야 함.

11) 2005.11.8 법률 제7692호로 제정됨.

장 총칙, 제2장 항공·철도사고조사위원회, 제3장 사고조사, 제4장 보칙, 제5장 벌칙)으로 구분하여 규정하고 있다.

「항공·철도 사고조사에 관한 법률」 제1장 총칙에서는 법의 목적, 용어정의, 및 적용범위 등에 대하여 규정하고 있다.

> 항공·철도 사고조사에 관한 법률 제1조(목적) - 2015.7.1. 현재
> 이 법은 항공·철도사고조사위원회를 설치하여 항공사고 및 철도사고 등에 대한 독립적이고 공정한 조사를 통하여 사고 원인을 정확하게 규명함으로써 항공사고 및 철도사고 등의 예방과 안전 확보에 이바지함을 목적으로 한다.

이는 조사의 목적이 비난이나 책임을 추궁하는 것을 목적으로 하는 것이 아니라 사고조사의 유일한 목적이 사고의 방지에 있음을 명확히 명시하고 있는 것으로 시카고협약 부속서 13에서 명시한 조사의 목적을 반영한 것이다.

법의 목적에 비추어볼 때 「항공·철도 사고조사에 관한 법률」상의 용어는 사고조사를 이행함에 있어 중요한 의미를 가질 수밖에 없다. 이에 따라 항공사고, 항공기준사고, 사고조사 등에 대하여 다음과 같이 용어를 정의하고 있으며, 아울러 이 법에서 사용하는 용어 외에는 「항공법」 및 「철도안전법」에서 정하는 바에 따른다고 명시하고 있다.

'항공기사고' 및 '항공기준사고'는 항공법에서 정한 용어정의와 같음을 명시하고 있으며, 항공법에서 정한 '항공안전장애'에 대해서는 별도로 명시하고 있지 않다. 반면에 항공법에서 명시하지 않은 '항공사고' 및 '항공사고등'을 규정하고 있는데, '항공사고'는 '항공기사고', '경량항공기사고' 및 '초경량비행장치사고'를 포함하는 것을 말하며, '항공사고등'은 '항공사고' 및 '항공기준사고'를 의미하는데 이는 이 법이 항공안전장애에 대해서는 규율하지 않음을 말하는 것이다. 이 법에서 사용하는 용어의 뜻은 다음과 같다.

> 항공·철도 사고조사에 관한 법률 제2조(정의) - 2015.7.1. 현재
> 1. "항공사고"라 함은 「항공법」 제2조 제13호에 따른 항공기사고, 같은 조 제27호에 따른 경량항공기사고 및 같은 조 제29호에 따른 초경량비행장치사고를 말한다.
> 2. "항공기준사고"라 함은 「항공법」 제2조 제14호에 따른 항공기준사고를 말한다.
> 3. "항공사고등"이라 함은 제1호의 규정에 의한 항공사고 및 제2호의 규정에 의한 항공기준사고를 말한다.
> (중략)
> 7. "사고조사"란 항공사고등 및 철도사고(이하 "항공·철도사고등"이라 한다)와 관련된 정보·자료 등의 수집·분석 및 원인규명과 항공·철도안전에 관한 안전권고 등 항공·철도사고등의 예방을 목적

---

12) 시카고협약 제25조(조난항공기), 제26조(사고조사), 같은 협약 부속서 12(수색 및 구조), 부속서 13(항공기 사고조사) 등에 따라 규정하고 있음.

으로 제4조의 규정에 의한 항공·철도사고조사위원회가 수행하는 과정 및 활동을 말한다.

항공·철도 사고조사에 관한 법률 제3조(적용범위 등) - 2015.7.1. 현재
① 이 법은 다음 각 호의 어느 하나에 해당하는 항공·철도사고등에 대한 사고조사에 관하여 적용한다.
   1. 대한민국 영역 안에서 발생한 항공·철도사고등
   2. 대한민국 영역 밖에서 발생한 항공사고등으로서 「국제민간항공조약」에 의하여 대한민국을 관할
     권으로 하는 항공사고등
② 제1항의 규정에 불구하고 「항공법」 제2조 제2호에 따른 국가기관등항공기에 대한 항공사고조사에
   있어서는 다음 각 호의 어느 하나에 해당하는 경우 외에는 이 법을 적용하지 아니한다.
   1. 사람이 사망 또는 행방불명된 경우
   2. 국가기관등항공기의 수리·개조가 불가능하게 파손된 경우
   3. 국가기관등항공기의 위치를 확인할 수 없거나 국가기관등항공기에 접근이 불가능한 경우
③ 제1항의 규정에 불구하고 「항공법」 제2조의3의 규정에 의한 항공기의 항공사고조사에 있어서는 이
   법을 적용하지 아니한다.
④ 항공사고등에 대한 조사와 관련하여 이 법에서 규정하지 아니한 사항은 「국제민간항공조약」과 같은
   조약의 부속서(附屬書)에서 채택된 표준과 방식에 따라 실시한다.

항공사고조사 대상이 되는 항공사고등[13]은 항공사고 및 항공기준사고를 의미하며 항공사고는 항공기사고, 경량항공기사고, 초경량비행장치사고를 말한다. 항공사고에 포함되는 사항은 다음과 같다.

항공기 사고
사람이 항공기에 비행을 목적으로 탑승한 때부터 탑승한 모든 사람이 항공기에서 내릴 때까지 항공기의 운항과 관련하여 발생한 다음 어느 하나에 해당하는 것을 말한다.
가. 사람의 사망·중상 또는 행방불명
나. 항공기의 중대한 손상·파손 또는 구조상의 고장
다. 항공기의 위치를 확인할 수 없거나 항공기에 접근이 불가능한 경우

항공기의 중대한 손상·파손 또는 구조상의 고장(항공법시행규칙 별표 4의2)
1. 다음 각 목의 어느 하나에 해당되는 경우에는 항공기의 중대한 손상·파손 및 구조상의 결함으로 본다.
가. 항공기에서 발동기가 떨어져 나간 경우
나. 발동기의 덮개 또는 역추진장치 구성품이 떨어져 나가면서 항공기를 손상시킨 경우
다. 압축기, 터빈블레이드 및 그 밖에 다른 발동기 구성품이 발동기 덮개를 관통한 경우 다만, 발동기의
   배기구를 통해 유출된 경우는 제외
라. 레이돔(radome)이 파손되거나 떨어져 나가면서 항공기의 동체 구조 또는 시스템에 중대한 손상을 준
   경우
마. 플랩(flap), 슬랫(slat) 등 고양력장치(高揚力裝置) 및 윙렛(winglet)이 손실된 경우. 다만, 외형변경목록
   (Configuration Deviation List)을 적용하여 항공기를 비행에 투입할 수 있는 경우는 제외
바. 바퀴다리(landing gear leg)가 완전히 펴지지 않았거나 바퀴(wheel)가 나오지 않은 상태에서 착륙하여
   항공기의 표피가 손상된 경우. 다만, 간단한 수리를 하여 항공기가 비행할 수 있는 경우는 제외
사. 항공기 내부의 감압 또는 여압을 조절하지 못하게 되는 구조적 손상이 발생한 경우

---

13) 항공사고등은 항공사고(항공기사고, 경량항공기사고, 초경량비행장치사고) 및 항공기준사고를 말함.

아. 항공기준사고 또는 항공안전장애 등의 발생에 따라 항공기를 점검한 결과 심각한 손상이 발견된 경우

자. 비상탈출로 중상자가 발생했거나 항공기가 심각한 손상을 입은 경우

차. 그 밖에 가목부터 자목까지의 경우와 유사한 항공기의 손상·파손 또는 구조상의 결함이 발생한 경우

2. 제1호에 해당하는 경우에도 다음 각 목의 어느 하나에 해당하는 경우에는 항공기의 중대한 손상·파손 및 구조상의 결함으로 보지 아니한다.

가. 덮개와 부품(accessory)을 포함하여 한 개의 발동기의 고장 또는 손상

나. 프로펠러, 날개 끝(wing tip), 안테나, 프로브(probe), 베인(vane), 타이어, 브레이크, 바퀴, 페어링(faring), 패널(panel), 착륙장치 덮개, 방풍창 및 항공기 표피의 손상

다. 주회전익, 꼬리회전익 및 착륙장치의 경미한 손상

라. 우박 또는 조류와 충돌 등에 따른 경미한 손상[레이돔(radome)의 구멍을 포함한다]

경량 항공기 사고

가. 경량항공기에 의한 사람의 사망·중상 또는 행방불명

나. 경량항공기의 추락·충돌 또는 화재 발생

다. 경량항공기의 위치를 확인할 수 없거나 경량항공기에 접근이 불가능한 경우

초경량비행장치 사고.

가. 초경량비행장치에 의한 사람의 사망·중상 또는 행방불명

나. 초경량비행장치의 추락·충돌 또는 화재 발생

다. 초경량비행장치의 위치를 확인할 수 없거나 초경량비행장치에 접근이 불가능한 경우

항공기준사고란 항공기사고 외에 항공기사고로 발전할 수 있었던 것으로서 국토교통부령으로 정하는 것을 말하며, 항공법시행규칙 별표 5에서 항공기준사고의 범위를 규정하고 있다.

요약컨대 항공사고조사의 적용범위로는 대한민국 영역 안에서 발생한 항공사고 및 항공기준사고로 하되, 대한민국 영역 밖에서 발생한 항공사고 및 항공기준사고에 대해서는 국제조약에 의거하여 대한민국이 관할권을 갖는 항공사고 및 항공기준사고에 사고조사를 실시한다. 단, 국가기관등 항공기[14]에 대한 항공사고조사에 있어서는 다음의 어느 하나에 해당하는 경우에 한하여 사고조사를 실시한다.

① 사람이 사망 또는 행방불명된 경우

② 국가기관등항공기의 수리·개조가 불가능하게 파손된 경우

③ 국가기관등항공기의 위치를 확인할 수 없거나 국가기관등항공기에 접근이 불가능한 경우

제2장에서는 항공사고조사위원회에 대하여 규정하고 있다. 세부적으로는 위원회의 설치, 위원의 자격조건, 결격사유, 신분보장, 임기 등을 규정하고 있으며 아울러 회의의결, 분과위원회, 자문위원, 직무종사의 제한, 사무국에 대한 기준을 규정하고 있다. 위원이 될 수 있는 자는 전문지식이나 경험을

---

14) 국가기관등항공기란 국가, 지방자치단체, 「공공기관의 운영에 관한 법률」에 따른 공공기관이 소유하거나 임차한 항공기로서 다음의 어느 하나에 해당하는 업무를 수행하기 위하여 사용되는 항공기를 말한다. 다만, 군용·경찰용·세관용 항공기는 제외한다.

　　가. 재난·재해 등으로 인한 수색·구조

　　나. 산불의 진화 및 예방

　　다. 응급환자의 후송 등 구조·구급활동

　　라. 그 밖에 공공의 안녕과 질서유지를 위하여 필요한 업무

가진 자로 하며, 위원회는 사고조사에 관련된 자문을 얻기 위하여 필요한 경우 항공 및 철도분야의 전문지식과 경험을 갖춘 전문가를 대통령령이 정하는 바에 따라 자문위원으로 위촉할 수 있도록 규정하고 있다.

항공·철도사고조사위원회는 항공·철도 사고조사에 관한 법률이 2006년 7월 9일 시행됨에 따라 2006년 7월 10일 항공사고조사위원회와 철도사고조사위원회가 항공·철도사고 조사위원회로 통합 출범하였다. 항공·철도사고등의 원인규명과 예방을 위한 사고조사를 독립적으로 수행하기 위하여 국토교통부에 본 위원회를 두고 있으며, 국토교통부장관은 일반적인 행정사항에 대하여는 위원회를 지휘·감독하되, 사고조사에 대하여는 관여하지 못한다고 규정하고 있다(제4조). 다시 말해 본 위원회의 설치 목적은 사고원인을 명확하게 규명하여 향후 유사한 사고를 방지하는 데 있으며, 더 나아가서는 고귀한 인명과 재산을 보호함으로써 국민의 삶의 질을 향상시키는 데 있다. 위원회는 위원장을 포함한 12인으로 구성되어 있고, 위원장을 포함한 12인(상임위원 2인, 비상임위원 10인)으로 구성되어 있다. 상임위원은 항공정책실장과 철도국장이 각각 겸임하고 있다.

본 위원회 업무는 최초 교통부 항공국 항공기술과 일부 직원이 담당하였으며 위원회의 연역, 주요 업무 및 조직도는 다음과 같다.[15]

항공·철도사고조사위원회 연혁
- 1990.6.21. 교통부 항공국 항공기술과 사고조사담당
- 1998.2.28. 건설교통부 항공국 항공안전과 사고조사담당
- 2001.7.16. 건설교통부 항공국 사고조사과
- 2002.8.12. 건설교통부 항공사고조사위원회
- 2004.3.1. 건설교통부 철도안전과 사고조사 담당
- 2005.7.28. 건설교통부 철도사고조사위원회
- 2006.7.10. 건설교통부 항공·철도사고조사위원회
- 2008.2.29. 국토해양부 항공·철도사고조사위원회
- 2013.3.23. 국토교통부 항공·철도사고조사위원회

항공·철도사고조사위원회 업무
- 사고조사
- 사고조사보고서의 작성·의결 및 공표
- 안전권고 등
- 사고조사에 필요한 조사·연구
- 사고조사 관련 연구·교육기관의 지정
- 그 밖에 항공사고조사에 관하여 규정하고 있는 「국제민간항공협약」 및 동 협약 부속서에서 정한 사항

---

15) 항공·철도 사고조사위원회 홈페이지 참조.

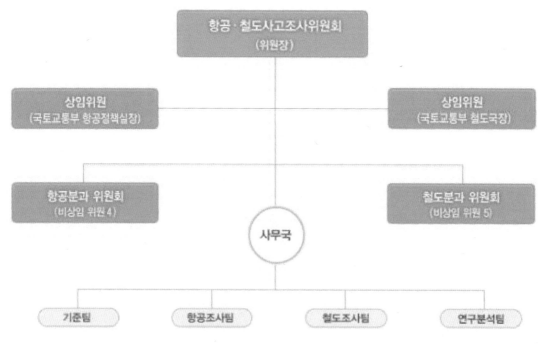

〈그림 1〉 항공·철도 사고조사위원회 조직도

국내 사고조사체계의 독립성

시카고협약 부속서 13에서 사고조사당국은 독립성을 가져야 함을 규정하고 있고,[16] 「항공·철도 사고조사에 관한 법률」 제1조에서도 사고 등에 대한 독립적이고 공정한 조사를 통하여 사고 원인을 정확하게 규명함으로써 사고 등의 예방과 안전 확보를 목적으로 함을 명시하고 있다. 이와 같이 사고조사체계에 있어 가장 기본적인 개념은 독립성 및 사고예방을 목적으로 한다는 것이다.

이와 같이 사고조사당국은 독립성을 갖고 사고조사의 근본적인 목적을 재발 방지에 두어야 하나 이에 대한 국내 인식은 오랫동안 미흡한 상태로 남아 있었고, 조사체계의 구축도 형식적으로 출발하여 모양새를 갖추는 형태가 되었다.

1990년에 교통부 항공기술과 내에 사고조사 담당직원을 배치한 것이 항공사고를 전담하기 위한 정부 조직의 효시이며, 2001년 건설교통부 항공안전과를 사고조사과로 확대 개편한 후 ICAO에서 권고하는 독립된 사고조사기구의 설립 필요성을 논의한 결과 2002년에 항공사고조사위원회가 설치되었다.[17] 이후 「항공법」에서 분법(分法)하여 항공사고조사부분을 규율하기 위한 항공·철도사고조사에

---

16) 시카고협약 부속서 13의 5.4.

17) 이제는 삭제된 「항공법」 제152조의 2.

관한 법률이 2006년 7월 제정됨에 따라 항공사고조사위원회는 2006.7.10 건설교통부 항공·철도사고 조사위원회로 새롭게 통합 발족하여 현재에 이르고 있다.

한편 현행 항공부문 사고조사위원회는 국토교통부 항공정책실장이 상임위원을 겸임하고 있어 독립성이 떨어진다는 인식을 불식하기 어렵다. 이는 항공정책실장이 상임위원으로 활동하면서 사고위원회의 예산과 행정을 관장하도록 한 형태를 갖는 것인데, 때로는 항공규제기관인 국토교통부 항공정책실의 잘못된 행정조치가 항공기 사고의 원인으로도 작용할 수 있기 때문에 사고위원회에서 자신의 핵심 인사인 상임위원의 잘못을 지적하기는 어려울 것이기 때문이다.

제3장 사고조사에서는 항공사고등의 발생 통보, 사고조사 및 사고조사단 운영, 사고조사보고서 작성, 안전권고 및 사고조사에 관한 연구 등에 대하여 규정하고 있다.

"항공사고조사"란 항공사고등과 관련된 정보·자료 등의 수집·분석 및 원인규명과 항공안전에 관한 안전권고 등 항공사고등의 예방을 목적으로 항공사고조사위원회가 수행하는 과정 및 활동을 말한다. 항공사고조사의 경우 기본적으로 항공사고가 발생한 영토가 속한 국가가 사고조사의 권리와 의무를 갖는다. 항공사고 발생지국은 사고조사 업무의 전부 또는 일부를 항공기 등록국 또는 항공기 운영국에 위임할 수 있으며, 조약체결국에게 기술적인 지원을 요청할 수 있다. 만약 항공사고가 어느 국가의 영토도 아닌 곳에서 발생하면 항공기 등록국이 항공기 사고의 권리와 의무를 갖는다. 항공사고가 발생 시 발생지국은 항공사고 발생을 국제민간항공기구 및 관련국에 통보하고 사고조사를 실시한다. 한편 항공사고등이 발생한 것을 알게 된 항공기의 기장, 항공기의 소유자, 항공종사자등은 지체 없이 그 사실을 위원회에 통보하여야 하며, 위원회는 지체 없이 사고조사를 개시하여야 한다. 사고조사 요건과 관련된 조항의 주요 내용은 다음과 같다.

항공·철도 사고조사에 관한 법률 제17조(항공·철도 사고등의 발생 통보) - 2015.7.1. 현재
① 항공·철도 사고등이 발생한 것을 알게 된 항공기의 기장, 「항공법」 제50조 제5항 단서에 따른 그 항공기의 소유자등, 「철도안전법」 제61조 제1항에 따른 철도운영자등, 항공·철도종사자, 그 밖의 관계인(이하 "항공·철도종사자등"이라 한다)은 지체 없이 그 사실을 위원회에 통보하여야 한다. 다만, 「항공법」 제2조 제2호에 따른 국가기관등항공기의 경우에는 그와 관련된 항공업무에 종사하는 사람은 소관 행정기관의 장에게 보고하여야 하며, 그 보고를 받은 소관 행정기관의 장은 위원회에 통보하여야 한다.
(중략)
③ 위원회는 제1항에 따라 항공·철도 사고등을 통보한 자의 의사에 반하여 해당 통보자의 신분을 공개하여서는 아니 된다.

항공·철도 사고조사에 관한 법률 제18조(사고조사의 개시 등) - 2015.7.1. 현재
위원회는 제17조제1항에 따라 항공·철도 사고등을 통보받거나 발생한 사실을 알게 된 때에는 지체 없이 사고조사를 개시하여야 한다. 다만, 대한민국에서 발생한 외국항공기의 항공사고등에 대한 원활한

사고조사를 위하여 필요한 경우 해당 항공기의 소속 국가 또는 지역사고조사기구(Regional Accident Investigation Organization)와의 합의나 협정에 따라 사고조사를 그 국가 또는 지역사고조사기구에 위임할 수 있다.

항공·철도 사고조사에 관한 법률 제25조(사고조사보고서의 작성 등) - 2015.7.1. 현재
① 위원회는 사고조사를 종결한 때에는 다음 각 호의 사항이 포함된 사고조사보고서를 작성하여야 한다.
1. 개요
2. 사실정보
3. 원인분석
4. 사고조사결과
5. 제26조의 규정에 의한 권고 및 건의사항
(이하 생략)

항공·철도 사고조사에 관한 법률 제26조(안전권고 등) - 2015.7.1. 현재
① 위원회는 제29조 제2항에 따른 조사 및 연구활동 결과 필요하다고 인정되는 경우와 사고조사과정 중 또는 사고조사결과 필요하다고 인정되는 경우에는 항공·철도 사고등의 재발방지를 위한 대책을 관계 기관의 장에게 안전권고 또는 건의할 수 있다.
(이하 생략)

항공·철도 사고조사에 관한 법률 제27조(사고조사의 재개) - 2015.7.1. 현재
위원회는 사고조사가 종결된 이후에 사고조사 결과가 변경될 만한 중요한 증거가 발견된 경우에는 사고조사를 다시 할 수 있다.

항공·철도 사고조사에 관한 법률 제28조(정보의 공개금지) - 2015.7.1. 현재
① 위원회는 사고조사 과정에서 얻은 정보가 공개됨으로써 당해 또는 장래의 정확한 사고조사에 영향을 줄 수 있거나, 국가의 안전보장 및 개인의 사생활이 침해될 우려가 있는 경우에는 이를 공개하지 아니할 수 있다. 이 경우 항공·철도 사고등과 관계된 사람의 이름을 공개하여서는 아니 된다.
(이하 생략)

항공·철도 사고조사에 관한 법률시행령 제8조(공개를 금지할 수 있는 정보의 범위) - 2015.7.1. 현재
법 제28조제2항에 따라 공개하지 아니할 수 있는 정보의 범위는 다음 각 호와 같다. 다만, 해당정보가 사고분석에 관계된 경우에는 법 제25조 제1항에 따른 사고조사보고서에 그 내용을 포함시킬 수 있다.
1. 사고조사과정에서 관계인들로부터 청취한 진술
2. 항공기운항 또는 열차운행과 관계된 자들 사이에 행하여진 통신기록
3. 항공사고등 또는 철도사고와 관계된 자들에 대한 의학적인 정보 또는 사생활 정보
4. 조종실 및 열차기관실의 음성기록 및 그 녹취록
5. 조종실의 영상기록 및 그 녹취록
6. 항공교통관제실의 기록물 및 그 녹취록
7. 비행기록장치 및 열차운행기록장치 등의 정보 분석과정에서 제시된 의견

항공사고조사 진행단계[18]
1. 사고발생보고: 기장 또는 항공기 소유자
2. 사고 발생 보고 접수: 항공기 등록국, 운영국, 설계국, 제작국 및 ICAO에 통보

---

18) 항공·철도 사고조사위원회 홈페이지.

3. 사고조사 개시: 사고조사단 구성
4. 현장조사: 현장보존, 관련정보 및 자료 수집
5. 초동보고서 발송: 사고 발생 후 30일 이내 관련국 및 ICAO
6. 시험 및 분석
7. 사실조사보고서 작성: 분야별 사실조사 정보 통합
8. 공청회: 사실정보 검증, 필요시 사실정보 보완, 사고조사의 객관성, 공정성 및 신뢰성 확보
9. 최종보고서 작성: 사고 원인 및 안전권고사항 포함
10. 관련국 의견수렴: 60일 기간
11. 위원회 심의 및 의결: 최종보고서 완료
12. 최종 사고조사결과 발표 및 최종 사고조사 보고서 발표: 언론매체 등을 통한 발표 및 관련국과
    ICAO(항공기 최대중량 5,700kg 이상)에 배포

제5장 벌칙에서는 사고조사방해의 죄, 비밀누설의 죄, 사고발생 통보 위반의 죄 및 과태료 등에 대하여 규정하고 있다.

1.4 항공운송사업진흥법19)

「항공운송사업 진흥법」은 항공운송사업을 진흥시킴으로써 그 국제적 지위의 향상과 국민경제의 발전에 이바지함을 목적으로 한다.

이 법은 항공운송사업 진흥을 위해 항공운송사업의 조성, 장려금의 지급, 항공기 담보의 특례, 항공보험의 가입 의무, 민간항공단체의 육성, 벌칙 및 양벌규정 등에 대하여 규정하고 있다.

1.5 공항소음 방지 및 소음대책지역 지원에 관한 법률20)

「공항소음 방지 및 소음대책지역 지원에 관한 법률」은 공항소음을 방지하고 소음대책지역의 공항소음대책사업 및 주민지원 사업을 효율적으로 추진함으로써 주민의 복지증진과 쾌적한 생활환경을 보장하고, 항공교통 활성화에 이바지함을 목적으로 하며, 공항소음 방지 및 소음대책지역 지원에 관련된 전반적인 사항을 규정하고 있다.

---

19) 1971.1.12 법률 제2275호로 제정됨.

20) 2010.3.22 법률 제10161호로 제정됨.

1.6 항공안전기술원법[21]

「항공안전기술원법」은 항공안전 관련 인증과 항공사고 예방에 필요한 결함분석·국제표준화 기술연구 등을 전문적으로 수행함으로써 항공안전을 확보하고 항공 산업 발전에 이바지하기 위하여 항공안전기술원을 설립하고, 항공안전기술원의 사업범위, 정부의 출연금 지급 근거, 사업계획서 및 예산안의 승인, 결산보고 등 항공안전기술원의 운영에 필요한 사항을 규정하고 있다.

이 법에 따라 항공안전 확보 및 항공 산업 발전을 도모하기 위하여 항공안전에 필요한 전문 인력의 양성, 항공사고 예방에 관한 인증·시험·연구·기술 개발 등을 전문적으로 수행하는 항공안전기술원을 법인으로 설립하여 운영한다. 항공전기술원의 사업 사업범위를 「항공법」에 따른 증명·승인·인증 등의 기술연구 및 지원, 국가공인비행시험 및 시험시설의 운영·관리, 항공사고 예방기술 개발 및 항공안전 국제표준화 기술연구, 정부 등으로부터 위탁받은 업무 등으로 정하고 있다.

1.7 상법(제6편 항공운송)[22]

「상법」 제6편(항공운송)은 한국의 항공운송산업이 비약적으로 발전하여 세계 6위권[23]에 진입하였음에도 불구하고 당사자 사이의 이해관계는 항공사가 제공하는 약관에만 의존하고 있어서 법적 안정성이 훼손될 우려가 있으므로, 승객과 화주의 권익을 보호하고 항공운송 당사자의 권리의무를 명확히 하도록 상법에 항공운송에 관한 내용을 포함하였다.

제6편(항공운송)은 총 3장(제1장 통칙, 제2장 운송, 제3장 지상 제3자의 손해에 대한 책임)으로 규정하고 있으며, 제2장(운송)은 총 4절(제1절 통칙, 제2절 여객운송, 제3절 물건운송, 제4절 운송증서)로 구성되어 있는데 지상 제3자 피해 배상에 관하여서는 1978년 몬트리올의정서[24]를, 항공사고 시 승객, 짐, 그리고 화물의 패해 배상에 관하여서는 1999년 몬트리올협약[25]을 준거하여 규정하고 있다.

---

21) 2014.5.21. 법률 제12654호로 제정됨.

22) 상법에 항공운송에 관한 제6편이 추가로 신설되는 입법이 2011.5.23. 법률 제10696호로 마련되어 2011.11.24.부로 시행됨.

23) ICAO Doc 9975, Annual Report of the Council, 2011.

24) 1952년 로마협약 개정 1978년 몬트리올의정서(Protocol to Amend the Convention on Damage Caused by Foreign Aircraft to Third Parties on the Surface Signed at Rome, 1952).

25) 1999년 국제항공운송에 관한 일부 규칙의 통일에 관한 협약(Convention for the Unification of Certain Rules for International Carriage by Air).

1.8 항공우주산업개발촉진법[26]

「항공우주산업개발 촉진법」은 항공우주산업을 합리적으로 지원·육성하고 항공우주과학기술을 효율적으로 연구·개발함으로써 국민경제의 건전한 발전과 국민생활의 향상에 이바지하게 함을 목적으로 한다.

이 법은 항공우주산업개발 관련된 전반적인 사항에 대하여 규정하고 있다.

1.9 군용항공기 운용 등에 관한 법률[27]

「군용항공기 운용 등에 관한 법률」은 군용항공기의 운용 등에 관하여 필요한 사항을 정함으로써 항공작전의 원활한 수행을 도모하고 군용항공기의 비행 안전에 이바지함을 목적으로 하며, 군용항공기 운용에 관련된 전반적인 사항을 규정하고 있다.

1.10 군용항공기 비행안전성 인증에 관한 법률[28]

「군용항공기 비행안전성 인증에 관한 법률」은 군용항공기가 안전하게 비행할 수 있는지를 인증하는 데 필요한 사항을 정하여 군용항공기의 안전성을 확보하고, 군용항공기 수출을 지원하여 항공 산업 발전에 기여함을 목적으로 한다.

이 법은 군용항공기에 대한 비행안전성 인증제도에 관련된 사항을 규정하고 있다.

1.11 고시 훈령 예규: 운항기술기준

운항기술기준(Flight Safety Regulations)이란 항공기안전운항을 확보하기 위하여 「항공법」과 시카고협약 및 같은 협약 부속서에서 정한 범위 안에서 항공기 계기 및 장비, 항공기 운항, 항공운송사업의 운항증명, 항공종사자 자격증명, 항공기 정비 등 안전운항에 필요한 사항 등을 규정하여 국토교통부 장관이 고시로 발행한 행정규칙이다.

운항기술기준 고시 근거 및 준수 요건과 관련된 항공법 상 주요 조항의 내용은 다음과 같다.

---

26) 1987.12.4. 법률 제3991호로 제정됨.
27) 2007.7.27. 법률 제8547호로 제정됨.
28) 2009.4.1. 법률 제9560호로 제정됨.

항공법 제74조의2(항공기 안전운항을 위한 운항기술기준)
국토교통부장관은 항공기 안전운항을 확보하기 위하여 이 법과 「국제민간항공조약」 및 같은 조약 부속서에서 정한 범위에서 다음 각 호의 사항이 포함된 운항기술기준을 정하여 고시할 수 있다.
1. 항공기 계기 및 장비
2. 항공기 운항
3. 항공운송사업의 운항증명
4. 항공종사자의 자격증명
5. 항공기 정비
6. 그 밖에 안전운항을 위하여 필요한 사항으로서 국토교통부령으로 정하는 사항

항공법시행규칙 제218조의3(안전운항을 위한 운항기술기준 등)
법 제74조의2제6호에서 "그 밖에 안전운항을 위하여 필요한 사항으로서 국토교통부령으로 정하는 사항"이란 다음 각 호의 사항을 말한다.
1. 항공훈련기관의 인가 및 운영
2. 항공기 등록 및 등록부호
3. 항공기의 감항성
4. 정비조직의 승인
5. 항공기(외국 국적을 가진 항공기를 포함한다)의 임대차 승인

운항기술기준 제1편 : 고정익 항공기를 위한 운항기술기준
제1장 총칙
제2장 자격증명
제3장 항공훈련기관
제4장 항공기 등록 및 등록부호 표시
제5장 항공기 감항성
제6장 정비조직의 인증 기준
제7장 항공기 계기 및 장비
제8장 항공기 운항
      8.1 일반
      8.2 일반항공 추가기준
      8.3 항공기사용사업용 추가기준
      8.4 항공운송사업용 추가기준
제9장 항공운송사업의 운항증명 및 관리

운항기술기준 제2편 : 회전익 항공기를 위한 운항기술기준
제1장 총칙
제2장 항공운송사업
제3장 일반항공
제4장 항공기사용사업(EMS 추가)

〈표 8〉 운항기술기준 구성 및 주요 내용

고정익항공기를 위한 운항기술기준 (제1편)	회전익항공기를 위한 운항기술기준 (제2편)
제1장 총칙(General) 제2장 자격증명(Personal licensing) 제3장 항공훈련기관(Aviation Training Organizations) 제4장 항공기 등록 및 등록부호 표시(Aircraft Registration and Marking) 제5장 항공기 감항성(Airworthiness) 제6장 정비조직의 인증(Approval for Maintenance Organization) 제7장 항공기 계기 및 장비(Instrument and Equipment) 제8장 항공기 운항(Operations) ・ 8.1 일반(General) ・ 8.2 일반항공(General Aviation)에 적용되는 추가 기준 ・ 8.3 항공기 사용사업용(Aerial work aviation) 항공기에 적용되는 추가 기준 ・ 8.4 항공운송사업용(Air transportation) 항공기에 적용되는 추가 기준 제9장 항공운송사업의 운항증명 및 관리(Air Operator Certification and Administration)	제1장 총칙(General) 제2장 항공운송사업(Commercial Air Transport) 제3장 일반항공(General Aviation) 제4장 항공기사용사업(Aerial Work Aviation)

상기 운항기술기준은 한국이 2001년 미연방항공청으로부터 항공안전 불합격 판정(Category II, 항공안전2등급)을 받은 후 국내 제도 보완 측면에서 만들어져 항공안전 및 발전에 기여한 바가 크나, 동일 사항에 대하여 항공법시행규칙 등에서 정한 기준과 중복 또는 다르게 규정하고 있는 경우도 있어 적용상 혼선이 야기되기도 하는 바, 항공법시행규칙과 통합 및 분리 기준을 명확히 수립하여 보완하여 운영할 필요가 있다.

2. 미국항공법[29]

미국의 항공법규는 Law(Legislation, Act), Regulation, Directives, AC, Handbook, Order 등으로 공포되며, Law는 미국 의회가 제정하고 대통령이 서명한 법률로서 일반적으로 "Airport & Airway Improvement Act"와 같이 특정내용을 담고 있는 한정된 법이며, Regulation과 Directives는 FAA가 입안하고 제정한 법률이며, AC 및 Order 등은 기술적인 내용이나 표준 등에 관한 사항을 수록하고 있는 지침서이다.

항공부문에 대한 실질적인 기준은 미국연방규정집(Code of Federal Regulations, CFR)의 14CFR(일명, FAR이라 한다)에 약 190개의 Part로 규정되어 있으며,[30] 지속적으로 제·개정되고 있다 14CFR의 전반적인 법규체계는 다음과 같다.

---

29) 이구희, 박사학위논문 "국내외 항공안전관련 기준에 관한 비교 연구", 2015, pp.36-39.

30) 미국연방규정집(Code of Federal Regulations, CFR,일명 '미국연방법규집'이라고 함)이란 미국관보에 발표된 관련 규정을 기록한 것으로 코드체계로 분류되어 있으며, CFR은 총 50개의 타이틀(title)로 구성되어 있고 각 title은 여러 장(chapter)으로 구성되어 있음. 각 장은 여러 규제영역의 내용을 수록하고 있음. 이 중 항공·우주와 관련된 규정인 14CFR은 Title 14 of the Code of Federal Regulations(Aeronautics and space)를 말하며, 14CFR은 일반적으로 FAR(Federal Aviation Regulations)으로 더 잘 알려져 있음. 14CFR은 약 190개 Part로 구성되어 있으며 Chapter I Subchapter G(항공사)의 경우 2012년에 신설된 Part 117을 포함하여 총 12개 Part로 구성되어 있음.

〈표 9〉 14CFR 항공우주 법규체계(Title 14 Aeronautics and Space)[31]

구 분	내 용		Part
Chapter I	Federal Aviation Administration, Department of Transportation(미국 교통부 미연방항공청)		Part 1-199
	Subchapter A	Definitions(정의)	1 - 3
	B	Procedural Rules(절차관련 규칙)	11 - 17
	C	Aircraft(항공기)	21 - 59
	D	Airmen(항공종사자)	60 - 67
	E	Airspace(공역)	71 - 77
	F	Air Traffic and General Operating Rules(항공교통 및 일반 운항 규칙)	91 - 109
	G	Air Carriers and Operators for Compensation or Hire: Certification and Operations(항공사 및 운영자의 운항증명 및 운영)	110 - 139
	H	Schools and Other Certificated Agencies(항공학교 및 기타 인증기관)	140 - 147
	I	Airports(공항)	150 - 169
	J	Navigational Facilities(항법시설)	170 - 171
	K	Administrative Regulations(행정법규)	183 - 193
	N	War Risk Insurance(전쟁위험보험)	198 - 199
Chapter II	Office of The Secretary, Department Of Transportation(Aviation Proceedings) (미국 교통부 장관실 항공 프로시딩)		200 - 399
Chapter III	Commercial Space Transportation, Federal Aviation Administration, Department of Transportation (미국 교통부 미연방항공청 상업우주운송)		400 - 1199
Chapter V	National Aeronautics and Space Administration(미국항공우주국)		1200 - 1299
Chapter VI	Air Transportation System Stabilization (항공운송체계 안정)		1300 - 1399

* 출처 : "국내외 항공안전관련 기준에 관한 비교 연구", p.37, 이구희, 박사학위논문, 2015.

14CFR은 ICAO SARPs 개정내용을 지속적으로 반영하고 있으며 2012년에는 이에 부응하여 승무원 피로관리와 관련한 14CFR Part 117(일명, FAR Part 117이라 한다)[32]을 신설하였다.

14CFR의 각 Part는 일반적으로 동일 항목에 대해서도 적용 대상에 따라 적용 기준이 다르다. 따라서 해당 내용이 어느 Part에 해당하는지가 매우 중요한 의미를 갖는다. 예를 들어 14CFR Part 121(일명, FAR Part 121이라 한다)[33]은 미국 소속의 항공사 중에 국제선 및 국내선을 운항하는 항공사에게 적용하는 기준이며 14CFR Part 129(일명, FAR Part 129라 한다)[34]는 미국에 운항하는 외국 항공사에게 적용하는 기준이다. FAR Part 121에 규정하고 있는 주요 내용은 다음과 같다.

---

31) FAA homepage상의 14CFR을 chapter I(federal aviation administration, department of transportation) 위주로 Regulation 체계를 정리한 것임. (http://www.faa.gov/regulations_policies/)(2014.9.1.).

32) FAR Part 117(flight and duty limitations and rest requirements: flightcrew members.)은 CFR Title 14, Chapter I, Subchapter G중 Part 117에 해당하는 것임.

33) FAR Part 121(Operating requirements: domestic, flag, and supplemental operations.)은 CFR Title 14, Chapter I, Subchapter G 중 Part 121에 해당하는 것임.

34) FAR Part 129(Operations: foreign air carriers and foreign operators of U.S.-registered aircraft engaged in common carriage)는 CFR Title 14, Chapter I, Subchapter G 중 Part 129에 해당하는 것임.

- Subpart A. General(일반)
- Subpart B. Certification Rules for Domestic and Flag Air Carriers(국내·국제 항공사 운항증명 기준)
- Subpart C. Certification Rules for Supplemental Air Carriers and Commercial Operators(부정기 및 항공운송사 업자 운항증명 기준)
- Subpart D. Rules Governing All Certificate Holders Under This Part(운항증명소지자 관리 기준)
- Subpart E. Approval of Routes: Domestic and Flag Operations(항로인가 : 국내선 국제선)
- Subpart F. Approval of Areas And Routes for Supplemental Operations(부정기 운항의 지역 및 항로 승인)
- Subpart G. Manual Requirements(매뉴얼 요건)
- Subpart H. Aircraft Requirements(항공기 요건)
- Subpart I. Airplane Performance Operating Limitations(비행기 운항 성능 제한)
- Subpart J. Special Airworthiness Requirements(특수 감항성 요건)
- Subpart K. Instrument and Equipment Requirements(계기 및 장비 요건)
- Subpart L. Maintenance, Preventive Maintenance, and Alterations(정비, 예방정비 및 개조)
- Subpart M. Airman and Crewmember Requirements
- Subpart N. Training Program(훈련 프로그램)
- Subpart O. Crewmember Qualifications(승무원 운항자격)
- Subpart P. Aircraft Dispatcher Qualifications and Duty Time(운항관리사 자격 및 근무시간)
- Subpart Q. Flight Time Limitations and Rest Requirements: Domestic Operations(비행시간 제한 및 휴식요건 : 국내선 운항)
- Subpart R. Flight Time Limitations: Flag Operations(비행시간 제한 : 국제선 운항)
- Subpart S. Flight Time Limitations: Supplemental Operations(비행시간 제한 : 부정기 운항)
- Subpart T. Flight Operations(항공기 운항)
- Subpart U. Dispatching and Flight Release Rules(운항관리 및 운항허가 기준)
- Subpart V. Records and Reports(기록 및 보고)
- Subpart W. Crewmember Certificate: International(승무원 자격증 : 국제선)
- Subpart X. Emergency Medical Equipment and Training(비상의료장비 및 훈련)
- Subpart Y, Advanced Qualification Program(진보된 자격 프로그램)
- Subpart Z, Hazardous Materials Training Program(위험물 훈련 프로그램)
- Subpart AA, Continued Airworthiness and Safety Improvements(지속적인 감항성 및 항공안전 증진)
- Subpart DD, Special Federal Aviation Regulations(특수 미연방 항공규정)

　　미국은 항공산업의 발전 및 항공안전을 증진하기 위하여 지속적으로 항공당국의 조직 및 항공안전 기준을 개선하고 있다. 미국의 항공법규 및 FAA의 발달 연혁은 다음과 같다.[35]

- 미국 연방항공법 출범: Air Mail Act(1925, 일명 Kelly법): 개별 항공기를 통한 우편물 운송 규정
- Air Commerce Act(1926, 항공사업법): 항공산업 촉진 및 비행안전 보장
- Civil Aeronautics Act(1938): 상무부에서 민간 항공국(CAA)이라는 독립기관으로 이관
- Federal Aviation Act(1958, 연방항공법); 미연방항공법 시행으로 항공사업법(Air Commerce Act) 및 민간 항공법(Civil Aeronautics Act)이 폐기되었으며, 1958년에 미연방항공청(Federal Aviation Agency, FAA) 설립
- 교통부(Department of Transportation, DOT) 신설(1967): 미연방항공청(Federal Aviation Agency)을 DOT에

35) FAA History 요약(http://www.faa.gov/about/history/)(2014.9.1.).

편입하고 명칭도 Federal Aviation Agency에서 Federal Aviation Administration로 변경
- NTSB 설립(1967): 독립기관이지만 자금조달 및 행정지원은 DOT에 의존
- Independent Safety Board Act(1975) 제정: NTSB를 DOT로부터 완전 독립시켰으며, NTSB는 FAA로부터 처벌받은 자에 대하여 '항소법원' 역할을 하며 'NTSB Academy' 운영함
- 항공사 규제완화법(Airline Deregulation Act, 1978) 시행
- Aviation and Transportation Security Act에서 Transportation Security Administration(TSA) 신설(2001): 1960년 이래 FAA에 위임했던 일부 보안책임을 TSA로 이관

3. 유럽항공법[36]

항공활동의 가장 큰 특성 중의 하나가 국제성에 있듯이, 항공안전을 확보하기 위한 세계 각 국가의 항공법규는 기본적으로 시카고협약을 따르며, 유럽의 항공법규도 시카고협약에서 정한 SARPs 기준을 반영하고 있다. 유럽의 통일된 항공법규는 유럽의 항공안전 전문기관인 EASA의 체계적인 지원 하에 지속적인 발전을 하고 있다.

EU[37]가 적용하는 주요 항공법규의 형태는 조약(Treaties), 규정(Regulations), 지침(Directives),[38] 항공당국의 결정(Decisions)과 같이 4가지 형태로 근거를 찾을 수 있다.

EU는 유럽공동체조약(EC Treaty)[39]에 의거 EU 회원국에게 적용되는 법을 규정(Regulations)과 지침(Directives) 형태로 제정하여 시행하는데, 이러한 지침 및 규정 등은 조약에서 규정한 범위를 벗어날 수 없다. 만일, 관련 조약에서 정한 범위를 벗어난 것으로 판단되면 EU 사법재판소(Court of Justice of the European Union)가 해당 법규를 폐기할 수 있다.

항공안전증진을 위한 실질적인 항공법의 내용을 명시하고 있는 EU의 항공법규는 기본적으로 모법인 기본법(Basic Regulation)하에 10여 종류의 이행법률(Implementing Rules) 및 이에 해당하는 법규준수 방식에 대하여 다음과 같이 4가지 형태의 법규로 구성되어 있으며, 2014년에는 피로관리 및 제3국 항

---

36) 이구희, "시카고협약체계에서의 EU의 항공법규체계 연구", 「항공우주정책·법학회지」제29권 제1호, 2014. pp.76-89.

37) 유럽연합(European Union: EU)은 유럽공동체(EC) 12개국 정상들이 1991년 12월 네덜란드 마스트리히트에서 경제통화 통합 및 정치 통합을 추진하기 위한 유럽연합조약(Treaty on European Union, 일명 마스트리히트조약)을 체결하기로 합의하고 각국의 비준절차를 거쳐 1993년 11월부터 동 조약이 발효됨에 따라 생긴 유럽의 정치·경제 공동체임. EU는 2009.12.1. 발효한 리스본조약(정식 명칭은 유럽연합 개정조약(EU reform treaty)에 의거 EU 대통령을 신설하여 현 체계를 유지하고 있으며, 2014.5.1. 현재 EU 회원국은 28개국임.

38) 박원화, "구주연합의 항공기 배출 규제 조치의 국제법적 고찰", 항공우주법학회지 제25권 제1호, 2010. p.4.
(지침(Directives): EU에 적용되는 법률에는 제1차와 2차 법률이 있는바, 1차 법률은 구주연합을 설립한 조약을 말하고 2차 법률은 동 바탕위에서 구주연합에 적용하는 여러 종류의 법률을 말함. 2차 법률은 Regulation, Directive, Decision의 형태로 제정되는 바, Regulation은 모든 회원국에 적용되면서 개별 회원국의 별도 입법이 필요하지 않는 가운데 국내법과 상충할 경우 우월한 지위에 있고, Directive는 개별 회원국의 실행을 위한 국내 입법이 필요하며, Decision은 개별 회원국, 기관, 또는 개인을 상대로 구속력을 갖는 것으로서 회사의 흡수. 합병 허가 여부와 농산품 가격 고시 등에 주로 사용되는 법이기도 하며, 다른 한편 모든 분쟁과 해석에 관한 문제에 있어서 최종적인 권한을 가지는 유럽사법재판소(European Court of Justice)의 판결을 호칭하는 것이기도 한 바, 동 판결은 모든 회원국들에게 즉각 강제 적용되는 성격을 지님).

39) Article 249 (ex 189) of the EC Treaty.

공사(TCO)에 대한 이행법률이 추가되는 등 제·개정 작업이 활발히 진행되고 있다.

- 기본법률(BR: Basic Regulation);[40] 항공안전증진과 관련하여 EU 및 EASA에서 적용하는 항공관련 기본법으로 회원국에게 법적 구속력을 가지며 한국의 현행 항공법에 해당된다. Basic Regulation은 항공안전관련 전반적인 분야에 대한 기본적인 요건을 규정하고 있으며 좁은 의미로는 Basic Regulation 자체가 EU의 항공법이라 할 수 있다.

- 이행법률(IR: Implementing Rule); Implementing Rule은 민간항공분야의 안전을 확보할 목적으로 Basic Regulation에서 관장하고 있는 분야 및 항목에 대하여 필수요건과 이행법률의 수준에 대해 규정한다. Implementing Rule은 회원국에게 법적 구속력을 가지며, 한국의 항공법시행령 및 시행규칙에 해당된다. 이와 같이 민간항공분야에서 일반적인 법적 요건의 이행법률은 Implementing Rule에서 규정하는 반면에 이에 대한 세부적인 이행 기준 및 준수방법은 EASA가 별도로 채택한 인가기준(CS) 및 준수방식(AMC)을 따른다.

- 법규준수방식 및 일반적용기준(AMC/GM: Acceptable Means of Compliance and Guidance Material); AMC/GM은 EU가 규정한 Basic Regulation 및 Implementing Rule에 대한 준수방식의 일환으로 수립되어 EASA에 의해 채택된 표준이나, 법적 구속력이 없는 연성법(soft law)이다.

- 인증기준(CS: Certification Specification); CS는 EU가 규정한 Basic Regulation 및 Implementing Rule에 대한 준수방식의 일환으로 EASA에 의해 채택된 부품 등에 대한 기술적 표준이나, AMC/GM과 마찬가지로 법적 구속력이 없는 연성법(soft law)이다.

이와 같이 Basic Regulation은 민간항공에 있어 항공안전과 환경적 지속가능 법규에 대한 일반적인 요건을 규정하고 있으며 유럽집행위원회에 법규이행을 위한 세부 규칙을 채택할 수 있는 권한을 부여하고 있다. 현행 Basic Regulation은 총 4장으로 구성된 본문 및 부속서로 구성되어 있다.[41] Basic Regulation에서는 적용범위 및 EASA의 기능 등에 대해서도 규정하고 있으며, Basic Regulation 제1조 제2항에 의거 군용, 세관용, 경찰, 수색 및 구조, 해안경비 등의 항공기는 국가 항공기로서 EU Regulation

---

40) Basic Regulation(common rules in the field of civil aviation and establishing a European Aviation Safety Agency)은 EU에서 항공안전과 관련하여 모든 분야에 대한 기본적인 기준을 규정하고 있는 법적 구속력이 있는 기본법으로서 국내의 경우 '항공법'에 해당됨. Basic Regulation은 EU가 적용하는 '항공법', '항공기본법' 또는 '항공규정'이라고 부를 수 있으나 국내'항공법'과 비교되어야 할 법률인 점을 고려하면 'EU 항공법'으로 부르는 것이 타당함. 또한, 항공법 제정의 근본적인 목적이 민간 항공 질서 확립 및 항공안전 증진을 위해 시카고협약 및 부속서에서 정한 SARPs에 따라 규정하는 것이고, 이를 미국에서는 Federal Aviation Regulations, EU에서는 Basic Regulation이라고 통칭하는 바와 같이 한국도 명칭을 '항공법'으로 통칭하여 유지하는 것이 바람직함(정부는 항공법을 항공사업법, 항공안전법, 공항시설법으로 분법 추진 중).
미국의 FAR은 항공관련 기본 규정 및 이행요건인 시행규칙을 포함하고 있으나, EU의 경우 Basic Regulation에서는 기본적인 기준만 규정하고 이행요건인 시행규칙은 별도의 Implementing Rule에서 규정함.
EU의 최초 Basic Regulation은 Regulation(EC) No 1592/2002를 말하며, 이는 Regulation (EC) No 216/2008에 의해 폐기됨. 현재 적용하고 있는 Basic Regulation인 Regulation(EC) No 216/2008는 Commission Regulation(EC) No 690//2009, Regulation(EC) No 1108/2009, Commission Regulation(EU) No 6/2013에 의해 일부 개정됨.

41) Chapter I Principles, Chapter II Substantive requirements, Chapter III EASA, Chapter IV Final provisions, Annex I Essential requirements for airworthiness, Annex II Aircraft, Annex III Essential requirements for pilot licensing, Annex IV Essential requirements for air operations, Annex V Criteria for qualified entities, Annex Va Essential requirements for aerodromes, Annex Vb Essential requirements for ATM/ANS and air traffic controllers, Annex VI Correlation table.

이 적용되지 않는다고 규정하고 있다.

항공안전 분야에 있어서도 EU의 법은 통일된 기준이 적용되며, 아직 EU의 법이 마련되지 않은 부문에서는 각 국가에서 정한 기준이 적용된다.

항공기가 EU 국가 내에서 인증된 경우, 다른 EU 회원국의 인증을 받은 것으로 인정된다. Basic Regulation 제11조는 "회원국은 추가적인 기술적 요건이나 평가 없이 이 규정에 따라 발급된 증명서를 인정해야 한다. 최초 인정이 특정 목적을 위한 것이라면, 부가적인 인정도 같은 목적으로만 간주되어야 한다"라고 규정하고 있듯이 항공기가 EU 국가 내에서 인증된 경우, 다른 EU 회원국의 인증을 받은 것으로 인정된다.

한편 새로운 규정을 채택하여 적용하고자 할 경우, 원활한 법규 제정 및 효율적인 운영을 위해 규정별 특성을 고려하여 선택 적용이 가능하도록 명시하고 있으며 적정한 적용 유예기간을 설정하여 운영한다. 예를 들어, 그동안 Basic Regulation에만 준수해야 할 요건으로 규정되어 있던 승무원 피로관리 기준의 경우 최근 Implementing Rule이 EU의 Official Journal을 통해 공포(2014.1.31.)되었지만, 발효시점은 공포 후 20일 후에 발효하는 것으로 규정되어 있으며, 모든 회원국이 의무적으로 적용해야 할 시점은 발효한 지 2년이 경과한 시점(2016.2.18.)부터 적용하는 것으로 명시하고 있다.[42]

항공안전 관련 Basic Regulation을 적절히 이행하기 위하여 감항성 인증, 승무원, 항공기 운항, TCO, 항행시스템, 항공교통관제사, 공역, 비행규칙, 공항 등 다양한 분야별 Implementing Rule을 규정하고 있으며, 승무원, 항공기 운항, TCO의 Implementing Rule은 자격종류별 구분은 물론, 인허가를 수행하는 항공당국과 실질적 적용을 하는 운영자의 요건을 별도로 명확히 구분하여 명시하고 있다.[43]

유럽 항공법규에 있어 EASA는 대단히 중요한 역할을 수행하고 있다. EASA는 European public law에 의해 설립 운영되는 EU의 항공안전기관으로 '유럽항공안전청'이라 한다. EASA는 유럽의회(Parliament), 유럽이사회(Council), 유럽집행위원회(Commission)와 구별되며 고유의 법적 지위를 갖는다. EASA는 유럽의 Council and Parliament Regulation인 Regulation (EC) No 1592/2002[44]에 의해 2003년 9월에 설립되었는데, EASA 설립 이유는 유럽지역 항공당국 연합인 JAA(Joint Aviation Authorities)가 구속력 있는 규범을 제정하는 데 어려움이 있고 다양한 조직으로 인한 일관성 문제가 있는 것을 보완하기 위해 적합한 역할을 할 수 있는 단일 전문기관이 필요한 것에 기인한다. EASA는 민간 항공안전 및 제품의 환경보호 관련하여 법규수립 지원 및 법규이행과 관련된 업무를 담당한다. EASA의 조직은 담당업무를 반영하고 있다.[45]

---

42) Commission Regulation(EU) No 83/2014 of 29 Jan 2014. EEC No 3922/91 및 EC No 8/2008의 Subpart Q FTL 내용을 전면 재검토 후 Commission Regulation의 Air Operations에 Subpart FTL 추가함. (2014.1.31 by Official Journal of EU).

43) EU Regulation Structure (http://www.easa.europa.eu/regulations) (2015.7.1.).

EASA의 기본적인 임무는 민간항공분야의 전반적인 안전기준 및 환경보호기준을 최상의 기준으로 증진하는 것이다. EASA가 관장하는 업무는 항공안전과 관련하여 감항 분야에서 시작하여 항공기 운항 분야로 확대되었다. EASA 설립 초기에는 감항성과 제품에 대한 환경적합성(Environmental Compatibility of Products) 분야만 관장하였으나, Regulation (EC) 216/2008에 의거 항공기 운항 및 승무원 부문으로 확대한데 이어, Regulation (EC) 1108/2009에 의거 공항 안전 및 ATM(Air Traffic Management)에 대한 입법 업무 및 표준화 부문을 관장하는 것으로 그 업무 범위가 확대되었다.

EASA 설립 이전에 유럽에서의 항공안전 업무는 기본적으로 각 국가가 담당했다. Council Regulation (EEC) No 3922/91에 의하여 감항 및 정비 분야에 제한된 기준을 제외하고, 회원국이 항공안전관련 법규에 대한 책임을 가졌다. JAA(Joint Aviation Authorities)가 항공안전을 위한 요건과 방식을 일치시키고자 노력했지만 어려움이 노출되었고, 법적 근거하에 단일 특별전문기구인 EASA의 탄생과 회원국의 협조로 EASA가 EU 내 항공안전관련 기준수립 업무를 담당하게 되었으며 관장 분야도 점차 확대되었다. EASA는 2008년 JAA의 기능을 인수하였으며, EASA의 발전으로 JAA가 관장하던 항공안전관련 기준수립 업무는 해체되고 JAA는 JAATO라는 훈련부문만을 운영하게 되었다.

EASA는 Basic Regulation에서 언급하고 있는 '단일 특별 전문기구(single specialised expert body)'의 필요성에 부합된다고 볼 수 있다. Basic Regulation에서 정한 기준에 대한 세부 지침을 위해 EU 기관에 적합한 전문지식을 제공하고 국가 수준에서 적용할 회원국의 준수기준을 마련하여 제공하고 있다. EASA는 회원국에 대한 점검을 통해 이행여부를 모니터하고, 기술적 전문지식과 연구조사 활동 등을 제공하며, 항공기나 조종사 자격증명과 같은 다양한 업무를 지속적으로 수행하기 위해 각 국가항공당국

Basic Regulation		Implementing Rule
	Initial Airworthiness	Part-21
	Continuing Airworthiness	Part-M, Part-145, Part-66, Part-147, Part-T
	Air Crew	Part-FCL, Conversion of national licenses, Licenses of non-EU states, Part-MED, Part-CC, Part-ARA, Part-ORA
	Air Operations	DEF, Part-ARO, Part-ORO, Part-CAT Part-SPA, Part-NCC, Part-NCO, Part-SPO
	Third country operators	Part TCO, Part ART
	ANS common reg.	GEN, ATS, MET, AIS, CNS
	ATM/ANS safety oversight	
	ATCO Licensing	
	Airspace usage reg.	Part-ACAS
	SERA	Rules of the air(RoA)
	Aerodromes	DEF, PART-ADR.AR, PART-ADR.OR, PART-ADR.OPS

44) Regulation (EC) 1592/2002는 Regulation (EC) No 216/2008에 의해 폐기됨.

45) EASA 조직 (자료: http://www.easa.europa.eu/the-agency)(2015.7.1.).

(NAA)과 긴밀한 협조체계를 유지하고 있다. 이와 관련하여 EASA의 항공안전증진을 위한 주요 업무는 다음과 같다.[46]

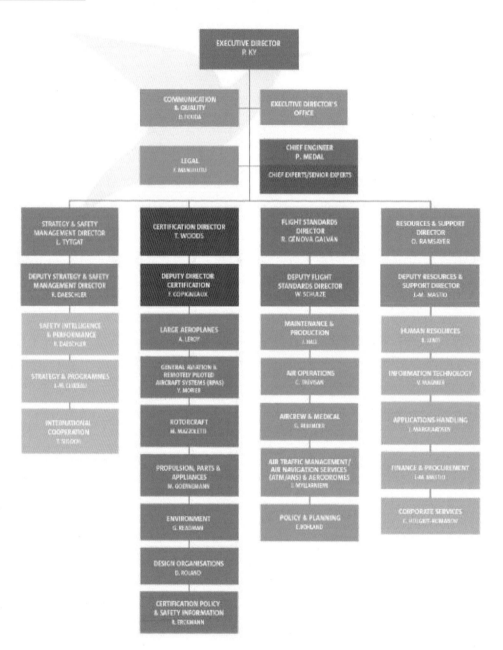

46) EASA는 최초 감항 및 환경 인증분야를 관장했으며, Regulation(EC) No 216/2008에 air operations, flight crew licence, third country operator로 관장 범위를 확대했으며, Regulation(EC) No 1108/2009에서는 Annex Va(aerodromes) 및 Annex Vb(ATM/ANS 및 air traffic controllers) 기준도 관장하는 것으로 확대함. 단, EASA는 공항보안조치 및 테러리즘 대응과 같은 민간항공 보안업무는 관장하지 않음.

- 입법업무; 항공안전관련 각 부문에 대한 입법안 마련 및 유럽집행위원회 및 EASA 회원국에 기술지원
- 모든 회원국에서 EU 항공안전관련 법규의 통일된 이행을 보증하기 위한 점검, 훈련, 표준화 프로그램 운영
- 항공기, 엔진 및 부품에 대한 안전 및 환경 증명
- 항공기 디자인 및 생산 조직 승인
- 정비조직 승인
- TCO(Third Country Operator)에 대한 승인
- 유럽 내 공항을 사용하는 외국 항공기의 안전과 관련하여 SAFA 프로그램 협조
- 항공안전증진을 위한 데이터 수집, 분석 및 연구조사

이상과 같이 EASA는 EU의 항공법규체계 확립에 대단히 중요한 업무를 수행하고 있으며, 지속적으로 관장하는 업무분야가 확대될 것으로 예상된다. 또한 국제 항공에 있어서도 EASA의 영향력이 점점 커질 것으로 예상된다.

제5장

항공종사자 자격

1. ICAO의 항공종사자 자격증명제도

1.1 일반사항

1944년 시카고협약은 체약국의 의무사항으로 항공종사자에게 자격증명 발급(제32조) 및 타 체약국에서 발급한 자격증명의 인정(제33조)에 대하여 규정하고 있으며 세부적인 기준은 시카고협약 부속서 1 항공종사자 자격증명(Personal Licensing)에 규정하고 있다. 항공종사자 자격증명은 1948년 4월 14일에 시카고협약 부속서 중 제1부속서로 채택되었으며 현재 제170차 개정판(2011.11.17. 적용)이 적용되고 있다. 이는 항공산업에 있어서 여타의 분야보다 항공종사자의 중요성을 강조한 것으로 평가할 수 있다.

종사자 자격증명과 관련한 큰 변화로는 1980년대 항공기 항법장비의 발전으로 조종실에 항공기관사가 필요 없는 항공기의 출현, 2000년대 영어구술능력자격의 신설 및 조종사 나이제한 연장 등을 들 수 있다. 최근에는 항공기 사고원인 중의 하나로 인적요인이 크게 부각되고 있어 항공종사자에 대한 인성검사의 강화 필요성이 제기되고 있다. 각 체약국은 시카고협약 및 부속서를 근거로 자격증명 발급 및 국제적 상호인정을 원칙으로 하는 바, 각 체약국이 국제표준을 준수하여 자격제도를 운영하는 것은 필수적이다.

시카고협약과 동 협약 부속서 1 항공종사자 자격증명(Personal Licensing)에서 규정하고 있는 주요 내용은 다음과 같다.

- 국제항공에 종사하는 체약국의 항공기에는 본 협약에서 정한 조건에 따라 승무원 자격증명(Licence)을 휴대해야 한다.[1]
- 국제항공에 종사하는 모든 항공기의 조종사는 항공기의 등록국이 발급하거나 유효하다고 인정한 자격증명을 소지한다.[2]

---

[1] 시카고협약 제29조.

[2] 시카고협약 제32조.

- 각 체약국은 자국민에 대하여 타 체약국이 발급한 자격증명을 자국 영역의 상공 비행에 있어 인정하지 아니할 수 있는 권리를 갖는다.[3]
- 각 체약국은 항공기의 등록국이 발급하거나 유효하다고 인정한 자격증명이 협약에 따라 정한 최저 표준을 준수한 경우 유효한 것으로 인정해야 한다.[4]
- 시카고협약 부속서 1의 규정을 보면, 제1장 정의, 제2장 조종사 자격증명, 제3장 조종사 이외의 운항승무원에 대한 자격증명, 제4장 운항승무원 이외의 종사자에 대한 자격증명, 제5장 항공종사자 자격증명 세부기준(Specifications for Personnel Licences), 제6장 신체검사증명에 대해 규정하고 있다.
- 운항승무원 및 운항승무원 이외의 종사자에 대한 자격증명의 종류, 제한 권한 등에 대해서는 시카고협약 부속서 1에서 규정하고 있다.[5]
- 조종사 자격증명은 항공당국이 발급 및 인정할 권리를 가지며 운송용조종사 자격증명과 같이 항공당국이 부여하는 기본 면장을 취득함으로써 자격이 부여된다. 자격증명에 대한 심사는 항공당국 또는 승인된 훈련기관의 위촉된 자에 의해 수행된다.[6]
- 항공종사자에 대한 인가된 훈련은 인가된 훈련기관에서 수행되어야 한다.[7]
- 항공당국은 자격증명을 발행할 때 시카고협약 체약국이 rating의 유효성을 쉽게 판단할 수 있도록 자격증명을 발행해야 한다.[8]

1.2 항공종사자 자격증명 및 한정자격 종류

시카고협약 부속서 1 항공종사자 자격증명(Personal Licensing)에서는 항공종사자의 자격증명을 크게 3종류(① 조종사, ② 조종사 이외의 운항승무원, ③ 운항승무원 이외의 항공종사자)로 구분하고, 각각의 자격증명에 필요한 평가사항, 신체검사 등급 등에 대해 규정하고 있다.

ICAO에서 권고하고 있는 항공종사자 자격증명의 종류는 총 12가지(운송용조종사(airline transport pilot), 사업용조종사(commercial pilot), 부조종사(multi-crew pilot), 자가용조종사(private pilot), 활공기조종사(glider pilot), 자유기구조종사(free balloon pilot), 항공사(flight navigator), 항공기관사(flight engineer), 항공정비사(aircraft maintenance), 항공교통관제사(air traffic controller), 운항관리사(flight operations officer/flight

---

3) 시카고협약 제32조.
4) 시카고협약 제33조.
5) 시카고협약 부속서 1, 1.2.
6) 시카고협약 부속서 1, Appendix 2. 10.
7) 시카고협약 부속서 1, 1.2.8.
8) 시카고협약 부속서 1, 5.1.1.1.

dispatcher), 항공국 운영자(aeronautical station operator)로 규정하고 있다.[9] 한편 이런 자격증명 종류 이외에 학생조종사(Student pilot), 계기비행증명(instrumenting rating), 비행교관증명(Flight instructor rating) 등에 대한 기준도 함께 규정하고 있다.

자격증명에 대한 한정자격이란 항공기의 종류, 등급, 형식 및 업무의 종류를 구분하여 업무범위를 한정하는 것을 말하며, 시카고협약 부속서 1에서는 조종사, 항공정비사, 항공교통관제사에 대하여 한정자격제도를 규정하고 있다.

1.3 항공종사자 자격증명 유효성 및 유효기간 등

시카고협약 부속서 1 항공종사자 자격증명(Personal Licensing)에서는 자격증명의 유효성 및 유효기간과 관련하여 다음과 같은 기준들을 규정하고 있다.

- 각 체약국은 타 체약국이 자격증명의 유효성을 인정할 수 있는 수준으로 자격증명을 발급 유지해야 한다.[10] 즉, 자격증명의 유효성과 관련하여 시카고협약 부속서에서는 유효기간을 표기해야 한다는 명시적인 규정은 없으나 자격증명의 유효성을 인정할 수 있는 수준의 자격증명이 발급되어야 한다고 규정하고 있다.
- 체약국은 사고방지를 위한 체계적 접근과 관련하여 수행능력 및 경험 유지 요건(maintenance of competency and recent experience requirements)을 설정할 것을 권고하고 있다.[11]
- 항공운송사업에 종사하는 운항승무원의 능력(competency) 유지는 부속서 6에서 규정한 Proficiency check[12]가 수행되면 만족스런 수준으로 간주된다.[13]
- Competency 유지는 회사의 기록부, 또는 운항승무원의 개인 비행기록부나 자격증명서에 만족스럽게 기록될 수 있으며, 운항승무원의 지속적인 competency 유지여부는 국가가 승인한 모의비행훈련장치를 이용하여 보여줄 수 있다.[14]
- 자격증명을 발급하는 체약국은 타 체약국이 자격증명 특별 권한 및 형식증명의 유효성을 쉽게 판단할 수 있도록 하여야 한다. Competency 유지에 대해서는 회사가 기록을 유지하거나 개인의

---

9) 시카고협약 부속서 1, 1.2.

10) 시카고협약 부속서 1, 1.2.5.1.2.

11) 시카고협약 부속서 1, 1.2.5.1.1.

12) 시카고협약 부속서 6에서 규정하고 있는 정상 및 비정상 상황에 대한 조치 능력 등을 심사하는 기량심사를 말하며 Proficiency Check로 통용됨.

13) 시카고협약 부속서 1, 1.2.5.1.2. Note) The maintenance of competency of flight crew members, engaged in commercial air transport operations, may be satisfactorily established by demonstration of skill during proficiency flight checks completed in accordance with Annex 6.

14) 시카고협약 부속서 1, 1.2.5.1.2.

비행기록부나 자격증명서에 기록을 유지할 수 있다. 그러나 국제선 운항 시 운항승무원 개인 비행기록부(personal log book)는 일반적으로 휴대하지 않는다.[15]

참고로 미국 및 유럽에서 규정하고 있는 항공종사자 자격증명의 유효성 및 유효기간과 관련된 규정은 다음과 같다.

미국은 FAR Part 61[16]에 항공종사자 자격증명에 대하여 규정하고 있으며, 조종사 및 교관의 자격증명의 유효기간과 관련해서는 다음과 같이 규정하고 있다.[17]

- 유효기간이 있는 자격증명 소지자는 유효기간 이후에는 그 자격증명의 특전을 행사할 수 없다.
- 학생조종사 자격증명은 발급된 달로부터 24개월이 된 달에 만료한다.
- FAR Part 61에 의거 발급된 조종사 자격증명(학생조종사 자격증명 제외)은 특정한 유효기간 없이 발급된다. 유효기간을 명시한 외국 조종사 자격증명에 따라 행한 경우에는 유효기간 내에서만 유효하다.
- 비행교관 자격증명은 조종사 자격증명을 소지하고 있는 동안에만 유효하며 특별히 명시하지 않은 한 발급된 달로부터 또는 갱신된 달로부터 24개월이 된 달에 만료한다.

EU는 Commission Regulation (EU) No 290/2012에 운항승무원의 자격증명(flight crew licence: FCL)에 대하여 규정하고 있으며, 다음과 같이 FCL의 양식 및 FCL에 포함되어야 할 항목 등을 규정하고 있다.[18]

- FCL자격증명은 총 8page로 구성되며 총 14개 항목을 포함하고 있다. 그중 11개 항목은 영구항목(permanent items)이며 3개 항목은 가변항목(variable items)이다.
- 영구항목으로는 발급국가, 자격증명 제목, 자격증명 번호, 이름, 주소, 국적, 서명, 항공당국기관 등이 포함되고, 가변항목으로는 Rating에 대한 유효기간 등을 포함하도록 하며, 영어능력자격의 경우에도 유효기간을 명시한다.
- 자격증명 표기 언어는 국가별 언어 및 영어를 포함하여 작성한다.
- 유효하지 않은 한정자격(Ratings)은 관계기관에 의해 자격증명에서 제거되어야 하며, 가장 마지

---

15) 시카고협약 부속서 1, 5.1.1.1. Note) Operator records or a flight crew member's personal log book, in which maintenance of competency and recent experience may be satisfactorily recorded, are not normally carried on international flights.

16) FAR Part 61-Certification: Pilots, Flight Instructors, and Ground Instructors.

17) FAR Part 61.19. Duration of pilot and instructor certificates.

18) Commission Regulation (EU) No 290/2012, Appendix I to ANNEX VI PART-ARA Flight crew licence (EASA Form 141)
　(1) Permanent items:
　　(I) State of licence issue (중간 생략) (XI) seal or stamp of the competent authority.
　(2) Variable items
　　(XII) ratings and certificates: class, type, instructor certificates, etc., with dates of expiry. Radio telephony (R/T) privileges may appear on the licence form or on a separate certificate; (중간 생략) (XIV) any other details required by the competent authority (e.g. place of birth/place of origin).

막에 갱신한 날로부터 5년을 초과할 수 없다.[19]

2. 한국의 항공종사자 자격증명제도

「항공법」 제3장의 항공종사자에서는 항공기의 안전운항을 확보하기 위해 항공업무에 종사하는 자에 대한 항공종사자의 자격증명 종류 및 업무 범위, 자격증명의 한정, 전문교육기관, 항공신체검사증명, 계기비행증명, 항공영어구술능력증명 등에 대하여 규정하고 있으며, 시카고협약 및 같은 협약 부속서 1 항공종사자 자격증명(Personal Licensing)에서 정한 기준을 준거하여 규정하고 있다.

2.1 항공종사자 자격증명 종류 및 업무 범위

한국은 항공종사자의 자격증명 종류 및 자격증명 취득 요건 등에 대해서 ICAO 기준에 준거하여 국내기준을 마련하여 적용하고 있다.

「항공법」에서 규정하고 있는 바에 따라 항공업무에 종사하려는 사람 또는 경량항공기를 사용하여 비행하려는 사람은 국토교통부령으로 정하는 바에 따라 국토교통부장관으로부터 항공종사자 자격증명을 받아야 한다. 다만, 항공업무 중 무인항공기의 운항의 경우에는 그러하지 아니하다(제25조).

항공법에서 규정하고 있는 항공종사자 자격증명의 종류는 총 10가지(운송용조종사, 사업용조종사, 부조종사, 자가용조종사, 항공사, 항공기관사, 항공교통관제사, 경량항공기조종사, 항공정비사 및 운항관리사)로 구분하고 있다. 한국의 항공종사자 자격증명은 ICAO 기준과 비교할 때, 활공기조종사(glider pilot)를 별도의 자격종류로 구분하지 않고 있으며, 자유기구조종사(free balloon pilot)는 초경량비행장치에 포함될 경우 초경량비행장치 조종자 자격증명을 취득해야 한다.

ICAO에서 권고하고 있는 항공종사자 자격증명의 종류와 한국에서 규정하고 있는 항공종사자 자격증명 종류를 비교하면 다음과 같다.

---

19) Ratings that are not validated will be removed from the licence by the competent authority and not later than 5 years from the last revalidation.

〈표 10〉 항공종사자 자격증명 종류 비교

시카고협약 부속서 1				항공법
flight crew	pilot	private pilot	aeroplane	자가용조종사(고정익)
			airship	-
			helicopter	자가용조종사(회전익)
			powered-lift	-
		commercial pilot	aeroplane	사업용조종사(고정익)
			airship	-
			helicopter	사업용조종사(회전익)
			powered-lift	-
		multi-crew pilot	aeroplane	사업용조종사(고정익)
		airline transport pilot	aeroplane	운송용조종사(고정익)
			helicopter	운송용조종사(회전익)
			powered-lift	-
		glider pilot		자가용사업용조종사 (활공기조종사)
		free balloon pilot		초경량비행장치 조종자
	flight crew other than pilot	flight navigator		항공사
		flight engineer		항공기관사
Other personnel	aircraft maintenance		technician	항공정비사
			engineer	
			mechanic	
	air traffic controller			항공교통관제사
	flight operations officer / flight dispatcher			운항관리사
	aeronautical station operator			-

항공종사자 자격증명별 업무범위는 다음과 같다.

〈표 11〉 항공종사자 자격증명별 업무 범위

자 격	업무 범위
운송용조종사	항공기에 탑승하여 다음 각 호의 행위를 하는 것 1. 사업용조종사의 자격을 가진 사람이 할 수 있는 행위 2. 항공운송사업의 목적을 위하여 사용하는 항공기를 조종하는 행위
사업용조종사	항공기에 탑승하여 다음 각 호의 행위를 하는 것 1. 자가용조종사의 자격을 가진 사람이 할 수 있는 행위 2. 보수를 받고 무상 운항을 하는 항공기를 조종하는 행위 3. 항공기사용사업에 사용하는 항공기를 조종하는 행위 4. 항공운송사업에 사용하는 항공기(1명의 조종사가 필요한 항공기만 해당한다)를 조종하는 행위 5. 기장 외의 조종사로서 항공운송사업에 사용하는 항공기를 조종하는 행위
자가용조종사	항공기에 탑승하여 보수를 받지 아니하고 무상운항을 하는 항공기를 조종하는 행위

부조종사	비행기에 탑승하여 다음 각 호의 행위를 하는 것 1. 자가용조종사의 자격을 가진 자가 할 수 있는 행위 2. 기장 외의 조종사로서 비행기를 조종하는 행위
경량항공기조종사	경량항공기에 탑승하여 경량항공기를 조종하는 행위
항공사	항공기에 탑승하여 그 위치 및 항로의 측정과 항공상의 자료를 산출하는 행위
항공기관사	항공기에 탑승하여 발동기 및 기체를 취급하는 행위(조종 장치의 조작은 제외한다)
항공교통관제사	항공교통의 안전·신속 및 질서를 유지하기 위하여 항공교통관제기관에서 항공기 운항을 관제하는 행위
항공정비사	정비 또는 개조(국토교통부령으로 정하는 경미한 정비 및 제19조 제1항에 따른 수리·개조는 제외한다)한 항공기에 대하여 제22조에 따른 확인을 하는 행위
운항관리사	항공운송사업에 사용되는 항공기의 운항에 필요한 다음 각 호의 사항을 확인하는 행위 1. 비행계획의 작성 및 변경 2. 항공기 연료 소비량의 산출 3. 항공기 운항의 통제 및 감시

출처: 항공법 별표(항공법 제27조 제2항 관련)

2.2 항공종사자 한정자격제도

한국은 시카고협약 부속서 1 항공종사자 자격증명(Personal Licensing)에서 정한 기준에 준거하여 항공종사자 자격증명에 대한 한정자격제도를 적용하고 있다. 한국에서 규정하고 있는 항공종사자 한정자격은 다음과 같다(항공법 제28조 자격증명 한정).

- 운송용조종사, 사업용조종사, 자가용조종사, 부조종사 자격의 경우 항공기의 종류·등급 또는 형식 한정
- 경량항공기조종사의 경우 경량항공기의 종류 한정
- 항공정비사 자격의 경우 항공기 종류 및 정비 업무 범위 한정

한편 항공교통관제사의 경우 ICAO에서는 비행장, 접근레이더, 지역레이더 등으로 업무한정을 규정하고 있으나, 한국은 자격증명에 대한 한정시험은 적용하지 않으며 자체적으로 한정하여 실시하고 있다.

2.3 항공종사자 자격증명 유효성 및 유효기간 등

한국은 항공종사자에게 자격증명을 발급할 때 자격증명의 유효기간에 대해서는 구체적으로 명시한 기간은 없으며, 한정자격(rating)의 유효기간에 대해서도 명시하지 않는다. 이와 관련하여 국내 항공법규에서 예외적으로 인정되는 경우를 제외하고 일반적으로 적용되는 주요 내용은 다음과 같다.[20]

- 교통안전공단이사장이 발행한 항공종사자 자격증명에는 특정한 자격 만료 일자를 정하지 않는다.
- 조종사 자격증명이 항공법령에 의하여 발급되지 않았거나 또는 항공기가 등록된 나라에서 발급

---

20) 운항기술기준 2,1,2 자격증명, 한정자격, 허가서(License, Ratings, and Authorizations).

되지 않았다면, 민간항공기의 조종사로 비행을 하여서는 아니 된다.

- 항공기에 대한 적절한 종류, 등급, 형식 한정자격(등급 및 형식 한정자격이 요구되는 경우)이 없는 자와 경량항공기 자격이 없는 자는 항공기의 조종사로서 임무를 수행하여서는 아니 된다.
- 자격증명을 받은 자는 그가 받은 자격증명의 종류에 따른 항공업무 외의 항공업무에 종사하여서는 아니 된다.
- 자가용조종사 자격증명을 소지한 사람이 같은 종류의 항공기에 대하여 사업용조종사, 부조종사 또는 운송용조종사 자격증명을 받은 경우에는 종전의 자격증명에 관한 항공기의 등급·형식의 한정 또는 계기비행증명에 관한 한정은 새로 받은 자격증명에 관해서도 유효하다.
- 사업용조종사 또는 부조종사 자격증명을 소지한 사람이 운송용조종사 자격증명을 받은 경우에는 종전의 자격증명에 관한 항공기의 등급·형식의 한정 또는 계기비행증명·조종교육증명에 관한 한정은 새로 받은 자격증명에 관해서도 유효하다.
- 체약국에서 적법하게 발급된 항공기 한정자격(aircraft rating) 및 계기비행증명(Instrument rating)은 국내 자격증명 발급 시 소정의 확인절차 후 인정될 수 있다.

2.3.1 착안사항

유럽의 SAFA Ramp Inspection[21]이 활성화되면서 2012년 이후 한국의 운항승무원들은 유럽의 각국 공항에서 SAFA 점검(SAFA Ramp inspection)을 하는 각국의 감독관으로부터 한국에서 발행한 운항승무원의 자격증명서가 ICAO SARPs를 준수하고 있지 않다는 지적을 당한 바가 있으며, 구체적인 지적내용은 운항승무원 자격증명서의 형식자격 등에 대한 유효기간이 명시되어 있지 않다는 것으로 ICAO 표준(standard)과 다르다는 것이다.[22]

일반적으로 자격증명의 유효성은 해당 자격증명의 특전을 행할 수 있는 지속적인 competency가 있어야 하는 것을 의미한다. 시카고협약은 자격증명의 유효성과 관련하여 유효기간을 표기해야 한다는 명시적인 규정은 없으나 자격증명의 유효성을 인정할 수 있는 수준의 자격증명이 발급되어야 함을

---

21) SAFA 프로그램(SAFA Ramp inspection)이란 SAFA 참가국이 SAFA 참가국 이외의 제3국 항공사에 대하여 진행하는 ramp inspection을 수행하는 안전평가 프로그램으로 2014.1.1. SAFA 참가국은 유럽 42개 국가로 거의 모든 유럽국가가 참여 중임. SAFA Ramp inspection에서 기본적인 점검 기준은 ICAO SARPs 준수여부 및 조치임. 점검에서 발견된 중요한 기준 불이행은 해당 항공사 및 감독을 수행하는 항공당국과 함께 공유함. 불이행이 항공안전에 직접적인 영향이 있는 경우 감독관은 그 항공기가 떠나기 전에 개선 조치(corrective action)를 요구할 수 있음. 안전운항에 문제되는 경우가 아닌 경우는 운항상 지연 없이 inspection 실시함.

22) 유럽의 SAFA 참가국이 ramp inspection에서 한국 조종사의 자격증명서를 보고 지적한 사례: ① (비엔나) Flight crew license: Form and/or content not in compliance with ICAO Standard License does not contain expiration date of type rating. ② (비엔나) License does not show expiry date of type rating, not in accordance with ICAO standards. ③ (파리) Flight crew license: No indication of type rating validity on Korean license. ④ (이스탄불) No expiry date of type rating on license evident.

규정하고 있다. 그러나 자격증명에 대하여 유효성을 인정할 수 있는 수준의 자격증명을 발급해야 함을 규정할 뿐 각각의 자격증명에 대하여 유효기간을 최대 몇 년으로 제한한다는 구체적인 기준은 없다. 다만 운항승무원이 항공기 운항을 위해 필요한 구체적인 운항자격(qualification)에 대해서는 부속서 6에서 별도로 규정하고 있다.

이와 같은 이유로 각 국가에서 발급하고 있는 종사자의 자격증명에 대한 양식 및 기재내용은 국가마다 다르게 운영되고 있고, 체약국 간에도 명시적인 기준이 마련되지 않는 한 competency 유지에 대한 해석이 다를 수 있다. 일반적으로 각 국가에서 발급하는 자격증명의 형식은 두 종류로 구분할 수 있다. 하나는 한국과 미국처럼 자격증명에 기재내용이 단순하고 별도의 유효기간을 명시하지 않는 방식이고, 다른 하나는 EU와 같이 rating에 한해서는 그에 합당한 유효기간을 명시하는 방식이다.

시카고협약에 따르면 체약국은 종사자에게 적합한 자격증명을 발급해야 하고 각 종사자는 자격증명에서 허용된 자격에 한하여 임무를 수행해야 하며 국가와 종사자는 자격증명에서 필요로 하는 competency를 유지할 책임이 있다. 또한 체약국 간에는 국제표준을 준수한 경우 종사자의 자격증명에 허용된 자격의 유효성 범위 내에서 상호 인정해야 한다.

따라서 조종사의 비행임무수행능력의 결핍에서 발생할 수 있는 항공기 사고를 방지하고 협약 및 부속서를 충실히 이행하기 위해서는 정부에서 자격증명 발급 시 rating에 대한 유효기간을 명시하는 것을 긍정적으로 검토할 필요가 있다. 나아가 각 체약국이 자격증명의 유효성을 쉽게 확인할 수 있는 체계적인 운영방식의 도입이 필요하다고 사료되는바 다음과 같은 개선할 필요가 있다.

첫째, 운항승무원의 자격증명과 관련하여 하나의 자격증명에 모든 자격증명(licence 및 rating)을 포함하며 rating에 대해서는 유효기간을 명시한다.

둘째, 정부는 종사자의 rating에 대한 유효기간을 포함하는 종사자의 자격증명 관리시스템을 구축하고, 필요 시 해당 종사자가 유효성을 확인하고 국내외 감독관들에게 보여줄 수 있는 통일되고 종합적인 자격관리시스템을 운영한다.

셋째, ICAO는 시카고협약 부속서 1에 종사자의 자격증명과 관련하여 자격증명에 포함될 내용, 유효성, 양식과 관련하여 보다 구체적인 기준 제공이 필요하다. 예를 들어 항공사에게 승인하는 운항증명(AOC) 양식을 통일하여 국제 표준으로 채택한 바와 같이, 종사자 자격증명에 대해서도 자격증명의 기재내용 및 rating별 유효기간을 포함하는 양식을 마련하여 표준 또는 권고방식으로 제공하는 것이다.

3. 기타 자격증명제도

3.1 신체검사증명

운항승무원(운송용조종사, 사업용조종사, 부조종사, 자가용조종사, 항공기관사, 항공사), 경량항공기조종사 및 항공교통관제사는 항공신체검사증명을 받아야 한다.

운항승무원, 경량항공기조종사 및 항공교통관제사의 자격증명별 항공신체검사증명의 종류와 정상적인 유효기간은 다음과 같으며, 항공전문의사는 정상적인 유효기간의 2분의 1까지 단축하여 항공신체검사증명서를 발급할 수 있다. 한편, 자가용조종사의 자격증명을 가진 사람이 계기비행증명을 받으려는 경우에는 제1종 신체검사기준을 충족하여야 한다.

〈표 12〉 항공신체검사증명의 종류와 그 유효기간

자격증명의 종류	항공신체검사증명의 종류	유효기간		
		40세 미만	40세 이상 50세 미만	50세 이상
• 운송용조종사 • 사업용조종사 　(활공기 조종사는 제외한다) • 부조종사	제1종	12개월. 다만, 항공운송사업에 종사하는 60세 이상인 사람과 1명의 조종사로 승객을 수송하는 항공운송사업에 종사하는 40세 이상인 사람은 6개월		
• 항공기관사 • 항공사	제2종	12개월		
• 자가용조종사 • 사업용활공기조종사 • 조종연습생 • 경량항공기조종사	제2종(경량항공기조종사의 경우에는 제2종 또는 자동차운전면허증)	60개월	24개월	12개월
• 항공교통관제사	제3종	48개월	24개월	12개월

비고
1. 위 표에 따른 유효기간의 시작일은 항공신체검사를 받는 날로 하며, 종료일이 매달 말일이 아닌 경우에는 그 종료일이 속하는 달의 말일에 항공신체검사증명의 유효기간이 종료하는 것으로 본다.
2. 경량항공기조종사의 항공신체검사 유효기간은 제2종 항공신체검사증명을 보유하고 있는 경우에는 그 증명의 연령대별 유효기간으로 하며, 자동차운전면허증을 적용할 경우에는 그 자동차운전면허증의 유효기간으로 한다.

* 출처: 항공법시행규칙 별표14

3.2 조종사 통신면장

3.2.1 ICAO 미국 유럽의 조종사 통신면장

ICAO, 미국 및 유럽의 일반적인 통신면장 기준은 다음과 같다

- 시카고협약 부속서 6에서는 "운항승무원 중 최소 1명은 국가에서 발행한 유효한 항공무선통신
  사자격증을 소지하고 있어야 한다"고 규정하고 있다.[23]
- 미국의 경우 조종사는 항공무선통신과 관련한 지식이 있어야 하고, 국제선을 운항하는 조종사는
  FCC(Federal Communication Commission)에서 발급한 Restricted Radiotelephone Operator Permit를 소지
  해야 한다.[24]
- 유럽의 경우 운항승무원 자격증명에 무선 통신 권한을 명시하거나 별도의 자격증을 운영한다.[25]

3.2.2 한국의 조종사 통신면장

한국의 경우 항공기 운항과 관련하여 항공기는 '항공기 무선국 허가증'이 있어야 하며 운항승무원
은 '항공무선통신사자격증'이 있어야 한다. 이와 관련한 구체적인 기준은 다음과 같다.

- 항공기를 항공에 사용하려는 자 또는 소유자등은 해당 항공기에 비상위치 무선표지설비, 2차 감
  시레이더용 트랜스폰더 등 무선설비를 설치·운용하여야 하며,[26] 항공기에 대한 '항공기 무선
  국 허가증(Radio station license)'이 있어야 한다.[27]
- 운항승무원을 포함한 무선 통신 업무를 수행하는 자는 임무 수행상 무선통신을 할 수 있도록
  적합한 지식 및 언어능력이 필요하며 '항공무선통신사자격증'이 있어야 한다.
- 항공무선통신사자격증 소지자가 자격을 유지하기 위해서는 5년 내에 통신보안 교육을 받아야
  하며, 통신보안 교육을 받지 않는 경우 자격 취소 또는 항공업무 종사 정지를 받을 수 있다.[28]
  이에 따라 운항승무원은 매 5년마다 한국방송통신전파진흥원을 방문하여 통신보안 교육을 받고

---

23) 시카고협약 부속서 6 Part 1, 9.1.2. Radio operator. The flight crew shall include at least one member who holds a valid licence, issued or rendered valid by the State of Registry, authorizing operation of the type of radio transmitting equipment to be used.

24) FAA AC 61.23 Chapter 6 Airport Operation. Radio License. There is no license requirement for a pilot operating in the United States; however, a pilot who operates internationally is required to hold a restricted radiotelephone permit issued by the Federal Communications Commission FCC.

25) JAR-FCL 1.075; Radio telephony (R/T) privileges may appear on the licence form or on a separate certificate.

26) 항공법 제40조(무선설비의 설치·운용 의무).

27) 전파법 제21조(무선국 개설허가 등의 절차).

28) 전파법 제76조.

있다.

- 전파법 및 전파법시행령에 따르면 무선국의 무선설비는 유자격 무선종사자가 운영해야 한다. 단, 항공기가 외국에 있거나 국내의 목적지에 도착할 때는 외국정부에서 교부한 증명서도 인정된다.[29]

- 항공법시행규칙에 따르면 무선설비를 갖추고 비행하는 항공기의 경우 [전파법에 의한 무선설비를 조작할 수 있는 무선종사자 기술자격증을 가진 조종사 1인]이 항공기에 탑승해야 한다.[30]

상기와 같은 법적 요건에 따라 항공사에서는 운항승무원 편성 시 최소 1명은 국가에서 발행한 항공무선통신사자격증을 소지하도록 규정하고 있으며,[31] 자격증 취득을 위한 필요한 교육을 실시하고 있다. 운항승무원에게 요구되는 항공무선통신사자격증의 운영 및 개선방안과 관련한 주요 논점은 다음과 같다.

- 운항승무원의 자격증명 또는 운항자격 이외에 항공무선통신을 위하여 별도로 자격증을 유지해야만 할 필요가 있는가?

- 항공무선통신사자격증이 없어도 항공무선통신에 필요한 교육을 받은 후 항공무선통신 업무를 수행할 수 있도록 권한을 부여하기 위해서 필요한 조치는 무엇인가?

- "항공무선통신사 자격검정 면제과목 교육기관"에서 교육 진행 시 강의식 집체교육 이외에 온라인 통신교육이 인정될 수 있는가?

상기 논점과 관련하여 외국에서 적용하고 있는 기준을 고려 시 충분히 문제 해결이 가능하다고 판단되며, 운항승무원의 경우 유럽의 경우와 같이 무선통신에 필요한 적합한 교육(온라인 교육 포함) 등을 받으면 별도의 항공무선통신사 자격증이 없어도 항공기 운항이 가능하도록 관련법(전파법, 항공법시행규칙)을 개정할 필요성이 있다고 본다.

3.3 항공영어구술능력증명

국제항공업무에 있어 영어구술능력은 필수적인 요소이다. ICAO는 조종사와 관제사 간 언어소통능력 부족에 따른 항공사고를 방지하기 위해 항공영어구술능력증명제도를 2003년에 도입하였고, 한국은 2005년에 항공법을 개정하여 2006년부터 항공영어구술능력증명시험(English Proficiency Test for Aviation: EPTA)을 실시하고 있다. 이에 따라, 다음 각 호의 어느 하나에 해당하는 업무에 종사하려는

---

29) 전파법 제70조, 전파법시행령 제57조.

30) 항공법시행규칙 제218조.

31) ㈜대한항공 Flight Operations manual 4.5.1.

국제항공업무종사자(조종사, 항공교통관제사, 무선통신사)는 국토교통부장관으로부터 항공영어구술능력증명을 받아야 한다.

　① 두 나라 이상의 영공을 운항하는 항공기의 조종

　② 두 나라 이상의 영공을 운항하는 항공기에 대한 관제

　③ 항공통신업무 중 두 나라 이상의 영공을 운항하는 항공기에 대한 무선통신

항공영어구술능력증명의 등급은 총 6등급으로 구분되며, 등급별 유효기간은 4등급은 3년, 5등급은 6년, 6등급은 영구로 한다.[32] 한국은 2008년 3월부터 4등급 이상 자격 소지자만 국제항공업무에 종사할 수 있도록 하였다.

항공영어구술능력증명제도는 ICAO에서 도입 초기부터 영어자격과 사고와의 상관관계, 항공영어의 전문성, 평가기준 및 평가내용의 적절성 등과 관련해 논쟁이 있었으며, 이러한 논쟁은 오랫동안 지속되고 있는 형국이다.

3.4 조종사 나이 제한

ICAO는 조종사의 나이제한을 시카고협약 부속서 1에 규정하고 있으며, 한국은 항공법시행규칙 및 운항기술기준에 반영하여 규정하고 있다.

인간의 평균적인 수명 연장 및 세계적인 조종사 부족현상으로 오랜 논쟁을 거치면서 조종사 나이제한 연장을 가져왔다. ICAO의 경우 국제선 항공운송사업에 종사하는 조종사에 대한 나이 제한을 규정하고 있으며 이에 대한 변천사는 다음과 같다.

- 2006년 11월 23일 이전: 60번째 생일이 도래한 자는 항공운송사업용에 사용되는 국제선 항공기의 기장으로서 비행임무를 수행해서는 아니 되며, 부기장으로의 비행임무는 수행하지 않을 것이 권고된다.

- 2014년 11월 13일 이전: 60번째 생일이 도래한 자는 항공운송사업에 사용되는 국제선 항공기의 기장으로서 비행임무를 수행하여서는 아니 된다. 단 2인 이상의 조종사를 필요로 하는 항공기로 비행하는 경우 다른 조종사가 60세 미만이면, 65번째 생일이 도래할 때까지 기장 임무를 수행할 수 있다. 또한 65번째 생일이 도래한 자는 항공운송사업용에 사용되는 국제선 항공기의 부기장으로서 비행임무를 수행하지 않을 것이 권고된다.

- 2014년 11월 13일 이후(현재): 조종사 자격증명을 발급하는 체약국은 자격증명 소지자가 60세에

---

32) 항공법시행규칙 제102조의2(항공영어구술능력증명시험의 실시 등) 및 별표 19항 공영어구술능력등급기준.

도래하거나 또는 2명 이상의 조종사가 운항하는 항공기의 경우는 65세에 도래한 조종사는 국제 항공운송사업의 비행임무를 수행하기 위한 조종사로 허가하여서는 아니 된다. 즉, 항공사가 2명의 조종사가 필요한 항공기를 이용하여 국제선을 운항하는 경우 최대 65세까지 조종 임무를 부여할 수 있으며, 이때 기장 부기장 둘 다 60세를 넘어도 조종사 편성 상의 제한은 없다.[33]

---

33) 시카고협약 부속서 1, 2.1.10. Limitation of privileges of pilots who have attained their 60th birthday and curtailment of privileges of pilots who have attained their 65th birthday.

제6장

항공기

1. 항공기 정의 및 분류

항공기 정의 및 분류는 시카고협약 부속서 7 항공기 국적 및 등록기호(Aircraft Nationality and Registration Marks)에서 규정하고 있으며, 항공기 정의 및 분류는 다음과 같다.

시카고협약 부속서 7 항공기(aircraft)의 정의 및 분류
지구표면에 대한 반작용이 아닌 공기에 대한 반작용으로 대기 중에 뜰 수 있는 힘을 받는 모든 기계장치(Any machine that can derive support in the atmosphere from the reactions of the air other than the reactions of the air against the earth's surface.(See Table 1, Classification of aircraft)

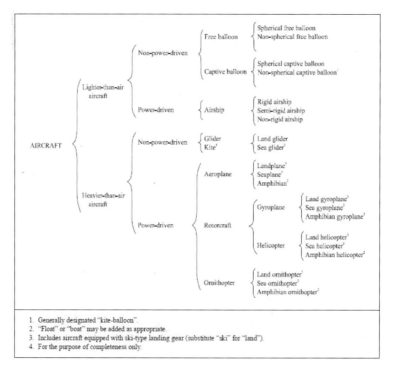

* 출처: 시카고협약 부속서 7 Table 1

〈**그림 2**〉 항공기의 분류

시카고협약 부속서 7에서 규정하고 있는 항공기에 대한 용어정의는 다음과 같이 특정 기기가 항공기에 포함하는지 여부에 대한 판단기준을 제공한다.

첫째, 지표면에 대한 반작용으로 힘을 받는 기기는 항공기에 해당되지 않는다.

둘째, 항공기는 공기에 대한 반작용으로 대기 중에 뜰 수 있는 기기여야 한다.

대표적인 현실적 의미의 항공기는 비행기와 헬리콥터이지만 다양한 형태의 항공기가 있을 수 있는데, 이런 의미에서 우주왕복선도 항공기에 포함되어야 한다는 시각도 있을 수 있다.

반면에 항공법에서는 항공기에 대한 용어 정의를 다음과 같이 규정하고 있는데 이는 시카고협약 부속서에서 규정하고 있는 개념적인 정의 없이 항공기의 종류만을 기술하고 있을 뿐 아니라 시카고협약 부속서 7에서 규정하고 있는 총체적인 항공기의 개념 및 항공기의 종류를 포함하지 못하는바, 항공기의 용어정의를 부속서상의 용어정의로 변경하여 개정하는 것이 필요하다.

> 항공법 제2조(용어정의) 항공기 경량항공기 초경량비행장치
> 1. "항공기"란 비행기, 비행선, 활공기, 회전익항공기, 그 밖에 대통령령으로 정하는 것으로서 항공에 사용할 수 있는 기기를 말한다.
> 26. "경량항공기"란 항공기 외에 비행할 수 있는 것으로서 국토교통부령으로 정하는 타면(舵面)조종형 비행기, 체중이동형비행기 및 회전익경량항공기 등을 말한다.
> 28. "초경량비행장치"란 항공기와 경량항공기 외에 비행할 수 있는 장치로서 국토교통부령으로 정하는 동력비행장치(動力飛行裝置), 인력활공기(人力滑空機), 기구류(氣球類) 및 무인비행장치 등을 말한다.
>
> 항공법시행령 제9조(항공기의 범위)
> 「항공법」제2조제1호에서 "대통령령으로 정하는 것으로서 항공에 사용할 수 있는 기기"란 다음 각 호의 것을 말한다.
> 1. 최대이륙중량, 속도, 좌석 수 등이 국토교통부령으로 정하는 범위를 초과하는 동력비행장치
> 2. 지구 대기권 내외를 비행할 수 있는 항공우주선

2. 민간항공기와 국가항공기

시카고협약 및 동경협약과 같은 국제조약은 국가항공기를 제외한 민간항공기에 대해서만 다루고 있다. 시카고협약 제3조에서는 민간항공기 및 국가항공기(군용·세관용·경찰용 항공기는 국가항공기로 간주)의 구분과 함께 국가항공기를 제외한 민간항공기에만 적용함을 명시하고 있으며 제4조에서는 민간항공의 남용에 대해 규정하고 있다. 또한 항공기 내 범죄와 관련된 국제협약인 동경협약 제1조에서도 군용·세관용·경찰용 항공기는 동 협약의 적용대상이 아니라고 규정하고 있다.

시카고협약 제3조 민간항공기 및 국가항공기(Civil and state aircraft)
(a) 본 협약은 민간항공기에 한하여 적용하고 국가의 항공기에는 적용하지 아니한다.
(b) 군, 세관과 경찰업무에 사용하는 항공기는 국가의 항공기로 간주한다.
(c) 어떠한 체약국의 국가 항공기도 특별협정 또는 기타방법에 의한 허가를 받고 또한 그 조건에 따르지 아니하고는 타국의 영역의 상공을 비행하거나 또는 그 영역에 착륙하여서는 아니 된다.
(d) 체약국은 자국의 국가항공기에 관한 규칙을 제정하는 때에는 민간항공기의 항행의 안전을 위하여 타당한 고려를 할 것을 약속한다.

시카고협약 제4조 민간항공의 남용(Misuse of civil aviation)
각 체약국은, 본 협약의 목적과 양립하지 아니하는 목적을 위하여 민간항공을 사용하지 아니할 것을 동의한다.

동경협약 제1조 4항
4. 본 협약은 군용, 세관용, 경찰용 업무에 사용되는 항공기에는 적용되지 아니한다.

항공법 제2조 정의
2. "국가기관등항공기"란 국가, 지방자치단체, 그 밖에 「공공기관의 운영에 관한 법률」에 따른 공공기관으로서 대통령령으로 정하는 공공기관(이하 "국가기관등"이라 한다)이 소유하거나 임차한 항공기로서 다음 각 목의 어느 하나에 해당하는 업무를 수행하기 위하여 사용되는 항공기를 말한다. 다만, 군용·경찰용·세관용 항공기는 제외한다.
   가. 재난·재해 등으로 인한 수색(搜索)·구조
   나. 산불의 진화 및 예방
   다. 응급환자의 후송 등 구조·구급활동
   라. 그 밖에 공공의 안녕과 질서유지를 위하여 필요한 업무

이와 같이 시카고협약 및 동경협약 등에서 규정하고 있는 바와 같이 국내항공법에서도 군용·세관용·경찰용(military, customs and police services) 항공기에 대해서는 적용하지 않는다고 명시하고 있다. 다만 한국의 경우 공공기관이 소유하거나 임차한 수색구조용, 산불진화용 및 구조 활동용 항공기 등을 '국가기관등항공기'로 규정하여 항공법을 준수하도록 규정하고 있으나, 협약과 마찬가지로 군용·경찰용·세관용 항공기는 제외되어 항공법을 적용하지 않는다. 여기서 적용하지 않는다는 의미는 국가 소속으로 되어 있는 모든 군용·경찰용·세관용 항공기를 절대적이고 포괄적으로 규정하는 것이 아니라 해당 목적에 부합하여 행하는 업무로 한정하여 해석하는 것이 합당하다.

3. 항공기 국적 및 등록

개인의 국적은 개인과 국가 간의 법적인 관계가 설정되는 것으로 권리와 의무가 따르듯이 항공기도 국적에 따라 권리와 의무가 부여된다.

항공기는 전문적인 기술이 요구되는 복잡한 기기로 구성되어 있고 고가의 물건으로 1919년 파리협약부터 항공기 등록 및 국적에 대한 기준이 설정되었으며, 이후에도 시카고협약에 항공기의 국적, 이중등록 방지, 등록국의 의무 및 역할 등을 규정하고 있다. 아울러 시카고협약 부속서 7에 항공기 동체에 부착될 등록과 국적표시 및 등록증명서에 대한 세부 기준을 규정하고 있다.

시카고협약 제17조 항공기 국적(Nationality of aircraft)
항공기는 등록국의 국적을 가진다.

시카고협약 제18조 이중등록(Dual registration)
항공기는 2개 국가 이상에서 유효하게 등록할 수 없다. 그러나 등록을 한 국가에서 다른 국가로 변경할 수는 있다.

시카고협약 제19조 등록에 관한 국내법(National laws governing registration)
체약국은 자국의 법률 및 규정에 따라 항공기를 등록하거나 등록을 이관해야 한다.

시카고협약 제20조 기호의 표시(Display of marks)
국제항공에 사용되는 모든 항공기는 그 적당한 국적과 등록표시가 있어야 한다.

시카고협약 제21조 등록의 보고(Report of registrations)
각 체약국은 자국에서 등록된 특정한 항공기의 등록과 소유권에 관한 정보를, 요구가 있을 때에는, 타체약국 또는 ICAO에 제공할 것을 약속한다. 또 각 체약국은 ICAO에 대하여 동기구가 규정하는 규칙에 의하여 자국에서 등록되고 또 항상 국제항공에 종사하고 있는 항공기의 소유권과 관리에 관한 입수 가능한 관련 자료를 게시한 보고서를 제공한다. ICAO는 이와 같이 입수한 자료를 체약국이 요청하면 언제든지 취득한 자료를 제공할 수 있어야 한다.

한국도 항공기 등록의무, 등록제한, 등록사항 등에 대한 항공기등록제도를 이행함으로써 국적을 취득하고 항공기에 대한 소유권, 임차권 및 저당권 등의 효력이 발생하게 되며, 외국 국적을 가진 항공기는 등록할 수 없다. 이와 관련하여 항공법 등에서 규정하고 있는 주요 내용은 다음과 같다.

항공법 제3조(항공기의 등록) - 2015.7.1. 현재
항공기를 소유하거나 임차하여 항공기를 사용할 수 있는 권리가 있는 자(이하 "소유자등"이라 한다)는 항공기를 국토교통부장관에게 등록하여야 한다. 다만, 대통령령으로 정하는 항공기는 그러하지 아니하다.

항공법 제4조(국적의 취득) - 2015.7.1. 현재
제3조에 따라 등록된 항공기는 대한민국의 국적을 취득하고 이에 따른 권리·의무를 갖는다.

항공법 제5조(소유권 등의 등록) - 2015.7.1. 현재
① 항공기에 대한 소유권의 취득·상실·변경은 등록하여야 그 효력이 생긴다.
② 항공기에 대한 임차권은 등록하여야 제3자에 대하여 그 효력이 생긴다.

항공법 제6조(항공기 등록의 제한)
① 다음 각 호의 어느 하나에 해당하는 자가 소유하거나 임차하는 항공기는 등록할 수 없다. 다만, 대한민국의 국민 또는 법인이 임차하거나 그 밖에 항공기를 사용할 수 있는 권리를 가진 자가 임차한 항공기는 그러하지 아니하다.
  1. 대한민국 국민이 아닌 사람
  2. 외국정부 또는 외국의 공공단체
  3. 외국의 법인 또는 단체
  4. 제1호부터 제3호까지의 어느 하나에 해당하는 자가 주식이나 지분의 2분의 1 이상을 소유하거나 그 사업을 사실상 지배하는 법인
  5. 외국인이 법인등기부상의 대표자이거나 외국인이 법인등기부상의 임원 수의 2분의 1 이상을 차지하는 법인
② 외국 국적을 가진 항공기는 등록할 수 없다.

항공법 제8조(등록 사항)
① 국토교통부장관은 소유자등이 항공기의 등록을 신청한 경우에는 항공기 등록원부에 다음 각 호의 사항을 기록하여야 한다.
  1. 항공기의 형식
  2. 항공기의 제작자
  3. 항공기의 제작번호
  4. 항공기의 정치장
  5. 소유자 또는 임차인·임대인의 성명 또는 명칭과 주소 및 국적
  6. 등록 연월일
  7. 등록기호
② 제1항 외에 항공기의 등록에 필요한 사항은 대통령령으로 정한다.

항공법 제14조(등록기호표의 부착)
① 소유자등은 항공기를 등록한 경우에는 그 항공기의 등록기호표를 국토교통부령으로 정하는 형식·위치 및 방법 등에 따라 항공기에 붙여야 한다.
(중략)
③ 누구든지 제1항에 따라 항공기에 붙인 등록기호표를 훼손하여서는 아니 된다.

자동차 등 특정동산 저당법 제5조(저당권에 관한 등록의 효력 등)
① 저당권에 관한 득실변경은 담보목적물별로 다음 각 호에 등록하여야 그 효력이 생긴다.
  1~5.(생략)
  6. 「항공법」 제8조 제1항(같은 법 제24조 제9항에서 준용하는 경우를 포함한다)에 따른 항공기 등록원부

모든 항공기는 항공기 식별 및 효율적 운영을 위해 각각 다른 등록부호를 가진다. 항공기가 비행하

기 위해서는 등록을 해야 하는데, 전 세계 국가 중 1개 국가에만 등록되어야 하며, 이중 등록은 허용되지 않는다. "등록부호"는 "국적기호"와 "등록기호"로 구분하며, 앞의 두 문자 "HL"은 국적기호로서 대한민국에 등록된 항공기라는 의미가 있으며, 뒤의 네 숫자는 등록기호로서 항공기별로 부여된 번호이다. 한국에 등록한 항공기의 국적기호인 "HL"은 국제전기통신연합(ITU)[1]에서 한국에 지정한 무선국 부호가 사용되고 있는 것이다, 미국은 "N", 중국은 "B", 일본은 "JA"가 사용된다. "HL" 다음의 네 자리는 국토교통부에서 고시한 "항공기 및 경량항공기 등록기호 구성 및 지정요령"에 따라서 항공기 종류, 장착된 엔진의 종류와 숫자 등을 고려하여 지정하고 있다.[2]

4. 항공기 등록국의 역할 및 의무

국제항공법에서 항공기는 항공기등록을 통하여 국적을 취득함과 동시에 항공기 등록국에게 항공규칙 준수, 사고조사 실시, 항공기 무선장비, 항공기 감항증명, 항공종사자 자격증명 부여 등과 같은 중요한 역할과 의무를 부과한다. 이와 관련하여 시카고협약에서 규정하고 있는 주요 내용은 다음과 같다.

> 시카고협약 제12조 항공규칙(Rules of the air)
> 각 체약국은 그 영역의 상공을 비행 또는 동 영역 내에서 동작하는 모든 항공기와 그 소재의 여하를 불문하고 그 국적표지를 게시하는 모든 항공기가 당해지에 시행되고 있는 항공기의 비행 또는 동작에 관한 법규와 규칙에 따르는 것을 보장하는 조치를 취하는 것을 약속한다. 각 체약국은 이에 관한 자국의 규칙을 가능한 한 광범위하게 본 협약에 의하여 수시 설정되는 규칙에 일치하게 하는 것을 약속한다. 공해의 상공에서 시행되는 법규는 본 협약에 의하여 설정된 것으로 한다. 각 체약국은 적용되는 규칙에 위반한 모든 자의 소추를 보증하는 것을 약속한다.

> 시카고협약 제26조 사고조사(Investigation of accidents)
> 체약국의 항공기가 타 체약국의 영역에서 사고를 발생시키고 또 그 사고가 사망 혹은 중상을 포함하든가 또는 항공기 또는 항공보안시설의 중대한 기술적 결함을 표시하는 경우에는 사고가 발생한 국가는 자국의 법률이 허용하는 한 국제민간항공기구가 권고하는 절차에 따라 사고의 진상 조사를 개시한다. 그 항공기의 등록국에는 조사에 임석할 입회인을 파견할 기회를 준다. 조사를 하는 국가는 등록 국가에 대하여 그 사항에 관한 보고와 소견을 통보하여야 한다.

> 시카고협약 제30조 항공기 무선장비(Aircraft radio equipment)
> (a) 각 체약국의 항공기는, 그 등록국의 적당한 관헌으로부터, 무선송신기를 장비하고 또 운용하는 면허

---

1) International Telecommunication Union.

2) 예를 들어, 항공기 및 엔진의 종류를 뜻하는 첫 번째 숫자의 "1"과 "2"는 피스톤엔진 비행기, "5"는 터보프롭엔진 비행기, "7"과 "8"은 제트엔진 비행기, 그리고 "6"은 피스톤엔진 헬리콥터, "9"는 터빈엔진 헬리콥터인 경우에 배정하고 있으며, 두 번째 숫자는 항공기마다 약간 다르지만 엔진 수와 관계가 있는데, 흔히 보는 제트엔진 비행기인 경우에 "1"은 엔진이 1개, "0", "2", "5", "7" 및 "8"은 엔진이 2개, "3"은 엔진이 3개, "4"와 "6"은 엔진이 4개가 장착된 항공기를 의미함.

장을 받은 때에 한하여, 타 체약국의 영역 내에서 또는 그 영역의 상공에서 전기의 송신기를 휴행할 수 있다. 피 비행 체약국의 영역에서의 무선송신기의 사용은 동국이 정하는 규칙에 따라야 한다.
(b) 무선송신기의 사용은 항공기등록국의 적당한 관헌에 의하여 발급된 그 목적을 위한 특별한 면허장을 소지하는 항공기 승무원에 한한다.

시카고협약 제31조 감항증명서(Certificates of airworthiness)
국제항공에 종사하는 모든 항공기는 그 등록국이 발급하거나 또는 유효하다고 인정한 감항증명서를 비치한다.

시카고협약 제32조 항공종사자 자격증명(Licenses of personnel)
(a) 국제항공에 종사하는 모든 항공기의 조종자와 기타의 운항승무원은 그 항공기의 등록국이 발급하거나 또는 유효하다고 인정한 기능증명서와 면허장을 소지한다.
(b) 각 체약국은 자국민에 대하여 타 체약국이 부여한 기능증명서와 면허장을 자국영역의 상공 비행에 있어서 인정하지 아니하는 권리를 보류한다.

5. 등록국의 역할과 의무를 운영국으로 이관

전 세계 많은 항공기들이 항공기 임대차 등으로 등록국이 아닌 다른 국가의 운영자에 의해 국제항공에 투입되고 있다. 이 경우 채권자가 항공기에 대한 권리를 갖기도 한다. 또한 이런 항공기의 경우 조종사의 자격 및 항공기의 지속적인 감항성과 관련하여 등록국으로서의 역할과 의무를 철저히 수행하기도 어렵거니와 항공기 사고 발생 시 책임 소재를 규정하기에도 어려움이 많을 수밖에 없었다.
이와 같은 문제를 해결하고자 ICAO는 시카고협약을 개정하였는데 이것이 시카고협약 83bis이다.[3]

시카고협약 제83조의2 일정한 권한 및 의무의 이양(Article 83 bis Transfer of certain functions and duties)
(a) 제12, 30, 31 및 32조(a)의 규정에도 불구하고, 체약국에 등록된 항공기가 항공기의 임차·대절 또는 상호교환 또는 이와 유사한 조치를 위한 협정에 따라 주영업지, 주영업지가 없을 경우에는 상주지가 타방 체약국에 속해 있는 사용자에 의해 운용되고 있을 때는, 등록국은 여타국과의 협정에 의해 제 12, 30, 31 및 32조(a)에 따라 등록국의 권한 및 의무의 전부 또는 일부를 이양할 수 있다. 등록국은 이양된 권한 및 의무에 관하여 책임을 면제받는다.
(b) 상기 이양은 이양이 규정된 관련국간의 협정이 제83조에 따라 이사회에 등록되고 공표되거나, 협정의 존재나 범위가 협정당사국에 의하여 여타 관련 체약국에 직접 통지되기 전에는 여타 체약국에 대하여 효력을 가지지 아니한다.
(c) 상기 (a) 및 (b)항의 규정은 제77조에 언급된 제 경우에도 적용된다.

이 83bis는 강행규정이 아니라 임의규정으로 시카고협약 체약국은 이관협정을 체결할 수 있으며,

---

3) 본 개정안은 1980년 10월 6일 개정되고 1997년 7월 20일 발효됨.

협정은 등록국과 운영국의 체약국 간에 체결되는 것이지 항공사간의 협정이 아니다. 다른 나라에 대한 협정의 효력은 ICAO 이사회에 등록되어 공표되거나 관계국에 직접 통보되어야 발생한다.[4]

6. 형식증명 및 제작증명

항공기의 형식증명(Type certification) 및 제작증명(Production approval)에 대해서는 시카고협약 부속서 8 항공기 감항성(Airworthiness of Aircraft) 및 항공법에 규정하고 있다.[5]

항공법 제17조(형식증명) - 2015.7.1. 현재
① 항공기등을 제작하려는 자는 그 항공기등의 설계에 관하여 국토교통부령으로 정하는 바에 따라 국토교통부장관의 형식증명을 받을 수 있다. 이를 변경할 때에도 또한 같다.
② 국토교통부장관은 제1항에 따른 형식증명을 할 때에는 해당 항공기등이 다음 각 호의 사항이 포함된 항공기 기술기준(이하 "기술기준"이라 한다)에 적합한지를 검사한 후 적합하다고 인정하는 경우에 형식증명서를 발급한다. 이 경우 국토교통부장관은 기술기준을 관보에 고시하여야 한다.
  1. 항공기등의 감항기준
  2. 항공기등의 환경기준(소음기준 포함)
  3. 항공기등의 지속 감항성 유지를 위한 기준
  4. 항공기등의 식별 표시 방법
  5. 항공기등, 장비품 및 부품의 인증절차
③ 국토교통부장관은 국내의 항공기등의 제작업자가 외국에서 형식증명을 받은 항공기등의 제작기술을 도입하여 항공기등을 제작하는 경우에는 국토교통부령으로 정하는 바에 따라 제2항에 따른 검사의 일부를 생략할 수 있다.
④ 제1항에 따른 형식증명을 받거나 제17조의2에 따른 형식증명승인을 받은 항공기등에 다른 형식의 장비품 또는 부품을 장착하기 위하여 설계를 변경하려는 자는 국토교통부령으로 정하는 바에 따라 국토교통부장관의 부가적인 형식증명(이하 "부가형식증명"이라 한다)을 받을 수 있다.
⑤ 국토교통부장관은 제153조제2항에 따른 검사 결과 다음 각 호의 어느 하나에 해당할 때에는 제1항에 따른 형식증명 또는 제4항에 따른 부가형식증명을 취소하거나 6개월 이내의 기간을 정하여 해당 항공기등에 대한 형식증명 또는 부가형식증명의 효력을 정지시킬 수 있다. 다만, 제1호에 해당할 때에는 형식증명 또는 부가형식증명을 취소하여야 한다.
  1. 거짓이나 그 밖의 부정한 방법으로 형식증명 또는 부가형식증명을 받았을 때
  2. 항공기등이 형식증명 또는 부가형식증명 당시의 기술기준에 적합하지 아니할 때

항공법 제17조의2(수입 항공기등의 형식증명승인) - 2015.7.1. 현재
① 항공기등의 설계에 관하여 외국정부로부터 형식증명을 받은 항공기등을 대한민국에 수출하려는 제작자는 항공기등의 형식별로 외국정부의 형식증명이 기술기준에 적합한 지에 대하여 국토교통부령

---

4) Michael Milde, International Air law and ICAO, 2011, p.90.(정준식 역).

5) 시카고협약 부속서 8, 항공법 제17조 내지 제17조의3.

으로 정하는 바에 따라 국토교통부장관의 승인(이하 "형식증명승인"이라 한다)을 받을 수 있다.
(이하 생략)

항공법 제17조의3(제작증명) - 2015. 7.1 현재
① 제17조에 따른 형식증명을 받은 항공기등을 제작하려는 자는 국토교통부령으로 정하는 바에 따라
국토교통부장관으로부터 기술기준에 적합하게 항공기등을 제작할 수 있는 기술, 설비, 인력 및 품질
관리체계 등을 갖추고 있음을 인증하는 증명(이하 "제작증명"이라 한다)을 받을 수 있다.
(이하 생략)

7. 감항증명

항공기의 감항증명(airworthiness certification)에 대해서는 시카고협약, 동 협약 부속서 및 항공법에 규
정하고 있으며[6] 항공기 등록국은 항공기에 대한 감항증명서을 발급하여야 한다. 항공법에서 규정하
고 있는 항공기의 감항성에 대한 기준은 시카고협약 등에서 정한 기준을 반영하여 다음과 같이 규정
하고 있다.

항공법 제15조(감항증명) _ 2015.7.1. 현재
① 항공기가 안전하게 비행할 수 있는 성능(이하 "감항성"이라 한다)이 있다는 증명(이하 "감항증명"이
라 한다)을 받으려는 자는 국토교통부령으로 정하는 바에 따라 국토교통부장관에게 감항증명을 신
청하여야 한다.
② 감항증명은 대한민국 국적을 가진 항공기가 아니면 받을 수 없다. 다만, 국토교통부령으로 정하는
항공기의 경우에는 그러하지 아니하다.
③ 다음 각 호의 어느 하나에 해당하는 감항증명을 받지 아니한 항공기를 항공에 사용하여서는 아니
된다.
  1. 표준감항증명: 항공기가 제17조제2항에 따른 기술기준을 충족하고 안전하게 운항할 수 있다고 판
  단되는 경우에 발급하는 증명
  2. 특별감항증명: 항공기가 연구, 개발 등 국토교통부령으로 정하는 경우로서 항공기 제작자 또는
  소유자등이 제시한 운용범위를 검토하여 안전하게 비행할 수 있다고 판단되는 경우에 발급하는
  증명
④ 감항증명의 유효기간은 1년으로 한다. 다만, 항공기의 형식 및 소유자등의 정비능력(제138조제2항에
따라 정비등을 위탁하는 경우에는 정비조직인증을 받은 자의 정비능력을 말한다) 등을 고려하여 국
토교통부령으로 정하는 바에 따라 유효기간을 연장할 수 있다.

---

6) 시카고협약 제31조 감항증명서(Certificates of airworthiness),
시카고협약 제33조 증명서 및 자격증명의 인정(Recognition of certificates and licenses),
시카고협약 부속서 6 Operation of aircraft,
시카고협약 부속서 8 Airworthiness of aircraft,
시카고협약 부속서 16 Environmental Protection, Vol. 1 Aircraft Noise,
항공법 제15조(감항증명).

⑤ 국토교통부장관은 제3항 각 호에 따른 감항증명을 할 때에는 항공기가 제17조제2항에 따른 기술기준에 적합한지를 검사한 후 그 항공기의 운용한계를 지정하여야 한다. 이 경우 다음 각 호의 어느 하나에 해당하는 항공기의 경우에는 국토교통부령으로 정하는 바에 따라 검사의 일부를 생략할 수 있다.
1. 제17조에 따른 형식증명을 받은 항공기
2. 제17조의2에 따른 형식증명승인을 받은 항공기
3. 제17조의3에 따른 제작증명을 받은 제작자가 제작한 항공기
4. 항공기를 수출하는 외국정부로부터 감항성이 있다는 승인을 받아 수입하는 항공기
(이하 생략)

8. 소음기준적합증명

항공기의 소음기준적합증명(Aircraft Noise Certification)에 대해서는 시카고협약 부속서 16 환경보호 제1권 항공기 소음(Environmental Protection, Vol. 1 Aircraft Noise) 및 항공법에 규정하고 있으며,[7] 항공기 소유자 등은 항공기의 소음기준적합증명(Aircraft Noise Certification)을 받아야 한다. 이와 관련하여 항공법에서 규정하고 있는 주요 내용은 다음과 같다.

항공법 제16조(소음기준적합증명) _ 2015.7.1. 현재
① 국토교통부령으로 정하는 항공기의 소유자등은 국토교통부령으로 정하는 바에 따라 감항증명을 받는 경우와 수리·개조 등으로 항공기의 소음치가 변동된 경우에는 그 항공기에 대하여 소음기준적합증명을 받아야 한다.
② 제1항에 따른 소음기준적합증명을 받지 아니하거나 소음기준적합증명의 기준에 적합하지 아니한 항공기를 운항하여서는 아니 된다. 다만, 국토교통부장관의 운항허가를 받은 경우에는 그러하지 아니하다.
(이하 생략)

9. 시카고협약 부속서 8 항공기 감항성

시카고협약 부속서 8 항공기 감항성(Airworthiness of Aircraft)은 안전운항을 위한 항공기의 감항성과 관련하여 체약국이 이행해야 하는 국제표준 및 권고방식을 규정하고 있다. 전통적으로 시카고협약 부속서 8은 시카고협약 부속서 1 및 6과 함께 가장 기본이 되는 부속서이다.

본 부속서는 시카고협약 제37조 규정에 따라 1949년 3월 1일 ICAO 총회에서 채택·탄생되었으며,

---

7) 시카고협약 부속서 16 Environmental Protection, Vol. 1 Aircraft Noise.항공법 제16조(소음기준적합증명).

2015년 7월 1일 현재 104번째 개정판이 적용되고 있는 만큼 항공산업 기술의 발전과 함께 지속적인 개정이 이루어졌다.

2015년 7월 1일 현재 본 부속서는 총 7부8)로 구성되어 있으며, 제1부 및 제2부에서는 모든 항공기에게 적용되는 용어정의와 일반적인 인증절차 및 지속 감항성에 대하여 규정하고 있으며, 제3부와 제4부에서는 비행기와 회전익항공기의 감항성에 대한 기준을 규정하고 있나.

항공기 감항성과 관련하여 1944년 시카고협약 채택 당시에는 항공기 등록국가에게만 책임을 부여하고 책임져야 할 규정들을 정하고 있지만, ICAO 총회는 등록국가의 항공기가 다른 국가의 운항자에 의해 임대, 전세 또는 교체된 경우에는 항공기 감항성과 관련하여 등록국 및 운영국이 권리 및 의무를 적합하게 이행하는 것이 어렵다는 것을 인정했다. 이에 따라 등록국의 권리 및 의무를 일부 운영국으로 이관할 수 있도록 개정한 것이 시카고협약 83bis(Doc 9318)이다. 시카고협약 83bis는 1980.10.6. 제23차 ICAO 총회에서 채택되어 1997.6.20. 발효되었다. 따라서 83bis를 비준한 국가는 항공기 등록국가로서 항공기 감항성과 관련하여 항공기 등록국에게 지정된 기능을 적절히 이행할 수 없는 경우, 운영국가가 수락하는 것을 전제로, 운영국가에 의해 보다 적절히 의무를 다할 수 있도록 등록국의 기능을 운영국가에게 위임할 수 있다.

시카고협약 부속서 8에 규정하고 있는 주요 내용은 다음과 같다.

〈표 13〉 시카고협약 부속서 8 주요 내용

구 분	주요 내용
Part I. 정의(Definitions)	Part I. 정의(Definitions) • 용어 정의: 비행기, 항공기, 지속 감항성 등
Part II. 인증절차 및 지속 감항성	Part II. 인증절차 및 지속 감항성(Procedures for certification and continuing airworthiness) • chapter 1. 형식증명(type certification) • chapter 2. 생산(production) • chapter 3. 감항증명서(certificate of airworthiness) • chapter 4. 항공기의 지속 감항성(continuing airworthiness of aircraft) • chapter 5. 안전관리(safety management)
Part Ⅲ. 대형 비행기(Large aeroplanes)	Part III A. 1960.6.13.부터 2004.3.2. 이전에 인증을 신청한 비행기 중 최대이륙중량이 5,700kg을 초과하는 비행기(Aeroplanes over 5700kg for which application for certification was submitted on or after 13 June 1960, but before 2 March 2004) • chapter 1. 일반(general) • chapter 2. 비행(flight) • chapter 3. 구조(structures) • chapter 4. 설계 및 제작(design and construction) • chapter 5. 엔진(engines) • chapter 6. 프로펠러(propellers) • chapter 7. 동력장치 장착(powerplant installation)

---

8) Part I Definitions, Part II Procedures for certification and continuing airworthiness, Part Ⅲ Large aeroplanes, Part Ⅳ Helicopters, Part V Small aeroplanes, Part VI Engines, Part VII Propellers.

	• chapter 8. 계기 및 장비품(instruments and equipment) • chapter 9. 운용한계 및 정보(operating limitations and information) • chapter 10. 지속 감항성(continuing airworthiness - maintenance information) • chapter 11. 보안(security)
	Part Ⅲ B. 2004.3.2.부터 인증을 신청한 비행기 중 최대이륙중량이 5,700kg을 초과하는 비행기(Aeroplanes Over 5700Kg For Which Application For Certification Was Submitted On Or After 2 March 2004)
Part Ⅳ. 회전익 항공기(Helicopters)	Part IV A. 1991.3.22.부터 2007.12.13. 이전에 인증을 신청한 회전익항공기(Helicopters for which application for certification was submitted on or after 22 March 1991 but before 13 December 2007)
	Part IV B. 2007.12.13.부터 인증을 신청한 회전익항공기(Helicopters for which application for certification was submitted on or after 13 December 2007)
Part Ⅴ. 소형 비행기(Small aeroplanes)	Part V. 2007.12.13.부터 인증을 신청한 비행기 중 최대이륙중량이 750kg을 초과하고 5700kg 이하인 비행기(Small aeroplanes - aeroplanes over 750kg but not exceeding 5700kg for which application for certification was submitted on or after 13 december 2007)
Part Ⅵ. 엔진(Engines)	• Chapter 1. 일반(General) • Chapter 2. 설계 및 제작(Design and construction) • Chapter 3. 시험(Tests)
Part Ⅶ. 프로펠러(Propellers)	• Chapter 1. 일반(General) • Chapter 2. 설계 및 제작(Design and construction) • Chapter 3. 시험 및 점검(Tests and inspection)

제7장

항공운송사업 등

    시카고협약은 국제선을 운항하는 민간 항공의 안전을 위한 제반 기술적 기준을 19개의 부속서를 통해 규율하고 있다. 따라서 국제선을 운항하는 시카고협약 체약국의 국제항공운송사업자 및 일반항공 운영자는 시카고협약 및 동 협약 부속서에서 정한 SARPs에 대하여 표준 또는 권고방식에 해당하는 의무를 준수하여야 한다. 예를 들자면 항공운송사업자 및 항공종사자는 부속서 1 항공종사자 자격증명, 부속서 2 항공규칙, 부속서 6 항공기 운항, 부속서 7 항공기 국적 및 등록기호, 부속서 8 항공기 감항성, 부속서 19 안전관리 등에서 정한 국제선 운항 및 항공운송사업에 필요한 제반 요건을 충족해야 한다.

    한편 시카고협약 부속서 6 항공기운항(Operation of aircraft)에서는 국제선을 운항하는 항공운송사업자 및 일반항공 운영자가 준수해야 할 항공기 운항에 필요한 제반 요건을 규정하고 있으며, 항공운송사업자는 제반 안전운항체계를 담보할 수 있도록 항공당국으로부터 운항증명(AOC: Air Operator Certificate)을 취득·유지해야 한다고 규정하고 있다. 이에 따라 한국은 시카고협약 및 같은 협약 부속서 6에서 정한 기준을 준거하여 「항공법」에 한공운송사업자 등에 대한 요건을 규정하고 있다.[1]

    「항공법」 제6장(항공운송사업 등)에서는 항공운송사업(국제, 국내, 소형) 및 항공기사용사업에 대하여 규정하고 있다. 세부적으로는 항공운송사업자에 관한 안전도 정보 공개, 면허기준, 항공운송사업의 운항증명, 운항규정 및 정비규정, 운수권 배분, 운송약관, 항공교통이용자 보호, 사업의 합병, 면허의 취소, 항공기사용사업 등에 대하여 규정하고 있다. 한편 「항공법」 제7장(항공기취급업 등)에서는 항공기취급업, 항공기정비업, 정비조직인증, 상업서류송달업, 항공기대여업, 항공레저스포츠사업, 초경량비행장치사용사업 및 한국항공진흥협회에 대하여 규정하고 있다. 이와 관련하여 항공법규에서 규정하고 있는 항공운송사업 등에 대한 용어정의 및 사업 범위는 다음과 같다.

- "항공운송사업"이란 타인의 수요에 맞추어 항공기를 사용하여 유상으로 여객이나 화물을 운송하는 사업을 말한다.
- "항공기사용사업"이란 항공운송사업 외의 사업으로서 타인의 수요에 맞추어 항공기를 사용하여 유

---

1) 시카고협약 제5조(부정기비행의 권리), 제6조(정기항공), 협약 부속서 6(항공기의 운항) 등.

상으로 농약 살포, 건설 또는 사진촬영 등 국토교통부령으로 정하는 업무를 하는 사업을 말한다.[2]
- "항공기취급업"이란 항공기에 대한 급유, 항공 화물 또는 수하물의 하역, 그 밖에 정비등을 제외한 지상조업을 하는 사업을 말한다.[3]
- "항공기정비업"이란 다른 사람의 수요에 맞추어 다음 각 목의 어느 하나에 해당하는 업무를 하는 사업을 말한다.
  가. 항공기등, 장비품 또는 부품의 정비등을 하는 업무
  나. 항공기등, 장비품 또는 부품의 정비등에 대한 기술관리 및 품질관리 등을 지원하는 업무
- "항공교통사업자"란 공항 또는 항공기를 사용하여 여객 또는 화물의 운송과 관련된 유상서비스, 즉 "항공교통서비스"를 제공하는 공항운영자 또는 항공운송사업자를 말한다.
- "항공교통이용자"란 항공교통사업자가 제공하는 항공교통서비스를 이용하는 자를 말한다.
- "항공레저스포츠사업"이란 타인의 수요에 맞추어 유상으로 다음 각 목의 어느 하나에 해당하는 서비스를 제공하는 사업을 말한다.
  가. 항공기(비행선과 활공기에 한한다), 경량항공기 또는 국토교통부령으로 정하는 초경량비행장치를 사용하여 조종교육, 체험 및 경관조망을 목적으로 사람을 태워 비행하는 서비스
  나. 다음 중 어느 하나를 항공레저스포츠를 위하여 대여(貸與)해주는 서비스
    1) 활공기 등 국토교통부령으로 정하는 항공기
    2) 경량항공기
    3) 초경량비행장치
  다. 경량항공기 또는 초경량비행장치에 대한 정비, 수리 또는 개조 서비스
- "초경량비행장치사용사업"이란 다른 사람의 수요에 맞추어 국토교통부령으로 정하는 초경량비행장치를 사용하여 유상으로 농약살포, 사진촬영 등 국토교통부령으로 정하는 업무를 하는 사업을 말한다.

1. 사업별 면허, 등록, 신고요건

항공운송사업 등을 경영하기 위해서는 국토교통부장관에게 면허 취득, 등록 또는 신고가 필요하다. 즉, 국내항공운송사업 또는 국제항공운송사업을 경영하려는 자는 국토교통부장관의 면허를 받아야

---

[2] 항공법시행규칙 제15조의2(항공기사용사업의 사업범위) 12가지;
  1. 비료 또는 농약 살포, 씨앗 뿌리기 등 농업 지원
  2. 해양오염 방지약제 살포
  3. 광고용 현수막 견인 등 공중광고
  4. 사진촬영, 육상 및 해상 측량 또는 탐사
  5. 산불 등 화재 진압
  6. 수색 및 구조(응급구호 및 환자 이송을 포함한다)
  7. 회전익항공기를 이용한 건설자재 등의 운반(회전익항공기 외부에 건설자재 등을 매달고 운반하는 경우만 해당한다)
  8. 산림, 관로(管路), 전선(電線) 등의 순찰 및 관측
  9. 항공기를 이용한 비행훈련(법 제29조의3에 따른 전문교육기관 및 「고등교육법」 제2조에 따른 학교법인이 실시하는 비행훈련은 제외한다)
  10. 항공기를 이용한 고공낙하
  11. 글라이더 견인
  12. 그 밖에 특정목적을 위하여 하는 것으로서 국토교통부장관이 인정하는 업무.
[3] 항공법시행규칙 제16조(항공기취급업의 구분) 3가지;
  1. 항공기급유업: 항공기에 연료 및 윤활유를 주유하는 사업
  2. 항공기하역업: 화물이나 수하물을 항공기에 싣거나 항공기로부터 내려서 정리하는 사업
  3. 지상조업사업: 항공기 입항·출항에 필요한 유도, 항공기 탑재 관리 및 동력 지원, 항공기 운항정보 지원, 승객 및 승무원의 탑승 또는 출입국 관련 업무, 장비 대여, 항공기의 청소 등을 하는 사업.

한다. 반면에 소형항공운송사업 및 항공기사용사업을 경영하려는 자는 국토교통부령으로 정하는 바에 따라 등록을 하여야 한다. 다만, 국제항공운송사업의 면허를 받은 경우에는 국내항공운송사업의 면허를 받은 것으로 본다.

각 사업에 필요한 면허, 등록, 신고 형태에 대한 구분 및 항공운송사업의 종류는 다음과 같다.

〈표 14〉 사업에 대한 면허, 등록, 신고

사업 허가 요건 구분	사업 종류
면허	국제항공운송사업, 국내항공운송사업
등록	소형항공운송사업, 항공기사용사업, 항공기취급업, 항공기정비업, 항공기 대여업, 초경량비행장치사용사업
신고	상업서류송달업, 항공운송 총대리점업, 도심공항터미널업

〈표 15〉 항공운송사업 종류

구 분		내 용
국내항공운송사업	국내 정기편 운항	• 국내공항과 국내공항 사이 정기적인 운항
	국내 부정기편4) 운항	• 국내 정기편 운항 외의 운항
국제항공운송사업	국제 정기편 운항	• 국내공항과 외국공항 사이 • 외국공항과 외국공항 사이 정기적인 운항
	국제 부정기편 운항	• 국내공항과 외국공항 사이, 외국공항과 외국공항 사이에 이루어지는 국제 정기편 운항 외의 운항
소형항공운송사업5)		• 국내항공운송사업 및 국제항공운송사업 외의 항공운송사업

2. 운항증명제도

시카고협약 부속서 6 항공기 운항(Operation of aircraft) 및 항공법에 따라 항공운송사업자 및 항공기사용사업자는 인력, 장비, 시설, 운항관리지원 및 정비관리지원 등 안전운항체계에 대하여 국토교통부의 검사를 받아 운항증명(AOC: Air Operator Certificate)을 받은 후 운항을 시작하여야 한다.6)

운영증명 신청자는 운항증명(AOC) 및 운영기준(Operations Specifications)을 교부받아야만 항공운송사업을 개시할 수 있으며, 운항증명 신청, 검사 및 발급 절차는 다음과 같다.

• 운항증명 신청 시에는 운항규정, 정비규정 등 항공법 시행규칙에서 정한 서류를 첨부하여 운항

---

4) 부정기편: 지점 간 운항, 관광비행, 전세운송 등.

5) 승객 좌석 수 50석 이하 항공기(여객기)에 해당.

6) 시카고협약 부속서 6, Part 1, 4,2 Operational certification and supervision,
   시카고협약 부속서 6, Part 1, Appendix 6: Air Operator Certificate.
   ICAO Doc 8335 Manual of Procedures for Operations Inspection, Certification and Continued Surveillance.
   항공법 제115조의2(항공운송사업의 운항증명).

개시 예정일 90일 전까지 국토교통부장관 또는 지방항공청장에게 제출하여야 한다. 국토교통부장관 또는 지방항공청장은 운항증명의 신청을 받으면 10일 이내에 운항증명검사계획을 수립하여 신청인에게 통보하여야 한다.

- 운항증명을 위한 검사는 서류검사와 현장검사로 구분하여 실시한다.
- 국토교통부장관 또는 지방항공청장은 운항증명검사 결과 검사기준에 적합하다고 인정되는 경우에는 운항증명서 및 운영기준을 발급하여야 한다.

운항증명소지자는 운영기준을 준수하여야 하며, 최초로 운항증명을 받았을 때의 안전운항체계를 계속적으로 유지하여야 한다. 아울러 새로운 노선의 개설 등으로 안전운항체계가 변경된 경우에는 국토교통부장관의 검사를 받아야 한다. 또한 국토교통부장관은 항공기 안전운항을 확보하기 위하여 운항증명을 받은 사업자가 안전운항체계를 계속적으로 유지하고 있는지 여부를 정기 또는 수시로 검사하여야 한다.

2.1 운항증명 및 운영기준

운항증명(AOC: Air Operator Certificate)이란 항공당국이 항공운송사업 등을 경영하고자 하는 항공사의 인력, 장비, 시설 및 운항 관리 지원 등 안전 운항 체계를 종합적으로 검사하고, 항공사가 적합한 안전운항 능력을 구비한 경우, 항공사에게 항공운송사업을 개시할 수 있도록 있음을 증명하기 위해 발행하는 증명(서)를 말한다.

운영기준(Operations Specifications)이란 항공당국이 항공사에게 AOC 발급 시 함께 교부하는 것으로 항로 및 공항 등에 대한 운항조건 및 제한사항이 포함되어 있다. 구체적인 운항조건 및 제한사항으로는 위험물 운송, 저 시정 운항, 회항시간 연장운항(EDTO), 수직분리축소공역운항(RVSM), 성능기반항행요구공역운항(PBN) 등에 대한 허가 사항 등이 포함되어 있다.

항공당국은 항공사에게 운항증명을 발급하는 경우 항로, 공항 등에 관하여 운항조건과 제한사항이 명시된 운영기준을 함께 발급한다. 시카고협약 체약국은 영문 외의 언어로 운영기준을 발행할 경우 영문을 포함하여 발행해야 한다. 항공사는 항공당국이 발행한 운영기준을 항공기에 탑재해야 한다.

	운 항 증 명 서 Air Operator Certificate	
	대한민국 국토교통부 Republic of Korea Ministry of Land, Infrastructure and Transport	
1. 운항증명번호(AOC No.): 2. AOC 형태(Type of AOC) □ International Air Carrier □ Domestic Air Carrier □ Small Commercial Air Transport Operator	3. 사업자 명(Operator Name): 4. 주소(Operator Address): 5. 전화번호(Telephone): 6. 팩스(Fax): 7. E-mail:	8. 세부 연락처: 운영기준 Part ( ) 참조 Operational Points of Contact: Contact details, at which operational management can be contacted without undue delay, are listed in Op Spec Part( ).

9. 이 증명서는 (   )가 「항공법」 그리고 이에 관련된 모든 항공규정 및 운영기준에서 정한 운항조건과 제한사항에 따라 항공운송사업을 수행토록 인가되었음을 증명함

 This certificate certifies that (   ) is authorized to perform commercial air operations, as defined in the attached operations specifications, in accordance with the Operations Manual and the Civil Aviation Act of the Republic of Korea and regulations and standards.

10. 유효기간: 이 증명서는 양도될 수 없으며 정지 또는 취소되거나 반납하지 아니하는 한 무기한 유효함.

 Expiry Date: This certificate is not transferable and unless returned, suspended or revoked, shall continue in effect until otherwise terminated.

11. 발행일자(Date of issue):   년(year)   월(month)   일(day)

국토교통부장관   [직인]

Minister of Land, Infrastructure and Transport

지방항공청장   [직인]

또는

Administrator of OO Regional Aviation Administration

210mm×297mm[인쇄용지(특급) 70g/㎡]

* 출처: 항공법시행규칙 별지 111호 서식

<그림 3> 운항증명서 서식

항공법 시행규칙 [별지 제112호 서식]

운영기준 Operations Specifications (subject to the approved conditions in the Operations Manual)				

발행기관 연락처(Issuing Authority Contact Details)				
Telephone		Fax		E-mail:
운항증명 번호 AOC #	사업자 명칭 Operator Name, Dba Trading Name		발행일자 Date	발행자 서명 Signature

항공기 형식 Aircraft Model

운항 형태 Type of operation
[ ] Passengers　　[ ] Cargo　　　[ ] Other :

운항 지역 Area of operation

특별 제한사항 Special Limitations

특별 인가사항 Special Authorizations	Yes	No	세부 승인사항 Specific Approvals	비 고 Remarks
위험물 운송 Dangerous Goods	[ ]	[ ]		
저 시정 운항 Low Visibility Operations 　Approach and Landing 　Take-off 　Operational Credit(s)	 [ ] [ ] [ ]	 [ ] [ ] [ ]	 CAT____,　RVR____m,　DH:____ft RVR____m	
수직분리축소공역운항 RVSM　[ ] N/A	[ ]	[ ]		
회항시간 연장운항 EDTO　[ ] N/A	[ ]	[ ]	Threshold Time: _____minutes Maximum Diversion Time: ____minutes	
성능기반항행요구공역운항 Navigation Specifications for PBN Operations	[ ]	[ ]		
감항성지속유지 Continuing Airworthiness	╳	╳		
전자비행정보 EFB	╳	╳		
기타 Others	[ ]	[ ]		

210mm×297mm[백상지 80g/㎡(재활용품)]

* 출처: 항공법시행규칙 별지 서식

〈그림 4〉 운영기준 서식

2.2 시카고협약체계에서의 항공사 운항증명제도[7]

시카고협약 체약국은 항공질서 및 통일성 확보에 협력하고 항공안전을 위하여, ICAO에서 정한 SARPs에 대하여 각각의 성격에 합당한 이행의무를 준수할 책임이 있으며, 이를 위하여 체약국은 SARPs로 정한 기준을 고려하여 체약국의 법규를 마련하여 항공안전체계가 유지될 수 있도록 관리감독하게 된다.

항공당국이 항공운송사업을 행하고자 하는 항공사에게 항공안전 준비 상태를 확인하고 만족스럽다고 판단될 때 승인하는 허가서가 바로 AOC이다. 항공당국은 항공사에게 AOC를 발급한 이후에는 항공사가 항공안전수준을 유지하고 있는지에 대하여 정기점검, 특별점검, 수시점검 등 다양한 점검활동을 통하여 지속적으로 항공사를 관리하고 감독한다.

AOC 허가에 대한 ICAO 표준은 체약국의 항공당국이 자국 내 항공사를 대상으로 허가서를 발행하는 것으로 체약국을 운항하는 외국의 항공사에게까지 발급하도록 규정하고 있지 않다.[8] 그러나 시카고협약 일부 체약국은 자국 항공사에게 AOC를 허가하여 발행하는 것 이외에 외국 항공사에게도 FAOC[9]를 발행하고 있다. 미국, 중국, 호주, 뉴질랜드, 몽골 등 일부 체약국 및 EASA의 경우는 자국 또는 회원국 내 항공사뿐 아니라 외국의 항공사에게도 FAOC를 허가하여 교부하고 있다.

항공사의 안전운항체계 확보 및 특정 운항 조건 등에 대한 허가와 관련한 국제 표준은 항공당국이 항공사에 대한 전반적인 안전운항체계를 확인한 후 만족스럽다고 판단할 때 항공사에게 운항증명 및 운영기준(AOC & Operations Specifications)을 발행하여 교부하고 지속적으로 관리 감독하는 것이다. 시카고협약 제6조[10]는 정기 국제항공운송사업자가 항공당국의 허가를 받아야 하며, 허가 시 조건을 준수하도록 규정하고 있고 제33조는 각 체약국은 항공기 등록국이 발행한 증명서 및 자격증명서는 ICAO의 최소 기준을 충족하는 한 상호 인정되어야 한다고 규정하고 있다. 또한 동 협약 부속서는 체약국이 자국 내 항공사에 대하여 AOC & Operations Specifications를 승인하여 교부하도록 국제 표준으로 규정하고 있으며 각 체약국은 최소한 ICAO 표준을 충족하여야 하며 타 체약국이 발행한 AOC를 유효한 것으로 인정하도록 규정하고 있다.[11] Operations Specifications는 항공기 형식, 운항형태, 운항지역은 물론 특별 인가사항으로 위험물운송(Dangerous Goods), 저 시정 운항(Low Visibility Operations), 수직분리

---

7) 이구희, 박사학위 전게논문, pp.53-67.

8) 시카고협약 부속서 6, Part 1, 4.2.1.1 4.2.1.2.

9) FAOC는 AOC와 구분하여 통칭하는 용어로 외국 항공사에게 발행하는 AOC, 즉 Foreign AOC를 말함. EASA에서는 FAOC 해당하는 용어로 EU Regulation에서 'TCO(Third Country Operator) Authorisation'이라는 용어를 사용함.

10) 시카고협약 제6조.

11) 시카고협약 부속서 6, Part 1, 4.2.2.

축소공역운항(RVSM), 회항시간 연장운항(EDTO), 성능기반항행요구공역운항(PBN), 감항성지속유지 (Continuing Airworthiness) 등의 인가 여부를 포함하고 있다. AOC & Operations Specifications 발급 및 지속적인 관리 감독에 대한 세부사항은 ICAO Doc 8335[12])에서 규정하고 있다. 이와 같은 AOC & Operations Specifications 운영은 시카고협약 체약국에게 당해 국가 소속 항공사를 대상으로 승인 및 관리감독을 하도록 책임을 부여한 것이나 미연방항공청(FAA)과 같은 일부 체약국의 항공당국은 자국을 운항하는 외국항공사에게도 이와 유사한 행위를 하고 있으며, 유럽항공안전청(EASA)도 EU의 TCO(Third Country Operator) Authorization을 도입하였다.

2.3 자국 항공사에 대한 운항증명 및 운영기준

AOC & Operations Specifications 승인제도에 관한 국제표준은 시카고협약 체약국이 국제선을 운항하는 자국 내 국제항공운송사업자에게 AOC & Operations Specifications을 승인하여 교부하는 것으로서 체약국을 운항하는 외국의 항공사에게까지 발급하도록 규정하고 있지는 않다. 시카고협약 부속서는 AOC & Operations Specifications 양식을 국제표준으로 정하여 통일된 양식으로 유지하도록 규정하고 있으며 AOC 발급 이후 항공당국은 항공사의 항공안전체계 유지 여부를 지속적으로 점검 및 관리감독을 하도록 규정하고 있다.[13]) 따라서 항공사가 유효한 AOC를 갖고 있다는 것은 항공운송사업을 수행함에 있어 항공 안전 체계를 갖추고 있다는 것으로 볼 수 있으며, 일반적으로 항공사의 AOC 유지 요건은 다음의 요건들을 충족해야 한다.

- AOC 교부 당시의 안전운항체계 유지 및 Operations Specifications 등 지속 준수
- 안전운항체계에 변경이 있을 경우 안전운항체계변경검사 수검
- 항공당국은 안전운항체계 유지 여부를 정기 또는 수시로 지속적 검사 수행
- 법규 위반, 안전운항체계 미 유지 시 AOC의 효력 등에 대하여 정부의 제재 가능

한국의 경우 「항공법」 제115조의 2 및 제134조에 따라 항공운송사업(국제/국내/소형항공운송사업)이나 국토교통부령으로 정한 항공기사용사업을 하고자 하는 자는 항공사의 인력, 장비, 시설, 운항관리지원 및 정비관리지원 등 안전운항체계를 종합적으로 검사받고, 안전운항에 적합하다고 판단하는 경우 정부가 사업자에게 AOC를 교부하도록 하고 있으며,[14]) AOC 인증절차는 다음과 같이 5단계로 이루어진다.

---

12) Manual of Procedures for Operations Inspection, Certification and Continued Surveillance.

13) 시카고협약 부속서 6, Part 1, 4.2 및 Appendix 6.

14) 「항공법」 제 115조의2(항공운송사업의 운항증명) 및 동법 시행규칙 제280조 내지 281조 및 항공법 제134(항공기사용사업) 등.

운항증명(AOC) 절차

① 신청단계(Application Phase) 운항증명서 신청 시에는 운항규정, 정비규정 등 항공법 시행규칙에서 정한 서류를 첨부하여야 하며 예비신청 단계를 거쳐 정식 신청을 한다.

② 예비심사단계(Preliminary Assessment Phase) 서류 수정 및 보완을 하며 서류검사 및 현장검사 일정 등을 수립한다.

③ 검사단계(Operational Inspection) 서류검사단계와 현장검사로 구분한다.
서류검사단계(Document Evaluation Phase): 운항규정, 정비규정, 종사자 훈련프로그램 등 AOC 신청 시 제출된 제반 규정을 심사한다.
현장검사단계(Demonstration and Inspection Phase): 운항증명서 교부 전에 신청자가 항공법령을 준수하고 안전운항체계를 유지할 수 있는 능력이 있는지를 확인한다.

④ 운항증명서 교부단계(Certification Phase) 서류검사단계와 현장검사단계가 만족스럽게 끝나면 항공당국은 운항증명서(AOC)와 운항조건과 제한사항이 명시된 운영기준(Operations Specifications)을 신청자에게 교부한다. 신청자는 운항증명서 및 운영기준을 교부받아야 유상 항공운송사업을 개시할 수 있는 자격이 주어진다. 운영기준은 항공당국에 의해 변경될 수 있으며 운항증명소지자의 신청에 의해서 변경 승인될 수 있다.

⑤ 지속감독단계(Continuing Surveillance and Inspection) AOC 인가절차가 완료되면, 항공운송사업자는 운항을 개시할 수 있으며, 안전운항체계에 변경이 있을 경우 안전운항체계변경검사를 받아야 한다. 또한 항공당국은 안전운항체계 유지 여부를 확인하기 위하여 정기 또는 수시점검을 실시하며, 법규 위반, 안전운항체계 미유지 시 AOC 효력 등에 대하여 정부의 제재가 가능하다.

2.4 외국 항공사에 대한 운항증명 및 운영기준[15]

시카고협약 부속서 6에 따르면 외국항공사는 운항하고 있는 국가의 법규 및 절차의 준수의무를 규정하고 있으며,[16] 체약국은 항공기 등록국이 승인한 AOC를 인정하고 외국 항공사에 대하여 감독 업무를 수행하도록 규정하고 있다.[17] 그러나 이와 같은 ICAO에서 정한 국제 표준과 다르게 미국, 중국, 호주, 뉴질랜드, 몽골 등 일부 체약국 및 EASA는 외국 항공사에게도 FAOC(Foreign AOC and/or Operations Specifications)를 인가하여 교부하고 있다. 외국 항공사에게 FAOC 승인 및 항공안전평가는 점차 확대되고 있는 추세로 전 세계적으로 항공안전 증진 및 항공기 사고율 감소에 기여한 공로가 크다고 볼 수 있으나, 한편으로는 승인 및 지적사항에 대한 적법성 논란, 행정 편의 및 관리 중심주의를 표방하는 대표적 사례라는 지탄과 함께 감독 당국의 업무수행 능력 차이로 인하여 항공기 운항상 불편이 초래되고 있다.

체약국이 외국 항공사에게 FAOC 인가 시 주요 점검사항은 항공 안전성 검토로 ICAO Doc 8335에 근거하고 있으며 다음과 같은 특징이 있다.

---

15) 이구희, "시카고협약체계에서의 외국 항공사에 대한 운항증명제도 연구", 「항공우주정책·법학회지」 제30권 제1호, 2015, pp.37-48.

16) 시카고협약 부속서 6, Part 1, 3.2.1.

17) 시카고협약 부속서 6, Part 1, 4.2.2.

- 일반적으로 체약국은 FAOC 발행여부와 상관없이 ICAO, IATA 및 EU의 항공안전평가 결과 및 항공기 사고여부 등을 확인한다.

- FAOC는 ICAO에서 규정한 국제 표준이 아니므로 대다수 체약국은 운항 개시 전에 신청자료, 사전질의서 답변자료 및 기타 제출 자료를 확인하되 별도의 FAOC는 발행하지 않는다.

- 외국 항공사가 운항신청을 하는 경우 체약국은 일반적으로 FAOC 인가 제도의 유무와 상관없이 당해 항공사에 대한 항공기 사고 기록 및 ICAO, IATA, EU의 항공안전평가 결과 등을 확인하여 외국 항공사의 안전성 평가 자료로 활용한다.

- 서류검사는 주로 사전질의서 응답 내용과 제출된 서류를 이용하며, 주로 요구되는 내용은 시카고협약 부속서 1,6,8 등의 국제 표준 준수 여부를 확인하는 내용이다.

- FAOC는 국제 표준으로 규정된 내용이 아니므로 FAOC의 명칭, 양식 및 포함 내용이 다양하며[18] ICAO에서 정한 국제표준 준수 조건 하에 인가된다.

- FAOC는 외국 항공사가 당해 항공당국으로부터 인가받은 사항에 한하여 인가된다.

- FAOC 유효기간은 일정기간을 명시하는 경우와 특별히 제한하지 않는 경우가 있으며 항공안전에 위험이 있거나 인가 요건 불이행 시 유효기간에 관계없이 허가를 중지할 수 있음을 규정하고 있다.

- 일반적으로 항공기 운항과 관련하여 항공기 형식, 취항 공항, 특수운항 허가내용 등 기본적인 내용을 인가해주고 있으나 일부 국가의 경우 운항하는 각 개별 항공기를 포함하여 인가해 주고 있어 불편을 초래하고 있다. 이에 반해 EASA는 TCO(Third Country Operator)는 시카고협약 체약국이 자국 등록 항공사에게 허가하여 교부하는 AOC 양식과 비슷한 TCO 양식을 활용하고 있다.

- FAOC 발급 후 지속 감독은 FAOC 개정, 유효기간 내 갱신, 램프지역 점검(Ramp Inspection)[19] 등을 통하여 수행된다.

- 대다수 체약국은 FAOC 신청 시 소요 비용이 없으나 호주 등 일부 국가는 FAOC 신청 시 소요 비용을 지불해야 한다.

FAOC를 발행하는 국가 중 일부 체약국은 FAOC에 운항하고자 하는 항공기를 포함하여 인가하고 있어 항공기 허가에 필요한 소요시간 연장 및 허가 중복 등으로 항공기 운영상 항공사에게 불편을 초래하고 있다. 따라서 FAOC 인가에 필요한 일정기간 동안 불가피하게 특정 국가를 운항하지 못하는 결과를 초래하기도 한다. 현실적으로 더욱 문제가 되는 것은 인가해주고 있는 항공당국의 능력 및 시스템상 처리기간에 차이가 있고 때로는 담당자의 출장 및 휴가로 허가가 지연되어 일정기간 고가의

---

18) 명칭은 FAOC, FAAOC, AOC 등으로 다양하며 포함내용은 항공기 운항과 관련하여 항공기 형식, 취항 공항, 특수허가내용 등 기본적인 내용을 포함함. 단, 일부 국가는 개별 항공기를 포함하기도 하며, EASA가 추진 중인 TCO Authorization은 시카고협약 체약국이 소속 항공사에게 허가하여 교부하는 양식과 유사함.

19) 공항 계류장에서의 점검으로 Ramp inspection으로 통용됨.

항공기가 해당 국가를 운항하지 못할 수도 있다는 것이다. 각 국가에서 발행하는 FAOC 발행현황은
다음과 같다.

<표 16> FAOC(FAOC and/or Operations Specifications) 발행 현황[20]

발행국가	관련 법규	구성(AOC & Operations Specifications)	유효기간	개별 항공기
뉴질랜드	N_CAR 129	FAOC Operations Specifications - AC Type, Airdromes, etc.	2년	자료 제공
몽고	M_CAR 129	FAOC Operations Specifications - Part A,B,C,D(한국과 유사)[21]	5년	인가 요함 [22]
미국	FAR 129.11	Part A,B,C(한국과 유사)	-	인가 요함
미얀마	M_CAR 10	- Operations Type - AC Type, Airport	-	자료 제공
중국	C_CAR 129	Part A,B,C(한국과 유사)	-	인가 요함
캐나다	C_CAR 701.17	FAOC Specific Condition Operations Specifications - AC Type, Airport - T/O Minima CATII/III, etc.	-	자료 제공
피지		FAOC Conditions and Limitations - Operations Type - AC Type, Airport	-	자료 제공
필리핀	P_CAR 10	FAOC Operations Specifications - Part A, B, C, D	1년	인가 요함
호주	CAA 1988	AOC Operations Specifications AC Type, Aerodromes, etc.	1년	자료 제공
EASA	Commission. Regulation (EU) No 452/2014	DG, LVO, etc. (시카고협약 부속서에서 정한 양식과 같음)	-	자료 제공

2.4.1 한국의 FAOC 제도

한국은 FAOC 제도와 관련하여 외국 항공사에게 운항증명승인서(Validation Letter of Air Operator
Certificate) 및 운항조건 및 제한사항(Operation conditions and Limitations)을 정한 서류를 발급하여 운영하

---

20) 시카고협약 체약국이 국내 항공사에게 발행하고 있는 FAOC를 요약한 것임.

21) 국토교통부가 국내 항공사에게 발행하는 운영기준 양식 및 포함내용과 유사함을 의미함.

22) 본 표에서 '인가요함'이란 외국 항공당국이 발행하는 운영기준에 항공기가 포함되어 발행된 이후에 해당 국가 운항 가능을 의미함.

고 있다.

한국은 항공법 제8장(외국항공기)에서 외국 항공사에 대한 전반적인 기준을 규정하고 있으며, 외국인의 국제항공운송사업 신청, 인가 및 준수사항 등에 대한 구체적인 기준은 항공법시행규칙과 국토교통부 훈령에서 규정하고 있다.[23] 또한 항공법시행규칙 입법예고를 통하여 현행 국토교통부 훈령인 '외국항공운송사업자의 국내 운항허가를 위한 안전성 검토지침'으로 규정된 외국의 안전우려 항공사의 국내 신규 제한을 항공법시행규칙으로 상향 조정하여 법적 구속력 강화를 추진하고 있다.[24] 한국의 관련 법령에서도 기본적으로 시카고협약 부속서에서 규정하고 있는 국제표준을 준수하고 점검해야 함을 명시하고 있으며 주요 내용은 다음과 같다.

- 항공사는 시카고협약 부속서에서 정한 표준과 방식에 부합해야 하며, 국토교통부의 사전 허가가 필요하다. 외국인 국제항공운송사업자는 해당 국가로부터 국제항공운송사업자로 지정받은 자이어야 하며, 운항의 안전성이 시카고협약 및 협약 부속서에서 정한 표준과 방식에 부합해야 한다. 아울러 해당 사업에 사용하는 항공기를 이용하여 타인의 수요에 맞추어 국내에 도착하거나 국내에서 출발하는 국제항공운송사업을 하는 경우에는 국토교통부장관으로부터 허가를 받아야 한다.

- 운항개시 60일 전에 관련 자료를 첨부하여 신청해야 하며, 국토교통부는 적합하다고 판단되면 허가서를 발급한다. 외국인 국제항공운송사업을 하려는 자는 운항개시 60일 전에 '외국인 국제항공운송사업 허가신청서' 및 관련 자료를 첨부하여 국토교통부장관에게 신청해야 하며, 첨부해야 할 서류에는 자본금과 출자액 명세서, 항공운송사업 개요 및 사업계획서, 시카고협약 부속서 6에 따라 항공사가 속한 정부가 발행한 운항증명(Air Operator Certificate) 및 운영기준(Operations Specifications), 해당 정부로부터 인가받은 운항규정(Operations Manual) 및 정비규정(Maintenance Control Manual), '외국항공기의 소유자등 안전성 검토를 위한 질의서' 등이 있다. 2014년 신설한 '외국항공기의 소유자등 안전성 검토 질의서'[25] 운영 목적은 시카고협약 부속서를 준수하고 있는지를 확인하는 것으로 볼 수 있다. 시카고협약 제33조에 따라 항공기가 등록된 체약국에 의해 발급받거나 유효하다고 인정받은 감항증명서 및 자격증 등은 시카고협약에 따른 최소기준을 준수하고 있는 한 타 체약국은 유효한 것으로 인정한다고 규정하고 있다. 협약에 따라 상호 인정할 수 있음에

---

23) 항공법 제147조 내지 148조.
　　항공법시행규칙 제320조(외국인 국제항공운송사업의 허가 신청 등), 제320조의2(외국인 국제항공운송사업자의 항공기에 탑재하는 서류), 제320조의3(외국항공기의 운항 및 항공종사자의 업무정지 등), 제321조(외국항공기의 유상운송허가 신청).
　　국토교통부훈령 "외국항공운송사업자의 국내운항허가를 위한 안전성 검토지침."
24) 국토교통부 공고 제2015-516호(2015.4.23.) 항공법시행규칙 일부개정령(안) 입법예고.
25) 국토교통부령 제112호(2014.7.15.) 항공법시행규칙 일부개정.

도 불구하고 한국은 각국의 국제기준 준수능력의 차이가 있음을 감안하여 '외국항공기의 소유자등 안정성 검토 질의서'를 통해 국제기준 준수 여부를 재확인하고 있다.[26] 국토교통부장관은 신청서류를 검토하여 적합하다고 인정되면 '사업허가서', '운항증명승인서(Validation Letter of Air Operator Certificate)' 및 '운항조건 및 제한사항(Operation conditions and Limitations)'을 정한 서류를 함께 발급하여야 한다.

- 항공사는 국토교통부장관이 발급한 '운항증명 승인서' 또는 '운항조건 및 제한사항'에 변경사항이 발생하면 그 사유가 발생한 날부터 30일 이내에 그 변경 내용 및 사유를 국토교통부장관에게 제출하고, 국토교통부장관은 검토 후 '운항증명승인서' 또는 '운항조건 및 제한사항'을 개정할 필요가 있다고 판단하면 해당 내용을 변경하여 발급할 수 있다.

- 항공사는 운영기준을 준수해야 하며 항공기 운항 시 등록증명서 등의 서류를 탑재해야 한다. 국제항공운송사업자는 ICAO SARPs에 따라 해당 국가가 발급한 운항증명 사본 및 운영기준 사본 등을 항공기에 싣고 운항하여야 한다. 항공기에 탑재할 서류에 조종사 비행기록부를 포함하고 있는데 이는 ICAO 표준과 상이한 바, 이에 대한 점검 및 이에 대한 행정처분까지 이어진다면 외국 항공사로서는 수긍하지 못할 것이다.

- 정부는 외국 항공사에 대한 점검 결과에 따라 운항정지나 과징금을 부과할 수 있다. 외국인 국제항공운송사업자 및 항공종사자는 운영기준을 준수해야 하며, 국토교통부장관은 항공기 안전운항을 확보하기 위하여 외국인 국제항공운송사업자 및 항공종사자가 운영기준을 지키는지 등에 대하여 정기적으로 또는 수시로 검사할 수 있다. 국토교통부장관은 정기검사 또는 수시검사를 하는 중에 긴급히 조치하지 아니할 경우 항공기의 안전운항에 중대한 위험을 초래할 수 있는 사항이 발견되었을 때에는 항공기의 운항을 정지하게 하거나 항공종사자의 업무를 정지하게 할 수 있으며, 정지처분의 사유가 없어지면 지체 없이 그 처분을 취소하거나 변경하여야 한다. 국토교통부장관은 외국인 국제항공운송사업자가 규정된 법규를 준수하지 않은 경우 허가를 취소하거나 6개월 이내의 기간을 정하여 사업을 정지시킬 수 있다. 다만, 거짓이나 그 밖의 부정한 방법으로 허가를 받은 경우이거나 사업정지명령을 위반하여 사업정지 기간에 사업을 경영한 경우에는 그 허가를 취소하여야 한다. 사업의 정지가 이용자에게 심한 불편을 주거나 공익을 해칠 우려가 있는 경우 사업정지처분에 갈음하여 과징금을 부과할 수 있다.

---

26) '외국항공기의 소유자등 안정성 검토 질의서'는 3 part로 구성됨.
   Part 1. 일반사항(소유자 정보, 희망하는 운항 종류, 항공기 정보, 지상 조업사 정보, 정비 수행 기관 정보, 항공안전점검결과(ICAO, EASA, FAA), 지난 5년간의 사고 혹은 준사고 기록 등)
   Part 2. ICAO 표준 이행여부(시카고협약 부속서 1, 6, 8, 18)
   Part 3. Foreign Operator's Technical and Operational Documents.

2.4.2 미국의 FAOC 제도

미국 FAA는 FAOC 제도와 관련하여 외국 항공사에게 Operations Specifications을 발급하여 운영하고 있다. FAR Part 129는 외국 항공사가 미국 내에서 운항할 경우와 미국 등록 항공기가 미국 이외의 지역에서 운항할 경우 준수해야 할 기준을 규정하고 있다. FAR Part 129는 최초 1964년에 제정되어 오랫동안 특별한 개정 없이 유지되어 오다가 2000년 이후 ICAO SARPs 반영, 외국 항공사의 안전 확보 및 사고방지를 위해 여러 차례에 걸쳐 개정이 이루어졌다.[27]

미국에 운항하기 위해 미국 교통부로부터 허가(permit)를 받았거나 이에 합당한 경제허가 또는 면제허가(economic or exemption authority)를 받은 외국 항공사는 기본적으로 FAR Part 129를 따라야 한다.[28] FAR Part 129에 따르면 미국 내 운항을 하는 모든 외국 항공사는 FAA에서 발행한 Operations Specifications과 시카고협약 부속서 1(Personnel Licensing), 부속서 6(Operation of Aircraft) 그리고 부속서 8(Airworthiness of Aircraft)에 규정되어 있는 표준(standards)에 따라 운항해야 함이 명시되어 있다. 또한, 외국 항공사는 항공기 등록증명서 및 감항증명서, 운항승무원의 자격, 항공기의 통신 및 항행 장비, 비행기록장치 및 음성기록장치, 항공기 및 조종실 보안 등의 요건을 준수해야 한다.

FAA는 자국 내 항공사에게 Operations Specifications을 발행하는 것 이외에 미국을 운항하는 외국 항공사에게 Operations Specifications을 인가하여 발급하고 있으며, FAA는 항공안전 확보 및 공공 이익에 부응하기 위해 Operations Specifications의 효력을 중지하거나 정지할 수 있다. 외국 항공사는 FAA로부터 Operations Specifications을 취득하기 위해 운항개시 90일 전에 신청해야 하며, FAA는 제반 요건이 충족된다고 판단하면 Operations Specifications을 발급한다. 항공사는 변경요인이 발생하면 Operations Specifications을 변경 신청할 수 있으며 운항의 종류와 같은 중요 사항 변경은 최소 90일 전에 신청하고 일반사항 변경을 위해서는 최소 30일 전에 신청해야 한다.

FAA에서 외국 항공사에게 발행하는 Operations Specifications은 시카고협약 부속서 6에 규정하고 있는 시카고협약 체약국이 자국 내 항공사에게 발행하도록 규정하고 있는 Operations Specifications의 내용보다 구체적이고 다양한 내용들을 포함하고 있다. 이와 같이 FAA에서 외국 항공사에게 발행하는 Operations Specifications 요건을 강화하여 운영하는 이유는 외국 항공사가 항로 및 터미널에서 적용하는 절차가 ICAO SARPs 및 지침서를 충족하고 있는지를 면밀히 확인하는 측면이 강하다. FAA에서 인가하여 발행하는 Operations Specifications은 3 Part(Part A 일반사항, Part B 항로상의 적용기준, Part C 터미널

---

27) Historical CFR, (2014.09.01.) (http://rgl.faa.gov/Regulatory_and_Guidance_Library/rgFAR.nsf/MainFrame?OpenFrameSet).
28) FAR Part 129.1.

에서의 적용기준)로 구성되어 있으며 각 Part의 주요 포함내용은 다음과 같다.

- Part A 일반사항에는 발행 및 적용(A001 Issuance and Applicability and Reports), 용어정의 및 약어 (A002 Definitions and Abbreviations), 미국에 운항이 승인된 항공기(A003 Aircraft Authorized for Operations to the United States), 특별허가 및 제한사항 요약(A004 Summary of Special Authorizations, Limitations and Restrictions), 관리자 연락처, 지상 제빙/방빙 절차, 항공기에 장착 장비 요건 등을 포함하고 있다.

- Part B 항로상에서의 적용기준에는 VFR(Visual Flight Rules) 및 IFR(Instrument Flight Rules) 항로상 제한사항 및 규정(B031 VFR and IFR En Route Limitations and Provisions) 지역항행시스템을 이용한 계기비행 1등급 항로 항행(B034 IFR Class I En Route Navigation Using Area Navigation Systems), 수 직분리축소공역운항(B046 Operations in RVSM Airspace of the United States and Operations in RVSM airspace by U.S. registered aircraft) 등을 포함하고 있다.

- Part C 터미널에서의 적용기준에는 기장의 특수공항 자격(C050 Special Pilot-in-Command Qualification Airports), 터미널 계기절차(C051 Terminal Instrument Procedures), 계기접근절차 허가, 이륙 및 착륙 최저 기상치, 교체공항 최저 기상치, 저 시정 운항(CAT II, CAT III 운항), IFR 지역항법(RNAV) 출 발 및 도착절차, 특수공항 허가 및 제한사항(C067 Special Airport Authorizations, Provisions, and Limitations for Certain Airports), A380과 같은 Design VI 항공기의 운항요건(C091 Operational Requirements Airplane Design Group VI Airplanes) 등을 포함하고 있다.

2.4.3 EU의 FAOC 제도: TCO

FAOC 제도와 관련하여 EU는 EASA가 외국 항공사에게 TCO 허가서를 발급하고 있다. EU는 Basic Regulation에 의거 TCO 부문에 대한 Implementing Rule을 규정하고 있는데, TCO 허가의 근본적인 목적 은 EU에서 TCO 항공기의 사고 방지 및 안전 확보에 중점을 두고 있다. TCO 규정이 공포됨에 따라 EASA 회원국을 운항하는 TCO는 EASA로부터 TCO 허가를 득해야 한다.[29]

TCO Regulation은 Cover Regulation, Annex 1-Part TCO, Annex 2-Part ART[30]로 구성되어 있는데, Cover Regulation은 기본적인 법규 요건 및 발효에 대하여 규정하고 있으며[31] Annex 1은 TCO가 준수해야 할

---

29) 본 TCO 규정은 EU Official Journal에 공고(2014년 5월 6일, Commission Regulation(EU) No 452/2014) 20일 후부터 발효하며, 현재 운항중인 TCO는 New Rule(PART TCO) 발효 후 6개월 이내에 EASA에 TCO 허가를 신청해야 하고 EASA는 TCO 규정 발효 후 30개월 이내에 TCO 허가를 마쳐야 함.

30) Authority Requirement regarding the authorisation of TCO.

31) 4 Article로 구성됨(Article 1 Subjective Matter and Scope, Article 2 Definitions, Article 3 Authorisation, Article 4 Entry into force).

요건을 규정하고 있고 Annex 2는 TCO 허가를 위한 항공당국의 요건을 규정하고 있다. 본 규정은 기본적으로 시카고협약 부속서에서 규정하고 있는 국제표준의 준수여부를 재확인 및 점검하는 내용이다.

TCO Regulation의 Annex 1(Part TCO)은 TCO가 준수할 요건을 3개 Section(1 General, 2 Air operations, 3 Authorisation of TCO)으로 구분하여 규정하고 있다. 기본적으로 시카고협약 부속서에서 규정하고 있는 국제표준을 준수해야 함을 명시하고 있으며, 주요 내용은 다음과 같다.

- 적용범위(TCO.100): TCO 준수 요건의 적용 범위는 조약의 관련 조항에 따라 영토로, 영토 내에서, 영토 밖으로 항공운송사업을 행하는 경우에 적용한다.

- 법규 준수 방법(TCO.105): TCO는 본 규정에 따라 EASA가 채택한 준수방식(Acceptable Means of Compliance) 대신에 이에 상응하는 대체준수방식(Alternate Means of Compliance)을 수립하여 적용할 수 있으며, 대체준수방식을 적용 하고자 할 경우 적용하기 전에 EASA에 통보하여야 하며 사전 승인을 받은 후 적용한다.

- ICAO에 차이점 통보(TCO.110): 운영국 또는 등록국이 ICAO의 국제표준에 대하여 차이점을 통보한 경우, TCO는 EASA에 완화조치를 제안할 수 있으나 이러한 완화조치는 ICAO가 국제표준으로 정한 안전수준과 같아야 한다.

- Inspection시 항공기 탑승허용(TCO.115): EASA 및 회원국으로부터 허가된 자가 항공기 내 서류점검 및 Ramp 점검하고자 할 경우 항공기 탑승이 허용되어야 한다.

- Air Operations 일반 요건(TCO.200): TCO는 ICAO에서 정한 국제표준(특히, annex 1,2,6,8,18,19)을 준수하며 TCO 소속 국가로부터 허가받은 AOC & Operations Specifications을 준수한다. 또한 EASA가 발급한 허가를 준수하며 사고(Accident) 발생 시 EASA에 보고 의무를 이행하여야 한다.

- 휴대서류 및 기록(TCO.210, 215): 휴대서류는 유효한 최신의 것이어야 하며, EASA 또는 회원국의 관계자가 요구 시 기장은 휴대서류 및 기록을 제공한다.

- 허가 신청(TCO.300): TCO는 항공운송사업을 시작하기 최소 30일 전에 EASA에 허가를 신청하고 허가를 취득한 후 운항해야 한다.

- 부정기 편 통보(TCO.305): TCO 허가의 예외 적용기준으로, 항공사가 일정 기준[32]을 충족한다면, TCO 허가 취득 없이 예상치 못한 시급한 운항 요구상황에 대처할 수 있도록 에어엠뷸런스나 부정기편 운항을 할 수 있다. 비행계획 기간은 최대 연속된 6주 동안 또는 EASA가 허가 기준에 의거 결정한 기간 중 짧은 기간까지 운항할 수 있다.

---

32) 일정기준은 ① 항공사가 EASA에 의해 수립된 양식 및 방법에 따라 최초로 비행하고자 하는 날짜 이전에 EASA에게 통보, ② 항공사는 Regulation(EC) No 2111/2005 따른 운항금지에 해당되지 않을 것, ③ 항공사는 EASA에 스케줄 통보 후 근무일 기준 10일 이내에 허가 신청에 해당함.

- 허가소지자의 권한(TCO.310): TCO에 대한 허가는 TCO가 해당 국가로부터 허가받은 기준을 초과하여서는 아니 된다.
- Finding(TCO.325): TCO는 EASA가 발급한 Authorization 및 Specifications 준수해야 하며 EASA로부터 지적사항(finding) 접수 시 보완 조치를 하여야 한다.
- TCO Regulation의 Annex 2(Part ART)는 TCO 허가를 위한 항공당국의 요건을 2개 Section(1 General, 2 Authorisation, monitoring and enforcement)으로 규정하고 있으며 주요 내용은 다음과 같다.
- 적용범위(ART.100): 본 부속서는 EASA 및 회원국에 의해 수행되어야 할 항공운송사업을 행하는 TCO에 대한 허가서 발급, 변경, 제한, 유예, 취소 및 TCO에 대한 모니터링에 대한 관리요건을 규정하고 있다.
- 대체준수방식(ART.105): EASA가 채택한 준수방식 대신 TCO가 별도의 대체준수방식을 제안한 경우 EASA는 대체준수방식에 대한 적합성 유무를 평가하고 관련조치를 취해야 한다.
- 정보교환(ART.110): EASA는 TCO 허가 신청이 반려되거나, 안전상 허가를 제한, 유예, 취소할 경우 위원회 및 회원국에게 지속적으로 최신 정보를 제공해야 한다.
- 기록유지(ART.115): EASA는 TCO 허가 및 지적사항 등에 대한 자료를 적절히 보관 및 접근하고 추적가능 하도록 적합한 기록유지시스템을 설정하여 유지해야 하며, 모든 기록은 적용 가능한 데이터 보호법 에 따라 최소 5년간 보관되어야 한다.
- 허가서 발행(ART.210): EASA는 TCO의 허가 신청서 검토 후 만족할 만한 수준으로 판단되면 TCO에게 Authorisation 및 Specifications 발급하며,[33) 허가서에 별도로 유효기간으로 제한하지 않아야 한다.
- 모니터링 프로그램(ART.220): EASA는 24개월 이내 주기로 TCO를 Monitoring 하며 모니터링 주기는 안전수준 결과 등에 따라 기간을 단축 또는 최대 48개월까지 연장 가능하다.
- 허가의 제한, 중단 및 취소(ART.235): 지적사항(finding) 및 기준 미준수 정도에 따라 level 1 Finding과 level 2 Finding으로 구분한다. EASA는 level 1 Finding 발견 시 TCO 허가를 제한하거나 중지해야 하며, 최대 6개월 동안 허가를 중지하며 추가적으로 3개월 동안 허가 중지 연장이 가능하다. 또한 Regulation(EC) No 2111/2005에 의거 TCO가 운항금지(Operating ban) 항공사로 지정된 경우 EASA는 해당하는 TCO 허가를 취소해야 한다.

---

33) EASA에서 발급하는 TCO Authorisation 및 Specification은 ICAO에서 체약국이 자국 operator에게 발급하도록 규정하고 있는 AOC & Operations Specification과 유사함.

2.4.4 일본, 중국, 호주 등의 FAOC 제도

시카고협약 체약국 중 외국 항공사에게 FAOC and/or Operations Specifications을 적용하는 국가가 확산되고 있는데, 이들 국가의 적용기준 및 포함내용은 정도의 차이는 있으나 FAA 또는 EASA의 적용기준과 유사하다. 대표적인 예로 일본, 중국, 호주에서 적용하는 FAOC and/or Operations Specifications는 다음과 같다.

일본은 외국 항공사에 대한 FAOC 제도 적용과 관련하여 ICAO SARPs와 같다. 일본은 외국 항공사에게 별도의 FAOC & Operations Specifications을 승인하여 발행하지 않으며, 외국 항공사는 일본으로 운항 시 자국 항공당국이 발행한 AOC & Operations Specifications과 ICAO SARPs에 부합하여 운항할 것이 요구된다.

중국은 2005년에 제정한 CCAR 129(China Civil Aviation Regulations Part-129, Foreign Commercial Air Transport Operators Operational Approval Rules)에 따라 중국 내 외국 항공사의 안전운항을 증진하기 위해 외국 항공사에게 Operations Specifications을 승인하여 발행하고 있다.[34] 외국 항공사에 대한 Operations Specifications과 관련해 중국의 항공법규는 미국의 영향을 받아 CCAR 129를 제정하여 적용하고 있으며, Operations Specifications 양식 및 내용도 미국이 발행하는 Operations Specifications과 유사하며 다양한 내용을 포함하고 있다.

호주는 CAA 1988(Civil Aviation Act 1988)에 따라 외국 항공사에게 AOC & Operations Specifications을 승인하여 발행하고 있다.[35] Operations Specifications 포함 내용은 운항하는 항공기 형식 및 공항 등 기본적인 내용만을 포함하고 있다.

2.4.5 착안사항

ICAO, 항공당국, 제작사 및 항공사 등 모든 항공 관련자는 항공기 사고를 방지하고 항공안전 수준을 높이고자 노력하고 있다. ICAO SARPs 및 관련 지침을 통해 항공안전관리체계가 강화되고 있고 다양한 항공 안전 활동이 복합적으로 어우러져 항공기 사고가 줄어드는 성과를 보이고 있다. 외국 항공

---

34) http://www.castc.org.cn/ccar129/index.asp, 2015.5.1.

35) Civil Aviation Act 1988의 28BB에 호주 항공안전청(CASA)이 항공사에게 AOC를 발급할 수 있는 근거를 명시하고 있음.
   (28BB CASA may impose and vary AOC conditions:
   (1) CASA may: (a) at the time of issuing an AOC, impose conditions by specifying them in the AOC; and (b) at any time after the issue of an AOC, give a written notice to the holder of the AOC, imposing conditions, or further conditions, on the AOC.
   (2) CASA may at any time give a written notice to the holder of an AOC, varying any of the conditions of the AOC that were imposed by CASA. A variation may be made: (a) on the application of the holder of an AOC; or (b) on CASA's own initiative).
   http://www.comlaw.gov.au/Details/C2015C00095, 2015.5.1.

사에게 적용하는 FAOC & Operations Specifications은 항공안전증진을 위해 긍정적인 측면과 함께 중복 허가 및 항공기 운항 효율 저하의 원인이 되기도 하는 부정적인 측면이 있다.

AOC 제도는 시카고협약 체약국에게 당해 국가 소속 항공사를 대상으로 승인 및 관리감독을 하도록 책임을 부여한 것이나 FAA와 같은 일부 체약국의 항공당국은 자국을 운항하는 외국 항공사에게도 이와 유사한 조치를 취하고 있으며, 2014년에는 EU도 포함내용을 최소화하여 TCO(Third Country Operator) 허가 제도를 도입하였다. 이와 같은 자국 내 항공사가 아닌 외국 항공사에게 별도의 FAOC를 승인하는 제도는 시카고협약 정신과 다르다는 문제점이 있는바, 항공기 운영상 효율을 저해하는 요인은 제거되어야 한다. ICAO SARPs 준수 재확인 측면에서 확인하는 경우라 할지라도 불필요한 중복 허가, 불편사항 및 경제적 불이익을 방지하기 위하여 EU의 TCO와 같이 그 범위 및 내용을 최소화해야 한다.

외국 항공사에게 승인하는 FAOC 제도는 항공안전 증진에 도움을 준다 할지라도 법적 안정성의 측면에서 국제기준을 고려하여 불편 최소화 원칙이 철저히 준수되어야 한다. 이와 관련하여 몇 가지 개선안을 제언한다.

국내기준 개선으로는 국내항공법상 FAOC 제도 운영의 근본적인 목적이 ICAO SARPs에 부합하여 항공안전을 증진하는 데 있는바, 항공법규에서 외국 항공사에게 적용하는 일부 기준의 개선이 필요하다. 첫째, 항공법령상의 AOC 및 FAOC 요건과 관련하여 항공당국과 항공사의 적용기준을 명확히 구분하여 명시한다. 둘째, 외국 항공사가 국토교통부에 제출하는 운항규정을 인가규정으로 한정하지 말고 신고규정도 포함되도록 한다. 셋째, 조종사 비행기록부를 항공기 탑재서류 목록에서 삭제한다.

국제기준 개선과 관련해서는 ICAO SARPs 준수 및 불필요한 행정력 낭비 등을 제거하기 위해 외국 항공사에게 발행하는 FAOC 및 Operations Specifications의 중복허가 불편을 최소화하기 위해 각 체약국의 적극적인 협조 하에 ICAO 차원의 기준 적용 및 공유가 필요하다. 시카고협약상의 ICAO SARPs와 상이함에도 불구하고 모든 체약국이 외국 항공사에게도 FAOC 및 Operations Specifications을 발급한다면 최대 190개의 FAOC 및 Operations Specifications을 중복해서 발급받아야 한다. 게다가 항공기 등재가 요구될 경우 불편 초래 및 항공기 운항 효율 저하 및 행정력 낭비로 인한 손실 발생이 불가피하다. 인터넷상의 ICAO 홈페이지나 별도의 지정된 주소에 모든 시카고협약 체약국이 활용할 수 있는 공유 폴더를 구축하여 자국의 항공사에게 발급한 AOC, Operations Specifications 및 항공기에 대한 최신 허가 정보를 등재하여 모든 체약국이 항시 활용할 수 있도록 시스템을 운영해야 한다.

항공사는 시카고협약 및 ICAO SARPs에 부합하여 항공기를 운항해야 한다. 각 항공당국 및 항공사의 ICAO SARPs 준수와 함께 항공당국이 외국 항공사가 소지하고 있는 허가 내역 및 항공기 정보를 실시간으로 확인 및 점검 가능할 때, 외국 항공사에 대한 추가적인 중복 허가 요건이 사라질 수 있을 것이다. 체약국의 항공당국이 자국 항공사에 대하여 완벽하게 운항승인 및 관리감독 기준을 적용할 경우, 외국 항공당국이 행하는 FAOC는 불요할 것이다. 그러나 각 체약국이 능력에 차이가 있어 항공기 사고 위험 요인을 제거하기 위해 자국을 운항하는 외국 항공사에 대한 FAOC는 지속될 것으로 보인다.

이와 같은 FAOC 제도는 적법성 논란과 함께 외국 항공사에게 불편을 초래할 수 있는바, 체약국의 FAOC 적용 기준이 시카고협약 기본 정신 및 ICAO의 기준에 위배됨이 없어야 한다.

2.5 운항규정 및 정비규정

항공운송사업자 등은 항공기의 운항에 관한 운항규정 및 정비에 관한 정비규정을 제정하거나 변경하려는 경우에는 항공당국(국토교통부장관 또는 지방항공청장)에게 신고하여야 한다. 다만, 최소장비목록, 승무원 훈련프로그램 등에 대하여는 항공당국으로부터 인가를 받아야 한다.

항공당국은 최소장비목록, 승무원 훈련프로그램 등을 인가하려는 경우에는 운항기술기준에 적합한지를 확인하여야 한다.

항공운송사업자 등은 항공당국의 인가를 받은 운항규정 및 정비규정을 항공기의 운항 및 정비에 관한 업무를 수행하는 종사자에게 배포하여야 하며, 항공운송사업자와 운항 및 정비에 관한 업무를 수행하는 종사자는 운항규정 또는 정비규정을 준수하여야 한다.

부속서 6에서는 국제선을 운항하는 일반항공 운영자도 종사자 등에게 운항규정(Operations Manual)을 제공하도록 규정하고 있다.[36]

운항규정에 포함되어야 할 사항[37]
항공기를 이용하여 항공운송사업 또는 항공기사용사업을 하려는 자의 운항규정은 다음과 같은 구성으로 운항의 특수한 상황을 고려하여 분야별로 분리하거나 통합하여 발행할 수 있다.
- 일반사항(General)
- 항공기 운항정보(Aircraft operating information)
- 지역, 노선 및 비행장(Areas, routes and aerodromes)
- 훈련(Training)

정비규정에 포함되어야 할 사항[38]

---

36) 시카고협약 부속서 6 Part II에서 Operations Manual을 제공하도록 규정(3.4.2.2)하고 있으며 아울러 항공기운영교범(Aircraft Operating Manual)도 제공하도록 권고함(3.6.1.2).
37) 세부내용은 항공법시행규칙 별표58 참조.

1. 일반사항
2. 항공기를 정비하는 자의 직무와 정비조직
3. 정비에 종사하는 사람의 훈련방법
4. 정비시설에 관한 사항
5. 항공기의 감항성을 유지하기 위한 정비프로그램
6. 항공기 검사프로그램
7. 항공기등의 품질관리 절차
8. 항공기등의 기술관리 절차
9. 항공기등, 장비품 및 부품의 정비방법 및 절차
10. 정비 매뉴얼, 기술문서 및 정비기록물의 관리방법
11. 자재, 장비 및 공구관리에 관한 사항
12. 안전 및 보안에 관한 사항
13. 그 밖에 항공운송사업자 또는 항공기사용사업자가 필요하다고 판단하는 사항

운항규정 운영(단행본 또는 통합본으로 운영)[39]
(항공법시행규칙) 별표 58에서 정한 내용이 포함되도록 구성된 다음 각 목의 구분에 따른 교범. 이 경우 단행본으로 운영하거나 각 교범을 통합하여 운영할 수 있다.
가. 운항일반교범(Policy and Administration Manual)
나. 항공기운영교범(Aircraft Operating Manual)
다. 최소장비목록 및 외형변경목록(MEL/CDL)
라. 훈련교범(Training Manual)
마. 항공기성능교범(Aircraft Performance Manual)
바. 노선지침서(Route Guide)
사. 비상탈출절차교범(Emergency Evacuation Procedures Manual)
아. 위험물교범(Dangerous Goods Manual)
자. 사고절차교범(Accident Procedures Manual)
차. 보안업무교범(Security Manual)
카. 항공기 탑재 및 처리교범(Aircraft Loading and Handling Manual)
타. 객실승무원업무교범(Cabin Attendant Manual)
파. 비행교범(Airplane Flight Manual)
하. 지속감항정비프로그램(Continuous Airworthiness Maintenance Program)

2.5.1 운항규정 정비규정 인가 및 신고

항공운송사업자는 항공기 운항을 위하여 시카고협약 부속서 6 및 국내 항공법규에 따라 일부 운항규정은 항공당국으로부터 인가받아야 하며, 일부 운항규정은 항공당국에 신고하여 운영하여야 한다. 운항규정의 대부분은 항공당국에 신고하여야 하나 훈련교범 및 최소장비목록 등은 인가가 필요하다.[40]

---

38) 세부내용은 항공법시행규칙 별표58의2 참조.
39) 항공법시행규칙 별표54.
40) 항공법시행규칙 제283조의2(운항규정과 정비규정의 인가).

ICAO 및 FAA의 운항규정 신고절차는 인가절차 대비 간소한 절차로 규정하고 있으며, 신고의 경우 사안에 따라 감독관에게 신고수리 권한 부여 및 항공당국이 이의를 제기하지 않는 한 신고된 것으로 간주하고 있다. 그러나 항공법 제116조 및 동법 시행규칙 제282조에서 정한 운항규정 신고절차는 제283조의2에서 정한 운항규정 인가절차와 처리기간 상의 차이(인가 15일, 신고 10일) 이외에는 동일하게 적용하고 있는바, 엄격한 절차 적용으로 인하여 운영상 불편을 초래되고 있다. 이에 ICAO 기준 등과 비교 검토를 통해 운영 개선이 필요하다.

2.5.2 ICAO 및 미국의 운항규정 인가 및 신고

ICAO의 운항규정 인가(approval) 및 신고(acceptance) 절차와 관련하여 다음과 같은 특징이 있다.[41]
- 인가는 신고보다 더 공식적인 형태로 인가 신청한 내용에 대해서는 공식적으로 항공당국의 인가 수리 행위가 필요하다.
- 인가는 항공국장(DCAA; Director of the Civil Aviation Authority) 또는 항공당국 관리자(CAA official)가 하며, 일반적이고 정례적인 사항은 감독관 등이 인가 행위를 할 수 있다.
- 신고는 신고한 내용에 대하여 항공당국이 전부 또는 부분적으로 거절하지 않는 한 항공당국의 신고수리 행위는 불요하며, 항공당국이 별도로 회신하지 않는 한 신고수리가 완료된 것으로 한다.
- 인가보다 폭넓게 쓰이며 감독관이 신고수리 권한을 갖는다.

미국 FAA의 경우 인가는 서면, 도장, 운영기준 또는 기타 공식적인 방법으로 행해지는 반면에 신고는 구두 신고수리 또는 수리기간 내 회신을 하지 않은 경우도 신고 수리가 완료된 것으로 처리된다. FAA의 인가 및 신고의 일반적인 절차는 5단계(1단계 문의단계, 2단계 공식 제안단계, 3단계 검토단계, 4단계 시현단계, 5단계 인가 또는 신고 수리단계)로 이루어진다.[42] 인가의 경우 서면(letter), 인가도장(a stamp of approval), 운영기준의 발행, 또는 다른 공식적인 방법으로 이루어지며 인가사항의 예로는 저시정 운항, 훈련프로그램, 최소장비목록(MEL: Minimum Equipment List) 등이 있으며, 다른 사항에 대해서는 신고사항(items for acceptance)으로 분류되며 신고사항에 대한 조치방법으로는 문서(letter), 구두허가(verbal acceptance), 응답 없음(no action)을 포함하여 여러 방법으로 이루어진다. 필요할 경우 조건부로 인가나 신고가 부여될 수 있다.

---

41) 시카고협약 부속서 6, Part 1, Attachment B. Air operator certification and validation, 2.1.

42) FAA 8900.1 Volume 3, Chapter 1 The general process for approval or acceptance.

2.5.3 한국의 운항규정 인가 및 신고

행정 전문용어에 따르면, 신고는 통지하는 행위를 말하며 신고서가 접수기관에 도달 시 신고 의무 이행이 완료된다. 인가는 인가 당사자가 법률적으로 부여받은 권한에 따라 그 법률상의 효력을 완성 시키는 감독관청의 행정행위를 말하는 것으로서 관련 행정청은 이를 동의하느냐의 여부만 결정한다. 반면에 항공법에서 규정하고 있는 운항규정 신고절차는 다음과 같다.

- 항공법 제116조 및 동법 시행규칙 제282조에서 정한 운항규정 신고절차는 제283조의2에서 정한 운항규정 인가절차와 처리기간 상의 차이(인가 15일, 신고 10일)를 제외하고 동일하게 적용하고 있다.
- 항공법시행규칙 별지 서식에 의하면 신고수리 결과통지는 '통지수령'으로 규정하고 있으나 실제 운영은 인가와 같이 '통지서수령'을 적용한다.[43]

운항규정이란 항공법규에서 규정한 바에 따라 항공사가 사용 및 적용하는 항공기 운항에 필요한 제반 매뉴얼로서 국내외 항공법규에서 규정하고 있거나 개정된 내용을 적시에 반영하고 있으며, 포함 되는 내용에 따라 인가규정과 신고규정으로 구분한다. 신고규정은 인가규정에 비하여 적용기준이 보다 유연성이 있으며 주어진 법규 내에서 최신 변경 내용들을 수시로 개정 보완하여 적용한다. 따라서 실질적으로 신고에 해당하는 운항규정에서 가장 중요한 점은 사용자들이 최신 개정된 내용을 적시에 적용 할 수 있어야 하며, 관련 법규 준수하에 감독관청의 편의성보다는 사용자들의 편의성이 중요하 게 고려되어야 한다. 그러나 한국의 운항규정 신고절차는 인가절차와 같은 절차를 적용하고 있어 항 공당국이나 항공사 모두에게 불편을 초래하고 있다.

2.5.4 착안사항

ICAO 및 FAA의 경우 신고절차는 인가절차 대비 간소한 절차로 규정하고 있으며, 신고의 경우 사안 에 따라서는 주무과장 대신 감독관에게 신고수리 권한을 부여하고 있으며 항공당국이 이의를 제기하 지 않는 한 신고가 수리된 것으로 간주하고 있으나, 한국은 신고절차 및 신고수리 권한을 인가절차 및 인가수리 권한과 동일하게 적용함으로써 담당 공무원의 과다한 신고수리 업무로 인하여 선진화된 기준 수립 및 적용 지연 가능성이 상존하는 등 운영상 비효율을 초래하고 있다.

이와 관련하여 현재 인가절차와 동일한 운항규정 신고절차를 행정절차법 및 ICAO 지침을 고려하

---

43) 사전적 의미에서 통지수령은 전화나 구두 허가도 가능한 것으로 고려할 수 있음.

여 다음과 같이 개선하는 것이 필요하다.

첫째, 운항규정의 종류 및 사안에 따라 운항규정 신고수리를 주무과장 이외에 담당감독관에게 신고수리 권한을 부여하고 신고수리절차를 간소화하는 것이 필요하다. 항공기 제작사가 항공기 제작사의 소속국가 항공당국으로부터 이미 인가받은 비행교범 등을 국내 항공사가 항공당국에 신고하여 사용하는 경우 적시에 해당 내용을 적용하는 것이 중요한 것이며, 항공사가 제정한 운항규정도 관련법규와 운영기준상의 제한을 벗어날 수 있는 것이 아닌 바 신고절차를 인가절차와 동일하게 강화하여 운영하는 것은 모두에게 시간과 에너지를 낭비하게 하는 행위이다.

둘째, 신고수리기간을 축소하는 것이다. 운항규정의 내용 중 엄격한 관리감독이 필요한 것은 항공당국이 별도로 인가하여 교부해야 하는 운영기준이나 인가를 필요로 하는 규정에 포함되며 신고에 해당하는 운항규정은 인가에 해당하는 운항규정과 상충하여 적용할 수 없다. 따라서 신고 처리 기간을 최소한으로 축소해도 무방하며 현행 10일을 5일로 변경할 필요가 있다.

셋째, 항공사가 신고한 운항규정의 내용에 대하여 거절하지 않은 경우 신고수리 처리기간 경과 시 신고수리로 간주한다. 단, 항공기 제작사에서 자국 항공 당국(FAA, EASA 등)으로 부터 인가 받은 매뉴얼을 신고할 경우에는 신고 즉시 신고가 수리된 것으로 간주하고 혼선 방지 및 일관된 적용을 위하여 운항규정 신고수리 절차에 명시하여 반영하는 것이다. 즉 항공법시행규칙 제282조 및 별지 서식에 이를 구체적으로 명시하여야 한다.

운항규정에 있어 무엇보다 중요한 것은 지속적으로 변화하는 국내외 기준에 부합하는 올바른 내용을 적시에 반영하여 적용하는 것이다. 엄격한 관리가 필요한 것은 더욱 엄격한 기준을 적용해야 하나 반대의 경우는 목적에 부합하는 효율적 적용을 위한 기준이 수립 적용되어야 할 것이며, 불합리한 기준은 과감히 정리되어야 한다. 운항규정 신고수리 절차 간소화는 불필요한 지연 적용을 방지하고 개정된 내용을 적시에 반영하는 데 기여할 것이며, 아울러 항공당국에서 단순한 신고 수리 입무에 과도하게 쏟는 행정력을 선진 국제기준 검토, 수립 및 이행업무로 전환하는 것이 가능하게 되어 보다 안정된 항공안전체계 구축에 기여하게 될 것이다.

3. 응급항공이송

"응급항공이송(EMS; Emergency Medical Services)"이란 응급의료전용회전익항공기[44]에 응급환자를 탑승시켜, 이송하는 행위를 말하는 것으로, 발생 장소 및 지형지물이 일정하지 않아 정기적으로 행하는 항공운송사업에 비해 상대적으로 위험에 노출되어 있어 이에 합당한 항공안전 감독기준 적용이 필요하다.

한국은 보건복지부의 국가응급의료체계 선진화사업의 일환으로 대국민 복지실현을 위해 중증외상환자의 골든 시간 내에 전문응급의료진 서비스가 가능하도록 외국 사례를 벤치마킹하여 2011년부터 응급항공이송 서비스를 시작하였다. 보건복지부의 사업정책에 따라 2011년 2곳(인천광역시, 전라남도)에서 지역별 지정병원과 ㈜대한항공이 참여하여 응급항공이송업무가 시작되었으며 지속적으로 확대되고 있다. 그러나 EMS 도입 초기 정부 부처 간 상호 협력이 부족하여 EMS에 대한 항공당국의 항공안전감독기준은 자가용 항공기에 적용하는 수준과 별 차이가 없었기 때문에 항공사가 자발적으로 항공안전기준을 수립하여 적용하여 왔다. 2013년 발생한 항공기사용사업용 및 자가용 헬기의 연이은 사고로 정부는 헬기 특별점검을 실시하였으나, EMS 헬기를 점검할 특별한 기준 및 근거가 없는 바, EMS 헬기에 대한 감독기관 차원의 항공안전기준의 강화 필요성이 더욱 제기되었다. 2014년에는 주로 헬기를 사용하는 항공기사용사업의 항공안전기준을 강화하고 EMS 헬기를 항공기사용사업의 범위에 포함시켜 항공기사용사업에 해당하는 관리감독을 받도록 하였다.

3.1 ICAO 미국 유럽의 EMS 기준

ICAO의 EMS 기준

ICAO는 EMS에 대하여 별도로 규정하고 있는 기준이 없다. 이는 EMS의 항공안전기준이 중요하지 않다는 의미가 아니라 EMS가 주로 체약국의 국내에서 행해지기 때문에 ICAO가 EMS에 대한 국제기준을 수립할 이유가 없기 때문일 것이다. 반면에 미국 및 EU에서는 EMS에 대한 항공안전기준을 항공운송사업이나 항공기사용사업에 준한 기준을 마련하여 적용하고 있다.

미국의 EMS 적용 기준

미국은 EMS에 대하여 항공운송사업에 해당하는 항공안전기준을 적용하면서 승무원 피로관리기준

---

44) "응급의료전용회전익항공기(Emergency Medical Service Helicopter(EMS/H))"란 응급항공이송을 전담할 목적으로 응급의료장비 및 부대장비 등을 갖추고 의료요원이 탑승하여 환자에게 응급의료를 실시할 수 있도록 지정된 회전익 항공기를 말하며, '응급의료전용헬기'라고도 함.

은 주로 응급이송업무를 신속히 수행하기 위해 지정된 장소에서 대기하는 시간이 많은 EMS 특성을 고려하고 있는바 그 주요 기준은 다음과 같다.

첫째, EMS에 대하여 항공운송사업용 운항증명(AOC)을 받도록 규정하고 있으며 엄격한 항공안전기준을 적용한다.[45]

둘째, 의료장비 장착기준, 비행기록장치 운용 및 정비기록 유지, 운항통제 시설 설치, 안전프로그램 운영 등에 대한 항공안전기준을 적용한다.[46]

셋째, 승무원 피로관리와 관련하여 EMS의 특성을 반영하되 다음과 같이 일반적인 항공운송사업과 차별화된 피로관리 기준을 적용한다.[47]

- 국제선 항공운송사업용 운항승무원은 승무시간 및 비행근무시간 제한과 휴식시간 기준을 적용하고 있는 반면에 EMS 운항승무원에게는 승무시간 제한 및 휴식시간 기준만 적용하고 비행근무시간 제한은 적용하지 않는다.[48]

EU의 EMS 적용 기준

EU는 EMS에 대하여 항공운송사업에 해당하는 항공안전기준을 적용하고 있으며 주요 기준은 다음과 같다.

첫째, EMS를 승인받고자 하는 자는 항공운송사업용 운항증명(AOC)을 소지하여야 하며 엄격한 항공안전기준을 적용하도록 규정하고 있다.[49]

둘째, 의료장비 장착기준 및 운항 등에 대한 항공안전기준을 적용하며, 운영자가 관계당국에게 EMS를 승인 받은 경우 EMS 헬기는 EMS 용도로만 사용되어야 한다.[50]

셋째, EU는 항공운송사업용 비행기의 운항승무원에 대해서는 승무시간, 비행근무시간, 휴식시간 기준을 규정하고 있으나, 헬기의 운항승무원에 대한 구체적인 피로관리 기준을 EU Regulation에서 규정하지 않고 국가의 자체기준을 적용하도록 규정하고 있다.[51] 따라서 EMS 헬기 운항승무원의 경우도

---

45) FAR Part 135.

46) FAA AC 135-14A.

47) FAR Part 135.271.

48) 승무시간(비행시간, flight time) 제한: 연속 24시간 내 8시간, 분기별 500시간, 연속 2분기 800시간, 연속 12개월 1400시간.
   휴식시간(rest period) 기준: 연속 24시간 내 8시간, 연속 48시간 이하 hospital 임무 시, 임무 후 최소 12시간 휴식 부여. 연속 48시간 초과 hospital 임무 시, 임무 후 최소 16시간 휴식 부여.

49) Commission Regulation(EU) No 965/2012. 항공운송사업에 준한 항공안전기준 적용하며, 항공운송사업용 운항증명(AOC) 소지해야 EMS를 승인받을 수 있음.

50) Commission Regulation(EU) No 965/2012.

51) Commission Regulation(EU) No 83/2014. EU Regulation 적용 이전에는 EU Ops를 적용하였으며, EU Ops에서도 EMS 승무원의 경우 항공운송사업 승무원들이 적용하는 피로관리기준 적용이 면제됨.

각 국가의 자체 기준을 적용하고 있으며 일반적으로 각 국가는 EMS 운항승무원에 대하여 최소 휴식시간 요건을 적용하는 데 반하여 비행근무시간 제한은 적용하지 않는다.

〈표 17〉 EU의 항공운송사업과 EMS의 피로관리 적용 기준

구 분		적용기준
승무원 피로관리기준 (항공운송사업)	비행기	EU Commission Regulation No 83/2014 EU Regulation으로 피로관리기준 규정 (승무시간, 비행근무시간, 휴식시간 기준)
	헬기	EU Commission Regulation No 83/2014 EU Regulation으로 피로관리기준 규정하지 않음 EU 기준 없이 국가기준 준수
승무원 피로관리기준 (EMS)	헬기	EU Commission Regulation No 965/2012 EMS 운영자는 항공운송사업용 AOC 소지 필요 EMS 운영 기준(FTL 기준은 포함하지 않음)

3.2 한국의 EMS 적용기준

EMS는 발생 장소 및 지형지물이 일정하지 않아 정기적으로 행하는 항공운송사업에 비해 상대적으로 위험에 노출되어 있음에도 불구하고 한국의 EMS에 대한 항공안전기준은 항공운송사업이나 항공기사용사업에 미치지 못하는 기준을 적용하여 왔다.[52] 이를 해결하기 위하여 EMS에 합당한 항공안전기준 강화 및 국제기준을 고려하여 EMS를 항공기사용사업에 포함하여 관리 감독할 수 있도록 관련 규정을 개정하였다.

2011년 EMS 도입 초기에 한국은 정부 부처 간 상호 협업이 부족하여 EMS에 대한 항공당국의 항공안전감독기준은 자가용 항공기에 적용하는 수준과 별 차이가 없었고 대부분은 EMS를 운영하는 항공사가 자발적으로 항공안전기준을 수립하여 적용하여 왔다. 2013년 발생한 항공기사용사업용 및 자가용 헬기의 연이은 사고로 정부는 헬기 특별점검을 실시하였으나, EMS 헬기를 점검할 특별한 기준 및 근거가 없었으며, EMS 헬기에 대한 감독기관 차원의 항공안전기준의 강화 필요성이 제기되었고 2014년에는 항공안전종합대책의 일환으로 항공법 및 동법시행규칙을 개정하여 헬기를 사용하는 항공기사용사업의 항공안전기준을 강화하고 EMS를 항공기사용사업의 범위에 포함시켜 항공기사용사업에 해당하는 관리감독을 받도록 개정하였다.[53]

---

52) 2011년 우리나라가 최초로 EMS 제도 도입 시에는 EMS에 대한 항공안전기준을 항공운송사업이나 항공기사용사업에 포함하여 적용하지 않고, "운항기술기준 8.5 EMS에 적용되는 추가기준"을 별도로 규정하여 적용하였으나 기본적인 장비 및 시설요건 위주로 규정하였으며 항공안전 인증 및 감독 기능은 언급하지 않았음.

53) 항공법시행규칙 일부개정(국토교통부령 제146호, 2014.11.28).

〈표 18〉 EMS 항공안전관리 감독기준 비교(ICAO, FAA, EASA, 한국)

구분	ICAO	FAA	EASA	한국
EMS 항공안전기준	기준 없음	항공운송사업용 기준 적용	항공운송사업용 기준 적용[54]	항공기사용사업용 기준 적용

〈표 19〉 EMS 헬기 운항승무원의 피로관리기준 비교(ICAO, FAA, EASA, 한국)

구분	ICAO	FAA[55]	EASA[56]	한국
승무시간	기준 없음	적용	기준 없음[57] (국가별 소관)	적용
휴식시간				
비행근무시간		기준 없음		기준 없음
근무시간				

한국에서 적용하는 EMS는 국가응급의료체계 선진화사업의 일환으로 대국민 복지실현을 위해 중증 외상환자의 전문응급의료서비스를 가능하게 하고 있고 점차 확대가 예상되나, EMS에 대한 항공안전기준 및 이에 대한 관리감독기준이 FAA나 EU 기준 대비 미흡하다. 이에 따라 EMS 도입 및 시행 시 발생한 문제점과 관련하여 다음과 같은 개선방안이 필요하다고 본다.

첫째, 특수 목적 사업을 새롭게 도입하게 되는 경우 사전에 사업 특성을 충분히 검토하여 사업 특성에 맞는 기준 수립이 필요하며, 이 경우 FAA, EASA 등에서 적용하는 기준에 대한 면밀한 검토가 선행되어야 한다. 앞으로도 인간의 다양한 욕구 및 항공산업의 발전으로 EMS와 같은 특수 목적을 위한 사업은 지속적으로 생겨날 수 있을 것으로 예상된다. 강조하건대 새로운 사업을 도입하여 적용할 경우, 최소한 이에 대한 항공안전 및 감독기준은 시행 후에 수립될 것이 아니라 사업 개시와 함께 적용할 수 있도록 준비되어야 할 것이다. EMS의 경우 2011년 EMS 도입 3년 후인 2014년이 되어서야 정부는 EMS를 항공기사용사업에 포함하여 항공안전관리감독을 수행하는 것으로 결정하였다. 이와 같은 항공법시행규칙 개정에 따라 EMS의 경우 운항증명(AOC), 운영기준(Operations Specifications) 및 운항승무원 운항자격 등이 추가적으로 적용하게 되었다.

둘째, EMS 특성이 충분히 고려된 합당한 기준이 보완·정립되어야 한다. EMS에 대한 항공안전기준과 관련하여 EMS 승무원에게 적용하는 피로관리기준은 EMS의 특성이 충분히 반영되어야 한다. 미국 및 EU의 경우 항공운송사업에 준한 항공안전기준 및 관리감독 기준을 적용하고 있지만, 승무원 피로관리기준에 있어서는 EMS의 특성을 고려하여 차별화된 기준을 적용하고 있다. 승무원의 피로관리가

---

54) EU는 EMS를 승인 받고자 하는 자는 항공운송사업 AOC 소지 필요하며, 항공운송사업용 AOC 소지자가 EMS 신청할 수 있음.

55) FAR Part 135.271, FAA AC 135-14A. EMS승무원에게 적용하는 피로관리기준은 일반 항공운송사업용 승무원에게 적용하는 기준과 차별화된 기준을 적용함.

56) Commission Regulation(EU) No 965/2012. Commission Regulation(EU) No 83/2014.

57) EU는 헬기승무원의 구체적인 피로관리 기준을 EU Regulation에서 규정하지 않고 국가의 자체기준을 적용함.

항공안전에 중요한 요소임에는 의문의 여지가 없지만 EMS의 경우 비행근무시간의 대부분이 환자 발생 시 응급이송을 목적으로 지정된 장소에서 대기하는 시간임을 이해해야 한다. 따라서 응급이송업무에 있어 적절한 피로관리를 위해서는 휴식시간 요건 및 대기 장소에서의 적합한 휴식시설이 더 중요할 수 있으며, 불합리하게 비행근무시간을 엄격하게 제한함으로써 인명을 구할 수 있는 기회를 놓치지 말아야 할 것이다.

4. 운수권 및 영공통과이용권 배분

운수권과 영공통과 이용권은 항공사에게 매우 중요한 의미를 가진다. 항공사 간 불필요한 갈등 요인을 차단하고 지속적인 경쟁력을 도모하기 위하여 운수권 및 영공통과이용권 배분 기준이 신설되었다(2009.6.9. 공포).

국토교통부장관은 외국정부와의 항공회담을 통하여 항공기 운항횟수를 정하고, 그 횟수 내에서 항공기를 운항할 수 있는 운수권을 국제항공운송사업자의 신청을 받아 배분하며, 항공운송사업자가 운수권을 사용하지 아니하는 경우 운수권의 활용도를 높이기 위하여 배분된 운수권의 전부 또는 일부를 회수할 수 있다. 또한 국토교통부장관은 외국정부와의 항공회담을 통하여 외국의 영공통과 이용 횟수를 정하고, 그 횟수 내에서 항공기를 운항할 수 있는 영공통과 이용권을 국제항공운송사업자의 신청을 받아 배분할 수 있으며, 배분된 영공통과 이용권이 사용되지 아니하는 경우에는 배분된 영공통과 이용권의 전부 또는 일부를 회수할 수 있다.

5. 항공교통이용자 보호

항공교통사업자는 항공교통사업자의 운송 불이행 및 지연 등에 대하여 항공교통이용자를 보호하기 위하여 피해구제계획을 수립하여야 한다. 다만, 기상상태, 항공기 접속관계, 안전운항을 위한 예견하지 못한 정비 또는 공항운영 중 천재지변 등의 불가항력적인 사유를 항공교통사업자가 입증하는 경우에는 그러하지 아니하다.

국토교통부장관은 공공복리의 증진과 항공교통이용자의 권익보호를 위하여 항공교통사업자가 제공하는 항공교통서비스에 대한 평가를 할 수 있으며, 항공교통서비스 평가항목은 항공교통서비스의

정시성 또는 신뢰성, 항공교통서비스 관련 시설의 편의성 등이 포함된다. 국토교통부장관은 항공교통이용자 보호 및 항공교통서비스의 촉진을 위하여 항공교통서비스보고서를 연 단위로 발간하여 항공교통이용자에게 제공하여야 한다.

제8장

항공안전

1. 항공안전 및 항공보안 개념

항공분야에서 사고 예방 및 안전 확보를 위해 '항공안전' 및 '항공보안'은 함께 고려된다. 일반적으로 항공법규에서 안전(safety)은 돌발적인 사고위험(accidental harm)으로부터의 방지를 말하며 보안(security)은 의도적 위해(intentional harm)로부터의 방지를 의미한다. '항공안전' 및 '항공보안'은 '항공'과 '안전' 및 '항공'과 '보안'이 각각 결합하여 만들어진 합성어이다. 국내 항공법규는 물론 시카고협약 및 같은 협약 부속서도 '항공안전' 및 '항공보안'에 대한 용어정의를 별도로 규정하지 않은 상태에서 항공안전 및 항공보안 관련 국제기준들을 규정하고 있다. 이는 일상적으로 사용되고 있는 용어라 별도로 규정할 필요성을 느끼지 못한 것으로 사료된다. 따라서 항공안전에 관한 기술에 앞서 '항공안전' 및 '항공보안'이라는 용어의 개념을 살펴본다.

국립국어원 표준국어대사전[1]에서는 '항공', '안전', '보안'에 대해서는 용어를 정의하고 있지만, 별도로 '항공안전'과 '항공보안'에 대해서는 정의하고 있지 않다.[2]

- '항공'은 '비행기로 공중을 날아다님'이라고 정의함
- '안전'은 '위험이 생기거나 사고가 날 염려가 없음 또는 그런 상태'라고 정의함
- '보안'은 '① 안전을 유지함 ② 사회의 안녕과 질서를 유지함'이라고 규정함

또한 국내 주요 사전에서도 국립국어원의 표준국어대사전과 비슷한 수준으로 다음과 같이 정의하고 있다.

- 항공(aviation): ① 항공기로 여객 및 화물을 운송하는 행위 ② 공기 속을 비행하는 기계의 운용부분을 취급하는 과학, 사업, 시설 및 보급, 항공교통 또는 기술 분야[3]

---

1) 표준국어대사전 <http://stdweb2.korean.go.kr/main.jsp>(2014.9.1. 기준).

2) '항공'은 '비행기로 공중을 날아다님'이라고 정의하고 있으며, '안전'은 '위험이 생기거나 사고가 날 염려가 없음'이라고 정의하고 있음. 여기에서 용어를 합성하면 '항공안전'은 '비행기로 공중을 날아다님과 관련하여 위험이 생기거나 사고가 날 염려가 없음'으로 정의할 수 있음.

3) 항공우주공학용어사전, 이태규, 2012.9.20., 새녘출판사.

- 항공(aviation): 어떤 기구 또는 기계에 사람이나 물건을 태우고 공중을 비행하는 일[4]
- 항공(aviation): 공기 속을 비행하는 기계의 운용 부분을 취급하는 과학, 사업, 시설 및 보급, 공공 교통 또는 기술 분야[5]
- 항공보안(aviation security): 항공기 안의 질서 및 안전을 해하는 행위를 방지하는 일[6]

이와 같이 국내 사전에서 정의하고 있는 용어를 종합하여 고려하면 '항공안전'은 '비행기로 공중을 날아다님과 관련하여 위험이 생기거나 사고가 날 염려가 없거나 없는 상태'로 정의할 수 있으며, '항공보안'은 '비행기로 공중을 날아다님과 관련하여 항공기 내의 안녕 및 안전을 저해하는 행위를 방지하는 일'이라고 정의할 수 있다.

2001년 9월 11일의 비극적인 테러사건은 '항공안전'이 기술적인 관점의 사고 예방을 넘어 더욱 넓게 정치적, 전략적 차원까지 확장된다는 것을 보여주고 있으며, '항공안전'이 예방적이고 징벌적인 수단들을 포함한다는 것을 재확인하게 되었고 위험요인 관리가 더욱 중요하게 인식되는 계기가 되었다. 이러한 맥락에서 국제민간항공기구(ICAO)의 항행위원회(ANC)는 '항공안전'을 '인적 손상 또는 항공기 및 재산 피해의 위험이 없는 상태'라고 보았다.[7]

'항공안전'을 영어로 표현하면 'aviation safety'가 되며, '항공보안'을 영어로 표현하면 'aviation security'가 된다. 국제협약이나 세계 유명 사전에서도 'aviation safety'나 'aviation security'에 대한 용어를 정의하고 있지 않다. Oxford Dictionary에서 '안전(safety)'은 '위험, 위험요소 및 손상으로부터 보호되거나 위험을 초래할 가능성이 없는 상태'를 의미하며, '보안(security)'은 '위험이나 위협으로부터 안전한 상태'로 정의된다.[8] 항공분야에 있어서 절대적으로 위험이 없다는 것은 항공활동을 전혀 하지 않는 경우에만 가능하며, 항공활동은 정도의 차이는 있지만 필연적으로 위험이 수반된다. 따라서 안전에 대한 개념은 위험요인 관리와 함께 사고예방과 관련되어지는 특성이 있다. 이런 측면에서 '안전'을 '발생 가능한 사고를 피하는 상태 또는 발생 가능한 사고가 거의 없는 상태'라고 정의하기도 한다.[9]

항공안전 및 항공보안과 관련한 국제 협약 및 미국과 유럽의 항공법규(FAR, EU regulation)에서도 'aviation safety'나 'aviation security'에 대한 용어를 직접적으로 정의하고 있지 않은 상태에서 'aviation safety' 및 'aviation security' 증진을 위한 국제기준을 규정하고 있다. 다만, 시카고협약 부속서 17 Security

---

4) 두산백과(http://www.doopedia.co.kr/doopedia)(2014.9.1.기준).

5) 항공정보포털시스템(http://www.airportal.go.kr/knowledge/library)(2014.9.1. 기준).

6) 항공정보포털시스템(http://www.airportal.go.kr/knowledge/library)(2014.9.1. 기준).

7) ICAO Working Paper AN-VIP/7699, Determination of a Definition of Aviation Safety, 2011.12. para. 2.2.

8) The Oxford Dictionary(http://www.oxforddictionaries.com).
   Safety; The condition of being protected from or unlikely to cause danger, risk, or injury.
   Security; The state of being free from danger or threat.

9) H. Wassenbergh, Safety in Air Transportation and Market Entry, Air and Space Law 28, no. 2, 1998, p.74.

와 부속서 19 Safety Management에서는 항공안전 및 항공보안과 관련하여 다음과 같이 용어를 정의하고 있다.

- '안전(Safety)'이란 항공기 운항과 관련되거나 직접적 지원 시 항공 활동과 관련된 위험상태가 수용 가능한 수준으로 줄어들고 통제가 가능한 상태를 말한다.[10]
- '안전관리시스템(Safety Management System)'이라 함은 정책과 절차, 책임 및 필요한 조직구성을 포함한 안전관리를 위한 하나의 체계적인 접근방법을 말한다.[11]
- '국가안전프로그램(State safety programme)'이란 항공안전을 확보하고 안전목표를 달성하기 위한 항공 관련 제반 규정 및 안전 활동을 포함한 종합적인 안전관리체계를 말한다.[12]
- '안전성능(Safety performance)'이란 국가 또는 서비스 제공자의 안전성능 목표 및 안전성능 지표에 의해 정해지는 국가 또는 서비스 제공자의 안전 성취를 말한다.[13]
- '안전위험(Safety risk)'이란 위험요소 발생의 예상 가능성 및 심각성을 말한다.[14]
- '보안(security)'이란 폭파, 납치, 위해정보 제공 등 불법방해행위(acts of unlawful interference)에 맞서 행하는 항공기 및 항행안전시설 등 민간항공을 보호하기 위한 제반 활동으로, 보안은 적절한 대응조치 및 인적·물적 자원의 결합으로 그 목적이 달성된다.[15]
- '불법방해행위(acts of unlawful interference)'란 항공기의 안전운항을 저해할 우려가 있거나 운항을 불가능하게 하는 행위로서 다음 각 행위를 말한다.[16]
  - ✓ 지상에 있거나 운항중인 항공기를 납치하거나 납치를 시도하는 행위
  - ✓ 항공기 또는 공항에서 사람을 인질로 삼는 행위
  - ✓ 항공기, 공항 및 항행안전시설을 파괴하거나 손상시키는 행위
  - ✓ 항공기, 항행안전시설 및 보호구역에 무단 침입하거나 운영을 방해하는 행위
  - ✓ 범죄의 목적으로 항공기 또는 보호구역 내로 무기 등 위해물품을 반입하는 행위
  - ✓ 지상에 있거나 운항중인 항공기의 안전을 위협하는 거짓 정보를 제공하는 행위 또는 공항 및 공항시설 내에 있는 승객, 승무원, 지상근무자의 안전을 위협하는 거짓 정보를 제공하는 행위
  - ✓ 사람을 사상에 이르게 하거나 재산 또는 환경에 심각한 손상을 입힐 목적으로 항공기를 이용하는 행위 등

국제항공운송협회(IATA)에서도 'safety' 및 'security' 관련하여 다음과 같이 시카고협약 부속서와 같은 수준으로 정의하고 있다.[17]

---

10) 시카고협약 부속서 19. Safety. The state in which risks associated with aviation activities, related to, or in direct support of the operation of aircraft, are reduced and controlled to an acceptable level.
ICAO Doc 9859. 2.1.1 Within the context of aviation, safety is "the state in which the possibility of harm to persons or of property damage is reduced to, and maintained at or below, an acceptable level through a continuing process of hazard identification and safety risk management."
이와 같이 부속서 상의 '안전(safety)'이라는 용어정의는 항공활동에 대한 안전임을 규정하고 있어 '안전'이라는 용어 자체가 '항공안전(aviation safety)'을 의미한다고 볼 수 있다.

11) 시카고협약 부속서 19. Safety management system(SMS).

12) 시카고협약 부속서 19. State safety programme(SSP).

13) 시카고협약 부속서 19. Safety performance.

14) 시카고협약 부속서 19. Safety risk.

15) 시카고협약 부속서 17. Security.

16) 시카고협약 부속서 17. Acts of unlawful interference.

17) IATA IRM Ed 2 Aug 2011.

- '안전(Safety)'이란 업무 중 항공기 운항과 관련하여 발생할 수 있는 상해 또는 피해 위험이 수용 가능한 수준 이내로 제한된 상태를 말한다.
- '보안(security)'이란 불법방해행위에 맞서 행하는 민간항공을 보호하기 위한 제반 활동으로, 보안은 적절한 대응조치 및 인적·물적 자원의 결합으로 그 목적이 달성된다.

이와 같이 시카고협약 부속서 및 IATA상의 '안전(Safety)'과 '보안(Security)' 이라는 용어는 항공활동에 있어서 위험요인과 불법방해행위 등에 대한 사전 예방적이고 종합적인 관리의 중요성을 언급하면서, '안전'과 '보안'이라는 용어 자체가 항공활동에 대한 안전과 보안임을 규정하고 있는데, 이는 항공분야에서 '안전'과 '보안'이라는 용어 자체가 '항공안전(Aviation Safety)'과 '항공보안(Aviation Security)'을 의미한다고 볼 수 있다.

상기와 같이 국내 사전, 시카고협약 부속서 및 IATA에서 정의하고 있는 용어를 종합하여 고려하면 '항공안전'은 사전적 의미 이외에 사고예방 및 위험관리와 관련하여 정치적, 전략적, 법적 차원까지 포함해야 할 것이다. 결론적으로, 항공활동을 행함에 있어 '항공안전'이란 '안전을 저해하는 위험 요인에 대하여 중요한 3가지 개념(① 인적 물적 피해 위험이 없는 상태, ② 위험정도가 수용이 가능하도록 줄어든 상태, ③ 위험요인을 통제할 수 있는 상태)을 포함하는 상태'라고 정의할 수 있고,[18] '항공보안'은 '폭파, 납치, 위해정보 제공 등 불법방해행위(acts of unlawful interference)에 맞서 민간항공을 안전하게 보호하기 위한 제반 활동'으로 정의할 수 있다.

항공분야에 있어서 항공안전과 항공보안이 함께 고려되기는 하나 일반적으로 항공안전기준은 항공보안기준을 제외한 분야로 한정지을 수 있다. 항공안전 및 항공질서 확립을 위한 국제협약인 시카고협약 및 동 협약 부속서에서도 항공안전 분야 및 항공보안 분야를 구분할 수 있으며, 이는 ICAO가 체약국을 대상으로 하는 평가를 항공안전평가와 항공보안평가로 구분하고 있는 것만 보아도 충분히 이해할 수 있다. 따라서 총 19개의 시카고협약 부속서를 항공안전과 항공보안으로 구분한다면 항공보안평가의 대상이 되는 부속서 9 및 부속서 17은 항공보안부문에 해당되며, 항공안전평가의 대상이 되는 부속서 9 및 17을 제외한 나머지 17개 부속서는 항공안전부문에 해당된다고 볼 수 있다. 이와 관련하여 시카고협약에서 규정하고 있는 항공안전기준이란 항공안전관련 각국 항공법의 법원이 되는 시카고협약 부속서에서 정한 표준 및 권고방식을 말한다.

한국은 물론 전 세계 체약국들은 시카고협약 및 부속서에서 정한 표준 및 권고방식에 합당한 이행을 위하여 체약국의 항공법규에 항공안전기준을 반영하여 적용하고 있다. 부속서에서 국제표준으로 설정한 기준이 있는 경우 체약국은 이를 필수적으로 준수하여야 하며, 불가피하게 체약국의 기준이

---

18) 이구희, "시카고협약체계에서의 EU의 항공법규체계 연구", 「항공우주정책·법학회지」 제29권 제1호, 2014, p.68.

ICAO에서 정한 표준과 다른 경우에는 ICAO에 통보하여야 한다. 차이점 통보 종류는 3가지 형태(① 강화 이행, ② 다르게 이행, ③ 약화 이행)가 있다. 반면에 권고방식에 대하여 체약국의 기준이 ICAO의 기준과 차이가 있는 경우, 체약국이 통보할 의무는 없지만 ICAO 이사회에 통보할 것이 요청된다.

ICAO 및 IATA는 시카고협약 부속서로 정한 표준 및 권고방식이 체약국이 준수할 필요성이 있는 최소한의 안전기준이라하며 보다 높은 안전기준 적용의 필요성을 제기하지만 체약국 및 항공사의 수준 및 수용능력이 다양하여 현실적으로는 체약국 및 항공사가 준수할 최소한의 기준으로만 보기에는 어려움도 있다.

2. 시카고협약 부속서 19 항공안전관리[19]

시카고협약은 국제 항공안전에 대한 최상의 기본규범으로 협약 전문에는 각 체약국이 민간항공을 안전하고 질서 있게 발전하기 위한 조치를 선언하고 있으며, 민간항공의 안전을 우선적으로 고려할 것을 요구하고 있다. 시카고협약 체약국들은 협약은 물론 부속서에서 정한 SARPs에 대하여 표준 또는 권고방식에 해당하는 의무를 준수하여야 한다. 국제 표준이 아닌 권고방식의 경우, 협약에서는 법적으로 준수할 의무를 부과하고 있지 않지만 때로는 ICAO의 결의 등으로 준수를 촉구하는 경우도 있다. 넓은 의미에서 항공안전은 시카고협약 및 총 19개의 부속서가 모두 해당되나 항공안전과 항공보안을 구분할 경우 부속서 9 및 부속서 17을 제외한 나머지 17개 부속서를 항공안전과 관련이 있는 부속서로 보며, ICAO의 항공안전평가(USOAP)도 17개 부속서를 대상으로 항공안전평가를 실시하고 있다. 또한 2013년에는 안전관리의 중요성에 따라 기존에 각 부속서에 산재되어 있던 안전관리 기준들을 하나의 부속서로 통폐합하여 시카고협약 부속서 19 안전관리(Safety Management)를 탄생시켰으며 항공당국의 안전관리 책임 및 운영자의 안전관리시스템 적용 요건을 강화시켰다. 결국 시카고협약 부속서 19는 안전관리를 강화하여 항공기 사고를 방지할 목적으로 탄생되었으며, 항공당국의 안전관리 책임 및 운영자의 안전관리시스템의 중요성이 더욱 더 확산되는 계기가 되었다.

시카고협약 부속서 19는 ICAO 체약국의 동의를 거쳐 최종적으로 채택되어 2013년 11월 14일부터 적용되고 있으며, 국가의 안전관리 책임 및 운영자의 안전관리시스템 등을 SARPs로 규정하고 있는바 각 체약국은 SARPs에 합당한 의무를 준수해야 한다.

항공사고의 대형화와 사고 시 세간의 이목을 받는다는 측면에서 항공기 사고는 실제 참사보다도

---

19) 이구희·박원화, "시카고협약체계에서의 항공안전평가제도에 관한 연구", 「항공우주정책·법학회지」 제28권 제1호, 한국항공우주정책·법학회, 2013, pp.120-121.

더 심각하게 다루어지기 때문에 항공기 제조와 운항에 있어서 모든 관계자가 각별한 주의를 기울이고 있다. 그럼에도 불구하고 세계 약 100개국에 등록되어있는 항공사가 모두 동일한 안전의식과 기술을 바탕으로 운항을 하지 않는 관계로 안전에 민감한 국가와 이들의 인식을 반영한 ICAO가 항공안전 확보를 위하여 항공안전기준을 지속적으로 검토하고 보완하면서 일부 국가는 자국 영토에 취항하고 있는 모든 항공기에 대하여 일정 수준 이상의 항공안전기준을 충족할 것을 요구하고 있다. 이러한 항공안전관리에 대한 관심은 2013년 안전관리(Safety Management)라는 제목 아래 새로운 시카고협약 부속서 19가 탄생하는 계기가 되었다. 2006년 세계항공국장회의(2006 Directors General of Civil Aviation Conference)와 2010년 고위급항공안전회의(2010 High-level Safety Conference)를 통하여 제기된 권고에 따라 "안전관리" 분야 부속서를 별도로 신설키로 결정하였으며, 이에 따라 2012년 항행위원회(Air Navigation Commission)에서 부속서 19의 제안서를 'Safety Management'라는 이름으로 마련하였다.

시카고협약 부속서 19는 대부분 각 부속서에서 이미 적용하고 있는 국가항공안전프로그램(State Safety Programme, SSP), 항공안전관리시스템(Safety Management System, SMS), 안전 데이터의 수집 및 사용 등에 관한 기존의 6개 부속서(부속서 1, 6, 8, 11, 13, 14)에 산재되어 있던 안전관리 기준을 통합하여 작성되었으며 다음과 같이 일부 개정 내용이 반영되었다.

첫째, 제3장에서 국가항공안전프로그램(SSP)의 네 가지 요소가 '권고방식'에서 '표준'으로 강화되었다.

둘째, 부속서 6 Part I 및 Part III에서 유래한 국가안전감독규정이 제3장 및 제4장에 해당하는 모든 서비스 제공자에게 적용하도록 강화하였다.

셋째, 안전정보의 수집 분석 및 교환에 관한 조항들이 부속서 13 Attachment E에서 부속서 19 Attachment B로 편입되었다.

넷째, 항공안전관리시스템(SMS) 체계가 항공기 설계 및 제조까지 적용하게 되었다.

시카고협약 부속서 19는 지속적으로 항공기 사고(Accident) 및 항공안전장애(Incident)를 줄이고 체약국의 항공안전위험관리를 돕는 것을 목적으로 한다. 또한 항공운송시스템의 복잡성과 항공기 안전운항을 위해 요구되는 항공활동과 관련하여 안전성능을 개선하기 위하여 지속적으로 전략적 평가를 돕는 수단을 제공한다. 따라서 이 부속서의 장점은 다양한 안전관리 내용을 하나의 부속서에 통합하여 규정하고 적용함으로써 안전관리의 중요성이 부각되고 적용이 용이하며 국가항공안전프로그램과 안전관리시스템을 촉진할 수 있다는 것이다.

시카고협약 부속서 19의 구성 및 주요 내용은 다음과 같다.

제1장(용어정의)에서는 안전관리와 관련하여 사고, 항공안전장애, 항공안전관리시스템(SMS), 국가항공안전프로그램(SSP) 등에 대한 용어정의를 규정하고 있다.

제2장(적용)에서는 항공당국은 국가안전관리책임(State Safety Management Responsibilities)이 있으며, 운영자 및 서비스 제공자는 안전관리시스템(SMS)이 적용됨을 명시하고 있다.

제3장(국가안전관리책임)에서는 항공당국이 준수할 국가항공안전프로그램(SSP) 및 국가 안전 감독 (State Safety Oversight)을 규정하고 있으며, 국가항공안전프로그램에는 4가지 요소인 ① 국가안전정책 및 목표(State safety policy and objectives), ② 국가안전 위험관리(State safety risk management), ③ 국가안전보 증(State safety assurance), ④ 국가안전증진(State safety promotion)이 포함되어야 한다고 규정하고 있다.[20]

제4장(항공안전관리시스템)에서는 안전관리시스템(SMS)에 대한 전반적인 사항을 규정하고 있으며 국제선을 운항하는 일반항공(General aviation)의 경우도 안전관리시스템의 적용대상임을 명시하고 있다.

제5장(안전데이터 수집, 분석 및 교환)은 안전정보의 수집, 안전정보의 분석, 안전정보의 보호, 안전 정보의 교환에 대하여 규정하고 있는데, 제5장의 목적은 안전정보의 수집 및 분석에 의한 안전관리활 동을 지원하고, 국가항공안전프로그램(SSP)의 부분으로서 안전정보의 교환을 안심하고 이행하기 위한 것이다.

이외에 Appendix 및 Attachment가 있으며, 여기에는 국가안전감독시스템(Appendix A. State safety oversight system), 안전관리시스템체계(Appendix B. Framework for SMS), 국가항공안전프로그램체계 (Attachment A. Framework for SSP), 안전데이터 수집 및 처리 시스템으로부터의 정보 보호에 관한 법적 지침(Attachment B. Legal Guidance for the Protection of Information from Safety Data Collection and Processing Systems)에 관한 내용을 규정하고 있다.

이상과 같이 탄생한 시카고협약 부속서 19는 안전관리에 대한 ICAO의 기준 보완 및 체약국의 실질 적인 이행과 관련해 활발한 논의와 함께 지속적인 발전이 예상된다.

3. 국내 항공안전관리체계

국내 항공안전관리체계는 기본적으로 시카고협약 및 동 협약 부속서에서 정한 기준을 국내 법령에 반영하여 적용하고 있으며, 전반적인 관리체계는 국가항공안전프로그램(State Safety Programme, SSP) 및 항공안전관리시스템(Safety Management System, SMS) 등으로 규정되어 있다.

시카고협약 부속서 19는 국가항공안전프로그램(SSP), 항공안전관리시스템(SMS)을 운영함에 있어 사 전 예방적 안전체계로의 전환을 유도하고 있고 한국도 이에 부응하여 「항공법」에 국가항공안전프로

---

20) 시카고협약 부속서 19 3.1.1. SSP는 4가지 구성요소를 포함해야 함.

그램 및 항공안전시스템에 대하여 규정하고 있으며 세부기준은 행정규칙으로 규정하고 있다.

시카고협약 부속서에서 규정한 국제기준을 반영한 국내의 항공안전 관계 법령현황은 다음과 같다. 국가항공안전프로그램(SSP) 및 항공안전관리시스템(SMS)에 대해서는 제2편 제1장에서 기술하였다.

〈표 20〉 항공안전 관계 법령현황

구 분	챔임 기관	법령위계	내 용	관련 ICAO Annex
항공안전예방 관리	국토 교통부	법률	• 항공법 • 항공보안법(필자가 명칭 수정함)	Annex1 Annex2 Annex3 Annex4 Annex5 Annex6 Annex7 Annex8 Annex10 Annex11 Annex12 Annex14 Annex15 Annex16 Annex18
		대통령령	• 항공법 시행령 • 항공보안법 시행령	
		국토교통부령	• 항공법 시행규칙 • 항공보안법 시행규칙 • 공항시설관리규칙 • 항공기등록규칙 • 항공운송사업자감독규칙 • 항공정보간행물발간규정	
		고시	• 운항기술기준 등 다수	
		기타 행정규칙	• 훈령(항공기형식증명승인절차 등 다수) • 예규(운항자격심사관 업무교범 등 다수) • 지침(비행장치안전기준 인정절차 등 다수) • 지방항공청 훈령 등	
항공사고조사 관리	항공·철도 사고 조사 위원회	법률	• 항공·철도사고조사에 관한 법률	Annex13
		대통령령	• 항공·철도사고조사에 관한 법률 시행령	
		국토교통부령	• 항공·철도사고조사에 관한 법률 시행규칙	
		기타 행정규칙	• 항공·철도사고조사위원회 운영규정 등 다수	
안전관리(SMS)	국토 교통부	고시	• 항공안전프로그램	Annex19
		기타 행정규칙	• 안전관리시스템 승인 및 운용지침	

출처: 국토교통부 고시 제2014-135호, 국가항공안전프로그램, 별표 1

4. 항공안전평가[21]

항공안전평가제도와 관련하여 미국은 1990년 미국에서 발생한 콜롬비아 국적 아비앙카 항공기의 사고 이후인 1992년에 항공안전평가(IASA) 제도를 도입하여 미국에 출·도착하는 항공기를 운항하는 항공사의 항공당국을 대상으로 ICAO SARPs 준수 여부를 평가하고 있다. FAA의 IASA 평가 도입은 ICAO, EU, IATA에서 연이어 항공안전평가제도를 도입하는 시발점이 되었다. 결국 ICAO, EU 및 IATA 의 항공안전평가제도는 ICAO SARPs로 규정한 항공안전기준 준수여부에 대한 문제의 심각성을 인식

---

21) 이구희·박원화, 시카고협약체계에서의 항공안전평가제도 연구, 항공우주정책법학회지, 2013, pp.130-150.

하면서 FAA의 조치에 동참하여 항공기 사고 방지를 위해 ICAO SARPs 이행여부를 평가하고 그에 합당한 조치를 취하도록 한 것이다. 이는 항공안전기준에 관한한 시카고협약 제33조의 취약성이 미국이라는 체약당사국에 의하여 현실적으로 보완된 것인바, 이러한 관계는 EU도 가세한 가운데 유지되는 형국이다.

ICAO는 항공당국 전반에 대하여 항공안전평가를 실시하고 있고, IATA도 항공사에 대하여 항공보안에 관한 평가 항목을 포함한 항공안전평가를 실시하고 있다. 미국 및 유럽도 자체적으로 자국 및 회원국을 운항하는 외국 항공 당국 및 항공사에 대하여 항공안전평가를 실시하여 그 평가 결과를 공개하고 항공 안전 불합격으로 평가된 경우 항공사에게 운항금지 및 운항 제한 등과 같은 엄중한 행정처분을 하고 있다. 이와 같은 체약국의 항공당국 및 외국 항공사 등에 대하여 실시하는 항공안전평가는 공통적으로 항공교통량 급증 및 항공기 사고 증가가 직접적인 계기가 되었으며, ICAO SARPs를 제대로 준수하고 있는지에 대한 이행여부를 확인하고 이를 통해 항공기 사고로부터 당해 소속 국가의 국민을 보호하겠다는 의지가 강하게 담겨 있다고 볼 수 있다. 주요 항공안전평가는 다음과 같으며, 각 각의 평가기관은 실질적인 항공안전 증진을 위해 개선방식을 지속적으로 연구하여 적용하고 있다.

- FAA가 미국을 운항하는 항공사의 항공당국을 평가하는 항공안전평가(IASA[22])
- ICAO가 체약국을 대상으로 항공안전수준, 구체적으로는 항공안전관리체계 및 이행수준을 평가하는 항공안전평가(USOAP[23], '항공안전종합평가'라고도 함)
- SAFA 참가국이 SAFA 참가국을 취항하는 항공사를 평가하는 항공안전평가(SAFA[24])
- IATA가 항공사를 대상으로 평가하는 항공안전평가(IOSA[25])

이 밖에도 같은 이유로 항공기 운항과 관련이 있는 자국 및 외국의 항공사를 대상으로 항공당국이 감독활동을 진행하는 경우가 있으며 ICAO에서도 체약국의 항공 안전 결함 해소를 위해 FAOSD(Foreign Air Operator Surveillance Database) 활성화를 장려하고 있다. 이와 같은 평가 및 감독 활동은 항공 안전 확보를 통한 항공기 사고 방지 등을 목적으로 하고 있으며, 이를 통하여 점검목록의 표준화 추진 및 지속적인 모니터링 방식 도입 등의 발전과 개선이 이루어지고 있다. 이러한 다양한 항공안전평가제도 실시는 항공기 사고가 현격히 줄어드는 계기가 되었다. 이제 각각의 평가 내용을 살펴본다.

---

22) IASA: International Aviation Safety Assessment.

23) USOAP(Universal Safety Oversight Audit Program). 항공안전에 대하여 국가가 행하는 종합적인 관리감독체계 및 이행수준을 평가함.

24) SAFA: Safety Assessment of Foreign Aircraft.

25) IOSA: IATA Operational Safety Audit.

4.1 미국의 항공안전평가(IASA)

미연방항공청(FAA)의 항공안전평가(International Aviation Safety Assessment, IASA)란 미국을 출발 및 도착하는 항공사의 항공당국에 대한 항공안전평가를 말한다. FAA는 미국을 운항하거나 운항하고자 하는 항공사의 항공당국에 대하여 항공안전평가를 실시하며, 평가 결과 특정 국가의 항공당국의 안전 기준이 ICAO의 안전기준에 미달하여 안전상의 결함이 있다고 판단되면 그 국가를 항공안전 2등급으로 분류하고 항공안전 2등급으로 분류된 국가에 속해 있는 항공사에게 운항제한 및 신규 운항허가 불허 등의 실질적인 불이익을 주고 있다.

1990년 1월 25일 콜롬비아 국적 아비앙카(Avianca) 항공의 보잉 707 항공기가 뉴욕 주 롱아일랜드의 Cove Neck에서 추락하여 승무원 8명 전원과 승객 150명 중 65명, 총 73명이 사망하는 사고가 발생하였다. 이를 계기로 미국은 미국을 취항하는 외국 항공사의 안전에 의문을 가지게 되었고, 안전 확보 대책으로 1992년 8월 국제항공안전평가(IASA) 프로그램을 도입하였다. 다시 말해, FAA는 미국에 출/도착하는 외국항공사가 해당 국가의 항공당국으로부터 ICAO 기준에 입각한 안전 감독 하에 있음을 확실하게 담보하기 위하여 국제항공안전평가(IASA) 프로그램을 도입하였다. 미국의 국제항공안전평가 (IASA) 프로그램은 미국 내 외국 항공사들과 관련된 일련의 항공기사고 발생으로 인해 제기된 우려들을 고려하여 양자 항공협정의 안전규정 틀 내에서 고안된 것이라고 볼 수 있다.

IASA Checklist는 항공당국의 전반적인 항공안전체계를 점검하는 목록으로 전문 변호사, 운항부문 전문가, 감항부문 전문가가 평가항목을 확인 점검한다. 이 checklist는 일반사항을 포함하여 9 sections[26]으로 구성되어 있다. IASA 프로그램은 시카고협약 체약당사국으로서의 의무 이행 여부를 FAA가 평가하는 것으로, 미국을 취항하는 외국 항공사가 속한 국가 항공당국의 안전감독 능력을 FAA가 평가하여 ICAO 안전기준을 충족하면 카테고리 1등급, ICAO 안전기준을 충족하지 못하면 카테고리 2등급으로 구분한다. 카테고리 2등급은 다음 중 1개 이상의 결함이 확인될 경우 그 국가에 부여된다.[27]

① 최소 국제 기준에 부합하는 항공사의 면허 및 감독의 지원에 필요한 법이나 규정이 결여된 국가

---

26) IASA Checklist sections:
   General Information and Air Operator Complexity
   CE-1 Primary Aviation Legislation
   CE-2 Specific Operating Regulations
   CE-3 State Civil Aviation System and Safety Oversight Functions
   CE-4 Technical Personnel Qualification and Training
   CE-5 Technical Guidance, Tools, and the Provision of Safety Critical Information
   CE-6 Licensing, Certification, Authorization and Approval Obligations
   CE-7 Surveillance Obligations
   CE-8 Resolution of Safety Concerns.

27) IASA 홈페이지 www.faa.gov/about/initiatives/iasa/definitions(2014.10.1.).

② 면허를 주거나 항공사의 운항을 감독할 기술적인 지식, 자원 및 조직이 결여된 항공당국

③ 충분히 훈련받고 자질을 갖춘 기술 인력이 없는 항공당국

④ 최소 국제 기준의 시행을 책임지고, 또한 최소 국제 기준을 준수할 적절한 조사관의 지침을 제공하지 않는 항공당국

⑤ 면허에 대한 서류, 기록이 불충분하며 항공사 운항에 대한 감시, 감독이 부적절하게 지속된 항공당국

이와 같이 FAA가 특정 국가 항공당국의 기준이 ICAO의 기준에 미달한다고 결정하면, 그 국가는 항공안전 2등급으로 분류된다. 2등급으로 분류된 국가에 속해 있는 항공사가 미국에 운항하고 있는 경우, 그 항공사는 FAA의 엄격한 감독 하에 운항은 허용되나, 운항노선의 변경이나 확장은 허용되지 않는다. 현실적인 면에서, 2등급이거나 2등급으로 하향 가능성이 있는 국가인 경우, 그 국가에 속해 있는 항공사는 다음과 같은 불이익을 당하게 된다.

① 2등급 국가의 항공사에게 신규 도입항공기의 미국 운항을 추가로 허용하지 않는다. 따라서 항공기를 도입하더라도 그 항공기를 미국에 투입할 수 없다.

② 2등급 국가의 항공사에게 미국 운항편의 신설, 확대, 노선 변경 또는 기타 종료 예정인 운항허가 사항의 갱신을 허용하지 않는다.

③ 2등급 국가의 항공사와는 코드쉐어(Code-share)를 허용하지 않는다.

④ 장기적으로는, 2등급으로 평가받은 국가가 항공안전평가에서 지적된 안전상 결함에 대해 충분한 개선 조치를 하지 않는 경우, FAA는 미국 교통부(DOT: Department of Transportation)에 그 국가에 속해 있는 항공사의 미국 운항허가를 취소하거나 중지시키도록 건의할 수 있다.

한국은 2001년 FAA로부터 항공안전 2등급 판정을 받은 적이 있으며, 이로 인해 국가 위상 손상은 물론, 국적 항공사 코드쉐어 제한, 미주노선 증편 불가, 미국 군인 및 공무원의 우리 국적 항공기 이용 금지 등의 제재 등 막대한 경제적 피해 및 사회적 물의를 경험하고, 4개월 후 1등급으로 회복한 바 있다. IASA의 내용을 요약하여 정리하면 다음 표와 같다.

구 분	내 용
개요	• 미국을 출발 및 도착하는 항공사의 항공당국에 대한 항공안전평가 • 항공안전기준 미달 시 외국 항공사에게 운항허가 불허 또는 운항제한 등의 실질적 불이익 줌
도입 배경	• 1990년 초 항공교통량 급증, 항공기 사고 증가 • 미국 출/도착 항공기에 대해 ICAO 기준에 의거 항공안전감독 필요성 대두 • 1990년 콜롬비아 국적 아비앙카(Avianca) 항공 Boeing 707 사고 (뉴욕 롱아일랜드 Cove Neck 항공기 추락, 승무원 8명 전원 및 승객 150명 중 65명 사망 등 총 73명 사망)
IASA 도입	• 1992년 8월 IASA 도입
IASA 운영	• Checklist 구성: 일반 내용을 포함하여 9 Sections으로 구성 • Checklist 점검: 각 부문 전문가가 평가항목 점검(변호사, 운항전문가, 감항전문가 등) • Category 2 해당 사유: 법규 미흡, 항공당국 임무수행 조직 미흡, 기술인력 부족, 국제기준 준수 지침 미 제공, 항공사 감독 기능 미흡 등 • Category 2 분류 국가 불이익: 미국 신규 취항 허용 금지, 미국노선 신규/확대 제한 및 코드쉐어 허용 금지, 운항 허가 취소 및 중지 가능 ㈜ 한국은 2001년 2등급으로 분류된 적이 있으나 4개월 만에 1등급 회복함

* 출처: 이구희, 박사학위 전계논문, pp.78-79

4.2 ICAO의 항공안전평가(USOAP)

ICAO의 항공안전평가(Universal Safety Oversight Audit Program, USOAP, '항공안전종합평가'라고도 함)란 ICAO가 전 세계에 통일적으로 적용되는 국제기준의 국가별 안전관리체계 및 이행실태를 종합적으로 평가하는 제도로서, 1990년대 초 세계적으로 항공기 사고가 빈발하고 국제기준 불이행이 주요 사고원인으로 지적됨에 따라 그 중요성이 부각되었다. 초기에는 항공안전감독을 수행할 능력이 없는 회원국들이 있음을 고려하여 항공안전감독 및 평가를 위한 세부 지침을 마련함으로써 항공 후진국들의 항공안전감독 실시의무를 돕기 위하여 태동하였으나[28] 이어 모든 회원국에 대한 의무 평가로 전환하였다.[29] 또한 항공안전평가 대상 부속서를 안전 관련 모든 부속서(16개 부속서)로 확대하였다.[30] 본 평가제도 이행은 항공안전에 대한 인식을 획기적으로 제고하는 계기가 되었으며 항공기 사고 발생률을 현격히 줄이는 효과를 가져왔다. 본 평가제도는 기본적으로 항공안전과 관련된 부속서[31]에 대한 이행점검표(Compliance Checklist) 등을 이용해 평가하고 있으며 평가결과를 ICAO 웹사이트에 게시하여 전 세계에 공개하고 있다. 평가 방식에 있어서도 1회성 평가방식에서 항공안전 상시평가방식(USOAP CMA[32])으로 변경되었으며[33] 시카고협약 체약국의 USOAP CMA 이행은 ICAO와 체약국 간 MOU 체결

---

28) ICAO assembly resolution A29-13(1992).

29) ICAO assembly resolution A32-11(1998).

30) ICAO assembly resolution A35-6(2004).

31) 부속서 17(보안)을 제외한 전 부속서가 해당되며, 2013년 점검항목에는 부속서 9에 대한 내용도 포함됨.

32) Universal Safety Oversight Audit Programme Continuous Monitoring Approach.

33) 2년간(2011~2012) 전환기를 거쳐 2013년부터 적용.

하에 이행되고 있다.[34] 또한 본 평가제도는 분야별 전문가가 평가를 수행하고 있으며 평가 사전단계 (서류심사), 현장 확인단계, 사후단계로 진행한다. 조항별 이행점검표에 차이점이 있는 것으로 표시가 된 경우, 즉 국내기준이 ICAO에서 정한 국제기준과 다른 경우 평가관들의 주요 관심 대상이 된다. 위에서 언급하였듯이 USOAP은 자발적 이행으로 시작하여 지속적으로 발전하였으며 변천과정은 다음과 같다.

출처: 국토해양부 정책자료집(2008.2~2013.2) ③ p.32

〈그림 5〉 ICAO 항공안전평가 변천 과정

항공안전 상시평가방식으로 일컬어지고 있는 USOAP CMA는 항공안전 관련 모든 부속서의 이행실태를 8개 분야[35] 프로토콜 항목을 활용하여 점검하고 있으며 평가 프로토콜 항목의 주요 목적은 USOAP CMA 체계하에서의 이행을 표준화하기 위한 것이다. USOAP CMA 운영은 ① 정보 수집, ② 정보분석 및 안전도 평가, ③ 현장 평가 방식 선정, ④ 현장 평가 시행과 같이 4단계를 거치며 현장 평가 시행 단계에서는 개선 권고사항(F&R), 중대안전결함(SSC), 개선조치계획(CAP) 등이 이루어진다.

USOAP CMA의 핵심적인 평가 자료로는 사전질의서(SAAQ: States Aviation Activities Questionnaires), 국제기준이행실적(CC: Compliance Checklists), 차이점 정보(EFOD: Electronic Filing of Differences), 세부평가항목(PQ: Protocol Questions), 정보요구서(MIR: Mandatory Information Requests), 개선권고사항(F&R: Findings and Recommendations), 중대안전결함(SSC: Significant Safety Concerns), 개선조치계획(CAP: Corrective Action Plans) 등이 있다. 종합적인 평가 결과는 국제 기준을 이행하는 안전감독 능력 및 안전성과를 보여주는 지표로 평가할 수 있다.

ICAO 항공안전평가와 관련하여 한국은 ICAO가 처음으로 전 회원국을 대상으로 실시한 제1차 의무

---

34) 예를 들어 대한민국과 ICAO 간 USOAP CMA 시행에 관한 양해각서 체결('11.9.30).

35) 기본법령, 조직 및 안전감독, 항공기 운항, 항공기 감항, 항행시스템, 비행장, 자격관리, 사고조사.

평가(2000년)에서 종합 이행률 79.79%의 저조한 성적을 기록한 데 이어, 제2차 평가(2008년)에서는 종합 이행률 98.89%의 만점 가까운 성적으로 최고 기록을 갱신하였다(2009년 ICAO 발표).[36]

USOAP의 내용을 요약하여 정리하면 다음 표와 같다.

〈표 22〉 ICAO의 항공안전평가(USOAP)

구 분	내 용
개요	• ICAO가 체약국에 대하여 항공안전 관련 국제기준 이행실태 점검, 평가 • USOAP 평가 결과를 공개함으로써 간접적 제재 효과
도입배경	• 1990년 초 항공교통량 급증, 국제기준 불이행으로 인한 항공기 사고 증가, 항공안전문제 심각
도입효과	• 항공기 사고 발생률 감소 • 항공안전의식 및 항공안전감독능력 증진 • 국제기준에 대한 통일적 이행 기준 및 평가체계 마련
USOAP 발전단계	• Voluntary(1996~1998: 부속서 1.6.8) • Mandatory(1999~2004: 부속서 1.6.8, 2005~2010, 16개 부속서) • USOAP CMA(항공안전 상시평가): 2년(2011~2012)간의 전환기간 후, 2013년부터 전면 시행
USOAP CMA	• 시행근거: ICAO와 체약국 간 MOU(Memorandum of Understanding) • 8 USOAP Audit Area: 법령, 조직, 자격, 운항, 감항, 사고조사, 관제/항행, 비행장 • 8 USOAP Critical Elements: 법령, 규정, 조직, 자격, 기술지침, 면허/인증, 지속감독, 안전 위해 요소 • 운영단계(4단계) 　1) 정보수집, 2) 정보분석, 안전도 평가, 3) 현장평가 방식 결정, 4) 현장평가 시행 • 정보수집 　- 회원국 정보: 사전질의서(SAAQ), 세부평가항목(PQ), 국제기준이행실적자료(CC), 차이점 정보(EFOD) 　- ICAO 및 외부기관 정보: ICAO, COSCAP, IATA IOSA, EU SAFA 등 • 평가결과 　- 국제기준 미이행률(LEI: Lack of Effective Implementations) 　- 중대 안전 우려 국가(SSC: Significant Safety Concern State)

* 출처: 이구희, 박사학위 전게논문, pp.73-74

4.3 유럽의 항공안전평가(SAFA)

유럽의 항공안전평가(Safety Assessment of Foreign Aircraft, SAFA)란 유럽 내 SAFA 참가국[37]을 운항하는 제3국 항공기(third country aircraft, TCA)[38]에 대하여 점검하는 항공안전평가 프로그램을 말한다. 유럽은 EU를 포함한 SAFA 참가국을 취항하는 외국항공사를 대상으로 지속적으로 안전점검을 시행한 후 최소 안전기준에 미달하는 국가 및 항공사를 '블랙리스트(Blacklist)'로 선정하여 해당 항공사의 운항허가를 중지시키거나 제한하고 있다.

---

36) 국토해양부 정책자료집(2008.2~2013.2)③
　제1차 의무평가(2000년) 종합이행률 79.79%(162개국 중 53위), 제2차 의무평가(2008년) 종합이행률 98.89%(법령 100%, 세부규정 98.10%, 항공조직 100%, 자격교육 100%, 기술지침 96.91%, 면허/인증 99.52%, 안전감독 98.72%, 안전위해요소 해결 97.78%)로 세계 최고 기록.

37) SAFA 참가국은 모든 EASA 회원국을 포함하여 총 46개국임(2014.10.1. 기준).

38) TCA. The official definition of 'third-country aircraft' is an aircraft which is not used or operated under the control of a competent authority of a (European) Community Member State. 실질적으로 TCA는 SAFA 참가국 이외의 국가에서 운영하는 항공기를 말함.

EU SAFA 프로그램은 유럽에서 외국 항공기의 사고 및 급격한 항공 운송 증가로 항공안전에 부담을 느낀 유럽이 외국 항공기의 항공안전을 담보하기 위해 체계적인 관리가 필요하다고 판단됨에 따라 TCA 점검 및 행정처분에 대한 법적 구속력을 강화하게 되었다. 2004년 6월 Egyptian Flash Airlines 보잉 737기가 홍해에 추락하여 133명의 프랑스인이 사망하고 2005년 8월 West Caribbean Airways의 보잉 MD-82 항공기가 베네수엘라에서 추락하여 152명의 프랑스 관광객 등 160명이 사망한 사건은 TCA에 대한 Ramp inspection 및 행정처분에 대한 법적 구속력을 더욱 강화하게 되는 계기가 되었다.

EU SAFA 프로그램은 초기 자율 프로그램에서 의무 프로그램으로 전환되었으며, 프로그램의 운영 및 관리책임도 EU 집행위원회가 갖는 것으로 강화되었다. 최초 SAFA 프로그램은 1996년에 유럽합동 항공기구(JAA: Joint Aviation Authority)의 지원하에 자율적 프로그램으로 시작되었다. 2004년 TCA의 안전에 관해 공포된 Directive(Directive 2004/36/EC, 일명 SAFA Directive라 한다)[39]에 따라, EU 회원국은 해당 국가의 공항에 착륙하는 TCA에 대하여 Ramp inspection을 실시할 의무가 부과되었으며 TCA 점검을 위한 법적 요건을 갖추게 되었다. 이후 Regulation(EC) No 768/2006[40]에 따라 EC SAFA 프로그램의 관리 및 발전을 위한 책임은 EU 집행위원회(European Commission)가 갖게 되었다.[41] 또한 외국항공기의 EU 운항중지는 2005년 12월 14일에 공포된 EU Regulation (EC) No. 2111/2005에 근거한다. 동 법(Regulation)은 운항금지의 기준으로 시카고협약과 동 부속서 및 관련 유럽공동체 법을 적용한다고 규정[42]하고 있다. EU는 2006년부터 시행한 '블랙리스트' 제도에 따라 안전기준 미달 정도에 따라 외국항공사에게 운항금지 또는 운항제한을 함으로써 실질적인 불이익을 주고 있으며, 블랙리스트 현황을 Annex A, B 두 종류로 구분하여 유럽집행위원회(European Commission) 홈페이지[43]에 등재하고 있다. Annex A로 선정된 국가의 항공사는 EU 내 운항이 금지되고, Annex B로 선정된 항공사는 기종 한정 등으로 운항이 제한된다. EU의 운항금지 및 운항제한 조치는 미국에서 국가별로 제한하고 있는 것과 달리 국가 단위로 하지 않고 항공사별로 제한하거나 항공사의 특정 기종만을 대상으로 한다.

외국 항공기의 EU내 운항금지 및 운항제한은 Dempsey 교수가 지적[44]하는 바대로 법적으로 문제가 있을 수 있다. 그 이유는 시카고협약 제33조에 따라 동 협약 당사국들은 타 당사국이 발급한 감항증명서 및 자격증명서 등이 시카고협약과 동 부속서상에 규정한 최저 표준을 충족하는 한 이를 인정하여

---

39) Directive 2004/36/EC, Directive 2004/36/CE of the European Parliament and of the Council of 21 April 2004 on the safety of third-country aircraft using Community airports(OJ L 143, 30.4.2004, p.76).

40) Commission Regulation(EC) No 768/2006 of 19 May 2006 implementing Directive 2004/36/EC of the European Parliament and of the Council as regards the collection and exchange of information on the safety of aircraft using Community airports and the management of the information system.

41) EASA, The EC SAFA Programme(Past, Present and Future).

42) EU Regulation 2111/2005, Art. 2(j).

43) EC web site: http://ec.europa.eu/transport/modes/air/safety/air-ban/doc/list_en.pdf(2014.10.1.).

44) P Dempsey, Public International Air Law, McGill University, 2008, p.97.

야 할 의무가 있는데 이에 덧붙여 자체의 규정을 추가로 적용하는 것이기 때문이다. EU가 시카고협약의 당사국이 아니긴 하지만 EU가 모두 시카고협약 당사국인 회원국들의 의사를 반영하여 운영되는 국제기구인 관계상 이를 이유로 변명한다면 표면 논리에 불과한 것으로 설득력이 없다. 따라서 운항금지 및 운항제한을 인정할 수 있는 합당한 이유는 해당 항공기가 ICAO의 국제표준을 지키고 있지 않은 경우에 한정될 수밖에 없다. SAFA 점검에서 가장 기본적인 개념은 SAFA 참가국의 공항에 착륙한 TCA에 대하여 현장점검인 램프점검(Ramp inspection)을 실시한다는 것이며, 점검 기준 및 내용은 항공안전과 관련하여 ICAO SARPs에 대한 이행여부를 점검한다는 것이다. TCA 점검 시 중요사항에 대한 불이행이 발견되면 해당 항공사뿐 아니라 TCA의 항공당국과 함께 공유하고 조치된다. 또한 기준 불이행이 항공안전에 직접적인 영향이 있는 경우 감독관은 그 항공기가 떠나기 전에 개선 조치(corrective action)를 요구할 수 있으며 모든 보고된 자료는 EASA와 공유하게 된다. EU는 SAFA의 TCA 점검을 법적 의무로 규정하고 있다. SAFA 프로그램은 EU 집행위원회, EASA, Eurocontrol[45] 등 많은 이해관계자가 있으며 각각 다음과 같이 역할 및 책임을 가진다.

- 유럽집행위원회(European Commission)는 전반적인 책임과 입법권을 가진다.
- EASA는 데이터 수집, 관리, 분석, 절차 개발 등의 역할 및 책임을 가진다.[46]
- SAFA 참가국은 TCA에 대하여 Ramp inspection을 수행하고, 필요시 점검 결과를 전파하고 관련 조치를 취한다.
- Eurocontrol은 운항금지 조치에 해당하는 항공기에 대하여 회원국, EU 집행위원회 및 EASA에 비행계획 정보를 제공한다.
- 이 밖에도 SAFA 프로그램의 효율적인 운영을 위하여 운영위원회가 설치되어 있다.

TCA에 대한 Ramp inspection은 집중 및 랜덤방식을 병행한다. 일부 국가의 항공당국이 ICAO 표준을 준수하지 않는 것으로 의심되는 항공기 또는 항공사를 집중 점검하는 동안 일부 국가의 항공당국은 랜덤 점검을 수행한다. 매년 수백회의 감독을 수행하며 TCA 숫자 및 국가별 감독 수용 능력에 따라 다양하게 실시한다. SAFA Ramp inspection은 50여 개 이상의 항목으로 구성된 checklist를 사용하고 있으며 주요 check 항목은 '조종사 자격증명, 조종실에 탑재되는 매뉴얼 및 절차, 운항승무원 및 객실승무원의 절차 준수, 조종실 및 객실의 안전장비, 화물, 항공기 상태' 등이다.

SAFA 참가국의 점검은 항공기 도착 및 출발 사이의 turn around time이 점검에 충분하지 않은 시간

---

45) 1960년 벨기에 브뤼셀에서 관련 창설 협약을 채택하여 참여 유럽 국가들의 공역에서의 항공교통업무(ATS)를 전담하는 기구임. 조그마한 영토로 구성된 유럽의 상공에서 국가 단위로 ATS를 제공하는 번거로움과 비효율을 제거하는 유럽의 국제항공협력의 결과물인 바, 2013년 현재 유럽의 9개국이 참여하고 있음.

46) 주요 내용으로는 점검 보고내용 수집, 데이터베이스 유지 및 관리, 항공기 안전 및 항공사 정보분석, European Commission 및 EASA 회원국에게 잠정적인 항공안전상 문제 야기사항 보고, SAFA 프로그램의 전략 및 개발 조언, SAFA 절차 개발, 훈련 프로그램 개발 및 이행 등이 있음.

임을 고려하여 일부 점검항목만 수행할 수도 있다. SAFA Ramp inspection을 수행할 때 중요한 정책 중의 하나는 안전상 문제되는 것이 아니면 항공기 운항을 지연시키지 않는 정책을 취하고 있다는 것이다. 명백한 주요 지적사항(major finding)은 즉시 모든 관련 당사자에게 통보되어야 한다. 보다 심각한 지적사항(serious finding)의 경우, ramp check를 수행한 국가는 항공사를 감독하는 항공당국에게 지적사항을 알리고 필요 수정 조치를 요청하여야 한다. 또한 항공기의 기장 및 항공사의 본사에도 그 내용을 알려야 한다. 지적사항이 항공기의 안전, 승무원 및 승객에게 직접적으로 영향을 줄 때, 점검을 수행하는 국가는 항공기가 이륙하기 전에 즉각적인 수정 조치를 요구할 수 있다. 결함 수정에 긴 시간이 소요되거나 다른 공항에서 결함이 수정되어야 한다면, 점검을 수행한 국가는 항공기 등록국 또는 운영국과 협조하여 승객이나 화물을 내리고 항공기 이동(Positioning)을 허가하는 것을 결정할 수 있고 더불어 필요 요건을 처방할 수도 있다. 점검에서 항공기가 국제 항공안전 표준을 준수하지 않아 잠재적 안전 위협사항이 발견되면 즉시 점검 보고서가 SAFA 참가국 및 EU 집행위원회에 통보되어야 한다. EU 집행위원회는 필요시 Regulation(EC) 2111/2005 등에 따라 SAFA 프로그램 적용 지역 내에서 해당 항공기의 운항금지(operating ban)를 결정할 수 있다.

SAFA Ramp inspection을 실시한 국가는 점검 결과를 EU 집행위원회, EASA 및 SAFA 참가국과 공유하고 점검결과에 대한 전체적인 자료는 EASA에서 통합 관리한다. 각 SAFA 참가국은 웹상에서 데이터베이스에 접속하여 점검 세부내용을 확인 및 검토할 수 있다. 종합 데이터베이스에는 10만 건 이상의 Ramp inspection 자료를 포함하고 있으며, 매년 1만 건 이상의 보고서가 추가되고 있다. 2011년부터는 항공사 및 항공사의 항공당국도 데이터베이스에 등록하여 해당 항공사의 Ramp inspections 보고서를 확인할 수 있다.

한편 EU 블랙리스트(Blacklist)에 의거 Annex A로 선정된 국가의 항공사는 EU 내 운항이 금지되고, Annex B로 선정된 항공사는 기종 한정 등으로 운항이 제한된다. 이와 같은 운항금지 및 운항제한의 바탕이 되는 점검은 공항에서 Ramp inspection 결과를 바탕으로 하는 것이기 때문에 서류 작업을 위주로 하는 국가항공당국(NAA: National Aviation Authority)의 검사보다도 실용적인 측면이 있다고 볼 수 있다.

SAFA의 내용을 요약하여 정리하면 다음 표와 같다.

구 분	내 용
개요	• EU에서 TCA(Third Country Aircraft) Ramp Inspection을 통해 시행하는 외국 항공사 대상 항공안전평가 • 항공안전기준 미달 시 외국 항공사에게 운항금지 또는 운항제한 등의 실질적 불이익 줌
도입배경	• 항공교통량 급증, 항공 안전에 부담 가중 및 유럽 도착 출발 항공기에 대한 체계적 관리 필요성 대두함에 따라 TCA 점검 강화 및 행정처분 강화 • 초기 자율 프로그램으로 시작(1996년)하여 2004년 의무 프로그램으로 전환하였으며 2005년 행정처분 강화 • 2004.6 Egyptian Flash Airlines Boeing 737 홍해 추락 133명 사망 • 2005.8 West Caribbean Airways MD 82 베네수엘라 추락 160명 사망
SAFA 도입	• 최초 도입: 1996년 Voluntary • 의무 시행: 2004(Directive 2004/36/CE) • Regulation(EC) No. 2011/2005 공포(2005.12.14): 운항금지 근거 마련
SAFA 운영	• EU 집행위원회(European Commission)에서 제반 책임과 입법권 가짐 • EASA는 총체적인 자료 수집 및 분석과 프로그램 개발 및 운영 관장 • SAFA 참가국: TCA에 대한 Ramp Inspection 및 점검결과 전파 • SAFA Ramp Inspection 주요 check 항목(총 54개 항목): 조종사 자격증명, 탑재 매뉴얼, 절차 준수, 안전장비, 화물, 항공기 상태 • 안전상 문제가 아니면 항공기 운항 지연하지 않도록 함 • 심각한 지적 사항(Serious Finding)은 항공사의 항공당국에도 알리고 수정 조치 요청 • EU 집행위원회가 운항금지 및 운항제한(Operating ban and Operational restriction) 결정[47] 　- Annex A: 항공사 운항금지 　- Annex B: 운항 가능한 항공기를 기종으로 제한 • SAFA Ramp Inspection Database: 매년 1만 회 이상 보고서 추가되고 있으며 총 10만 건 이상의 자료 보유 중 (2013 년 기준)

* 출처: 이구희, 박사학위 전계논문, p.84

4.4 IATA의 항공안전평가(IOSA)

국제항공운송협회(IATA)의 항공안전평가(IATA Operational Safety Audit, IOSA)란 IATA가 인정하는 평가기관이 항공사의 항공안전 상태를 평가하는 것이다. IOSA는 항공사의 항공안전과 관련하여 국제적으로 인증된 평가 시스템을 적용하여 항공사의 종합적인 운영관리와 통제체제를 평가한다. IOSA 프로그램하에서는 국제적으로 공인된 평가원칙이 적용되며, 매 평가 시 표준화된 절차와 기준을 적용하여 일관성 있는 평가가 수행되고 있다. 항공사의 공동운항 확장 및 항공감독기관의 항공사 항공안전점검 등으로 개별 항공사는 여러 항공당국 또는 항공사로부터 그들이 설정한 이행점검/평가/수검을 중복해서 받게 됨으로 비용 및 운영상 많은 불합리가 있었다. 안전평가제도의 상이한 평가기준 및 절차, 검증되지 않은 평가자의 자격, 항공사간 평가결과에 대한 자료 미공유로 항공업계에서는 기존 평가제도의 개선 필요성을 공감하게 되었다. 이런 연유로 본 안전평가 프로그램은 2001년 IATA에 의하여 개발되었으며, IATA는 2003년 6월 워싱턴에서 열린 정기총회에서 회원 항공사가 IOSA 평가를 받

---

47) 블랙리스트 운항금지 항공사 list(Annex A. list of air carriers of which all operations are subject to a ban within the EU, with exceptions)
　　운항제한 항공사 list(Annex B. list of air carriers of which operations are subject to operational restrictions within the EU)
　　(http://ec.europa.eu/transport/modes/air/safety/air-ban/doc/list_en.pdf)(2014.10.1.).

는 결의안을 채택하였다. 이러한 IATA의 결정은 항공사의 항공안전평가 프로그램 운영에 혁신을 가져왔다. 항공사간 코드쉐어 및 공동운항을 위해서는 각 항공사의 안전 이행 상태 점검이 필수적이다. 이러한 경우 IOSA 프로그램이 적용되기 전에는 각각 상대 항공사에 대하여 안전평가를 수행해야 했지만 여의치 않은 사안이었다. 그러나 IOSA 프로그램 도입으로 회원사 간에는 IOSA 결과를 공유하여 상대 항공사의 안전 수준을 간접적으로 평가할 수 있게 되었다.

IATA는 IOSA 프로그램을 지원하기 위한 3개의 주요 매뉴얼(ISM, IPM, IAH)[48]을 발행하여 개정 유지하고 있다. 이중 IOSA 표준 매뉴얼인 ISM은 평가를 위해 사용되는 표준, 권고방식, 평가 이행점검목록(Audit Checklist) 등을 포함하고 있다. 표준 매뉴얼(ISM)의 표준(Standards)에는 시카고협약 부속서뿐 아니라 FAA 및 EASA의 기준들이 포함되어 있다. 또한 이미 항공사가 시행하고 있는 최고의 모범 사례들도 반영되어 있다. IOSA 평가 분야는 6개 분야[49]로 구분된다. 국내 항공사들도 IOSA 평가 시스템을 도입하고 있으며 IOSA의 내용을 요약하여 정리하면 다음 표와 같다.

〈표 24〉 IATA의 항공안전평가(IOSA)

구 분	내 용
개요	• IATA가 항공안전부문 국제기준 준수관련 항공사를 대상으로 실시하는 항공안전평가 • IOSA 평가 합격 시 IATA 회원사간 항공안전수준 인정 및 항공사간 code share 정책 등에 활용
도입배경	• 공동운항 확대로 항공사간 사전 수시 안전평가 실시로 비용 및 운영상 불합리 • 평가제도 개선 및 체계적인 평가제도 필요성 공감 • IOSA 평가결과 공유 필요성 대두
IOSA 도입	• 2001년 개발, 2003년 IATA 정기총회에서 채택 • 주요 매뉴얼: ISM(IOSA Standards Manual), IPM(IOSA Programme Manual), IAH(IOSA Auditor Handbook)
IOSA 프로그램 절차	• 항공사가 IATA에 수검 신청 • 항공사가 등록된 평가기관(AO) 하나 선정 및 계약 • 평가기관에 의한 평가 실시 • 문제점이 없거나 개선조치 완료 후 IOSA Registry에 등록 • 매 24개월 IOSA Registry 갱신을 위한 IOSA Audit 수검
IOSA 도입 이점 (항공사)	• 국제적으로 인증된 항공 안전 품질 기준 적용 • IATA에 의한 품질 보증 • 표준화된 항공 안전 평가 체계 • 평가 횟수 감소로 비용 절감 효과 • 품질 보증으로 Code-share 등 운항 기회 확대 • 평가 공유 체계

* 출처: 이구희, 박사학위 전게논문, p.86

---

48) ISM(IOSA Standards Manual), IPM(IOSA Programme Manual), IAH(IOSA Auditor Handbook).

49) IOSA 6개 평가 분야: 1. Infrastructure Safety, 2. Safety Data Management and Analysis, 3. Flying Operations, 4. Safety Management System, 5. Cargo Safety, 6. Safety Auditing.

4.5 항공안전평가 관련 착안사항

ICAO는 항공당국 전반에 대하여 항공안전평가를 실시하고 있고, IATA도 항공사에 대하여 항공안전평가를 실시하고 있으며, 항공 안전 결함 해소를 위해 FAOSD(Foreign Air Operator Surveillance Database) 활성화를 장려하고 있다. 미국 및 유럽도 자체적으로 자국 및 회원국을 운항하는 외국 항공 당국 및 항공사에 대하여 항공안전평가를 실시하여 그 평가 결과를 공포하고 항공 안전 불합격으로 평가된 경우 항공사에게 운항금지 또는 운항 제한과 같은 엄중한 행정처분을 하여 불이익을 주고 있다.

이와 같은 체약국의 항공당국 및 외국 항공사 등에 대하여 실시하는 항공안전평가는 공통적으로 항공교통량 급증 및 항공기 사고 증가가 직접적인 계기가 되었으며, ICAO SARPs를 제대로 준수하고 있는지에 대한 이행여부를 확인하고 이를 통해 항공기 사고로부터 당해 소속 국가의 국민을 보호하겠다는 의지가 강하게 담겨 있다고 볼 수 있다.

평가 방식으로는 정해진 기간 내 평가의 한계를 극복하기 위해 상시 평가방식을 강화하고 있으며, 평가 결과에 대해서도 상호 공유 수준을 확대하고 있다. 특히, IASA 및 SAFA 평가는 불합격 수준으로 판단하는 경우 운항금지 또는 운항제한과 같이 실질적인 불이익을 주고 있는데 이는 항공안전수준이 낮은 국가 및 항공사의 본질적인 문제점을 분석하고 해결하는 데 매우 긍정적으로 기여하고 있다고 평가할 수 있다.

시카고협약 체계에서의 ICAO SARPs 및 관련 지침 수립 및 이행은 항공안전 달성에 초석이 되었으며, AOC & Operations Specifications 제도 및 전 세계 다양한 항공안전평가제도 운영은 실질적인 항공안전 수준을 한 단계 올리는 성과를 가져왔다. 그 결과 항공안전기준 미흡으로 인한 항공기 사고도 점차 감소하는 효과를 낳았으며 2012년과 2013년의 항공기 사고는 사상 최저인 100만 편당 3.2회와 2.8회를 기록하였다.

체약국이 행하는 FAOC 및 항공안전평가제도가 항공안전 확보 및 항공안전 저해 요소를 사전에 제거하기 위해 행하는 제도라 할지라도 국제 법규에서 허용되는 범위 내에서 합리적 기준을 적용하여야 한다. 이런 측면에서 점차 확대되고 있는 외국 항공사에 대한 FAOC 및 다양한 항공안전평가제도 운영은 몇 가지 규정적인 측면 및 운영적인 측면에서 다음과 같은 원칙 준수 및 국제적인 협조체계 구축이 필요하다.

첫째, 시카고협약에서 정한 기준을 준수함에 있어 국제표준, 권고방식, 지침에 대한 명확한 이해가 선행되어야 하며, 체약국의 법규 제·개정 및 이행 기준을 마련함에 있어 지속적으로 ICAO에서 정한 표준화 용어 및 개념을 반영하고 일치시켜야 한다.

둘째, 종사자, 항공사 및 체약국간 정보 공유 및 협조 체계 구축이 필요하다. 운항승무원 등 항공종사자 및 관련자에게 국제 기준 및 이행에 대한 전파 및 교육훈련을 강화하여야 한다. 또한 외국 항공당국이 인가한 승인내용 및 점검결과에 대해서는 소속 항공사는 물론 항공당국과 정보를 공유하여 이에 대한 적합성 여부 검토를 토대로 필요시 체약국 간 협의를 통해 불편사항을 제거하고 불합리한 제도를 개선시켜야 한다.

셋째, 자국 내 항공사가 아닌 외국의 항공당국, 항공사, 항공기에 대한 항공안전평가는 ICAO SARPs 에서 정한 사항에 대한 평가로 한정해야 하며, 국제표준이 아닌 권고사항은 평가를 수행함에 있어서 불합격 내지 운항금지 등의 요인으로 활용되어서는 안된다.

넷째, 무분별한 확대 및 혼선을 방지하기 위하여 ICAO에서 보다 통일된 표준화된 지침 제공이 필요하다. 체약국을 운항하는 외국의 항공당국, 항공사, 항공기에 대하여 안전점검 시 보다 표준화된 지침을 적용할 수 있도록 ICAO에서 지침을 마련할 필요성이 있으며 이는 SARPs 대신 참고기준으로 작성하여 Annex 19의 attachment 내지 별도의 Doc로 제정하는 방안이 바람직하다고 판단된다.

제9장

항공보안

1. 항공보안 및 항공범죄 일반

1.1 테러 및 테러리즘

테러 및 테러리즘은 시대에 따라 또한 사건을 바라보는 시각에 따라 평가가 달라질 수 있다. 다시 말해, 동일 사건에 대해서도 보는 시각에 따라, 테러리즘, 일반범죄, 애국적 행위로 서로 다르게 평가되기도 한다. 테러(terror)란 원래 라틴어 'terrere'에서 기원하며, '공포', '공포조성', '커다란 공포' 혹은 '죽음의 심리적 상태'를 의미한다. 일반적으로 "테러리즘(terrorism)은 주권국가 혹은 특정 단체가 정치, 사회, 종교, 민족주의적인 목표달성을 위해 조직적이고 지속적인 폭력의 사용 혹은 폭력사용에 대한 협박으로 광범위한 공포분위기를 조성함으로써 특정 개인, 단체, 공동체 사회, 그리고 정부의 인식변화와 정책의 변화를 유도하는 상징적, 심리적 폭력행위의 총칭"이라고 할 수 있다. 일반적으로 테러리즘에 대한 정의를 내릴 때 중요하게 고려되는 것이 "정치적 목적의 유무"인데 최근 발생하는 테러리즘은 다양한 목적을 가진 형태들이 나타나고 있다고 볼 수 있다.

1.2 항공범죄

'항공범죄'란 항공기 불법 파괴행위, 항공기 불법 납치, 민간항공의 안전을 위해하는 행위 등을 포함하는 개념으로 항공관련 국제 조약으로 다루고 있는바, 주요 조약은 다음과 같다.
- 동경협약[1])에서는 항공범죄를 규율하기 위한 최초의 국제조약이라는 의의를 가지나, 범죄의 정의 및 대상을 명시적으로 규정하고 있지 않다.
- 헤이그협약[2])에서는 비행중(in flight) 항공기에서 불법적으로 또는 무력으로 항공기를 장악하거

---

1) 항공기 내에서 행하여진 범죄 및 기타 행위에 관한 협약(Convention on Offenses and Certain Other Acts Committed on Board Aircraft).
2) 항공기의 불법 납치 억제를 위한 협약(Convention for the Suppression of Unlawful Seizure of Aircraft).

나 기도한 자 또는 공범자를 범죄로 규정하고 있다.

- 몬트리올협약3)에서는 비행중(in flight)뿐 아니라 서비스중(in service)4)에 있는 항공기, 즉 계류장에 있는 항공기에서 발생한 범죄에 대해서도 적용 범위를 확대하고 있다. 그러나 본 협약도 항공기 자체를 무기로 이용하는 범죄 등에 대해서는 규율하지 못하는 한계를 보이고 있다.
- 북경협약5)에서는 운항항공기를 이용한 범죄, 화학, 생물, 핵무기 투하 및 사상을 목적으로 하는 불법 항공운송 등을 범죄에 포함하고 있다.
- 시카고협약 부속서 17(Security)에서는 항공기의 안전운항을 저해할 수 있는 불법방해행위(acts of unlawful interference)에 대해 규정하고 있다.

1.3 불법방해행위

시카고협약 부속서 17(Security) 및 「항공보안법」에서는 민간항공에 대한 불법방해행위(acts of unlawful interference)를 다음과 같이 규정하고 있다.

〈표 25〉 불법방해행위(acts of unlawful interference)

시카고협약 부속서 17	항공보안법
Acts of unlawful interference. These are acts or attempted acts such as to jeopardize the safety of civil aviation, including but not limited to: • unlawful seizure of aircraft, • destruction of an aircraft in service, • hostage-taking on board aircraft or on aerodromes, • forcible intrusion on board an aircraft, at an airport or on the premises of an aeronautical facility, • introduction on board an aircraft or at an airport of a weapon or hazardous device or material intended for criminal purposes, • use of an aircraft in service for the purpose of causing death, serious bodily injury, or serious damage to property or the environment, • communication of false information such as to jeopardize the safety of an aircraft in flight or on the ground, of passengers, crew, ground personnel or the general public, at an airport or on the premises of a civil aviation facility.	"불법방해행위"란 항공기의 안전운항을 저해할 우려가 있거나 운항을 불가능하게 하는 행위로서 다음 각 행위를 말한다. • 지상에 있거나 운항중인 항공기를 납치하거나 납치를 시도하는 행위 • 항공기 또는 공항에서 사람을 인질로 삼는 행위 • 항공기, 공항 및 항행안전시설을 파괴하거나 손상시키는 행위 • 항공기, 항행안전시설 및 보호구역에 무단 침입하거나 운영을 방해하는 행위 • 범죄의 목적으로 항공기 또는 보호구역 내로 무기 등 위해물품을 반입하는 행위 • 지상에 있거나 운항중인 항공기의 안전을 위협하는 거짓 정보를 제공하는 행위 또는 공항 및 공항시설 내에 있는 승객, 승무원, 지상근무자의 안전을 위협하는 거짓 정보를 제공하는 행위 • 사람을 사상에 이르게 하거나 재산 또는 환경에 심각한 손상을 입힐 목적으로 항공기를 이용하는 행위 • 그 밖에 이 법에 따라 처벌받는 행위

---

3) 민간항공의 안전에 대한 불법적 행위의 억제를 위한 협약(Convention for the Suppression of Unlawful Acts against the Safety of Civil Aviation).

4) 항공기가 사전 비행준비를 하는 단계부터 시작하여 이륙을 하여 착륙한 후 24시간까지의 시간(몬트리올협약 제2조(b)).

5) 국제민간항공에 관한 불법행위 억제를 위한 협약(Convention on the Suppression of Unlawful Acts Relating to International Civil Aviation).

2. 항공보안 관련 조약과 국내 항공보안법과의 관계

헌법 제6조 제1항에는 "헌법에 의하여 체결·공포된 조약과 일반적으로 승인된 국제법규는 국내법과 같은 효력을 가진다"라고 규정하고 있으며, 항공보안법 제1조와 제3조에서는 다음과 같이 국제조약과 항공보안법과의 관계를 명시하고 있다. 특히 제3조 제2항에서는 여기에 규정하지 않은 관련 협약도 따른다고 규정하고 있어 한국은 항공보안과 관련된 모든 국제협약을 준수하는 것으로 해석할 수 있다. 그러나 항공보안법 제3조 제2항의 문구는 항공보안관련 국제협약이 있는 경우 발효나 당사국 여부와 상관없이 협약을 따르는 것으로 규정되어 있어 개정 보완이 필요하다고 판단된다. 더욱이 9·11이후 항공보안관련 여러 국제조약이 채택되었고 미 발효 상태에 있을 뿐 아니라 발효시점 및 한국의 승인까지는 장기간 소요가 예상되는 바, 이에 대한 적용상의 문제점이 다양하게 표출될 여지가 있다. 따라서 미 발효 및 미 승인 조약에 대하여 적용 유무를 명확히 한정할 수 있는 문구로 시급히 개정되어야 할 것이다. 채택된 국제조약이라 할지라도 보편적으로 적용되지 않는 조약도 있고 미 발효로 사문화된 조약마저 존재하고 있는 현실을 고려하면 더욱 그러하다.

> 항공보안법 제1조(목적) - 2015.7.1. 현재
> 이 법은 「국제민간항공협약」 등 국제협약에 따라 공항시설, 항행안전시설 및 항공기 내에서의 불법행위를 방지하고 민간항공의 보안을 확보하기 위한 기준·절차 및 의무사항 등을 규정함을 목적으로 한다.
>
> 항공보안법 제3조(국제협약의 준수) - 2015.7.1. 현재
> ① 민간항공의 보안을 위하여 이 법에서 규정하는 사항 외에는 다음 각 호의 국제협약에 따른다.
>   1. 「항공기 내에서 범한 범죄 및 기타 행위에 관한 협약」
>   2. 「항공기의 불법납치 억제를 위한 협약」
>   3. 「민간항공의 안전에 대한 불법적 행위의 억제를 위한 협약」
>   4. 「민간항공의 안전에 대한 불법적 행위의 억제를 위한 협약을 보충하는 국제민간항공에 사용되는 공항에서의 불법적 폭력행위의 억제를 위한 의정서」
>   5. 「가소성 폭약의 탐지를 위한 식별조치에 관한 협약」[6]
> ② 제1항에 따른 국제협약 외에 항공보안에 관련된 다른 국제협약이 있는 경우에는 그 협약에 따른다.[7]

---

6) "Convention on the Marking of Plastic Explosives for the Purpose of Detection"을 말하며 일반적으로 "탐색목적의 플라스틱 폭발물의 표지에 관한 조약" 또는 "플라스틱 폭약의 탐지를 위한 식별조치에 관한 협약"이라고 함. 이 협약은 1987.11.29. 대한항공 858편 보잉707 미얀마 인접 상공 폭발사건, 1988.12.21. 팬암103편 보잉747 영국 스코틀랜드 로커비 상공 폭발사건을 계기로 플라스틱 폭약의 탐지 어려움을 방지하기 위하여, 플라스틱 폭약 탐지가 가능하도록 플라스틱 폭약에 표지(marking)를 의무화함.

7) 항공보안법 제3조 제1항에 명시하지 않은 항공보안 관련 국제협약에는 다음과 같은 협약이 있으며, 항공보안법 제3조 제2항에서는 해당 국제협약이 한국이 당사국인 협약으로 한정한다는 문구는 없음
  1. 국제민간항공에 관한 불법행위 억제를 위한 협약(2010 북경협약)
  2. 항공기의 불법 납치 억제를 위한 협약 보충의정서(2010 북경의정서)
  3. 1963년의 동경협약을 개정한 의정서(2014 몬트리올의정서).

일반적으로 항공보안과 관련된 시카고협약 부속서로는 부속서 17(Security) 및 부속서 9(Facilitation)가 해당되며, 이 2개의 부속서는 ICAO가 실시하는 항공보안평가(USAP)의 대상이 되고 있다.

3. 기장의 권한 및 책임

항공기의 '기장'은 비행중 승무원, 승객, 화물 및 항공기의 안전에 대하여 최종적인 권한과 책임을 지는 사람으로서 그 항공기의 승무원을 지휘·감독하며 그 항공기에 위난이 발생하였을 때에는 여객을 구조하고, 지상 또는 수상에 있는 사람이나 물건에 대한 위난 방지에 필요한 수단을 마련하여야 하며, 여객과 그 밖에 항공기에 있는 사람을 그 항공기에서 나가게 한 후가 아니면 항공기를 떠나서는 아니 된다.

3.1 기장의 권한 및 책임에 대한 국내외 기준

국제조약에 의하면 항공기 안전운항 및 항공기 내 질서유지를 위해 기장에게 막중한 권한과 책임을 부여하고 있으며, 국내 항공법규에서도 이를 반영하고 있다. 기장의 막강한 권한 및 책임에 대해서는 다음과 같이 1963년 동경협약 및 시카고협약 부속서에서 그 내용을 확인할 수 있으며, 국내 항공법규에서도 이를 반영하고 있다.

> 동경협약상 기장의 권한(Powers of the aircraft commander)
> - 비행중(in flight) 범죄행위에 대한 기장의 권한 행사 기간은 항공기의 모든 출입문이 승객 탑승(embarkation) 후 문이 닫힐 때로부터 승객들이 내리기(disembarkation) 위하여 출입문이 열릴 때까지로 보며, 강제착륙(forced landing)의 경우에는 본장의 규정은 당해국의 관계당국이 항공기 및 기내의 탑승자와 재산에 대한 책임을 인수할 때까지 기내에서 범하여진 범죄와 행위에 관하여 계속 적용된다(협약 제5조 제2항).[8]
> - 기장은 항공기 내에서 누군가 제1조 제1항에 규정된 범죄나 행위를 하였거나 기도한 자에 대하여 항공기 안전 운항 유지 등을 목적으로 감금을 포함한 필요한 조치를 취할 수 있다(협약 제6조 제1항).
> - 기장은 항공범죄자를 감금하기 위하여 승무원에게 원조를 요청할 수 있다(협약 제6조 제2항).
> - 기장은 자신의 판단에 따라 항공기의 등록국의 형사법에 규정된 중대한 범죄를 기내에서 범하였다고 믿을 만한 상당한 이유가 있는 자에 대하여 누구임을 막론하고 항공기가 착륙하는 영토국인 체

---

8) 동경협약 제5조 제2항. An aircraft shall for the purposes of this Chapter, be considered to be in flight at any time from the moment when all its external doors are closed following embarkation until the moment when any such door is opened for disembarkation. In the case of a forced landing, the provisions of this Chapter shall continue to apply with respect to offences and acts committed on board until competent authorities of a State take over the responsibility for the aircraft and for the persons and property on board.

약국의 관계당국에 그 자를 인도할 수 있다(협약 제9조 제1항).
- 기장은 전항의 규정에 따라 인도하려고 하는 자를 탑승시킨 채로 착륙하는 경우 가급적 조속히 그리고 가능하면 착륙이전에 동 특정인을 인도하겠다는 의도와 그 사유를 동 체약국의 관계당국에 통보하여야 한다(협약 제9조 제2항).
- 기장은 본조의 규정에 따라 범죄인 혐의자를 인수하는 당국에게 항공기등록국의 법률에 따라 기장이 합법적으로 소지하는 증거와 정보를 제공하여야 한다(협약 제9조 제3항).
- 본 협약에 따라서 제기되는 소송에 있어서 항공기 기장이나 기타 승무원, 승객, 항공기의 소유자나 운항자는 물론 비행의 이용자는 피소된 자가 받은 처우로 인하여 어떠한 소송상의 책임도 부담하지 아니한다(협약 제10조).

시카고협약 부속서상의 기장(Pilot in command)의 권한
- 항공기의 기장은 기장임무수행 중(while in command)에 항공기의 처리에 있어 최종적인 권한(final authority)을 가져야 한다(부속서 2).[9]
- 기장(PIC)이란 비행중 안전운항을 책임지는 자로 운영자에 의해 기장으로 지명된 조종사를 말한다(부속서 6).[10]
- 기장은 항공기 문이 닫혀 있는 동안 모든 승무원, 승객, 화물의 안전에 대해 책임을 가져야 하며 비행시간 동안 항공기 안전운항 책임이 있다(부속서 6 등).[11]

항공법 제50조(기장의 권한 등)
① 항공기의 비행 안전에 대하여 책임을 지는 사람(이하 "기장"이라 한다)은 그 항공기의 승무원을 지휘·감독한다.
② 기장은 국토교통부령으로 정하는 바에 따라 항공기의 운항에 필요한 준비가 끝난 것을 확인한 후가 아니면 항공기를 출발시켜서는 아니 된다.
③ 기장은 항공기나 여객에 위난(危難)이 발생하였거나 발생할 우려가 있다고 인정될 때에는 항공기에 있는 여객에게 피난방법과 그 밖에 안전에 관하여 필요한 사항을 명할 수 있다.
④ 기장은 항행중 그 항공기에 위난이 발생하였을 때에는 여객을 구조하고, 지상 또는 수상(水上)에 있는 사람이나 물건에 대한 위난 방지에 필요한 수단을 마련하여야 하며, 여객과 그 밖에 항공기에 있는 사람을 그 항공기에서 나가게 한 후가 아니면 항공기를 떠나서는 아니 된다.
⑤ 기장은 항공기사고, 항공기준사고 또는 항공안전장애가 발생하였을 때에는 국토교통부령으로 정하는 바에 따라 국토교통부장관에게 그 사실을 보고하여야 한다. 다만, 기장이 보고할 수 없는 경우에는 그 항공기의 소유자등이 보고를 하여야 한다.
⑥ 기장은 다른 항공기에서 항공기사고, 항공기준사고 또는 항공안전장애가 발생한 것을 알았을 때에는 국토교통부령으로 정하는 바에 따라 국토교통부장관에게 그 사실을 보고하여야 한다. 다만, 무선설비를 통하여 그 사실을 안 경우에는 그러하지 아니하다.

항공보안법 제22조(기장등의 권한)
① 기장이나 기장으로부터 권한을 위임받은 승무원(이하 "기장등"이라 한다) 또는 승객의 항공기 탑승 관련 업무를 지원하는 항공운송사업자 소속 직원 중 기장의 지원요청을 받은 사람은 다음 각 호의 어느 하나에 해당하는 행위를 하려는 사람에 대하여 그 행위를 저지하기 위한 필요한 조치를 할 수

---

9) 시카고협약 부속서 2. 2.4.
10) 시카고협약 부속서 6. part 1, Chapter 1, Definitions.
   Pilot-in-command. The pilot designated by the operator, or in the case of general aviation, the owner, as being in command and charged with the safe conduct of a flight.
11) 시카고협약 부속서 6. part 1, 4.5.1. 시카고협약 부속서 2. 2.3.1 Responsibility of pilot-in-command.

있다.
  1. 항공기의 보안을 해치는 행위
  2. 인명이나 재산에 위해를 주는 행위
  3. 항공기 내의 질서를 어지럽히거나 규율을 위반하는 행위
② 항공기 내에 있는 사람은 제1항에 따른 조치에 관하여 기장등의 요청이 있으면 협조하여야 한다.
③ 기장등은 제1항 각 호의 행위를 한 사람을 체포한 경우에 항공기가 착륙하였을 때에는 체포된 사람이 그 상태로 계속 탑승하는 것에 동의하거나 체포된 사람을 항공기에서 내리게 할 수 없는 사유가 있는 경우를 제외하고는 체포한 상태로 이륙하여서는 아니된다.
④ 기장으로부터 권한을 위임받은 승무원 또는 승객의 항공기 탑승 관련 업무를 지원하는 항공운송사업자 소속 직원 중 기장의 지원요청을 받은 사람이 제1항에 따른 조치를 할 때에는 기장의 지휘를 받아야 한다.

운항기술기준 1.1.1.4.
• 기장(PIC)이라 함은 비행중 항공기의 운항 및 안전을 책임지는 조종사를 말한다.

FAR Part 1. 1 General Definitions
• 기장(PIC)이란 비행중 항공기의 운항과 안전에 대하여 최종적인 권한과 책임(final authority and responsibility for the operation and safety of the flight)을 가진 조종사를 말한다.

3.2 착안사항

기장의 권한에 대한 국내외 기준에서 보았듯이 한국의 경우 기장의 권한에 대한 보완이 필요하다고 본다. 동경협약과 시카고협약 부속서에서는 비행중 항공기 안에서의 안전과 질서유지를 위한 비행중 기장의 권한과 책임을 규정하고 있다. 특히 1963년 동경협약에서는 체약국에 등록된 항공기 내에서 '비행중(in flight)' 발생한 범죄를 규율함에 있어 안전과 질서유지를 위한 기장의 권한을 명시하고 있으며, 기장, 승무원 및 승객이 항공기 안전을 위하여 필요한 조치를 취할 수 있는 근거를 두고 있으며, 이로 인하여 발생할 수 있는 어떠한 소송상의 책임을 부담하지 않는다고 규정하고 있다. 반면에 국내항공법 제50조(기장의 권한 등)는 기장의 권한이라는 제목 하에 기장의 책임과 의무만을 명시하고 있으며, 항공법 제166조(기장등의 권리행사·방해의 죄)에는 직권을 남용한 기장 또는 조종사에 대한 징역형을 언급하고 있다. 또한 항공보안법 제22조는 기장등의 권한을 언급하고 있으나 안전조치를 행한 자에 대한 명시적인 면책규정이 없는바 국제조약 대비 기내에서의 안전과 질서유지를 위한 기장의 권한을 축소시키는 결과를 낳고 있다. 따라서 기장의 권한에 대하여 항공법 및 항공보안법이 다음과 같이 보완되어야 한다.

첫째, 안전 위험요소 및 범죄에 대응하여 행하는 안전 운항 및 항공기 내 질서유지를 위한 기장의 권한을 보완해야 한다. 항공법 제50조는 기장의 권한을 언급하면서 권한이 아니고 책임과 의무만을

나열하였다. 또 제166조는 기장등의 권리행사·방해의 죄라 하여 직권을 남용한 기장 또는 조종사에 대한 징역형을 언급하고 제167~168조도 기장에 대한 처벌내용을 담고 있다. 항공기상 범죄에 관한 1963년 동경 협약에서 언급한 기장의 권한은 항공기상 안전과 질서 유지를 위한 진정한 권한인 것을 감안하는 한편 오늘날 항공여행에서 문제되는 것은 직업의식이 투철한 기장의 일탈행위가 아닌 타인에게 방해를 주는 난동승객(unruly passenger)임을 감안할 때 균형 잡힌 내용이 아니다.

둘째, 비행중 기내 범죄에 대응하여 안전 조치를 행한 자에 대하여 항공보안법상에 면책기준을 보완해야 한다. 항공보안법 제22조상 기장등의 권한에 관한 조항이 '권한'에 관한 사항을 언급한다고 하였으나 동 내용은 미흡하다. 이는 1963년 동경협약 제6조 2항은 범죄자 제압과 항공안전을 위하여 승무원뿐만 아니라 승객의 도움을 직접 또는 승무원을 통해 간접 요청을 하면서 항공안전 질서 유지를 하도록 허용하고 제10조에서 제압을 당한 문제승객이 이에 대해 책임을 묻지 못하도록 규정한 것을 감안할 때 그러하다. 항공보안법 제22조는 문제의 승객 제압을 위하여 승무원이나 항공운송사업자 소속 직원에게만 지원 요청을 하도록 하고 추후 소송 제기 시 면책규정도 마련하지 않음으로써 스스로 항공기 안전조치 영역을 축소시켰다.

4. ICAO와 항공보안

9·11 테러 이후, ICAO는 범세계적으로 민간 항공보안 분야에서 필수적인 리더십 역할이 더욱 더 요구되고 있다. 이를 위해, ICAO는 민간항공에 있어 진화하는 위협에 대응하여 항공보안의 흠점을 인식하고 보완하며 항공보안 표준을 발전시키고 협력하는데 중점을 두고 있다.

4.1 ICAO의 항공보안 발전 연혁

시카고협약 체결 초기단계에는 항공안전 및 체계적인 항공발전에 초점을 두었을 뿐 항공보안은 관심 밖의 주제였다. 2001년 9·11 테러 이전에는 민간항공기를 불법적으로 압류하여 테러 공격에 사용한다는 것은 상상하기 어려웠고, 1944년 시카고협약 체결 당시에는 이러한 보안 위협 및 보안조치의 필요성을 예견하지 못했다. 1960년대 후반에는 항공보안상에 심각한 문제가 발생했을 때는 불법방해행위(acts of unlawful interference)를 해결하기 위해 국제적 공조를 채택할 필요가 있었다. 이후 국제수준의 항공보안 정책과 대응조치가 요구되었으며 이런 연유로 국제 항공보안에 대한 규정은 시카고협약이 체결된 지 30년 후인 1974년이 되어서야 부속서 17로 채택되었다. 이와 관련하여 ICAO에서의 항공보안 발전 연혁은 다음과 같이 요약할 수 있다.

- 1944년 시카고협약 체결 시 항공보안의 필요성을 예견하지 못함
- 1960년대 후반 항공보안 관련 심각한 문제 대두
  - ✓ 많은 사망자를 낸 일련의 항공기 납치 사건
  - ✓ 불법방해행위(acts of unlawful interference) 해결 위해 국제적 공조 필요성 인식
  - ✓ 국제수준의 항공보안 정책과 대응조치
- 1974년 시카고협약 부속서 17 Security 채택
  - ✓ 부속서 17 채택 후 초기에는 SARPs 내용 보완 및 개정에 초점을 둠
  - ✓ 1991년 플라스틱 폭발물 표지조약 채택(1998년 발효)[12]
- 2001년 이후 항공보안에 대한 개념 전환 및 ICAO의 리더십 역할론 강화
  - ✓ ICAO Doc 8973 Aviation Security Manual(Restricted)
  - ✓ 항공보안 개념 전환[13]
  - ✓ 다양하게 진화하는 위협에 대응하여 항공보안 표준을 이행하고 항공보안 결함 해결 도모
  - ✓ 항공보안에 대한 효율적인 국제 정책과 법규체계를 발전시킴
  - ✓ 국제 항공보안 증진이 ICAO 및 체약국의 핵심 목표로 부각
  - ✓ 2001년, Protection of the cockpit
  - ✓ 항공보안 주요 업무를 세 개 영역으로 구분하여 수행(① policy initiatives ② Universal Security Audit Programme ③ assistance to States)
  - ✓ 2002년, 제1차 ICAO 항공보안평가(USAP)[14]: 2002년~2007년
  - ✓ 2005년, National civil aviation security control programme provisions
  - ✓ 2006년, Restrictions on carry-on liquids, aerosols and gels(LAGs)[15]
  - ✓ 2008년, 제2차 ICAO 항공보안평가(USAP)[16]: 2008년~2012년, 적용범위 확대
  - ✓ 전자여권(MRTD: Machine Readable Travel Document) 시행 및 개선 추진

---

12) 1987.11.29. 대한항공 858편 보잉707 미얀마 인접 상공 폭발사건, 1988.12.21. 팬암103편 보잉747 영국 스코틀랜드 로커비상공 폭발사건을 계기로 플라스틱 폭약의 탐지 어려움을 방지하기 위하여, 플라스틱 폭약 탐지가 가능하도록 플라스틱 폭약에 표지(marking) 의무화.

13) 2001년 9·11 테러 이전에는 항공보안이 불법방해행위를 막는 데 초점을 둔 반면에 9·11 테러 이후에는 위험을 기반으로 사전에 위험을 관리하는 개념으로 전환.

14) ICAO 제1차 항공보안평가(Universal Security Audit Programme, USAP)는 2002년부터 2007년까지 진행하였으며, 부속서 17 Security를 대상으로 함.

15) 2010년 ICAO Aviation Security Panel 회의에서 LAGs의 screening으로 권고함으로 탑재 제한 완화되는 계기가 되었으며 점차적으로 휴대 LAGs 제한 완화됨(http://www.icao.int/Security).

16) ICAO 제2차 항공보안평가는 2008년부터 2012년까지 진행하였으며, 부속서 17 Security 이외에 부속서 9 Facilitation도 평가 대상에 추가함.

✓ 항공보안과 수속의 간편화를 동시에 고려하여 정보 공유 및 국가 간 협력 강화[17]

✓ 2014년, ICAO에서 최초로 '항공보안혁신 심포지엄(ICAO Symposium on Innovation in Aviation Security)' 개최[18]

이상과 같이 ICAO는 뒤늦게나마 항공보안의 발전과 혁신을 위해 노력하고 있고, 체약국 간 best practices 및 정보 공유를 통한 국가 간 협력방안을 강구하고 있다. 효율적인 항공보안 발전 및 성공적인 목표달성을 위해서는 공항, 항공사, 법집행기관, 항공당국 및 학계의 항공보안 전문가들의 지속적이고 혁신적인 항공보안 정책연구가 필요하다.

4.2 ICAO의 항공보안 최근 동향

ICAO는 현재 3개년(2014년-2016년) 전략 목표를 5가지(① Safety, ② Air Navigation Capacity and Efficiency, ③ Security & Facilitation, ④ Economic Development of Air Transport, ⑤ Environmental Protection)로 설정하여 추진하고 있으며, 그중의 하나가 '항공보안'이다. 또한 항공보안에 대한 전략적 목표는 시카고협약 부속서 17 Security(항공보안) 및 Annex 9 Facilitation(출입국 간소화)과 관련하여 항공보안을 증진하는 것이다. 아울러 항공보안, 출입국 간소화 및 보안 관련사항에 대한 ICAO의 역할을 반영하고 강화하는 것이다.

최근 확대되고 있는 항공보안 활동은 기본적으로 세 개 영역(① policy initiatives ② Universal Security Audit Programme ③ assistance to States)으로 수행되며, 보안점검은 항공보안평가(USAP: Universal Security Audit Programme)로 수행된다. 또한 ICAO는 여행서류의 보안 및 보안요원의 훈련을 개선하기 위해 노력하고 있으며 추가적으로 전 세계 항공보안 강화를 목적으로 지역별 보안활동을 지원하고 있다. 여행 문서 보안은 기계판독 여행문서(Machine Readable Travel Document, MRTD) 기준을 충족해야 한다. 이와 관련하여 ICAO는 전자여권(machine readable passports, MRPs)을 위한 국제표준을 개발하였고[19] 이에 따라 각 체약국은 전자여권을 발행하고 있다. 항공보안을 유지하면서 불필요한 지연 없이 승객, 승무원, 수하물, 화물 등에 대한 통관 수속을 하는 것이 중요하며 이를 위하여 다양하고 지속적인 협의가 이루어지고 있다.[20]

---

17) 10th ICAO MRTD Symposium, 2014.10.8., Montreal.
   ICAO-WCO Joint Conference on Enhancing Air Cargo Security & Facilitation, 2014.4.16. - 17. Bahrain. etc.

18) ICAO에서 항공보안의 중요성을 인식하여 항공보안혁신 심포지엄(ICAO Symposium on Innovation in Aviation Security, 2014.10.21.~10.23.)을 처음으로 개최함.
   ICAO homepage(http://www.icao.int).

19) 시카고협약 부속서 13, 3.4. ICAO Doc 9303 Specifications for machine readable travel documents.

20) 항공화물 보안 및 수속 간소화에 대한 ICAO와 WCO(세계관세기구)간 공동 회의. ICAO - WCO(World Customs Organization) Joint Conference on

민간항공에서 진화하고 있는 항공위협을 다루는 데 있어, ICAO는 항공보안 전문가 집단인 항공보안(AVSEC: Aviation Security) 패널과 폭발물 탐지 등에 대한 전문가 특별그룹의 조언에 의존하고 있으며, 아울러 체약국 및 모든 이해 관계자 간의 협력에 의존할 수밖에 없다.

항공보안에 있어 가장 중요한 목표는 전 세계에서 한결같은 보안 조치를 이행함으로써 글로벌 보안수준을 강화하는 것이라고 할 수 있다.

5. 시카고협약 부속서 17 항공보안

항공보안과 관련하여 시카고협약 부속서 17(항공보안, Security)은 불법방해행위로부터 국제민간항공을 보호하기 위해 체약국이 이행해야 하는 국제표준 및 권고방식을 규정하고 있으며, 1970년 ICAO 총회의 결정에 의해 1974년에 탄생하게 되었다.

1944년 시카고협약 체결 당시에는 이러한 보안 위협 및 보안조치의 필요성을 예견하지 못했다. 이런 연유로 국제 항공보안에 대한 규정은 시카고협약이 체결된 지 30년 후인 1974년에야 부속서 17이 채택되었다.[21]

1974년 부속서 17을 채택한 후 초기에는 SARPs 조항의 개정 및 보완에 초점을 맞추었다. 부속서 17의 출현으로, ICAO는 국제 보안 조치의 이행을 지원하기 위해 국가에 가이드를 제공하기 시작했으며, 항공보안과 관련하여 안내 지침 매뉴얼인 Doc 8973[22]을 마련하여 접근제한 문서 형태로 유지하고 있다.

시카고협약 부속서 17에 규정하고 있는 주요 내용은 다음과 같다.

〈표 26〉 시카고협약 부속서 17 주요 내용

구 분	주요 내용
제1장 정의 (Definitions)	불법방해행위, 에어사이드, 항공기 보안점검, 신원조회, 상용화주, 검색, 보안통제 등 관련용어
제2장 일반원칙 (General Principles)	목표, 보안과 간소화, 국제협력, 장비의 연구 개발
제3장 조직 (Organizations)	• 국가조직(National organization and appropriate authority) • 공항운영(Airport operations) • 항공기운영(Aircraft operators) • 품질/수준관리(Quality control) • 항공교통서비스제공자(Air traffic service providers)

Enhancing Air Cargo Security and Facilitation, 2014.4.16. - 17. Bahrain.

21) 시카고협약 부속서 17은 1974년 3월 22일 채택되어 13차례 개정됨(2014.10.1. 기준).

22) ICAO Doc 8973 Security Manual for Safeguarding Civil Aviation Against Acts of Unlawful Interference(Restricted).

제4장 사전보안대책 (Preventive security measures)	목표, 항공기관련대책, 승객 및 휴대물품 관련대책, 위탁 수하물 관련대책, 화물, 우편 물, 기타 물품관련 대책, 위탁수하물 관련대책, 특별승객대책, 접근통제관련 대책
제5장 불법방해행위 대응관리(Management of response to acts of unlawful interference)	• 예방(Prevention) • 대응(Response) • 정보교환 및 보고(Exchange of information and reporting)

6. 항공보안평가(USAP)[23]

ICAO는 체약국을 대상으로 항공당국 전반에 대하여 항공보안수준, 구체적으로는 항공보안관리체계 및 이행수준을 평가하는 항공보안평가(Universal Security Audit Programme, USAP, '항공보안종합평가'라고도 함)를 실시하고 있고, IATA도 항공사에 대한 항공안전평가에 항공보안에 관련한 항목을 포함하여 평가를 실시하고 있다.

ICAO의 항공보안평가(USAP)란 ICAO에서 전 세계 항공보안의 증진을 위해 각 체약국을 대상으로 항공보안분야 국제기준인 시카고협약 부속서 9(출입국 간소화) 및 부속서 17(항공보안)의 이행실태를 종합적으로 평가하는 제도이다. 이는 ICAO가 인증한 기관의 담당자가 정부, 공항운영자, 항공사 등 관련 기관 및 업체들을 방문하여 ICAO의 국제기준 준수 여부를 확인하고 있다. ICAO는 부속서 17에 항공보안업무와 관련하여 불법방해행위로부터 민간항공과 그 시설을 보호하기 위한 조치에 관한 SARPs를 규정하고 있으며 별도로 접근이 제한된 매뉴얼[24]을 제공하고 있다. 2001년 9·11 테러 이후에는 민간항공에 부상하고 있는 위협들에 대처하기 위해 이에 대한 개정 및 항공보안평가(USAP)에 중점을 두고 있다. 9·11 테러는 대형 민간항공기 자체를 불법방해행위의 수단으로 사용한 최초의 테러로 항공보안 대처 방법에 대한 매우 큰 변화를 가져왔다. 이와 관련하여 ICAO는 이후 개최된 총회[25]에서 『민간항공기를 테러행위 및 파괴 무기로 오용하는 것을 방지하는 선언』에 대한 결의안을 채택하였다. 이어 ICAO 이사회에서는 『ICAO 항공보안활동계획』의 이행을 채택하였으며, 이에 따라 2002년 11월부터 ICAO 항공보안평가(USAP)가 시작되었다.

제1차 항공보안평가는 2002년에 시작해서 2007년에 종료되었으며 시카고협약 부속서 17(항공보안)의 표준 66개 항목 및 483개의 세부항목에 대하여 평가하였다. 제2차 항공보안평가는 2008년에 시작해서 2013년까지 완료하도록 계획되었으며 시카고협약 부속서 17(항공보안)과 부속서 9(출입국 간소화)의 표준 및 권고방식(SARPs)의 이행여부와 관련하여 총 299개 평가항목 및 790개의 세부사항에 대

---

23) 이구희, 박사학위 전게논문, pp.74-76.

24) ICAO Doc 8973(Aviation Security Manual).

25) ICAO 제33차 총회(2001.10).

하여 평가하였다.

한국은 제1차 항공보안평가를 2004년 11월에 받았으며, 제2차 항공보안평가는 2011년 8월에 받았다. 제2차 평가는 시카고협약 부속서 17뿐 아니라 부속서 9도 평가항목으로 추가되었으며, 정부 관련 기관 서류심사, 공항공사와 항공사 운영현황 현장 확인 및 추가평가와 평가결과 보고서 작성 순으로 평가가 진행되었고 항공보안체계, 보안감독활동 및 미비점에 대한 개선절차 등이 중요하게 다뤄졌다. 평가 결과 한국은 세계 최고수준의 국가 중의 하나로 평가되었다.[26]

USAP의 내용을 요약하여 정리하면 다음 표와 같다.

〈표 27〉 ICAO의 항공보안평가(USAP)

구 분	내 용
개요	• ICAO가 체약국에 대하여 항공보안 관련 국제기준 이행실태 점검, 평가하는 제도 • USAP 평가 결과를 공개함으로써 간접적 제재 효과
도입 배경	• 2001년 9·11테러에서는 민간항공기 자체가 불법방해행위의 수단으로 사용됨 • ICAO 총회 긴급 개최(제33차, 2001.10): 『민간항공기를 테러행위 및 파괴무기로 오용하는 것을 방지하는 선언』 결의안 A33-1호로 채택 • ICAO 이사회(제166차, 2002.6): 『ICAO 항공보안활동계획』 시행 채택
USAP 도입	• ICAO 항공보안 활동계획 시행에 따라 ICAO 항공보안평가(USAP) 도입 실시(2002.11)

USAP 발전 단계	• 제1차 USAP(2002~2007, 181 member states, 9개국 보안 문제로 인해 미실시)
	  ✓ 정부조직, 법령·규정분야, 공항시설·장비분야, 공항보안검색 및 경비분야, 항공기보안 분야, 유사시의 비상조치 상황 등 시카고협약 부속서 17의 표준 항목에 대하여 평가
	• 제2차 USAP(2008~2013)
	  ✓ 국가별 보안체계, 보안감독활동 및 미비점에 대한 개선절차 등을 집중 평가
	  ✓ 평가범위 확대(Annex 17 이외에 Annex 9도 평가 범위에 포함)
	• 항공보안평가 상시모니터평가방식
	  (USAP CMA: Continuous Monitoring Approach, 2013년 이후)

* 출처: 이구희, 박사학위 전게논문, pp.75-76

---

26) 국토해양부 정책자료집(2008.2~2013.2) ③ 참조.
    제1차 평가 결과 ICAO 표준과 불일치는 없다고 평가함. 단, 우리나라 항공보안 발전을 위해 총 13개의 개선권고를 제시하였으며 후속 평가에서 개선권고가 모두 이행되었다고 평가함.
    제2차 평가 종합이행률 98.57%(법령·항공보안조직·교육훈련·문제해결 분야에서 국제기준 이행률 100%를 받았으나, 규정·기술지침서·승인/인증절차·수준관리 분야에서 각각 1개씩 개선권고를 받음).

제10장

사고조사

시카고협약 제26조(사고조사, Investigation of accidents)는 항공기사고 발생 시 사고 발생지 국가가 자국법이 허용하는 범위에서 ICAO가 권고하는 절차에 따라 사고조사를 하도록 규정하고 있다. 동 조항을 구체화하고 있는 시카고협약 부속서 13(항공기 사고조사, Aircraft accident and incident Investigation)은 "항공기 사고조사"를 항공기 사고등과 관련된 정보·자료 등의 수집·분석 및 원인규명과 항공안전에 관한 안전권고 등 항공기 사고 등의 예방을 목적으로 사고조사위원회가 수행하는 과정 및 활동으로 정의하였다. 항공기 사고조사의 경우 기본적으로 항공기 사고가 발생한 영토가 속한 국가가 사고조사의 권리와 의무를 갖는다. 항공기사고 발생지국(State of occurrence)은 사고조사 업무의 전부 또는 일부를 항공기 등록국(State of registry) 또는 항공기 운영국(State of the operator)에 위임할 수 있으며, 협약 체약국에게 기술적인 지원을 요청할 수 있다. 만약 항공기 사고가 어느 국가의 영토도 아닌 곳에서 발생하면 항공기 등록국이 항공기 사고의 권리와 의무를 갖는다. 항공기 사고 발생 시 발생지국은 항공기 사고 발생을 국제민간항공기구 및 관련국에 통보하고 사고조사를 실시해야 한다.

다양한 항공안전 활동으로 항공기 사고율은 점차 줄어들고 있지만 여전히 사고가 발생하고 있다. 2000년대 이후 주요 항공기 사고일지는 다음과 같다.

- 2015년 6월 30일, 인도네시아 공군 소속 허큘리스 C-130 수송기 추락사고로 탑승객과 지상 주민 등 142명 사망
- 2015년 3월 24일, 독일 저먼윙스 추락사고. 독일 저먼윙스 A320 여행기 스페인 바르셀로나에서 독일 뒤셀도르프로 가던 중 프랑스 남부 알프스에 추락하여 승객과 승무원 148명 사망
- 2014년 12월 28일, 승객과 승무원 162명을 태운 에어아시아 QZ8501편이 인도네시아 수라바야에서 싱가포르로 가던 중 자바해에 추락. 162명 전원 사망
- 2014년 7월 24일, 승객과 승무원 116명을 태운 알제리항공 AH5017편이 부르키나파소 수도 와가두구를 출발해 알제리 수도 알제로 향하던 중 추락. 승객 110명과 승무원 6명 전원 사망
- 2014년 7월 17일, 말레이시아 항공 우크라이나 상공 격추사건(MH17). 보잉 777-200 여객기가 네덜란드 암스테르담에서 이륙해 말레이시아 쿠알라룸푸르로 향하다 우크라이나 도네츠크주 흐

라보베 근처에서 격추당함. 승객과 승무원 등 298명 사망

- 2014년 3월 8일, 말레이시아 항공 실종사고(MH370). 보잉 777-200 여객기가 쿠알라룸푸르를 이륙해 중국 베이징으로 향하다 인도양 남부에 추락. 승객과 승무원 등 239명 사망
- 2013년 7월 6일, 아시아나항공 보잉 777-200 여객기 미국 샌프란시스코 국제공항에 착륙하다 충돌 사고. 3명 사망
- 2010년 5월 22일, 승객과 승무원 166명을 태운 에어인디아 소속 보잉-737 여객기가 인도 남부 망갈로르의 공항에 착륙하던 중 활주로 이탈 추락. 158명 사망
- 2010년 5월 12일, 아프리카항공 여객기가 리비아 트리폴리 공항에 착륙을 시도하던 중 활주로 인근 사막에 추락. 103명 사망
- 2010년 4월 10일, 레흐 카친스키 폴란드 대통령 부부가 탑승한 비행기 러시아 서부 스몰렌스크 인근에서 추락. 탑승 96명 전원 사망
- 2009년 6월 30일, 예멘 국영 예메니아항공 에어버스 310기가 예멘 사나공항 이륙 후 아프리카 코모로 해역에 추락. 승객 153명 중 152명 사망
- 2009년 6월 1일, 에어프랑스 소속 에어버스 A330기가 브라질 리우데자네이루 공항 이륙 후 브라질 북동부 대서양 상에서 추락. 228명 사망
- 2002년 5월 25일, 중화항공 소속 보잉 747기 대만 해협에 추락. 225명 사망
- 2001년 11월 12일, 아메리칸에어라인 소속 에어버스 A300기 뉴욕 JFK공항 이륙 후 추락. 265명 사망

1. 사고 준사고 항공안전장애[1]

ICAO와 체약국은 물론 모든 항공 종사자에게 사고 및 사고조사와 관련하여 Accident,[2] Serious

---

[1] 이구희, 박사학위 전게논문, pp.105-113.

[2] Accident. An occurrence associated with the operation of an aircraft which, in the case of a manned aircraft, takes place between the time any person boards the aircraft with the intention of flight until such time as all such persons have disembarked, or in the case of an unmanned aircraft, takes place between the time the aircraft is ready to move with the purpose of flight until such time as it comes to rest at the end of the flight and the primary propulsion system is shut down, in which:

  a) a person is fatally or seriously injured as a result of:
    - being in the aircraft, or
    - direct contact with any part of the aircraft, including parts which have become detached from the aircraft, or
    - direct exposure to jet blast,
    except when the injuries are from natural causes, self-inflicted or inflicted by other persons, or when the injuries are to stowaways hiding outside the areas normally available to the passengers and crew; or
  b) the aircraft sustains damage or structural failure which:

Incident,[3] Incident[4]에 대하여 매우 중요한 의미를 갖고 있다. 시카고협약 부속서 13(항공기 사고조사) 및 부속서 19(안전관리)는 Accident, Serious Incident, Incident 발생 시 의무적으로 보고할 것을 규정하고 있으며, Incident에 대해서는 동시에 자율적인 보고를 장려하고 있다. 아울러 Accident 및 Serious Incident 에 대해서는 ICAO에 보고하도록 규정하고 있다. Accident, Serious Incident, Incident 자체가 절대적으로 항공안전의 수준을 매길 수 있는 것은 아니지만 경우에 따라서는 항공안전 수준을 가늠하는 잣대로 활용될 수 있어 이들 용어에 대한 명확한 인식을 토대로 정확한 용어를 사용하는 것이 필요하다.

사고조사와 관련하여 시카고협약 부속서 13에서 Accident, Serious Incident, Incident를 규정하고 있고, 한국은 「항공법」 및 「항공·철도 사고조사에 관한 법률」에서 이를 각기 항공기 사고,[5] 항공기 준사 고,[6] 항공안전장애[7]로 규정하고 있다. 이들 용어에 대한 통일된 개념 정립을 토대로 발생 내용 및 발 생 방지에 관한 사안들을 규정하여야 하는 바, 정부는 부속서에서 정한 국제기준을 국내 법규에 반영 하여 적용하고 있다.[8] 그러나 항공법규에 반영된 내용에도 불구하고, 준사고를 Serious Incident가 아닌 Incident로 오기하고 있는 사례가 정부 및 학계의 자료에서도 빈번하게 발생하고 있고, 현행 법규체계 하에서 향후에도 오류 발생이 지속될 것으로 예상되는 바 이에 대한 조치가 필요하다.

국내항공법에 따르면 "항공기 사고(Accident)"란 사람이 항공기에 비행을 목적으로 탑승한 때부터 탑승한 모든 사람이 항공기에서 내릴 때까지 항공기의 운항과 관련하여 발생한 사람의 사망[9]·중 상[10] 또는 행방불명, 항공기의 중대한 손상·파손 또는 구조상의 고장 및 항공기에 접근이 불가능한

- adversely affects the structural strength, performance or flight characteristics of the aircraft, and
- would normally require major repair or replacement of the affected component, except for engine failure or damage, when the damage is limited to a single engine, (including its cowlings or accessories), to propellers, wing tips, antennas, probes, vanes, tires, brakes, wheels, fairings, panels, landing gear doors, windscreens, the aircraft skin (such as small dents or puncture holes), or for minor damages to main rotor blades, tail rotor blades, landing gear, and those resulting from hail or bird strike (including holes in the radome); or
 c) the aircraft is missing or is completely inaccessible.

3) Serious incident. An incident involving circumstances indicating that there was a high probability of an accident and associated with the operation of an aircraft which, in the case of a manned aircraft, takes place between the time any person boards the aircraft with the intention of flight until such time as all such persons have disembarked, or in the case of an unmanned aircraft, takes place between the time the aircraft is ready to move with the purpose of flight until such time as it comes to rest at the end of the flight and the primary propulsion system is shut down.
 Note 1. - The difference between an accident and a serious incident lies only in the result. Note 2. - Examples of serious incidents can be found in Attachment C.

4) Incident. An occurrence, other than an accident, associated with the operation of an aircraft which affects or could affect the safety of operation.
 Note. - The types of incidents which are of main interest to the International Civil Aviation Organization for accident prevention studies are listed in Attachment C.

5) 국내법에서 'accident'를 '사고'로 번역하여 사용. "항공기사고"란 사람이 항공기에 비행을 목적으로 탑승한 때부터 탑승한 모든 사람이 항공기 에서 내릴 때까지(무인항공기 운항의 경우에는 비행을 목적으로 움직이는 순간부터 비행이 종료되어 발동기가 정지되는 순간까지를 말한다) 항 공기의 운항과 관련하여 발생한 다음 각 목의 어느 하나에 해당하는 것을 말한다.
 가. 사람의 사망·중상(重傷) 또는 행방불명
 나. 항공기의 중대한 손상·파손 또는 구조상의 결함
 다. 항공기의 위치를 확인할 수 없거나 항공기에 접근이 불가능한 경우(항공법 제2조).

6) 국내법에서 'serious incident'를 '준사고'로 번역하여 사용. "항공기 준사고"란 항공기사고 외에 항공기사고로 발전할 수 있었던 것으로서 국토교 통부령으로 정하는 것을 말함(항공법 제2조).

7) 국내법에서 'incident'를 '항공안전장애'로 번역하여 사용. "항공안전장애"란 항공기 사고, 항공기 준사고 외에 항공기 운항 및 항행안전시설과 관련하여 항공안전에 영향을 미치거나 미칠 우려가 있었던 것으로서 국토교통부령으로 정하는 것을 말함(항공법 제2조).

8) 항공법시행규칙개정 공포(국토해양부령 제557호, 2012.12.27) 항공기 사고 및 항공기 준사고 포함사항을 시카고협약 부속서 13과 일치시킴.

9) 부속서 13 제1장은 단지 통계상 통일을 위하여 사고일로부터 30일 이내에 사망한 손상을 사망(fatal injury)으로 분리함.

경우를 말하고, "항공기 준사고(Serious Incident)"란 항공기사고 외에 항공기사고로 발전할 수 있었던 것으로서 항공기 간 근접비행(항공기간 거리가 500피트 미만으로 근접) 등 항공법시행규칙 별표 5에 명시된 사항을 말하며, "항공안전장애(Incident)"란 항공기사고, 항공기준사고 외에 항공기 운항 및 항행안전시설과 관련하여 항공안전에 영향을 미치거나 미칠 우려가 있었던 것으로써 항공기와 관제기관 간 양방향 무선통신이 두절된 경우 등 항공법시행규칙 별표 6에 명시된 사항을 말한다.

사고조사의 대상, 요건 및 책임 등에 있어 무엇보다 중요한 것은 accident, serious incident, incident에 대한 개념 및 국내외 기준이다. 특히, 시카고협약 부속서 13에 따라 모든 체약국은 5700kg 초과 항공기에 대하여 serious incident에 해당하는 상황이 발생할 경우, ICAO에 예비보고(Preliminary Report)와 항공기 사고 및 항공안전장애 데이터 보고(accident/incident Data Report)를 해야 할 의무가 있기 때문에 각 체약국에서 serious incident(심각한 항공안전장애, 준사고) 항목으로 분류하여 규정하는 것은 더욱 중요한 의미를 가진다. 또한 시카고협약 부속서 19에 따라 incident가 발생한 경우 필수적인 보고가 요구되기도 하지만[11] 한편으로는 자율보고가 권장되기도 하며,[12] 자율보고의 경우 비처벌의 면책기준이 적용되고 있다.[13]

시카고협약 부속서 13에 따르면, 항공기 사고와 관련하여 통계 산출 기준의 통일적 적용을 위하여 사건 발생일로부터 3일내에 사망한 손상은 치명상(중상)으로 분류하며, 치명상(중상)의 발생은 사고에 해당된다. 또한 공식적인 수색이 종료되고 잔해가 발견되지 않은 경우에도 행방불명으로 간주하여 사고에 해당된다.

항공기 사고(accident)와 항공기 준사고(serious incident)는 주로 해당 원인에 대한 결과가 사고로 발생했는지 여부에 따라 구분된다. 또한, 항공안전장애로 국내에서 번역 사용되고 있는 incident를 "운항안전에 영향을 주거나 줄 수 있는 항공기의 운항에 관련한 것으로서 사고(accident) 이외의 발생(an occurrence, other than an accident, associated with the operation of an aircraft which affects or could affect the safety of operation)"으로 정의하였다. 따라서 incident 즉, 항공안전장애는 사고 이외에 항공안전에 관련하여 심각하거나 경미한 발생의 경우를 모두 포함하는 것으로써 serious incident 이외의 항목으로 한정하는 것이 아니라 serious incident 항목을 포함하는 것이다.

serious incident란 incident 중 사고방지를 위해 특별히 주의가 요구되는 항목이다. 사망이나 중상 등과 같이 결과가 발생할 경우에는 사고(accident)로 포함되지만 그렇지 않고 사고로 규정하는 상황이 발

---

10) 부속서 13 제1장은 중상(serious injury)을 사람이 상해를 입은 지 7일 이내에 48시간 이상의 입원을 요하는 경우 등으로 정의하였음.

11) 시카고협약 부속서 19, 5.1.1.

12) 시카고협약 부속서 19, 5.1.2.

13) 시카고협약 부속서 19, 5.3.1.

생할 뻔했던 경우는 serious incident(심각한 항공안전장애, 준사고)로 분류된다. 다시 말해, accident과 serious incident의 차이는 인적, 물적 손상의 결과가 있었느냐의 여부에 달려 있다.[14] 부속서 13은 1994 년부터 serious incident 개념을 도입하여 attachment C(List of example of serious incidents)에 serious incident 에 해당하는 최소 항목을 예시하고 있으며, 각 체약국은 이를 반영하여 각국 항공법규에 serious incident에 해당하는 항목을 규정하고 있다.

〈표 28〉 Accident, Serious incident, Incident 비교

구 분	accident, serious incident, incident			비고(용어정의상 차이)
ICAO	Accident - 3가지 유형	Incident (세부적으로 incident와 serious incident로 구분) serious incident: 18개 예시 항목[15] incident: 예시항목 없음		incident는 accident 이외의 항목이며 serious incident를 포함하는 개념임
한국	항공기사고 - 3가지 유형	준사고(serious incident) 16개 항목[16]	항공안전장애(incident) 49개 항목[17]	ICAO 기준과 달리 항공안전장애를 항공기사고, 준사고 이외의 항목으로 규정함으로써 항공안전장애에 준사고가 포함되지 않음

* 출처: 이구희, 박사학위 전게논문. p.109

「항공·철도 사고조사에 관한 법률」에서 "항공사고"라 함은 「항공법」 제2조 제13호에 따른 항공기 사고, 같은 조 제27호에 따른 경량항공기사고 및 같은 조 제29호에 따른 초경량비행장치사고를 말한 다. 「항공법」에서 "항공기 사고(accident)"란 사람이 항공기에 비행을 목적으로 탑승한 때부터 탑승한 모든 사람이 항공기에서 내릴 때까지(무인항공기 운항의 경우에는 비행을 목적으로 움직이는 순간부 터 비행이 종료되어 발동기가 정지되는 순간까지를 말한다) 항공기의 운항과 관련하여 발생한 사람의 사망·중상 또는 행방불명, 항공기의 중대한 손상·파손 또는 구조상의 고장 및 항공기에 접근이 불 가능한 경우를 말하며, 무인항공기도 사고의 주체로 포함시켰다.

이상과 같이 항공기 사고와 관련하여 국내법에서는 시카고협약 부속서 13에서 정한 기준을 토대로 accident, serious incident, incident를 항공기 사고, 항공기 준사고, 항공안전장애로 규정하면서 우리 정부 는 시카고협약 부속서에서 정한 국제기준을 국내 법규에 반영하여 적용하고 있다.[18] 그러나 ICAO의 경우 incident가 serious incident를 포함하는 개념인데 반하여 이를 번역·반영하여 사용 중인 국내항공

---

14) 시카고협약 부속서 13, chapter 1, serious incident 정의의 Note 1. - The difference between an accident and a serious incident lies only in the result.

15) 시카고협약 부속서 13, Attachment C. List of examples of serious incidents.

16) 항공법시행규칙 별표 5. 일부 항목은 소항목을 포함하고 있어 실질적으로는 해당되는 항목은 16개 항목보다 많고, ICAO의 18개 예시항목도 충족함.

17) 항공법시행규칙 별표 6.

18) 항공법시행규칙개정 공포(국토해양부령 제557호, 2012.12.27)하여 항공기 사고 및 항공기 준사고 포함사항을 시카고협약 부속서 13과 일치시킴.

법에서는 항공안전장애(incident)가 준사고(serious incident)를 포함하지 않는 것으로 정의하는 오류를 보이고 있다.

사조조사 및 사고방지를 위해 가장 기본이 되는 것 중의 하나가 accident, serious incident, incident에 대한 개념이다. 시카고협약 체약국은 시카고협약 부속서에 정한 바에 따라 각 체약국의 법규에 반영하여 통일된 기준을 적용하여야 하나 국내법의 경우 다음과 같은 개념 차이 및 미흡한 용어 선정으로 인하여 적용상 혼선을 야기하고 있는바 현행 규정을 개정·보완하지 않는 한 이런 혼선은 지속될 수밖에 없다.

- ICAO에서 규정한 accident, serious incident, incident를 국내항공법에 각각 항공기 사고, 항공기 준사고, 항공안전장애로 번역하여 규정하고 있음에도 불구하고, 정부의 관련 문서 및 학계의 연구발표 자료에서 조차 준사고를 serious incident가 아닌 incident로 오기하고 있는 사례가 대다수이다.

- ICAO에서 규정하고 있는 incident는 serious incident를 포함하는 개념인데 반하여 이를 반영하고 있는 국내항공법에서는 항공안전장애(incident)가 준사고(serious incident)를 포함하지 않는 것으로 규정하는 심각한 오류를 범하고 있다. 또한 ICAO의 용어정의 없이도 serious incident에서 serious는 incident를 수식하는 형용사의 역할을 수행하는 용어 구조로써 심각한 incident와 같이 특정 분류에 해당하는 incident임을 인식할 수 있고 이에 따라 incident가 serious incident를 포함하는 개념이라고 쉽게 이해할 수 있으나, 국내항공법에서는 준사고(serious incident)와 항공안전장애(incident)라는 용어로 사용하고 있기 때문에 각각의 용어에서 상호 연관성을 찾을 수가 없을 뿐 아니라 용어에 대한 개념을 추측하고 정립함에 있어 항공안전장애가 준사고를 포함하는 개념으로 상상하기조차 어렵다. 게다가 항공법 제2조에서는 "항공안전장애란 항공기 사고, <u>항공기 준사고 외에</u> 항공기 운항 및 항행안전시설과 관련하여 항공안전에 영향을 미치거나 미칠 우려가 있었던 것으로서 국토교통부령으로 정하는 것"이라고 규정함으로써 준사고와 항공안전장애를 별개의 항목으로 규정하는 명시적인 오류를 범하고 있다.

ICAO는 항공기 사고 등과 관련하여 통일된 기준 수립 및 적용을 위해 각 항목의 발생에 관하여 산정 기준 및 보고 요건 등을 다르게 규정하고 있기 때문에 보다 객관적이고 목적에 부합하도록 용어 선정 및 용어정의가 이루어져야 한다. ICAO에서 규정하고 있는 'accident', 'serious incident', 'incident'에 대해 국내 항공법규에서는 '사고', '준사고', '항공안전장애'[19]라고 규정하고 있는데 이와 관련하여 다음과 같이 용어 수정 및 개선이 필요하다.

---

19) 시카고협약 부속서 13은 항공안전장애(incident)를 안전운항에 영향을 미치거나 미칠 수 있는 항공기 운항과 관련된 사고 이외의 상황(occurrence)으로 규정하고 있는 반면에 항공법에서는 항공기 사고, 항공기 준사고 외에 항공기 운항 및 항행안전시설과 관련하여 항공안전에 영향을 미치거나 미칠 우려가 있었던 것으로 규정하고 있음. 이와 같이 부속서 13에서 incident는 serious incident를 포함하나 국내법에서 항공안전장애(incident)는 준사고(serious incident)를 포함하지 않는 개념으로 규정하고 있어 개념상 혼선이 야기됨.

첫째, accident, serious incident, incident에 대한 국내 법규상의 용어정의를 ICAO에서 정한 용어정의와 일치시켜야 한다. 현재 accident, serious incident, incident에 대한 기본적인 용어정의는 ICAO의 용어정의와 일치시키는 데 진전이 있었으나 incident와 serious incident와의 관계 설정에 있어서는 중대한 오류가 남아 있으며, serious incident가 incident에 포함되는 특정 incident라는 관계 설정이 필요하다. 시카고협약 부속서에서 정한 용어정의는 모든 체약국이 ICAO에서 정한 기준을 수행함에 있어서 해당 용어에 대하여 차이 없이 통일된 개념을 가지고 ICAO에서 정한 SARPs 기준을 이행해야 한다는 것에 대한 출발점이므로 체약국이 임의대로 다르게 규정할 수 있는 것이 아니다.

둘째, 'serious incident', 'incident'에 대한 국내 법규상의 용어를 '준사고', '항공안전장애'가 아니라 '심각한 항공안전장애', '항공안전장애'로 수정하는 것이 필요하다. 국제조약 및 ICAO 등에서 정한 용어를 한국의 용어로 선정할 때는 주관적인 의견을 배제하고 용어 선정 목적뿐 아니라 객관성, 일관성 및 상호 연관성을 깊이 고려해야 한다. 우선 용어 구분을 할 때 일관성 및 상호 연관성을 유지하기 위해 serious incident와 incident는 incident라는 공통분모를 기본적으로 유지할 필요가 있다. 그런 다음에 serious incident에서는 serious와 incident와의 관계를 합당하게 설정해야 한다. 'serious incident'를 '심각한 항공안전장애'로 수정할 경우 'serious incident'는 'incident'의 특정한 형태이기 때문에 문제될 것이 없다. 또한 ICAO에 보고 의무 이행에 대해서도 'accident & incident report'를 '사고 및 항공안전장애 보고'라고 통칭하더라고 전혀 문제될 것이 없다. 즉 '항공안전장애(incident)' 중에 '심각한 항공안전장애(serious incident)'에 한하여 보고 의무가 있는 경우 '항공안전장애'는 '심각한 항공안전장애'만 보고 항목에 포함하면 된다.

셋째, 정부 및 학계의 자료에서조차 빈번히 발생하고 있는 용어사용 오류를 방지하고 현장에서의 올바른 인식을 위하여 적용상 혼선이 예상되는 중요 용어에 대하여는 「항공법시행규칙」 등의 해당 용어에 한글과 영문을 병행할 필요가 있다. 이런 측면에서 '사고(accident)', '심각한 항공안전장애(serious incident)', '항공안전장애(incident)'와 같이 각각 원문을 병행하여 표기하는 것이 필요하다.

넷째, 항공안전장애에 대하여 보고 또는 발생 건수가 많으면 항공안전수준이 낮다고 평가하는 방식에서 탈피해야 한다. 부속서 19에 따르면 항공안전장애는 의무보고 대상이자 동시에 자율보고 대상이며, ICAO는 비처벌 원칙의 자율보고를 매우 중요하게 보고 있다. 항공안전장애는 의무보고 또는 자율보고를 통해서만 집계할 수 있는 사항이며 이는 보고자의 항공안전에 대한 인식 수준 등 다양한 요인에 따라 집계 결과가 다르게 나타날 뿐 아니라 집계 결과를 다르게 활용할 수 있다. 이런 의미에서 ICAO에서는 자율보고에 대한 비처벌 원칙 준수를 강조하고 있는 것이다. 따라서 항공업무 관련자는 사고 및 심각한 항공안전장애를 제외한 항공안전장애에 대해서는 항공안전장애 보고건수가 많다는 것이 항공안전수준이 낮다는 일방적인 편향된 사고에서 벗어나야 할 것이다.

2. 시카고협약 부속서 13 사고조사

시카고협약은 조난 항공기나 항공기 사고조사와 관련하여 항공기 조난이나 사고 발생 시 발생지국 (State of occurrence)의 의무를 규정하고 있으며, 사고조사에 대한 세부 기준은 시카고협약 부속서 13에 규정하고 있다.

> 시카고협약 제25조 조난 항공기(Aircraft in distress)
> 각 체약국은 그 영역 내에서 조난한 항공기에 대하여 실행 가능하다고 인정되는 구호조치를 취할 것을 약속하고 또 동 항공기의 소유자 또는 동항공기의 등록국의 관헌이 상황에 따라 필요한 구호조치를 취하는 것을, 그 체약국의 관헌의 감독에 따르는 것을 조건으로, 허가할 것을 약속한다. 각 체약국은 행방불명의 항공기의 수색에 종사하는 경우에 있어서는 본 협약에 따라 수시 권고되는 공동조치에 협력한다.

> 시카고협약 제26조 사고조사(Investigation of accidents)
> 항공기가 타 체약국의 영역에서 사고를 발생시키고 또 그 사고가 사망이나 중상을 포함하거나 항공기 또는 항공보안시설의 중대한 기술적 결함이 발생한 경우에는 사고가 발생한 국가는 자국의 법률이 허용하는 한 ICAO가 권고하는 절차에 따라 사고조사를 실시한다. 그 항공기의 등록국에는 조사에 참여할 기회를 준다. 조사를 하는 국가는 등록국가에 대하여 그 사항에 대한 보고와 소견을 통보하여야 한다.

시카고협약 부속서 13에 따라 시카고협약 체약국은 항공기 사고가 체약국 영토상에서 발생할 경우 항공기 사고조사를 해야 하며 항공기 사고 조사국은 항공기사고와 이해관계가 있는 국가에게 연락을 취하여야 한다. 동 협약 부속서 13도 사고 조사국이 사고에 이해관계가 있는 항공기 제조국(State of Manufacture), 설계국(State of Design), 등록국(State of registry)은 물론 항공기 사고로 희생된 승객의 소속 국가도 상호 연락을 취하도록 기술하고 있다. 사고 조사국은 또한 사고조사 최종 결과를 항공기 등록국을 포함한 이해관계국은 물론 ICAO에도 통보하여야 한다.[20] 자국 항공기의 사고가 자국 영토 내에서나 공해상에서 발생할 경우 사고 조사국은 항공기 등록국이 된다. 이 경우에도 사고 조사국은 조사 결과를 ICAO와 관계 국가에 통보하여 재발방지에 기여하여야 한다. 이와 관련하여 사고조사에 관련한 시카고협약 제26조와 동 협약 부속서 13의 규정에 관하여 살펴본다.

협약 제26조는 사고 발생지국이 조사를 행함에 있어서 '자국법이 허용하는 한(so far as its laws

---

20) 시카고협약 부속서 13, Attachment B. Notification and Reporting Checklist. 항공기 사고 시는 ICAO 등에 Notification, Final report, ADREP report 등을 하여야 하며, 항공기 최대 중량이 5,700kg을 초과할 경우 ICAO에 Final report도 하여야 함.

permit)'이라는 단서를 둠으로써 사고조사 의무를 희석하였다. 또 제26조는 항공기 등록국이 아닌 사고 발생지국이 사고 조사를 할 경우 사고 조사국은 사고 발생지국의 대표를 참관인(observer)으로 허용하여야 한다는 규정을 하고 있으며 부속서 13은 동 26조를 구체화하면서 특별한 형태를 취하였다. 이는 시카고협약 제38조에 의해 협약 당사국은 사정에 따라 ICAO에서 정한 '표준'과 상이한 국내 규정을 유지하고자 하는 경우 해당 상이한 내용을 ICAO에 통보함으로써 상이한 국내규정을 유지할 수 있도록 하고 있으나, 이런 원칙에서 일탈하여 다음과 같은 3개의 경우에는 '표준'으로부터의 일탈을 불허하였다.[21]

- 사고 발생지국이 사고 조사를 하는 것[22]
- 항공기 등록국이 사고 조사국의 사고 조사에 옵서버[23]를 파견하는 것
- 사고 조사국이 사고결과 보고서를 항공기 등록국에 송부하는 것

항공기 사고조사와 관련하여 시카고협약 부속서 13(Aircraft accident and incident Investigation)[24]의 주요내용은 다음과 같다.

〈표 29〉 시카고협약 부속서 13 주요내용

부속서 13	주요 내용
제1장 정의(definitions)	항공기 사고, 심각한 항공안전장애(준사고), 항공안전장애, 안전권고
제2장 적용(Applicability)	사고(accident) 및 항공안전장애(incident) 발생 시 적용
제3장 일반사항(General)	• 조사 목적(Objective of the investigation) • 항공기의 증거보호, 보관 및 이동(Protection of evidence, custody and removal of aircraft)
제4장 통보(Notification)	• 체약국의 영토 내에서 타 체약국의 항공기 사고 또는 심각한 항공안전장애(accidents or serious incidents in the territory of a Contracting State to aircraft of another Contracting State) • 등록국의 영토 내, 비체약국 내 또는 어느 국가의 영토 밖에서의 항공기 사고 또는 심각한 항공안전장애(accidents or serious incidents in the territory of the State of Registry, in a non-Contracting State or outside the territory of any State)
제5장 사고조사(Investigation)	• 조사 개시 및 실시 책임(Responsibility for instituting and conducting the investigation) • 조사의 조직 및 실시(Organization and conduct of the investigation) • 조사의 참여(Participation in the investigation)

---

21) 부속서 13 (x) 쪽, Relationship between Annex 13 and Article 26 of the Convention항에 기술된 내용으로서 동 내용은 ICAO 이사회가 1951.4.11. 부속서 13을 채택한 이틀 후인 4.13 채택한 결의를 바탕으로 함.

22) 부속서 13 표준 6.1은 사고 발생지국의 사고조사 의무를 규정하면서 조사의 전부 또는 일부를 타 당사국에 위임할 수 있도록 한 바, 일탈을 불허하는 것은 사고 발생지국이 조사를 도외시하는 것을 방지하기 위한 것이라 보아야 함.

23) 부속서 13은 표준 5.18에서 accredited representative라고 표현하고 5.19에서 동 인을 보좌하기 위한 인사로서 adviser도 사고 조사에 참가할 수 있는 옵서버를 구성하는 것으로 규정하였음.

24) accident and incident Investigation, Annex 13, Tenth Edition, July 2010. 이는 2006년 발행 Ninth Edition과 달리 사고와 준사고의 정의를 유인과 무인 항공기로 구분하여 기술하고 여타 내용도 많이 개정한 내용임.

제6장 최종보고(Final Report)	• 국가의 책임(Responsibility of any State) • 조사 실시 국가의 책임(Responsibility of the State conducting the investigation) • 안전권고 접수 또는 발행 국가의 책임(Responsibility of a State receiving or issuing safety recommendations)
제7장 ADREP Reporting	• 예비보고(Preliminary Report) • 사고/항공안전장애 데이터 보고(accident/incident Data Report)
제8장 사고방지대응조치(accident Prevention Measures)	데이터베이스 및 예방조치(Database and Preventive actions)
Appendix	최종 보고서 양식(Format of the Final Report)
Attachments	• A. Rights and obligations of the State of the Operator in respect of accidents and incidents involving leased, chartered or interchanged aircraft • B. Notification and reporting checklist • C. List of examples of serious incidents • D. Guidelines for flight recorder read-out and analysis • E. Legal guidance for the protection of information from safety data collection and processing systems • F. Guidance for the determination of aircraft damage

3. 항공안전보고제도

항공안전보고제도를 운영하는 기본적인 목적은 처벌이 아니라 발생원인 파악 및 재발방지에 있으며, 자율보고제도를 운영하는 궁극적인 목적은 자율보고의 활성화를 통한 재발 방지 및 안전을 증진하고자 하는 것이다. 따라서 자율보고는 더욱 철저한 비밀보장 및 비처벌 원칙 준수하에 운영될 것이 요구된다.

3.1 ICAO의 항공안전 의무보고 및 자율보고[25]

ICAO는 부속서 19에서 항공기 사고를 방지하고 안전을 증진하기 위하여 '항공안전장애 의무보고시스템(mandatory incident reporting system)' 및 '항공안전장애 자율보고시스템(voluntary incident reporting system)' 도입을 의무화하고 있는데 주요 내용은 다음과 같다.
• 각 체약국은 항공안전장애 의무보고시스템 및 항공안전장애 자율보고시스템을 수립해야 한다. 자율보고시스템은 의무보고시스템에서 수집되지 않는 실질적, 잠재적 안전 결함에 대한 정보 수집을 촉진하기 위한 것이다.[26]

---

25) ICAO 원문은 'mandatory incident reporting system'과 'voluntary incident reporting system'이며 ICAO에서의 incident는 serious incident를 포함하는 개념임. 즉, '심각한 항공안전장애'(한국은 항공법규에서 준사고라는 명칭 사용)를 포함하는 항공안전장애에 대한 의무보고 및 자율보고를 의미함.
26) 시카고협약 부속서 19, 5.1.1.

- 항공안전장애 자율보고시스템은 비처벌(non-punitive)로 운영되어야 하며 비행자료 정보원이 적합하게 보호되어야 한다.27)
- 각 체약국은 항공안전장애 의무보고시스템 및 항공안전장애 자율보고시스템으로 수집되지 않는 안전정보를 수집하기 위해 또 다른 '안전 데이터의 수집 및 처리 시스템(SDCPS: Safety Data Collection and Processing Systems)'을 마련하는 것이 권고된다.28)
- 항공안전 보고시스템 및 안전데이터 분석결과로 얻어진 안전데이터는 안전과 관련된 목적 이외의 용도로 사용하지 않는다. 단, 해당 국내법에 따라 합당한 승인권자에 의해 특정 목적을 위해 공개 및 사용하는 것이 공개로 인한 악영향보다 훨씬 중요하다고 결정된 경우에는 예외로 적용할 수 있다.29)

의무보고시스템은 자율보고시스템에서 다루는 문제점 및 위험보다 다소 높은 수준의 위험요소를 보고 대상으로 한다. 일반적으로 항공기 사고, 심각한 항공안전장애(준사고), 항공안전장애, 활주로 침범 등의 실질적, 잠재적 안전결함은 의무보고 항목에 포함된다.

자율보고시스템은 의무보고시스템으로 수집되지 않는 실질적, 잠재적 안전 결함에 대한 정보 수집을 촉진하기 위한 보고시스템으로서 조종사, 관제사, 정비사 등이 의무보고시스템을 통해 수집되지 않는 운영상의 결함, 인적요소 등 위험요소와 관련된 안전정보를 보고하는 시스템이며, 기명 및 무기명으로 보고가 가능하다. 따라서 의무보고와 달리 자율보고는 자율보고시스템의 사용자들이 안전 및 예방을 위해서는 유용하지만 보고하지 않으면 확인하기 어려운 사항임으로 자율보고로 인해 처벌받지 않는다는 확신이 있어야 한다. 이런 연유로 자율보고시스템은 비처벌 원칙하에 운영된다.

자율보고의 성공적인 운영을 위해 보고자에 대한 면책과 관련 정보의 보호가 필수적으로 요구되며 자율보고에 대한 효과적인 장려제도(incentive) 운영이 필요하다. 보고자를 공개하거나 처벌할 경우, 오히려 사실을 감추는 역효과를 초래할 수 있기 때문에 자율보고를 기대할 수 없다. 이런 연유로 자율보고시스템은 사고예방을 위하여 보고자를 보호하고 비처벌 및 면책을 부여하는 것이 일반적인 특징이다. 더 나아가 의도하지 않는 위반 행위에 대해 법적 조치의 면제를 기대할 수도 있다. 이런 맥락에서 자율보고 활성화를 통해 광범위한 정보 수집이 가능할 것이며 결과적으로 항공안전 증진에 기여하게 될 것이다. ICAO는 이러한 목적에 부응 및 적절한 이행을 위하여 항공안전 자율보고시스템을 제3의 기관이 독립적으로 운영할 것을 권고하고 있다. 안전 정보의 지속적인 사용을 위해서는 부적절한 사용을 예방하는 것이 필수적이다. 안전과 관련되지 않은 다른 이유로 안전 정보를 사용하는 것은 안전

---

27) 시카고협약 부속서 19, 5.3.1. A voluntary incident reporting system shall be non-punitive and afford protection to the sources of the information.

28) 시카고협약 부속서 19, 5.1.3.

29) 시카고협약 부속서 19, 5.3.2.

에 부정적인 영향을 미칠 뿐만 아니라 향후 안전 정보의 이용가능성을 저해할 수 있기 때문이다.

3.1.1 ICAO의 정보 보호에 관한 법적 지침

"정보의 공개가 그로 인해 향후 조사를 받게 될 불리한 영향보다 더 중요하다고 관할당국이 결정하지 않는 한" 보고제도를 통해 얻은 정보가 항공기 사고 또는 준사고 조사 이외의 목적으로 사용될 수 없다. 시카고협약 부속서 13의 Attachment E 및 Annex 19의 Attachment B는 "안전데이터 수집 및 처리 시스템으로부터의 정보 보호에 관한 법적 지침"에 대한 안내 지침을 동시에 제공하고 있으며,30) 이 안내 지침에는 다음과 같이 각국의 법규에 반영이 필요한 안전정보의 보호원칙 등과 같은 핵심적인 내용을 제시하고 있다.

> 안전데이터 수집 및 처리 시스템으로부터의 정보 보호에 관한 법적 지침
>
> ① 서문(Introduction)
> 부적절한 사용으로부터 안전정보를 보호하는 것은 지속적으로 안전정보를 활성화하는 데 필수적이다 (1.1). 지침은 적절한 정의실현(proper administration of justice)을 보장하면서 관련 국내법 제정 시 도움이 되도록 하는데 목적이 있다(1.2). 국가는 상이한 법체계를 가지고 있으므로 국가정책과 방식에 따라 관련 법령을 제정하는 탄력성을 갖는다(1.3). 지침은 회원국들의 국내법상의 일련의 원칙을 반영한 것이며 각국은 실정에 따라 이러한 원칙상의 개념들을 수정 또는 변경할 수 있다(1.4). 안전데이터 수집 및 처리시스템(SDCPS. 이하 'SDCPS'라 한다)은 정보교환을 위한 보고시스템 및 데이터베이스로 다음을 포함한다(1.5).
> · 부속서 13 Chapter 5의 사고 및 항공안전장애(accident and incident) 조사에 관한 기록
> · 부속서 19의 항공안전장애 의무보고시스템
> · 부속서 19의 항공안전장애 자율보고시스템
> · 부속서 6, Part 1, Chapter 3의 자동데이터수집(automatic data capture) 시스템 및 수동데이터수집시스 (manual data capture system)을 포함하는 자동노출보고시스템(self-disclosure reporting system)
>
> ② 일반원칙(General Principles)
> 안전정보(Safety Information)를 부적절한 사용으로부터 보호하기 위한 궁극적인 목적은 시기적절한 예방조치를 통해 항공안전이 향상될 수 있도록 지속적으로 정보 유용성을 확고히 하는데 있다(2.1). 안전정보를 보호하기 위한 명목 하에 법 집행과 상호 충돌해서는 안 된다(2.2). 항공안전 향상을 위한 안전정보보호의 필요성과 적절한 법 집행의 필요성 사이의 균형이 실현될 수 있도록 안전정보 보호관련 법 및 규율이 정립되어야 한다(2.3). 안전정보보호관련 법규는 안전정보의 부적절한 사용을 방지해야 한다(2.4). 특정 조건하에 양질의 안전정보에 대하여 보호 장치를 마련하는 것은 국가의 안전책임의 일부이다(2.5).

---

30) 시카고협약 부속서 13, Attachment E. Legal guidance for the protection of information from safety data collection and processing systems.
　 시카고협약 부속서 19, Attachment B. Legal guidance for the protection of information from safety data collection and processing systems.(시카고협약 부속서 13, Attachment E 및 시카고협약 부속서 19, Attachment B에서 같은 지침을 규정하고 있음).

③ 안전정보의 보호원칙(Principles of protection)

정보 수집이 명백히 안전상의 목적을 위한 것이고 정보의 공개가 그 지속적인 유용성을 방해하게 될 수 있게 됨에 따라, 안전정보는 특별히 명시된 특정조건에 따라 부적절한 사용으로부터 보호되어야 한다(3.1). 안전정보 보호는 안전정보의 성격에 따라 각 SDCPS에 부합하도록 구체적이어야 한다(3.2). 명시된 조건에 따라 안전정보를 보호할 수 있는 공식적인 절차가 수립되어야 한다(3.3). 안전정보는 수집된 목적 이외의 다른 용도로 사용되어서는 아니 된다(3.4). 징계, 민사, 행정 및 형사소송에서의 안전정보 사용은 적절한 법의 보호 장치 하에서만 행하여질 수 있다(3.5).

④ 안전정보의 보호원칙에 대한 예외적용(Principles of exception)

안전정보 보호에 대한 예외적용은 다음과 같은 경우 법규에 의해서만 허용된다.

a) 발생 사건이 법적으로 '피해를 초래할 의도가 있던 행동' 또는 '무모한 행위(reckless conduct), 중대한 과실 또는 의도적 불법행위(gross negligence or wilful misconduct)에 해당하며, 피해가 발생할 수 있음을 인지하고도 행한 행동'에 기인한다고 판단되는 행위로 인하여 초래되었다는 증거(evidence)가 있는 경우[31]

b) 관계당국이 정황상 발생사건이 '피해를 초래할 의도가 있던 행동' 또는 '무모한 행위, 중대한 과실 또는 의도적 불법행위(wilful misconduct)에 해당하며, 피해가 발생할 수 있음을 인지한 행동'에 의하여 초래되었다고 관계당국이 판단할 충분한 정황이 있는 경우[32]

c) 안전정보의 공개가 적절한 정의실현(proper administration of justice)을 위하여 필요하고, 해당 정보 공개로 인한 영향이 향후 그로 인하여 발생할 수 있는 안전정보의 획득가능성에 있어서 국내외적으로 미칠 수 있는 부정적인 영향보다 중요하다고 관계당국이 판단한 경우[33]

⑤ 안전정보 공개(Public disclosure)

안전정보 보호 및 예외적용 원칙에 따라, 안전정보를 공개하려는 자는 정보공개의 타당성을 입증한다(5.1). 안전정보의 공개에 대한 명시적인 기준이 수립되고 다음과 같은 사항이 포함된다(5.2). a) 안전정보의 공개가 안전을 저해하는 상황을 바로 잡기 위해 필요하거나 정책이나 규정을 변경하는 데 필요하다. b) 안전정보의 공개가 안전을 향상시키기 위한 향후 안전정보의 획득을 저해하지 않는다. c) 안전정보에 포함되어 있는 인적정보의 공개는 관련 사생활보호법을 따른다. d) 안전정보의 공개는 인적사항 등 개인정보를 삭제하고 배제한, 요약 또는 종합적인 형태로 이루어진다.

⑥ 정보보호 책임(Responsibility of the custodian of safety information)

SDCPS 운영 시 지정된 안전정보 관리인을 두며, 관리인이 공개에 대해 해당 정보의 발기인의 허락을 받았거나 안전정보 공개가 예외 원칙에 따라 이루어진 경우가 아닌 경우라면, 관리인은 정보의 공개에 대한 모든 가능한 보호를 순수할 책임이 있다.

⑦ 기록된 정보의 보호(Protection of recorded information)

다른 직업에는 없는 CVR과 같이 법에 따라 장착되는 기록 장치는 조종사의 사생활 침해가 될 수 있다는 점을 고려한다.

a) 보호 및 예외적용 원칙에 따라, 국내법규는 특별한 보호 정보로서 법에 따라 장착되어야 하는 기록 장치로 간주한다.

b) 국내법규는 기밀성 및 대중들의 접근에 대해 특별한 보호조치를 한다. 법에 따라 장착되는 CVR과 같

---

31) 시카고협약 부속서 19, Attachment B. 4. a) there is evidence that the occurrence was caused by an act considered, in accordance with the law, to be conduct with intent to cause damage, or conduct with knowledge that damage would probably result, equivalent to reckless conduct, gross negligence or wilful misconduct;

32) 시카고협약 부속서 19, Attachment B. 4. b).

33) 시카고협약 부속서 19, attachment B. 4. c).

은 기록에 대한 특별한 보호 조치는 비공개 원칙하에 발간한다는 것을 포함할 수 있다.

이상과 같이 안전정보는 형사소송절차에서 사용되는 증거와는 엄격히 구별되어야 한다. 시카고협약 부속서 13과 부속서 19의 attachment에서 규정되어 있는 안전정보가 언제, 어떻게 사용되어야 하며, 이것이 수집 및 작성되는 목적과 방법 등이 형사소송절차의 증거와 차이가 있다는 것을 인식하는 것은 중요하다. 예를 들어, 항공기 사고나 심각한 항공안전장애 발생 시 조사를 할 때에는 승무원 간 어떤 대화가 있었는지에 대해 고려할 필요가 있는데, 이를 조종실 음성 기록 장치(CVR: Cockpit Voice Recorder)에서 회수된 정보를 통해 간단히 알 수 있다. 그러나 CVR 데이터가 형사 재판에서 사용되기 위해서는 부속서 13에서 언급된 "국가의 사법 처리에 대한 적절한 관할당국 및 유관기관"에 의해서 긍정적인 결정이 먼저 내려져야 한다.[34]

항공기 사고 및 심각한 항공안전장애 조사는 형사 또는 민사 책임을 결정하는 "법적(legal)" 조사로부터 분리, 독립되어야 한다. 항공기 사고 및 심각한 항공안전장애 조사와 "법적(legal)" 조사라고 부를 수 있는 것과는 완전히 다르다. 항공기 사고 및 심각한 항공안전장애 조사는 관련자에게 책임을 지우려는 것이 아니라 사고 또는 심각한 항공안전장애의 원인을 밝히고자 하는 것이지만, 재판에서는 안전정보를 사용함으로써 심리 사건의 이슈, 안전이라는 맥락 안에서 형사적 제재, 그리고 문제에 대한 명확한 설명 등을 밝히고자 한다. 항공기 사고 및 심각한 항공안전장애 조사는 사고 또는 심각한 항공안전장애의 원인을 밝히는 것을 가장 가치 있게 여기는 한편, 형사적 제재의 목적이 단순히 응보가 아니라고 한다면 사건 당시 조종사 간의 대화 기록이 증거로 채택될 수 있다는 규칙은 적용되어서는 아니 된다. 안전정보는 반드시 항공기 사고 또는 심각한 항공안전장애 조사에 사용하기 위해 기밀로 취급되어야 한다;[35] 예를 들어, 안전 데이터는 법에 명시된 조사를 거쳐 비행안전 향상이라는 맥락에서 최소한으로 필요한 한도 내에서 공개되어야 한다.

3.2 한국의 항공안전 의무보고 및 자율보고

한국은 항공법에 '항공안전 의무보고' 및 '항공안전 자율보고'에 대하여 규정하고 있으며 주요 내용은 다음과 같다.[36]

---

34) 시카고협약 부속서 13, 5.12.

35) 시카고협약 부속서 13, 5.12.

36) 항공법 제49조의 3(항공안전 의무보고), 제49조의4(항공안전 자율보고).
국내항공법에서는 항공안전 의무보고와 항공안전 자율보고의 대상 자체를 구분하고 있으며 항공기 사고, 준사고, 항공안전장애에 대해서는 의무보고로 규정하고 있고, 항공기 사고, 준사고, 항공안전장애에 해당하지 않는 것을 경미한 항공안전장애로 규정하고 있으며 경미한 항공안전장애에 한하여 자율보고로 운영하고 있음. 즉, 시카고협약 부속서 19에서 규정하고 있는 incident(항공안전장애)에 해당되는 내용을 의무보고로

- 항공안전 의무보고와 관련하여 항공기사고, 항공기준사고 또는 항공안전장애를 발생시키거나 항공기사고, 항공기준사고 또는 항공안전장애가 발생한 것을 알게 된 항공종사자 등 관계인은 국토교통부장관에게 그 사실을 보고하여야 한다.
- 항공안전 자율보고와 관련하여 항공기사고, 항공기준사고 및 항공안전장애 외에 항공안전을 해치거나 해칠 우려가 있는 경우로서 국토교통부령으로 정하는 상태(이하 "경미한 항공안전장애"라 한다)를 발생시켰거나 경미한 항공안전장애가 발생한 것을 안 사람 또는 경미한 항공안전장애가 발생될 것이 예상된다고 판단하는 사람은 국토교통부령으로 정하는 바에 따라 국토교통부장관에게 그 사실을 보고할 수 있다.
- 국토교통부장관은 항공안전 자율보고를 한 사람의 의사에 반하여 보고자의 신분을 공개하여서는 아니 된다.
- 경미한 항공안전장애를 발생시킨 사람이 그 장애가 발생한 날부터 10일 이내에 항공안전 자율보고를 한 경우에는 관련 위반행위에 대한 처분을 하지 아니할 수 있다. 다만, 고의 또는 중대한 과실로 경미한 항공안전장애를 발생시킨 경우에는 그러하지 아니하다.
- 항공안전 의무보고 및 항공안전 자율보고에 포함되어야 할 사항, 보고방법, 절차 등은 국토교통부령인 항공법시행규칙에서 규정하고 있으며, 경미한 항공안전장애에 대하여 보고하는 항공안전 자율보고는 안전공단 이사장에게 보고할 수 있다.
- 항공기 사고 및 준사고는 즉시 보고하고, 항공안전장애는 항공안전장애를 발생시키거나 항공안전장애가 발생한 것을 알게 된 때부터 72시간 이내에 보고한다. 단, 항공안전장애에 해당하는 항목 중 활주로, 유도로 및 계류장이 항공기 운항에 지장을 줄 정도로 중대한 손상을 입은 경우에는 즉시 보고하여야 한다.

이상과 같이 한국은 항공안전 의무보고와 항공안전 자율보고의 대상을 명확히 구분하여 운영하고 있으며, 심각한 항공안전장애(준사고) 및 항공안전장애 이외의 경미한 항공안전장애에 한하여 자율보고로 운영하는 특징이 있다. 즉, 항공기 사고, 준사고, 항공안전장애에 대해서는 의무보고로 규정하고 있고, 이에 해당하지 않는 것 중에서 경미한 항공안전장애 항목을 별도로 설정하고 경미한 항공안전장애에 한해서만 자율보고로 운영하고 있다. 이는 시카고협약 부속서 19에서 규정하고 있는 incident(항공안전장애)에 해당되는 내용을 자율보고가 아닌 의무보고 항목으로 규정하고 있는 것을 의미한다.

규정하고 있는 것임.

3.3 착안사항

사고조사 및 항공안전보고제도를 운영하는 기본적인 목적은 처벌이 아니라 사고의 원인 파악 및 재발방지에 있다. ICAO는 사고조사에 관한 기준에 대해서는 Annex 13(항공기 사고조사)에 규정하고 있으며 항공안전보고제도에 관한 기준은 Annex 19(안전관리)에 규정하고 있다. 시카고협약 부속서 19에서 규정하고 있는 보고제도(reporting system)에 따르면, 체약국은 항공안전장애(incident)의 결함사항에 대한 정보 수집을 촉진하기 위해 의무보고시스템(mandatory incident reporting system)과 자율보고시스템(voluntary incident reporting system)을 운영해야 한다. 자율보고는 의무보고에서 누락될 수 있는 항공안전 결함사항에 대한 정보 수집을 촉진함으로써 항공안전을 도모하기 위함이며, 기본적으로 비처벌 및 정보원 보호원칙 준수하에 운영되어야 한다. 이런 관계로 특정 항공안전장애에 대해서는 의무보고 및 자율보고의 대상이 되기 때문에 의무보고 누락 시 이에 대한 처벌이 따를 수 있는 반면에, 자율보고를 통해 비처벌을 기대할 수도 있는 양면성이 있다.

한국의 경우도 ICAO와 같이 사고조사 의무를 부여하고 있으며 항공안전의무보고와 항공안전자율보고를 운영하고 있다. 또한 사고조사의 목적이 처벌이 아닌 사고 원인 파악 및 재발방지에 있다고 규정하고 있으며, 항공안전자율보고와 관련하여 데이터 보호 및 비처벌 원칙을 명시하여 적용하고 있다. 그러나 항공안전자율보고의 대상을 항공안전장애(incident) 이외의 경미한 항공안전장애로 한정하고 있어 ICAO의 용어에서 내포하는 의미와 차이를 보이고 있다.[37] 따라서 항공안전장애 중 심각한 항공안전장애를 제외한 항공안전장애에 대해서는 의무보고 대상인 동시에 자율보고의 대상으로 운영할 필요가 있다. 실질적으로 상황에 따라서는 구분이 모호한 경우가 있을 수 있겠으나 보고의 목적이 원인 파악 및 재발 방지를 위한 분석 및 안전 조치를 통해 항공안전을 증진하기 위함인 바 다음과 같이 순기능 위주로 항공안전장애에 대한 보고를 개선해야 한다.

첫째, 항공안전보고 특히, 항공안전장애에 대한 자율보고는 엄격한 데이터 보호 및 비처벌 원칙이 준수되어야 한다. 자율보고의 성공적인 운영을 위하여 보고자에 대한 면책과 관련 정보의 보호가 필수적으로 요구된다. 보고자를 공개하거나 처벌한 사례가 발생할 경우, 오히려 불신으로 인해 사실을 감추는 역효과를 초래할 수 있기 때문에 자율보고를 기대할 수 없다. 따라서 항공안전 자율보고를 운영하는 교통안전공단이 철저하게 독립성을 가지고 비공개 원칙을 준수하며 운영할 수 있는지가 중요한 바 이에 대한 객관적이고 명확한 기준 및 절차준수가 필요하다.

---

37) 시카고협약 부속서 19에서 표준으로 규정하고 있는 용어는 'mandatory incident reporting system'과 'voluntary incident reporting system'으로 자율보고시스템에 incident 용어를 포함하고 있음. 만일, ICAO SARPs로 규정하고 있는 'voluntary incident reporting system'이 incident 이외의 항목에 한하여 규정하는 것이라면 Annex 19에서 규정하고 있는 'voluntary incident reporting system'이라는 용어에서 'incident'를 삭제하는 것이 타당함.

둘째, 항공안전장애에 대한 의무보고에 대해서도 처벌보다 원인 파악 및 안전조치 위주로의 전환이 필요하다. 한국의 경우 항공안전자율보고는 항공안전장애 이외의 사항(경미한 항공안전장애)으로 한정하고 있는바 심각한 항공안전장애(준사고)를 제외한 항공안전장애에 한해서는 처벌 대신 원인 파악 및 안전조치로의 전환이 필요하다. ICAO는 사고조사의 목적을 사고 원인 파악 및 재발 방지에 두고 있으며, 항공안전장애에 대한 자율보고(voluntary incident reporting system)[38]의 경우 철저한 데이터 보호 및 엄격한 비처벌 원칙을 명시하고 있다. 이는 항공기 사고 방지 및 항공안전을 증진하기 위해 자율보고에 대해서는 필히 비처벌로 운영해야 한다는 의지를 표현한 것인바, 각 체약국은 항공안전장애 항목 발생 시 원인 파악 및 재발 방지를 위해 노력하되 보고행위가 활성화되지 않는 이유를 고려해야 한다. 또한 보고 기피 행위를 방지하기 위해 항공안전장애에 대한 의무보고에 대해서도 데이터 보호에 철저를 기해야 하며, 처벌이 아닌 자발적인 안전 활동의 활성화가 필요하다.

셋째, 사건의 발생 원인을 밝히기 위한 사고조사와 민·형사적 책임 여부를 결정하기 위한 조사는 병행해서 복합적으로 행해져서는 아니 되며, 사고조사 과정에서만 밝혀진 비밀사항이 민·형사적 책임을 부과하는 수단으로 사용되어서는 아니 된다. 만일 부속서 13에서 규정하고 있는 사고조사가 민·형사적 조사와 동시에 이루어진다면 이는 부속서 13에서 규정하고 있는 사고조사의 목적을 무용지물로 만드는 것이다. 이러한 방식은 사고조사 및 보고제도의 정당성과 신뢰성을 약화시키면서 민·형사적 책임을 용이하게 부과하기 위한 수단으로 활용될 가능성이 크고, 사고조사 및 보고제도의 근본적인 목적을 해치게 될 것이다.

---

38) 시카고협약 부속서 19에서 항공안전장애 자율보고(voluntary incident reporting system) 대상은 영문 표기에서와 같이 incident(항공기 사고 이외의 발생, 즉 항공안전장애)인 바, 자율보고의 대상 및 비처벌 원칙을 경미한 항공안전장애뿐 아니라 항공안전장애로 확대하는 것이 필요함.

제 2 편

항공정책 및 제도

제1장

항공정책 일반

1. 항공정책기본계획

항공정책기본계획이란 항공법 제2조의5(항공정책기본계획의 수립)에 의거 국토교통부장관이 5년마다 수립해야하는 계획을 말하며 국내외 항공환경 변화에 따른 미래지향적 항공정책 목표와 비전을 제시하기 위해 항공운송, 공항개발 및 운용, 항공안전 등 항공분야 전반을 종합하는 계획이다. 즉, 항공정책기본계획은 5년마다 항공정책을 종합하고 체계화하는 항공분야의 기본적인 법정 종합계획으로서 항공분야의 전반적인 발전방향을 제시하고 있다. 아울러 국토, 교통, 우주, 관광 등 관련계획과의 유기적 연계 및 조화를 도모하고 있다.

이에 따라, 국토교통부장관은 5년마다 항공정책기본계획을 수립하여 운영해야 하며, 2010년부터 제1차 항공정책기본계획(2010년-2014년)에 이어 2015년 현재 제2차 항공정책기본계획(2015년-2019년)이 적용 중이다.

항공법 제2조의5(항공정책기본계획의 수립) (2015년 7월 현재)
① 국토교통부장관은 국가항공정책(「항공우주산업개발 촉진법」에 따른 항공우주산업의 지원·육성에 관한 사항은 제외한다. 이하 같다)에 관한 기본계획(이하 "항공정책기본계획"이라 한다)을 5년마다 수립하여야 한다.
② 항공정책기본계획에는 다음 각 호의 사항이 포함되어야 한다.
  1. 국내외 항공정책 환경의 변화와 전망
  2. 국가항공정책의 목표, 전략계획 및 단계별 추진계획
  3. 국내 항공운송사업, 항공기정비업 등 항공산업의 육성 및 경쟁력 강화에 관한 사항
  4. 공항의 효율적 개발 및 운영에 관한 사항
  5. 항공교통이용자 보호 및 서비스 개선에 관한 사항
  6. 항공전문인력의 양성 및 항공안전기술·항공기정비기술 등 항공산업 관련 기술의 개발에 관한 사항
  7. 항공교통의 안전관리에 관한 사항
  8. 항공레저스포츠 활성화에 관한 사항
  9. 그 밖에 항공운송사업, 항공기정비업 등 항공산업의 진흥을 위하여 필요한 사항
③ 항공정책기본계획은 제37조의2의 항공안전기술개발계획, 제49조제1항의 항공안전프로그램 및 제89조의 공항개발 중장기 종합계획에 우선하며 그 계획의 기본이 된다.
(이하 생략)

1.1 제1차 항공정책기본계획[1]

2000년대 초 한국의 항공산업은 인천공항 개항(2001년), 미연방항공청(FAA)으로부터 항공안전 불합격 판정(2001년), 항공기 국산화 개발, 항공 전문 인력 부족 및 저비용항공사의 본격적인 시장진입 등에 부합하는 항공정책을 추진할 필요가 있었다. 이런 연유로 오랫동안 항공정책 목표 및 전략에 있어서 가장 기본이 되는 테마는 "항공산업 국제 경쟁력 강화"라고 할 수 있다. 이를 위한 주요 추진 전략으로는 다음과 같이 인천공항 허브화 강화, 세계 최고 수준의 항공안전·보안 구축, 고부가가치 항공기술 산업 육성, 항공 전문 인력 양성, 저비용 항공사의 성공적 정착 지원 등에 중점을 두었다.[2]

첫째, "인천공항 허브화 강화"와 관련해서는 공항 서비스 질 개선, 지속적으로 국제항공 네트워크 확대, 국적항공사의 대외 경쟁력 강화, 국제 항공협력 강화, 인천공항 배후 물류단지 활성화, 인천공항 3단계 개발(제2여객터미널 신설, 화물터미널 확장, 공항 배후 물류단지 조성 등), 공항복합도시 개발 등이 추진되었다.

둘째, "세계 최고 수준의 항공안전·보안 구축"과 관련해서는 ICAO 항공안전평가에서 세계 1위 달성(2009년), ICAO 항공보안평가에서 세계 최고수준으로 평가(2011년), 최상의 항공안전·보안체계 구축으로 대규모 국제행사의 성공적 개최 지원(2010년 서울 G20 정상회의 등), 안전관리시스템의 내실화 및 확대시행, 예방적·맞춤형 항공안전체계 구축으로 국가 항공 안전도 제고, 친환경·에너지 절감형 공역 체계, 미래 ATM 체계 구축 등이 추진되었다.

셋째, "고부가가치 항공 기술 산업 육성"과 관련해서는 민간항공기 국산화 개발·보급 기반 구축, 항공기 사고 예방 기술 개발, 항공기 정비 산업 육성, 지능형 공항 운영 기술 개발, 항행안전시설 기술 개발 및 해외 진출 기반 마련 등이 추진되었다.

넷째, "항공 전문 인력 양성"과 관련해서는 항공 전문가 양성을 통한 항공산업 경쟁력 강화, 울진 비행교육훈련원 개원을 통한 민간 조종사 육성, 항공인턴십을 통한 전문 인력의 산업계 취업 지원, 항공 기초인력 지원을 통한 차세대 항공종사자 양성 등이 추진되었다.

다섯째, "저비용 항공사의 성공적 정착 지원"과 관련해서는 저비용 항공사 점유율 확대 및 노선 증대, 저비용 항공사의 국제선 노선 증대, 저비용 항공사 안전관리 강화 및 안전성 증진을 위한 지원 확대, 저비용 항공사의 조종사 교육 훈련을 위한 센터 설립 등이 추진되었다.

한편 2009년에 항공법 상에 "항공정책기본계획" 요건이 신설되면서 항공정책수립 및 이행이 보다

---

[1] 제1차 항공정책기본계획(국토해양부 고시 제2009-1296호, 2010.1.1. 시행)
　　ㅇ 기간: 2010년 - 2014년.
[2] 국토해양부 정책자료집(2008.2~2013.2) ③ Part 9 항공산업 국제경쟁력 강화 pp.3-127 참조.

체계적으로 수행할 수 있게 되었다.

제1차 항공정책기본계획(2010년-2014년)에서 국가항공정책의 목표 및 추진전략과 이에 대한 성과 및 평가는 다음과 같다.

제1차 항공정책기본계획 상의 국가항공정책의 목표 및 추진전략[3]
- "환태평양을 주도하는 항공강국"을 위해 "글로벌 경쟁력 기반확립과 다각적 성장"을 기조로 제시
- 추진전략(항공정책 방향의 패러다임 전환을 반영하여 5대 정책 목표 제시)
  - ✓ 항공운송의 글로벌 경쟁력 강화
  - ✓ 효율적인 공항체계 구현 및 운용
  - ✓ 사전 예방적 안전관리와 항공보안 선진화
  - ✓ 항공산업의 다양화 및 전문인력의 체계적 육성
  - ✓ 국제위상 강화 및 이용자 중심의 친환경 정책 촉진

제1차 항공정책기본계획 분야별 성과 및 평가[4]

가. 항공운송산업의 경쟁력 강화

□ 성과
- 우리나라 항공운송실적은 '09년 세계 8위에서 '13년 세계 6위로 2단계 상승(국제민간항공기구, ICAO)
- 선제적 항공자유화 추진으로 '09년 이후 아시아, 유럽, 남미지역 9개국*과 추가로 항공자유화에 합의
  * 페루, 마카오, 스페인, 라오스, 에콰도르('11, 여객+화물), 파라과이, 파나마('12, 여객+화물), 홍콩('12, 여객), 아르헨티나('13, 화물) 등
- 적극적인 항공네트워크 확대 노력으로 우리나라 취항 항공사, 국가, 도시, 노선수 모두 증가
- '05년 시장에 진입한 국적 저비용항공사*(LCC, Low Cost Carrier)는 연평균 56%('07~'13)씩 성장, 항공교통 대중화 및 시장 확대에 기여

□ 평가 및 시사점
- 항공네트워크는 지속적으로 확대되고 있으나 1차 계획 시 설정한 목표에는 다소 부족한 상황으로 계속적 노력이 필요
- 항공네트워크가 어느 정도 성숙한 상황에서 이제는 국제시장 동향, 각국 정책변화 등을 고려한 새로운 항공 네트워크 전략 수립 필요
- 또한 항공운송시장과 국적 항공사의 양적인 성장뿐만이 아닌, 중장기적 성장의 기반이 되는 경쟁력 확보를 위한 노력이 부족

---

3) 국토교통부, 제2차 항공정책기본계획 pp.3-5.
4) 국토교통부, 제2차 항공정책기본계획 pp.6-18.

나. 효율적인 공항체계 구현 및 운용

□ 성과
- 인천공항 3단계* 사업 착수('13~'17) 등 인천공항 동북아 허브공항 경쟁력 확보를 위한 기반을 지속 강화
- 영남 및 제주지역 공항인프라 확충 검토를 위한 항공수요 조사를 시행하고 지방공항 활성화를 위한 시설개선 등도 추진
- 도서지역 주민과 관광객의 교통 편의성 향상, 지역 경제 활성화를 위한 울릉·흑산공항 건설을 추진 하여 예비타당성조사 통과('13)
- 항공레저 등 일반항공(General Aviation) 수요 증가에 대응하는 소형항공기 운항 인프라 구축을 위한 이착륙장 설치기준 마련('14)

□ 평가 및 시사점
- 신규항공수요 창출 및 공항수익 다변화를 위한 공항복합도시 개발은 '08년 이후 세계 경기침체로 인 한 투자 유치 저조 등으로 계획대비 미흡
- 1차 기본계획상 공항운영 효율화를 목표로 민간경영기법을 도입한 공항경쟁체제 구축은 사업 추진 공감대 부족 등으로 중단
- 항공여객실적은 지속 증가하고 있으나 '14년부터 인천공항 환승객이 감소하고 있어 인천공항 허브 역량 강화를 위한 새로운 대응 시급
- 김포, 김해, 제주 주요 3개 공항을 제외한 나머지 지방공항들의 운영수지는 적자인 상황으로 지방공 항 수요창출을 위한 방안 모색 필요

다. 사전 예방적 안전관리

□ 성과
- 최근 30년 국적사 사고를 유형별로 구분하여 빈도·위험도가 높은 주요 사고를 중심으로 종합적인 사고재발방지대책 마련·시행('13.9)
- 사전 예방적 안전관리 시스템을 도입('10)하고 상시점검, 비행중 조종실 수시점검(56회) 등을 통해 안 전미흡사항을 발굴하여 사고 예방
- 안전장애가 증가하거나 사업규모를 확대한 항공사 등에 대해 종합적인 안전컨설팅을 지원하고 항공 사 자체안전대책 수립 등 안전성 제고
- 항공사고를 매년 15%씩 감축하여 '17년까지 세계 최고수준의 안전도 달성을 목표로 하는 항공안전 종합대책 마련('13.12)

□ 평가 및 시사점
- 사고 발생 전 다수의 전조현상(사고 징후)에 대한 구체적 정보수집·분석이 부족하여 맞춤형 사고예 방체계 확립을 저해
- 소형 무인항공기, 레저용 초경량비행장치 등 새롭게 수요가 증가하고 있는 항공교통 수단에 대한 안 전관리체계 마련 시급
- 항공산업 전 분야에 사전 예방적 안전관리 시스템(SMS, Safety Management System) 확대 적용을 위한 지속적인 제도 보완 필요
- 항공교통 수요 증가, 국가 안보 상황 등 항공환경 변화에 선제적 대응을 위한 국가공역 및 항공로 확충·운영효율 방안 마련 시급

라. 항공산업 다양화와 전문인력 육성

□ 성과
- 국내 최초 민간 4인승 소형항공기(KC-100, 나라온) 개발로 세계에서 28번째 민항기 개발국 대열 합류('13)
- 항공법을 개정*하여 항공레저스포츠 산업 육성을 위해 제도적 기반 마련('14)
- 항공 사고예방을 위한 각종 안전장비 기술의 국산화를 통해 내수 시장을 확보하고 해외 수출기반을 마련
- 항공물동량 창출을 위한 인천공항물류단지는 '13년 2단계(326,810㎡) 개장 이후 입주율 향상
- 항공인력양성사업('09~'13)을 통해 항공특성화 과정(941명), 항공인턴쉽(393명) 등 항공전문인력 양성 및 취업 지원

□ 평가 및 시사점
- 항공운송산업 성장에 따라 제작, 정비(MRO) 산업에 대한 수요 또한 증가하고 있으나 국내 산업기반 부족으로 대부분 해외에 의존
- 무인기, 비즈니스제트항공, 항공레저 등 급격하게 성장하는 새로운 산업분야에 대한 기술력, 인프라, 운영 및 관리기준 또한 미흡
- 고부가가치 항공물동량 창출을 위한 글로벌 기업 유치는 아직 저조*하며 인천공항 환적화물은 지속 감소중**으로 물동량 창출전략 강화 필요
- 현재 포괄적인 중장기적 항공인력 양성 및 항공종사자 관리계획이 없이 각각의 세부사업들이 단편적으로 진행 중

마. 국제위상 강화 및 이용자중심의 친환경정책 촉진

□ 성과
- 국제민간항공기구(ICAO) 파트 Ⅲ 이사국 5연임, 항행위원 4연임 달성('13)을 통해 국제항공사회 위상 지속 강화
- 항공교통이용자의 알권리 보호를 위해 항공법을 개정(제119조의2~4 신설, '12)하여 항공교통이용자 보호제도 도입
- '항공부문 온실가스 감축 국가이행계획' 수립과 장기적인 온실가스 저감 정책 추진

□ 평가 및 시사점
- 항공교통이용자 보호제도의 대상이 국적 항공사로 한정되어 있어 급증하는 외국계 항공사 소비자 피해에 대응하기에 한계
- 국제민간항공기구(ICAO) 환경규제 시행('20) 본격화에 대응하여 항공산업 경쟁력 확보를 위한 항공분야 대응전략 마련 시급
- 국제민간항공기구(ICAO) 이사국으로 활동 중이나 정책결정 과정의 참여 비중이 미흡하고 새로운 분야의 패널* 진출도 부진
  * ICAO가 직접 수행하기 힘든 국제기준 제·개정 사항 및 각종 기술적 현안에 대한 전문적 검토를 위해 항행위원회 산하에 설치·운영되는 전문가 그룹
    - 총 20개 패널 중 우리나라 진출분야(8개): 감항('03), 비행장/항공교통/공역안전('05), 위험물('09), 계기비행절차('10), 안전관리('11), 무인기('14)
    - 국제민간항공기구(ICAO) 이사국 외 산하 부속기구 유치, 패널 등 전문가 참여 확대 등 국제사회 내 역할 강화 필요

1.2 제2차 항공정책기본계획[5]

제2차 항공정책기본계획(2015년-2019년)에서 국가항공정책의 목표 및 추진방향은 다음과 같다.

제2차 항공정책기본계획 상의 국가항공정책의 비전 및 목표[6]
- 비전: "글로벌 항공강국 실현"
- 항공정책목표
  - ✓ 항공분야 신규 산업 및 일자리 창출
  - ✓ 글로벌 경쟁력 강화를 위한 항공운송산업 체질 개선
  - ✓ 항공산업과 지역 발전을 견인하는 공항 개발 및 운영
  - ✓ 이용자 중심의 항공교통서비스 제공
  - ✓ 선제적 사고예방과 항공안전의식 고취
  - ✓ 능력기반 항공인력양성 프로그램 구축 및 인력양성
  - ✓ 안전하고 효율적인 미래 글로벌 항공교통체계 구현
  - ✓ 미래를 준비하는 항공분야 기반조성

제2차 항공정책기본계획 목표별 추진방향[7]

목 표	추진방향(25개)
항공분야 신규 산업 및 일자리 창출	·항공기 제작·정비(MRO)산업 등 융합기술산업 육성
	·항공물류산업의 활성화 지원
	·항공레저스포츠 육성을 통한 생활 속의 항공기반 조성
글로벌 경쟁력 강화를 위한 항공운송산업 체질 개선	·국적항공사 경쟁력강화를 위한 지원체계 마련
	·국적항공사의 새로운 공정경쟁 기반 조성
	·국익 기반 전략적 글로벌 항공네트워크 구축
항공산업과 지역 발전을 견인하는 공항 개발 및 운영	·수도권 공항의 경쟁력 강화
	·수요 맞춤형 지방공항 인프라 확충
	·다변화된 항공수요 처리를 위한 공항인프라 확충
	·통합항공운송체계 구축 등 공항운영의 효율성 강화
이용자 중심의 항공교통서비스 제공	·항공교통이용자 보호 및 관리 체계 선진화
	·누구나 편리하게 이용하는 항공교통서비스 제공
선제적 사고예방과 항공안전의식 고취	·과학적 사고예방체계 구축
	·항공안전 취약분야에 대한 맞춤형 안전관리체계 구축
	·신규수요 대응 항공안전체계 구축
능력기반 항공인력양성 프로그램 구축 및 인력양성	·차세대 능력기반의 항공인력 양성 정책 추진
	·국제인력 양성정책에 부합하는 선진교육기반 마련

---

5) 제2차 항공정책기본계획(국토교통부고시 제2014-984호, 2015.1.1. 시행)
   ㅇ 기간: 2015년 - 2019년.
6) 국토교통부, 제2차 항공정책기본계획 p.41.
7) 국토교통부, 제2차 항공정책기본계획 pp.41-42.

안전하고 효율적인 미래 글로벌 항공교통체계 구현	·공역 안전 및 효율적 운영
	·최적화된 공항운영시스템 구축
	·항공정보의 통합관리
	·신개념 운항기반 구축
미래를 준비하는 항공분야 기반조성	·중장기 항공산업 발전을 위한 기반 조성
	·통일을 준비하는 항공정책 추진
	·국제민간항공기구(ICAO) 등 국제항공사회 역할 확대
	·지속가능한 녹생성장을 위한 친환경 항공교통 구축

2. 항공안전기준 연혁

2.1 ICAO의 항공안전기준 연혁

ICAO의 항공안전기준은 시카고협약과 협약의 부속서에서 규정하고 있는 표준 및 권고방식이다. ICAO가 항공기술의 발달과 함께 항공기 사고 방지 및 항공안전 수준을 높이기 위하여 지속적으로 표준 및 권고방식을 신설하거나 개정하여 채택하는 가운데 다음과 같은 정책적인 변화가 있었다.[8]

- ICAO는 1947년 공식 출범이후 국제민간항공의 안전과 질서, 효율성 등을 주요 목적으로 국제민간항공운송의 제반 항공안전기준을 개선하고 이를 이행하는데 노력을 집중하였다.
- ICAO 출범 초기에는 항공안전 관련 규범 제정에 주력하고 항행시설 설치와 운영과 관련하여 안전문제 중심으로 활동하였다.
- 1970년대 및 1980년대는 항공사고 발생이 많아 항공사고조사, 수색 및 구조 서비스, 항공기 폭발테러 방지 등을 위한 노력이 중심이 되었다.
- 1990년대부터는 항공 후진국들이 ICAO 표준을 이행하는 데 문제가 있음을 인식하고 항공안전평가(USOAP) 업무를 도입하여 적용하기 시작하였으며, 동시에 공역의 효율적 활용에 대해서도 노력을 기울였다.
- 2000년대부터는 성능을 근거로 한 ATM의 중요성을 강화하고, 9·11 사태를 계기로 항공보안이 대폭 강화되었으며, 전염병 확산 방지문제 등 항공운송산업의 위협 요인들에 관한 대응방안들이 강구되었다.
- 최근에는 항공안전기준과 관련하여 성능에 기반을 둔 표준 수립과 효과적인 이행 및 사전예방(proactive)적 실행 등이 주요 정책 동향이다. 항공안전기준 및 정보, 환경문제, 보안 등이 여전히

---

8) 국토해양부, 항공안전 국제정책 분석 및 대응전략 수립을 위한 연구 보고서, 2010, pp.254-256 참조.

주요 관심대상이 되고 있다.

최근 ICAO의 항공안전기준에 대한 중요한 정책 변화는 항공안전기준을 위하여 새로운 규정을 추가하여 규정하는 것이 아니라 현재 규정되어 있는 안전기준을 잘 이행하도록 관리하는데 더 큰 중점을 두고 있다는 것이다. 2013년에는 각 부속서에 산재해 있던 안전관리 관련 내용을 하나의 부속서로 통폐합하여 새로운 부속서인 부속서 19를 탄생시키기도 하였다.

또한 ICAO는 실질적인 항공기 사고 방지를 위하여 항공안전 취약국에 대한 개선과 지역항공안전협력, 사고·준사고 기록에 대한 기밀보장 및 안전정보의 보호와 분석 등을 주요 의제로 다루고 있으며, 항공안전평가(USOAP)제도를 지속적으로 발전시켜 적용하고 있다.

항공안전평가(USOAP)란 ICAO가 전 세계에 통일적으로 적용되는 국제기준의 국가별 안전관리체계 및 이행실태를 종합적으로 평가하는 제도로서, 1990년대 초 세계적으로 항공기 사고가 빈발하고 국제기준 불이행이 주요 사고원인으로 지적됨에 따라 그 중요성이 부각되었다. 초기에는 항공안전감독을 수행할 능력이 없는 회원국들이 있음을 고려하여 항공안전감독 및 평가를 위한 세부 지침을 마련함으로써 항공 후진국들의 항공안전감독 실시의무를 돕기 위하여 태동하였으나[9] 이어 모든 회원국에 대한 의무 평가로 전환하였다.[10] 또한 항공안전평가 대상 부속서를 안전 관련 모든 부속서로 확대하였다.[11] 항공기술 발달과 함께 항공안전평가제도 이행은 항공안전에 대한 인식을 획기적으로 제고하는 계기가 되었으며 항공기 사고 발생률을 현격히 줄이는 효과를 가져왔다.

한편, 국제적으로 항공산업을 주도하는 ICAO, 미국, EU의 항공안전정책에 대한 방향 및 주요 정책을 요약하면 다음과 같다.

---

9) ICAO assembly resolution A29-13(1992).

10) ICAO assembly resolution A32-11(1998).

11) ICAO assembly resolution A35-6(2004). 당시 18개 부속서 중 16개 부속서가 평가의 대상이 되었음.

구 분	항공안전정책 방향	주요 정책
ICAO	• 체약국의 항공안전 및 보안 감독시스템 강화 • 성과기반 운영 및 이행위주 의 정책추진 • 조화와 일치성 강조 • 정보 공유의 체계화와 투명성 강조	• 세계항공안전계획(GASP) • 항공안전종합평가(USOAP) • 국가항공안전프로그램(SSP) • 안전관리시스템(SMS)
미국	• 안전개선을 위한 사고율 감소 • 공역 수용능력 확대 및 운영성과 개선 • 세계 민간항공시스템 수용능력 및 안전 증진 • 리더십 육성 및 지원훈련 강화 • 미래 항공수송시스템 체제로의 전환 • SMS 및 새로운 기술도입을 통한 민간항공 안전성 증진 • FAA의 안전정보 수집 촉진 및 민간항공안전팀의 활성화	• FAA 국제항공안전평가(IASA) • 차세대항공교통시스템(NextGen)통합계획 • Flight Plan • 교통부전략계획 • 사업 계획(Business Plans)
EU	• 항공단일시장 및 SESAR 추진 • 외국항공사 안전점검 및 운항금지 기준의 강화	• EASA(European Aviation Safety Agency) 관련 프로그램 추진 - ESSI(European Strategic Safety Initiative) - SAFA(Safety Assessment of Foreign Aircraft)

* 출처: 국토해양부 항공안전규제 합리화 방안 연구요약의 〈표 9〉 및 〈표 10〉 재구성함

2.2 한국의 항공안전기준 연혁

한국의 항공안전기준 연혁은 항공안전규제에 대한 연혁과 맥락을 같이하며, 한국의 항공안전규제 수립은 필요성에 기인하여 추진되는 것이 아니라, 국제기준의 이행 및 항공사고의 발생 등 외부요인에 의해 수동적으로 수립된 규제가 대부분이어서 국내 여건을 고려하여 적용하는데 한계가 있었다. 특히, 항공안전규제를 국제기준에 대하여 면밀한 검토 없이 수용하다 보니, 국내외 현실에 맞지 않는 불합리한 규제들이 다소 존재하고 있다.[13]

---

12) 2011년, 국토해양부 항공안전규제 합리화 방안 연구요약의 <표 9>, <표 10>을 재구성함.

13) 국토해양부, 항공안전규제 합리화방안 연구(요약), 2011, pp.16-17.
　나. 항공안전규제 체계 실태분석을 통한 시사점
　○ 국내 항공환경과 효과분석을 고려한 규제
　　- 우리나라 항공안전규제 수립은 필요성에 기인하여 추진되는 것이 아니라, 국제기준의 이행 및 항공사고의 발생, 항공기술의 발달, 항공수요 증대 등 외부영향에 의한 수동적인 규제수립이 대부분으로 국내 여건을 고려하여 적용하는데 한계가 있었음.
　　- 특히, 항공안전규제는 국제기준을 면밀한 검토 없이 수용하다 보니, 규제를 받게 되는 대상자의 현황 파악 및 효과분석 없이 적용함에 따라 국내 현실에 맞지 않는 불합리한 규제들이 다소 존재하게 됨.
　　- 앞으로는 국제적 및 사회적 요구에 따라 규제를 수립할 때에는 국내 항공환경 등의 여건을 고려하고, 효과분석을 통한 객관적이고 합리성을 확보해야 하며, 사전에 피 규제자에 해당되는 이해관계자뿐 아니라, 소비자 단체들과도 충분한 협의가 이루어져야 할 것임.
　○ 사전에 항공사고를 예방할 수 있는 규제
　　- 국내 사망사고가 많았던 시기인 1990년대를 살펴보면, 잇따른 사고발생 후 해당 관련 규제가 신설·강화되는 양상을 보임. 이러한 사후처리 방식의 규제수립은 해당 사고로 인한 위험을 방지할 수는 있으나, 다른 요인에 의한 항공사고를 예방하기에는 한계가 있음.
　　- 항공사고 발생에 따른 규제보다는 항공산업의 변화에 대응하면서 사전에 항공사고를 예방할 수 있는 관련 안전관리프로그램 활성화 및 사전적 안전관리를 지원하는 규제체계가 수립되어야 함.
　○ 항공안전규제 대상 및 주체별로 차별화된 규제
　　- 최근 국내 항공운송산업은 저비용항공사의 본격적인 국제선 참여, 소형항공운송사업자의 시장진입 확대, 그리고 항공레저스포츠의 수요증가 등 항공산업이 다각화되면서 구조적으로 급변하고 있음.
　　- 이러한 급변하는 환경에도 불구하고, 항공산업의 구조적 발전 및 저변확대를 위한 법적·제도적인 변화는 환경변화에 비해 느리며, 이는 항공운송산업의 발전을 저해하는 요소로 작용하기도 함.
　　- 각 분야별 합리적인 발전 및 안전 향상을 위한 사업특성에 맞는 차별적인 규제가 마련되어야 함.

<표 31> 국내 항공안전규제 연혁

	주요 항공안전규제	비고 (항공사고 및 국제기준 변화)
1950년대	• 1952년 한국 ICAO 가입	
1960년대	• 1961년 항공법 공포	
1970년대	• 1971년 항공운송사업진흥법이 제정 • 1972년 항공기 예비품 기준 감사의무화 • 1977년 항공종사자 수급계획 수립	• 1971년 속초비행장 대한항공 추락
1980년대	• 1987년 항공기 안전성 확보 곤란시의 감항증명 효력 중지, 외국항공기의 유상운송 허가 의무, 초경량비행 장치의 비행 승인 등을 신설	
1990년대	• 1991년 승무원 최대비행시간 지정 과징금 상향조정 • 1993년 비상위치지시용 무선설비 설치, 항공사고조사 근거마련 • 1998년 기장의 노선자격 심사 강화 항공기 공중충돌 방지장치 장착 의무화 • 1999년 준사고 보고제도 도입, 항공안전감독관제도 도 입, 전문점검관 채용	• 1993년 목포공항 아시아나항공 B-737 운거산 충돌 • 1997년 괌 공항 대한항공 B-747 추락 • 1998년 ICAO 32차 총회에서 항공안전관리 실태 의무 점검과 지적사항 시정의무 이행 결의
2000년대	• 2001년 항공운송사업 운항증명, 정비조직 승인제도 도 입, 운항기술기준 고시 근거 및 준수의무 마련, 운항증 명 및 운항기술기준 등 위반 시 과징금 부과기준 마련 • 2005년 항공영어 구술능력 증명 근거 마련 • 2007년 항공안전관리시스템 수립 및 운용 근거 마련 • 2009년 항공안전 자율보고 규정마련, 항공운송사업의 면허기준을 개편	• 2001년 FAA 항공안전등급 2등급 하향 조정 • 2003년 ICAO 무선 통신 종사자의 국제업무 규정 강화 • 2006년 세계항공국장회의 항공안전관리시스템 권고 • ICAO Annex 13 권고사항 수용

* 출처: 국토해양부 항공안전규제 합리화 방안 연구요약의 〈표 6〉

3. 국가항공안전프로그램 및 항공안전관리시스템

국내 항공안전관리체계는 기본적으로 시카고협약 및 부속서에서 정한 기준을 국내 법령에 반영하여 관리하고 있으며, 국가항공안전프로그램(SSP, State Safety Programme) 및 항공안전관리시스템(SMS, Safety Management System)으로 구체화되어 있다.

시카고협약 부속서 19는 국가항공안전프로그램(SSP), 항공안전관리시스템(SMS)을 운영함에 있어 사전 예방적 안전체계로의 전환을 유도하고 있고 한국도 이에 부응하여 「항공법」에 국가항공안전프로그램 및 항공안전시스템에 대하여 규정하고 있으며 세부기준은 행정규칙으로 규정하고 있다.

기존의 항공안전관리제도는 항공사 등이 준수해야 하는 안전기준·절차를 설정하고 이를 감독하는 데 중점을 두었으나, 이와 같은 방식으로 항공사고율을 낮추는 데에는 한계가 있으며 사전 예방적이고 자율적인 안전관리방식으로 전환할 필요성이 있다는 것이 전문가들의 공통된 인식이다. ICAO도 국가의 항공안전 목표를 계량화하고 안전성과를 측정해 위험도를 관리하는 항공안전관리시스템(SMS)을 도입하여 잠재적인 위험과 사고요인 관리를 종합적이고 체계적으로 관리하도록 규정하고 있다.

이에 부응하여 한국도 2008년 국가의 항공 안전목표를 정하고 안전보고, 사고조사, 안전감독 및 안전평가 등 국가의 항공 안전 활동을 종합적으로 관리하는 국가항공안전프로그램(SSP)을 도입하였으며, 이 국가항공안전프로그램에 따라 항공사, 정비업체, 관제기관, 공영운영자 등 항공 서비스 제공자들이 항공안전관리시스템(SMS)의 구축의무를 법제화하였다. 이와 같은 국가항공안전프로그램 및 항공안전관리시스템의 운영은 위험관리 및 사전 예방적 안전관리의 중요성이 확산되는 계기가 되었다.[14]

이와 관련한 국가항공안전프로그램 구성도 및 국가 항공안전 목표·지표 체계도는 다음과 같다.

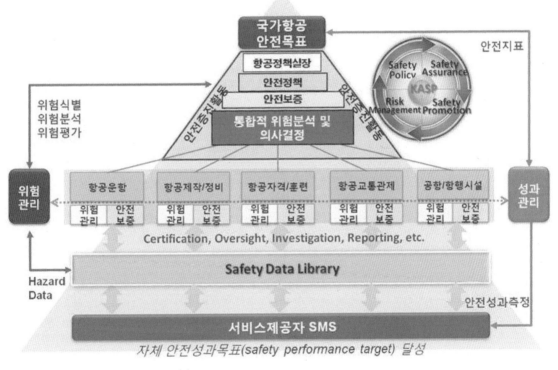

출처: 국토해양부 정책자료집(2008.2~2013.2) ③ p.52

〈그림 6〉 국가 항공안전 프로그램 구성도

---

14) 국토해양부 정책자료집(2008.2~2013.2) ③ 09 항공산업 국제 경쟁력 강화 pp.51-57 참조.

출처: 국토해양부 정책자료집(2008.2~2013.2) ③ p.54

〈그림 7〉 국가 항공안전 목표·지표 체계도

항공법 제49조(항공안전프로그램 등) - 2015.7.1. 현재
① 국토교통부장관은 다음 각 호의 사항이 포함된 항공안전프로그램을 마련하여 고시하여야 한다.
  1. 국가의 항공안전에 관한 목표
  2. 제1호의 항공안전 목표를 달성하기 위한 항공기 운항, 항공교통업무, 항행시설 운영, 공항 운영 및 항공기 정비 등 세부 분야별 활동에 관한 사항
  3. 항공기사고, 항공기준사고 및 항공안전장애 등에 대한 보고체계에 관한 사항
  4. 항공안전을 위한 자체조사활동 및 자체안전감독에 관한 사항
  5. 잠재적인 항공안전 위험요소의 식별 및 개선조치의 이행에 관한 사항
  6. 지속적인 자체감시와 정기적인 자체안전평가에 관한 사항
② 다음 각 호의 어느 하나에 해당하는 자는 사업·교육 또는 운항을 시작하기 전까지 제1항의 항공안전프로그램에 따라 항공기사고 등의 예방 및 비행안전의 확보를 위한 항공안전관리시스템을 마련하고 국토교통부장관의 승인을 받아 운용하여야 한다. 국토교통부령으로 정하는 중요 사항을 변경할 때에도 또한 같다.
  1. 제26조제1호부터 제4호까지의 규정에 따른 항공종사자 양성을 위하여 제29조의3제1항에 따라 지정된 전문교육기관
  1의2. 제75조제2항에 따른 항행안전시설의 설치자, 제80조제1항에 따른 항행안전시설의 관리자
  2. 제111조의2제1항에 따른 공항운영자
  3. 제112조제1항에 따라 국내항공운송사업 또는 국제항공운송사업의 면허를 받은 자, 제132조제1항에 따라 소형항공운송사업의 등록을 한 자(이하 "항공운송사업자"라 한다) 및 항공기 중량·승객 좌석 수 등 국토교통부령으로 정하는 기준에 해당하는 항공기로 국외를 운항하려는 자
  4. 제137조의2제1항에 따라 항공기정비업의 등록을 한 자
③ 국토교통부장관은 항공교통업무를 체계적으로 수행하기 위하여 제1항의 항공안전프로그램에 따라 항공교통업무에 관한 안전관리시스템을 구축·운용하여야 한다.

④ (이하 생략)

항공안전관리시스템(SMS)이란 처벌 중심의 사후적 안전관리방식에서 탈피하여 잠재적인 안전저해요소들을 발굴하여 이에 대한 방지책을 수립 및 이행하는 사전예방적인 안전관리방식을 말하며, 전문교육기관, 항행안전시설 관리자, 공항운영자, 항공운송사업자 등은 항공기사고 등의 예방 및 비행안전의 확보를 위한 항공안전관리시스템을 마련하고 국토교통부장관의 승인을 받아 운용하여야 한다. 항공안전관리시스템에는 ① 안전정책 및 목표, ② 위험요소관리절차, ③ 안전보증활동, ④ 안전증진활동 등이 포함되어야 한다.[15]

이와 관련하여 국토교통부장관은 국가항공안전프로그램을 고시로 제정하여 운영하고 있으며 국가항공안전프로그램의 주요 내용은 다음과 같다.

첫째, 국가항공안전프로그램 전문에 항공안전관리에 관한 기본방침으로 "항공교통의 안전 확보는 국토교통부의 주요 임무 중의 하나이며, 최고의 가치이다. 국토교통부는 국제민간항공기구(ICAO)의 기준과 국내 항공법규 요건을 준수하고 최고 수준의 안전도를 유지하기 위하여 필요한 전략과 프로세스를 수립·시행하며, 이를 지속적으로 개선하기 위하여 노력한다. 서비스제공자는 안전관리 능력의 향상과 선진 안전문화 조성을 위하여 시스템적인 안전관리기법을 적용하고 본래의 취지대로 제반 기능이 구현되도록 노력하여야 한다. 정부 및 항공 산업계의 모든 안전관계 임·직원들은 최고 수준의 안전도 유지를 위해 적극 노력하여야 하며, (이하 생략)"라고 명시하고 있다.

둘째, 고시 제1조(목적), 제3조(적용범위), 제4조(항공안전프로그램의 성격과 위상), 제9조(항공안전법규체계), 제14조(항공안전조직의 구성, 기능 및 임무) 등을 규정함에 있어 시카고협약 및 부속서 등에서 요구하는 바를 국가항공안전프로그램을 비롯하여 전반적인 국내 항공안전 관계 법령 등에 반영하여 적용하고 있음을 규정하고 있다.[16] 또한 제6조에서는 국가항공안전프로그램과 안전관리시스템과의 관계를 명시하고 있으며, 상호 유기적인 관계 속에서 안전정책에 따른 계획, 위험관리, 안전보증 활동을 지속적으로 이행함으로써 안정증진이 가능함을 보여주고 있다.

---

15) 시카고협약 부속서 6 Part1 Appendix 7. 항공법시행규칙 제143조의 7.

16) 제1조(목적) 항공안전프로그램은 「항공법」 제49조 및 같은 법 시행규칙 제143조의4부터 제143조의7까지의 규정에 따라 항공사고를 예방하고 안전을 확보하기 위한 국가의 항공안전활동과 안전관리시스템(SMS: Safety Management System) 운용자의 안전증진 활동을 위한 기본방향과 운용 절차를 정함을 목적으로 한다.
    제3조(적용 범위)
    ① 이 고시는 항공교통 안전에 영향을 미칠 수 있는 자격관리(ICAO Annex1), 운항(ICAO Annex6), 감항(ICAO Annex8), 항공교통업무(ICAO Annex11), 항공기 사고조사(ICAO Annex13), 공항(ICAO Annex14) 부문의 안전 활동에 대하여 적용한다.
    ② 이 고시는 법 제49조제2항 및 제3항에 따라 항공안전관리시스템을 운용하는 항공운송사업자, 항공기정비업자, 항공교통관제기관, 공항운영자 및 항행안전시설의 설치자·관리자 등에 적용한다.
    제4조(항공안전프로그램의 성격과 위상) ① 이 고시는 「ICAO 안전관리 부속서(Annex19)」와 「ICAO 안전관리지침서(Doc9859)」에 따른 항공안전 관리에 필요한 제반 지침을 반영하며, 국가항공안전관리를 위한 기본적인 사항과 안전관리시스템(SMS) 운용자가 준수해야 할 세부적인 요건을 정한다.

국내 항공교통의 안전 확보는 정부의 주요 임무이다. 정부는 ICAO의 기준과 국내 항공법규 요건을 준수하고 안전을 유지하기 위하여 필요한 전략과 프로세스를 수립하여 시행해야 하며 이를 지속적으로 개선해야 한다. 항공안전은 항공실무를 토대로 규칙을 제정해야 하는바 항공안전규제사항에 대하여 항공 산업계의 의견을 적극 수렴해야 한다. 또한 항공안전보고제도와 자유로운 정보교환 여건을 조성하여 효율적인 안전관리 실현을 지원해야 하며, 안전과 관련된 문제를 해결하는 과정에서 민간 항공사와 상호 협력해야 한다.[17]

4. 항공표준용어

법령 입안 시 기본적으로 4가지 원칙(① 입법조치의 필요성과 타당성, ② 입법 내용의 정당성과 법적합성, ③ 입법 내용의 체계성·통일성과 조화성, ④ 표현의 명료성과 평이성)을 준수해야 하는데, 용어 선정에 있어서도 같은 원칙 준수가 요구된다. 특히, 항공안전 분야에 사용되는 용어의 경우 기본적으로 국제성이 강한 항공안전기준의 도입으로 인하여 발생되는 것이기 때문에 더욱더 주관적인 의견을 배제하고 보다 기본에 충실한 객관적인 접근이 필요하다.

반면에 현실적으로는 국내 기준이 미흡한 상태에서 새롭게 요구되는 국제기준이 도입되는 경우가 대다수인 관계로 인하여 용어선정상 오류를 범할 확률이 높다. 항공분야 전문인력이 턱없이 부족한 상태에서 항공분야 조약에 대한 공식 번역문 및 관련 법규상의 용어가 체계적이고 일관되게 사용되지 못하고 있는 것은 안타깝지만 당연한 결과이다. 더욱이 항공분야에 대한 전문지식이 부족한 상태에서 외국어로 표기된 용어를 단순 번역하거나 항공분야의 전문지식이 부족한 사람의 이해를 높이기 위하여 과도한 의역을 한다면 향후 용어 선정 오류로 인한 영향은 상상을 초월하는 결과를 낳을 수 있다.

항공안전기준의 직접적인 법원이 되고 있는 시카고협약 및 부속서에서는 항공안전기준을 적용함에 있어 체약국이 통일된 기준을 적용할 의무를 부여하고 있고 아울러 모든 체약국이 통일된 기준을 적용할 수 있도록 국제 표준 및 권고방식에 용어정의를 포함하여 규정하고 있다. 따라서 체약국이 국제 표준 및 권고방식에 합당한 의무를 수행함에 있어 표준으로 규정한 용어정의를 사용하는 것은 당연한 것이며 체약국이 별도로 다르게 정의하여 적용할 수 있는 사항이 아니다.

한국이 2001년 미국 FAA로부터 항공안전 2등급이라는 항공안전 불합격 판정을 받았을 때, 미흡한

---

17) 소재선·이창규, "항공안전관리에 관한 법적 고찰", 「항공우주정책법학회지」 제29권 제1호, 한국항공우주정책법학회, 2014, p.26.

항공법을 보완하면서 '운항기술기준'을 신규로 제정하였다. 당시 운항기술기준 등과 같은 정부 발행 고시, 훈령 등을 신규로 제정할 때 국내외 항공법규에서 사용되는 용어에 대한 정확한 개념을 이해하는 전문가가 턱없이 부족하여 어려움이 많았으며 그 결과 당시 사용한 용어들이 시카고협약 체계에서 통일된 개념으로 사용되어야 할 용어의 개념과 다르게 사용한 예들이 즐비하였다. 예를 들어 현재 국토교통부 고시로 운영되고 있는 운항기술기준에 항공기 운항과 관련된 요건을 규정함에 있어 'all general aviation'를 '모든 일반항공(general aviation)'이라 하지 않고 '모든 항공'이라고 번역하여 반영한 오류로 인하여 일반항공에 한하여 적용해야 할 요건을 모든 항공에 적용해야 하는 요건으로 잘못 규정한 사례가 있으며, 'operations specifications'을 번역함에 있어 '운영기준'이라는 통일된 용어를 사용하지 않고, '운영기준', '운영세칙', '운항기준' 등 다양한 용어로 표기되어 수년 동안 수정 없이 사용되기도 하였으며, 이러한 오류는 약 10년에 걸쳐 수정되었다.

항공안전기준을 이행할 때, 약속된 용어정의를 사용하는 것은 가장 기본적인 요소이다. 국제조약 및 시카고협약에서 정한 기준을 준수함에 있어 국제표준 및 권고방식에 대한 명확한 이해가 선행되어야 하며, 체약국의 법규 제·개정 및 이행 기준을 마련함에 있어 지속적으로 ICAO에서 정한 표준화 용어 및 개념을 반영하고 일치시켜야 한다.

시카고협약 부속서는 항공기술 발달과 함께 항공분야에 대한 전문적 지식이 요구되는 내용들을 담고 있고 시카고협약 체약국은 시카고협약 및 부속서에서 정한 국제 표준 및 권고방식을 준수할 의무가 있다. 체약국이 부속서에서 정한 SARPs를 준수한다는 것은 사용된 용어 및 기술된 내용에 대하여 임의적 또는 이해하는 바대로 적용하라는 것이 아니라, 시간적, 공간적 정해진 방식대로 SARPs에 입각하여 준수한다는 것이다. 이런 연유로 SARPs를 준수함에 있어 용어의 의미를 명확히 이해하고 있어야 하며, 특정 용어의 의미가 기본적인 개념 이외에 시간, 장소 및 적용 대상에 대하여 특별히 한정하는 내용을 담고 있는지를 확인하고 이를 지켜야 한다.

약속된 주요 용어는 관련 법규에 명시하고 간행물에 통일된 용어를 사용함으로써 적용상 혼선을 줄일 수 있는바, 정부 및 학계에서는 용어 사용에 주의를 기울이고 용어통일에 각별히 노력해야 한다. 이와 관련하여 다음과 같이 몇 가지 예를 들어 용어통일을 제시한다.

4.1 국제민간항공조약과 국제민간항공협약

1944년 시카고에서 체결된 'Convention on International Civil Aviation'[18]을 국내항공법 및 항공관련법규에서는 '국제민간항공조약' 또는 '국제민간항공협약'으로 다르게 표기하고 있는데 이를 통일할 필요성이 있으며 '국제민간항공협약'으로 통일하여야 한다.

'Convention on International Civil Aviation'은 조약의 여러 종류 중에 협약의 형태에 해당한다. 그러나 국내 항공법규에서는 한글 명칭이 통일되지 않고 다르게 표기되어 있다.

'Convention on International Civil Aviation'은 전 세계 민간항공 관련법의 기초가 되고 있으며 한국도 '항공법', '항공 보안법' 및 '항공·철도사고조사에 관한 법률'에서 'Convention on International Civil Aviation'에 대하여 언급하고 있으나 같은 대상을 서로 다른 명칭으로 사용하고 있다. '항공법'과 '항공·철도사고조사에 관한 법률'에서는 '국제민간항공조약'으로 '항공보안법'에서는 '국제민간항공협약'이라는 용어를 사용하고 있다. 외교부에 문의결과 답변은 '국제민간항공협약'이 올바른 표현이라는 입장이다. 이와 같이 같은 대상에 대한 고유명사를 항공 관계 법률에서조차 다르게 표기하는 것은 기본원칙에 어긋날 뿐 아니라 사용자의 법적 지식수준이 다양하고 적용상 혼선을 야기할 수 있기 때문에 명칭 통일이 필요하다.

〈표 32〉 국제민간항공조약/국제민간항공협약 사용사례

구 분	명칭(국제민간항공조약 또는 국제민간항공협약)
항공법	• 제1조(목적) 이 법은 「국제민간항공조약」 및 같은 조약의 부속서에서 채택된 표준과 방식에 따라 항공기가 안전하게 항행하기 위한 방법을 정하고, 항공시설을 효율적으로 설치·관리하도록 하며, 항공운송사업의 질서를 확립함으로써 항공의 발전과 공공복리의 증진에 이바지함을 목적으로 한다.
항공 보안법	• 제1조(목적) 이 법은 「국제민간항공협약」 등 국제협약에 따라 공항시설, 항행안전시설 및 항공기 내에서의 불법행위를 방지하고 민간항공의 보안을 확보하기 위한 기준·절차 및 의무사항 등을 규정함을 목적으로 한다.
항공철도사고조사에 관한 법률	• 제3조(적용범위 등) ① 이 법은 다음 …… 사고조사에 관하여 적용한다. 2. 대한민국 영역 밖에서 발생한 항공사고등으로서 「국제민간항공조약」에 의하여 대한민국을 관할권으로 하는 항공사고등 ④ 항공사고등에 대한 조사와 관련하여 이 법에서 규정하지 아니한 사항은 「국제민간항공조약」과 같은 조약의 부속서에서 채택된 표준과 방식에 따라 실시한다.

---

18) ICAO Doc 7300/9, 2007.11.26.

4.2 표준 및 권고방식

'Standards and Recommended Practices'에서 'Recommended Practices'를 '권고', '권고사항', '권고방식', '방식', '권고관행', '관행' 등으로 다양하게 표기하고 있는데 이를 '권고방식'으로 통일하고, 권고방식 사례공유 등을 통하여 권고방식을 활성화하여야 한다.

시카고협약 및 부속서상의 'Standards and Recommended Practices'는 체약국이 해당 기준을 이행할 때 매우 중요한 의미를 가진다. 협약 제38조 및 각 부속서에서는 표준과 권고방식에 대하여 각기 다른 의미를 부여하고 있다. 양자가 동일한 구속력을 가지는 것은 아니지만 일정한 조건하에서는 구속력이 있다. 국제 표준과 체약국의 기준 사이에 차이가 있을 경우 체약국은 이를 즉각 ICAO에 통보할 의무를 가진다. ICAO 표준의 개정내용이 자국의 기준과 상이한 체약국은 자국 기준을 ICAO 표준에 부합하도록 개정하는 조치를 취하지 않는 경우 국제 표준 채택으로부터 60일 이내에 ICAO에 통보할 의무가 있다.

한편 권고방식과 상이한 국내기준에 대해서는 ICAO에 통보할 의무는 협약에 규정되어 있지 않아 ICAO에 상이점을 통보하는 것이 협약상의 의무는 아니나 ICAO는 결의문을 통하여 표준과 권고방식을 따르도록 권고하고 있고 체약국의 기준이 ICAO의 기준과 다를 경우에는 표준은 물론 권고방식에 해당하는 기준에 대한 차이점도 ICAO에 통보하도록 요청하고 있다.

이와 같이 'Standards'와 'Recommended Practices'의 가장 큰 차이점은 의무이행 정도의 차이이다. 체약국은 부속서에서 규정한 내용을 토대로 체약국의 항공 관계 법규에 반영하고 있다. 한국도 이러한 정신을 '항공법' 및 '항공·철도 사고조사에 관한 법률' 등에 반영하고 있지만 '부속서에서 채택된 표준과 방식에 따라'[19]라고 표현함으로써 표현이 모호하고 용어정의가 명확히 규정되어 있지 않은 관계로 그 중요성이 희석되고 있고 국내 각종 간행물에서 'Recommended Practices'에 해당하는 용어를 통일된 용어가 아닌 다양한 용어로 사용하게 하는 계기가 되고 있다. 따라서 '권고방식'으로의 통일된 용어정의와 함께 '표준'뿐 아니라 '권고방식'을 발전시키고 활성화하는 것이 필요하다.

4.3 항공업무

시카고협약 등에서는 '항공업무'가 항공활동과 관련하여 발생하는 포괄적인 업무를 포함하고 있으나, 국내항공법에서는 항공종사자의 업무 등으로 한정하여 규정함으로써 그 영역을 축소하고 있는바,

---

19) 시카고협약 부속서는 국제 표준과 권고방식을 정하여 채택하고 있음. 따라서 시카고협약 부속서에서 채택된 방식이란 'Recommended Practices (권고방식)'를 의미하는 것으로 이에 대한 실체를 보다 명확히 명시할 필요가 있음.

시카고협약에 따라 포괄적인 항공업무의 정의가 필요하다.

시카고협약은 민간 항공업무와 관련하여 항공질서 및 항공안전기준을 규율하는 항공법의 기초가 되고 있으며, 국내항공법의 법원으로서의 지위를 확고히 하고 있다. 시카고협약 제96조는 "항공업무(air service)란 승객, 우편, 화물에 대한 대중 운송을 위하여 항공기에 의해 수행되는 항공업무를 의미한다"라고 포괄적인 업무를 규정하고 있는 반면에 국내 항공 관계 법률의 기본법인 항공법 제2조 정의에서는 항공업무를 항공기 운항과 관련하여 항공종사자 등의 업무로 한정함으로써 항공업무의 영역을 스스로 축소시키고 있다. 실질적으로 항공법에서는 항공업무를 항공기운항과 관련한 항공종사자의 업무로 한정하고 있으며 종사자의 자격증명에 이상이 발생한 경우 해당 업무행위를 제한하는 수단으로 활용하고 있다. 그러나 시카고협약에서 관장하는 항공업무는 항공종사자의 업무 이외에 항공당국의 업무는 물론 항공사와 공항운영자 및 항공시설관리자 등의 업무를 포괄적으로 포함하고 있고, 현실적으로 기내 난동 승객에 대한 조치도 항공업무로 다루어야 하는 사항인바, 항공관계법의 기본법인 항공법에서 항공업무의 범위를 좁은 의미로 한정하는 것은 바람직한 방법이 아니며, 최소한 시카고협약에서 규정하고 있는 내용을 포괄하는 내용으로 수정되어야 한다.

〈표 33〉 항공업무의 용어정의 및 적용기준 비교

구 분	내용(항공업무)
시카고협약	• 시카고협약 제96조 용어정의 "항공업무(air service)"란 승객, 우편, 화물에 대한 대중 운송을 위하여 항공기에 의해 수행되는 항공업무를 의미한다.[20]
항공법	• 항공법 제2조 "항공업무"란 다음 각 목의 어느 하나에 해당하는 것을 말한다. 가. 항공기에 탑승하여 하는 항공기의 운항(항공기 조종연습은 제외한다) 나. 항공교통관제 다. 운항 관리 및 무선설비의 조작 라. 정비·수리·개조(이하 "정비등"이라 한다)된 항공기·발동기·프로펠러(이하 "항공기등"이라 한다), 장비품 또는 부품에 대하여 제22조에 따라 안전성 여부를 확인하는 업무 마. 항공기에 사람이 탑승하지 아니하고 원격·자동으로 비행할 수 있는 항공기(이하 "무인항공기"라 한다)의 운항 • 제25조(항공종사자 자격증명 등) ① 항공업무에 종사하려는 사람 또는 경량항공기를 사용하여 비행하려는 사람은 국토교통부령으로 정하는 바에 따라 국토교통부장관으로부터 항공종사자 자격증명(이하 "자격증명"이라 한다)을 받아야 한다. • 제27조(업무 범위) ① 자격증명을 받은 사람은 그가 받은 자격증명의 종류에 따른 항공업무 외의 항공업무에 종사하여서는 아니 된다. • 제33조(자격증명·항공신체검사증명의 취소 등) • 제164조(무자격자의 항공업무 종사 등의 죄)

* 출처: 이구희, 박사학위 전게논문, pp.99-100

---

20) 시카고협약 제96조 (a). "Air service" means any scheduled air service performed by aircraft for the public transport of passengers, mail or cargo.

4.4 In flight와 비행중·운항중·항행중

항공기의 안전운항 확보 및 항공기 내 범죄행위에 대한 규율을 함에 있어서 'in flight'라는 용어는 국제법은 물론 국내법에서도 매우 중요한 의미를 가진다. 특히 기장의 권한 및 기내에서 발생한 범죄행위에 대한 관할권 행사 등에 있어서 'in flight'의 개념은 모든 관련 국제조약 체약국들이 공통된 개념을 가지고 있어야 한다. 따라서 국제조약에 따라 국제법을 준수하고 있는 한국도 항공법규에 대한 적합한 용어정의와 함께 일관된 용어 사용이 필요하나, 용어정의가 미흡한 상태에서 혼용되고 있어 시급히 재정립이 필요하다.

동경협약, 헤이그협약, 몬트리올협약에서는 'in flight'를 모두 '승객이 탑승한 후 항공기의 모든 문이 닫힌 때부터 내리기 위하여 문을 열 때까지'로 규정하고 'in flight' 중 기장의 권한 등을 명시하고 있다. 또한 한국이 각 조약 가입 시 공식 번역문에서는 'in flight'를 모두 '비행중'으로 번역하였으며, 추가하여 몬트리올협약에서는 'in flight' 이외에 비행준비를 하는 단계부터 착륙 후 24시간까지를 'in service'를 규정하고 있는데 이를 '운항중'으로 번역하였다.[21] 그러나 「항공법」 및 「항공보안법」 등에서는 항행중, 비행중, 운항중 등이 명확한 구분 없이 다소 혼재되어 사용되고 있으며, 「항공보안법」에서는 각 협약에서 규정하고 있는 'in flight'를 우리나라 조약 번역문서 및 학계에서 널리 사용하고 있는 '비행중'이 아닌 '운항중'으로 표기하고 있어 혼선을 주고 있다. 'in flight'와 관련하여 각 조약 및 국내 항공법규에서의 용어 정의 및 적용 기준은 다음 표와 같다.

〈표 34〉 in flight 용어정의 및 적용기준 비교

구 분	용어 정의 및 적용 기준(in flight 및 in service)
동경협약 (1963)	• 'in flight'를 '이륙을 목적으로 엔진이 작동되는 때부터 착륙을 위해 주행이 끝날 때까지' 규정함(제1조 3항) • 1조 3항에서 정한 기준과 상관없이 기장의 권한에 관련하여서는 'in flight'를 '항공기 출입문이 승객 탑승 후 닫힌 때부터 하강(disembark)하기 위하여 출입문이 열릴 때까지'로 규정함(제5조2항). 이는 헤이그협약 및 몬트리올협약에서 규정한 바와 같이 항공기 출입문 개폐를 기준으로 하고 있는 것임 • 국내 조약 번역서는 'in flight'를 '비행중'으로 번역하였으며, 국내 학자들도 대부분 'in flight'를 '비행중'으로 번역하여 사용 중임
헤이그 협약(1970)	• 'in flight'를 '항공기 출입문이 승객 탑승 후 닫힌 때부터 하강(disembark)하기 위하여 출입문이 열릴 때까지'로 규정함(제3조1항)
몬트리올협약 (1971)	• 'in flight'를 '항공기 출입문이 승객 탑승 후 닫힌 때부터 하강(disembark)하기 위하여 출입문이 열릴 때까지'로 규정함(제2조 (a)항) • 'in service'를 항공기가 사전 비행준비를 하는 단계부터 시작하여 이륙을 하여 착륙한 후 24시간까지로 규정하여 in service 시 발생한 항공범죄를 다룸

---

21) 몬트리올협약에서는 항공기가 사전 비행준비를 하는 단계부터 시작하여 이륙을 하여 착륙한 후 24시간까지를 'in service'로 하고 이때 발생한 항공범죄를 다루고 있음. 여기서 'in service'를 운항중으로 번역한 것은 이에 대한 영향 등을 고려할 때 적합하지 않으며, 꼭 번역사용이 필요한 경우 서비스중으로 표기하는 것이 이상적임.

시카고협약과 동 부속서	• 시카고협약은 'in flight'에 대하여 용어정의를 하고 있지 않으며 언급한 내용도 없음[22] • 시카고협약 부속서 2; 기장은 기장임무수행 중에 항공기의 처리에 대하여 최종적인 권한을 가짐[23] • 시카고협약 부속서 6; 기장(PIC)[24]은 이륙을 위하여 문이 닫혀 있는 동안 승무원, 승객, 화물의 안전에 대해 책임을 지며, 항공기 이륙을 위하여 이동할 준비가 된 시점부터 착륙 후 항공기 엔진을 끈 시점까지 항공기에 대한 안전운항 책임을 가짐[25]
항공법	• 운항중, 비행중, 항행중 용어정의 없이 혼재 사용 • 기장에 대한 용어 정의 및 권한 규정에 있어 적용 기준이 명확하지 않음 • 'flight time'는 국내항공법, 운항기술기준 및 각종 지침 등에서 '승무시간'과 '비행시간'으로 구분 없이 사용되고 있으나, 혼선 방지 및 의미 통일을 위해 '비행시간'으로 용어 통일이 바람직함
항공보안법	• '운항중'을 '승객이 탑승한 후 항공기의 모든 문이 닫힌 때부터 내리기 위하여 문을 열 때까지를 말한다'라고 규정함(제2조) • '운항중'인 항공기 및 '계류중'[26]인 항공기등을 해한 자 등에 대한 항공범죄를 규정하고 있음

* 출처: 이구희, 박사학위 전게논문, pp.101-102

상기 표에서 알 수 있듯이 「항공보안법」 제2조에서는 "운항중이란 승객이 탑승한 후 항공기의 모든 문이 닫힌 때부터 내리기 위하여 문을 열 때까지를 말한다"라고 규정하고 있는데, 이는 동경협약 및 몬트리올협약에서 규정하고 있는 in flight 개념을 충실히 반영한 것으로 'in flight'를 '운항중'으로 번역하여 반영한 것으로 보인다. 그러나 조약 비준 시 국내 번역서는 'in flight'를 '비행중'으로 번역하였고, 국내 대다수 학자들 및 항공사에서도 비행중이라는 용어를 널리 사용하고 있는 현실을 왜곡한 것으로 보인다.

현재 국내 항공법규에서는 항공범죄 및 기장의 권한 등과 관련하여 'in flight' 용어를 '비행중' 또는 '운항중'으로 혼재하여 사용하고 있다. 게다가 '항행중', '비행중', '운항중'에 대하여 「항공법」및 「항공보안법」에서 명확한 용어정의 및 관계정립이 되어있지 않았음에도 불구하고 이들 용어와 관련하여 처벌 및 허가 취소 등과 같은 매우 중요한 요건을 부과하고 있다. 「항공법」및 「항공보안법」에서 사용된 대표적인 예를 보면 다음과 같다.

항행중 사용 예[27]
• 항공법 제50조(기장의 권한 등) ① 항공기의 비행 안전에 대하여 책임을 지는 사람(이하 "기장"이라 한다)은 그 항공기의 승무원을 지휘·감독한다. ④ 기장은 항행중 그 항공기에 위난이 발생하였을 때에는 여객을 구조하고, 지상 또는 수상에 있는 사람이나 물건에 대한 위난 방지에 필요한 수단을

---

22) 단, 부속서 1, 6은 'flight time'에 대한 용어정의는 있으며 국내 항공법규에서는 'flight time'를 승무시간과 비행시간으로 구분 없이 사용되고 있으나, '비행시간'으로 용어 통일이 바람직함.

23) 시카고협약 부속서 2. 2.4 Authority of pilot-in-command of an aircraft.

24) 시카고협약 부속서 6 part 1, Chapter 1.

25) 시카고협약 부속서 6 part 1, 4.5.1.

26) 몬트리올협약 제2조(b)에서는 항공기가 사전 비행준비를 하는 단계부터 시작하여 이륙을 하여 착륙한 후 24시간까지의 시간을 'in service(서비스중)'이라고 규정하여 항공범죄 적용대상을 확대 적용하고 있는데, 항공보안법 상의 '계류중'은 몬트리올협약상의 '서비스중'을 더욱 확대 반영한 것임.

27) 아래 기준은 항공기 안전운항 등과 관련된 사항으로 항행중으로 한정할 이유가 없으며, 국제조약에서 규정하고 있는 'in flight' 시 기장의 권한과 책임 및 범죄 행위에 적용되는 시점에 해당되는 바, in flight에 해당되는 '비행중'으로 수정해도 무방함.

마련하여야 하며, 여객과 그 밖에 항공기에 있는 사람을 그 항공기에서 나가게 한 후가 아니면 항공기를 떠나서는 아니 된다.

- 항공법 제157조(항행중 항공기 위험 발생의 죄) ① 항행중인 항공기를 추락 또는 전복시키거나 파괴한 사람은 사형, 무기징역 또는 5년 이상의 징역에 처한다. ② 제156조의 죄를 지어 항행중인 항공기를 추락 또는 전복시키거나 파괴한 사람도 사형, 무기징역 또는 5년 이상의 징역에 처한다.
- 항공법 제158조(항행중 항공기 위험 발생으로 인한 치사·치상의 죄) 제157조의 죄를 지어 사람을 사상에 이르게 한 사람은 사형, 무기징역 또는 7년 이상의 징역에 처한다.
- 항공법 제160조(과실에 따른 항공상 위험 발생 등의 죄) ① 과실로 항공기·비행장·공항시설 또는 항행안전시설을 파손하거나, 그 밖의 방법으로 항공상의 위험을 발생시키거나 항행중인 항공기를 추락 또는 전복시키거나 파괴한 사람은 1년 이하의 징역이나 금고 또는 2천만 원 이하의 벌금에 처한다.

비행중 사용 예

- 항공법 제55조(비행중 금지행위 등) 항공기를 운항하려는 사람은 사람과 재산을 보호하기 위하여 다음 각 호의 어느 하나에 해당하는 비행 또는 행위를 하여서는 아니 된다. 다만, 국토교통부령으로 정하는 바에 따라 국토교통부장관의 허가를 받은 경우에는 그러하지 아니하다.
  1. 국토교통부령으로 정하는 최저비행고도 아래에서의 비행
  2. 물건의 투하 또는 살포
  3. 낙하산 강하
  4. 국토교통부령으로 정하는 구역에서 뒤집어서 비행하거나 옆으로 세워서 비행하는 등의 곡예비행
  5. 무인항공기의 비행
  6. 무인자유기구의 비행
  7. 그 밖에 사람과 재산에 위해를 끼치거나 위해를 끼칠 우려가 있는 비행 또는 행위로서 국토교통부령으로 정하는 비행 또는 행위
- 150조(허가의 취소 등) ① 국토교통부장관은 외국인 국제항공운송사업자가 다음 각 호의 어느 하나에 해당하면 그 허가를 취소하거나 6개월 이내의 기간을 정하여 그 사업의 정지를 명할 수 있다. 다만, 제1호 또는 제21호에 해당하는 경우에는 그 허가를 취소하여야 한다.
  6. 제55조를 위반하여 비행중 금지행위 등을 하게 한 경우

운항중 사용 예[28]

- 항공보안법 제2조(정의) 이 법에서 사용하는 용어의 뜻은 다음과 같다. 다만, 이 법에 특별한 규정이 있는 것을 제외하고는 「항공법」에서 정하는 바에 따른다.
  1. "운항중"이란 승객이 탑승한 후 항공기의 모든 문이 닫힌 때부터 내리기 위하여 문을 열 때까지를 말한다.
  8. "불법방해행위"란 항공기의 안전운항을 저해할 우려가 있거나 운항을 불가능하게 하는 행위로서 다음 각 목의 행위를 말한다.
     가. 지상에 있거나 운항중인 항공기를 납치하거나 납치를 시도하는 행위
- 항공보안법 제39조(항공기 파손죄) ① 운항중인 항공기의 안전을 해칠 정도로 항공기를 파손한 사람(「항공법」 제157조제1항에 해당하는 사람은 제외한다)은 사형, 무기징역 또는 5년 이상의 징역에 처한다. ② 계류중인 항공기의 안전을 해칠 정도로 항공기를 파손한 사람은 7년 이하의 징역에 처한다.
- 항공보안법 제42조(항공기 항로 변경죄) 위계 또는 위력으로써 운항중인 항공기의 항로를 변경하게 하여 정상 운항을 방해한 사람은 1년 이상 10년 이하의 징역에 처한다.

---

28) 국제조약에서 규정하고 있는 'in flight' 시의 범죄 행위에 대한 적용기준을 규정하고 있는 사항으로 in flight에 해당되는 용어를 '운항중'으로 번역하여 표기 하였으나, 용어의 일반성 및 통일적 사용을 고려하여 '비행중'으로 용어를 통일하여 사용하는 것이 바람직함.

- 항공법 제61조의2(전자기기의 사용제한) 국토교통부장관은 운항중인 항공기의 항행 및 통신장비에 대한 전자파 간섭 등의 영향을 방지하기 위하여 국토교통부령으로 정하는 바에 따라 여객이 지닌 전자기기의 사용을 제한할 수 있다.

상기에서 보듯이 승객, 화물, 승무원 및 항공기의 안전운항을 위한 기장의 권한과 책임은 물론 항공범죄 등에 대한 행정처분과 관련히여 가장 기본이 되는 개념 중의 하나가 'in flight'이다. 게다가 벌칙조항 및 과징금 등과 직접적 또는 간접적으로 연관되어 있는바, 보다 명확한 용어 정의 및 합당한 적용기준이 필요하다.

이와 관련하여 국제조약 및 시카고협약 부속서에서 규정하고 있는 'in flight' 등과 관련하여 항공법 및 항공보안법 등 국내 항공법규에서는 '항행중', '비행중', '운항중'으로 혼재되어 사용되고 있는바, 다음과 같은 개선안을 제시한다.

첫째, 동경협약, 헤이그협약 및 몬트리올협약에서 정의하고 적용하고 있는 'in flight'를 국내 항공법규에 반영하여 적용하는 용어는 '비행중' 또는 '운항중'으로 혼용하여 사용하지 말고 명확한 용어정의와 함께 '비행중'으로 통일하여 사용한다. 'in flight'를 '운항중'보다 '비행중'으로 사용함이 더 적합하다고 보는 이유는 '비행중'이 용어의 통일성, 체계성 및 조화성에서 더 높다고 평가하기 때문이다. 예로써 본 협약 공식 번역문서 및 학자들의 사용 용어 및 항공사에서도 비행중의 용어로 널리 사용되고 있고, flight time 및 flight duty period도 비행시간 및 비행근무시간으로 널리 통용되고 있기 때문이다.

둘째, 시카고협약 및 시카고협약 부속서에 의거 사용되는 기장의 권한과 책임에 대해서도 기본적인 용어는 '비행중'으로 사용하되 특별히 시점을 제한할 필요가 있을 경우에는 그 시점을 한정하여 표기한다. 예) 기장은 비행중 문이 닫혀 있는 동안 승무원, 승객 및 화물의 안전에 대해 책임을 지며, 비행중 '이륙을 위해 이동할 준비가 된 시점부터 착륙 후 항공기 엔진을 끈 시점'까지는 항공기의 안전한 운항에 책임을 진다.

셋째, 상기 첫째 및 둘째로 해결되지 않는 경우에 대해서는 필요 시 별도로 명확한 용어정의와 함께 적용기준을 수립하여 사용한다. 이런 측면에서 특별히 명시하지 않는 한 비행중과 운항중은 비행중으로 통일하여 사용하고, 이륙부터 착륙까지를 항행중으로 규정하되, 항행중은 특별히 항행중이란 용어로 한정하여 사용할 필요성이 있는 경우에 한하여 사용하는 방안도 고려할 수 있다. 이를 다음과 같은 표로 그려볼 수 있다.

〈표 35〉 항행중 및 비행중

구분	주기	출입문 닫힘	엔진 시동[29]	이륙	순항	착륙	엔진정지[30]	출입문 열림	주기
항행중									
비행중(in flight)[31]									
계류중									

* 출처: 이구희, 박사학위 전게논문, p.105

4.5 Accident, Serious incident, Incident

항공기 사고와 관련하여 국내법에서는 시카고협약 부속서 13 항공기 사고조사(Aircraft Accident and Incident Investigation)에서 정한 국제 기준을 토대로 'accident', 'serious incident', 'incident'를 항공기 사고, 항공기 준사고, 항공안전장애로 규정하여 적용하고 있다.

사고조사 및 사고방지를 위해 가장 기본이 되는 것 중의 하나가 'accident', 'serious incident', 'incident'에 대한 개념이다. 그러나 ICAO의 경우 'incident'가 'serious incident'를 포함하는 개념인 데 반하여 이를 번역·반영하여 사용 중인 국내항공법에서는 '항공안전장애(incident)'가 '준사고(serious incident)'를 포함하지 않는 것으로 정의하는 오류를 보이고 있다. 또한 영어에서는 'incident'와 'serious incident'의 연관성을 쉽게 예상할 수 있는 반면에 '항공안전장애'와 '준사고'의 연관성을 짐작하기 어렵다. 이와 같은 개념 차이 및 미흡한 용어 선정으로 인하여 적용상 혼선을 야기하고 있는바 현행 규정을 개정·보완하지 않는 한 이런 혼선은 지속될 수밖에 없다. 이와 관련하여 다음과 같이 용어 수정 및 개선이 필요하다.[32]

첫째, 'accident', 'serious incident', 'incident'에 대한 국내 법규상의 용어정의를 ICAO에서 정한 용어정의와 일치시켜야 한다. 즉, 'incident'는 'serious incident'를 포함하는 개념임을 일치시켜야 한다.

둘째, 'serious incident', 'incident'에 대한 국내 법규상의 용어를 '준사고', '항공안전장애'가 아니라 연관성을 고려하여 '심각한 항공안전장애', '항공안전장애'로 수정하는 것이 필요하다.

셋째, 정부 및 학계의 자료에서조차 빈번히 발생하고 있는 용어사용 오류를 방지하고 현장에서의 올바른 인식을 위하여 적용상 혼선이 예상되는 중요 용어에 대하여는「항공법시행규칙」등의 해당 용어에 한글과 영문을 병행할 필요가 있다. 이런 측면에서 '사고(accident)', '심각한 항공안전장애(serious incident)', '항공안전장애(incident)'와 같이 각각 원문을 병행하여 표기하는 것이 필요하다.

---

29) 항공기 이동시작의 의미로 통용됨.

30) 항공기 정지의 의미로 통용됨.

31) 'in flight'에 해당하는 '비행중', '운항중'의 표기를 '비행중'으로 통일.

32) 상세내용 제10장 10.1 항공기 사고, 준사고, 항공안전장애 참조.

상기와 같은 개선을 통해 시카고협약 부속서 13에서 규정하고 있는 accident(사고) 및 serious incident (심각한 항공안전장애 = 준사고)에 한하여 요구되고 있는 "accident/incident data report(ADREP)"를 제대로 숙지하고 혼선 없이 활용할 수 있을 것이다.

4.6 Flight time과 비행시간·승무시간

시카고협약 부속서 1 항공종사자 자격증명(Personal Licensing) 및 부속서 6 항공기운항(Operation of Aircraft) 등에서는 'flight time'에 대하여 용어정의를 동일하게 규정하고 있으며, 각 부속서에서 'flight time'은 승무원의 비행경력 및 피로관리와 관련하여 중요한 의미를 갖는다. 반면에 국내항공법시행규칙에서는 'flight time'에 해당하는 용어를 명확한 기준 없이 조항에 따라 '비행시간'과 '승무시간'으로 구분하여 표기하고 있고,33) 운항기술기준에서는 '승무시간'과 '비행시간'을 혼용하여 사용하고 있다.

승무원 피로관리와 관련하여 가장 기본이 되는 항목이 'flight time' 제한이다. 피로관리도입 초기 단계부터 시카고협약 부속서 6에 'flight time'을 제한하고 있으며 항공법 제46조에 이를 반영하고 있다. 그러나 국내 거의 모든 간행물에서는 원문의 의미를 반영하여 'flight time'을 '비행시간'으로 표기하고 있으나 항공법에서는 'flight time'을 '승무시간'으로 정의하고, 'flight duty period'를 '비행근무시간'으로 정의하여 반영하였다. 또한, 국토교통부장관 고시인 운항기술기준 본문에서도 'flight time'을 주로 '비행시간'으로 사용하고 있으며, 또한 용어정의에서도 일반적으로 사용되고 있는 현실을 고려하여 "승무시간을 비행시간이라고도 한다"라고 추가함으로써 승무시간이 비행시간과 같은 용어임을 명시하고 있다.34) 그러나 'flight time'은 용어의 본질적 의미, 현장에서의 사용빈도, 관련 용어와의 일관성 등을 고려 및 혼선을 방지하기 위하여 'flight time'을 '승무시간'과 '비행시간'으로 혼용할 것이 아니라 '비행시간'으로 통일하여 사용하는 것이 필요하다. 이는 'flight crew'에 해당하는 용어를 항공법 일부개정 법률 7691호(2005.11.8)에 의거 '항공기승무원'에서 '운항승무원'으로 변경한 사례와 같다.

---

33) ICAO Annex 1 및 Annex 6에는 flight time에 대하여 용어정의를 하고 있으며, flight time에 대한 용어 정의는 모든 Annex에서 동일한 정의를 가지고 있음(Flight time - aeroplanes. The total time from the moment an aeroplane first moves for the purpose of taking off until the moment it finally comes to rest at the end of the flight). 반면에 항공법시행규칙에서는 flight time에 해당하는 용어를 명확한 기준 없이 비행시간과 승무시간으로 조항마다 다르게 명시하고 있어 적용기준상 혼선이 야기되고 있음(비행시간 사용: 항공법시행규칙 제66조의 4, 124조, 162조 등, 승무시간 사용: 항공법시행규칙 제143조 등). 만일 항공법규에서 flight time 이외에 별도로 pilot time을 규정할 필요가 있는 경우 조종시간으로 정의할 필요가 있으며 이는 비행시간(flight time) 중 일정부분에 해당될 것임(Pilot (to). To manipulate the flight controls of an aircraft during flight time).

34) 운항기술기준, 승무시간이란 운항승무원이 비행임무를 수행하기 위하여 항공기에 탑승하여 이륙을 목적으로 항공기가 최초로 움직이기 시작한 시각부터 비행이 종료되어 최종적으로 항공기가 정지한 시각까지의 총 시간을 말하며, 회전익항공기의 경우 주회전익이 회전하기 시작한 때부터 주회전익이 멈춘 시각까지 경과한 총 시간을 말함. (주) Flight Time은 Block to block 또는 Chock to chock로도 정의하며, "비행시간"이라고도 함.

제2장

항공안전 관련 정책 및 제도

본 장에서는 주요 항공안전정책 및 제도를 고찰하고 필요시 착안사항을 기술하였다. 세부적으로는 항공기 운항과 관련된 항목 중 ICAO에서 개정 동향이 있는 사항 및 국내기준이 국제기준과 상이하게 적용하고 있는 사항에 대하여는 항목별로 가능한 한 ICAO의 기준을 토대로 FAA, EASA, 한국의 기준을 비교 검토하여 국내 기준의 문제점을 알아보고 주요 논점을 위주로 개선방안을 제시하였다.

각 항목별 항공안전기준 비교 연구의 목적은 항공안전기준 관련 ICAO, FAA, EASA 및 한국의 기준에 대한 비교를 통해 미흡한 항공안전 기준을 보완하고 개선하여 한국의 항공안전기준의 체질을 강화하고 선도적 대응을 통해 항공산업 발전에 기여하기 위함이다.

1. 항공기 탑재서류

시카고협약 및 동 협약 부속서 6 항공기운항(Operation of Aircraft) 등에서는 국제민간항공 항공기에 탑재해야 하는 서류를 규정하고 있다.

시카고협약 제5장은 항공기운항 시 충족해야 할 이행 요건을 규정하고 있다. 제29조 항공기 휴대서류, 제30조 항공기 무선장비, 제31조 감항증명서, 제32조 항공종사자 면허, 세33조 증명서 및 면허 승인, 제34조 항공일지 등에 대하여 규정하고 있으며 이와 관련하여 구체적인 표준 및 권고방식에 대한 기준은 시카고협약 부속서에서 규정하고 있다.

항공기 휴대서류와 관련하여 유럽은 Commission Regulation(EU) No965/2012에 기본 내용을 규정하고 있다. 여기에서 항공기에 휴대하여야 하는 서류, 매뉴얼, 자료는 원본 또는 사본이 탑재되어야 한다고 규정하고 있다.[1] 아울러 이러한 휴대서류는 인쇄물 이외의 형태도 인정될 수 있고 접근, 사용 및 신뢰할 수 있는 전자저장매체도 가능하다고 규정하고 있다.[2]

---

1) EASA AMC-GM to Part-CAT 180.

2) EASA AMC1 CAT.GEN.MPA 180.

한국도 항공법 및 운항기술기준에 항공기에 탑재하여야 할 서류들을 명시하고 있다. 이와 관련하여 시카고협약, ICAO 표준 및 권고방식, 국내외 법규 및 전 세계 다양한 항공안전평가제도에서 규정하고 있는 탑재서류 및 조종사 비행기록부의 탑재기준을 요약하면 다음과 같다.

〈표 36〉 항공기 탑재서류

항공기 탑재 서류	
구 분	탑재서류
시카고협약[3]	• 등록증명서(Certificate of registration) • 감항증명서(Certificate of airworthiness) • 승무원 자격증명(Crew members' licenses) • 항공일지(Journey log book) • 항공기 무선국 허가증(Aircraft radio station licenses) • 승객명세표(Passenger list) • 화물명세표(Cargo manifest)
시카고협약 부속서[4]	• 운항증명서(AOC) • 운영기준(Operations specifications) • 소음적합증명서(Noise certification) 등
한국[5]	• 항공기등록증명서 • 감항증명서 • 탑재용 항공일지 • 운용한계 지정서 및 비행교범 • 운항규정 • 항공운송사업의 운항증명서 사본 • 운영기준 사본 • 소음기준적합증명서 • 운항승무원의 유효한 자격증명서(조종사의 비행기록부 포함) • 항공기 무선국 허가증 등
EASA[6]	• The Certificate of Registration; • The Certificate of Airworthiness; • The original or a copy of the Noise Certificate • The original or a copy of the Air Operator Certificate • The Aircraft Radio Licence • The original or a copy of the Third party liability Insurance Certificate • Valid flight crew licence • Journey log, etc.
USOAP CMA PQ[7]	• Certificate of registration • Certificate of airworthiness • Crew members' licences • Journey log book • Aircraft radio station licences • Passenger manifest • Cargo manifest • Certified true copy of the AOC • Operations specifications • Noise certification, etc.

* 출처: 이구희, 박사학위 전게논문, pp.143-144

---

3) 시카고협약 제29조.

1.1 항공일지

항공일지(Journey log)의 개념은 각 여정마다 기록을 작성하는 것이었다.

시카고협약 제29조는 체약국은 항공일지를 항공기에 탑재하도록 규정하고 있고, 제34조에 국제항공에 사용되는 모든 항공기는 항공기, 승무원 및 여정을 기록한 항공일지를 유지하도록 규정하고 있으며, 제37조에 ICAO에서 항공일지에 관한 표준 및 권고방식을 채택하도록 규정하고 있다. 이에 따라 동 협약 부속서 6항공기운항(Operation of Aircraft)에서는 항공일지에 포함되어야 할 항목을 규정하고 있으며[8] 기장은 항공일지 포함사항에 대한 책임이 있음을 명시하고 있다.[9]

항공일지에 포함될 내용에 대해서는 시카고협약 부속서 6 항공기운항(Operation of aircraft) 국제표준이 아닌 권고방식으로 규정하고 있으며, 비행시간 및 항공안전장애(incident) 항목 등을 포함하고 있다. 이는 항공일지의 양식 및 포함 내용에 대해서는 체약국이 항공안전과 관련해 상식에 비추어 운영하는 항공일지를 인정한다는 것으로 해석된다.

시카고협약 제29조 항공기 탑재서류(Documents carried in aircraft)

Every aircraft of a contracting State, engaged in international navigation, shall carry the following documents in conformity with the conditions prescribed in this Convention:

(a) Its certificate of registration;

(b) Its certificate of airworthiness;

(c) The appropriate licenses for each member of the crew;

(d) Its journey log book;

(e) If it is equipped with radio apparatus, the aircraft radio station license;

(f) If it carries passengers, a list of their names and places of embarkation and destination;

(g) If it carries cargo, a manifest and detailed declarations of the cargo.

시카고협약 제34조 항공일지(Journey log books)

There shall be maintained in respect of every aircraft engaged in international navigation a journey log book in which shall be entered particulars of the aircraft, its crew and of each journey, in such form as may be prescribed from time to time pursuant to this Convention.

시카고협약 부속서 6, Part 1, 11.4 항공일지(Journey log book)

11.4.1 Recommendation.- *The aeroplane journey log book should contain the following items and the corresponding roman*

---

4) 시카고협약 부속서 6 Part I 6.1.2, 6.13, Part II 6.8, Part III, II-4.1.2 II-4.11, 부속서 16 Vol 1 Part II 1.4.

5) 항공법 제41조, 항공법 시행규칙 제130조(항공기에 탑재하는 서류), 제320조의2. 운항기술기준 8.1.5.

6) Commission Regulation (EC) No 8/2008 OPS 1.125 Documents to be carried. OPS 1.1055 Journey log.

7) USOAP CMA PQ No OPS 4.017.

8) 시카고협약 부속서 6, 11.4.1 Recommendation으로 규정함.

9) 시카고협약 부속서 6, 4.5.5.

numerals:

I - *Aeroplane nationality and registration.*

II - *Date.*

III - *Names of crew members.*

IV - *Duty assignments of crew members.*

V - *Place of departure.*

VI - *Place of arrival.*

VII - *Time of departure.*

VIII - *Time of arrival.*

IX - *Hours of flight.*

X - *Nature of flight(private, aerial work, scheduled or non-scheduled).*

XI - *Incidents, observations, if any.*

XII - *Signature of person in charge.*

11.4.2 Recommendation.- *Entries in the journey log book should be made currently and in ink or indelible pencil.*

11.4.3 Recommendation.- *Completed journey log book should be retained to provide a continuous record of the last six months' operations.*

이에 따라 한국도 항공일지에 대한 세부 내용 및 탑재용 항공일지에 포함되어야 할 내용에 대해서는 시카고협약에서 정한 기준을 토대로 항공법시행규칙에 규정하고 있다. 항공기를 항공에 사용하려는 자 또는 소유자 등은 해당 항공기에 항공기 안전운항을 위하여 필요한 항공계기, 장비, 서류, 구급용구 등을 설치하거나 탑재하여 운용해야 한다. 항공기의 소유자 등은 탑재용 항공일지, 지상 비치용 발동기 항공일지, 지상 비치용 프로펠러 항공일지, 활공기용 항공일지를 갖추어야 하며, 항공일지에는 비행시간 및 항공기의 비행안전에 영향을 미치는 사항 및 기장의 서명 등이 포함되어야 한다.[10]

유럽연합도 항공일지를 항공기에 탑재하도록 규정하고 있으며 시카고협약 부속서에서 정한 항목을 항공일지에 포함되도록 규정하고 있다.[11] 특이할 만한 내용으로는 항공일지 대신 동등하다고 간주되는 서류를 인정하고 있으며,[12] 예로서 운항계획서(Operational flight plan) 또는 항공기정비일지(aircraft technical log)에 항공일지에 포함되어야 할 내용이 포함되어 있는 경우 별도의 항공일지가 탑재되지 않을 수도 있음을 명시하고 있는 점이다.[13]

---

10) 시카고협약 제34조(journey log book), 같은 협약 부속서 6, Part 1, 11.4(Journey log book), 항공법시행규칙 제124조(항공일지). 항공법시행규칙 제130조, 제320조의 2.

11) Commission Regulation(EU) No 965/2012, CAT.GEN.MPA 180 Documents, manuals and information to be carried.

12) Commission Regulation(EU) No 965/2012, ORO.MLR.110 Journey log.

13) EASA AMC1 ORO.MLR.110 Journey log.

1.2 조종사 비행기록부

시카고협약 부속서 1 항공종사자 자격증명(Personal Licensing)에서는 조종사 비행기록부(Personal log book 또는 pilot log book)의 기록 및 휴대에 대하여 일반적인 기준을 언급하고 있고, 한국은 항공법시행규칙 및 국토교통부장관 고시인 운항기술기준에 조종사 비행기록부를 탑재하도록 규정하고 있다. 한국의 경우 조종사 비행기록부의 탑재의무에 대하여 주기적으로 불만이 제기되고 있다. 항공사 소속 조종사의 경우, 항공사는 조종사에게 비행임무 부여 전에 제반 자격요건 충족 여부를 체계적으로 확인하고 있으며, 조종사도 필요 자격 유무를 시스템 등을 통하여 확인하고 있다. 또한 항공사는 조종사의 최근비행경험, 운항자격 및 비행기록을 기록하고 유지하여야 할 의무가 있다. 이와 관련하여 시카고협약, ICAO 표준 및 권고방식, 국내외 법규 및 전 세계 다양한 항공안전평가제도에서 규정하고 있는 조종사 비행기록부에 대한 탑재기준을 요약하면 다음과 같다.

〈표 37〉 항공일지, 자격증명, 비행기록부 탑재기준

구 분	탑재 기준(휴대 기준)			비고
	항공일지 (Journey log books)	자격증명 (License)	비행기록부 (Personal log book)	
시카고협약	탑재[14]	탑재[15]	탑재 요건 없음	
시카고협약 부속서	탑재[16]	탑재	탑재 요건 없음 (Operator record 또는 personal log book은 보통 international flight에 휴대하지 않음을 명시함[17])	비행기록부 탑재요건 없음 인정(ICAO SARPs)
한국	탑재 (탑재용 항공일지)	탑재	탑재[18]	비행기록부 탑재요건 삭제 필요
미국	탑재	탑재	student pilot 휴대[19] (운송사업 탑재 불요)	
EASA	탑재	탑재	일반항공만 휴대[20] (운송사업 탑재 불요)	
USOAP	탑재	탑재	탑재요건 없음	
IOSA	탑재	탑재	탑재요건 없음	
SAFA	탑재	탑재	탑재요건 없음	

* 출처: 이구희 박사학위 전게논문, pp.146-147

---

14) 시카고협약 Article 29 Documents on International Civil Aviation, Article 34 Journey log books.

15) 시카고협약 Article 29 Documents on International Civil Aviation.

16) 시카고협약 부속서 6, 4.5.5, 11.4.

17) 시카고협약 부속서 1, 5.1.1.1.

18) 항공법시행규칙 제130조 항공기에 탑재하는 서류(조종사의 비행기록에 관한 자료). 항공법시행규칙 제320조의 2 외국인 국제항공운송사업자의 항공기에 탑재하는 서류(승무원의 유효한 자격증명_조종사 비행기록부 포함). 운항기술기준 8.1.7.6 조종사 비행기록부(Pilot Logbooks 소지 필요).

19) FAR Part 61.51.

20) EU No 965/2012 ORO.MLR.110 Journey log. EU는 Journey log와 equivalent 사양을 함께 인정함.

시카고협약은 조종사 비행기록부에 대하여 규정한 내용이 없지만 동 협약 부속서 1은 조종사 비행기록부에 대한 기록 및 휴대에 대하여 언급하고 있다. 즉, 조종사 자격 유효성 및 자격유지는 항공사 기록(Operator record) 또는 조종사 비행기록부(personal log book, pilot log book)에 기록될 수 있다고 규정하면서, 국제 항공운송사업 조종사들이 일반적으로 조종사 비행기록부(personal log book, pilot log book)를 휴대하지 않다는 것을 명시하고 있다. 이는 조종사 비행기록부의 소지 의무가 없다는 것을 의미하는 것이며, 아울러 비행기록부에서 포함되는 내용이 항공사에서 기록하고 유지 및 관리되고 있는 것으로 충분하다는 것을 의미한다.

1.3 착안사항

시카고협약 제5장은 항공기운항 시 충족해야 할 이행 요건을 규정하고 있으며 각 체약국은 이를 준수한다. 한국의 경우 항공사 조종사에게 적용하는 조종사 비행기록부의 휴대요건이 국제기준 대비 강화된 기준을 적용하고 있어 이에 대한 개선이 필요하다. ICAO 기준에 의하면 조종사 자격 유효성 및 자격유지는 운영자의 기록(Operator record) 또는 조종사 비행기록부(personal log book, pilot log book)에 기록될 수 있다고 규정하고 있으며 항공운송사업 조종사들에게 조종사 비행기록부(personal log book, pilot log book) 소지 의무를 부과하지 않는다. 또한 FAA, EASA의 법규는 물론 USOAP, IOSA, IASA, SAFA 등의 평가항목에도 비행기록부를 휴대항목으로 규정하지도 않고 평가하지도 않고 있음은 휴대가 불합리함을 확실히 보여주고 있다고 볼 수 있다.

반면에 한국은 항공법시행규칙 및 운항기술기준에 자격 유지 여부를 확인하기 위하여 항공운송사업용 조종사에게도 조종사 비행기록부(pilot log book) 탑재 또는 전산 출력물로 대체 가능함을 명시하고 있으나 이는 국제기준을 매우 보수적으로 반영한 것으로 조종사의 불만을 야기하고 있다. 따라서 항공사 조종사에 대한 조종사 비행기록부 휴대요건을 삭제하는 것이 필요하다. 항공사 조종사의 운항자격 기록은 기본적으로 항공사에서 관리하며, 운항자격을 충족한 자가 그에 상응하는 비행임무를 수행한다. 조종사 자격증명을 취득하기 위한 학생조종사 이외에 항공사의 조종사에게 조종사 비행기록부를 휴대하도록 규정하고 있는 한국의 기준은 국제기준과 상이하고 적용상 불편을 야기하고 있는바, 휴대 요건을 삭제하는 것이 필요하다. 만일 시카고협약 부속서 1에서 규정하고 있는 조종사 자격증명의 유효성은 확인하고자 하는 것이라면 본질적으로 항공당국에서 조종사 자격증명의 양식을 보완할 일이지 조종사 비행기록부를 탑재하는 것으로 임기응변식 조치를 할 사항이 아니다.

2. 항공기 내 휴대용 전자기기

항공기 내 전자기기 사용제한은 운항중인 항공기의 항행 및 통신장비에 전자파 간섭 등의 영향을 방지하기 위한 것으로 시카고협약 및 협약 부속서에서 특별히 명시적으로 규정한 기준은 없으나 별도의 ICAO 지침서[21]에 항공기 안전 운항을 위해 전자기기의 사용을 제한할 수 있다고 규정하고 있다.

미국 및 EASA의 경우 오랫동안 항공기의 시스템 및 장비에 악영향을 초래할 수 있다고 판단되어 항공기 내 휴대용 전자기기(PED; portable electronic device, personnel electronic device) 사용을 금지하여 왔으나 PED의 안전성 평가 등을 토대로 점차 제한 기준이 완화되면서 PED의 기내 사용이 확대되고 있다. 우리나라도 항공기 내 전자기기 사용 제한이 점차 완화되고 있는 실정이다. 그러나 미국 등 일각에서는 PED의 기내 사용 제한 필요성이 꾸준히 제기되고 있는 실정이다. 일반적으로 항공기 내 PED 사용 및 제한에 대한 주요 내용은 다음과 같다.

- 휴대용 녹음기, 전기면도기, 심장 박동기, 보청기 등 일부 전자기기를 제외한 모든 PED의 항공기 내 사용이 오랫동안 금지되어 왔으나, 미국을 필두로 점차 항공기 내 PED 사용이 확대되고 있다.
- 항공사는 항공기 내에서 PED 사용을 허용하기 전에 위험요소를 인식하고 절차 수립 및 관련자 교육훈련과 함께 인식된 위험을 관리하는 것이 요구되며, 전 운항 단계 동안 PED 사용을 허용하고 있는 항공사라 할지라도 저 시정 운항 등 안전운항상 필요하다고 판단될 경우 PED 사용을 허용하지 않는다.
- 승객의 PED 사용 허용 범위는 점차 확대되고 있는 추세이나, 일반적으로 항공기 출입문이 닫혀 있는 동안 전송기능이 있는 PED는 스위치를 끄던지 전송기능을 없애야 하며, 비행중요단계 및 지상 활주 동안은 PED 크기 및 무게를 고려하여 적합한 보관 장소에 보관하도록 하고 있다. 반면에 EU는 객실에서의 PED 사용을 전 비행단계 동안 사용할 수 있도록 허용하고 있다.
- 반면에 조종실에서의 PED 사용은 객실에서 승객들의 PED 사용에 비하여 보다 제한적으로 사용을 허용하고 있는데, 이는 운항승무원의 주의 집중 임무의 중요성 및 주위 산만으로 인한 심각한 위험초래 가능성을 사전에 방지하기 위함이다.

---

21) ICAO Doc 9376, 8.5.2.

2.1 ICAO 미국 유럽의 항공기 내 휴대용 전자기기 사용 제한

ICAO의 항공기 내 휴대용 전자기기 사용 제한

PED 사용과 관련하여 특별히 시카고협약 및 ICAO SARPs에서 명시적으로 규정한 제한 기준은 없으나, ICAO의 별도 지침서에서는 승객 브리핑 등을 통하여 항공기의 안선 운항을 위해 항공기 항법 시스템에 영향을 줄 수 있는 휴대용 전화기 및 컴퓨터 등과 같은 전자기기의 사용을 제한할 수 있다고 규정하고 있다.[22]

미국의 항공기 내 휴대용 전자기기 사용 제한

미국은 항공기 내 휴대용 전자기기의 사용 및 제한에 대한 기준을 FAR 91, FAR 121, FAR 125, FAR 135 및 FAA AC 91-21B에 규정하고 있다.[23]

원칙적으로 항공기 내 PED의 사용 권한은 운영자 또는 기장에게 있다. 항공운송사업용 및 IFR 항공기에서 휴대용 녹음기, 보청기, 심장박동기, 전기면도기 및 항공기의 항법/통신 시스템에 영향을 주지 않는다고 판명된 PED 이외의 PED에 대해서는 사용을 금지하고 있다.[24]

2013년에 FAA는 항공사가 모든 운항 단계 동안 승객들의 PED 사용을 할 수 있도록 결정했으며, 항공사에게 관련 지침서를 제공하였다.[25] 이에 따라 객실 내 승객들의 PED 사용 허용이 제한적으로나마 확대되었으며, PED의 안전성 인식 확대와 함께 조종실에서도 항공기운항과 직접 관련성, 비상상황 및 안전운항 관련성 및 업무수행을 위한 통신 등을 목적으로 조종실에서의 휴대용 전자기기의 사용을 제한적으로 허용하는 것으로 그 제한 기준을 완화하는 추세에 있다.

FAA AC 91-21.1B는 항공기 내 PED 사용을 위한 지침을 규정하고 있는데 주요 내용은 다음과 같다.[26]

- 운항중 승객의 PED 사용을 통제하기 위한 절차 및 항공기 시스템에 간섭을 유발할 것으로 의심되는 PED의 사용을 중지시키기 위해 운항 절차 수립이 권고된다.
- PED 사용 허용 품목 및 사용 제한 정보에 대해서는 명확히 승객에게 제공되어야 한다(승객 브리핑, 안내서, 안내방송 활용 등).
- 전송기능이 있는 PED(T-PED)는 시스템 전파방해를 막기 위한 FCC 규정[27]에 따라 공중에서의

---

22) ICAO Doc 9376, 8.5.2.

23) FAR Part 91.21, 121.306, 125.204, 135.144, FAA AC 91.21-B.

24) FAR Part 91.21.

25) FAA InFO 13010 (2013.10.31.), FAA InFO 13010SUP(2013.10.31).

26) FAA AC 91-21.1B Use of Portable Electronic Devices Aboard Aircraft(2006.8.25.).

27) Federal Communications Commission(47 CFR 22.925).

무선 전화 사용을 금지한다.

- 의료용 M-PED의 경우, 별도의 기준에 따라 설계 및 검사를 충족해야 기내 사용이 승인된다.

FAA는 2013년 항공기 내 PED 사용 확대와 관련하여 항공사에 사용범위 확대 방법을 제공하기 위한 안내 정보를 제공했다. FAR 규정은 PED 사용을 허용하기 전에 항공사가 PED로부터의 무선주파수 간섭은 항공안전상 위험이 없음을 항공사가 결정한다는 원칙적인 요건을 규정하고 있다. 오랫동안 FAA는 잠재적인 위험 때문에 항공사가 비행중요단계(Critical Phase of Flight) 동안 PED 사용을 허용하지 않도록 권고해왔다. 그러나 항공법규 제정 위원회(ARC: Aviation Rulemaking Committee)의 검토 및 권고에 따라 FAA는 비행중요단계 동안 PED의 안전한 운용이 가능할 정도로 충분히 위험이 완화되었음을 신뢰했으며 항공사에게 PED 사용범위 확대 방법을 제공하기 위해 안내정보를 제공했는데 PED 사용 확대관련 업무 추진 과정 및 주요 내용은 다음과 같다.[28]

- 잠재적 위험 대비 비행중요단계 동안 PED 사용 금지 권고; FAR 규정은 PED 사용을 허용하기 전에 항공사가 PED로부터의 무선주파수 간섭은 항공안전상 위험이 없음을 항공사가 결정할 것을 요구하고 있으며, FAA는 잠재적인 위험과 관련하여 항공사가 비행중요단계 동안 PED 사용을 허용하지 않을 것을 권고한다.

- PED ARC 설립(2013.1.7.); FAA는 PED ARC를 설립하여 PED 사용 관련 정책과 가이드라인을 검토 및 개정안을 마련토록 임무 부여하였다.

- PED ARC 최종보고서 및 권고사항 제출(2013.9.30.); PED ARC는 관련 자료를 검토 후 최종 보고서와 권고사항을 FAA에 제출하였다.

- FAA는 ARC 보고 및 권고에 근거하여, 비행중요단계 동안 PED의 안전한 운용이 가능할 정도로 충분히 위험이 완화되었음을 신뢰하였다.

- FAA는 항공사에게 FAA InFO 13010 제공(2013.10.31.); 항공사가 PED 사용 확대 적용 시, 현재 관련법규(FAR 91.21, 121.306, 125.204, 135.144)를 충족하면서 항공기 내에서 PED 사용 확대 방법을 제공하였다.

- 항공사의 PED 사용 확대 적용(2013.10.31. 이후); 항공사는 항공기에서 사용할 수 있는 PED를 독립적으로 결정하는 데 있어 기술적인 조건과 운영적인 조건을 모두 필요로 하는데, 기술적인 조건을 결정할 때 전파방해로 인한 위험을 없애기 위하여 비행모드를 사용하도록 하거나 안전위험평가[29]를 수행하는 방법을 이용할 수 있다. 또한, PED 사용 확대 적용 시 PED 보관 절차, PED

---

28) FAA InFO 13010(2013.10.31.), FAA InFO 13010SUP(2013.10.31.).

29) 프론트 도어 커플링(전자파 장애원에서 방출된 전파가 피해기기의 안테나, 피더 케이블 및 플러그 등에 직접 결합하여 간섭되며 다음 요소의 영향을 받음)과 백도어 커플링(전자파 장애원에 의해 생성되는 전자기장이 인근의 전력선이나 데이터케이블에 유도 전류를 인가함으로 발생하는 간섭)으로 인한 전파간섭 정도를 검사함.

사용 및 제한 관련 안내 및 통제 절차 등이 관련 매뉴얼 및 훈련 프로그램에 반영되어야 한다. 반면에 비행중 조종실 안의 비행임무 시 개인용 전자기기의 사용을 금지하도록 규정하였다.[30] 이는 필수적으로 수행할 임무가 아닌 경우 조종실에서의 개인용 전자기기 사용이 조종실 임무에 도움을 주지 못하고 조종실에서의 임무와 관련이 없는 행위로 인해 조종사의 상황인식(situational awareness)을 저해하기 때문이다.

이상과 같이 미국은 조종실에서의 PED 사용은 안전에 저해될 수 있다는 이유에서 제한하고 있으며 객실에서 승객들의 PED 사용은 사실상 전면 허용했다. 다만 이착륙 중에는 비행모드로 설정하여 PED를 이용한 전화통화는 불가능하다. 이착륙 단계에서도 PED 사용이 가능함에 따라 대부분의 승객들은 환영하는 입장이나 기내 소음 및 안전 등의 이유로 객실에서의 PED 사용도 제한해야 한다는 주장이 지속적으로 제기되기도 하며, 미국 항공기 승무원 노조는 항공기 이착륙 때 승객들이 소지한 휴대전화를 포함한 소형 전자기기 사용을 금지하도록 연방정부에 요구했다. 항공기 승무원 노조는 FAA를 상대로 한 소송에서 FAA가 지난해 승객들에게 이착륙 때 전자기기를 사용할 수 있도록 항공기안전 가이드라인을 개정한 것은 부당하다며 이같이 주장했다. 노조 측 선임 변호인은 워싱턴 D.C 연방고등 법원의 심리 공판에서 승객들에게 이들 기기를 허용한다면 안전 관련 기내 방송을 제대로 듣지 않거나 기체가 흔들릴 때 기기가 날아다녀 위험할 수 있다고 말했다. 반면에 재판부는 노조 측의 주장에도 승객들의 손에서 전자기기를 떼어 놓는 것은 바람직하지 않다는 입장을 시사했다. 해리 T 에드워즈 판사는 "항공사는 예전부터 이를 어떻게 다룰지에 대한 결정권을 갖고 있었다"고 지적했다. 정부 측 변호인은 전자기기들이 기체 요동 때 날아다닐 위험성이 있다는 노조 측의 우려에 이들 기기는 책보다 더 위험한 것은 아니라고 반박했다.[31]

유럽의 항공기 내 휴대용 전자기기 사용 제한

EASA는 운항과 관련된 기술요건 및 행정절차를 규정한 Commission Regulation(EU) No 965/2012 및 Commission Regulation(EU) No 739/2014에서 항공기 시스템 및 장비에 영향을 미칠 수 있는 휴대용 전자기기(PED; Portable electronic devices)의 항공기 내 사용을 금지하고 있으며,[32] 추가로 EASA의 AMC/GM 에서 일정한 절차 준수 조건하에서 제한적 사용을 허용하고 있다.[33]

EASA는 2013년 11월 26일 비행모드 'on' 상태에서 PED 사용을 모든 비행단계로 확대하는 것으로

---

30) FAA Final Rule Docket No. FAA-2012-0929; Prohibition on Personal Use of Electronic Devices on the Flight Deck(2014.4.14. 시행).

31) 워싱턴 AP=연합뉴스(2014.10.14.).

32) Commission Regulation(EU) No 965/2012; CAT.GEN.MPA.140. Portable electronic devices. Commission Regulation(EU) No 739/2014; CAT.GEN.NMPA.120. Portable electronic devices, SPO.GEN.130 Portable electronic devices.

33) EASA AMC & GM to Part CAT (AMC1 CAT.GEN.MPA.140 PED).

개정했으며,[34] 2014년 9월 26일에는 비행모드 'off' 상태에서도 PED 사용이 가능하도록 개정하였다.[35]

〈표 38〉 EASA의 PED 사용 확대 단계

단 계	PED 사용
1단계	• 비행모드 'ON' 'OFF'와 상관없이 비행중요단계 동안 사용 불가
2단계 (2013.11.26.)	• 비행모드 'ON': 전 비행단계 동안 사용 가능 • 비행모드 'OFF': 지상, 이륙, 착륙단계에서는 사용 불가하고 순항단계에서만 사용가능
3단계 (2014.9.26.)	• 비행모드 'ON' 'OFF'와 상관없이 전 비행단계 동안 사용 가능

* 출처: 이구희, 박사학위 전게논문, p.154

상기 표의 2단계에서 EASA 회원국의 항공사들은 항공사 재량으로 항공기 내에서 스마트폰, 태블릿 PC, 전자북, MP3 플레이어와 같은 개인용 전자기기를 이착륙 시에도 계속 켜 놓을 수 있게 됐다. 다만 전자기기는 비행모드(Flight Mode or Airplane Mode)하에 사용되고 전송기능이 꺼져 있어야 하며 항공기 내 전자기기 사용에 대해서는 해당 등록국가의 항공당국에게 사용정보를 제공해야 한다. 이와 같이 사용 PED 사용 확대를 위하여 EU No 965/2012에서 정한 관련 규정은 그대로 유지하면서 관련 AMC/GM의 일부 내용을 보완하였다. EU No 965/2012의 CAT.GEN.MPA.140은 "항공사는 항공기에 탑승하여 항공기의 시스템 및 장비의 성능에 악영향을 줄 수 있는 PED를 사용하는 것을 허용해서는 아니 되며 사용을 방지하기 위한 모든 조치를 취해야 한다"라고 명시하고 있다. 이는 PED 사용 자체를 금지하는 것이 아님을 의미하지만 항공사가 PED로부터 무선주파수방출이 항공기의 시스템 및 장비에 위험하지 않고 PED의 사용을 허용하기 전에 모든 위험요소가 경감된다는 것을 입증하는 것이 필요하다. 관련 AMC(AMC1 CAT.GEN.MPA 140 등)는 항공기 내에서 PED 사용이 항공기 시스템 및 장비의 성능을 저해하는 것을 방지하기 위해 항공사가 고려해야 할 PED 사용 제한, 사용 기준 및 허용 방법 등에 대한 지침을 제공하고 있으며 주요 내용은 다음과 같다.

• 객실에서 PED 사용 제한; 항공기 내에서 승객의 PED 사용을 허용하려면 승객의 PED 사용을 통제하기 위한 절차가 있어야 하며, 승무원에 대하며 PED 사용, 제한 통제 등에 대한 적합한 훈련이 선행되어야 한다.

• 조종실에서의 PED 사용 제한; 전파 방해로 인한 보다 심각한 위험 초래 가능성 및 운항승무원의 주의 집중 임무를 방해하여 주위를 산만하게 할 가능성이 있기 때문에 조종실에서는 PED를 사용하지 않는다. 다만, 운항승무원의 임무를 위해서는 제한된 범위 내에서 사용절차 등을 준수하

---

34) EASA AMC & GM to Part CAT (AMC1 CAT.GEN.MPA.140 PED, 2013.11.26.

35) EASA AMC & GM to Part CAT (AMC1 CAT.GEN.MPA.140 PED, 2014.9.26.(Annex to Decision 2014-029-R).

여 사용할 수 있다.

이에 따라 항공기 내에서 PED 사용을 허용하기 전에 위험요소를 인식하고 인식된 위험을 관리하는 것이 요구되며, PED 사용을 허용하고 있는 항공사라 할지라도 저 시정 운항 등 안전운항 상 필요하다고 판단될 경우 PED 사용을 허용하지 않는다. 또한 승객은 항공기 출입문이 닫혀 있는 동안 전송기능이 있는 PED의 스위치를 끄던지 전송기능을 없애야 하며, 비행중요단계 및 지상 활주 동안 PED 크기 및 무게를 고려하여 적합한 보관 장소에 보관하도록 하고 있다.

상기 표의 3단계에서는 규정적으로 비행중 전 비행단계 동안 PED 사용이 전면 허용되었다. 승객들은 PED를 사용함에 있어 '비행모드(airplane mode)'로 설정하지 않고도 비행중인 항공기 안에서 자유롭게 사용할 수 있도록 관련 규정이 개정되었다. 개정된 항공안전기준에서는 PED 사용을 허용하는 PED 종류 및 허용 방식을 항공사가 자체 규정으로 정할 수 있도록 하였다. EASA는 허용되는 전자기기 종류는 한 항공사 안에서도 비행기 종류에 따라 달라질 수 있을 것이라고 밝혔다. 또 항공사들은 전자기기 사용을 허용하기 전에 항공기가 전자기기 전파에 악 영향이 없다는 것을 증명해야 한다. EASA에 의하면 변경된 기준의 경우 이론적으로는 모든 비행단계에서 전화를 할 수 있다는 것을 의미하나 이를 위해서는 항공사들이 먼저 PED 사용을 허용해야 한다.

2.2 한국의 휴대용 전자기기 사용제한

한국은 항공법, 항공보안법, 운항기술기준에 항공기 내에서의 전자기기 사용에 대한 기준을 규정하고 있고,[36] 승객의 경우 모든 비행 단계에서 PED 사용이 허용되고 있으며, 전자파 영향을 고려하여 이착륙 단계에서는 비행기 모드하에서 사용할 수 있다. 한편 FAA 및 EASA에서 규정하고 있는 조종실에서의 PED 사용 제한에 대해서는 규정하고 있지 않다.

2.3 착안사항

미국 및 유럽을 필두로 비행중 항공기 안에서 승객의 PED 사용에 대한 허용이 확대되고 있고, 반대로 조종실 내에서의 업무와 관계없는 PED 사용은 점차 엄격히 제한하고 있다.

항공기는 최첨단 항법장비, 자동비행장치, 통신장비 등을 갖추고 있다. 수많은 전자 장비를 갖춘 항공기 내에서의 휴대전화, 노트북 컴퓨터 사용으로 인한 기기 오작동 우려는 여러 차례 제기된 바 있

---

36) 항공법 제61조의 2(전자기기의 사용제한), 항공법시행규칙 제203조(전자기기의 사용제한), 항공보안법 제23조(승객의 안전유지협조 의무), 운항기술기준 8.1.8.19 휴대용 전자기기(Portable Electronic Devices).

다. 관련하여 항공사는 항공기 운항중 특히 항공기가 이륙하는 동안과 착륙 시도를 위해 공항으로 접근하는 동안 전자기기의 사용을 금지하여 왔는데 이는 이·착륙 과정에서 관제탑과의 수많은 교신이 이루어지는데, 자칫 휴대전화 전파 혼선으로 인해 중요한 관제지시를 놓치는 경우 항공기 사고로 직결될 수도 있다고 보기 때문이다. 이렇듯 항공기 안에서의 휴대전화 사용은 항공기의 안전 운항을 저해할 우려가 있는바, 안전운항에 영향 받지 않기 위하여 휴대전화 사용을 제한한 것이다.

PED의 사용제한과 관련하여 한국은 "항공기의 성능 및 장비에 악영향을 미칠 수 있는 경우는 PED 사용을 허용하여서는 아니 된다"라고 규정하고 있으나 조종사의 주의집중 및 상황인식 등과 관련하여 조종실에서의 PED 사용에 대해서는 별도로 명시한 제한기준이 없다.

2013년부터 미국을 필두로 PED의 안전성 입증과 함께 비행중 항공기 안에서 승객의 PED 사용이 전면 허용되고 있으며 각 국가로 확대되고 있다. 2014년 EU의 경우는 승객이 PED를 비행모드로 설정하지 않아도 사용이 가능하도록 허용 범위를 더욱 확대하였다. 반면에 미국과 EU 모두 조종사의 주의집중 및 상황인식 등을 고려하여 조종실에서의 PED 사용을 엄격히 제한하고 있다. 이와 관련하여 다음과 같은 제도 보완 및 적용이 필요하다.

첫째, 비행단계별 PED의 안전성을 확인하는 방법에 대한 세부 기준이 마련되어야 한다.

둘째, PED의 안전성 여부와 상관없이 조종사의 주의집중과 상황인식의 중요성을 고려하여 조종실에서의 PED 사용 제한을 항공법규에 반영하는 것이 필요하다.

셋째, 비행모드로 설정조건 없이 PED 사용을 전면 허용할 경우라도 항공기 내 소음방지 등을 위해 음성통화는 제한하는 것이 필요하다.

넷째, 항공기 안에서의 PED 사용에 대한 최종적인 허가 권한은 항공사에게 있다. 이에 따라 항공사는 항공기 내에서 PED 사용을 허용하기 전에 위험요소를 인식하고 인식된 위험을 관리하는 것이 필요하다.

3. 비행자료 분석 프로그램

ICAO는 항공기 사고조사 및 항공안전 증진을 위하여 시카고협약 부속서 6 항공기운항, 13 항공기 사고조사, 19 안전관리 등에 비행자료기록장치(FDR: Flight Data Recorder)[37] 및 조종실 음성 기록 장치 (CVR: Cockpit Voice Recorder), 비행자료분석(FDA: Flight Data Analysis) 프로그램, 항공안전관리시스템

---

37) Flight Data Recorders(FDRs)는 '블랙박스'로 알려져 있음.

(SMS: Safety Management System), 항공안전장애 의무보고제도(Mandatory Incident Reporting System) 및 항공안전장애 자율보고제도(Voluntary Incident Reporting System)에 대한 SARPs를 규정하고 있다. 또한 SARPs에 해당하는 국제항공안전기준 이외에도 별도의 안내서 등을 발행하여 시카고협약 체약국들이 항공안전기준을 수립하여 이행하는데 도움을 주고 있다.

비행자료는 비행관련 성능 개선 및 항공기 사고 방지를 위한 사전 예방적 조치를 위해 매우 중요한 반면에 자료에 대한 익명 보장 및 제한적인 운영이 필요하다. 이와 관련하여 ICAO는 비행자료분석 프로그램에 대하여 규정하고 있으며, 각 체약국도 이에 해당하는 프로그램을 운영하고 있다.

비행자료분석 프로그램은 국가마다 프로그램 명칭이 통일되어 있지 않으며, ICAO의 FDA(Flight data analysis) 프로그램, 미국의 FOQA(Flight Operational Quality Assurance) 프로그램, 유럽의 FDM(Flight Data Monitoring)이 여기에 해당된다.

3.1 ICAO 미국 유럽의 비행자료분석 프로그램

ICAO의 비행자료분석 프로그램(FDAP)

"비행자료분석(Flight Data Analysis)"이란 항공기 안전 운항을 증진하기 위해 기록된 비행자료를 분석하는 과정을 말한다.[38] 또한 "비행자료분석 프로그램(FDA 프로그램)"이란 운항승무원의 성능, 운항절차, 비행훈련, 항공교통통제절차, 항행업무 또는 항공기 정비 및 설계를 개선하기 위해 비행기록 자료를 수집하고 분석하는 사전 예방적인 비처벌 프로그램을 의미한다.[39] FDM(Flight Data Monitoring)[40]이나 FOQA(Flight Operations Quality Assurance)[41]로 간주되는 FDA 프로그램은 위험상황에 대하여 사전에 인식할 수 있는 예방적 기능을 제공한다.[42]

최대이륙중량이 2만 7천kg을 초과하는 비행기를 사용하는 항공운송사업자는 항공안전관리시스템(SMS)의 일부분으로 비행자료 수집 장치와 운영절차, 비행자료의 보호 및 분석결과의 활용 등에 관한 FDA 프로그램을 운영해야 한다.

이와 같이 ICAO는 FDA 프로그램을 관련 운항승무원의 처벌이 아닌 사전 예방적 항공안전 확보에 중점을 두고 있으며, FDA 프로그램이 비행자료와 관련이 있는 자의 신분을 공개하지 않고 비처벌로

---

38) 시카고협약 부속서 6, Flight data analysis. FDA는 FDM(Flight Data Monitoring)이나 FOQA(Flight Operations Quality Assurance)로 언급되기도 함.

39) ICAO doc 9859. FDA Programme may be defined as: A proactive and non-punitive programme for gathering and analysing data recorded during routine flights to improve flight crew performance, operating procedures, flight training, air traffic control procedures, air navigation services, or aircraft maintenance and design.

40) FDA 프로그램 관련하여 EU에서는 FDM으로 표기하고 있음.

41) FDA 프로그램 관련하여 FAA에서 운영하는 비처벌 프로그램.

42) ICAO Doc 9859. 16.3.

운영되어야 함을 강조하고 있다.

ICAO에서 규정하고 있는 비행자료분석 프로그램(FDAP: Flight Data Analysis Programmes)의 주요내용은 다음과 같다.[43]

- 최대이륙중량 27,000kg를 초과하는 항공기를 사용하는 운영자는 SMS(Safety Management System)의 한 부분으로 FDA 프로그램을 설정하고 유지해야 한다.
- FDA 프로그램은 비처벌 로 운영되어야 하며 데이터 보호수단이 포함되어야 한다.
- ICAO SARPs에서는 FDA 프로그램을 운영해야 한다는 요건만 규정하고 있지만 일부 국가는 항공당국에 신고하거나 승인받을 것을 요구하고 있다.[44]
- FDA는 종종 FDM(Flight Data Monitoring)이나 FOQA(Flight Operations Quality Assurance)로 언급된다.
- FDA 프로그램은 일반적으로 해당 DATA 인적 사항(crew 등)을 제거한다.
- 항공기등을 심각한 위험에 처하게 한 경우 항공사는 조종사협회에 조종사 익명철회를 요구하며 조종사협회는 통상적으로 익명 철회요구에 응해야 한다.
- 회사와 조종사협회 간 익명 철회에 합의하지 못한 경우 익명 철회의 최종적인 결정은 회사의 해당 부문 관리자가 수행하며, 고의적으로 표준운항절차(SOP)를 위반하여 항공기를 위험에 처하게 한 경우에도 동 절차를 수행한다.

미국의 비행자료분석 프로그램(FOQA 프로그램)

미국에서는 비행자료분석 프로그램으로 FOQA(Flight Operations Quality Assurance) 프로그램을 활용하고 있다.[45] FOQA 프로그램이란 FOQA 자료에 대하여 적용하는 프로그램으로, 법적 요건에 따라 수집되는 자료를 포함하여, 항공기 운항중 수집되는 디지털비행자료의 수집 및 분석을 위해 FAA가 승인한 프로그램으로 다음과 같은 특징이 있다.[46]

- FOQA 프로그램의 목적은 위반사항에 대한 처벌이 아니라 안전을 증진하기 위해 운영하는 자발적 프로그램이다.
- FOQA 프로그램을 운영할 경우 FAA의 승인을 받아야 한다.

---

43) 시카고협약 부속서 6 [3.2 Safety Management, 3.3.5~3.3.7].
   시카고협약 부속서 19, chapter 5. Safety data collection, analysis and exchange.
   ICAO Doc 9859 Safety Management Manual(16.3 FDA PROGRAMME).
   ICAO Doc 10000, Manual on Flight Data Analysis Programmes(FDAP).

44) 시카고협약 부속서 19 attachment E.

45) FAR Part 13.401.

46) FAR Part 13.401 Flight Operational Quality Assurance Programs(FOQA).
   FAA Advisory Circular No. 120-82 Flight Operational Quality Assurance.

- FOQA 프로그램에서는 개별 비행편의 특성이나 안전을 저해하는 요인보다는 총체적인 경향을 중시한다.
- 회사는 FOQA 데이터 활용 시 특정 비행편, 날짜, 승무원 인적사항을 삭제하며, 항공당국인 FAA 등에 제공하는 자료에는 보다 엄격하게 삭제하여 운영한다.
- 항공당국인 FAA는 FOQA 데이터와 관련 있는 항공사나 항공사의 직원에 대한 조치를 행함에 있어, 범죄 목적이나 고의로 행한 사항을 제외하고, FOQA 데이터를 사용하지 말아야 한다.

유럽의 비행자료 모니터링(FDM)

EASA는 비행자료분석 프로그램으로 FDM(Flight Data Monitoring)을 활용하고 있으며 다음과 같은 특징이 있다.[47]

- 최대이륙중량 27,000kg를 초과하는 항공기를 사용하는 운영자는 관리시스템의 한 부분으로 FDM 시스템을 설정하고 유지해야 한다.
- FDM은 항공안전을 증진하기 위한 예방 활동으로 FDM 프로그램은 비처벌이어야 하며 데이터 보호수단이 포함되어야 한다.
- 항공기 사고 등에 대한 데이터 보호 요건은 일반적인 FDM의 데이터 보호요건에 우선한다. 이 경우 FDM상의 데이터는 사고조사 데이터의의 일부분으로 간주되며, 승무원의 개인 인적 사항이 공개될 수 있다.
- 데이터 접근 및 보안 정책은 인증된 사람들만 정보 접근이 가능해야 한다. 데이터 접근이 감항과 정비 목적으로 요구될 때 승무원 신원 노출을 막을 수 있는 절차가 수립되어 있어야 한다. 또한 승무원 신원 노출 방지 절차는 서면으로 작성되어 있어야 하고 항공사 경영층과 운항승무원 대표자 간의 서명이 있어야 한다. 이 절차는 적어도 다음 사항들을 규정해야 한다.[48]
  ① FDM 프로그램 목적
  ② 정보에 대한 접근권한을 특별히 인가된 사람으로 제한하는 데이터 접근 및 보안 정책
  ③ 해당 항공편 이벤트에 대해 신원비밀의 승무원 피드백을 얻기 위한 방안
  ④ 데이터 유지 정책과 데이터 보안을 보장할 수 있는 조치를 포함한 책임
  ⑤ 자문 브리핑 또는 보완훈련은 항상 건설적이고 비처벌(non-punitive) 원칙하에 수행되어야 함
  ⑥ 중과실 또는 중요한 연속적인 안전 우려(gross negligence or significant continuing safety concern)

---

47) Commission Regulation (EU) No 965/2012.
   ORO.AOC.130 Flight data monitoring - aeroplanes.

48) EASA AMC1 ORO.AOC.130 Flight data monitoring - aeroplanes, Flight Data Monitoring (FDM) Programme.

이유로 비밀보장이 철회될 수 있는 조건

⑦ 데이터 평가와 검토과정 및 권고사항 고려 시 운항승무원 대표자의 참석

⑧ FDM에 따른 도출된 조사 결과의 공개에 대한 정책

이상과 같이 ICAO, 미국 및 유럽에서 운영하는 비행자료분석 프로그램은 비행자료 활용 목적 및 비행자료 보호와 관련하여 엄격한 기준을 적용하고 있으며 다음과 같은 공통점이 있다.

- 비행자료분석 프로그램(FDA/FOQA/FDM 프로그램)은 항공안전을 증진하기 위해 항공사가 운영하는 프로그램으로서 사전 예방적인 비행자료분석 프로그램이다.
- FDA/FOQA/FDM 프로그램은 비처벌(non-punitive)이어야 한다.
- FDA/FOQA/FDM 프로그램은 개별 비행편의 특성이나 안전 위해 요인보다는 총체적인 경향이 더욱 중요시된다.
- FDA/FOQA/FDM 데이터는 철저하게 익명으로 처리하며, 데이터 보호수단이 있어야 한다. 단, 고의적 불이행이나 범죄 목적이 있는 경우는 합당한 익명철회 절차를 통해 익명을 철회할 수 있다.
- 항공당국은 FDA/FOQA/FDM 데이터와 관련 있는 항공사나 항공사의 직원에 대한 조치를 행함에 있어, 범죄 목적이나 고의로 행한 사항을 제외하고, FOQA 데이터를 사용하지 말아야 한다.

3.2 한국의 비행자료분석 프로그램

한국은 항공법 및 항공·철도사고조사에 관한 법률에 비행자료기록장치(FDR) 및 조종실 음성 기록장치(CVR), 비행자료분석(FDA) 프로그램, 항공안전관리시스템(SMS), 항공안전 의무보고제도(Mandatory Incident Reporting System) 및 항공안전 자율보고제도(Voluntary Incident Reporting System)에 대하여 규정하고 있다. 기본적으로 국내 기준은 ICAO SARPs를 충실히 반영하고 있시만 일부 사항에 대해시는 다소 상이하게 규정하고 있다.

최대이륙중량이 2만 킬로그램을 초과하는 비행기를 사용하는 항공운송사업자 또는 최대이륙중량이 7천 킬로그램을 초과하거나 승객 9명을 초과하여 수송할 수 있는 회전익항공기를 사용하여 국제항공노선을 취항하는 항공운송사업자는 항공안전관리시스템(SMS)에 비행자료 수집 장치와 운영절차, 비행자료의 보호 및 분석결과의 활용 등에 관한 비행자료분석 프로그램(FDA프로그램)이 포함되도록 하여야 한다. 항공운송사업자는 FDA프로그램에 따라 수집한 비행자료와 그 분석결과를 항공기사고 등을 예방하고 항공안전을 확보할 목적으로만 사용하여야 하며, 그 분석결과가 공개되지 아니하도록 하여야 한다. 또한 비행자료의 분석 대상이 되는 항공기의 운항승무원에게는 자료의 분석을 통하여

나타난 결과를 이유로 처벌 등 신분상의 불이익을 주어서는 아니 된다. 다만, 범죄 또는 고의적인 절차 위반행위가 확인되는 경우에는 그러하지 아니하다.[49)]

이상과 같이 한국의 경우도 ICAO의 항공안전기준을 반영하여 FDA 프로그램을 적용하도록 규정하고 있다. FDA 프로그램 운영과 관련한 중요한 논점은 FDA 프로그램에 따라 수집한 비행자료가 철저한 신분 비공개 원칙하에 운영되고 분서 결과가 관련 항공기 사고 방지 및 항공안진 증진 등 예방적 목적으로만 사용되고 분석결과를 이유로 관련 운항승무원에게 처벌 등의 불이익을 주어서는 아니 된다는 것이다.

3.3 착안사항

한국의 경우도 ICAO, 미국, EU의 비행자료분석 프로그램과 마찬가지로 비행자료 활용 목적 및 비행자료 보호와 관련하여 엄격한 데이터 보호 및 비처벌 원칙을 규정·적용하고 있으며, 범죄 또는 고의적인 절차 위반 행위가 확인되는 경우를 제외하고는 처벌 등 신분상의 불이익을 주어서는 아니 된다고 명시하고 있다. 그러나 범죄 및 고의적인 절차 위반에 대한 구체적인 기준이 없어 실제 상황 발생 시 적용상 혼선이 있을 수 있다. 따라서 범죄 또는 고의적인 절차 위반행위의 범위를 어느 정도까지 인정하느냐가 중요한 논점이 될 것인바, 항공당국 및 항공사에서 적용할 수 있는 명확한 지침 수립 및 보완이 필요하다. 또한 이러한 기준은 항공사 내에서도 철저하게 준수되어야 한다.

4. 구조 및 소방 등급

구조 및 소방 등급(RFFS category: Rescue and fire fighting services category)이란 항공기사고 등이 발생할 경우 생명을 구하기 위해 필요한 보호 수준으로 인력 및 장비 등에 대한 요건을 포함하는 것인데, RFFS의 본질적인 목적은 사고 등으로부터 생명을 구하는데 있으며 RFFS 등급은 비행장 RFFS 등급과 항공기 RFFS 등급으로 구분한다. 비행장 RFFS 등급은 해당 비행장을 이착륙하는 가장 큰 항공기를 기준으로 구분하며, 항공기 RFFS 등급은 항공기 길이를 기준으로 구분한다.[50)]

시카고협약 부속서 14 비행장(Aerodromes)에서는 비행장에 대한 RFFS 등급을 규정하고 있었으나 부

---

49) 항공법시행규칙 제143조의7(항공안전관리시스템에 포함되어야 할 사항 등).

50) Aeroplane RFFS category. The category derived from Annex 14, Volume I, Table 9-1 for a given aeroplane type.

속서 6 항공기운항(Operation of Aircraft)에서는 오랫동안 항공기 운영자의 RFFS 등급 적용에 있어 명확한 기준이 없어 혼선이 있었고 이로 말미암아 국가마다 적용기준이 달랐다. 그러던 중 시카고협약 부속서 6에 부속서 14에서 정한 비행장 운영자의 RFFS 적용기준에 비하여 완화된 항공기 운영자의 RFFS 적용기준을 명시함으로써 적용기준상의 문제와 갈등을 해소시켰다.

비행장의 RFFS 등급은 일반적으로 비행장을 출발 및 목적비행장으로 사용하는 항공기 중 가장 큰 항공기를 기반으로 인력, 장비 및 소화 매체 등을 규정하고 있다. 이는 대형 항공기일수록 많은 승객과 연료를 싣고 있기 때문에 더 많은 인원 및 장비가 필요하다는 가정하에 수립된 것으로서 구조 및 소방 업무를 수행하는 자의 화재진압 및 소방 능력도 매우 중요하다. 이와 관련하여 비행장의 소방대장 및 연구원들은 부속서 14에서 규정한 RFFS 등급보다 2개 등급 낮은 경우에도 항공기의 외부화재를 진압할 수 있는 것으로 보고 있다.[51]

4.1 ICAO 미국 유럽의 구조 및 소방등급

ICAO의 RFFS 기준

시카고협약 부속서 14(비행장)에서는 비행장 운영자가 비행장관리에 필요한 RFFS 등급을 규정하고 있고, 부속서 6(항공기운항)에서는 항공기 운영자가 준수할 RFFS 등급에 대해서 규정하고 있으며, 항공기 운영자가 적용하고자 하는 RFFS 등급에 대해서는 운항규정에 포함하여 적용하도록 규정하고 있다.

전술한 바와 같이 시카고협약 부속서 14의 RFFS 규정은 기본적으로 출발 및 목적 비행장으로 사용하는 항공기를 위한 비행장 관리에 적용하는 것으로써, 본질적으로 이 부속서가 항공기의 운항을 제한하는 규정은 아니다. 그럼에도 불구하고 오랫동안 시카고협약 부속서 6에 항공기 운영자가 비행장에서 적용할 RFFS 수준에 대하여 규정하는 내용이 없었던 연유로 인해 적용상 혼선이 있었으며, 각국가 및 항공사들은 각각 편리한 대로 해석하여 다르게 적용해 왔다. 우리나라에서도 항공기 운영자에 대하여 국내의 RFFS 적용 법규가 없는 상태에서 항공사와 항공당국 간의 해석 및 적용에 갈등이 있었다.

이러한 혼란은 시카고협약 부속서 6에 항공기 운영자가 준수해야 할 RFFS 규정을 신설[52]함으로써 상이한 해석을 잠재우게 되었으며, 그 이후 RFFS 등급 적용에 있어서 항공기 운영자는 시카고협약 부속서 6을 적용하고, 비행장 운영자는 시카고협약 부속서 14를 따라야 하는 것이 명확해졌다.

---

51) 시카고협약 부속서 6, Part 1.

52) 시카고협약 부속서 6, Part 1, 35th amendment(applicable 15 December 2011).

ICAO가 RFFS 등급이라는 동일 대상을 가지고 비행장 운영자와 항공기 운영자에게 다소 상이한 기준을 적용하고 있는 것은 RFFS에 대한 항공안전기준을 유지하면서 운항상의 융통성을 제공한 것으로 볼 수 있다. 비행장 운영자가 준수해야 하는 RFFS 등급에 대한 SARPs의 기준을 항공기 운영자에게 동일하게 적용할 경우, 항공기 운영자에게는 지나친 규제가 되어 경우에 따라서는 항공기 운영자는 일부 노선을 폐쇄하거나 과다한 연료를 탑재해야 하고, 일시적인 RFFS 등급 하향 시 노선 변경이 불가피하게 될 것이다. 결국 ICAO는 이러한 불편이 원활한 항공발전 및 항공안전에 부정적인 영향을 줄 수 있다는 판단하에 항공기 운영자에게는 RFFS 등급 적용에 대하여 가이드라인을 제공하고 있는 것으로 판단된다.

비행장 운영자의 RFFS 등급 적용기준

비행장 운영자의 RFFS 등급 적용기준은 다음과 같다.[53]

- 비행장에서는 구조 및 소방장비와 서비스가 제공되어야 하며 기본적으로 RFFS 등급은 서비스가 가능한 상태이어야 한다. 근처에 물, 늪지, 어려운 장애물이 있는 비행장 및 이륙과 접근이 이와 같은 지형의 상공에서 이루어지는 비행장에서는 특수 위험에 대하여 적절히 조치를 취할 수 있는 구조 및 소방체계를 갖추어야 한다.
- RFFS 등급을 위해 비행장에 제공되어야 할 보호수준은 기본적으로 비행장등급에 상응해야 한다. 다만, 교통량이 가장 많은 연속 3개월간 항공기 소방등급에 속하는 항공기의 이륙 또는 착륙 비행횟수가 700회 미만의 비행장인 경우에는 한 등급 낮은 소방등급을 적용할 수 있다.[54]
- 비행장등급은 보통 가장 긴 비행기 길이와 기체의 폭에 의해 결정된다. 만일, 가장 긴 비행기의 길이에 적합한 등급을 선택한 후, 그 비행기 기체의 폭이 3m를 초과하는 경우, 해당 비행기를 위한 등급은 한 등급 높은 것을 적용한다.

---

53) 시카고협약 부속서 14, volume 1. 9.2 Rescue and fire fighting.
54) 시카고협약 부속서 14, volume 1. 9.2.3.

〈표 39〉 비행장의 RFFS 등급[55]

Aerodrome category	Aeroplane overall length	Maximum fuselage width
1	0m up to but not including 9m	2m
2	9m up to but not including 12m	2m
3	12m up to but not including 18m	3m
4	18m up to but not including 24m	4m
5	24m up to but not including 28m	4m
6	28m up to but not including 39m	5m
7	39m up to but not including 49m	5m
8	49m up to but not including 61m	7m
9	61m up to but not including 76m	7m
10	76m up to but not including 90m	8m

항공기 운영자의 RFFS 등급 적용기준

항공기 운영자의 RFFS 등급 적용 기준 수립 시 고려된 원칙은 항공기에 해당하는 RFFS 등급 대비 낮은 RFFS 등급에 노출되는 위험의 빈도를 제한하는 것이다. 출발 및 목적 비행장은 위험에 대한 노출이 가장 높으므로 제한적으로만 등급을 낮추어 적용하고 교체 비행장이나 자주 사용되지 않는 비행장은 더욱 많은 등급을 낮출 수 있도록 하고, EDTO 교체비행장은 EDTO 항공기에 사용되는 시스템의 신뢰성이 높기 때문에 더 낮출 수 있도록 하고 있다. 항공기 운영자의 RFFS 등급 적용기준은 다음과 같다.

- 항공사는 항공사의 안전관리시스템의 일환으로, 운용하는 비행기에 적합한 수준임을 보증하기 위하여 운항비행계획서에 명시 필요성이 있는 비행장에 대하여 구조 및 소방업무 수준을 평가해야 한다.[56]
- 항공사는 ICAO가 제공한 가이드라인을 참조하여 수립한 RFFS 관련 정보를 운항규정에 포함해야 한다.[57]

---

55) 시카고협약 부속서 14, volume 1 table 9-1.

56) 시카고협약 부속서 6, Part 1, 4.1.4.

57) 시카고협약 부속서 6, Part 1, 4.1.5.

<표 40> 항공기 운영자의 최저 RFFS 등급[58]

비행장 (운항비행계획서에 표기가 요구되는 비행장)	최저 RFFS 등급 (Minimum RFFS category)
출발 및 목적 비행장	• 해당 항공기 RFFS 등급과 같거나 그 이상일 것 • 해당 비행장의 교통량이 가장 많은 연속 3개월간 해당 항공기 RFFS 등급에 속하는 항공기의 이륙 또는 착륙 횟수가 700회 미만의 비행장인 경우에는 한 등급 낮은 등급 적용 가능. 단, 최대 이륙중량 27,000kg 이상인 항공기는 4등급 이상이어야 하고, 그 이외의 비행기는 1등급 이상일 것
일시적으로 등급 하향된[59] 출발 및 목적 비행장, and 이륙, 목적 및 항로상 교체비행장	• 해당 항공기 RFFS 등급보다 2등급 낮은 등급 적용 단, 최대이륙중량 27,000kg 초과 항공기는 최소 4등급 이상이어야 하고, 그 이외의 비행기는 1등급 이상일 것
EDTO 항로상 교체비행장	• 최대이륙중량 27,000kg 초과 항공기는 최소 4등급 이상이고 그 이외의 비행기는 1등급 이상일 것

미국의 RFFS

FAA는 비행장 운영자가 준수할 RFFS 기준에 대해서는 FAR Part 139(Certification of Airports)에 규정하고 있는 데 반하여,[60] 항공사가 준수할 RFFS 기준에 대하여 구체적으로 규정하고 있지 않다. 다만, 항공사의 경우 비행허가(flight release) 시 지정된 ETOPs 교체공항이 원칙적으로 최소 4등급 이상이어야 함을 요구하고 있다.[61]

유럽의 RFFS 기준

EASA는 비행장 운영자가 준수할 RFFS 기준은 규정하고 있는데 반하여, 항공기 운영자가가 준수할 RFFS 기준에 대해서는 아직 규정하고 있지 않다. 비행장 운영자에 대한 RFFS 적용 기준은 Commission Regulation (EU) No 139/2014[62]에 규정하고 있는데, 주요 내용은 다음과 같다.[63]

- 비행장 운영자는 해당 비행장에 대하여 구조 및 소방시설과 관련 서비스를 적합한 방법으로 제공해야 한다.
- 비행장 운영자는 비행장의 RFFS 담당자를 위하여 훈련프로그램을 수립하여 운영해야 하며 정기적으로 기량심사를 실시해야 한다.
- 구조 및 소방 요원은 필요한 훈련 및 자격 요건을 충족해야 한다.
- 일시적으로 예측하지 못한 상태에서 RFFS 등급이 낮춰진 경우 관계당국의 사전 승인은 요구되

---

58) 시카고협약 부속서 6, Part 1, Attachment K. Table K-1.

59) 일시적으로 등급 하향된 비행장이란 NOTAM 등을 통해 72시간 이내로 비행장 RFFS 등급이 하향 운영되는 비행장을 말함.

60) FAR Part 139.315, 139.317, 139.319.

61) FAR Part 121.106.

62) Commission Regulation (EU) No 139/2014 of 12 February 2014 lays down requirements and administrative procedures related to aerodromes and ED Decision 2014/012/R lays down the Acceptable Means of Compliance for the implementation of the Regulation.

63) Commission Regulation (EU) No 139/2014 ADR.OPS.B.010 Rescue and firefighting services.

지 않는다.

반면에 항공기 운영자의 RFFS 기준에 대하여 EU차원에서 마련한 기준은 없다. 따라서 현재는 국가별 기준을 적용하고 있는 것이며, 유럽 내 주요 항공사(Air France, Lufthansa, British Airways 등)의 RFFS 정책은 출발 및 목적공항에서 비행장 RFFS 등급 대비 1등급을 낮게(일시적으로는 2등급까지) 적용하고 있다.

한편 RFFS에 대한 기준 보완을 위하여 RFFS 입법추진 태스크를 운영하고 있으며, 2016년 1분기 발간을 목표로 하고 있다. RFFS 입법추진 태스크의 주요 목적은 비상시에 요구되는 구조 및 소방요원에게 최저 의료 기준을 설정함으로써 통일된 높은 안전수준을 보증하고, 화물기나 우편물 운송 항공기의 특성을 고려하여 완화된 RFFS 등급 적용을 위한 구체적인 기준을 마련하기 위한 것이다.[64] 따라서 본 태스크가 완료되면 Commission Regulation (EU) No 139/2014에서 정한 RFFS 기준의 일부는 개정될 것으로 예상된다.

4.2 한국의 구조 및 소방등급

한국은 비행장 운영자에 대한 RFFS 적용 기준을 규정하고 있으나, ICAO 기준과 달리 항공기 운영자가 준수해야 할 기준에 대해서는 명시적인 기준은 없다.

항공법시행규칙 제243조에 따르면 비행장 운영자는 항공기 사고 및 응급치료 등에 의하여 시카고협약 부속서 14에서 정한 비상계획을 수립하고 이에 필요한 조직·인원·시설 및 장비를 갖추어 비상사태가 발생하면 지체 없이 필요한 조치를 하도록 규정함으로써[65] 국내 비행장 운영자의 RFFS 기준은 ICAO에서 규정한 비행장 운영자의 RFFS 기준과 같은 기준을 적용하고 있음을 명시하고 있다. 반면에 항공기 운영자가 준수해야 할 기준에 대해서는 구체적인 적용기준이 반영되어 있지 않다.

4.3 착안사항

항공안전기준을 수립함에 있어서 기본적으로 고려해야 할 것은 효용성 측면과 안전성 측면이다. RFFS 등급을 강화해서 적용할 경우 안전성은 높아지겠지만 과도한 비용구조로 인하여 효용성은 낮아질 수밖에 없다. RFFS와 관련하여 시카고협약 부속서 14는 비행장 운영자가 비행장에서 발생하는 위

---

64) RMT.0589 Rescue and Fire Fighting Services(Development of IR addressing Rescue and Fire Fighting Services at aerodromes). publication date of the NPA(2015/Q1), publication date of opinion and draft Decision(2016/Q1).

65) 제80조(비행장 및 항행안전시설의 관리), 항공법시행규칙 제243조(비행장시설의 관리기준 등).

험을 관리하고자 하는 것이고 부속서 6은 항공기 운영자가 위험을 관리하는 것으로서 서로 다른 기준을 적용하는 것이 상대측을 침해하여 규제하고자 하는 것이 아니다.

항공기 운영자의 RFFS 적용 기준을 비행장 운영자의 RFFS 기준과 같은 요건으로 수립할 수도 있으나 이는 불필요하게 제한적인 것이 될 것이며 이로 인하여 일부 노선이 폐쇄되고, 다량의 교체공항 연료를 탑재해야 한다. 또한 비행장 RFFS 수준의 일시적인 감소 시 회항이 증가하여 오히려 안전에 부정적인 결과를 가져올 수 있다. 이에 따라 항공기 운영자에게 운항상의 융통성을 충분히 제공하면서 안전을 유지하는 현명한 수준의 RFFS 수준을 제공하는 것이 필요하다.

이런 측면에서 항공기 운영자의 RFFS 적용 기준이야말로 ICAO에서 규정하고 있는 바를 토대로 적합한 국내기준 반영이 필요하며 이에 대해서 다음과 같이 개선안을 제시한다.

첫째, 항공법규에 항공기 운영자가 적용 가능한 RFFS 적용기준을 명시하는 것이 필요하다. RFFS 등급과 관련하여 ICAO는 비행장 운영자의 요건과 항공기 운영자의 요건을 구분하여 명시하고 있으나, 한국은 항공기 운영자가 적용할 RFFS 등급기준을 규정하지 않은 상태에서 항공사의 운항규정에 출발공항 및 도착공항에 대한 RFFS 등급을 포함해야 한다고만 규정되어 있다.[66]

둘째, 항로상 교체비행장이 필수적으로 요구되는 경우 항로상 교체비행장에 대해서도 적합한 RFFS 등급을 적용하도록 관련 기준을 보완한다.

ICAO는 항공사가 항로상 교체비행장에서 적용할 RFFS 등급에 대하여 가이드라인을 제공하고 있다. ICAO 가이드라인에 의하면 항로상 교체비행장은 해당 항공기 RFFS 등급에 비해 2등급 하향 적용이 가능하되 최소 4등급 이상 요건으로 규정하고 있으며, EDTO 항로상 교체비행장의 경우 4등급 이상이면 가능한 것으로 규정하고 있는데, 이는 항공운송사업용 항공기의 RFFS 등급이 일반적으로 7등급 이상인 점을 고려하면 항로상 교체비행장의 RFFS 등급은 5등급 이상이어야 함을 의미한다. 이는 특수운항으로 인해 필요한 항로상 교체비행장은 EDTO 항로상 교체비행장보다 안전관리상 더 중요하게 간주되고 있고 보다 강화된 RFFS 등급이 요구됨을 알 수 있다.

이와 같이 항로상 교체비행장은 비행중 항공안전에 중요한 의미를 가지며, 점차 항공안전관리 측면에서 중요성이 커지고 있다. 항로상 교체비행장은 단순히 편의상 지정하여 운영하는 경우도 있지만, EDTO 운항 및 3% Contingency Fuel 적용과 같은 특수운항에서는 항로상 교체비행장 선정을 필수요건으로 규정하고 있다. 또한 RFFS는 항공기 사고 등에 대비한 인명 구조 등을 목적으로 하는바, 이륙 및 목적 비행장뿐 아니라, 교체비행장의 경우에도 RFFS 등급 준수가 필요하다.

---

66) 항공법시행규칙 별표 58(운항규정에 포함되어야 할 사항).

5. 항공교통업무 등

5.1 항공교통업무

항공교통업무(Air Traffic Services: ATS)란 일반적으로 항공당국이 다음 사항을 위해 행하는 업무를 말한다.

- 비행장, 관제권 또는 관제구에서 항공기를 이동·이륙·착륙시키거나 항공기로 비행을 하려는 사람을 위해 항공당국이 지시하는 이동·이륙·착륙의 순서 및 시기와 비행의 방법
- 비행정보구역에서 비행하는 항공기의 안전하고 효율적인 운항을 위하여 공항 및 항행안전시설의 운용 상태 등 항공기의 운항과 관련된 조언 및 정보를 조종사 또는 관련 기관 등에 제공하는 업무
- 비행정보구역 안에서 수색·구조를 필요로 하는 항공기에 관한 정보를 조종사 또는 관련 기관 등에게 제공하는 업무

항공교통업무의 목적, 구분 및 항공교통업무기관의 구분에 대해서는 다음과 같이 항공법시행규칙에 규정하고 있다.

항공교통업무의 목적(항공법시행규칙 제205조의2 제1항)
1. 항공기 간의 충돌 방지
2. 기동지역 안에서 항공기와 장애물 간의 충돌 방지
3. 항공교통흐름의 질서유지 및 촉진
4. 항공기의 안전하고 효율적인 운항을 위하여 필요한 조언 및 정보의 제공
5. 수색·구조를 필요로 하는 항공기에 대한 관계기관에의 정보 제공 및 협조

항공교통업무의 구분(항공법시행규칙 제205조의2 제2항 참조)
1. 항공교통관제업무(Air traffic Control Service): 다음 각 목의 업무
   가. 접근관제업무(Approach Control Service): 관제공역 안에서 이륙이나 착륙으로 연결되는 관제비행을 하는 항공기에 제공하는 항공교통관제업무
   나. 비행장관제업무(Aerodrome Control Service): 비행장 안의 이동지역 및 비행장 주위에서 비행하는 항공기에 제공하는 항공교통관제업무로서 접근관제업무 외의 항공교통관제업무(이동지역 내의 계류장에서 항공기에 대한 지상유도를 담당하는 계류장관제업무를 포함한다)
   다. 지역관제업무(Area Control Service): 관제공역 안에서 관제비행을 하는 항공기에 제공하는 항공교통관제업무로서 접근관제업무 및 비행장관제업무 외의 항공교통관제업무
2. 비행정보업무(FIR: Flight Information Service): 비행정보구역 안에서 비행하는 항공기에 대하여 제1항 제4호의 목적(항공기의 안전하고 효율적인 운항을 위하여 필요한 조언 및 정보의 제공)을 수행하기 위하여 제공하는 업무
3. 경보업무(Alert Service): 제1항 제5호의 목적(수색·구조를 필요로 하는 항공기에 대한 관계기관에의

정보 제공 및 협조)을 수행하기 위하여 제공하는 업무

항공교통업무기관의 구분(항공법시행규칙 제205조의3 참조)
1. 비행정보기관: 비행정보구역 안에서 비행정보업무 및 경보업무를 제공하는 기관
2. 항공교통관제기관: 관제구·관제권 및 관제비행장에서 항공교통관제업무, 비행정보업무 및 경보업무
   를 제공하는 기관

5.2 항공정보

항공정보(Aeronautical Information)란 항공기운항의 안전성 및 효율성을 확보하기 위해 필요한 정보를
말하며, 항공정보업무(AIS: Aeronautical Information Services)란 항공정보를 비행정보구역에서 비행하는
사람 등에게 제공하는 업무를 말한다. 항공정보에 대한 기준은 시카고협약 부속서 15 항공정보업무
(Aeronautical Information Services) 및 항공법에 규정하고 있다.[67]

국토교통부장관은 항공정보를 비행정보구역에서 비행하는 사람 등에게 제공하여야 하며 항공로,
항행안전시설, 비행장, 관제권 등 항공기의 운항에 필요한 정보가 표시된 항공지도를 발간하여야 한
다(항공법 제73조). 항공정보의 내용, 항공정보 제공형태 및 항공지도에 제공하는 사항은 다음과 같다
(항공법시행규칙 제216조).

항공정보의 내용
1. 비행장과 항행안전시설의 공용의 개시, 휴지, 재개 및 폐지에 관한 사항
2. 비행장과 항행안전시설의 중요한 변경 및 운용에 관한 사항
3. 비행장을 이용할 때에 있어 항공기의 운항에 장애가 되는 사항
4. 비행의 방법, 결심고도, 최저 강하고도, 비행장 이륙·착륙 기상 최저치 등의 설정과 변경에 관한 사항
5. 항공교통업무에 관한 사항
6. 다음 각 목의 공역에서 하는 로켓·불꽃·레이저광선 또는 그 밖의 물건의 발사, 무인기구(기상관측
   용 및 완구용은 제외한다)의 계류·부양 및 낙하산 강하에 관한 사항
   가. 진입표면·수평표면·원추표면 또는 전이표면을 초과하는 높이의 공역
   나. 항공로 안의 높이 150미터 이상인 공역
   다. 그 밖에 높이 250미터 이상인 공역
7. 그 밖에 항공기의 운항에 도움이 될 수 있는 사항 등

항공정보의 제공형태
1. 항공정보간행물(AIP)
2. 항공고시보(NOTAM)
3. 항공정보회람(AIC)
4. 비행 전·후 정보(Pre-Flight and Post-Flight Information)를 적은 자료

---

67) 시카고협약 부속서 15 Aeronautical Information Services. 항공법 제73조.

항공지도에 제공하는 사항
1. 비행장장애물도(Aerodrome Obstacle Chart)
2. 정밀접근지형도(Precision Approach Terrain)
3. 항공로도(Enroute Chart)
4. 지역도(Area Chart)
5. 표준계기출발도(Standard Departure Chart-Instrument)
6. 표준계기도착도(Standard Arrival Chart-Instrument)
7. 계기접근도(Instrument Approach Chart)
8. 시계접근도(Visual Approach Chart)
9. 비행장 또는 헬기장도(Aerodrome/Heliport Chart)
10. 비행장지상이동도(Aerodrome Ground Movement Chart)
11. 항공기주기도 또는 접현도(Aircraft Parking/Docking Chart)
12. 세계항공도(World Aeronautical Chart)
13. 항공도(Aeronautical Chart)
14. 항법도(Aeronautical Navigation Chart)
15. 항공교통관제감시 최저고도도(ATC Surveillance Minimum Altitude Chart)

ICAO는 시카고협약 부속서 15에서 정한 항공정보관리절차(AIRAC: Aeronautical Information Regulation and Control)를 통해 항공정보를 제공할 때 주요 변경사항에 효과적으로 대응할 수 있도록 '사전 통보' 개념을 도입하였고 항공과 관련된 중요사항은 세계적으로 공통된 발효일자에 발효시키는 체제를 적용하고 있으며 28일 간격으로 발효일자를 지정하고 있다.

한편 현대사회의 모든 분야에서 정보 관리의 중요성이 대두되고 있는 가운데, 항공분야에서도 항공정보의 중요성 및 필요성에 대한 인식이 점점 더 높아지고 있으며 최근 ICAO 주도하에 북미, 유럽, 일본 등 항공선진국을 중심으로 안전한 미래항공교통의 지원을 목표로 기존 항공정보체계의 획기적인 전환을 추진 중이다.

ICAO는 제36차 총회('07.9월)에서 전자항공정보관리체계[68] 구축을 국제기준으로 채택하여 2016년 이후 ICAO가 정한 표준전자양식으로 작성된 항공정보의 제공을 목표로 삼고 있으며 체약국들의 참여를 독려하고 있다. 우리나라도 2010년부터 우리나라 전자항공정보관리체계 구축을 위한 로드맵을 수립하여 국제표준을 충족하는 전자 항공정보제공체계를 구축 중에 있다.[69]

---

68) 항공기 안전운항에 필요한 항공정보간행물, 항공고시보, 비행전 정보게시, 공항지도, 장애물/지형, 항공기상 등 여러 분야의 항공정보에 대하여 통합 전자 생산·관리프로그램을 구축하고 조종사 등 항공정보 이용자에게 온라인 등을 통해 제공하는 체계를 말함.
69) 국토교통부 홈페이지.

6. 공역 및 공역관리

공역이란 항공기의 활동을 위한 공간으로서 필요에 따라 항행에 적합한 통제를 통해 안전조치가 이루어지는 공간이며, 민간 및 군의 항공활동을 위해 활용되고 국가적 가치를 보유하고 있으며 항행 안전관리와 주권보호 및 국가방위 목적의 공역으로 대별된다.[70]

항행안전관리상 공역관리라 함은 정해진 규모의 공역사용을 조정·통합 및 규제하는 총체적인 활동으로, 공간을 이용하는 모든 비행물체의 운영방법과 통제절차의 표준화 및 적절한 규제로 불필요한 간섭을 배제함으로써 항행안전과 신속한 공중이동을 보장하고 공역의 운용효율을 제고하는 제반활동을 말한다. 시카고협약 제12조에 의거 체약국은 공해상(over the high seas)에서 운항하는 항공기에 적용할 기준도 수립하여야 한다.

한국의 경우 항공법 제38조에 의거 국토교통부장관은 공역을 체계적이고 효율적으로 관리하기 위하여 필요하다고 인정할 때에는 비행정보구역[71]을 관제공역,[72] 비관제공역,[73] 통제공역,[74] 주의공역[75]으로 구분한다.

각 국가의 비행정보구역(FIR: Flight Information Region)은 국가별 영토 및 항행지원능력을 감안하여 지정하며, 각 국가는 자국 비행정보구역 내에서 비행정보업무(FIR: Flight Information Services) 및 조난항공기에 대한 경보업무(Alerting Services)를 제공한다. 한편 비행정보구역은 ICAO 지역항공항행회의에서의 합의에 따라 이사회가 결정하며 시카고협약 부속서 2 항공규칙(Rules of the Air) 및 부속서 11 항공교통업무(Air Traffic Services)에서 정한 기준에 의거 체약국이 관할공역 내에서 등급별 공역을 지정하고 항공교통업무를 제공하도록 규정하고 있다. 우리나라와 인접국가의 비행정보구역은 다음과 같다.

---

70) 주권공역(Territory) 영공(Territorial airspace): 영토(Territory)와 영해(Territorial Sea)의 상공으로서 완전하고 배타적인 주권을 행사할 수 있는 공간을 말하며, 한국의 경우 영토는 헌법 제3조에 의한 한반도와 그 부속도서로 하며, 영해는 영해 및 접속수역법 제1조에 의거 기선으로부터 측정하여 그 바깥쪽 12해리 선까지 이르는 수역으로 함.

71) "비행정보구역"이란 항공기의 안전하고 효율적인 비행과 항공기의 수색 또는 구조에 필요한 정보를 제공하기 위한 공역으로서 시카고협약 및 부속서에 따라 항공당국이 그 명칭, 수직 및 수평 범위를 지정·공고한 공역을 말함.

72) 항공교통의 안전을 위하여 항공기의 비행 순서·시기 및 방법 등에 관하여 국토교통부장관의 지시를 받아야 할 필요가 있는 공역으로서 관제권 및 관제구를 포함하는 공역.

73) 비관제공역: 관제공역 외의 공역으로서 항공기에 탑승하고 있는 조종사에게 비행에 필요한 조언·비행정보 등을 제공하는 공역.

74) 항공교통의 안전을 위하여 항공기의 비행을 금지하거나 제한할 필요가 있는 공역.

75) 항공기의 비행 시 조종사의 특별한 주의·경계·식별 등이 필요한 공역.

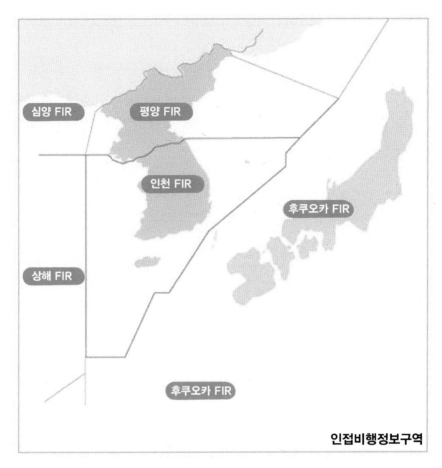

<그림 8> 인접국가 비행정보구역

7. 주류 마약류 환각물질 금지

「항공법」 제47조에 의거 항공종사자(조종연습을 하는 사람을 포함한다) 및 객실승무원은 주류, 마약류, 환각물질 등의 영향으로 항공업무(조종연습을 포함한다) 또는 객실승무원의 업무를 정상적으로 수행할 수 없는 상태에서는 항공업무 또는 객실승무원의 업무에 종사하여서는 아니 된다. 또한 항공종사자 및 객실승무원은 항공업무 또는 객실승무원의 업무에 종사하는 동안에는 주류, 마약류 및 환각물질을 섭취하거나 사용하여서는 아니 된다.

ICAO에서는 구체적으로 혈중알코올농도에 대한 음주단속기준을 정하고 있지 않지만 대부분의 국가에서는 0.02% 내지 0.04%를 단속기준으로 정하고 있다. 한국의 경우 2012년에 항공법에 규정하고 있는 혈중알코올농도 단속기준을 0.04% 이상에서 0.03% 이상으로 단속기준을 강화하였으며, 0.02% 이상으로 강화해야 한다는 주장이 지속적으로 제기되고 있다.

항공기의 안전운항을 확보하기 위하여 항공종사자 및 객실승무원은 업무중 주류를 섭취하는 것이 허용되지 않으며, 이들의 음주위반행위에 대한 형사처벌 및 행정처분 기준은 점점 강화되는 추세에 있다. 한편 주류 등이 영향으로 업무를 정상적으로 수행할 수 없는 상태에서 그 업무에 종사한 경우에도 처벌될 수 있으며, 최대 자격증명까지 취소될 수 있다.

8. 비행장과 항행안전시설

「항공법」 제5장 제1절의 비행장과 항행안전시설에서는 비행장 및 항행안전시설의 설치·검사·변경·사용·관리, 항행안전시설의 성능적합증명, 항공통신업무, 장애물의 제한, 항공장애 표시등의 설치, 유사등화의 제한, 비행장설치자의 지위승계 등에 대하여 규정하고 있다.

국토교통부장관은 비행장 또는 항행안전시설을 설치하며 국토교통부장관 외에 비행장 또는 항행안전시설을 설치하려는 자는 국토교통부장관의 허가를 받아야 한다. 국토교통부장관은 비행장 또는 항행안전시설을 설치하거나 그 설치를 허가하려는 경우에는 그 비행장 또는 항행안전시설의 명칭, 위치, 착륙대, 장애물 제한표면, 사용 개시 예정일 등을 고시하고 고시한 사항을 해당 비행장 및 항행안전시설의 설치예정지역에서 일반인이 잘 볼 수 있는 곳에 일정 기간 이상 공고하여야 한다.

항행안전무선시설 또는 항공정보통신시설을 제작하는 자는 그 제작된 시설이 국토교통부장관이 정하여 고시하는 항행안전시설에 관한 기술기준에 적합하게 제작되었다는 성능적합증명을 받아야 한다.

국토교통부장관은 시카고협약 및 같은 협약 부속서에 따라 항공교통업무가 효율적으로 수행되고, 항공안전에 필요한 정보·자료가 항공통신망을 통하여 편리하고 신속하게 제공·교환·관리될 수 있도록 항공통신업무를 수행하여야 한다.

항공등화의 인식에 방해되거나 항공등화로 잘못 인식될 우려가 있는 유사등화는 설치되어서는 아니되며, 국토교통부장관은 항공등화를 설치할 때 유사등화가 이미 설치되어 있는 경우에는 그 유사등화의 소유자 또는 관리자에게 그 유사등화를 가리는 등의 방법으로 항공등화의 인식을 방해하거나 항공등화로 잘못 인식되지 아니하도록 필요한 조치를 할 것을 명할 수 있다.

9. 공항 및 공항운영증명

「항공법」 제5장 제2절의 공항에 관한 규정에서는 공항개발 중장기 종합계획, 공항시설관리권, 공항시설에서의 금지행위, 공항시설사용료, 저소음운항절차 등에 대하여 규정하고 있다.

국토교통부장관은 공항개발사업을 체계적이고 효율적으로 추진하기 위하여 5년마다 공항개발 중장기 종합계획을 수립하여야 하며, 공항개발사업을 시행하려는 경우에는 종합계획에 따라 개발하려는 공항의 공항개발기본계획을 수립·시행하여야 한다. 또한 종합계획 또는 기본계획을 수립하거나 변경하였을 때에는 이를 고시하여야 한다.

소음대책지역의 공항에서 이륙·착륙하는 항공기는 항공기 소음을 줄이기 위하여 국토교통부장관이 정하여 고시하는 "저소음운항절차"에 따라 운항하여야 하며, 국토교통부장관은 항공기가 ICAO에서 정하는 기준 이상의 소음을 발생시켜 소음피해를 일으킬 우려가 있다고 판단되는 경우에는 그 항공기의 운항을 제한할 수 있다.

「항공법」 제5장 제3절은 공항운영증명에 대해 규정하고 있으며, 공항운영증명제도에 관한 세부 기준은 시카고협약 부속서 14 비행장(Aerodromes)에서 규정한 기준을 반영한 국토교통부 고시인 '공항안전운영기준'에 규정하고 있다.

"공항운항증명"이란 공항을 안전하게 운영할 수 있는 체계를 갖추고 있음을 증명하는 것을 말하며, "공항운영증명서(Airport Operating Certificate)"라 함은 국토교통부장관이 공항운영자가 관할하는 공항의 운영체계를 검사한 후 운영을 개시할 수 있도록 교부하는 서류를 말한다.

국토교통부장관은 공항의 안전운영체계를 위하여 필요한 인력, 시설, 장비 및 운영절차 등에 관한 기술기준인 "공항안전운영기준"을 고시로 제정하였으며, 국제항공노선을 운항하는 공항을 운영하려는 공항운영자는 "공항안전운영기준"에 따라 "공항운영규정"을 수립하여 국토교통부장관의 인가를 받아야 한다.

국토교통부는 공항 운영 등급별로 공항운영 및 시설기준을 차등 적용할 수 있도록 하고 있는데, "공항운영등급제"란 공항의 특성(국제선 운항여부, 항공기 운항횟수, 취항 항공기 규모 등)에 따라 공항을 4등급으로 구분하고,[76] 각 등급별로 공항 운영 및 시설기준을 차등 적용하는 제도를 말한다.

---

76) 항공법시행령 제44조의3(공항운영증명의 구분)
  1등급: 국내항공운송사업 및 국제항공운송사업에 사용되고 최근 5년 평균 연간 운항횟수가 3만회 이상인 공항(부정기편만 운항하는 공항은 제외한다)에 대한 공항운영증명
  2등급: 국내항공운송사업 및 국제항공운송사업에 사용되고 최근 5년 평균 연간 운항횟수가 3만회 미만인 공항(부정기편만 운항하는 공항은 제외한다)에 대한 공항운영증명
  3등급: 국내항공운송사업에 사용되는 공항(부정기편만 운항하는 공항은 제외한다)에 대한 공항운영증명
  4등급: 제1호부터 제3호까지에 해당하지 아니하는 공항으로서 항공운송사업에 사용되는 공항에 대한 공항운영증명.

10. 정비조직인증

"정비조직인증(AMO: Approved Maintenance Organization)"이란 항공기, 엔진, 프로펠러 및 장비품·부품에 대한 정비를 수행하고자 정비조직인증을 신청한 업체의 조직, 인력 및 검사체계 등에 대하여 서류검사 및 현장검사를 실시하여 인증기준에 적합한 경우 업무한정 범위 내에서 정비를 수행할 수 있도록 인증서를 교부하는 제도를 말한다.

정비조직인증에 대한 기준은 시카고협약 부속서 6, 항공법 및 운항기술기준 등에 규정되어 있으며,[77] 주요 내용은 다음과 같다.

- 정비조직인증을 받고자 하는 자는 국토교통부장관이 정하여 고시하는 정비조직인증기준에 따른 인력 등을 갖추어 국토교통부장관의 인증을 받아야 한다.
- 국토교통부장관은 정비조직인증기준에 따라 정비조직인증을 하는 경우에는 정비의 범위·방법 및 품질관리절차 등을 정한 세부 운영기준을 정비조직인증서와 함께 발급하여야 한다.
- 인증절차는 신청 전 단계, 신청 단계, 서류검사 단계, 현장검사 단계, 인증 단계, 지속 감독 단계로 이루어진다.
- 항공기등·장비품 또는 부품에 대한 정비 등을 하는 경우에는 그 항공기등·장비품 또는 부품을 제작한 자가 정하거나 국토교통부장관이 인정한 정비방법 및 정비절차 등을 준수하여야 한다.
- 대한민국과 정비조직인증에 관한 항공안전협정을 체결한 국가로부터 정비조직인증을 받은 자는 국토교통부장관의 정비조직인증을 받은 것으로 본다.

11. 항공종사자 전문교육기관

항공전문가들은 항공시장의 지속적인 성장으로 항공종사자의 부족현상이 향후 오랫동안 지속될 것으로 예상하고 있다. 이런 연유로 지속적으로 원활한 항공종사자 수급을 도모하고 항공 전문인력을 양성하기 위해 항공법에 근거한 "전문교육기관" 지정제도를 운영하고 있다.

항공법 제29조의3(전문교육기관의 지정)에 의거 국토교통부장관으로부터 전문교육기관으로 지정받

---

77) 시카고협약 부속서 6 Part 1, 8.7 Approved maintenance organization.
  ICAO Doc 9760(Airworthiness Manual) Part III Chapter 10
  항공법 제138조 정비조직인증. 운항기술기준 제1편 제6장 정비조직의 인증.
  FAA 14CFR Part 145 Repair Stations.
  EASA Part 145 Approved Maintenance Organizations.

기 위해서는 항공법시행규칙에서 규정한 전문교육기관 지정(제94조)·초경량비행장치 조종자 전문교육기관 지정(제66조의 4) 및 "항공종사자 자격별 훈련기준·지침 및 전문교육기관지정 요령"에서 제시한 기준을 충족해야 한다. 전문교육기관 신청서 제출 시 포함될 내용으로는 ① 교육과목 및 교육방법, ② 교관현황, ③ 시설 및 장비의 개요, ④ 교육평가방법, ⑤ 연간교육계획, ⑥ 교육규정 등이 포함되어야 하며 서류 및 현장검사에서 제반 기준을 충족할 경우 전문교육기관으로 지정받을 수 있다.

전문교육기관으로 지정받게 되면 항공종사자 응시자격에 혜택이 주어진다. 현재(2015년 3월 기준) 항공종사자 전문교육기관은 34개(조종사 9, 정비사 14, 관제사 4, 경량항공기 4, 초경량비행장치 3)가 있으며 다음과 같다.

〈표 41〉 조종사과정 전문교육기관: 8개 기관 9개소

기관명칭	소재지(연락처)	과정명	
항공대학교 (비행훈련원)	경기 고양 (02-300-0222)	• 사업용조종사 / 자가용조종사 / 계기비행증명 / 조종교육증명	
항공대학교 (울진비행 훈련원)	경북 울진 (054-789-0411)	• 사업용조종사 / 자가용조종사 / 계기비행증명 / 등급한정추가 / 조종교육증명	
한서대학교 (비행교육원)	충남 태안 (041-671-6153)	• 사업용조종사 / 자가용조종사 / 조종교육증명	
공 군 교육사령부(비행학교)	경남 진주	비행기	• 사업용조종사 / 계기비행증명 / 사업용조종사(전수과정 II) / 사업용조종사(전수과정 I) / 조종교육증명(전수과정 III) / 계기비행증명(전수과정 IV)
		회전익	• 정규과정 / 전수과정 V
육 군 항공학교	충남 논산	• 사업용조종사(회전익항공기) / 사업용조종사(전수과정) / 계기비행증명	
해 군 6전단	경북 포항	• 자가용과정(공통) / 사업용조종사(비) / 사업용조종사(회) / 계기비행(공통) / 조종교육(공통) / 자가용/사업용 전수과정(공통) / 계기비행증명 / 조종교육증명(전수과정 II)	
한국항공 직업전문학교	본교: 서울 실습: 무안공항 (02-925-0039)	• 계기사업용통합과정 / 자가용조종사과정 / 사업용조종사과정 / 계기비행증명과정 / 등급한정추가과정 / 조종교육증명과정	
한국항공 직업전문학교	본교: 서울 실습: 울진공항 (02-925-0039)	• 계기사업용통합과정	
한국교통대학교	본교: 교통대 실습: 청주공항 (043-211-1549)	• 자가용조종사과정	

출처: 국토교통부 전문교육기관 기정현황('15.3월)

<표 42> 항공정비사과정 전문교육기관: 14개 기관

기관명칭	소재지 (연락처)	과정명
항공기술교육원 (한서대부설)	충남태안 (041-671-6231)	항공정비사과정
한국폴리텍항공대학	경남사천 (055-830-3440)	항공정비사과정
항공기술교육원 (대한항공)	서울 공항동 (02-2656-3897)	항공정비사과정
		항공정비사과정 (전문대/이공계 졸업대상자)
정비직업훈련원 (아시아나항공)	서울 공항동 (032-744-2955)	항공정비사과정
		항공정비사과정 (전문대/이공계 졸업대상자)
한서항공직업전문학교	서울 광진구 (02-467-0886)	항공정비사과정
한국에어텍항공직업전문학교	서울 공항동 (02-2661-0251)	항공정비사과정
국제항공기술교육원	서울 영등포구 (02-846-4500)	항공정비사과정
아세아항공직업전문학교	서울 용산구 (02-714-9704)	항공정비사과정
한국항공직업전문학교	서울 동대문구 (02-944-8529)	항공정비사과정
항공정비사전문교육원(공군)	경남 진주	항공정비사과정
정석항공기술교육원 (정석항공과학고)	인천 (055-750-2230)	항공정비사과정
경북항공기술교육원 (경북항공고교)	경북 영주 (054-636-2704)	항공정비사과정
한국과학기술직업 전문학교	서울 강서 (02-3662-8878)	항공정비사과정
강호항공고등학교	전북 고창 (063-560-5000)	항공정비사과정

출처: 국토교통부 전문교육기관 지정현황('15.3월)

<표 43> 항공교통관제사 과정 전문교육기관: 4개 기관

기관명칭	소재지	과정명
항공교통관제교육원(항공대 부설)	경기수색(02-300-0226)	항공교통관제사
항공교통관제교육원(한서대 부설)	충남태안(041-671-6032)	항공교통관제사
항공기술교육원(한국공항공사 부설)	충북청원(043-290-2313)	항공교통관제사
항공교통관제사교육원(공군)	경남진주	항공교통관제사

출처: 국토교통부 전문교육기관 지정현황('15.3월)

〈표 44〉 경량항공기 조종사과정 전문교육기관: 4개 기관

기관명칭	소재지	과정명
승진항공기술비행학교	경기 여주(031-881-4009)	경량항공기(타면조종형비행기)
드림에어항공	충북 제천(043-643-2676)	경량항공기(타면조종형비행기 및 경량 헬기)
동해기계비행학교	충남 공주(041-841-1116)	경량항공기(경량 헬기)
영암비행교육원	전남 영암(0303-659-7822)	경량항공기(타면조종형비행기)

출처: 국토교통부 전문교육기관 지정현황('15.3월)

〈표 45〉 초경량비행장치(무인회전익) 조종자 과정 전문교육기관: 3개 기관

기관명칭	소재지	과정명
무성항공 아카데미	경기 평택(031-656-0741)	초경량비행장치 무인회전익 조종자
성우엔지니어링	충북 청원군(043-260-2435)	초경량비행장치 무인회전익 조종자
카스컴	충북 청주시(043-235-4900)	초경량비행장치 무인회적인 조종자

출처: 국토교통부 전문교육기관 지정현황('15.3월)

〈표 46〉 항공훈련기관: 10개 기관

기관명칭	훈련과정	기관주소 (연락처)	훈련장소
BK (보잉코리아)	• 모의비행장치를 이용한 학술 및 비행훈련	서울 영등포 여의도 26-5(대오빌딩), (02-785-9326)	대한항공(보잉기종) 아시아나(보잉기종)
ATK (에어버스트레이닝코리아)	• 모의비행장치를 이용한 학술 및 비행훈련	인천 중구 신흥동 (032-882-5425)	대한항공 (에어버스 기종)
SIKL (심인더스트리즈코리아 유한회사)	• 모의비행장치를 이용한 학술 및 비행훈련(B737 A320)	인천 중구 운서동 (070-7018-5797)	인천 중구 운서동 (인재개발원 내)
CAE (Canadian Aviation Electronics)	• 모의비행장치를 이용한 학술 및 비행훈련	경기 김포시 대곶면 천호로 (031-780-8902)	경기 김포시 대곶면 천호로(항공산업단지 내)
정석비행훈련원	• 비행훈련과정(CE-525)	제주 서귀포시 표선면 (064-780-0316)	제주 서귀포시 표선면
항공대(한국항공안전교육원)	• 항공보안과정 • 운항관리과정 • 안전관리과정	경기 고양시 덕양구 (02-300-0386)	경기 고양시 덕양구
공군 (항공안전관리단)	• 항공기사고조사 • 안전관리과정 • Human Factors • SMS	경기 평택시 팽성읍	경기 평택시 팽성읍
한국항공직업전문학교	• 객실승무원 훈련과정	서울 동대문구 신설동(02-944-8570)	서울 동대문구 신설동
교통안전공단 (항공안전처)	• 안전관리과정	경기 안산시 단원구(054-459-7385)	경기 화성시 송산면 (자동차 안전연구원 내)
항공대(비행훈련원)	• 조종사 지상학과정	경기 고양시 덕양구(02-300-0224)	경기 고양시 덕양구

출처: 국토교통부 전문교육기관 지정현황('15.3월)

12. 무인항공기

무인항공기(RPAS: remotely piloted aircraft systems / UAS: Unmanned Aircraft Systems)란 항공기에 사람이 탑승하지 아니하고 원격·자동으로 비행할 수 있는 항공기를 말한다. 최근 세계적으로 증가하고 있는 민간용 무인항공기는 산업 지원, 안전 진단, 감시 등 다양한 분야에서 광범위하게 활용되고 있지만 이에 상응하는 통합적인 안전관리체계가 이뤄지지 않아 위험 또한 증가하고 있는 실정이다.

유인항공기의 경우, 국제항공 및 안전운항을 위해 시카고협약 및 부속서에서 체계적으로 규율하고 있는 반면에 무인항공기에 대해서는 상대적으로 안전관리체계에 있어 국제적으로 통일된 기준이 미흡한 상태이다. 아울러 이와 같은 안전관리체계 미흡 및 개인정보 보호 등의 문제를 해결하기 위해 통합적인 규제 방안이 지속적으로 거론되고 있다.

이와 같은 우려를 해소하기 위해 궁극적으로는 무인항공기에 적용할 국제적으로 통일된 안전관리체계 구축을 위해 유인항공기에 적용하는 안전기준과 상응하는 기준 수립 및 사생활을 침해하지 않는 방안이 강구될 것으로 보인다.

무인항공기에 대한 초기의 국제적인 법규체계는 파리협약에서 확인할 수 있으며,[78] 이는 1944년 시카고협약에서도 다음과 같이 명시적으로 규정하고 있다.

> 시카고협약 제8조 무인항공기(Pilotless aircraft)
> 무인항공기는 체약국의 허가 없이 체약국의 상공을 비행하여서는 아니 된다. 또한 각 체약국은 민간항공기에 개방되어 있는 지역에 무인항공기의 비행이 민간항공기에 미치는 위험을 예방하도록 통제해야 한다.

2000년 이후 ICAO에서는 글로벌 민간항공체계의 지속가능성장을 위해 무인항공기에 대한 안전관리체계 보완 필요성이 꾸준히 제기되었다. 이에 따라 최근 ICAO는 제한된 공역 및 공항 내에서 모든 민간 항공의 효용성을 극대화하기 위해 유인항공기와 더불어 무인항공기의 안전기준 보완에 심혈을 기울이고 있다. 무인항공기에 직면하고 있는 ICAO의 궁극적인 목표는 SARPs를 통한 국제적인 규정체계, 절차 및 참고가 되는 지침을 제공하는 것이다. 이런 필요성과 ICAO 항행위원회의 노력의 결과로 2015년에 무인항공기매뉴얼이 발행되었다.[79]

한국의 경우 항공법에 무인항공기에 대한 규정이 있으나 매우 미흡한 실정이며 무인항공기에 대한

---

78) The Protocol of 15 June 1929 amending the Paris Convention, Article 15. 본 파리협약 개정의정서는 1929년 6월 15일 개정되어 1933년 5월 17일 발효함.
79) ICAO Doc 10019 Manual on Remotely Piloted Aircrafted Aystems(RPAS).

종합적인 안전관리체계 구축 및 개인정보 보호 방안 등이 강구되고 있다.

현재 항공법에서는 "항공기를 운항하려는 사람은 사람과 재산을 보호하기 위하여 국토교통부장관의 허가 없이는 무인항공기 및 무인자유기구의 비행을 하여서는 아니 된다"라고 규정하고 있다.[80] 또한 연료를 제외한 자체중량이 150kg을 초과하는 무인기를 '무인항공기'라 하고, 150kg 이하인 무인기를 '무인비행장치'로 구분하며, 무인비행장치란 무인동력비행장치(연료의 중량을 제외한 자체 중량이 150킬로그램 이하인 무인비행기 또는 무인회전익비행장치)와 무인비행선(연료의 중량을 제외한 자체 중량이 180킬로그램 이하이고 길이가 20미터 이하인 무인비행선)으로 구분한다. 한편 무인비행장치의 경우에도 비행승인, 조종자 증명, 사업등록, 비행장치 신고, 기체검사 및 비행승인 등이 요구될 수 있다.[81]

---

[80] 항공법 제55조(비행중 금지행위 등).

[81] 예를 들어, 자체중량이 12kg을 초과하는 무인비행장치로 항공기사용사업을 행하고자 하는 경우 조종자 증명, 사업등록, 비행장치 신고, 기체검사 및 비행승인 모두 필요함. 아울러 무인비행장치의 조종자는 야간비행 금지, 비행금지 장소에서의 비행제한 등의 조종자 준수사항을 지켜야 함(항공법시행규칙 제66조 등).

제3장

조종사 운항자격제도 및 2개 형식 이상 항공기 운항

1. 조종사 운항자격제도[1]

운항승무원은 항공기 운항에 필수적인 임무를 수행하는 자로 항공기 운항에 필요한 자격증명은 물론 지속적인 안전운항 임무 수행을 위한 전문 지식 및 기량을 습득함은 물론 숙달 및 유지가 필요하다. 이에 따라 항공기의 조종사는 다음과 같은 두 가지 종류의 자격이 요구된다.

첫째, 항공당국이 주관, 발급, 관리하는 것으로 시카고협약 부속서 1 항공종사자 자격증명(Personal Licensing)에 규정하고 있는 사업용조종사 자격증명, 운송용조종사 자격증명 및 형식 한정 등과 같은 조종사의 기본적인 자격증명(Licence)이 요구된다.

둘째, 운영자인 항공사가 관장하는 것으로 시카고협약 부속서 6 항공기운항(Operation of Aircraft)에 규정하고 있는 조종사 운항자격(Qualification)이 요구된다. 시카고협약 부속서 1에 의거 자격증명을 보유한 자가 실제 비행을 안전하게 수행하기 위해 필요한 주기적인 교육훈련, 최근비행경험, 기량심사와 같은 운항자격이 요구된다. 기본적으로 조종사는 자격증명 및 운항자격을 취득 및 유효한 상태로 유지해야 하며 요건을 충족하지 못하면 비행임무를 수행할 수 없다.

한국은 지난 10여 년간 운항자격제도 개선에 대한 논의가 있었으나 근본적인 개선이 미흡한 상태이다. 항공기 사고 발생 시 조종사 운항자격 요건이 비효율적이고 제한적으로 변경되곤 했는데 이런 임기응변식 조치는 현 운항자격제도의 흠결을 체계적으로 보완할 수 없다고 본다. 최근에는 헬기 사고 발생으로 말미암아 헬기 조종사에 대한 운항자격 강화 필요성이 대두되었으며, 2014년 항공법 개정으로 항공기사용사업용 헬기 조종사도 기량에 대한 자격인정 요건이 추가됨에 따라 기량심사(Proficiency check) 및 노선심사(Line check)를 실시하여야 한다.[2]

---

1) "조종사 운항자격제도"란 조종사가 해당 비행임무를 수행하기 위해 필수적으로 요구되는 자격에 관한 제도이다. 필자는 '운항자격'과 관련하여 2010년 항공우주법학회 학술대회에서 발표한 논문을 토대로 지속적으로 연구와 개선을 위해 노력하고 있음. 본 내용은 ICAO, FAA, EASA 등의 최신 기준에 대한 검토 결과를 보완하였으며 기본적으로 운항자격제도에 대한 항공당국과 항공사와의 관계 및 제도 개선의 필요성에 초점을 둠. 필자의 조종사 운항자격제도 관련 주요 연구 현황: ① "조종사 운항자격 국내외 기준(연구 발표)", 한국항공우주법학회 학술대회, 2010. ② "국내외 항공안전관련 기준에 관한 비교연구, 4.3.3 운항승무원 운항자격제도" 한국항공대학교 박사학위논문, 2015. ③ "조종사 운항자격제도 국내외 기준 비교연구", 「항공진흥」통권63호, 2015.

2) 항공법 개정법률 제12706호, 2014.5.28. 개정 공포.

그러나 운항자격의 종류 대상 및 심사기준에 대한 심층연구가 부족한 상태에서 운항자격제도의 개선 없이 심사요건만 추가하고 충분한 항공안전감독관(운항자격심사관) 및 위촉심사관이 확보되지 않을 경우 법규 위반자가 양산될 수 있으며 근본적인 문제해결은 기대하기 어렵다.

1.1 ICAO의 조종사 운항자격

1.1.1 조종사 자격증명 및 운항자격

조종사 운항자격(Qualification)은 항공기 운항을 위해 항공당국이 승인한 자격증명(Licence)을 소지한 조종사에 대해 운영자가 준수해야 할 자격 요건을 말한다. 시카고협약과 동 협약 부속서에서는 조종사에 대한 '자격증명' 및 '운항자격' 요건을 다음과 같이 규정하고 있다.

- 국제항공에 종사하는 체약국의 항공기에는 본 협약에서 정한 조건에 따라 승무원 자격증명(Licence)을 휴대해야 한다.[3]
- 국제항공에 종사하는 모든 항공기의 조종사는 항공기의 등록국이 발급하거나 유효하다고 인정한 자격증명을 소지한다.[4]
- 각 체약국은 자국민에 대하여 타 체약국이 발급한 자격증명을 자국 영역의 상공 비행에 있어 인정하지 아니할 수 있는 권리를 갖는다.[5]
- 각 체약국은 항공기의 등록국이 발급하거나 유효하다고 인정한 자격증명이 협약에 따라 정한 최저 표준을 준수한 경우 유효한 것으로 인정해야 한다.[6]
- 시카고협약 부속서에서는 조종사 자격과 관련하여 크게 자격증명과 운항자격으로 구분하며, 조종사 자격증명에 대해서는 시카고협약 부속서 1 항공종사자 자격증명(Personal Licensing)에 규정하고 있고 운항자격에 대해서는 시카고협약 부속서 6 항공기운항(Operation of Aircraft)에 규정하고 있다.
- 조종사 자격증명은 항공당국이 발급 및 인정할 권리를 가지며 운송용조종사 자격증명과 같이 항공당국이 부여하는 자격증명을 취득함으로서 자격이 부여된다. 자격증명에 대한 심사는 항공당국 또는 승인된 훈련기관의 위촉된 자에 의해 수행된다.[7] 아울러 항공당국은 자격증명을 발

---

3) 시카고협약 제29조.
4) 시카고협약 제32조.
5) 시카고협약 제32조.
6) 시카고협약 제33조.
7) 시카고협약 부속서 1 Appendix 2. 10.

행할 때 시카고협약 체약국이 rating의 유효성을 쉽게 판단할 수 있도록 자격증명을 발행해야 한다.[8]

- 운영자(Operator)는 조종사 운항자격을 준수할 책임이 있으며, 자격증명을 소지한 자가 실제 비행 임무를 위해 비행경험 및 심사요건 등을 주기적으로 충족함으로써 해당 운항자격을 가진다. 물론, 항공당국은 운영자가 수행하는 운항자격에 대하여 감독업무를 수행한다.[9]

- 시카고협약 부속서 6에서 규정하고 있는 운항자격이란 운항승무원이 임무를 수행하기 위해 갖추어야 할 자격을 통칭하는 용어이다. 이런 일반 개념의 용어로 통칭되는 운항자격은 조종사에게 특정 운항자격이 요구되는데, 대표적인 운항자격의 종류로는 최근비행경험(Recent experience), 지역/노선/공항 자격(Area, route and aerodrome qualification), 기량심사(Proficiency check) 등이 있다.

- 조종사 운항자격 요건은 항공기 운항 특성을 고려하여 시카고협약 부속서 6에 Part별로 다르게 규정하고 있는데, 항공운송사업용 조종사는 일반항공(General aviation) 조종사 대비 다양한 운항자격이 요구된다. 오랫동안 일반항공 조종사는 자격증명 이외에 별도의 개별 운항자격이 거의 요구되지 않았지만 최근 국제선을 운항하는 일반항공 조종사에게도 운항자격 요건이 강화되는 추세이다.

조종사 운항자격 요건은 항공기 운항 특성을 고려하여 시카고협약 부속서 6에 Part별로 다르게 규정하고 있는데, 항공운송사업용 조종사는 일반항공 조종사 대비 다양한 운항자격이 요구된다. 오랫동안 일반항공(General aviation) 조종사는 자격증명 이외에 별도의 개별 운항자격이 거의 요구되지 않았지만 최근 국제선을 운항하는 일반항공 조종사들에게도 운항자격 요건이 강화되는 추세이다.

---

8) 시카고협약 부속서 1, 5.1.1.1.

9) ICAO Doc 8335.

Flight Crew Licence & Qualification		
ICAO Annex 1 Personnel Licensing (Flight Crew/Pilot Licences and Rating)	2.1 General rules concerning pilot licences and rating(type rating etc.) 2.2 Student pilot 2.3 Private pilot licence 2.4 Commercial pilot licence 2.5 Multi-crew pilot licence 2.6 Airline transport pilot licence 2.7 Instrument rating 2.8 Flight instructor rating 3.2 Flight navigator licence 3.3 Flight engineer licence 3.4 Flight radiotelephone operator	
ICAO Annex 6 Operation of Aircraft (Flight Crew Qualification)	Part 1[11]	9.4 Flight Crew Qualification 9.4.1 Recent experience - pilot-in-command and co-pilot 9.4.2 Recent experience - cruise relief pilot 9.4.3 Pilot-in-command area, route and aerodrome qualification 9.4.4 Pilot Proficiency checks 9.4.5 Single pilot operations under the instrument flight rules (IFR) or at night
	Part 2[12]	SEC 2. GENERAL AVIATION OPERATIONS 2.7.2 Flight Crew Qualification SEC 3. LARGE AND TURBOJET AEROPLANES 3.9.4 Flight Crew Qualification 3.9.4.2 Recent experience . pilot-in-command 3.9.4.3 Recent experience . co-pilot 3.9.4.4 Pilot Proficiency checks
	Part 3[13]	SEC 2 INTERNATIONAL COMMERCIAL AIR TRANSPORT 7.4 Flight Crew Qualification 7.4.1 Recent experience - pilot-in-command and co-pilot 7.4.2 Pilot-in-command operational qualification 7.4.3 Pilot Proficiency checks SEC 3 INTERNATIONAL GENERAL AVIATION 7.1 Flight Crew Qualification
ICAO Doc 8335	ICAO Doc 8335 Manual of Procedures for Operations Inspection, Certification and Continued Surveillance	

1.1.2 운항자격: 최근비행경험

조종사는 최근비행경험(Recent experience) 요건을 충족해야 한다. 항공운송사업용 항공기의 조종사 및 제트기를 운항하는 일반항공의 조종사는 90일 이내에 3회의 이륙과 착륙을 행한 비행경험이 있어야 한다. 다만, 조종사가 항로상에서만 조종사 임무를 수행할 경우에는 3회의 비행경험은 요구되나

---

10) 시카고협약 부속서 1의 조종사 자격증명 및 Annex 6에서 규정하고 있는 기본적인 조종사 운항자격의 종류를 요약한 것임.

11) Part 1 International Commercial Air Transport - Aeroplanes.

12) Part 2 International General Aviation - Aeroplanes.

13) Part 3 International Operations - Helicopters.

이륙과 착륙을 행한 경험은 요구되지 않는다.[14]

1.1.3 운항자격: 기량심사

운영자는 다음과 같이 조종사의 기량심사(Proficiency check) 요건을 충족해야 한다.[15]
- 기량심사는 해당 기종의 정상 및 비정상에 대한 조종 기술 및 비상절차수행 능력에 대한 심사이며, 계기비행규칙을 행하는 경우 계기비행능력도 기량심사에 포함하여 함께 심사한다.
- 기량심사는 항공운송사업용 항공기의 조종사 및 제트기를 운항하는 일반항공의 조종사에 대하여 1년에 2회 실시해야 하는데 연속 4개월 내에 2회 심사가 이루어지지 말아야 한다.
- 기량심사는 운영자인 항공사가 수행하고 보증해야 하는 심사이다.[16] 심사는 운영자 소속 검열운항승무원 또는 항공 당국의 대리인(either a check pilot of the operator or to a representative of the State)이 수행할 수 있으나 일반적으로 모든 운항자격심사는 위촉받은 항공사 소속 검열운항승무원인 위촉심사관이 심사를 실시한다. 항공당국 소속 항공안전감독관(Inspector)이 기량심사를 직접 실시하는 경우, 항공안전감독관은 적합한 자격증명 및 운항자격이 있어야 한다. 결론적으로 항공사 조종사에 대한 기량심사는 해당 자격증명 및 운항자격을 유지하고 있는 항공사 소속 위촉심사관이나 항공당국 소속 항공안전감독관이 수행할 수 있으나, 항공사에게 위촉심사관을 승인한 경우 위촉심사관이 심사한다.

1.1.4 운항자격: 노선심사

노선심사(Line check) 요건에 대해 운항자격과 관련하여 ICAO SARPs로 규정한 기준은 없다.[17] 다만, ICAO Doc 8335에서 항공사가 노선심사를 실시하기도 함을 시사하고 있다.

ICAO Doc 8335에 따르면 "항공당국은 노선심사를 실시하는 항공사의 검열운항승무원을 승인할 수 있고 노선심사를 담당하는 검열운항승무원은 위촉평가관(Designated examiner)의 범주는 아니지만 항공

---

14) 시카고협약 부속서 6 Part I 9.4.1~9.4.2, Part II 3.9.4.2~3.9.4.3, Part III 7.4.1.

15) 시카고협약 부속서 6 Part I 9.4.4, Part II 3.9.4.4, Part III 7.4.3.
　　시카고협약 부속서 6 part 1, 9.4.4. Proficiency check. 9.4.4.1.

16) 시카고협약 부속서 6 part 1, 9.4.4.1~an operator shall ensure that~.

17) 시카고협약 부속서 6 Part 1, 9.4에 조종사의 운항자격을 규정하고 있으나 Line check 요건은 없음.
　　9.4 Flight Crew Qualification
　　9.4.1 Recent experience - pilot-in-command and co-pilot, 9.4.2 Recent experience - cruise relief pilot, 9.4.3 Pilot-in-command area, route and aerodrome qualification, 9.4.4 Pilot Proficiency checks, 9.4.5 Single pilot operations under the instrument flight rules (IFR) or at night.

당국이 적절히 감독할 필요가 있다."[18]라고 언급하고 있다. 결국 노선심사에 대한 ICAO의 시각은 항공당국이 진행해야 할 요건이 아니라, 항공사가 자체적으로 실시하는 심사 정도로 간주하고 있는 것이다. 따라서 노선심사는 항공당국이 아닌 항공사가 자체적으로 실시하는 운항자격의 한 종류로 볼 수 있고, 노선심사 기준 및 실시 방법에 대해서는 ICAO에서 가이드라인으로 제공하고 있는 기량심사(Proficiency check)에 적용하는 기준을 준용하는 것이 타당하다고 볼 수 있다.

1.1.5 검열운항승무원 및 항공안전감독관

'Proficiency check pilot', 'Line check pilot' 및 'Inspector' 요건과 관련하여 ICAO SARPs로 규정한 기준은 없다. 다만, ICAO Doc 8335에 가이드라인을 규정하고 있다. 검열운항승무원(Check pilot) 및 항공안전감독관(Inspector)에 대한 ICAO의 기본 개념은 'Check pilot'는 운영자 소속으로서 해당 운항승무원을 평가하는 검열운항승무원이며, 'Inspector'는 항공당국 소속으로서 운영자 소속의 검열운항승무원을 평가하고 아울러 항공사 훈련프로그램 이행여부를 확인하는 감독관이다. 이와 관련한 적용기준은 다음과 같다.

- 시카고협약에 따라 항공당국은 항공운송사업을 행하는 항공사에 대하여 지속적으로 항공안전감독 업무를 수행해야 하며, 항공안전감독을 위한 조직 및 항공안전감독관이 있어야 한다.
- 항공당국이 운영자의 위촉된 검열운항승무원에게 특정업무에 대한 책임을 부여하는 것은 일반적인 관행이며 한정자격(Type rating), 계기비행자격(IR: Instrument rating), 기량심사(Proficiency check) 등이 여기에 해당된다. 또한 항공당국은 위촉된 평가업무를 수행하는 자에 대해 자격부여, 승인 및 감독 업무를 수행한다. 항공당국은 위촉평가관(Designated examiner)의 역량을 모니터하고 위촉평가관의 승인을 갱신하기 위해 위촉평가관이 실시하는 형식한정시험이나 기량심사에 대한 정기적인 관숙이 요구된다.[19]
- 항공당국의 항공안전감독관중 항공기 운항부문을 관장하는 운항감독관은 항공사에서 관리자나 평가관 경험이 있는 우수한 기장중에서 선발하며, 항공사에 의해 위촉평가관으로 추천된 자에 대해 자격부여, 승인, 감독행위를 실시한다.[20]
- 기량심사를 담당하는 검열운항승무원(Proficiency check pilot)는 위촉평가관(Designated examiner)으로 위촉되고 관리감독을 받아야 한다.[21]

---

18) ICAO Doc 8335(5th edition) Part 1 State, 5.3.2.
　　Proficiency check pilot는 designated examiner로 위촉 및 감독 받아야 하며, Type rating check, Instrument rating check, Proficiency check는 operator 소속의 위촉된 평가관/심사관이 수행함.

19) ICAO Doc 8335(5th edition) Part 1 State, 5.3.2.

20) ICAO Doc 8335(5th edition) Part 1 State, 5.4.4.

- 항공당국은 항공안전감독관의 주요 임무를 설정하고 역량을 관리해야 한다. 항공당국은 항공안전감독관이 적합한 역량 수준에 도달할 수 있도록 대책을 강구해야 하며, 항공안전감독관이 주어진 감독업무를 수행할 충분한 능력이 있도록 관리해야 한다.[22]

- 위촉평가관은 해당 항공기의 자격을 보유한 감독관에 의해 평가를 받으며, 평가는 항공기나 모의비행장치를 이용하여 계기비행자격심사(Instrument rating check)나 기량심사(Proficiency check) 중에 수행된다. 위촉평가관으로 승인된 운항승무원은 항공기 및 시스템에 대한 지식, 운항절차, 노선구조 및 관련 법규 숙지여부를 만족스럽게 보여야 하고 아울러 다른 운항승무원을 평가하는 것에 대한 능력이 있음을 보여야 한다.[23]

- 이상적인 감독을 위해서 항공당국의 감독관은 점검 또는 관리감독 받는 자와 동등한 유효한 운항자격을 유지할 필요가 있다.[24] 일반적으로 운항감독관(flight operations inspector)은 PIC 5,000시간 이상의 비행경력과 광범위한 운항경험이 권고된다. 또한, 운항감독관이 되고자 하는 자는 운항부문 관리자 또는 위촉평가관/위촉심사관/교관 등과 같은 관리자 경험을 수행한 자가 권고된다.[25] 항공당국 감독관이 수행하는 다양한 기능에 대한 만족스러운 임무수행은 각 감독관의 자격, 경험, 능력 등에 따라 좌우된다.[26]

1.1.6 노선심사를 담당하는 검열운항승무원과 항공안전감독관

ICAO는 운항자격 심사와 관련하여 기량심사(Proficiency check)에 대해서는 규정하고 있으나 노선심사(Line check)에 대해서는 명시적으로 규정하고 있지 않은데 이는 노선심사가 기량심사에 비해 요건이 다소 약하다는 것을 의미한다. 따라서 노선심사 시 검열운항승무원(Line check pilot)과 항공안전감독관(Inspector)의 업무는 기량심사 시 적용하는 이들의 관계를 준용할 수 있으며, 이는 보다 강화된 기준을 적용하는 것으로 볼 수 있다.

한편 ICAO Doc 8335에 따르면 "노선심사를 담당하는 검열운항승무원(Line check pilot)은 위촉평가관(Designated examiner)과 같은 범주는 아니지만 'Line check pilot'의 자격과 심사행위는 항공당국에 의해

---

21) ICAO Doc 8335(5th edition) Part 1 State, 5.3.2.

22) ICAO Doc 8335(5th edition) Part 1 State, 6.2.1.

23) ICAO Doc 8335(5th edition) Part IV, 2.6.

24) ICAO Doc 8335(5th edition) Part 1 State, 6.2.1. (이상적 측면에서 감독관은 감독받는 자의 최근비행경험 및 PBN, CAT II/III, EDTO, RVSM 등에 대한 운항자격에 대하여 동등한 자격 유지가 요구됨).

25) ICAO Doc 8335(5th edition) Part 1 State, 6.2.4.

26) ICAO Doc 8335(5th edition) Part 1 State, 6.2.6.

적절하게 관리감독 받을 필요가 있다."라고 규정하고 있다.[27] 즉, 'Proficiency check pilot'는 위촉평가관 (Designated examiner)으로 위촉 및 관리감독을 받아야 하는 반면에 'Line check pilot'는 위촉평가관으로 지정이 요구되지 않으며 'Type rating check'나 'Proficiency check'를 담당하는 위촉평가관보다 완화된 관리감독 기준이 적용될 수 있다.

1.2 한국의 조종사 운항자격

한국은 항공법 및 운항기술기준에 조종사의 운항자격의 종류 및 적용기준을 규정하고 있다.

〈표 48〉 한국의 조종사 운항자격

구 분	관련 법규 및 주요 내용
최근비행경험 (Recent experience)	• 항공법제45조, 동법 시행규칙 138조 • 운항기술기준(FSR) 제1편 8.2.2, 8.3.4.14, 8.4.2.2, 8.4.2.3 • 내용: 90일 이내에 3회의 이륙과 착륙 충족(기장, 부기장 모두 해당)
운항경험 (Operating experience)	• 운항기술기준(FSR) 제1편 8.4.8.26 • 내용: 승격, 전환, 재자격 시 일정수준의 운항경험 필요(기장, 부기장 모두 해당)
지역·노선·공항자격[28]	• 항공법 제51조, 동법 시행규칙 제149조의 2 • FSR 8.4.8.30 기장의 지역, 노선 및 공항에 대한 경험요건 • 내용: 기장은 지역, 노선, 공항에 대해 지식요건 및 특수공항 경험요건 등 충족 필요(기장만 해당)
기량심사 (Proficiency check)	• 항공법 제51조, 동법 시행규칙 제149조의 3 • 항공법시행규칙 별지 65 서식에 기량심사(Proficiency & Line check)로 표기하여 노선심사(Line check)도 기량심사에 포함되는 것으로 명시함 • FSR 8.4.8.19 조종사 운항자격: 기량심사 ㈜ FSR에서 기량심사는 Proficiency check만 해당되며 Line check는 해당되지 않음 • 내용: 항공기나 모의비행장치를 이용하여 12개월 에 2회 기량심사. 1회는 LOFT로 대체 가능(기장, 부기장 모두 해당)
노선심사 (Line check)	• 항공법/시행령/시행규칙에 '노선심사'라고 명시한 조항은 없으나 항공법령에서는 의미상 노선심사가 기량심사의 한 부분으로 간주됨 • 항공법 제51조, 동법 시행규칙 제149조의 3 • 항공법시행규칙 별지 65 서식에 기량심사(Proficiency & Line check)로 표기하여 노선심사(Line check)도 기량심사에 포함되는 것으로 명시함 • FSR 8.4.8.31 조종사 운항자격: 노선심사 • 내용: 항공기에 탑승하여 12개월 이내에 왕복비행 또는 2구간 이상 편도 비행 심사. 비행 전 준비 단계부터 비행 후 디브리핑 단계까지 이륙과 착륙을 포함하여 실시(기장, 부기장 모두 해당)
심사주체 (기량심사 및 노선심사)	• 국토교통부장관이 지명한 소속공무원(운항자격심사관) 또는 항공사 등의 위촉심사관이 심사 실시(항공법 제51조, 동법 시행규칙 제151조, FSR 8장) • 국토교통부장관은 "지정항공운송사업자"로 지정하여 항공사 자체적으로 자격인정 또는 심사를 할 수 있도록 함(항공법시행규칙 제157조)

* 출처: 이구희, 박사학위 전게논문, p.202

---

27) ICAO Doc 8335(5th edition) Part 1 State, 5.3.2.

28) Area, Route, Aerodrome Qualification.

1.2.1 최근비행경험

조종사는 최근비행경험 요건을 충족해야 한다. 일반항공 기장, 항공기사용사업용 기장/부기장, 항공운송사업용 기장/부기장/항로교대조종사는 각각 최근비행경험이 요구된다. 최근비행경험 요건과 관련하여 일반적으로 90일 이내의 3회의 이륙과 착륙(야간 운항을 하는 경우 야간에 1회의 이륙과 착륙 포함)을 행한 비행경험이 있어야 한다. 다만 정기편 항공운송사업용 조종사에게는 별도의 야간 이륙 및 착륙 경험이 요구되지 않는다. 또한 항로상에서만 조종사 임무를 수행할 경우에도 이륙과 착륙 경험은 요구되지 않는다.[29]

1.2.2 운항경험

항공운송사업용 조종사는 운항경험 요건을 충족해야 한다. 최초로 기장, 부기장이 되거나 기종을 전환하고자 할 경우 정해진 비행에서 검열운항승무원 또는 비행교관의 감독하에 운항경험을 이수해야 한다. 운항경험 시 충족해야 할 요건으로는 비행횟수, 이착륙을 포함한 비행시간 및 이착륙 횟수의 50% 이내로 보조 임무(pilot monitoring) 수행 등의 요건이 있다. 또한 한국은 "운항경험 시 유자격 부기장의 추가 편성은 운항규정 등에 반영하여 운영하여야 한다."라고 규정하고 있다.[30]

운항경험 중인 조종사는 유자격 조종사로서 교관 또는 검열운항승무원의 감독하에 비행하도록 규정하고 있는 것인데 또 다른 유자격 부기장의 탑승 필요성을 항공사 자체적으로 규정하여 운영해야 한다는 항공당국의 규정은 논리적으로 이해할 수 없는 흠결을 보이고 있다.

1.2.3 기량심사

조종사는 기량심사(Proficiency check) 요건을 충족해야 하며, 기량심사의 실시주체, 심사 대상, 적용기준 등에 대해서는 항공법 및 운항기술기준에 다음과 같이 규정하고 있다.[31]

- 기량심사에 대한 자격인정 주체는 일차적으로 국토교통부장관으로 규정하고 있다. 조종사(① 항공운송사업에 사용되는 항공기의 조종사, ② 항공기사용사업에 사용되는 항공기 중 농업 지원, 수색 및 구조 등의 업무에 사용되는 항공기의 조종사, ③ 항공운송사업 및 항공기사용사업용 이

---

29) 항공법제45조, 동법 시행규칙 138조, 운항기술기준 제1편 8.2.2, 8.3.4.14, 8.4.2.2, 8.4.2.3.
30) 운항기술기준 제1편 8.4.8.26 조종사 운항경험.
31) 항공법 제51조, 항공법시행규칙 제149조 내지 제154조, 운항기술기준 제1편 8.4.8.19 조종사 기량심사.

외의 조종사 중 최대이륙중량 5천700킬로그램을 초과하는 비행기 등을 사용하여 국외비행을 하는 조종사)는 기량에 관하여 국토교통부장관의 자격인정을 받아야 한다. 기량 요건은 정상 상태에서의 조종기술과 비정상 상태에서의 조종기술 및 비상절차 수행능력이 있어야 한다. 기량에 관한 자격인정은 실기평가로 심사하며, 실기심사는 국토교통부장관이 지명한 소속 공무원(이하 "운항자격심사관"이라 한다) 또는 국토교통부장관의 위촉을 받은 사람(이하 "위촉심사관"이라 한다)이 실시한다.

- 기량심사에 대한 용어 사용에 일관성이 없다. '기량심사' 용어와 관련하여 항공법 및 항공법시행규칙에서는 '기량에 관한 자격인정'이나 '기량에 대한 실기심사' 등으로 표현하고 있으나 국토부장관 고시인 운항기술기준에서는 '기량심사'라고 명시하고 있다. 즉, 항공법 제51조 등에서는 '기량심사'라는 명시적인 용어 사용을 하지 않은 상태에서 '기량에 대한 자격인정'이나 '기량에 대한 실기심사'의 범주에 '기량심사'와 '노선심사'를 포함하는 개념으로 사용하였다. 반면에 운항기술기준에서는 '기량심사'라고 명확히 표기하고 있으며, 기량심사와 구분하여 별도로 '노선심사' 요건을 명시하고 있다.

- 기량에 관한 자격인정을 위한 실기심사는 해당 형식 항공기에 탑승하여 항공기가 운항하는 왕복구간에서 12개월마다 심사한다.[32] 다만 정상 및 비정상 상태에서의 조종기술 및 비상절차 수행능력에 대한 실기심사는 동일 형식의 항공기 또는 모의비행장치를 이용하여 최근 12개월 이내에 2회의 기량심사를 이수해야 한다. 다만, 동일한 심사가 연속되는 4개월 이내에 발생되어서는 아니 되며, 2회의 심사 중 1회는 모의비행장치를 이용한 훈련으로 갈음할 수 있다.[33]

1.2.4 노선심사

조종사는 노선심사(Line check) 요건을 충족해야 하며, 노선심사의 실시주체, 심사 대상, 적용기준 등에 대해서는 항공법 및 운항기술기준에 규정하고 있다.[34]

항공법령에서 '기량에 관한 실기심사'는 기량심사와 노선심사를 함께 포함하는 개념으로 규정하고 있기 때문에 특별히 다르게 구분하여 제한하지 않는 한 법규적인 측면에서 노선심사에 대한 심사 주체 및 심사 대상은 기량심사에 적용하는 기준과 같다.

기량심사에서 지적했듯이 항공법령에 명시적으로 '노선심사'라는 용어가 사용되지 않아 적용상 혼

---

32) 노선심사(line check)에 해당됨. 운항기술기준 제1편 8.4.8.31.

33) 기량심사(proficiency check)에 해당됨. 운항기술기준 제1편 8.4.8.19.

34) 항공법 제51조, 항공법시행규칙 제149조 내지 제154조, 운항기술기준 제1편 8.4.8.31 노선심사.

선이 야기된다. 항공법 제51조 등에서는 '노선심사'라는 명시적인 용어 사용을 하지 않은 상태에서 '기량에 대한 자격인정'이나 '기량에 대한 실기심사'의 범주에 '노선심사'를 포함하는 개념으로 사용하였으나, 운항기술기준에서는 '기량심사'와 구분하여 별도로 '노선심사' 요건을 명시하고 있다. 이에 따라 노선심사는 해당 형식 항공기에 탑승하여 항공기가 운항하는 왕복구간에서 심사한다. 조종사는 최근 12개월 이내에 국토교통부장관이 지명한 운항자격심사관 또는 위촉심사관과 운항하고자 하는 동일 항공기 형식에 동승하여 노선심사를 받아야 한다. 노선심사는 항공운송사업자의 비행계획 등을 고려하여 해당 항공기가 운항중인 노선 및 공항에서 실시하며, 비행 전(Preflight) 준비 단계부터 비행 후(Postflight) 디브리핑 단계까지 이륙과 착륙을 포함하여 실시해야 한다.

국내 항공법령에 운항자격심사를 운항자격심사관이나 위촉심사관이 수행할 수 있도록 규정하고 있어, 노선심사를 정부 소속 운항자격심사관 또는 항공사 소속 위촉심사관이 전담하여 심사하더라도 법조문 상 저촉되지 않는다. 이런 관계로 노선심사 실시주체 및 항공사에 심사위임 관련하여 법조문 개정 없이 다음과 같은 변경이 있었다.

- 1991년 이전: 항공사 소속 위촉심사관이 심사업무 전담 수행
- 1991년: 최초로 정부 소속 운항자격심사관 채용(항공사 소속 위촉심사관과 심사 병행)
- 2001년: FAA 항공안전평가 후속 조치로 정부는 운항자격심사관을 채용하여 항공기 형식별 전담 심사관제 도입
- 2001년 이후: 기장 노선심사의 일부를 정부 소속 운항자격심사관이 실시

1.3 미국의 조종사 운항자격

미국연방항공청(FAA: Federal Aviation Administration)은 조종사의 운항자격의 종류 및 실시방법 등에 대하여 미연방항공규정(FAR: Federal Aviation Regulation) 등에 규정하고 있다. FAA의 운항자격에 대한 기준은 ICAO SARPs를 충족하고 있으며 다음과 같은 특징이 있다.

- 조종사는 최근비행경험, 운항경험, 기량심사, 노선심사 등에 대한 운항자격 요건을 충족해야 한다.
- 검열운항승무원(Check pilot or Check airman)이란 적합한 지식, 훈련, 경험을 갖추고, 타 조종사의 지식과 기량을 평가하고 인정할 수 있는 능력을 갖춘 자로서 FAA에 의해 승인된 운항승무원을 말하며, 심사를 위한 적합한 자격유지가 필요하다. 검열운항승무원은 6가지가 있으나 일반적으로 기량심사를 담당하는 검열운항승무원(Proficiency check pilot)과 노선심사를 담당하는 검열운항승무원(Line check pilot)으로 구분할 수 있다.[35]

- 시카고협약 부속서에 따라 항공당국이 운항승무원의 자격증명을 관장하며, 조종사의 운항자격에 대해서는 항공사가 관장한다. 즉, 기량심사 및 노선심사는 항공당국이 아닌 항공사 소속 검열운항승무원이 담당하고 항공당국의 감독관이 검열운항승무원을 평가하고 감독한다.
- ICAO SARPs는 운항경험과 노선심사에 대한 요건을 규정하고 있지 않으나 FAA는 운항경험 및 노선심사 요건을 명시하고 있다. 운항경험과 관련해 양성훈련중인 조종사는 검열운항승무원 감독 하에 운항경험 요건을 충족해야 하고,[36] 노선심사와 관련해 기장은 12개월마다 노선심사를 실시해야 한다. 아울러 노선심사를 실시하는 검열운항승무원은 항공기 형식에 대한 유효한 자격은 물론 노선 및 공항자격이 있어야 한다.[37]
- 기량심사를 수행하는 검열운항승무원 중 항공기가 아닌 모의비행장치에서만 심사업무를 수행하는 경우에도 기장(PIC) 임무에 필요한 자격증명(신체검사증명 제외) 및 지상학, 비행훈련, 기량심사(또는 자격심사)와 같은 운항자격 요건을 충족해야 한다.[38]
- 노선심사를 수행하는 검열운항승무원 중 항공기의 조종석이 아닌 관숙석에서만 심사업무를 수행하는 경우에도 기장(PIC) 임무에 필요한 자격증명 및 지상학, 비행훈련, 기량심사(또는 자격심사), 90일 내 최근비행경험 요건 충족과 같은 운항자격 요건을 충족해야 한다.[39]
- FAA 소속 항공안전감독관은 항공사에 검열운항승무원이 없는 Single PIC Operator 및 신규도입 항공기 등 위촉심사관이 없는 경우에 한하여 노선심사를 실시한다.[40]

1.4 EASA의 조종사 운항자격

EASA는 조종사에 대한 운항자격의 종류 및 실시방법 등에 대하여 경성법(Hard law)인 Implementing Rule과 연성법(soft law)인 관련 AMC/GM(Acceptable Means of Compliance and Guidance Materials)에 규정하고 있다.[41] EASA의 운항자격에 대한 기준은 ICAO SARPs를 충족하고 있으며 다음과 같은 특징이 있다.
- 조종사는 최근비행경험, 운항경험, 기량심사, 노선심사 등에 대한 운항자격 요건을 충족해야 한다.

---

35) FAA order 8900, 3-1388, 3-1389, 3-1390.

36) 운항경험(FAA는 Operating Experience, EASA는 Line Flying under supervision)이란 운항경험이란 항공기 운항에 필요한 지식 및 기량이 합격수준으로 입증된 운항승무원이 항공기에 탑승하여 Check Pilot Supervision하에 기장/부기장 비행임무를 수행하는 것을 말함.

37) FAR Part 121.440(Line check): A pilot in command Line check for domestic and flag operations must be given by a pilot check airman who is currently qualified on both the route and the airplane.

38) FAA order 8900, 3-1392 Proficiency check pilot-Simulator.

39) FAA order 8900, 3-1394 Line check pilot-Observer seat only.

40) FAA order 8900, 3-19-13-1.

41) Commission Regulation (EU) No 1178/2011, Commission Regulation (EU) No 748/2012, Commission Regulation (EU) No 965/2012 및 이에 해당하는 AMC & GM에 규정하고 있음.

- 시카고협약 부속서에 따라 항공당국이 조종사의 자격증명업무를 관장하며,[42] 조종사의 운항자격에 대해서는 항공사가 관장한다. 즉 기량심사 및 노선심사는 FAA와 같이 항공당국이 아닌 항공사가 담당하며 기본적으로 심사주체도 항공사 소속 검열운항승무원이다.[43]
- 노선심사는 특정노선에 대한 자격을 평가하고자 하는 것이 아니라, 정상적인 운항 임무 수행 능력을 확인하는 심사이다.[44]
- ICAO SARPs는 운항경험과 노선심사에 대한 요건을 규정하고 있지 않으나 EASA는 운항경험 및 노선심사 요건을 명시하고 있다.[45] 기장승격과정(Command course) 및 전환훈련 및 심사(Conversion training and checking) 시 최소한 기량심사 및 노선심사를 포함해야 하며, 운항승무원은 운항경험 전에 기량심사를 완료해야 하고, 운항경험 후에 노선심사를 완료해야 한다. 아울러 기장뿐 아니라 부기장도 12개월마다 노선심사를 실시해야 한다.[46]
- 평가관(Examiner)은 기량심사 시 최소한 피평가자와 동등한 자격증명을 보유해야 하며, 항공기를 이용한 기량심사 시 PIC 임무를 수행할 자격이 있어야 한다. 평가관이 되고자 하는 자는 평가관의 임무 수행에 필요한 충분한 지식 및 경험이 있어야 하고, 최근 3년간 항공법규 위반으로 처벌받은 경험이 없어야 한다. 평가관이 되고자 하는 자는 항공당국의 감독관에게 기량심사나 역량평가 등을 통해 평가관의 임무 및 역할에 대해 충분한 역량이 있음을 입증해 보여야 한다.[47]
- 기량심사는 항공사 소속 검열운항승무원이 실시하는데, 기량심사를 실시하는 검열운항승무원은 관계기관으로부터 기량심사를 실시하는 평가관으로 위촉되어야 한다. 반면에 노선심사를 실시하는 검열운항승무원은 평가관으로 위촉까지 요구되지는 않지만, 항공사가 지명하고 항공당국에 검열운항승무원 정보를 제공한다.[48] 즉, 기량심사 평가관은 관계기관 감독관으로부터 역량을 인정받아 기량심사를 실시할 수 있는 자격을 부여받고 항공사 운항승무원에 대한 기량심사를 실시하며, 노선심사를 실시하는 검열운항승무원은 평가관으로 위촉이 요구되지 않기때문에 위촉 없이 노선심사를 실시할 수 있는데, 이는 노선심사가 기량심사 대비보다 평이하고 일상적인 임무수행능력에 대한 심사이기 때문이다. 이런 연유로 기량심사는 형식자격평가관(Type rating

---

42) Commission Regulation (EU) No 1178/2011, FCL.001 Competent authority.

43) Commission Regulation (EU) No 965/2012 ORO.FC.230.~the check(proficiency check, line check) may be conducted by a suitably qualified commander nominated by the operator.

44) AMC/GM TO ANNEX III (PART-ORO) GM1 ORO.FC.230 (b).

45) Commission Regulation (EU) No 965/2012 ORO.FC.205 Command course, ORO.FC.220 Operator conversion training and checking.

46) Commission Regulation (EU) No 965/2012 ORO.FC.205 Command course, ORO.FC.220 Operator conversion training and checking. ORO.FC.230 Recurrent training and checking.

47) Commission Regulation (EU) No 1178/2011, Subpart K Examiner.

48) AMC1 ORO.FC.230.

examiner, TRE)이 실시한다.[49]

- 조종석 좌우측석 자격과 관련하여 좌우측석에서 차이가 크지 않은 항로상에서는 좌우측석 비행 임무에 특별한 제한이 없으나, 기장이 우측석에서 이륙 또는 착륙하기 위해서는 우측석 자격을 위한 추가적인 훈련 및 심사가 요구되는데, 이러한 심사는 기량심사와 함께 수행될 수 있다.[50]

〈표 49〉 EASA의 운항자격(운항경험, 기량심사, 노선심사)

구 분	내 용

운항경험
(line flying under supervision, LIFUS)
	• 운항경험은 전환훈련, 승격 과정 중에 요구되며, 노선심사 전에 실시함
	• 운항경험은 항공사가 자체적으로 지정한 운항승무원(검열운항승무원 등)의 감독하에 실시
	• 운항경험 요구량은 이전 경험, 항공기 복잡성, 운항의 복잡성, 신규도입 항공기 등을 고려하여 요구량이 달라질 수 있음
	• 운항경험 요구량(비행기_가이드라인)
	  - 부기장(초기): 100시간 또는 40회 구간
	  - 기장 승격(새로운 형식): 20회 구간
	  - 기장 승격(자격 보유 형식): 10회 구간

기량심사
(Proficiency check)
	• 기량심사는 정상, 비정상, 비상절차를 수행할 능력이 있음을 보여주는 심사를 말하며, 유효기간은 6개월임
	• IFR 요구될 때, 기량심사는 외부 시각 참조 없이 수행되어야 함
	• 항공운송사업용 항공기를 운항하기 전에 실시함
	• 기량심사는 항공기 형식별로 요구됨
	• 정기 기량심사 포함 항목 지정
	  - 비행기: 6개 항목
	• 항공사가 지정하고 CRM 교육을 이수한 기장이 기량심사 실시 항공사는 기량심사를 실시하는 기장에 대해 항공당국에게 정보를 제공해야 함
	  - 기량심사는 형식자격 평가관(type rating examiner, TRE)이 실시[51]

노선심사 (Line check)	• 노선심사는 특정노선에 대한 자격을 평가하고자 하는 것이 아니라, 정상적인 운항 임무 수행 능력을 확인하는 심사이며,[52] 유효기간은 12개월임 • 기상조건이 수동 착륙에 적합하지 않은 경우 자동 착륙이 허용됨[53] • 항공사가 자체적으로 지정한 CRM 교육을 이수한 기장이 노선심사를 실시하고 항공사는 노선심사를 실시하는 기장(검열운항승무원)을 관계기관에 제공[54] ㈜ 노선심사를 담당하는 검열운항승무원은 평가관(examiner)으로의 위촉 요건이 없음 • CRM 평가만으로 노선심사를 불합격으로 처리하지 않음

* 출처: 이구희, 박사학위 전게논문, pp.199-200

---

49) AMC1 ORO.FC.230.

50) Commission Regulation (EU) No 965/2012 ORO.FC.235.

51) Operator Proficiency checks should be conducted by a type rating examiner (TRE) or a synthetic flight examiner (SFE), as applicable.

52) Line checks are a test of a flight crew member's ability to perform a complete line operation, including pre-flight and post-flight procedures and use of the equipment provided, and an opportunity for an overall assessment of his/her ability to perform the duties required as specified in the operations manual. The Line check is not intended to determine knowledge on any particular route.

53) When weather conditions preclude a manual landing, an automatic landing is acceptable.

54) Line checks should be conducted by a commander nominated by the operator. The operator should inform the competent authority about the persons nominated.

1.5 호주, 중국, 캐나다 등의 조종사 운항자격

시카고협약 체약국들은 조종사의 자격증명과 더불어 운항자격제도를 규정하고 있으며 대표적인 운항자격으로는 최근비행경험, 기량심사 및 노선심사 요건 등을 규정하고 있는데, 기본적으로 적용기준은 FAA나 EASA의 기준과 같다.

1.6 국가별 운항자격제도 비교

1.6.1 운항자격제도 및 심사주체

조종사의 운항자격(Qualification)은 항공기 운항에 필요한 기본적인 자격부터 특수운항에 대한 자격까지 다양한 종류가 요구될 수 있다. 그중 항공운송사업용 조종사에게 요구되는 대표적인 운항자격은 시카고협약 부속서 6에서 규정하고 있으며 각 체약국에서는 이를 반영하여 적용하고 있다. 그런데 한국에서 적용하는 일부 기준은 ICAO, FAA 및 EASA에서 적용하고 있는 기준과 상이하다.

〈표 50〉 국내외 운항자격제도 비교(Commercial Air Transport _ Aeroplane)

구 분	Flight Crew Qualification _ Commercial Air Transport _ Aeroplane							
	ICAO Annex 6		Korea		FAA		EASA	
	PIC	Co pilot	PIC	Co pilot	PIC	Co pilot	PIC	Co pilot
RE[55]	○	○	○	○	○	○	○	○
OE[56]	-	-	○	○	○	○	○	○
ARAQ[57]	○	-	○	-	○	-	○	-
PC[58]	○	○	○	○	○	○	○	○
LC[59]	-	-	○	○	○	-	○	○
운항자격심사주체	항공사		항공당국		항공사		항공사	

* 출처: 이구희, 박사학위 전게논문, p.205

첫째, 운항자격심사 실시주체에 차이가 있다. ICAO, FAA 및 EASA 기준은 운항자격심사의 실시의무주체가 항공사이며, 항공사 소속 검열운항승무원이 심사를 실시한다. 그러나 국내항공법은 국토교통

---

55) RE(Recent experience: 최근비행경험).

56) OE(Operating experience: 운항경험).

57) ARAQ(Area, route and aerodrome qualification: 지역, 노선 및 공항자격).

58) PC(Proficiency check: 기량심사).

59) LC(Line check: 노선심사).

부장관을 실시주체로 규정하고 있으며, 심사를 실시하는 자도 정부 소속 운항자격심사관이나 항공사 소속 위촉심사관(검열운항승무원)이 할 수 있도록 규정하고 있다. ICAO에서 규정하고 있는 심사에 대한 일반원칙은 정부 소속 항공안전감독관(Inspector)이 항공사 소속 검열운항승무원을 평가하여 승인하고, 승인된 항공사 소속 검열운항승무원이 항공사 조종사에 대하여 심사를 실시하는 것이다. 이와 관련하여 전 세계 대부분의 항공사에서도 항공사 소속 심사관이 노선심사를 실시하나 한국의 경우 일정 부분에 대해서는 국토교통부 소속 심사관이 노선심사를 실시한다.

둘째, 운항자격 종류 및 적용 대상에 차이가 있다. 한국, FAA, EASA 모두 시카고협약 부속서 6에서 규정하고 있는 최근비행경험, 기량심사 이외에 운항경험 및 노선심사 요건을 추가로 규정하고 있다. 노선심사의 경우 한국 및 EASA는 기장 및 부기장 모두에게 노선심사를 요구하지만 FAA는 기장에게만 노선심사 요건을 부여한다.

셋째, 항공법령에 포함하는 운항자격제도의 체계적인 구성에 차이가 있다. 한국의 경우 항공법시행규칙과 같은 하위 법령이 아닌 항공법에 운항자격의 종류는 물론 구체적인 기준 및 실시방법까지도 그 내용을 명시하고 있다. 또한 항공법에서 규정하고 있는 내용은 FAA나 EASA에서 규정한 법규에 비하여 규제적이며 비효율적인 내용을 포함하고 있다.

넷째, 한국의 경우 통일된 표준용어 사용이 미흡하다. 국내 항공법령상의 용어는 ICAO, FAA, EASA에서 사용하고 있는 용어에 비해 용어 구분이 모호하여 적용상 혼선이 야기된다. ICAO에서 규정하고 있는 운항자격(Qualification)이란 운항승무원이 비행임무를 수행하기 위해 갖추어야 할 자격을 통칭하는 용어로 사용되는 일반적인 개념이다. 이런 일반적인 개념의 용어인 운항자격은 운항승무원에게 구체적인 특정 자격 종류가 요구되는데, 대표적인 운항자격의 종류로 최근비행경험, 지역/노선/공항 자격, 기량심사 등이 있다. 반면에 한국의 항공법에서는 운항자격이 운항에 필요한 자격을 통칭하는 용어라는 개념은 없고 최근비행경험과 운항자격을 구분하여 규정하고 있다. 게다가 기량심사, 노선심사 및 지식심사를 편의상 운항자격심사라고 부르고 있어 어떤 자격 또는 어떤 심사를 의미하는지 매우 모호한 실정이다.

또한 항공법상에 운항자격은 경험, 지식, 기량에 대하여 각각의 자격요건을 규정하고 있고 일련의 관련성을 명시하고 있다. 그러면서 항공법시행규칙에서는 기량에 대한 실기심사가 기량심사 및 노선심사를 포함하는 개념으로 사용되고 있는 반면에 운항기술기준에서는 'Proficiency check'만을 '기량심사'로 하고 'Line check'는 별도로 '노선심사'라고 명기하고 있어, 동일 내용을 다르게 규정하는 흠결이 있다. 반면에 FAA 및 EASA는 관련 법령에 기량심사와 노선심사를 각각 명확히 구분하여 명시하고 있어 문제가 야기할 소지가 없다.

1.6.2 노선심사

시카고협약 부속서 6에서 규정하고 있는 대표적인 운항자격관련 심사로는 기량심사(Proficiency check)를 명시하고 있으나, 노선심사(Line check)에 대해서는 SARPs로 명시한 규정은 없다. 다만, ICAO Doc 8335에서 항공사들이 노선심사를 실시하기도 함을 시사하고 있다. 반면에 FAA, EASA, 한국 및 대부분의 국가에서는 조종사에 대한 노선심사 요건을 규정하고 있다.

FAA는 기장에 한하여만 노선심사 요건을 규정하고 있으나 EASA 및 한국은 조종사에 대한 요건으로 규정하고 있어 기장은 물론 부기장도 노선심사를 받아야 한다.

〈표 51〉 Line Check 국내외 기준 비교

구 분	Line check 개요
ICAO	(시카고협약 부속서에서는 Flight crew qualification에 Line check 요건이 없으나 ICAO Doc 8335에서는 항공사에서 check pilot가 line check를 하는 경우가 있다고 언급함)
한국	• 심사주체: 정부(항공사 위임 가능) • 대상: 조종사(기장, 부기장) • 항공기에 탑승하여 왕복비행 또는 2구간 이상 편도 비행에서 심사하며 비행 전 준비 단계부터 비행 후 디브리핑 단계까지 이륙과 착륙을 포함하여 12개월마다 실시
FAA	• 심사주체: 항공사 검열운항승무원 단, 1명 조종사를 보유한 운영자(Single Pilot Operator)와 같이 항공사 내에 검열운항승무원이 없는 경우에 한하여 정부 소속 유자격 Inspector가 실시 • 대상: 기장 • 항공기에 탑승하여 정상적인 운항 임무 수행 능력을 확인하는 심사이며 12개월마다 실시
EASA	• 심사주체: 항공사 검열운항승무원 • 대상: 조종사(기장, 부기장) • 항공기에 탑승하여 심사하며 특정노선에 대한 자격을 평가하고자 하는 것이 아니라, 정상적인 운항 임무 수행 능력을 확인하는 심사이며 12개월마다 실시

* 출처: 이구희, 박사학위 전게논문, pp.216-217

1.6.3 검열운항승무원과 항공안전감독관

시카고협약 부속서 6에서 규정한 조종사 운항자격에 대한 심사와 관련하여, 항공사는 운항자격심사 실시 의무가 있으며 항공당국은 이러한 운항자격을 기준에 입각하여 제대로 수행하고 있는지를 관리 감독해야 한다. 기량심사와 노선심사는 대표적인 운항자격심사로서 운영자인 항공사 소속 검열운항승무원(Check pilot)이 심사를 실시하고 항공당국 소속의 항공안전감독관(Inspector)은 항공사에서 적절히 심사를 실시할 수 있도록 지원하고 관리 감독한다.

운항자격과 관련해 항공당국 소속인 항공안전감독관(운항자격심사관)의 근본적인 업무는 운영자 소속인 조종사 또는 검열운항승무원에 대하여 관리 감독 차원의 관찰비행(Observation) 및 감독업무를 수행하는 것이지 심사를 직접 수행하는 것이 아니다. 검열운항승무원 및 항공안전감독관과 관련해 ICAO, FAA, EASA 및 한국의 기준은 다음과 같다.

<표 52> Inspector 및 Check pilot 국내외 기준 비교

구 분		국제기준 (ICAO, FAA, EASA)	국내기준 (한국)
항공안전감독관 (Inspector)	소속	• 항공당국	• 국토교통부
	자격	• 우수 경력자 선발(가이드라인_예) ✓ PIC5000시간 ✓ 항공사 관리자/평가관 경험 ✓ 적합한 자격증명	• 정기항공운송분야(가이드라인) ✓ 기장시간 5,000시간 ✓ 항공분야 10년 근무 ✓ 운송용 항공기 경력 등
	주요 임무	• 항공사 등 관리감독 및 점검 비행 ✓ Check pilot 평가 ✓ En route Inspection ✓ OE Observation ✓ Line check Inspection ✓ Proficiency Check Inspection	• 항공사 등 관리감독 및 점검 비행 ✓ Check pilot 평가(국토부 소속 운항자격시사관이 실시) • 국토부 소속 운항자격심사관이 기량에 대한 실기심사(Proficiency check 및 Line check) 실시할 수 있도록 규정함
검열운항승무원 (Check Pilot)	소속	• 항공사	• 국토부(운항자격심사관) • 항공사(위촉심사관)
	자격	• Check 관련 유효자격(가이드라인) ✓ 적합한 자격증명 및 운항자격 보유(PIC 임무 수행 필요 자격) ✓ CRM 이수 ✓ 평가 수행 능력 보유 ✓ 최근 처벌 경험 없음 등	• 국토부 운항자격심사관 ✓ ATP, Type Rating ✓ 최근 3년 무사고 등
	주요 임무	• Qualification check ✓ Proficiency Check ✓ Line Check 등	• Qualification check ✓ Proficiency Check ✓ Line Check 등

* 출처: 이구희, 박사학위 전게논문, p.213

ICAO, FAA, EASA의 기준에 따르면 항공사 소속 검열운항승무원이 항공당국으로부터 위촉받아 기량심사 및 노선심사를 실시한다. 다만, 1명 조종사를 보유한 운영자(Single Pilot Operator) 등으로 인하여 위촉받은 검열운항승무원이 없는 경우 항공당국 소속 유자격 항공안전감독관이 항공사 소속 검열운항승무원을 대신하여 직접 해당 심사를 실시한다. 그러나 한국의 경우 위촉받은 검열운항승무원이 있음에도 불구하고 국토교통부 소속 항공안전감독관(운항자격심사관)이 일정 부분의 노선심사를 실시한다.

심사업무를 담당하는 조종사는 항공당국 또는 항공사 소속여부와 상관없이 기장(PIC) 임무에 필요한 유효한 자격을 보유하는 것이 필요하다. FAA 및 EASA는 항공당국 또는 항공사 소속여부와 상관없이 필요한 자격이 요구되며, 조종석이 아닌 관숙석(observer's seat only)에서 심사 행위를 하는 경우에도

PIC 임무에 필요한 유효한 자격을 보유하는 것이 필요하다. 반면에 한국의 경우 운항자격심사를 실시하는 항공안전감독관(운항자격심사관)의 자격요건은 항공사 소속 검열운항승무원의 자격요건에 비해 완화된 기준을 적용하고 있으며, 이들에게 PIC 임무를 위한 자격요건을 요구하지 않는다.

1.7 논점 및 개선방안

한국에서 적용하는 항공운송사업용 조종사 등에게 적용하는 조종사의 운항자격(Qualification)의 일부 기준은 ICAO, FAA 및 EASA에서 적용하고 있는 기준과 상이하여 불편이 초래되고 있는바 이를 다음과 같이 개선할 수 있겠다.

1.7.1 노선심사 실시주체

노선심사(Line check)는 항공기에 탑승하여 운항하는 노선에서 실시하는 것으로 정상적인 운항 임무 수행 능력을 확인하는 심사이다. 따라서 심사자는 해당 항공기를 운항하기 위해 유효한 운항자격이 있어야 하며, 항공사의 정책 및 절차를 잘 이해하고 있어야 한다. 이런 연유로 외국에서는 대부분 항공사 주관으로 실시하나 한국은 항공당국이 심사를 관장하되 일부 또는 전부를 항공사에 위임할 수 있는 것으로만 규정되어 있다. 또한 한국은 FAA 및 EASA 기준과 다르게 항공사에 위촉심사관이 있음에도 불구하고 노선심사의 일정 부분을 국토교통부에서 실시하고 있다. 비록 단계적으로나마 항공사에게 위임을 확대하고 있으나, 기장에 대한 일부 노선심사는 지속적으로 국토교통부 소속 운항자격심사관이 직접 심사를 실시하고 있어 다음과 같은 문제점이 발생하고 있다.

첫째, 한국의 노선심사 실시 주체에 대한 항공법령은 국제기준과 상이하고 ICAO의 기본 정책과 다르다.[60] 한국에서의 노선심사가 특이하게 운영되는 이유는 노선심사의 실시 근거가 되는 항공법 제51조(조종사의 운항자격)의 실시주체가 항공사가 아닌 국토교통부장관으로 되어 있기 때문이다. 항공안전감독관이 항공사 조종사에 대해 행하는 노선심사는 불가피한 경우로 한정할 필요가 있다.

둘째, 노선심사를 실시하는 국토교통부 항공안전감독관(운항자격심사관)의 경우 노선심사에 적합한 운항자격 유지가 미흡하다. 국제기준에 의하면 운항자격심사 수행 시 소속에 관계없이 최소한 피심사자에게 요구되는 자격 이상을 보유해야 하며 기장(PIC) 임무에 필요한 적합한 자격증명 및 운항자격이 있어야 한다. 반면에 국토교통부 운항자격심사관의 경우, PIC 임무에 필요한 해당 자격 유지가

---

[60] 한국의 경우 인정심사(승격/외국인신규)는 국토교통부 운항자격심사관이 실시하고, 정기/전환/재자격 심사는 항공사 소속 검열운항승무원이 실시하나,. 미주, 유럽, 아시아, 대양주 대다수 항공사는 항공사 소속 심사관이 모든 심사 실시.

미흡하기 때문에 안전을 담보할 수 없고 안전상의 책임 및 위험을 고려해 국토교통부 심사관이 노선심사 실시 시 항공사 소속 검열운항승무원이 추가로 탑승해야 하는 문제점이 있다. 이와 같이 국토교통부 소속 운항자격심사관의 경우 90일 이내의 최근비행경험 요건을 충족하지 못함은 물론 정기적인 기량심사 요건이 관련법규에 명시되어 있지 않아 기량심사에 대한 이행을 담보할 수 없고 이런 연유로 ICAO 및 IATA에서 행하는 항공안전평가에서의 지적마저 우려된다. FAA의 경우 노선심사를 실시하는 검열운항승무원은 항공기 형식에 대한 유효한 자격은 물론 노선 및 공항자격이 있어야 하며 Currency 유지가 필요하다. 하물며 조종석이 아닌 관숙석에서만 심사업무를 수행하는 경우에도 지상학 및 비행훈련, 기량심사, 자격심사, 90일 내 최근비행경험 요건 충족 등 PIC 임무에 필요한 요건을 충족해야 한다.

셋째, 국토교통부 내 항공안전감독관 및 운항자격심사관을 분리 운영하고 있어 항공안전 감독 업무에 비효율을 초래한다. 국제기준에서는 조종사의 운항자격을 항공사가 자체적으로 실시하고 이를 항공당국 소속 항공안전감독관이 감독하고 아울러 항공사 소속 검열운항승무원을 평가 및 감독한다. 반면에 국토교통부는 항공안전감독관 외에 별도로 운항자격심사관을 두어 항공사 소속 검열운항승무원에 대한 평가 및 감독뿐만 아니라 기장의 노선심사를 직접 실시하고 있다. 이런 연유로 국토교통부의 항공안전감독관 업무지침에는 미국 등에서 항공안전감독관이 실시하는 Line check Inspection이라는 점검항목이 없다.

넷째, 항공사의 조종사에 대한 노선심사를 항공사 및 국토교통부에서 이중으로 실시하고 있어 심사 및 평가 기준 차이 가능성이 상존한다. 정부 소속 운항자격심사관의 경우 상대적으로 항공사 정책 및 운항절차에 익숙하지 않고 PIC 임무에 필요한 개별 운항자격을 유지하고 있지 않아 유자격 검열운항승무원이 추가로 탑승해야 하는 흠결이 발생한다. 또한 심사주체가 단일화되어 있지 않고 이중으로 분리 운영됨에 따라 심사 일정 수립 및 일정 변경에 어려움이 많고 이로 인해 추가적인 행정력 소모가 많을 수밖에 없다. 특히, 심사 수요 증가 시 심사 지연 등으로 적기에 인력 양성이 어렵고, 악 기상 등으로 심사 일정을 변경해야 할 경우 대처가 매우 곤란하다.

이와 같은 문제점을 해결하고 실질적인 항공안전을 증진하고 비지정항공운송사업자 등의 심사 요구량 증가에 효율적으로 대처하기 위해 다음과 같은 제도 개선이 필요하다.

첫째, 항공법 제51조 및 동법 시행규칙(제156조~165조) 개정을 통하여 항공사 소속 위촉심사관이 심사를 실시하고 국토교통부는 감독 업무를 수행하는 것을 명확히 규정한다. 즉, ICAO SARPs에 부응하여 현재 국토교통부장관으로 되어 있는 운항자격심사 주체를 운항증명소지자(항공사)로 변경하고 운항승무원에게 요구되는 노선심사는 항공사의 절차 및 시스템을 잘 이해하고 있는 항공사 소속 위촉심사관이 주관하여 실시하고, 정부 소속 항공안전감독관(운항자격심사관 포함)은 항공사 조종사의 운항자격에 대한 직접 심사 대신에 관리감독을 철저히 할 수 있도록 개정한다.

둘째, 항공법규상에 심사주체에 대한 적용기준을 통일한다. 항공법 제51조 제6항, "제4항의 규정에 불구하고 필요하다고 인정하는 때"라 함은 국제기준을 준거하여 "비지정항공운송사업자 또는 검열운 항승무원을 보유하지 않은 Single Pilot Operator"를 위한 법적 근거로 적용한다. "필요하다고 인정하는 때"는 항공사에 위촉하여 항공사가 심사를 실시하더라도 필요한 경우 정부가 심사를 실시할 수 있다는 근거로 폭넓게 활용되고 있으나 이에 해당하는 경우는 FAA와 같이 불가피한 경우로 한정해야 한다. 즉, 정부에서 조종사 운항자격심사를 행하는 경우는 항공사에 심사할 수 있는 자가 없는 경우로 한정하여 적용해야 한다.

이와 관련하여 국토교통부는 항공기사용사업용 조종사에게 기량심사나 노선심사 요건을 추가할 경우에도 당연히 운영자가가 심사를 할 수 있도록 해야 한다. 아울러 정부는 항공기사용사업자가 심사를 수행할 능력이 없는 경우에 대비해 국가 차원의 항공안전 확보를 위해 해당 심사를 지원할 수 있는 충분한 유자격 항공안전감독관을 확보해야 한다.

1.7.2 검열운항승무원과 항공안전감독관

대표적인 운항자격심사인 기량심사 및 노선심사 실시와 관련하여 항공안전감독관(Inspector) 및 검열운항승무원(Check Airman/Check pilot)의 자격 및 임무에 관한 한국의 기준은 ICAO, FAA, EASA의 기준과 차이가 있다.

일반적으로 노선심사는 항공사 소속 검열운항승무원이 심사를 실시하고 항공당국 소속의 항공안전감독관은 항공사에서 적절히 노선심사를 실시할 수 있도록 감독하고 지원한다. 그러나 한국은 국토교통부 소속의 항공안전감독관(한국은 운항자격심사관에 해당함)이 일정부분의 노선심사를 직접 실시함으로써 항공당국이 수행해야 할 관리감독과 차이를 보이고 있다. 이와 같은 한국에서 항공안전감독관이 실시하는 노선심사는 다음과 같은 문제점이 있다.

첫째, 시카고협약체계에서의 항공안전관련 법규 이행과 관련한 기본적인 정책기조에 부합하지 않는다.

둘째, 심사자의 자격요건은 심사자의 소속과 상관없이 같은 기준을 적용해야 하는바 노선심사를 담당하는 자의 형평성에 문제가 있다. 노선심사를 수행하는 국토교통부 소속 항공안전감독관의 자격요건에 기장(PIC) 임무에 필요한 유효한 자격을 갖추어야 한다는 규정을 명시하고 있지 않다. 이런 연유로 항공안전감독관이 PIC 지정에 필요한 운항자격 요건을 충족하지 못할 경우 노선심사를 수행하는 것이 적법한지에 대한 논란이 야기될 수 있다. 국토교통부 소속 항공안전감독관의 경우 일반적으로 라인비행을 위한 운항자격 요건을 충족하지 못해 관숙석(Observer seat)에서만 심사행위를 하게 됨으로써 비정상 상황 발생 시 적절한 대처가 불가하며 비효율적 편조가 불가피하고 심사 행위에 대한 적합성 여부에 대해 논란이 제기되고 있다. 특히 노선심사의 경우 운항노선 중에서 실시하는 것이 일반적인 요건인바, 특수 운항자격(Polar, RVSM, 특수공항 및 CAT II/III 등)이 포함된 구간에서 노선심사 시 해당 유효한 자격 보유가 미흡하여 심사 행위에 대한 타당성에 흠결이 있다.

따라서 노선심사와 같은 운항자격심사를 실시하는 국토교통부 소속의 항공안전감독관(운항자격심사관)과 관련하여 다음과 같이 제도 개선이 필요하다.

첫째, 국토교통부 소속 운항자격심사관을 항공안전감독관(Inspector)으로 명칭을 변경하고, 항공안전감독관의 주요 업무를 직접적인 심사 실시가 아니라 감독업무로 전환한다.[61]

둘째, 노선심사는 항공사의 운항절차를 잘 숙지하고 있는 항공사 소속 검열운항승무원이 실시하고, 국토교통부 소속 항공안전감독관은 검열운항승무원이 기준에 입각하여 심사행위를 하고 있는지를 감독한다.

셋째, 국토교통부 소속 항공안전감독관이 충분한 자격을 보유하고 있다 할지라도, 국토교통부에서 실시하는 노선심사는 항공사에 검열운항승무원이 없는 경우로 한정하여 실시하는 것으로 제한하고, 항공당국의 기본적인 업무를 항공사가 수행할 심사를 행하는 것이 아니라 항공사에 대한 감독 업무를 수행하는 것으로 전환한다.[62]

넷째, 이상적인 감독업무 수행을 위해, 항공당국의 항공안전감독관은 최소한 점검 또는 관리감독 받는 자와 동등하고 유효한 운항자격을 유지할 필요가 있다. 일반적으로 운항감독관(Flight operations inspector)은 PIC 5,000시간 이상의 비행경력과 광범위한 운항경험이 권고되며, 운항승무원에 대한 노선심사나 자격증명 심사(Licensing check)를 실시하는 운항감독관은 현재 유효한 운송용조종사자격(ATPL) 소지가 필요하다. 또한 운항감독관이 되고자 하는 자는 운항부문 관리자 또는 위촉평가관/위촉심사관/교관 등과 같은 관리자 경험을 수행한 자가 담당하는 것이 권고된다.[63] 항공당국 감독관이 수행하는 다양한 기능에 대한 만족스러운 임무수행은 각 감독관의 자격, 경험, 능력 등에 따라 좌우된다.[64]

---

61) 현행 이중으로 운영하고 있는 항공안전감독관(Inspector)과 운항자격심사관(Check pilot)을 항공안전감독관(Inspector)으로 통일하고 Inspector의 임무는 Inspector가 보유하고 있는 자격에 따라 차별화 적용.

62) Line check를 직접 실시하는 것 대신에 운항경험 Observation 및 Line Check Inspection으로 전환.

63) ICAO Doc 8335(5th edition) Part 1 State, 6.2.4.

64) ICAO Doc 8335(5th edition) Part 1 State, 6.2.6.

1.7.3 노선심사를 시카고협약 부속서 6에 반영

항공기 운항을 위해 조종사는 운항자격을 충족해야 하며, Annex 6에서 규정하고 있는 운항자격 종류로는 최근비행경험, 지역/노선/공항 자격, 기량심사(Proficiency check) 등이 있으나 노선심사(Line check)에 대해 SARPs로 명시한 기준은 없다. 다만, ICAO Doc 8335에서 항공사들이 노선심사를 실시하기도 함을 시사하고 있다. 반면에 FAA, EASA, 한국 및 대부분의 국가에서는 기장 또는 조종사에 대한 노선심사 요건을 규정하고 있다.

노선심사는 항공기에 탑승하여 행하는 정상적인 임무수행능력에 대한 심사로서, 해당 기종의 조종 기술 및 비상절차수행 능력을 포함하여 실시하는 기량심사와 구별된다. 이런 연유로 항공기의 안전운행을 위하여 요구되는 정상적인 임무수행능력과 비정상 절차수행능력은 정기적인 노선심사 및 기량심사를 수행함으로써 해당 운항승무원의 역량이 충분히 확보된다고 볼 수 있다. 게다가 FAA, EASA, 한국 외에도 대다수 체약국에서 항공법규에 노선심사 요건을 반영하여 실시하고 있는 점을 감안하여 시카고협약 부속서 6에 표준 또는 권고방식으로 노선심사 요건을 반영하는 것이 바람직하다.[65]

1.8 착안사항

조종사의 자격증명(Licence) 및 운항자격(Qualification)은 항공안전을 위한 가장 기본적인 요소 중의 하나이다. 항공당국 및 항공사는 최적의 상태로 조종사의 자격증명 및 운항자격을 취득하고 유지할 수 있도록 지속적으로 관련 제도를 검토하고 개선할 필요가 있다.

항공종사자의 직무 수행에 있어 항공당국과 운영자는 기본적으로 상호 협력관계를 유지하면서 항공안전을 확보하고 증진해야 한다. 항공당국은 기본적인 자격증명 인증 업무를 수행하고 운영자를 감독 및 지원해야 하고 운영자는 실질적인 직무수행에 필요한 운항자격을 유효한 상태로 유지할 수 있는 시스템을 유지해야 한다. 즉, 조종사의 운항자격과 관련해 항공사는 최근비행경험, 기량심사, 노선심사 등을 이행하는 데 제반 시스템을 갖춰야 하며 항공당국은 운영자가 제대로 수행하는지를 감독하고 지원할 수 있는 시스템을 갖춰야 한다. 운영자의 교육 훈련 및 심사 실시와 항공당국의 관리감독 및 지원이라는 역할 분담 및 협력을 통해 항공안전을 담보할 수 있다.

이런 항공당국과 운영자 간 운항자격심사에 대한 역할분담 및 협력을 통한 항공안전을 담보하기 위해서는 다음과 같은 공감대가 선행되어야 할 것이다.

---

65) 이구희, 박사학위 전게논문, pp.215-218.

첫째, 훈련 및 심사를 담당하는 자는 기본적으로 훈련 및 심사를 받는 자의 자격 요건 이상을 충족해야 한다. 예외 기준은 불가피한 경우에 한해서만 적용해야 하는 것이다.

둘째, 항공안전수준의 결정은 국가항공안전프로그램하에서 이행되는 제반 항공안전체계 및 활동 등이 종합적으로 관련이 있다. 단순히 심사요건 추가나 특정 심사자의 능력으로 인해 항공안전수준이 갑자기 증진된 것이 아니다.

셋째, 항공환경 변화와 함께 항공당국 및 항공사의 역할 분담과 긴밀한 협력이 더욱 절실히 요구된다. 아무리 훌륭한 제도라 할지라도 새로운 제도의 도입은 이론적 적합성과 함께 실질적 이행상 문제점이 없는지 함께 고려되어야 한다.

2. 조종사의 2개 형식 이상 항공기 운항

항공기를 운항하기 위해서는 해당 형식 항공기를 운항하기 위한 유효한 자격증명 및 운항자격이 있어야 하며, 자격을 취득하기 위해서는 이에 합당한 훈련프로그램을 이수해야 한다. 따라서 특별히 요구량이 면제되거나 축소하여 적용할 수 없는 한, 2개 형식 이상의 항공기를 운항하기 위해서는 각각의 항공기 형식에 대한 기장 및 부기장 임무에 합당한 자격증명 및 운항자격을 취득하고 유지하여야 한다. 예를 들어, 교관이나 검열운항승무원의 감독 없이 A380 항공기의 기장 임무를 수행하기 위해서는 운송용조종사자격증명, 계기비행증명, 신체검사증명, A380 형식한정자격 이외에 A380 기장 임무 수행을 위한 훈련프로그램 이수, A380 항공기로 행한 최근 90일 내 3회의 이륙과 착륙을 행한 경험이 있어야 하며, 정기적으로 기량심사(Proficiency check) 및 노선심사(Line check)와 같은 심사요건 등을 충족해야 한다.

항공기 제작사는 안전운항 등을 고려하여 서로 다른 항공기 형식일지라도 조종실내 시스템 등에 대하여 기본적인 틀을 유지하면서 기능을 개선하고 있고, 항공당국은 해당 항공기 운항에 필요한 자격 취득 및 유지 요건을 수립하여 적용 가능하도록 규정하고 있다. 그리고 항공사는 항공기 제작사에서 정한 운항제한 및 항공당국이 규정한 요건을 준수하여 항공기를 운항하고 있다. 항공운송사업에 사용하는 항공기의 경우 일반적으로 항공사는 항공기 형식별로 운항승무원의 자격을 한정하여 운항승무원이 1개 항공기 형식을 운항하도록 하고 있으나, 일부 항공사는 안전운항과 인력운영의 효용성을 고려하여 유사한 항공기 형식에 대해서는 2개 형식 이상의 항공기를 동시에 운항하고 있다.

이와 같이 항공기의 조종실 및 각종 시스템은 유사하거나 표준화된 통합된 운영체계로 발전하고 있고 비즈니스 및 레저용 항공시장의 활성화로 운항승무원이 2개 형식 항공기를 번갈아 운항할 필요성이 높아져가고 있다.

그러나 국내의 경우 2개 형식 이상의 항공기를 동시에 운항하기 위한 일반적인 적용 기준은 물론 항공안전을 위해 제한하거나 금지하고 있는 기준도 없어 항공사의 정책적인 판단에 따를 수밖에 없는 실정이다.

2.1 ICAO의 2개 형식 이상 운항

ICAO는 운항승무원 등에 대한 기본적인 자격증명은 시카고협약 부속서 1 항공종사자 자격증명(Personal Licensing)에 규정하고 있고, 운항승무원의 최근비행경험 등 운항자격(qualification)에 대해서는 시카고협약 부속서 6 항공기운항(Operation of Aircraft)에 규정하고 있다. ICAO는 운항승무원이 운항하는 항공기 형식 및 기종 수를 제한하는 기준은 없으며 운항승무원이 운항하고 있는 항공기에 대하여 적합한 운항자격이 있어야 한다고 규정하고 있다.

시카고협약 부속서 6 Part 1에 규정하고 있는 항공운송사업용 운항승무원에 대한 대표적인 운항자격 종류는 ① 조종사에 대한 최근 90일 내 이륙과 착륙 경험, ② 기장의 노선 및 공항자격, ③ 조종사의 기량심사 등이 있다. 특정 항공기 형식을 운항하기 위해 항공사는 훈련프로그램을 설정하여 항공당국으로부터 인가를 받아야 하며, 운항승무원은 해당 형식 항공기 운항에 필요한 인가받은 훈련프로그램을 이수하고 유효한 운항자격을 취득한 후 이를 지속적으로 유지해야 한다. 운항승무원이 2개 형식 이상의 항공기를 운항할 때 형식 간 유사성으로 인하여 특별히 면제되지 않는 한 각 형식에 대한 운항자격을 취득하고 유지해야 한다. 예를 들어 기량심사(Proficiency check)의 경우 운항절차, 시스템, 취급상의 유사성 정도를 고려하여 각각의 항공기 형식 또는 기종에서 정기적인 기량심사가 필요한지, 2개 형식의 기량심사를 통합하여 실시할 수 있는지 또는 1개 형식 항공기에서의 기량심사로 다른 항공기 형식에 대한 기량심사를 갈음할 수 있는지를 결정해야 한다.[66]

시카고협약 부속서 6 Part 2에 규정하고 있는 항공운송사업용 헬기 운항승무원에게 적용하는 운항자격 및 시카고협약 부속서 6 Part 3에 규정하고 있는 일반항공 운항승무원에게 적용하는 운항자격은 각각의 특성을 고려하여 요구되는 수준은 다르나 기본적으로 유효한 운항자격이 있어야 한다는 점에

---

66) 시카고협약 부속서 6 Part I 9.4 Qualification, 9.4 Qualifications
    9.4.1 Recent experience - pilot-in-command and co-pilot
    9.4.2 Recent experience.cruise relief pilot
    9.4.3 Pilot-in-command area, route and aerodrome qualification
    9.4.4 Pilot Proficiency checks
    9.4.5 Single pilot operations under the instrument flight rules (IFR) or at night.

서는 항공운송사업용 비행기의 운항승무원에게 적용하는 부속서 6 Part 1의 기준과 같다.[67]

2.2 한국의 2개 형식 이상 운항

한국은 항공법 및 운항기술기준에 운항승무원의 자격증명 및 운항자격에 대하여 규정하고 있는데, 운항승무원이 운항하는 항공기에 대하여 적합한 자격증명 및 운항자격이 있어야 한다고 규정하고 있으나 항공기 형식이나 기종 수를 제한하는 구체적인 기준은 없다. 항공기 유사성 및 승무원의 경력 등에 따라 다르게 적용할 수 있는 기준과 관련해서도 차이수준에 대한 구체적인 기준 제공 없이 승무원의 이전 경험을 고려하여 요구량의 감축 또는 면제가 가능하다고 규정하고 있다.[68] 이는 미국이나 유럽의 항공당국의 기준 수립 및 관리감독 기준에 비해 매우 미흡하고 볼 수 있다.

2.3 미국의 2개 형식 이상 운항

FAA는 운항승무원의 자격증명 및 운항자격에 대하여 CFR Part 61, CFR Part 121 등에 규정하고 있는데, 운항승무원은 운항하는 항공기에 대하여 적합한 운항자격이 있어야 한다고 규정하고 있지만[69] 운항하는 항공기 형식 및 기종 수를 제한하는 기준은 없다. 아울러 훈련, 심사요구량 및 최근비행경험 요건 등의 충족은 항공기의 유사성 정도 및 운항승무원의 경력에 따라 줄어들 수 있다고 규정하고 있다. 또한 FAA는 항공기 간 차이점 등에 대한 보고서를 지속적으로 발간 유지하고 있으며 항공기 유사성, 운항승무원 경력, 항공 안전 등을 종합적으로 고려하여 제한적으로나마 2개 형식 이상의 항공기를 운항할 수 있도록 규정하고 있다.

2.4 유럽의 2개 형식 이상 운항

유럽은 운항승무원이 2개 이상의 항공기 형식이나 기종[70]의 항공기를 운항 시 적용해야 하는 기준에 대하여 EU 항공법규 중 항공운항규정(Air Operation Regulation)에 규정하고 있으며 2가지 방식으로 구분하여 명확히 규정하고 있다.[71] 하나는 모든 운영자가 공통으로 적용해야 할 요건을 규정하고 있

---

67) 시카고협약 부속서 6 Part 2, 9.4 Qualification. Part 3, 9.4 Qualification.

68) 운항기술기준 8.3.4.23, 8.4.8.50 요구량의 감축(Reductions in Requirements).

69) FAR Part 61, FAR Part 121, FAA AC No 120-53 etc.

70) 원문은 more than one(aircraft) type or variant으로 항공기 형식이나 다른 형태가 하나를 초과할 때 해당됨. 즉 2개 형식이나 기종 이상의 항공기를 운항하는 경우에 해당 되며, '2개 형식 이상'으로 표기함.

고, 다른 하나는 항공운송사업용 항공기에서 추가로 적용할 요건으로 규정하고 있다. 이에 따라 EASA 는 일반적인 준수방식에 대하여 AMC/GM에 관련 지침을 마련하여 제공하고 있다.

2개 형식 이상 항공기를 운항 시 모든 운영자가 공통적으로 적용해야 할 요건은 다음과 같다.[72)]

- 2개 형식 이상의 항공기를 운항하는 운항승무원은 관련 항공기 형식 간에 Regulation(EC) No 1702/2003에 따라 설정된 데이터에서 훈련, 심사, 최근비행경험 요건이 상호 인정된다고 규정되어 있지 않은 한, 항공기 형식별 각각의 요건을 준수해야 한다.

- 2개 형식 이상의 항공기를 운항하기 위한 적합한 절차 및 운항 제한은 운항규정에 명시되어야 한다.

이상과 같이 모든 운영자는 각각의 항공기 형식에 대하여 특별히 인정되지 않은 한 항공기 형식별 요건을 충족해야 한다고 규정하고 있으며, 항공기간 유사성 정도에 따라 운항승무원이 준수해야 할 요건이 항공기 형식마다 수행하지 않을 수 있는 면제기준을 제공하고 있다. 아울러 안전운항을 위하여 2개 형식 이상 항공기 운항 시 절차 및 운항제한을 운항규정에 포함하도록 의무화하고 있다.

2개 형식 이상 항공기를 운항 시 항공운송사업용 항공기에 대하여 추가적으로 적용해야 할 요건은 다음과 같다.[73)]

- 2개 형식 또는 2개 기종 이상의 운항을 위하여 운영자가 수립하고 항공당국으로부터 승인받은 운항규정에는 운항승무원 경력 및 자격부여 기준(① 운항승무원의 최소 경력, ② 다른 형식 또는 기종으로 훈련을 시작하기 전에 운항하는 항공기 형식에서의 최소 운항 경력, ③ 2개 형식 항공기를 운항하는 운항승무원에 대한 훈련 및 자격부여 절차, ④ 각 항공기 형식별 모든 최근 비행경험 적용 기준)을 포함하여야 한다.[74)]

- 헬기와 비행기를 함께 운항할 때, 운항승무원은 각각 1개 형식의 헬기와 비행기만을 운항하는 것이 허용된다.[75)]

이와 같은 규정을 준수하기 위해 일반적으로 항공사는 2개 형식 이상의 항공기 운항과 관련하여 절차를 수립하거나 변경할 경우 항공당국의 사전 승인을 받아야 하며[76)] 항공사의 운항규정에는 2개 형식 이상의 항공기 운항과 관련된 운항승무원의 편조 및 운항자격 요건을 기술한다.[77)]

---

71) Commission Regulation(EU) No 965/2012, Part-ORO, Subpart-FC에 규정하고 있음. Commission Regulation(EU) No 71/2014에 의거 일부 개정되었음.

72) Commission Regulation(EU) No 965/2012, ORO.FC.140 Operation on more than one type or variant(Section 1 Common requirements).

73) Commission Regulation(EU) No 965/2012, ORO.FC.240 Operation on more than one type or variant(Section 2 Additional requirements for commercial air transport operations). 본 규정은 EU OPS로 규정되어 있던 내용을 근간으로 함.

74) 조항 상동. single pilot가 운항하는 왕복엔진 비행기가 주간 VFR운항 조건일 경우는 적용하지 않음.

75) 조항 상동. single pilot가 운항하는 왕복엔진 비행기는 적용하지 않음.

76) EASA AMC GM의 GM3 ORO.GEN.130(b).

77) EASA AMC GM의 AMC3 ORO.MLR.100.

Commission Regulation (EU) No 748/2012에 따라 수립된 적합한 데이터에 의해 결정된 바와 같이 single pilot 비행기에서 2개 형식 이상의 비행기를 운항하고자 할 경우 항공사는 운항승무원이 일정 기준(① 왕복엔진 비행기의 경우 3개 형식, ② 터보프로펠러 비행기의 경우 3개 형식, ③ 각각 1개의 터보프로펠러 비행기와 왕복엔진 비행기, ④ 1개의 터보프로펠러 비행기와 특정 등급 비행기)을 벗어나지 않도록 해야 한다.[78] 또한 2개 형식 이상의 비행기를 운항하고자 할 경우 항공사는 운항승무원의 훈련, 심사 및 최근비행경험 요건이 상호 인정된 경우가 아닌 한, 항공기를 3개 형식 이상 운항하지 않는다.[79]

2개 형식 이상 항공기를 운항할 때 적용하는 기본적인 4가지 개념은 다음과 같다.[80]

- 기준 항공기(base aircraft);[81] 다른 항공기와 비교할 때 기준이 되는 항공기를 말한다.
- 다른 형태 항공기(variant);[82] 항공기 형식 한정은 같으나 항공기간 차이점 훈련이 요구되는 다른 형태의 항공기를 말한다.
- 인정(credit);[83] 기준 항공기와 다른 형태 항공기 간에 훈련, 심사, 최근비행경험 요건을 상호 인정하는 것을 의미하며, 항공기 간 차이점 정도에 따라 상호 인정여부가 결정된다.
- 운영자 차이 요건(ODR; operator difference requirements);[84] 특정 항공사가 운항하는 항공기 형식 또는 항공기 기종 간 차이점에 대하여 공식적으로 기술한 것을 말한다.

2개 형식 또는 2개 기종 이상 운항은 운영자 및 운항승무원의 경험, 지식 및 능력에 따라 좌우된다. 첫 번째 고려사항은 2개 형식의 운항을 허용할 수 있을 만큼 충분히 유사성이 있는지 여부이다. 두 번째 고려사항은 훈련, 심사, 최근비행경험을 충족함에 있어 유사성 여부이다. 상호 인정(credit)이 Commission Regulation (EU) 1702/2003에 따라 운영적합 데이터에 의해 설정되지 않은 한, 모든 훈련, 심사, 최근비행경험 요건은 각 형식 및 기종으로 각각 수행되어야 한다.[85]

운영자 차이요건 표(ODR table)는 일반사항(general), 시스템(systems), 조작(manoeuvres)에 대한 차이 요건을 바탕으로 차이 수준(difference levels)을 정하고, 차이 수준별 승무원의 훈련, 심사, 최근비행경험 등에 대한 준수방식을 다음 표와 같이 규정한다.

---

78) EASA AMC GM의 AMC1 ORO.FC.240.(a)(1).

79) EASA AMC GM의 AMC1 ORO.FC.240.(a)(2).

80) EASA AMC GM의 AMC2 ORO.FC.240.(a).

81) Base aircraft means an aircraft used as a reference to compare differences with another aircraft.

82) Variant means an aircraft or a group of aircraft within the same pilot type rating that has differences to the base aircraft requiring difference training or familiarisation training.

83) Credit means the recognition of training, checking or recent experience based on commonalities between aircraft.

84) Operator difference requirements (ODRs) mean a formal description of differences between types or variants flown by a particular operator.

85) EASA AMC GM의 AMC2 ORO.FC.240.(b).

〈표 53〉 항공기 차이 수준별 훈련, 심사, 최근비행경험 기준[86]

차이 수준 (difference level)	훈련 (training)	심사 (checking)	최근비행경험 (currency)
A	self instruction	N/A or integrated with next Proficiency check	N/A
B	aided instruction	task or system check	self-review
C	system devices	partial Proficiency check using qualified device	designated system
D	Manoeuvre Training Devices or aircraft to accomplish specific manoeuvres	partial Proficiency check using qualified device	designated manoeuvre
E	FSTDs or aircraft	Proficiency check using FSTDs or aircraft	as per regulation, using FSTDs or aircraft

* 출처: EASA AMC GM

상기 표는 항공기 간 차이수준이 훈련방식을 결정함을 의미한다. 차이수준 A와 B에 대한 훈련은 유사성이 커서 익숙훈련(familiarisation training)만 요구되고, 차이수준 C와 D에 대한 훈련은 적합한 차이점훈련(difference training)이 요구되며, 차이수준 E에 대한 훈련은 유사성이 낮아 형식 한정 훈련(Type rating training)에서 요구되는 것과 같은 수준의 훈련이 요구됨을 의미한다.

차이수준별 훈련(Difference level-training)은 차이수준별 최소요건을 명시하고 있는 것이며, 차이수준을 보수적으로 강화하여 적용한 경우 필요한 차이점 훈련을 충족한 것으로 본다. 차이수준에 따른 훈련 수준 및 훈련 내용은 다음과 같다.[87]

- A level 훈련; 차이점에 대하여 자습(self instruction)이 필요한 정도의 훈련 수준
- B level 훈련; 도움 학습이 요구되는 정도의 시스템 및 절차에 적용하는 훈련 수준
- C level 훈련; system 훈련을 할 수 있는 device의 사용을 통해 수행할 수 있는 훈련 수준
- D level 훈련; 지식, 기술, 능력에 영향을 주는 총체적 업무 차이가 있고 비행 조작을 수행할 수 있는 device의 사용을 통해서만 수행할 수 있는 훈련 수준
- E level 훈련; 일반적인 한정 자격 훈련 코스를 적용하는 훈련 수준

차이수준별 심사(difference level-checking)는 특정상황에 대한 차이수준별 심사를 말하며, 특별히 명시되지 않은 한 차이점에 대한 초기심사와 정기심사 수준은 같다. 한편 차이수준에 따른 심사수준도 훈련수준과 마찬가지로 level A부터 level E로 구분한다.[88]

차이수준별 최근비행경험(difference level-currency)은 90일 이내 3회 이륙과 착륙에 대한 최근비행경험요건을 규정한다. 최근비행경험 요건 준수방식은 훈련 및 심사와 마찬가지로 차이수준에 따라 level A부터 level E로 구분하고 있으며, level C, D, E에서는 초기 및 정상적인 최근비행경험요건 준수방식

---

86) EASA AMC GM의 AMC2 ORO.FC.240.(d).

87) EASA AMC GM의 AMC2 ORO.FC.240.(d)(3).

88) EASA AMC GM의 AMC2 ORO.FC.240.(d)(4).

이외에 자격상실에 따른 재자격 취득 방식을 함께 명시하고 있다. 일반적으로 최근비행경험요건은 차이수준이 level A와 B인 경우 상호 인정되나, 차이수준이 level E인 경우는 각각의 기종에서 최근비행경험 요건을 충족할 것이 요구된다.[89]

한편 EASA의 운항평가보고서(Operational Evaluation Board Report, OEB Report)에 따르면, EASA도 운항승무원에게 적용하는 자격과 관련하여 FAA에서 규정한 MDR/ODR 기준을 준용하여 적용하고 있으며 B747-400과 B747-8 항공기에 대하여 같은 형식으로 적용하고 있다.

2.5 2개 형식 운항 관련 항공안전평가 점검 항목

국제항공운송협회(IATA)의 평가기관에서 행하는 항공안전평가(IATA Operational Safety Audit, IOSA) 항목에는 2개 형식 항공기를 운항하기 위한 점검 항목을 규정하고 있다. 운항승무원이 서로 다른 항공기 형식을 운항하기 위해서는 항공사는 항공당국에게 인가되거나 신고한 운항자격 프로그램을 갖추어야 한다. 아울러 운항승무원은 항공기 형식 간의 차이수준에 따라 항공사의 진보된 운항자격 프로그램(Advanced Qualification Program/Alternative Training and Qualification Program, AQP/ATQP) 등에서 규정하는 바에 따라 적합한 훈련 및 평가를 지속적으로 충족해야 한다. 또한 항공사가 2개 형식 이상의 항공기를 운항하는 유효한 자격을 가진 운항승무원을 보유하고 항공당국이 그와 같은 운항승무원을 위해 고유한 훈련 및 자격유지요건을 규정하였다면, 항공사는 운항승무원이 관련된 모든 항공기 형식의 자격을 유지할 수 있도록 적합한 스케줄링 프로세스를 갖추어야 한다. 이와 같이 국제적으로 통용되는 항공안전평가에서는 다음과 같은 기준이 적용된다.

첫째, 2개 형식 이상의 항공기를 운항하는 것이 정상적인 규정체계 내에서 운영되고 있으며 이를 전제로 항공안전평가 점검 항목이 반영되어 있다.

둘째, 2개 형식 항공기를 운항하는 경우 항공기의 유사성을 근간으로 각종 운항자격에 대한 상호인정 여부를 정하고 있다.

2.6 논점 및 개선방안

특정 항공기 형식을 운항하기 위한 자격을 취득하고 유지하기 위해서는 자격을 취득하고자 하는 운항승무원의 경력 및 항공기의 유사성 정도에 따라 훈련 요구량을 다르게 적용할 수 있어야 하나

---

[89] EASA AMC GM의 AMC2 ORO.FC.240.(d)(5).

한국은 항공기 형식별 유사성 정도 및 유사성 정도에 따른 차별화된 훈련 프로그램에 대한 적용 기준이 명확히 수립되어 있지 않아 현실적으로 항공사가 차별화된 훈련프로그램을 적용하는 것은 거의 불가능한 실정이다. 게다가 각 항공기 형식별 차이수준에 대하여 항공당국의 실질적인 평가 및 공식적인 발표 자료가 없어서 2개 형식 운항 시 각 기종별 교육 훈련 및 운항자격에 대하여 상호 인정할 수 있는 근거도 없는 상황이다. 결국 국내에서 2개 형식 이상의 항공기를 번갈아 운항하고자 하는 경우 FAA나 EASA에서 적용하는 기준과 다르게 항공기 유사성과 상관없이 각각의 항공기 형식에서 요구되는 모든 운항자격요건을 충족해야 한다.

운항하는 항공기 형식 전환 등에 따라 요구되는 훈련 프로그램은 FAA나 EASA에서 적용하는 기준과 같이 항공기 형식간의 차이수준 및 운항승무원의 경험 등 능력기반에 따라 다르게 적용할 수 있어야 한다. 이와 관련하여 다음과 같은 개선방안을 고려할 수 있다.

첫째, 항공당국은 항공기 제작 및 도입 시 항공기 운항과 관련하여 항공기간 차이점 및 운항승무원의 교육훈련요건에 대한 지침을 제공할 수 있는 비행표준화평가위원회를 신설·운영하여 표준지침 제공 활동을 강화해야 한다.

둘째, 항공당국은 2개 형식 이상 항공기 운항과 관련하여 항공기간 차이점 수준과 교육훈련요건 충족을 위한 운영자 요건을 설정하고 이에 따라 운항승인을 할 수 있도록 구체적인 지침을 마련해야 한다. 향후 항공기 발전은 지속적으로 조종실 및 시스템의 유사성을 바탕으로 개선이 예상되는바, 2개 형식 이상 운항 시 항공안전 및 효용성을 바탕으로 적용할 수 있는 구체적인 기준 마련이 더욱 절실히 요구될 것이다.

셋째, 항공법규에 2개 형식 이상의 항공기 운항을 위한 기본 요건을 규정하되, 항공당국의 요건 및 운영자의 요건을 구분하여 규정한다. 더 나아가 유럽과 같이 모든 항공에 적용하는 기준과 항공운송사업에 한하여 추가적으로 적용하는 기준을 구분하여 명시함으로써 이용자의 편의를 도모할 필요가 있다.

넷째, 관련법규 개정은 실질적인 미비점 보완 및 적용이 가능하도록 지침이 마련되어야 한다. 기본적으로 정부는 항공기간 시스템, 조작, 훈련심사 등에 대한 차이수준을 명확히 분석하고 그 결과를 고시하여 항공사가 적용할 수 있도록 하여야 한다. 그러나 현실적으로 해당 항공기 제작국이 아닌 한 전문 인력이 부족한 국가에서 이런 자료를 발행하기에는 어려움도 많지만 위험성도 크다. 따라서 현실적으로 항공당국이 항공기 간의 차이점분석 등에 어려움이 있다면 외국 주요 항공당국(FAA, EASA 등)이 승인한 기준을 국내 항공사가 적용할 수 있도록 관련 지침을 수립하여 명확한 적용절차를 마련하는 것이 필요하다.

결론적으로 2개 형식 이상의 항공기를 운항하는 경우 항공당국은 항공기별 각 시스템에 대한 차이 수준 및 2개 형식 이상의 항공기를 함께 운영하는 경우에 대한 세부 지침을 제공해야 하며 항공사는 관련 법규 및 지침을 토대로 각각의 운항자격에 대하여 상호 인정 여부를 항공당국에 인가 받아 적용할 수 있어야 한다.

제4장

피로관리[1]

　항공기운항을 위해 승무원(운항승무원, 객실승무원), 관제사, 정비사, 운항관리사, 지상 조업사, 항공 당국 감독관 등 수 많은 사람들이 직접적 또는 간접적으로 항공기 안전운항과 관련된 임무를 수행하고 있다.

　항공기 사고의 많은 부분은 인적요인과 관련이 있다. 사고조사결과에 따르면 2009년 콜건항공의 컨티넨털 커넥션 3407편 추락사고도 조종사의 실수 및 피로 등이 사고 원인으로 지적되었다.

　콜건항공 사고 이후 ICAO, FAA, EASA는 조종사 피로관리 증진을 위하여 과학적이고 체계적인 피로관리에 대한 연구와 함께 법규 개정작업을 활발히 진행하였다. 피로관리에 대하여 ICAO, FAA, EASA가 활발한 활동 및 피로관리의 중요성에도 불구하고, 국내에는 다양한 전문 자료 및 연구결과가 부족하여 국제적 변화 추세에 적극적인 참여가 부족한 실정이었다.

　시카고협약 체약국인 한국도 상기와 같은 국제 환경 변화에 대응하여 승무원의 피로관리 증진을 위해 ICAO SARPs에 입각한 제도 보완 및 효율적인 적용기준 마련이 불가피하다.

1. 피로 및 피로관리 개관

　"피로(Fatigue)"란 항공기 안전운항 또는 안전관련 근무의 수행에 필요한 승무원의 경계 및 수행능력을 해칠 수 있는 수면부족, 일주리듬의 변동 또는 업무 과부하의 결과로 발생하는 정신적·신체적 수행능력이 저하된 생리적 상태를 말한다.[2]

---

[1] '승무원 피로관리'는 항공안전기준에 대하여 필수적인 고려항목이며, 필자는 '승무원 피로관리'와 관련하여 지속적으로 관심을 가지고 연구와 개선을 위해 노력하고 있으며, 2010년에 김두환 교수님의 희수논문집에 처음 관련 논문을 발표한데 이어 국제동향에 대한 지속적인 연구와 함께 연구 논문을 발표하였음. 본 내용은 항공우주법학회지에 발표한 논문을 토대로 2012년 및 2014년 개정 고시된 FAA 및 EASA의 regulation에 대한 검토결과를 보완하여 추가하였으며 국내항공법 개정 시 고려 내용에 초점을 둠.

　필자의 피로관리 관련 주요 논문: ① 이구희, "승무원 비행시간 비행근무시간 제한 및 피로관리에 대한 국내외 기준 연구", 「한국항공우주법학회지」 2010 특집호, 한국항공우주법학회, 2010 ② 이구희, "승무원 피로관리 개선방안에 대한 연구", 항공대 석사학위논문, 2011 ③ 이구희·황호원, "항공법규에서의 승무원 피로관리기준 도입방안에 관한 연구", 「항공우주법학회지」 제27권 제1호, 2012 ④ 문우춘·강우·최연철·김응이·이구희, "AHP 기법을 활용한 조종사 피로요인의 상대적·중요도 분석", 「한국항공운항학회지」 제20권 제3호, 2012 ⑤ 이구희, "국내외 항공안전관련 기준에 관한 비교연구, 4.4 피로관리" 항공대 박사학위논문, 2015.

[2] 시카고협약 부속서 6 Part 1 Chapter 1. Definitions.

승무원 피로관리(Fatigue Management) 목적은 피로관리를 통해 정신적·신체적 수행능력 저하를 방지함으로써 항공기 사고를 방지하고 안전운항을 유지하는 데 있다.

승무원 피로관리(Fatigue Management)는 과학적 근거를 바탕으로 피로요인을 관리하고 승무원이 피로로 인하여 업무수행능력이 저하되지 않고 적당한 경계수준(adequate level of alertness)을 유지한 상태에서 업무를 수행할 수 있도록 하는 것이며, 아울러 피로의 악영향을 최소화하기 위해 피로요인과 관련된 위험수준을 적절한 방법으로 관리하는 것이다.

승무원 피로관리(Fatigue Management)는 크게 2가지 방법(① 비행시간(Flight time, 일명 '승무시간'이라고 한다),3) 비행근무시간(Flight duty period),4) 근무시간(Duty period) 제한과 휴식시간(Rest period) 기준을 통한 관리 ② 피로위험관리시스템(Fatigue Risk Management System: FRMS)을 통한 관리)으로 구분하며, 'FRMS'란 충분한 각성상태에서 업무를 수행할 수 있도록 하기 위한 목적으로 경험 및 과학적 원리·지식에 근거하여 피로관련 안전위험요소를 지속적으로 감시하고 관리하는 데이터 기반의 수단을 말한다.5)

승무원 피로관리와 관련하여 ICAO는 시카고협약 부속서 6 항공기운항(Operation of aircraft)에 승무원 피로관리 기준을 규정하고 있으며 각 체약국은 각 국가의 항공법규에 이를 반영하여 적용하고 있다. 항공운송사업용 승무원에 대한 피로관리 기준과 관련하여 미국은 FAR Part 1176)에 규정하고 있고 유럽은 EU Regulation으로 규정하고 있으며 한국은 항공법 및 운항기술기준에 피로관리 기준을 규정하고 있다.

ICAO는 2009년에 시카고협약 부속서 6를 개정7)하여 피로관리 가이드라인을 제시하면서 다양한 피로관리 방안을 모색하였으며, 2011년에 추가로 보완하여 개정하였다.8) 또한 FAA는 미 의회의 'Airline Safety and FAA Extension Act of 2010' 통과와 '시카고협약 부속서 6 개정안을 토대로 우선 피로위험관리플랜(FRMP: Fatigue Risk Management Plan)제도를 도입(2010.8.19)하였으며, 2010년 미연방항공법 개정안을 입법예고9)한 데 이어 2012년에는 최종 법규(final rule)를 공포하였다.10) 또한 EU는 Basic Regulatio

---

3) 승무시간/비행시간(Flight time). 비행기의 경우 이륙을 목적으로 최초로 움직이기 시작한 때부터 비행이 종료되어 최종적으로 비행기가 정지한 때까지의 총 시간을 말하며, 회전익항공기의 경우 주회전익이 회전하기 시작한 때부터 주회전익이 정지된 때까지의 총 시간을 말한다. (주) Flight Time은 Block to block 또는 Chock to chock로도 정의하며, "비행시간"이라고도 한다. 'flight time'은 '승무시간'과 '비행시간'으로 혼용되고 있으나 'flight duty periods'를 '비행근무시간'으로 규정하고 있는 점과 원문과의 관련성 및 통일성을 기하기 위하여 비행시간으로 통일이 필요함.

4) 비행근무시간(Flight duty period). 운항승무원이 1개 또는 연속되는 2개 구간 이상의 비행임무를 수행하기 위하여 지정된 장소에 출두한 시각부터 승무원이 마지막 비행을 마치고 항공기 엔진이 꺼진 시각까지 기간을 말한다. 본 용어정의는 Annex 6 33차 개정 시 변경된 용어정의임.

5) 시카고협약 부속서 6 Part 1 Chapter 1. Definitions.

6) Part 117 flight and duty limitations and rest requirements: flightcrew members.

7) 시카고협약 부속서 6 Part 1 Amendment 33A Applicable 2009.11.19.

8) 시카고협약 부속서 6 Part 1 Amendment 35, Applicable 2011.12.15.

9) FAA NPRM, "Flight crew member duty and rest requirements", 2010.9.14.

10) FAA Flightcrew Member Fatigue 관련 FAA Final Rule 공포; Docket No. FAA-2009-1093, Flightcrew Duty and Rest Requirements(공포일 2012.1.4., 시행

n[11])에 근거를 두고 2010년 EASA 회원국이 준수할 피로관리 이행법률안을 예고[12]한 데 이어 2014년 Implementing rule를 공포하였으며[13] 추가적으로 EASA는 EASA 회원국이 준수하는 연성법(soft law)에 해당하는 기준을 제공하고 있다.[14]

승무원 피로관리와 관련하여 ICAO는 기본적인 원칙 및 방법과 함께 의무사항을 규정하고 있지만 구체적인 내용을 규정하고 있지는 않다. 그러한 관계로 각 국가에서 적용하는 세부내용은 다를 수 있으나 ICAO의 지침에서 제시하고 있는 내용들을 공통적으로 다루고 있다.

2. ICAO의 승무원 피로관리 기준

ICAO는 시카고협약 부속서 6 항공기운항(Operation of aircraft)에서 승무원에 대한 피로관리를 규정하고 있다.[15] 시카고협약 부속서 6 Part 1의 제33차 개정 및 제35차 개정에서 규정한 피로관리 기준은 승무원 피로관리 중요성을 새롭게 인식하는 계기가 되었으며, 각 체약국에서 관련 법규를 개정하는 시발점으로 평가된다.

이와 같이 연이어 개정된 ICAO의 피로관리기준에는 피로관리를 위한 항공당국 및 항공사의 책임 및 역할을 중요시하고 있으며 아울러 피로위험관리시스템(FRMS)에 대한 기본적인 가이드라인을 포함하고 있다. 그 결과 각 국가에서 오랫동안 적용해온 획일적이고 규범적인 비행시간 제한 규정의 한계를 벗어나는 계기가 되었다.

시카고협약 부속서 6에서 규정하고 있는 승무원 피로관리 개정현황은 다음과 같다.

일 2014.1.14.).

11) Commission Regulation(EC) No 216/2008 Article 2292)(a)22 83/2014.

12) EASA NPA 2010-14, "Draft opinion of the European Aviation Safety Agency for a Commission Regulation establishing the implementing rules on Flight and Duty Time Limitations and Rest Requirements for Commercial Air Transport with aeroplanes", 2010.12.10.

13) Commission Regulation(EU) No83/2014(2014.1.29.) Subpart FTL_ORO.FTL.100~250.

14) EASA CS and GM to CAT_CS-FTL.1(2014.1.31.)
    EASA AMC and GM to Part ORO.FTL(2014.1.31.).

15) 시카고협약 부속서 6 Part 1. 4.10. Fatigue management.

제정 및 개정	주요 내용
Annex 6 제정[16]	1. Annex 6 제정 시부터 운항승무원에 대한 비행시간(flight time)·비행근무시간(flight time duty period) 제한 및 휴식시간(rest period)에 대한 요건 및 가이드라인을 제시 (주) 구체적인 제한 및 적용시간 등은 정하지 않음 (주) 객실승무원에 대한 기준은 정하지 않음
제21차 개정[17]	운항승무원에게 적용하던 비행시간·비행근무시간 제한 및 휴식시간에 대한 요건을 객실승무원에게도 적용 확대
제33A차 개정[18]	1. 피로, 근무시간 등 일부 용어정의 추가 2. 비행시간·비행근무시간·근무시간·휴식시간 제한규정 (종전대비 제한 규정에 근무시간 제한 추가) 3. 비행근무시간 등에 대한 용어정의 변경 4. 피로관리에 대한 가이드라인을 제시

35차 개정[19]	1. 피로위험관리시스템(FRMS) 용어정의 신설
	2. 국가는 다음 사항을 수립하여야 함
	  - 비행시간·비행근무시간·근무시간·휴식시간 제한규정
	  - 피로위험관리시스템(FRMS) 규정
	3. 운영자는 다음 중 택일하여 적용
	  - 비행시간·비행근무시간·근무시간·휴식시간 기준 적용
	  - FRMS 적용
	  - 비행시간 등의 제한과 FRMS 혼용
	4. 국가는 운영자에게 FRMS 예외적용을 인가할 수 있음
	(동일 수준 이상의 안전도 제공)
	5. 국가는 FRMS 승인 프로세스 수립
	6. 운영자는 과학적인 FRMS 구축 지속적 개선 필요
	7. FRMS Guidance Material 마련

* 출처: 이구희, 박사학위 전게논문. p.233

2.1 시카고협약 부속서 6 Part 1 33A 개정[20]

시카고협약 부속서 6 항공기운항(Operation of aircraft) Part 1 제33차 개정 및 제35차 개정은 오랫동안 적용해온 획일적이고 규범적인 비행시간 제한 규정의 한계를 벗어나 승무원 피로관리를 위해 항공당국 및 항공사의 책임 및 역할을 중요시하였으며, 아울러 FRMS에 대한 기본적인 가이드라인을 포함하고 있다.

제33차(33A) 개정은 다음과 같이 요약할 수 있다.

첫째, 비행시간(flight time), 비행근무시간(Flight duty period), 휴식시간(Rest period)에 대한 요건 이외에 근무시간(Duty period)에 대한 요건을 추가하였으나 구체적인 적용시간 등은 정하지 않았다.

---

16) 시카고협약 부속서 6 part 1, 1st edition, Applicable 18 september 1969.

17) 시카고협약 부속서 6 part 1, Amendment 21, Applicable 9 November 1995.

18) 시카고협약 부속서 6 part 1, Amendment 33A, Applicable 19 November 2009.

19) 시카고협약 부속서 6 part 1, Amendment 35, Applicable 15 December 2011.

20) 시카고협약 부속서 6 Part 1, Amendment 33A, Applicable 19 November 2009.

둘째, 피로관리에 대한 일반적인 가이드라인을 제시하였으며, 구체적인 제한시간 등은 여전히 각 체약국에서 기준을 설정하도록 하였다.

셋째, 비행근무시간 등에 대한 용어정의를 수정하고 기존에 혼선을 야기하던 용어 및 적용기준에 대한 가이드라인을 새로 추가하였다. 구체적으로 살펴보면 비행근무시간에 대한 용어정의는 종전의 경우 그 기간의 종료 시점이 임무가 해제되는 시점까지였는데 개정된 용어정의는 항공기 엔진이 꺼진 시점까지로 수정되었다. 또한 본 개정에서는 근무(Duty), 근무시간(Duty period), 피로(Fatigue), 추가 운항승무원(Augmented flight crew), 대기(Standby), 홈베이스(Home base), 출두시각(Reporting time), 비임무 이동(Positioning), 적절한 숙박시설(Suitable accommodation), 예측하지 못한 운항 상황(Unforeseen operational circumstance, UOC) 등에 대한 용어정의가 추가되어 각 체약국이 표준화된 용어를 사용할 수 있게 하였고 이에 따라 합리적인 기준을 수립할 수 있도록 하는 데 큰 도움을 주고 있다.

2.2 시카고협약 부속서 6 Part 1 35차 개정[21]

시카고협약 부속서 6 항공기운항(Operation of aircraft) Part 1 제35차 개정은 다음과 같이 요약할 수 있다.

첫째, FRMS의 개념을 도입하였다. 기존의 피로관리 개념은 최대 비행시간 제한, 비행근무시간 제한 및 최소 휴식시간을 보장하면 안전하다고 가정하고 있다. 오랫동안 관행적으로 적용중인 이러한 규범적인 규정(Prescriptive regulations)은 최대 비행시간 제한, 비행근무시간 제한 및 최소 휴식시간 제한이라는 획일적 방법으로 여러 다양한 상황에 대처하지 못할 뿐 아니라 피로관련 안전 위험요인을 효과적으로 관리하고 있다고 볼 수 없다. 이런 연유로 ICAO는 FRMS Task Force를 통하여 FRMS의 가이드라인을 만들었으며,[22] 아울러 다양한 피로요인을 관리하고 안전을 향상시키기 위하여 FRMS를 적용하기 위한 근거를 시카고협약 부속서 6에 반영하였다.

둘째, 항공당국과 운영자의 준수사항을 명확히 규정하였다. 승무원 피로관리와 관련하여 항공당국은 의무이행 준수 요건이 있는 반면에 운영자는 피로관리를 이행하되 피로관리 요건 준수방법에 있어서는 항공사 특성을 고려하여 선택적 적용이 가능하다.[23]

---

21) 시카고협약 부속서 6 Part 1 Amendment 35, Applicable December 15, 2011.

22) 시카고협약 부속서 6 Part 1 Appendix 8, 2011. 주요 내용은 4부문(① FRMS 정책 및 제정(FRMS policy and documentation), ② 피로위험관리절차(Fatigue risk management process), ③ FRMS 안전 보증 절차(FRMS safety assurance process), ④ FRMS 촉진 절차(FRMS promotion process))으로 구성됨.

23) 시카고협약 부속서 6 Part 1 4.10.1~4.10.2, 2011. 항공당국은 2가지(① 비행시간·비행근무시간·근무시간·휴식시간 기준, ② 항공사의 FRMS의 사용을 승인하는 경우에는 FRMS 승인 기준를 수립해야 함. 반면에 운영자는 피로관리 기준을 준수함에 있어 3가지(① 비행시간·비행근무시간·근무시간·휴식시간 기준 적용, ② FRMS 적용, ③ 비행시간·비행근무시간·근무시간·휴식시간 기준과 FRMS 혼용) 중 하나를 선택하여 적용할 수 있으며, 별도의 FRMS를 적용하는 경우 항공당국의 사전 승인이 필요함.

셋째, 항공당국은 다양한 운영 형태를 고려하여 동등한 피로수준 이상의 안전도를 보장하는 선에서 FRMS에 의한 예외 적용 기준을 승인할 수 있다.

넷째, 항공당국은 해당 FRMS가 피로관리규정에서 요구하는 동등 수준 이상의 안전도를 담보할 수 있는 FRMS 승인 프로세스 수립해야 한다.[24]

다섯째, 운영자는 과학적 근거를 바탕으로 FRMS 구축하고 개선해야 하며 지속적으로 FRMS를 이행해야 한다.[25]

3. 한국의 승무원 피로관리 기준

한국은 항공법 및 운항기술기준에 승무원의 피로관리 기준을 규정하고 있으나, 아직 규범적 (Prescriptive) 제한 규정을 규정하고 있다. 그나마 국내항공법상의 피로관리 기준은 FAA나 EASA의 기준에 비하여 다양한 피로요인을 고려하지 못하고 있어 승무원의 불만과 함께 많은 문제점이 야기되고 있다. 이와 같은 국내외 기준 및 동향을 고려할 때 관련 법규 개정은 불가피할 것으로 예상되는바, 피로관리기준에 대한 올바른 이해가 선행되어야 할 것이다.

3.1 시카고협약 부속서와 국내항공법 비교

승무원 비행시간, 비행근무시간, 휴식시간에 대한 구체적인 적용기준은 항공법시행규칙에서 정하고 있는데, 실질적인 적용 항목 상 주의를 끌만한 개정사항은 없다. 단, 적용대상의 경우 초기에는 항공기승무원(운항승무원)만 적용하다 2001년부터는 객실승무원에게도 적용을 확대하였는데, 이는 2001년 FAA로부터 항공안전 2등급을 받은 후 제도를 개선한 결과이다. 아래 표에서 알 수 있듯이 승무원 피로관리와 관련하여 한국의 기준은 ICAO SARPs 대비 적용시점 및 반영내용 상에 차이를 보이고 있다.

항공안전을 고려한 승무원 비행시간·비행근무시간·근무시간·휴식시간 기준과 관련하여 ICAO SARPs 대비 항공법 개정 현황은 다음과 같다.

---

24) FRMS 승인 프로세스를 위해 항공당국이 이행할 사항. 1) 운영자로 하여금 최대 비행시간, 비행근무시간, 근무시간 및 최소 휴식시간을 정하도록 해야 함. 이러한 시간 제한치는 과학적 근거와 지식을 바탕으로 하고 안전보증절차를 따라야 하며 항공당국이 수용할 수 있어야 함. 2) 운영자가 정한 시간 제한치가 부적절한 경우 최대 비행시간 등의 감소 및 최소 휴식시간의 증가를 요구해야 함. 3) FRMS 경험 및 피로 관련 자료의 축적을 바탕으로 운영자의 정당한 요구에 대한 평가를 거친 이후에 최대 비행시간 등의 증가 및 최소 휴식시간의 감소를 승인할 수 있음.

25) 운영자의 피로위험관리 이행 기준: ① FRMS에 과학적 근거 및 지식의 반영, ② 피로관련 안전 위해요인의 인식 및 지속될 경우 미치는 위험 결정, ③ 위해요인 및 위험을 효과적으로 경감하는 개선방안의 신속한 이행, ④ 개선안에 의거 달성되는 피로 위험 경감에 대한 지속적인 감시 및 정기적인 평가, ⑤ FRMS 전반에 대한 지속적인 개선.

<표 55> ICAO와 한국의 피로관리 도입 일정 비교

시카고협약 부속서 6 Part 1			한국	
Amendment (Applicable Date)	내용	법률개정		내용
1st Edition (1969.9.18)	대상 - 운항승무원 항목 - 비행시간 - 비행근무시간 - 휴식시간	법률 제4435호 (1991.12.14)		대상 - 항공기승무원26) 항목 - 비행시간 등
21th (1995.11.9)	대상 - 객실승무원 추가	법률 제6513호 (2001. 9.12)		대상 - 객실승무원 추가
33-A (2009.11.19)	항목 - 근무시간 추가	국토해양부령 제557호 (2013.1.1)		대상 운항승무원
35th (2011.12.15)	FRMS 추가	(FRMS 미반영)		

* 출처: 이구희, 박사학위 전게논문, p.241

3.2 한국의 비행시간 비행근무시간 근무시간 휴식시간 기준

한국의 경우 비행시간, 비행근무시간, 근무시간 기준은 출두시각이나 기내휴식시설의 등급과 상관없이 획일적인 기준을 적용하고 있다. 반면에 3인 조종사 편성의 경우 구성원 직위에 따라 서로 다른 기준을 적용하고 있는데27) 이는 항공기 조종 특성을 고려하지 못했다고 평가된다. 3인 조종사 편성 시 조종사의 조종석 비행임무는 시간을 적절히 배분하여 각각 유자격 위치에서 임무를 수행하게 된다. 여기에서 3인 조종사는 모두 적합한 자격을 유지하고 있는 유자격자이기 때문에 3명 중에 기장(Captain)이 1명이냐 2명이냐는 3인 조종사의 피로도에 차이가 없다고 보는 것이 타당하다. 오히려 동양사회의 장유유서 정서를 고려한다면 2Captain이 1Captain 대비 피로를 더 많이 유발하는 요인으로 작용할 수도 있을 것이다. 따라서 3인 편조 시 최대비행시간 및 최대비행근무시간은 3인 조종사 편성 형태에 상관없이 동일하게 적용하는 것이 마땅하다고 본다.

---

26) 법률 7691호(2005.11.8)에 의거 항공기승무원은 운항승무원으로 명칭 변경됨.

27) 2 Captain 1 F/O: 최대비행시간 13시간, 최대비행근무시간 17시간.
   1 Captain 2 F/O: 최대비행시간 12시간, 최대비행근무시간 16시간.

4. FAA의 승무원 피로관리 기준

승무원 피로관리와 관련하여 FAA는 EASA와 함께 ICAO의 변화를 주도하고 있다.

FAA는 2012년에 피로관리를 위한 FAR Part 117을 신설하여 공포하였다.[28] 이에 따라 미국 내 국제 (Flag), 국내(Domestic), 부정기(Supplemental)를 운항하는 자는 2014년 1월 4부터 FAR Part 117에서 정한 피로관리 기준을 준수해야 한다. 다만, 화물전용항공사(All-cargo operations)는 FAR Part 117에 대한 의무적용 대상에서 제외되었다.[29]

미국은 승무원의 비행시간, 비행근무시간, 휴식시간 기준을 적용함에 있어 국제(Flag), 국내(Domestic), 부정기(Supplemental) 운항 등 사업 종류별 서로 다른 피로관리 기준을 적용하여 왔으나, 항공기 사고 등과 연계하여 피로관리에 대해서는 같은 기준을 적용할 필요성이 대두되었다. 그 결과 미국연방교통 안전위원회(NTSB: The National Transportation Safety Board)에서 일련의 항공기 사고와 관련하여 피로관리의 중요성을 강조하고 법규 개정을 권고하였다.[30] 이런 가운데 2009년 Colgan Air 3407 사고[31]는 피로관리에 대한 제도 보완을 서두르는 직접적인 계기가 되었다.

미국은 국제적으로는 ICAO의 변화를 주도하면서 국내적으로는 2010년 '2010 항공사 안전 및 FAA 적용법(Airline Safety and FAA Extension Act of 2010)'을 통과[32]시켰으며, FAA는 항공사가 피로위험관리 플랜(FRMP)을 의무적으로 이행하게 하였다. 또한 FAA는 FAR Part 117을 신규로 제정 공포하였으며 화물전용항공사를 제외한 국제(Flag), 국내(Domestic), 부정기(Supplemental) 운항을 하는 모든 항공사가 동일한 피로관리 기준을 적용하도록 하였다. 화물전용항공사가 FAR Part 117 의무적용 대상에서 제외된 것은 화물전용항공사의 청원이 받아들여진 결과이나, 화물전용항공사 조종사들에게는 불만요인이 되어 정부를 상대로 소송을 제기하는 이유가 되기도 하였다. 이에 대하여 FAA에서는 비용대비 효과적인 측면이 미흡하고 화물전용조종사의 경우 여객운송조종사 대비 야간운항에 신체리듬이 더 적응되어 있기 때문이라고 하였다. 화물전용항공사 조종사에게도 동 법규 의무 적용 필요성이 꾸준히 제기되고 있는바 향후 화물전용항공사도 FAR Part 117을 적용하게 될 것으로 예상된다.

결국 FAA는 항공안전과 효용성을 함께 고려한 FAR Part 117을 신설하였고, 종전 기준에 비하여 다양한 피로관리와 관련된 용어정의 추가와 함께 피로관리를 위한 다양한 개념들을 포함하고 있다. 즉

---

28) FAA Final Rule. Docket No. FAA-2009-1093, 2012. 이에 따라 화물전용 항공사는 종전과 같이 FAR Part 121에서 규정한 피로관리 기준을 적용함.

29) FAA Final Rule. Docket No. FAA-2009-1093, Overview of Final Rule, 2012.

30) FAA advisory circular 120-100, Basics of aviation fatigue, 2010.7.6.

31) US Colgan Air Flight 3407 crashed into home in suburban Buffalo, New York, 2009.2.12. 주민 1명 포함 총 50명 사망, 사고원인은 Pilot error, fatigue 등(from NTSB), 피로관리 및 교육훈련 강화 계기가 됨.

32) Federal Register Vol. 75. 55854, Docket No. FAA-2009-1093: notice No.10-11, Flightcrew Member Duty and Rest Requirements, Notice of Proposed Rulemaking.

근무 적합성, 스케줄 신뢰성, 피로교육 및 훈련프로그램, 비행시간 제한, 추가 운항승무원 유무 및 분리근무 시 비행근무시간 제한, 대기, 누적근무제한, 휴식시간, 편승, 위험지역 운항 등에 대한 내용들을 포함하고 있으며, 추가로 항공사는 항공당국으로부터 FRMS를 인가받아 Part 117에서 정한 기준 이외에 예외 규정을 적용할 수 있도록 하고 있다. 주요 내용으로는 출두시각, 기내휴식시설, 추가운항승무원, 비행횟수, 분리근무, 시차적응, 예측하지 못한 운항 상황 능의 요소를 고려하여 비행시간, 비행근무시간 및 휴식시간 등을 구분하여 운영하도록 하고 있다. 아울러 교육 훈련의 중요성 등을 규정하고 있다.

피로관리 관련 Flag, Domestic, Supplemental operations에 상관없이 통일된 기준을 적용하기 위해 신규로 제정된 FAR Part 117은 다음의 원칙하에 다양한 피로관리 요소들을 반영하고 있다.

- 항공사는 FAR Part 117에서 정한 기준을 적용하되, 별도로 인가 받은 FRMS가 있는 경우 FRMS을 적용할 수 있다.[33]
- 회사 및 승무원 양측 모두에게 비행근무에 적합한 상태 유지를 위한 책임을 부여하고 있다.[34]
- 피로 및 피로관리에 대한 훈련 프로그램을 개발하고 적용하며, 운항승무원, 운항관리사, 편조 담당 및 통제 직원들에게 피로관련 정기 교육을 실시한다.[35]

이에 따라 항공사는 FRMS를 수립하여 별도로 FAA의 인가를 득하지 않는 한, FAR Part 117에서 정한 비행시간 제한 등 제반 기준을 준수해야 하며, 현실적으로 FAR Part 117에서 정한 기준 준수가 불가한 항공사의 경우 FRMS를 수립하여 FAA의 인가를 득한 후 적용해야 한다. FRMS는 최소한 6가지 요소를 포함하여야 하며, 비행시간 제한 등 법규준수 시와 동등한 수준 이상의 피로관리 안전수준이 요구된다.[36] 따라서 FRMS는 현실적으로는 정해진 비행시간 제한 등의 법규를 준수하지 못하는 특수한 경우에 적용하게 될 것이 예상되며, FRMS를 적용하고자 하는 항공사는 FRMS를 수립함에 있어 비행시간 제한 등 법규준수 시의 피로관리 안전수준과 동등수준 이상의 안전수준을 확보해야 할 것이다.

4.1 FAA의 비행시간 비행근무시간 근무시간 기준

비행시간, 비행근무시간, 근무시간 제한과 관련하여, FAA(FAR117)는 비행시간 및 비행근무시간에 대하여 제한하고 근무시간에 대해서는 제한하지 않는다. 또한 비행시간 및 비행근무시간 제한에 대해

---

33) FAR 117.7, 2012.

34) FAR 117.5, 2012.

35) FAR 117.9, 2012.

36) (1) A fatigue risk management policy (2) An education and awareness training program (3) A fatigue reporting system (4) A system for monitoring flightcrew fatigue (5) An incident reporting process (6) A performance evaluation.

서는 기본 편성별 제한과 기간별 제한을 병행하고 있다. 이와 관련하여 규정하고 있는 주요 내용은 다음과 같다.

- 누적피로 방지와 관련하여 기간별 비행시간 및 비행근무시간을 제한한다.[37]
- 출두시각, 비행횟수, 시차, 기내 휴식시설 등 다양한 피로요인을 고려하여 상황에 따라 비행시간 및 비행근무시간을 다르게 제한한다.[38]
- 기본 편성(2 Pilot)의 경우 출두시각에 따라 최대 비행시간을 차별화하고, 비행횟수에 따라 비행 근무시간을 차별화한다.
- 추가 운항승무원이 탑승한 경우(3 Pilot 이상 편조) 출두시각, 휴식시설 등급, 승무원 수에 따라 비행근무시간을 차별화한다.
- 비임무 이동(deadhead) 시간은 근무시간에 포함된다. 단, 요구되는 최소 휴식시간 없이 비행구간 전 또는 비행구간 사이의 비임무 이동시간은 비행근무시간에 포함된다.[39] 당연히 비행임무 이 후에 행한 비임무 이동시간은 비행근무시간에 포함되지 아니한다.
- 기본 편성(2 pilot)에 한하여, 분리근무(split duty) 시 지상에서 3시간 이상 적절한 휴식장소(suitable accommodation)를 제공하여 휴식기회를 부여한 경우, 해당 휴식기회부여시간은 비행근무시간 제한에 포함하지 않을 수 있다.[40]
- 예측하지 못한(Unforeseen) 운항 상황 시 일정 시간에 한하여 비행근무시간 연장이 가능하다.

〈표 56〉 최대 비행시간 및 비행근무시간 제한

구 분		개정 전(FAR 121)	개정 후(FAR 117)	비 고
최대비행시간 (Max. Flight time)	2P	8hr	8~9hr[41](출두시각)	종전 대비 최대 1시간 연장
	3P	12hr	13hr	종전 대비 최대 1시간 연장
	4P	16hr	17hr[42]	종전 대비 최대 1시간 연장
최대비행 근무시간[43] (Max. Flight Duty period)	2P	16hr(Supp)	9~14hr (출두시각, 비행횟수)	비행근무시작(출두시각) 및 비행횟수 고려 UOC 시 2시간 연장 가능
	3P	18hr(Supp)	13~17hr (출두시각, 휴식시설)	출두시각 및 휴식시설 고려 UOC 시 2시간 연장 가능 비행횟수 3회 초과 금지
	4P	20hr(Supp)	13.5~19hr (출두시각, 휴식시설)	출두시각 및 휴식시설 고려 UOC 시 2시간 연장 가능 비행횟수 3회 초과 금지

* 출처: 이구희, 박사학위 전게논문, p.247

---

37) FAR 117.23, 2012.

38) FAR 117.11~117.25, 2012.

39) FAR 117.3, 2012.

40) FAR 117.15, 2012.

<표 57> 기간별 비행시간 및 비행근무시간 제한

구 분		개정 전(FAR121)	개정 후(FAR117)	비 고
비행시간	672hr(28일)	(신설)	100hr/672hr	기간별 비행시간 제한 단순화
	30일	100~120hr/M	(삭제)	
	90일	300~350hr/90D	(삭제)	
	365일	1000hr/12M	1000hr/365D	
비행근무시간	168hr(7일)	(신설)	60hr/168hr	기간별 비행근무시간 제한 신설
	672hr(28일)	(신설)	190hr/672hr	
근무시간	-	(제한 없음)	입법예고 시 근무시간 제한을 포함하였으나 Final Rule에서는 삭제됨 예) Short call reserve 및 Deadhead transportation 포함 75시간/168시간(7일), 215시간/672시간(28일)	

* 출처: 이구희, 박사학위 전게논문, pp.247-248

운항승무원에 대한 각국의 연간(연간, 12개월, 365일) 비행시간(flight time) 제한은 다음과 같으며, 비행시간 제한은 ICAO의 국제표준에 따라 비임무 이동(positioning, deadhead) 시간은 비행시간 제한에 포함되지 않는다.

<표 58> 연간 운항승무원 최대 비행시간 국내외 기준 비교

국 가	연간 최대 비행시간 (연간, 12개월, 365일)	비 고
한국	1000시간/365일	항공법시행규칙
미국	1000시간/365일	FAR 117
영국	900시간/12개월	UKCAA CAP 371
EU	900시간/년(year), 1000시간/12개월	EU Regulation
일본	1000시간/년	JCAB 운항규정심사요령세칙
중국	1000시간/년	CCAR121-R4(121.487)
호주	900시간/365일	Civil aviation order part 48
싱가포르	1000시간/12개월	AOC requirement Appendix C1
캐나다	1200시간/365일	Section 700.15
뉴질랜드	250시간/84일(→ 1086시간/365일에 해당)	CAA AC119-2

* 출처: 이구희, 박사학위 전게논문, p.248

---

41) 출두시각대별 허용되는 최대 비행시간이 다르게 운영된다. 예를 들면 07시에 출두하면 비행시간 9시간까지 가능하나 22시에 출두하면 8시간까지만 허용됨.

42) 추가 운항승무원 수에 따라 허용되는 최대 비행시간이 다르게 운영된다. 최소 운항승무원의 경우 최대 9시간까지 허용되며, 추가 운항승무원이 있는 경우 최대 17시간까지 허용됨.

43) 출발시간 및 비행횟수에 따라 허용되는 최대 비행근무시간이 다르게 운영된다. 예를 들면 추가 운항승무원이 없는 경우 07시에 출발하면 비행근무시간 14시간까지 가능하나 22시에 출발하여 5회 이상 비행하면 9시간까지만 허용됨. 또한 4명의 조종사로 편성된 경우 07시에 출발하면 비행근무시간 19시간까지 가능하나 22시에 출발하면 13.5시간까지만 허용됨.

4.2 FAA의 휴식시간 및 휴무일 기준

FAA는 휴식시간을 부여할 때 시차를 고려하고 있으며 근무 편성에 따른 최소 휴식시간과 기간별 휴식시간을 부여한다.[44]

- 연속되는 168시간(7일)에 연속되는 30시간 휴무(free from all duty)를 부여해야 한다.
- 홈베이스를 벗어나 시차가 4시간을 초과하는 지역에서 연속 168시간을 초과하는 비행을 한 경우, 홈베이스(Home base)에 복귀 후 연속 56시간 휴식시간을 부여한다.
- 근무에서 벗어난 시간을 기준으로 10시간 휴식시간을 부여해야 하며, 실제 수면기회(sleep opportunity)는 8시간 이상 부여한다.

4.3 FAA의 기타 피로관리 기준

비행시간, 비행근무시간, 근무시간 및 휴식시간 기준 이외에 예측하지 못한 상황 등 다양한 피로관리기준을 적용하고 있으며 이에 대해서는 본 장의 "국내외 피로관리기준 비교"에 기술하였다.

5. EU의 피로관리 기준

EU는 Basic Regulation[45]에 근거를 두고 승무원의 피로관리에 대한 Implementing rule를 공포하였으며[46] 추가적으로 EASA는 연성법(soft law)에 해당하는 적용 가능한 기준을 제공하고 있다.[47]

승무원 피로관리 관련하여 EASA는 ICAO의 변화에 부응하여 EASA 내 적용기준을 마련하기 위하여 부단한 노력을 하였지만 피로관리 기준이야말로 각 국가의 적용 기준이 달라 통일된 기준을 마련하는 것은 그만큼 어려움이 컸다. 이런 연유로 EASA의 피로관리 기준이 도출되기까지는 계획 대비 많은 논의가 필요했고 추진 일정이 지연될 수밖에 없었다.

피로관리 관련 FAA와 함께 ICAO의 변화를 주도한 EASA는 비행시간, 비행근무시간, 휴식시간 제한 등의 피로관리 기준을 대폭 개선하고, 피로위험관리를 증진할 수 있는 법규 제정안을 2010년 12월 예

---

44) FAR 117.25, 2012.

45) Commission Regulation(EC) No 216/2008 Article 2292)(a)22 83/2014.

46) Commission Regulation(EU) No83/2014(2014.1.29.) Subpart FTL_ORO.FTL.100~250.

47) EASA CS and GM to CAT_CS-FTL.1(2014.1.31.)
EASA AMC and GM to Part ORO.FTL(2014.1.31.).

고[48]한 데 이어 약 3년 후인 2014년 1월에 개정 고시하였다.[49] 개정 고신된 피로관리기준은 상업용 항공기를 운항하는 운항승무원에게 적용되는 기준이나, Air Taxi, 응급항공 이송업무 및 Single pilot operation에는 적용되지 아니한다.[50]

개정된 피로관리 기준은 기존 규정 대비 과학적, 생리적 현상을 고려하여 비행근무시간, 휴식시간 기준 등을 정하고 있으며 피로위험관리를 증진할 수 있는 수용 가능한 이행 기준을 포함하고 있다.

5.1 EASA의 비행시간 비행근무시간 근무시간 기준

EASA는 기간별 제한이 아닌 1일 편성별 제한의 경우, 비행시간에 대한 제한은 없고 비행근무시간만 제한한다. 이러한 효율적인 기준은 다양한 피로요인을 체계적으로 관리하기 때문에 가능하다고 평가할 수 있다. 이와 관련하여 EASA는 비행근무시간에 대하여 다음과 같이 규정하고 있다.

첫째, EASA는 피로관리를 위하여 기간별 제한이 아닌 1일 제한에 있어서 '비행근무시간'은 제한하나 '비행시간'과 '근무시간'에 대해서는 별도로 제한하지 않고 있다.[51]

둘째, 정상적인 상황에서 2명의 조종사로 편성한 경우 1일 최대 비행근무시간은 13시간이며, 다음과 같이 최초 비행근무 예정시각(출두시각) 및 비행횟수 등을 고려하여 비행근무시간을 차별화하여 적용한다.[52]

- 3구간 이상 비행 시 각 추가 구간 당 30분씩 단축 운영하며, 10구간 비행시는 최대 9시간의 비행근무시간을 초과할 수 없다.
- 기능저하시간대(WOCL)에는 보다 단축된 시간을 적용해야 한다.
- 비행근무시간은 사전에 계획된 경우 1시간 연장 적용이 가능하나 연장 적용 시 세부조건을 충족해야 한다. 또한 출두시각별로 최대 비행근무시간을 차별화하여 적용한다.

셋째, 착륙 후 항공기 엔진을 끈 이후의 임무는 비행근무시간에 포함되지 않으나 근무시간에는 포함된다.[53]

넷째, 비행임무 전에 이동하는 비임무 이동(Positioning)은 비행근무시간 제한에 포함하나 비행임무

---

48) EASA NPA(Notice of Proposed Amendment) 2010-14, 2010.12.10.

49) Commission Regulation(EU) No 83/2014 of 29 Jan 2014(공포 2014.1.31, 적용 2016.2.18.).

50) EASA CS FTL.1.100 applicability.

51) Commission Regulation(EU) No 83/2014 ORO.FTL.205 Flight duty period.

52) Commission Regulation(EU) No 83/2014 ORO.FTL.205 Flight duty period.

53) Commission Regulation(EU) No 83/2014 ORO.FTL.210.
   EASA AMC1 ORO.FTL.201(c).

이후에 이동하는 비임무 이동은 비행근무시간에 포함하지 않고 근무시간에만 포함한다. 또한 비임무 이동은 비행횟수 제한에는 포함하지 않는다.[54]

또한 비행근무시간은 기내휴식시설의 등급 및 추가 운항승무원의 수에 따라 비행근무시간 연장시간을 다르게 운영할 수 있다. 즉, 허용 가능한 최대 비행근무시간은 추가운항승무원 수에 따라 다르며, 비행편에 편성된 운항승무원의 수가 같더라도 기내 휴식시설의 등급에 따라 다르게 적용한다. 이와 관련하여 다음과 같은 기준들을 적용한다.[55]

- 최소 운항승무원 외에 추가 운항승무원이 있는 경우 최대 비행근무시간이 연장되며 추가 운항승무원 수 및 기내휴식시설 등급에 따라 비행근무시간 제한을 다르게 적용한다.[56]
- 비행중 기내휴식시설에서 있었던 시간은 비행시간 및 비행근무시간에 포함되어야 한다.
- 목적지에서 최소휴식시간은 최소한 이전 근무시간을 고려해 적용해야 한다.
- 추가 운항승무원 탑승으로 기내휴식시설을 제공한 경우라도 최대 3구간을 초과하여 비행하지 않는다.[57]
- 기내휴식시설에서 휴식을 취하는 운항승무원에게는 연속해서 최소 90분 이상의 휴식을 제공하며, 착륙 시 조종임무를 수행하는 운항승무원에게는 연속 2시간의 휴식을 제공한다.[58]
- 기내 휴식은 착륙 시 비행임무에 집중할 수 있도록 설정하여 운영하며 순항단계 동안에 기내휴식을 취하도록 한다.[59]

EASA는 피로관리를 위하여 기간별로는 비행시간 및 근무시간 둘 다 제한하고 있으나, 비행근무시간에 대해서는 별도로 제한하지 않는다.[60]

〈표 59〉 EASA의 기간별 최대 비행시간 및 근무시간

구 분	기간별 최대 비행시간 및 근무시간
비행시간	100시간/28일, 900시간/Year, 1000/연속12개월
비행근무시간	-
근무시간	60시간/7일, 110시간/14일, 190시간/28일

* 출처: 이구희, 박사학위 전게논문, p.251

---

54) Commission Regulation(EU) No 83/2014 ORO.FTL.215 Positioning.

55) Commission Regulation(EU) No 83/2014 ORO.FTL205 Flight duty period.

56) EASA CS FTL. 1.205. 3명의 조종사로 편성시 최대 비행근무시간은 기내휴식시설 1등급 16시간, 2등급 15시간, 3등급 14시간을 적용하며, 4명의 조종사로 편성 시 최대 비행근무시간은 기내휴식시설 1등급 17시간, 2등급 16시간, 3등급 15시간을 적용함.

57) EASA CS FTL.1.205.

58) EASA CS FTL.1.205.

59) EASA GM1 CS FTL.1.205.

60) Commission Regulation(EU) No 83/2014 ORO.FTL.210.

5.2 EASA의 휴식시간 및 휴무일 기준

EASA는 휴식시간 부여 시 타임존(Time zone crossing)을 고려한다. 홈베이스에서 비행근무시간 시작 전에 부여해야 할 최소 휴식시간은 이전 근무시간과 같은 시간 또는 12시간 중 긴 시간을 적용하고 홈베이스가 아닌 경우 비행근무시간 시작 전에 부여해야 할 최소 휴식시간은 이전 근무시간과 같은 시간 또는 10시간 중 긴 시간을 부여하며 8시간의 수면시간을 포함하도록 한다. 반면에 피로위험관리 하에 휴식시간을 단축하여 운영할 수 있으며, 휴식시간 단축 후 차기 휴식시간은 단축된 휴식시간 만큼 추가하여 제공하는 것과 같은 보완기준을 적용한다.[61]

정기적인 휴식시간은 36시간을 부여하며 정기적인 휴식시간이 끝나는 순간부터 정기적인 휴식시간이 시작되는 시점 간에는 168시간(7일)을 초과하지 않는다. 다만 월 2회는 36시간 대신 2일의 휴식시간을 부여한다.

타임존 차이에서 오는 생리적 신체리듬 영향을 줄이기 위하여 다음과 같은 기준들을 고려한다.[62]

- 타임존 차이 4시간 이상 시 홈베이스에서 최소 휴식시간은 타임존 차이를 고려하여 휴식시간을 제공한다. 예를 들어 48시간 이내에 타임존 차이가 4내지 6시간인 노선을 비행 시, 비행 후 홈베이스에서 2일 밤의 휴식을 제공한다.
- 타임존 차이가 4시간 이상 시 홈베이스가 아닌 경우 비행근무 후 최소휴식시간은 이전 근무시간과 같은 시간 또는 14시간 중 긴 시간을 휴식시간으로 제공한다.
- 홈베이스에서 타임존 차이가 4시간 이상인 동쪽방향과 서쪽방향 간을 변경하여 운항 시 홈베이스에서 3일 밤의 휴식을 부여한다.
- 비행근무시간에 따른 기본 휴식시간 부여 이외에 추가 휴식 부여를 고려하여 타임존 영향을 줄인다.
- 타임존 및 생리적 신체리듬 간의 영향에 대하여 교육을 실시한다.

5.3 EASA의 기타 피로관리 기준

비행시간, 비행근무시간, 근무시간 및 휴식시간 기준 이외에 예측하지 못한 상황 등 다양한 피로관리기준을 적용하고 있으며 이에 대해서는 본 장의 "국내외 피로관리기준 비교"에 기술하였다.

---

61) Commission Regulation(EU) No 83/2014 ORO.FTL.235. EASA CS FTL.1.235.
    Minimum reduced rest: 12hr(Home base), 10hr(home base 이외) Reduced rest 후 비행근무시간은 단축된 휴식시간만큼 단축하고 Reduced rest 후 차기 휴식시간은 단축된 휴식시간만큼 추가 제공.

62) Commission Regulation(EU) No 83/2014 ORO.FTL.225 Standby and Airport Duty. EASA CS FTL.1.225 standby.

6. 국내외 피로관리기준 비교

6.1 피로관리 항목 비교

한국은 현행 시카고협약 부속서 6의 기준을 최소한으로 충족하고 있으나 ICAO SARPs에서 언급하고 있는 전반적인 가이드라인 및 피로위험관리시스템(FRMS)에 대한 구체적인 지침은 마련되어 있지 않다.

항공법 제46조 및 동법 시행규칙 제143조 내지 제143조의2에 의거 승무원 피로관리를 위하여 비행시간 제한, 비행근무시간 제한, 근무시간 제한 및 휴식시간 기준을 설정하여 운영하고 있으나 ICAO, FAA, EASA 기준 대비 다양한 요소들이 반영되어 있지 않다.[63] 지침 및 가이드라인 부재로 일부는 항공사가 자체적으로 실시하는 경우도 있으나 항공 당국 차원의 검토 및 균형 잡힌 가이드라인 제공이 필요하다. 출두시각별 비행시간 제한 차별화, 휴식시설별 비행시간 차별화, 대기, 분리근무,[64] 타임존, 비행 횟수, 휴식시간 단축 시 조치사항 등에 대하여 충분한 국내외 기준 연구 및 합리적인 지침 마련이 필요하며, 아울러 불합리한 규제개선이 필요하다.

6.2 비행시간 비행근무시간 근무시간

피로관리에 있어서 비행시간, 비행근무시간, 근무시간 제한은 가장 기본적인 항목으로 각 항목의 준수요건은 체계적 관리 및 상호 보완 기능을 활성화하는 것이 필요하다.

비행시간, 비행근무시간, 근무시간 관련하여, ICAO는 용어정의와 함께 항공당국 및 운영자의 기본적인 준수 의무를 규정하고 있지만 최대로 허용 가능한 구체적인 비행시간 비행근무시간, 근무시간을 명시하여 규정하고 있지는 않다. FAA(FAR117)는 비행시간 및 비행근무시간에 대하여 제한하고 근무시간에 대해서는 제한하지 않는다. 또한 비행시간 및 비행근무시간 제한에 대해서는 기본 편성별 제한과 기간별 제한을 병행하고 있다. EASA는 기간별이 아닌 1일 제한의 경우, 비행시간에 대한 제한은 없고 비행근무시간만 제한한다. 이러한 효율적인 기준은 다양한 피로요인을 체계적으로 관리하기 때문에 가능하다고 평가할 수 있다. 또한 FAA 및 EASA는 출두시각, 기내휴식시설 등급 등에 따라 비행시간 그리고/또는 비행근무시간을 다르게 규정하는 반면에 한국은 출두시각이나 기내휴식시설 등급

---

63) 한국은 승무원 피로관리와 관련하여 피로위험관리시스템(FRMS)을 적용하고 있지 않으며, 피로관리 항목과 관련하여 대기, 타임존, PIC 판단, 누적피로, 휴식시설 등급, 비행임무 출두시각, 항공당국/항공사/승무원의 책임 등에 대한 기준이 마련되어 있지 않음(2015.7. 현재).

64) FAR 117.3. 분리근무(Split duty). 비행근무시간 내에서 1회 이상 지상에서 휴게(breaks)로 비행근무시간이 연장되는 근무기간을 말함.

과 상관없이 획일적인 기준을 적용하고 있다.

FAA, EASA 및 한국의 기준을 요약 정리하면 다음과 같다.

<표 60> 비행시간 및 비행근무시간 비교(FAA, EASA, 한국)

구 분		미국 (FAR 117)	유럽(EASA) (EU Regulation No 83/2014)	한국 (항공법시행규칙)
최대비행시간 (Max. Flight time)[65]	2P	8~9hr (출두시각)	-	8hr
	3P	13hr	-	12hr(1Cap, 2FO) 13hr(2Cap, 1FO)
	4P	17hr	-	16hr(2Cap, 2FO)
최대비행 근무시간 (Max. Flight Duty period)	2P	9~14hr (비행근무시작, 비행횟수)	9~13hr (출두시각, 비행횟수)	13hr
	3P	13~15(비행근무시작,C3) 14~16.5(비행근무시작,C2) 15~17(비행근무시작,C1) (비행근무시작, 휴식시설)	14(휴식시설 C3) 15(휴식시설 C2) 16(휴식시설 C1) (휴식시설)	16hr(1Cap, 2FO) 17hr(2Cap, 1FO)
	4P	13.5~15.5(비행근무시작,C3) 15.5~18(비행근무시작,C2) 17~19(비행근무시작,C1)	15(휴식시설 C3) 16(휴식시설 C2) 17(휴식시설 C1)	20hr(2Cap, 2FO)

* 편조별 또는 daily: 1Cap 2FO, 2Cap 1FO은 구분 없이 같은 기준을 적용하며, 출두시각, 비행횟수, 휴식시설에 따라 차별화
* FAA의 경우 편조 형태별로 제한을 하며, 별도의 24시간(1일) 내 제한은 없음
* EU는 Daily 비행근무시간 제한만 하고 비행시간 제한은 없음
* 기내 휴식시설 등급에 따라 비행근무시간 등 차별화함

* 출처: 이구희, 박사학위 전게논문, pp.253-254

상기 표는 일반적으로 1일 또는 승무원 편성별 기준을 의미하며, 기본적으로 비행임무에 따른 휴식시간 요건을 충족하지 못한 상태에서의 최대 비행시간 및 최대 비행근무시간을 규정하고 있다. 기간별 제한이 아닌 1일 또는 편성별 기준의 경우 FAA와 한국은 최대 비행시간 및 최대 비행근무시간을 각각 제한하고 있지만 EASA는 비행근무시간만 제한하고 있어 허용된 비행근무시간 이내에서는 상대적으로 다양한 선택이 가능하다. 일반적으로 항공운송사업용 항공기에서 추가 운항승무원(augmented flight crew)이 탑승하지 않고 최소 운항승무원 수인 2명의 조종사로 편성된 경우, 조종사의 최대 비행시간은 8시간 내지 10시간까지 허용되며, 최대 비행근무시간은 13시간 내지 14시간까지 허용된다. 추가 운항승무원이 탑승한 3인 조종사의 경우에는 최대 비행시간은 12시간 내지 13시간까지 허용되고 최대 비행근무시간은 13시간 내지 17시간까지 인정되며 기내휴식시설 등급이 최대 허용시간을 결정하는 중요한 요인으로 작용한다. 또한 비행 횟수, 출발시간대 등에 따라 최대 허용시간을 다르게 적용

---

65) Daily/편성별 최대비행시간 제한의 경우, 한국과 미국은 비행시간 및 비행근무시간 이중 제한을 하나 유럽은 비행근무시간만 제한하고 별도의 비행시간 제한은 없음.

하는데 한국의 경우는 획일적인 기준을 적용하고 있는 실정이다.

〈표 61〉 기간별 비행시간, 비행근무시간, 근무시간 비교(FAA, EASA, 한국)

구 분		미국 (FAR 117)	유럽(EASA) (EU Regulation No 83/2014)	한국 (항공법시행규칙)
비행시간	4주(672hr)	100hr/672hr	100hr/28D	(2P) 100hr/28D (3P/4P) 120hr/28D
	365일	1000hr/365D	900hr/Year 1000hr/C12M	1000/365D
비행근무시간	1주(168hr)	60hr/168hr	-	-
	4주(672hr)	190hr/672hr	-	-
근무시간	1주/2주	-	60hr/7D 110hr/14D	60hr/7D
	4주	-	190hr/28D	190hr/28D

- 기간별 제한 동향: 비행시간 제한 -> 비행시간/비행근무시간/근무시간 제한
- 기간별 비행시간 제한: 28일, 365일 제한(30일, 90일 제한은 없음)
- 최대 근무시간 제한은 한국은 유럽과 같은 수준이나 미국보다 강화됨. 한국의 최대 근무시간은 미국의 최대 비행근무시간과 같음
- EASA 연간 비행시간 제한: 900hr/any calendar year, 1000hr/any consecutive calendar months

* 출처: 이구희, 박사학위 전게논문, p.254

상기 표의 기간별 제한의 경우 피로관리를 상호 보완하여 체계적이고 종합적으로 관리하는 데 초점을 둔 것으로 평가할 수 있다. 기간별 최대 비행시간 이외에 비행근무시간이나 근무시간을 함께 고려하여 제한함으로써 안전 및 효율을 동시에 고려하고 있으며, 기간별 제한기준을 둠으로써 피로가 누적되지 않도록 하고 있다.

기간별 제한의 경우 FAA는 비행시간 및 비행근무시간을 제한하고, 한국과 EASA는 비행시간 및 근무시간을 제한하고 있다. 항공기의 기간별 비행시간 제한을 너무 세부적으로 제한하게 되면 운항 효율을 떨어트리는 요인이 된다.

6.3 휴식시간

휴식시간 관련하여 ICAO는 용어정의와 함께 항공당국 및 운영자의 기본적인 준수 의무를 규정하고 있지만 구체적으로 휴식시간 및 휴무일을 명확히 규정하고 있지 않다. 그런 관계로 각 국가에서 규정하고 있는 세부내용은 다를 수밖에 없다. FAA 및 EASA는 휴식시간 기준을 수립함에 있어 다양한 상황을 고려하여 반영하고 있다. 시차, 홈베이스 여부, 비행근무시간에 따라 휴식시간을 차별화하여 제공하고 있으며, 기간별 휴무일 제공 기준을 규정하고 있다. 이에 비해 한국은 시카고협약 부속서 6에서 국제표준으로 설정한 항목에 대해서만 기준을 정하고 있으며, 그나마 다양한 상황을 고려하지

못하고 있다.

휴식시간 및 휴무일 관련하여 FAA, EASA 및 한국의 기준을 요약 정리하면 다음과 같다.

〈표 62〉 휴식시간 및 휴무일 기준 비교(FAA, EASA, 한국)

구분		미국 (FAR 117)	유럽 (EU Regulation No 83/2014)	한국 (항공법시행규칙)
휴식시간/ 휴무일	편성별	10hr (8hr수면기회)	• 홈베이스에서 비행근무시간 시작 전에 부여해야 할 최소 휴식시간은 이전 근무시간과 같은 시간 또는 12시간 중 긴 시간을 적용하고 홈베이스가 아닌 경우 비행근무시간 시작 전에 부여해야 할 최소 휴식시간은 이전 근무시간과 같은 시간 또는 10시간 중 긴 시간을 부여 • 일정 조건(CS) 준수하에 휴식시간 단축 가능	비행근무시간에 따른 휴식시간 부여
	7일	30hr/7D 홈베이스를 벗어나 4hr 초과 시차지역에서 연속 168시간을 초과하여 비행한 경우 Home base에 복귀 후 56hr 휴식 제공	• 정기적인 휴식시간은 36시간을 부여하며 정기적인 휴식시간이 끝나는 순간부터 정기적인 휴식시간이 시작되는 시점 간에는 168시간(7일)을 초과하지 않음. 월 2회는 36시간 대신 2일의 휴식시간을 부여	24hr/7D

* 출처: 이구희, 박사학위 전계논문, p.256

6.4 예측하지 못한 운항 상황

ICAO는 예측하지 못한 운항 상황(UOC: Unforeseen operational circumstance) 발생 시 일정시간 비행근무시간을 연장할 수 있는 것으로 규정하고 있으며 비행근무시간 연장을 항공기 출발 이후나 항공기 이륙 이후로 한정하고 있지 않다. 즉 시카고협약 부속서 6 attachment에서 정한 가이드라인은 비행근무시간이 시작되는 출두부터 적용 가능한 것으로 해석하는 것이 타당하다.[66]

FAA의 경우 예측하지 못한 운항 상황(UOC)[67]이란 예측하지 못한 기상, 장비고장, 또는 항공교통지연 등으로 스케줄을 조정하기에 시간이 부족한 예기치 못한 사건을 말하며, 이러한 경우 다음과 같이 비행시간 및 비행근무시간 연장이 가능하다.

• 이륙 전 예측하지 못한 운항 상황(UOC)이 발생할 경우는 2시간 비행근무시간 연장이 가능하다. 단, 30분 초과 연장할 수 있는데 이는 168시간(7일)에 30시간 휴무요건 충족 시마다 1회로 한정한다.[68]

• 이륙 후 예측하지 못한 운항 상황(UOC) 발생 시, 비행시간 및 비행근무시간 제한을 초과할 수

---

66) 시카고협약 부속서 6 Attachment A. Guidance Material for Development of Prescriptive Fatigue Management Regulations. 4.7.3.4.

67) FAR 117.3, 117.11, 117.19, 2012.

68) FAR 117.19, 이륙 전 UOC 시 2시간 연장 외 30분을 초과하는 연장은 168시간(7일)에 1회 가능.

있다.

이와 같이 FAA는 이륙 전에 발생한 예측하지 못한 운항 상황 발생 시 비행근무시간을 2시간 연장할 수 있도록 규정하고 있으며, 이륙 전의 경우 항공기 출발 이후로 한정하고 있지 않고 있다. 즉, 비행근무시간의 시작시점인 출두 이후부터 적용 가능한 것을 의미한다.[69]

EASA의 경우 출두시각 이후 예측하지 못한 운항 상황 발생 시 비행근무시간, 근무시간 및 휴식시간 제한기준은 일정한 한도 내에서 조정할 수 있으며 예측하지 못한 운항 상황과 관련된 주요 내용은 다음과 같다.[70]

- 출두시각 이후 예측하지 못한 운항 상황 발생 시 비행근무시간, 근무시간 및 휴식시간 제한기준을 조정할 수 있으며, 출두시각 이후 예측하지 못한 운항 상황이 발생 시 3명 이상의 조종사로 편성한 경우에는 3시간(2명 조종사로 편성한 경우는 2시간)까지 비행근무시간 연장이 가능하다.
- 이륙 이후 예측하지 못한 운항 상황이 발생한 경우 목적공항 및 교체공항까지 계속 비행 가능하다.
- 예측하지 못한 운항 상황 발생 시 비행근무시간 이후의 휴식기간을 단축할 수 있으나 그러한 경우에도 휴식시간은 최소 10시간 이상이 되어야 한다.
- 심각한 피로를 유발하는 예측하지 못한 운항 상황인 경우에 기장은 실제 비행근무시간을 줄이고 휴식시간을 연장해야 한다.
- 기장에 의해 비행근무시간을 연장하거나 휴식시간을 단축한 경우 기장은 회사에 보고서를 제출해야 하며, 비행근무시간을 연장하거나 휴식시간을 단축한 시간이 1시간을 초과한 경우 28일 이내에 항공당국에 보고서를 제출해야 한다.
- 회사는 예측하지 못한 운항 상황 시 재량권을 갖고 행하는 것과 관련하여 비처벌 원칙하에 이행하고 운항규정에 기술해야 한다.
- 운항규정에 지연된 출두 절차를 기술하며, 10시간 이상 출두를 지연하고, 항공사가 방해하지 않은 경우, 해당 10시간 이상의 지연은 휴식시간으로 간주한다.[71]

6.5 기타 피로관리기준 비교: 휴식시설 등

비행시간, 비행근무시간, 근무시간 및 휴식시간 기준 이외의 기타 피로관리기준을 비교하면 다음과 같다.

---

69) FAR Part 117.19.

70) Commission Regulation(EU)83/2014, ORO FTL 205 Flight duty period(FDP)의 (f). 2명 조종사 편성 시는 비행근무시간 2시간 연장이 가능하며, 3명 이상 조종사 편성 시는 비행근무시간 3시간 연장이 가능하다. 유럽에서 비행근무시간을 연장하는 것은 비행시간은 연장하지 않는다는 것이 아니라 편성별 별도의 비행시간 제한이 없어서 비행시간 연장여부가 불필요한 것임.

71) Commission Regulation(EU) No 83/2014 ORO.FTL.205. EASA CS FTL.1.205 FDP (d).

구 분	미국(FAR 117)	유럽(EU/EASA)	한국
기내휴식시설 (Rest Facility)	• Class 1: Bunk 또는 준 Bunk • Class 2: Cabin seat(near flat seat, curtain) • Class 3: cabin or flight deck seat(40도, 발받침)	• Class 1: Bunk 또는 준 Bunk(80도) • Class 2: Cabin seat(45도, pitch 55inch(137.5cm), width 20inch(50cm), 발받침, curtain) • Class 3: Cabin or flight deck seat(40도, 발받침, curtain)	휴식시설 등급에 대한 구체적인 기준 없음
분리임무 (Split duty)	• 2구간 이상 노선에서 다음조건하의 Ground Break시 비행근무시간 연장 가능. - 2 Pilot 편성 - 사전 계획하며 22:00~05:00사이 3시간 이상 지상휴식기회 부여	• 2구간 이상의 노선에서 일정조건 충족하는 지상휴식기회 부여 시 비행근무시간 연장 가능 - 최소 3시간이상 지상휴식기회 부여 - 비행근무시간은 지상휴식기회 부여시간의 50%까지 연장 가능	세부기준 없음
피로관리교육	• 조종사, 운항관리사, 편조 관련자 등 정기교육	• 승무원, 편조 관련자 등 초기 및 정기교육 • 포함내용: 피로원인, 영향, 대처방안 등	세부기준 없음
피로위험관리시스템 (FRMS)적용기준	• 별도의 피로위험관리시스템(FRMS)을 항공당국으로부터 승인받은 경우 정부에서 공통적으로 정한 기준보다 단축 또는 완화된 기준을 적용할 수 있으나 FRMS로 승인받고자 하는 기준도 항공안전수준은 같은 수준으로 유지되어야 함		세부기준 없음

* 출처: 이구희, 박사학위 전게논문, p.266

6.5.1 기내 휴식시설

기내 휴식시설(Rest facility)은 승무원에게 기내에서 수면기회를 제공하는 곳으로 벙커(Bunk)나 좌석(Seat)이 제공될 수 있으며, 기내 휴식의 질을 고려하여 기내 휴식시설 등급에 따라 최대 비행근무시간이 다르게 적용할 필요가 있다. ICAO는 기내휴식시설 등급에 따라 비행근무시간을 다르게 규정할 수 있다고 명시하면서 기내휴식시설에 대한 구체적인 기준을 규정하고 있지만, FAA 및 EASA는 기내 휴식시설에 등급에 따른 최대 비행근무시간을 차별적으로 규정하고 있다.

FAA는 기내 휴식시설 등급을 다음과 같이 구분하며, 기내 휴식시설 등급에 따라 최대 비행근무시간을 차별하여 적용한다.[72]

• 1등급(Class 1): 조종실, 객실과 구분된 벙커 또는 객실과 구분된 벙커에 준하는 시설(flat 등)

• 2등급(Class 2): 객실 좌석(near flat seat, 승객과 분리, 커튼 등)

• 3등급(Class 3): 객실 좌석 또는 조종실 좌석(좌석은 40도, 발받침 등)

• EASA도 FAA와 유사한 요건으로 다음과 같이 기내휴식시설 등급에 대한 기준을 적용하고 있다.[73]

• 1등급(Class 1): 벙커 또는 벙커에 준하는 시설

• 2등급(Class 2): 객실 좌석(45도 경사, pitch 55inch(137.5cm, width 20inch(50cm), 발받침, 커튼 등)

---

72) FAR 117.3, 휴식시설(Rest facility)은 승무원에게 수면을 위해 제공되는 시설로써 벙커, 좌석, 방 등의 적합한 휴식가능시설을 말하며 3개 등급(class 1, class 2, class 3)으로 구분함.

73) Commission Regulation(EU) No 83/2014 ORO.FTL.205. CS FTL.1. 기내 휴식시설을 3개 등급(class 1, class 2, class 3)으로 구분함.

- 3등급(Class 3): 객실/조종석 좌석(40도 경사, 발받침, 커튼 등)

한국은 아직 기내휴식시설 등급에 따라 최대 비행근무시간을 다르게 적용하는 기준도 없으며, 기내 휴식시설의 등급에 대해서도 구체적인 기준이 마련되어 있지 않다. 따라서 휴식의 품질이 휴식시설의 수준에 따라 다르다는 것을 인식하고, ICAO의 지침과 FAA 및 EASA의 기준을 고려하여 국내 항공법 규에도 기내휴식시설에 대한 기준을 마련하는 것이 필요하다.

6.5.2 분리임무

분리임무(Split duty)란 비행근무에 따른 법적 최소 휴식시간보다 짧은 계획된 휴식기회 부여시간 즉, 휴게(Break)[74]시간을 포함하는 비행근무 형태를 말한다. 한국의 경우 분리근무에 대한 비행근무시간 연장 기준이 없지만 FAA 및 EASA는 분리근무에 대하여 비행근무시간 특례기준을 적용하고 있다. FAA 및 EASA에서는 2구간 이상으로 구성된 비행에서 비행구간 사이에 지상 휴식 장소에서 3시간 이상 휴식기회 부여시간을 부여한 경우 비행근무시간 제한에서 삭제 또는 비행근무시간을 연장할 수 있도록 규정하고 있다.

FAA는 비행근무시간 동안 비행편 중간에 사전에 계획된 최소 3시간 이상의 지상 휴식장소를 제공하고 다음 요건을 충족하면 해당 휴식기회 부여시간은 비행근무시간으로 산정하지 아니한다.[75]
- 추가 운항승무원이 없는 기본 편성(2 Pilot) 비행편으로 제한한다.
- 중간 휴식기회(break)를 22:00~05:00 사이에 3시간 이상 제공한다.
- 해당 비행근무시간 개시 전에 중간 휴식기회 부여가 계획되어야 한다.
- 휴식기회 부여가 비행근무시간의 최초 비행구간이 끝나기 전에 제공되지 않아야 한다.
- 비행근무시간과 휴식기회 부여시간의 합이 14시간을 초과하시 아니한다.

EASA는 분리근무 기준은 2개 구간 이상으로 구성된 노선에서 비행근무를 하는 경우 중간 기착지에서 3시간 이상 별도의 휴식을 부여한 경우 휴식부여시간의 50%까지는 비행근무시간을 연장할 수 있다.[76]

---

74) 휴게(Break). 승무원이 모든 근무(duty)로부터 벗어나 있지만 여전히 근무시간(duty period) 내로 간주될 때, 휴식시간(rest period)보다 짧은 기간을 말함.

75) FAR 117.15, 출발시간대에 따라 14시간 이내로 제한되는 2구간 이상 운항 시, 3시간 이상 중간휴게(break)를 부여 시 최대 14시간까지 운항 가능.

76) Commission Regulation(EU) No 83/2014 ORO.FTL.220 split duty. EASA CS FTL.1.

6.5.3 비임무 이동

"비임무 이동(Positioning, Deadhead)"이란 운영자의 지시에 따라 비임무 승무원이 승객 신분으로서 한 장소에서 다른 장소로 이동하는 것을 말한다. 한국의 경우 비임무 이동에 대하여 명시된 구체적인 기준은 없지만 FAA 및 EASA는 비임무 이동에 대하여 다음과 같이 기준을 적용하고 있다.

FAA 비임무 이동에 대하여 다음과 같이 기준을 적용하고 있다.[77]

- 비임무 이동은 모든 근무시간 제한에 포함된다.
- 비임무 이동은 휴식시간에 포함되지 않으며 비행시간 제한 및 운항횟수 제한에 포함하여 적용하지 아니한다.
- 비행임무에 따른 최소 휴식시간 요건을 충족하지 못한 상태에서의 비행임무 전이나 비행임무 중간에 행하는 비임무 이동은 비행근무시간에 포함되나 비행임무 이후에 행하는 비임무 이동은 비행근무시간에 포함되지 않는다. 다만 이런 경우도 근무시간에는 포함된다.
- 운항승무원이 비행근무 시 허용되는 최대 비행근무시간을 초과하여 비임무 이동을 한 경우, 비임무 이동시간과 동일한 시간의 휴식시간을 부여하여야 한다.

EASA는 비임무 이동에 대하여 다음과 같이 기준을 적용하고 있다.[78]

- 비임무 이동은 모든 근무시간 제한에 포함된다.
- 비임무 이동은 휴식시간에 포함되지 않으며 비행시간 제한 및 운항횟수 제한에 포함하여 적용하지 아니한다.
- 비행임무에 따른 최소 휴식시간 요건을 충족하지 못한 상태에서의 비행임무 전이나 비행임무 중간에 행하는 비임무 이동은 비행근무시간에 포함되나 비행임무 이후에 행하는 비임무 이동은 비행근무시간에 포함되지 않는다. 다만 이런 경우도 근무시간에는 포함된다.

---

77) FAR 117.3, FAR 117.25.

78) Commission Regulation(EU) No 83/2014 ORO.FTL.215 positioning. EASA CS FTL.1.

6.5.4 대기

대기(standby)는 다양한 운항 상황에 따라 불가피하게 발생하게 되고 운영될 수밖에 없다. 이에 따라 FAA 및 EASA는 대기에 대한 기준을 규정하고 있지만 한국은 규정하고 있는 기준이 없다.

FAA에서 규정하고 있는 대기(Reserve)에 대한 기준은 다음과 같다.[79]

- 대기기간은 16시간을 초과하지 않는다.
- 대기 임무 부여 전 최소 10시간 휴식시간을 제공한다.[80]

EASA에서 규정하고 있는 대기에 대한 기준은 다음과 같다.[81]

- 공항대기는 출두지점에 도착하여 공항대기가 끝났다고 통보된 시각까지로 산정한다.
- 공항대기는 100% 근무로 산정해야 한다.
- 숙박시설이 제공되지 않은 공항대기는 100% 비행근무시간으로 산정해야 한다.
- 숙박시설이 제공된 상태로 6시간 이상 공항대기를 한 경우 최대비행근무시간은 공항대기시간에 의해 단축된다.
- 공항대기(airport standby) 시 휴식할 수 있는 시설(accommodation) 제공
- 대기 이후의 최소휴식시간 설정
- 대기의 세부기준은 각 국가 차원에서 세부 기준 수립하여 적용한다.
- 공항대기를 하는동안 비행근무시간이 시작된 경우, 최대 비행근무시간은 대기한 시간만큼 단축된다.
- 공항 대기 이외의 대기는 최대 16시간으로 제한하며, 대기 소요시간의 25%는 근무시간으로 산정한다.

6.5.5 홈베이스

"홈베이스(Home base)"란 운영자에 의해 승무원에게 지정되는 장소로 운항승무원이 평상시 근무시간 또는 연속되는 근무시간(series of duty periods)을 시작하고 종료하는 장소를 말한다. 한국의 경우 용어정의 이외에 홈베이스에 대하여 명시된 구체적인 기준은 없지만 FAA 및 EASA는 다음과 같이 규정하고 있다.

---

79) FAR 117.21 Reserve status.
80) FAR 117.3 Definitions, 117.15 Flight duty period: Split duty.
81) Commission Regulation(EU) No 83/2014 ORO.FTL.230. EASA CS-FTL.1(2014).

FAA에서 규정하고 있는 홈베이스에 대한 기준은 다음과 같다.

- 회사는 각 승무원에게 홈베이스를 지정하여 관리한다.[82]
- 홈베이스를 벗어나 시차가 4시간을 초과하는 지역에서 연속 168시간을 초과하는 비행을 한 경우, 홈베이스에 복귀 후 연속 56시간 휴식시간을 부여한다.

EASA에서 규정하고 있는 홈베이스에 대한 기준은 다음과 같다.[83]

- 각 승무원에게 홈베이스를 지정하여 관리한다.
- 홈베이스를 변경한 경우에는 새로운 홈베이스에서 3일 밤을 포함한 72시간의 휴식을 부여해야 하며, 거주지와 홈베이스 간의 이동은 비임무 이동이다.
- 승무원은 숙소에서 비행을 위해 출두할 장소까지의 이동시간(travelling time)이 90분 이내가 되도록 적정한 장소에 숙소를 마련할 것을 고려한다.

6.5.6 피로관리 교육

한국의 경우 피로관리 교육에 대하여 명시된 구체적인 기준은 없지만 FAA 및 EASA는 승무원 및 관계자에게 피로관리에 대한 교육요건을 규정하고 있다.

FAA에서 규정하고 있는 피로관리 교육에 대한 기준은 다음과 같다.

- 운영자는 피로 및 피로관리에 대한 훈련 프로그램을 개발하고 시행하며 조종사, 운항관리사, 편조 담당 및 통제 직원들에게 피로관련 교육을 정기적으로 실시한다.[84]

EASA에서 규정하고 있는 피로관리 교육에 대한 기준은 다음과 같다.

- 승무원, 편조직원 및 관리자에게 피로관리에 대한 초기훈련 및 정기훈련을 실시하며 교육 내용으로는 피로원인, 영향 및 대처방안을 포함한다.[85]
- 비행근무시간이 6시간을 초과하는 경우 음식을 제공한다.[86]
- 승무원 피로관리에 대한 기록은 24개월 동안 보관한다.[87]

---

82) FAR 117.3 Definitions.

83) Commission Regulation(EU) No 83/2014 ORO.FTL.200 home base,
   EASA CS-FTL.1(2014).

84) FAR 117.9 Fatigue education and awareness training program.

85) Commission Regulation(EU) No 83/2014 ORO.FTL.250 Fatigue Management Training.

86) Commission Regulation(EU) No 83/2014 ORO.FTL.240 Nutrition.

87) Commission Regulation(EU) No 83/2014 ORO.FTL.245 Records.

7. 논점 및 개선방안

승무원 피로관리는 항공기 사고 예방 및 ICAO SARPs 준수에 대한 항공안전상시평가(USOAP CMA) 준비에 필수적인 요소이다. 아울러 시카고협약 체약국인 한국은 ICAO, FAA, EASA의 승무원 피로관리 기준 개선 동향 및 국제 환경 변화에 대응하여 SARPs에 입각한 국내 제도 보완 및 항공법규에 승무원 피로관리 기준 도입이 불가피하다. 따라서 승무원 피로관리에 대한 주요 현안 및 쟁점사항에 대하여 최근 ICAO, FAA, EASA 기준을 심층 비교분석한 결과를 토대로 국내 항공법규에 승무원 피로관리 기준 도입 방안을 다음과 같이 제시한다.

7.1 ICAO SARPs와 피로관리 실시주체 일치

승무원 피로관리의 경우, ICAO SARPs에서 규정하고 있는 바와 같이 항공당국은 2가지 기준(① 비행시간·비행근무시간·근무시간·휴식시간 기준 ② 피로위험관리시스템(FRMS) 승인 기준)을 마련해야 한다. 아울러 항공사가 적용하고자 하는 내용을 항공사의 선택에 의하여 적용되도록 하여야 한다. 다시 말해 항공사의 피로관리 적용은 항공사에 의하여 3가지(① 정부에서 규정한 비행시간·비행근무시간·근무시간·휴식시간 기준을 적용한다. 또는, ② 정부에서 수립한 FRMS 승인 지침에 의거 항공사가 수립하여 정부로부터 인가받은 FRMS를 적용한다. 또는 ③ 두 가지를 혼용 적용한다) 중 택일하여 적용하는 것이다.

7.2 ICAO SARPs와 용어정의 일치

ICAO SARPs 및 국제적으로 통용되는 용어로 용어정의 및 개념을 일치시켜야 한다.

용어정의 및 통일된 용어 사용은 모든 기준 설정 및 운영에 가장 기본적인 규약이다. 항공관계법률 및 승무원 피로관리제도와 관련된 주요 용어에 대하여 국제기준과 일치시키고 통일적인 사용이 선행되어야 한다. 이들 주요 용어는 관련 법규에 명시하여 법규 및 간행물 간에 통일된 용어를 사용함으로써 적용상 혼선을 줄일 수 있는바, 통일되고 일관된 용어정의 및 활용이 필요하며, 정부 기준은 물론 모든 운영자도 철저히 같은 기준을 적용해야 한다.

7.3 국내 적용기준 명시

항공법시행규칙에서 세부적으로 정하고 있는 승무원 피로관리 기준과 관련하여 근무시간 및 휴식시간 제한 등은 항공법에 근거하고 있는바, 승무원에 대한 근무 및 휴식시간 적용상 혼선 및 해석상 오류를 사전에 방지하기 위하여 일반법이 아닌 항공법이 적용된다는 것을 명시할 필요가 있다. 즉 국내항공법상의 피로관리 기준을 적용받는 승무원에게는 근로기준법에서 정한 근로기준 및 휴식기준을 대신하여 항공법에서 정한 근무시간 및 휴식시간 기준이 적용된다는 것을 명백히 할 필요가 있다. 이와 같은 명확한 기준 설정을 위하여 추가적인 개정이 필요한 경우 당연히 관련 개정도 함께 이루어져야 할 것이다.

7.4 피로위험관리시스템

승무원 피로관리에서 고려할 사항 중 가장 중요한 것 중의 하나는 아무리 다양한 상황을 고려하여 잘 만들어진 피로관리 기준이라 하더라도 모든 운항 상황에 획일적으로 적용할 수 없다는 것이다. 이런 이유로 특정 상황에 대해서는 피로위험관리시스템(FRMS: fatigue risk management system)을 항공당국으로부터 승인받아 적용한다. ICAO, FAA, EASA도 별도의 FRMS를 항공당국으로부터 승인받은 경우 정부에서 공통적으로 정한 피로관리 기준보다 단축 또는 완화된 기준을 적용할 수 있도록 규정하고 있으며, FRMS를 승인받고자 하는 경우 주의해야 할 점은 최소한 FRMS에서 적용하는 안전기준이 정부에서 정한 피로관리기준의 안전수준과 같은 수준으로 유지되어야 한다는 것이다.

보다 효율적인 피로관리를 위해서는 승무원 피로관리 기준을 수립하여 적용함에 있어 정부에서 마련한 규범적(prescriptive) 규정이 모든 운항환경을 충족하기에는 한계가 있다. 이를 보완하기 위하여 특정 상황에 따라서는 비규범적(non-prescriptive) 규정을 도입하여 운영할 필요가 있다.

비행시간, 비행근무시간, 근무시간 제한 및 휴식시간 기준 등의 규범적인 규정(prescriptive regulation)이 모든 운항환경에 항상 적합하다고 볼 수는 없다. 항공당국이 정하고 있는 이러한 규범적인 규정은 항공사의 다양한 운항환경을 충분히 고려하기에는 부족함이 있다. 또한 이것은 무엇이 안전한가보다 무엇이 법규적으로 제한사항인지에 초점을 맞추고 있다. 그 결과 때로는 항공사에게 규제사항이 되어 운항효율을 저하시키기도 하고, 때로는 규범적인 규정을 벗어난 이유로 인하여 특정 운항 형태에 대하여 적합하게 마련된 피로위험관리기준을 적용하지 못하게 하는 요인이 되기도 한다.

규범적인 규정(prescriptive regulation)의 한계를 극복하기 위하여 비규범적 규정(non-prescriptive regulation)

이라고 할 수 있는 FRMS 도입이 필요하다. ICAO SARPs, FAA 및 EASA의 기준 고려 시 항공사는 규범적인 규정에 규정되지 않을 가능성이 있는 초장거리 운항(ULR),[88] 비행근무시간 연장, 휴식시간 단축 등을 적용하고자 할 때 해당 운항형태에 대한 FRMS를 수립하여 항공당국에 인가를 받아야 할 것이다. 따라서 정부는 승무원 피로관련 규범적인 규정 및 FRMS 기준 수립 시 각각의 포함 항목 및 내용을 구체적으로 명시해야 하며 항공사는 이를 근거로 합리적인 FRMS를 수립하여 적용해야 한다. 다시 말해 항공사는 항공당국이 정한 피로관리 제한기준을 초과하여 운영하고자 할 경우 국토교통부로부터 피로위험관리시스템(FRMS)을 승인받아 적용해야 할 것이다.

7.5 비행시간 비행근무시간 근무시간 휴식시간 적용 개선

피로관리를 위하여 비행시간, 비행근무시간, 근무시간 제한 및 휴식시간 제공 기준이 종합적이고 상호 보완적 역할을 하여야 하나, 현재 한국의 기준은 획일적이고 개별적이어서 효율적인 운영 및 종합적인 피로관리에 부족함이 있다. 이와 관련하여 ICAO, FAA, EASA 기준을 고려하여 다음과 같은 기본적인 원칙 준수 및 이행기준을 제시하고자 한다.

첫째, 종합적인 피로관리 차원에서 비행시간, 비행근무시간, 근무시간 제한 및 휴식시간 기준을 함께 고려한다.

둘째, 비행시간 제한 및 비행근무시간 제한은 가능한 한 중복 제한을 없애고 상호 보완적으로 제한하여 운영한다.

셋째, 출두시간, 비행 횟수, 기내 휴식시설 등급, 승무원 수 등에 따라 비행시간 또는 비행근무시간에 대한 최대 허용시간을 다르게 적용한다.

넷째, 비합리적이고 불필요한 제한은 과감히 제거한다. 즉, 3인 조종사의 경우 구성원 편성(2CAPT 1F/O 또는 1CAPT, 2F/O)에 따라 서로 다른 최대 비행시간 및 최대 비행근무시간을 적용하고 있는 것은 항공기 조종 특성을 고려하지 못한 사례인바, 3인 편조 시 최대 비행시간 및 최대 비행근무시간은 3인 조종사 편성 형태에 상관없이 동일하게 적용토록 한다.

다섯째, 휴식시간 요건을 개선한다. 획일적인 휴식시간 제공이 다양한 상황에 대하여 얼마만큼 피로를 제거했고 차기 비행임무에 적합한 상태가 되었다고 장담하기에는 우려되는 사항이 많다. 한국은 항공법규에 FAA나 EASA에서 적용하고 있는 다양한 휴식기준을 적용하지 않고 있다. 시차, 홈베이스 여부, 비행근무시간 등에 따라 휴식시간을 차별화하는 것이 필요하다.

---

88) 일반적으로 초장거리 운항(Ultra long range operations, ULR)은 계획된 비행시간이 16시간 초과한 비행이나 비행근무시간이 18시간을 초과하는 장거리 비행을 말함.

여섯째, 승무원의 피로관리 책임 및 기장의 피로 이상 유무 확인 등과 관련하여 ICAO, FAA, EASA에서 고려하고 있는 휴식 지침을 긍정적으로 검토 및 반영하고 교육훈련을 강화하는 것이 필요하다.

7.6 근무시간 제한 완화

근무시간(Duty period) 제한은 2009년 ICAO SARPs 개정에 따라 추가된 것이다. 일반적으로 근무시간은 비행근무시간에 비임무 이동, 교육 및 행정근무시간 등을 포함한 것을 의미하는 바, 근무시간 제한과 관련하여 FAA의 기준을 도입할 경우에는 FAR 117에서 정한 비행근무시간 제한에 일정시간을 더하여 근무시간 제한으로 정해야 한다. 따라서 현행 항공법시행규칙에서 정한 근무시간 제한은 재고의 여지가 있다. 즉, 항공법시행규칙에 정한 근무시간 제한(60시간/7일, 190시간/28일)은 FAR 117에서 정한 비행근무시간 제한과 같은 시간인바, 국내 근무시간 제한을 좀 더 완화할 필요가 있다.

피로관리 기준은 다양하고 복잡하여 FAA와 EASA 간에도 피로관리 기준상에 다소 차이가 있고 항공기 운항에 직접적인 영향이 있다. 따라서 한국이 FAA나 EASA의 기준을 국내 기준으로 반영할 경우는 양쪽을 취사선택할 것이 아니라 큰 틀에서 어느 한쪽을 반영하는 것이 바람직하다고 본다. 예를 들어 FAA는 "7일에 60시간, 28일에 190시간"을 최대 비행근무시간 제한으로 규정하고 있는 반면에 EASA와 한국은 이 시간을 최대 비행근무시간이 아닌 최대 근무시간으로 규정하고 있다. 이는 한국의 기준이 EASA와 같은 기준으로 볼 수도 있지만 EASA의 경우 1일 제한 시 비행시간을 제한하지 않으나 한국은 미국과 같이 비행시간도 제한하고 있기 때문에 한국의 기준이 FAA나 EASA의 기준에 비하여 강화된 기준을 적용하고 있는 것이다. 따라서 FAA나 EASA와 동급의 피로관리 수준을 적용하기 위해서는 다음과 같이 규정하는 것이 타당하다고 본다.

- "7일에 60시간, 28일에 190시간"을 근무시간 제한으로 규정할 경우에는 1일 비행 시 비행근무시간만 제한하고 비행시간 제한은 삭제한다.
- "7일에 60시간, 28일에 190시간"을 비행근무시간 제한으로 규정할 경우에는 1일 비행 시 비행시간과 비행근무시간을 모두 제한하여 규정한다.

7.7 예측하지 못한 운항 상황

예측하지 못한 운항 상황(UOC: Unforeseen operational circumstance)이란 예측하지 못한 기상, 장비고장, 또는 항공교통지연 등으로 스케줄을 조정하기에 시간이 부족한 상황을 일컫는바, 해당 편에 대하여 적용기준을 완화해야 하며, 동시에 제한 적용 및 남용 방지를 위해 일정기간 동안 횟수 제한 및 상황 종료 후의 충분한 휴식 보장 등을 고려해야 한다.

예측하지 못한 운항 상황 발생 시 비행근무시간 연장과 관련하여 가장 중요한 논점 중의 하나는 비행근무시간 연장을 언제 발생한 UOC부터 적용할 것인가에 대한 것이다. 일부는 이륙 이후에 발생한 상황으로 한정하고자 하는 경우도 있으나, 이륙 후에 발생한 상황에 대하여 적용하는 것은 당연한 것이고, 이륙 전에 발생한 상황에 대해서도 적용할 수 있음을 명확히 하여야 한다. 이는 실질적이고 효율적인 대처방법을 규율하고 있는 것으로 ICAO, FAA, EASA 모두 출두시점부터 적용 가능하도록 규정하고 있다.

ICAO는 예측하지 못한 운항 상황 발생 시 일정시간 비행근무시간을 연장할 수 있는 것으로 규정하고 있으며 비행근무시간 연장을 항공기 출발 이후나 항공기 이륙 이후로 한정하고 있지 않다. 즉 시카고협약 부속서 6 attachment에서 정한 가이드라인은 비행근무시간이 시작되는 출두시각부터 적용 가능한 것으로 해석하는 것이 타당하다.[89]

FAA는 이륙 전에 발생한 예측하지 못한 운항 상황 발생 시 비행근무시간을 2시간 연장할 수 있도록 규정하고 있으며, 이륙 전의 경우 항공기 출발 이후로 한정하지 않는다. 즉, 비행근무시간의 시작 시점인 출두시각부터 적용 가능함을 의미하는 것이다.[90]

EASA는 출두시각 이후 예측하지 못한 운항 상황이 발생한 경우, 3명 이상의 조종사로 편성한 경우에는 3시간(2명 조종사로 편성한 경우는 2시간)까지 비행근무시간 연장이 가능하도록 규정하고 있다. 아울러 예측하지 못한 운항 상황 발생 시 비행근무시간 이후의 휴식기간을 단축할 수 있는 요건과 함께 피로와 관련된 승무원의 자의적인 판단에 대해서도 규정하고 있다.[91]

사전에 예측하지 못한 운항 상황에 대한 조치는 승무원의 피로관리를 통한 안전운항과 운항의 효율성을 모두 중요하게 다루고 있는 것이므로, 안전(safety)과 효율(effectiveness) 측면에서 균형 잡힌 기준을 수립하여 엄격하면서도 유연하게 적용하도록 하여야 한다. 예측하지 못한 운항 상황에 대해서는 한국도 긍정적인 검토를 통하여 보다 구체적인 법규 반영이 필요하다.

7.8 기내 휴식시설

기내 휴식시설(Rest facility)은 승무원에게 기내에서 수면기회를 제공하는 곳으로 벙커(Bunk)나 좌석

---

89) 시카고협약 부속서 6 Attachment A. Guidance Material for Development of Prescriptive Fatigue Management Regulations. 4.7.3.4.

90) FAR Part 117.19.

91) Commission Regulation(EU)83/2014, ORO FTL 205.

(Seat)이 제공될 수 있으며, 기내 휴식시설 등급에 따라 최대 비행근무시간이 다르게 적용하도록 하여야 한다.

ICAO는 기내휴식시설 등급에 따라 비행근무시간을 다르게 규정할 수 있다고 명시하면서 기내휴식시설에 대한 구체적인 기준을 규정하고 있지 않지만, FAA 및 EASA는 기내 휴식시설 등급에 따른 최대 비행근무시간을 차별하여 구체적으로 규정하고 있다.

한국은 아직 기내휴식시설 등급에 따라 최대 비행근무시간을 다르게 적용하는 기준도 없으며, 기내 휴식시설의 등급에 대해서도 구체적인 기준이 마련되어 있지 않다. 따라서 휴식의 품질이 휴식시설의 수준에 따라 다르다는 것을 인식하고 ICAO, FAA 및 EASA의 기준을 고려하여 국내 항공법규에도 기내휴식시설에 대한 기준을 마련하는 것이 필요하다.

7.9 분리임무

분리근무(split duty)는 2구간 이상으로 구성된 노선에서 중간 경유지 등의 휴식시설에서 일정시간의 휴식(break) 기회를 부여한 후 비행임무를 수행하는 형태이며, 중간 경유지에서 일정 조건을 충족하는 휴식기회를 부여한 경우 최대 3시간까지 비행근무시간을 연장할 수 있다.

FAA는 2구간 이상으로 구성된 노선의 중간 경유지에서 사전 계획하에 22:00~05:00 사이에 3시간 이상 지상휴식기회 부여한 경우 비행근무시간을 연장할 수 있다고 규정하고 있다. 또한 EASA는 2구간 이상으로 구성된 노선의 중간 경유지에서 일정조건을 충족하는 지상휴식기회를 3시간 이상 부여한 경우 정해진 비행근무시간을 연장할 수 있으며, 비행근무시간은 지상휴식기회 부여시간의 50%까지 연장 가능하다.

반면에 한국은 분리근무와 관련하여 아직 항공법규에 구체적인 기준을 규정하고 있는 사항이 없는 바, 분리근무 시 경유지에서 일정 조건을 충족하는 휴식기회를 부여하는 경우 해당 휴식기회 부여시간은 비행근무시간 제한에 포함하지 않을 수 있음을 항공법규에 반영하는 것이 필요하다.

7.10 비임무 이동

ICAO SARPs에 의하면 비임무 이동(Positioning, Deadhead)은 비행시간(flight time)과 구별되며 비임무 이동시간은 비행시간에 포함되는 것이 아니라 근무시간에 포함된다. 따라서 비임무 이동시간을 비행시간 제한에 포함할 수 있는 것이 아니며, 이는 기본적으로 ICAO SARPs 이행 준수에 반할 뿐 아니라 적용상 혼선을 야기하게 된다. 피로관리를 위하여 비임무 이동시간을 제한하는 것은 합당하다고 볼 수 있다. 그러나 이 경우 "비임무 이동시간을 포함한 근무시간을 최대 얼마까지로 제한한다"라고 규정하여 적용해야 한다. 아울러 비임무 이동과 관련하여 다음의 원칙이 반영되고 고수되어야 한다.

- 모든 비임무 이동시간은 근무시간에 포함된다. 다만, 요구되는 최소 휴식시간 없이 비행구간 전 또는 비행구간 사이의 비임무 이동시간은 비행근무시간에 포함된다. 당연히 비행임무 후 비임무 이동시간은 비행근무시간에 포함되지 않는다.
- 비임무 이동 시간 및 비임무 이동 횟수는 비행시간 제한 및 비행횟수 제한에 포함하여 산정하지 않는다.

7.11 대기

운항기술기준에 따르면 '대기(standby)'는 '근무(duty)'에 포함되며 '근무(duty)'는 피로를 야기하는 비행근무, 행정업무, 훈련, 비임무 이동, 대기를 의미하므로, 동 '대기(standby)'도 피로를 야기하는 대기로 국한될 것이나, 정작, '대기(standby)'의 정의에는 이 부분이 누락되어 '휴식시간 침해 없이 운영자가 승무원에게 특정 임무 부여가 가능하도록 정한 기간'으로만 규정하고 있어, 동 '대기(standby)'에 대하여 구체적인 의미 및 범위의 확정이 필요하며 다음과 같은 기준이 준수되어야 한다.

- 대기는 일반적으로 집대기(home standby)와 공항대기(airport standby)로 구분할 수 있으며, 요구되는 휴식시간 침해 없이 대기임무를 부여해야 한다.
- 피로 요인을 고려하여 공항대기시간은 근무시간에 포함되어야 하며, 숙박시설이 제공되지 않은 비행임무 전 공항대기시간에 대해서는 근무시간은 물론 비행근무시간에 포함되어야 한다.

7.12 이해 관계자의 상호 협조 및 교육훈련 강화

한국의 경우 승무원의 피로관리기준 관련하여 합리적인 기준이 정착되기 위해서는 아직도 해결해야 할 문제들이 산적해 있다. 이에 대한 문제 해결을 위해서는 피로관리에 대한 이해관계자들의 상호 이해 및 협조가 불가피하다. 합리적인 피로관리 기준 수립 및 이행방법에 있어 가장 중요한 요소는 모든 관계자들의 협조체계 구축이다. 항공당국은 법규 제정 및 관리 감독을 수행함에 있어 법규 제정자나 감독관이 아닌 전문가적 조언자나 파트너로 전환해야 하며, 운영자는 다양한 피로요인 관리 필요성을 인식하고 적용해야 하며, 승무원은 피로에 대하여 책임감을 가지고 피로관리를 해야 한다. 법규 제정자, 전문가, 과학자, 운영자, 승무원 등이 함께 머리를 맞대고 지속적으로 노력해야 하며, 노사 간에는 상호 신뢰를 바탕으로 상호 간 실질적인 개선이 이루어지도록 해야 한다.

아울러 피로관리에 대한 교육훈련 강화가 필요하며 승무원 관리자 및 관련자에게 피로관리에 대한 교육훈련을 강화해야 한다. 피로관리에 대한 교육훈련은 승무원 및 관계자들에게 피로관리의 중요성을 증진시킬 것이다. 피로관리를 고려한 스케줄 생성 및 건강한 피로관리는 피로로 인한 성능저하 및 휴먼에러를 방지하고 피로위험을 완화하는 데 기여할 것이며, 그 결과 항공기 사고를 줄이는 효과를 가져올 것이다.

제5장

특수운항

일반적으로 특수운항(Specialized Operations)이란 기본적으로 행하는 운항과 달리 별도로 특정 조건을 충족하여 수행하는 운항을 말하며, 이와 같이 특정 조건을 충족해야 하는 특수운항을 수행하고자 하는 자는 항공당국으로부터 사전에 인가를 받아야 하며 합당한 자격이 있어야 한다. 따라서 항공당국으로부터 인가받은 특수운항을 위한 훈련을 이수하지 못한 자는 해당 운항을 위한 운항승무원의 임무를 수행할 수 없으며, 운항증명소지자 등과 같은 항공기 운용자는 유효한 자격이 없는 자에게 해당 임무를 부여하여서는 아니 된다.

이와 같은 요건 충족이 필요한 대표적인 특수운항에는 저 시정 운항(Low visibility operations) 회항시간 연장운항(EDTO), 수직분리축소(RVSM)공역운항, 성능기반항행(PBN)공역운항, 북극항공로 운항(North Polar Operations) 등이 있다.

각각의 특수운항에 대한 운항인가 및 적용을 위해서는 일반적으로 각각의 특수운항에 합당한 항공기・장비요건 충족, 감항・정비요건 충족, 운항절차 수립, 그리고 조종사 등 항공종사자에 대한 훈련요건 충족이 선행되어야 한다.

1. 저 시정 운항

1.1 제2종 및 제3종 정밀접근

제2종 및 제3종(CAT-II/III) 정밀접근은 CAT I 기상최저치 미만에서 적용할 수 있는 정밀접근절차를 의미하는 것으로, 기상조건이 좋지 않은 저 시정 운항(LVO: Low Visibility Operations) 상태에서도 착륙이 가능함에 따라 항공기 운항상 매우 중요한 의미를 가진다.

계기접근절차(Instrument Approach Procedure)를 이용한 접근 및 착륙은 ① 비정밀접근절차(Non-precision approach and landing operations), ② 수직유도정보에 의한 접근절차(Approach and landing operations with vertical guidance), ③ 정밀접근절차(Precision approach and landing operations)로 구분하며, 정밀접근절차는 CAT I/II/III로 구분한다.[1] 이와 관련하여 계기접근운영 및 CAT I/II/III에 대한 정의는 다음과 같다.

- 계기접근운영(Instrument approach operations): 계기접근절차에 근거한 항법유도(Navigation Guidance)계기를 사용하는 접근 및 착륙을 말한다. 계기접근운영은 두 가지 방법이 있다. 하나는 2차원(2D) 계기접근운영으로 오식 수평유도항법을 이용하는 것이고, 다른 하나는 3차원(3D) 계기접근운영으로 수평 및 수직유도항법을 이용한다.[2]
- Category-I(CAT-I): 결심고도가 60m(200ft) 이상이고 시정(visibility)이 800m 이상 또는 활주로가시범위(RVR)가 550m 이상의 기상조건하에서 실시하는 계기접근방식(a decision height not lower than 60m(200ft) and with either a visibility not less than 800m or a runway visual range not less than 550m).
- Category-II(CAT-II): 결심고도가 30m(100ft) 이상, 60m(200ft) 미만이고, 활주로 가시범위 300m(1,200ft) 이상 550m 미만의 기상조건 하에서 실시하는 계기접근 방식(a decision height lower than 60m(200ft) but not lower than 30m(100ft) and a runway visual range not less than 300m).
- Category-IIIa(CAT-IIIa): 결심고도가 없거나 30m(100ft) 미만이고, 활주로 가시범위 175m(600ft) 이상의 기상조건 하에서 실시하는 계기접근 방식(a decision height lower than 30m(100ft) or no decision height and a runway visual range not less than 175m).
- Category-IIIb(CAT-IIIb): 결심고도가 없거나 15m(50ft) 미만이고, 활주로 가시범위 50m(150ft) 이상이고 175m 미만인 기상조건 하에서 실시하는 계기접근 방식(a decision height lower than 15m(50ft) or no decision height and a runway visual range less than 175m but not less than 50m).
- Category-IIIc(CAT-IIIc): 결심고도가 없고 활주로가시범위 제한이 없는 기상조건하에서 실시하는 계기접근 방식(no decision height and no runway visual range limitations).

CAT II/III 운항에 대한 기준은 시카고협약 부속서 6 항공기운항(Operation of Aircraft) 및 국내 항공법규에 규정하고 있다.[3] 한국의 경우 CAT II/III을 운항하고자 하는 항공사는 항공법시행규칙에 의거 국토교통부장관으로부터 운영기준에 CAT II/III 운항인가를 받아야 한다. 한편 이와는 별도로 국토교통부 예규인 '정밀접근계기비행 운용지침'에 의거 지방항공청장에게 저 시정 운항승인을 받아야 한다. 이는 국내 운영기준이 도입되기 전에 행하던 제도가 완벽하게 통폐합되지 않은 것으로 보이며, 이로 인해 비효율적으로 이중 인가행위가 이루어지고 있는바, 운영기준을 주관하는 부처에서 저 시정 운항

---

1) 시카고협약 부속서 6, Chapter 1 Definitions.
  ① 비정밀접근절차: 2D 계기접근 운영 Type A를 위해 설계된 계기접근절차(Non-precision approach and landing operations. An instrument approach and landing which utilizes lateral guidance but does not utilize vertical guidance).
  ② 수직유도정보에 의한 접근절차: 3D 계기접근 운영 Type A를 위해 설계된 성능기반항행(PBN) 계기접근 절차(Approach and landing operations with vertical guidance. An instrument approach and landing which utilizes lateral and vertical guidance but does not meet the requirements established for precision approach and landing operations).
  ③ 정밀접근절차: 3D 계기접근절차 운영 Type A 또는 B를 위해 설계되고 항행시스템(ILS, MLS, GLS and SBAS Cat I)에 기반을 둔 계기접근절차(Precision approach and landing operations. An instrument approach and landing using precision lateral and vertical guidance with minima as determined by the category of operation).
2) 수평 및 수직 유도항법은 다음과 같은 시설, 장비 등에 의해 제공된다.
  ① 지상에 설치된 항행안전시설 또는
  ② 지상기반, 위성기반, 자체항법장비 또는 이들은 혼합하여 컴퓨터가 생성한 항행데이터.
3) 시카고협약 부속서 6, Part 1, 7.2. 항공법 제69조의 3. 국토부 고시인 운항기술기준, 국토부 예규인 정밀접근계기비행 운용지침.

인가를 일괄적으로 관장하는 것이 바람직하다.

일반적으로 CAT II/III 정밀계기접근을 위해서는 CAT II/III 운영에 필요한 지상 장비와 항공기 탑재 장비가 장착되고 정상적으로 작동되어야 하며, 조종사는 적합한 자격이 있어야 하고 제반 운항제한 사항을 준수해야 한다.

CAT II/III 운항 요건 및 인가와 관련하여 항공법규에서 규정하고 있는 주요 내용은 다음과 같다.

항공법시행규칙 제186조(계기 접근 및 출발 절차 등) - 2015.7.1. 현재
① 계기비행의 절차는 다음 각 호와 같이 구분한다.
  1. 비정밀접근절차: 전자적인 활공각(滑空角) 정보를 이용하지 아니하고 활주로방위각 정보를 이용하는 계기접근절차로서 최저강하고도(Minimum Descent Altitude/MDA: 비정밀접근절차별, 기장별 또는 항공기별로 인가된 강하고도 중 가장 높은 고도를 말한다. 이하 같다) 또는 결심고도(Decision Height/DH: 접근절차별, 기장별 또는 항공기별로 인가된 결심고도 중 가장 높은 고도를 말한다. 이하 같다)가 75미터(250피트) 이상으로 설계된 계기접근절차
  2. 정밀접근절차: 계기착륙시설(Instrument Landing System/ILS, Microwave Landing System/MLS, GPS Landing System/GLS) 또는 위성항법시설(Satellite Based Augmentation System/SBAS Cat I)을 기반으로 하여 활주로방위각 및 활공각 정보를 이용하는 계기접근절차
  3. 수직유도정보에 의한 계기접근절차: 활공각 및 활주로방위각 정보를 제공하며, 최저강하고도 또는 결심고도가 75미터(250피트) 이상으로 설계된 성능기반항행(Performance Based Navigation/PBN) 계기접근절차
  4. 표준계기도착절차: 항공로에서 제1호부터 제3호까지의 규정에 따른 계기접근절차로 연결하는 계기도착절차
  5. 표준계기출발절차: 비행장을 출발하여 항공로를 비행할 수 있도록 연결하는 계기출발절차
② 제1항 제1호부터 제3호까지의 규정에 따른 계기접근절차는 결심고도와 시정 또는 활주로가시범위(Visibility or Runway Visual Range/RVR)에 따라 다음과 같이 구분한다.

종류		결심고도 (Decision Height/DH)	시정 또는 활주로 가시범위 (Visibility or Runway Visual Range/RVR)
A형(Type A)		75미터(250피트) 이상 * 결심고도가 없는 경우 최저강하고도를 적용	해당사항 없음
B형 (Type B)	1종 (Category I)	60미터(200피트) 이상 75미터(250피트) 미만	시정 800미터(1/2마일) 또는 RVR 550미터 이상
	2종 (Category II)	30미터(100피트) 이상 60미터(200피트) 미만	RVR 300미터 이상 550미터 미만
	3종 (Category III-A)	30미터(100피트) 미만 또는 적용하지 아니함(No DH)	RVR 175미터 이상 300미터 미만
	3종 (Category III-B)	15미터(50피트) 미만 또는 적용하지 아니함(No DH)	RVR 50미터 이상 175미터 미만
	3종 (Category III-C)	적용하지 아니함(No DH)	적용하지 아니함(No RVR)

③ 제2항의 표 중 종류별 구분은 「국제민간항공조약」 부속서 14에서 정하는 바에 따른다.

항공법시행규칙 제186조의5(계기비행방식 등에 의한 비행·접근·착륙 및 이륙) -2015.7.1. 현재
① (생략)
② 조종사는 비행시정이 착륙하려는 비행장의 계기접근절차에 규정된 시정 미만인 경우에는 착륙해서
   는 아니 된다. 다만, 법 제2조의3제1항에 따른 군용항공기와 같은 조 제3항에 따른 미합중국이 사용
   하는 항공기는 그러하지 아니하다.
③ 조종사는 해당 민간비행장에서 정한 최저이륙기상치 이상인 경우에만 이륙하여야 한다. 다만, 국토
   교통부장관의 허가를 받은 경우에는 그러하지 아니하다.
(이하 생략)

항공법시행규칙 제189조(정밀접근 운용계획 승인신청) - 2015.7.1. 현재
① 제186조제2항에 따른 제2종 또는 제3종의 정밀접근방식으로 해당 종류의 정밀접근시설을 갖춘 활주
   로에 착륙하려는 자는 다음 각 호의 사항을 적은 정밀접근 운용계획 승인신청서를 지방항공청장에
   게 제출하여야 한다.
(중략)
③ 제1항에 따른 제2종 및 제3종 정밀접근 운용계획 승인에 관한 절차는 국토교통부장관이 정한다.

2. 회항시간 연장운항

'회항시간 연장운항(EDTO: extended diversion time operations)'이란 쌍발 이상의 터빈엔진 비행기[4] 운항 시, 항로상 교체공항까지의 회항시간(diversion time)[5]이 국가가 수립한 기준시간(threshold time)[6]을 초과하여 운항하고자 하는 경우에 적용하는 운항을 말하며, 이를 적용하기 위해서는 항공당국의 승인이 필요하다. EDTO는 종전 쌍발 터빈 엔진 비행기에만 적용하던 '쌍발비행기 연장운항(ETOP: extended range operations by turbine-engined aeroplanes)'을 용어 변경과 함께 쌍발 터빈 엔진 이상 비행기로 그 적용 범위를 확대한 것이다. ICAO는 2012년에 ETOP을 EDTO로 용어를 변경하면서 적용 대상 항공기를 쌍발 비행기에서 쌍발 이상의 비행기로 확대하였으며, 이에 따라 한국도 관련 법규에 반영하여 적용하고 있다.

---

4) 시카고협약 부속서 6에서는 별도로 제한하고 있는 기준은 없으나, 국가에 따라서는 최대인가승객 좌석수가 20석 이상이거나 최대이륙중량이 45,360킬로그램 이상인 비행기로 적용 범위를 한정하기도 함.

5) "회항시간(diversion time)"이란 항로상의 한 지점으로부터 항로상 교체공항까지 시간으로 표시되는 허용거리를 말하며, "최대회항시간(Maximum diversion time)"이란 항로상의 한 지점으로부터 항로상 교체공항까지 시간으로 표시되는 최대허용거리를 말한다.

6) "기준시간(Threshold time)"이란 항로상 교체공항까지의 거리를 운영국가가 설정한 시간으로 표시된 거리를 말하며, 이 시간을 벗어나 운항하고자 하는 경우 운영국가로 부터의 EDTO 승인을 받아야 함.

2.1 ICAO 미국 유럽의 회항시간 연장운항

2.1.1 ICAO의 회항시간 연장운항

ICAO는 EDTO에 대한 기준을 시카고협약 부속서 6 항공기운항(Operation of Aircraft) Part 1, 제4장 (flight operations) 및 별첨 D[7])에 규정하고 있다. 본 부속서는 2012년에 쌍발비행기운항(ETOP)을 EDTO로 용어를 변경하고 적용대상 비행기를 쌍발 터빈엔진 비행기에서 쌍발이상 터빈엔진비행기로 그 적용범위를 확대하였다. ICAO에서 규정하고 있는 EDTO의 발전단계는 다음과 같다.

- ETOP 도입: 쌍발 터빈엔진 비행기에 운항 시 ETOP 적용함.[8]
- ETOP 운항 시 항로상 교체공항 요건 추가: ETOP 운항 시 항로상 교체공항이 있어야 함을 추가함.[9]
- EDTO 개념으로 전환: ETOP을 EDTO로 개념을 전환하고 쌍발 터빈엔진 비행기 이외에 3발 4발 터빈엔진 비행기도 EDTO를 적용함.[10]

ICAO에서 규정하고 있는 EDTO에 대한 주요 적용기준은 다음과 같다.

첫째, 항로상 교체공항까지의 회항시간(diversion time)이 국가가 수립한 기준시간(threshold time)을 초과하여 운항하고자 할 경우에 국가로부터 승인받아 적용하며, 비행기 형식별 기준시간은 다음 기준을 고려하여 국가가 설정하여야 한다.

- 항로상 교체공항까지의 회항시간이 국가가 수립한 기준시간을 초과하여 운항하고자 할 경우에 국가로부터 승인받아 적용하며, 비행기 형식별 기준시간은 다음 기준을 고려하여 국가가 설정 하여야 한다.

  ① 쌍발 터빈엔진 비행기: 1개 엔진 부 작동 시 순항속도(무풍, 표준 대기상태)로 항로상 한 지점 으로부터 항로상 교체공항까지의 시간

  ② 다발(3발 이상) 터빈엔진 비행기: 모든 엔진 작동 시 순항속도(무풍, 표준 대기상태)로 항로상 한 지점으로부터 항로상 교체공항까지의 시간

둘째, 항로상 지점에서 항로상 교체공항(ERA: en-route alternate aerodrome)까지 60분을 초과하여 터빈 엔진 비행기를 운항하고자 할 경우 공통적으로 준수해야 할 주요 요건은 다음과 같다.[11]

---

7) 시카고협약 부속서 6 Part 1 Attachment D. Guidance for operations by turbine-engined aeroplanes beyond 60 minutes to an en-route alternate aerodrome including extended diversion time operations(EDTO).

8) 시카고협약 부속서 6 Part 1, Amendment 21th, 1995.11.9. 적용.

9) 시카고협약 부속서 6 Part 1, Amendment 23th, 1998.11.5. 적용.

10) 시카고협약 부속서 6 Part 1, Amendment 36th, 2012.11.15. 적용. 주요 개정사항은 ETOP에서 EDTO로 명칭 변경 및 3 엔진 이상 비행기도 EDTO 적용, 항로상 교체공항 요건 및 절차 강화.

11) 시카고협약 부속서 6 Part 1, 4.7.1.

- ERA 정보와 해당 ERA의 운항 상태 및 기상 조건을 포함한 최신 정보가 운항승무원에게 제공되어야 한다.
- 쌍발 터빈엔진 비행기를 운항하기 위해서는 EDTO ERA로 선정된 공항의 예상운항시간대의 운항을 위하여 기상 조건이 운영자에 의해 설정된 운항 최저치 이상이어야 한다.
- 항공운송사업자는 항공운송사업을 위한 전반적인 항공안전수준을 담보하기 위해 적합한 운항통제, 운항관리절차, 운영절차 및 훈련프로그램을 유지해야 한다.

셋째, EDTO 하에 터빈엔진 비행기를 운항하고자 하는 경우 추가적으로 준수해야 할 주요 요건은 다음과 같다.[12]

- EDTO 인가를 득하지 못한 비행기로 운항하는 경우 운영자는 항로상의 착륙가능비행장으로부터 기준시간 이내의 지점을 벗어나서 운항하여서는 아니 되며, 항공당국에 EDTO를 인가받음으로써 연장운항이 가능하다.
- 항로상의 한 지점으로부터 ERA까지의 회항시간이 항공당국이 설정하여 인가한 기준시간을 초과하지 말아야 한다. 이 경우 항로상 한 지점에서 ERA까지의 회항시간 조건은 쌍발터빈엔진 비행기[13]는 1개의 엔진이 부 작동된 상태의 순항속도를 기준으로 하고, 삼발 이상의 터빈엔진 비행기는 모든 엔진이 작동된 상태의 순항속도를 기준으로 한다.
- EDTO에 사용되는 항공기 형식별 최대회항시간은 항공당국에 의해 인가받아야 한다. 최대 회항시간은 특별히 안전위험평가를 통하여 동일한 안전수준으로 입증된 경우가 아닌 한 비행교범 (Airplane Flight Manual: AFM)에 명시된 EDTO 중요시스템 제한치를 초과하여 설정되지 않아야 한다.
- 항로상 한 지점에서 EDTO ERA까지 운항하는 데 필요한 충분한 EDTO 임계연료를 탑재해야 하며, EDTO 임계연료에는 엔진 고장, 여압장치 고장 또는 엔진과 여압장치가 동시에 고장인 경우 등을 고려하여야 하며 필요 시 추가연료를 탑재하여야 한다.
- EDTO ERA로 선정된 공항의 예상운항시간대의 기상조건이 최소한 운항 최저 기상치 이상이어야 한다.
- EDTO ERA가 선정되어야 하며, EDTO ERA는 비행기 성능 요건을 충족하고 운영이 가능해야 하며 필요한 서비스 및 시설 제공이 가능해야 한다. 예상운항시간대의 기상조건은 운항 최저 기상치 이상이어야 한다.
- 예상운항시간대에 EDTO ERA의 기상조건이 운항 최저 기상치 이상이 아닐 경우 기준시간을 초

---

12) 시카고협약 부속서 6 Part 1, 4.7.2.

13) 시카고협약 부속서 6에서는 좌석 수 또는 무게로 제한하고 있는 기준은 없으나 국가에 따라서는 최대인가승객 좌석수가 20석 이상인 비행기, 최대이륙중량이 45,360킬로그램 이상인 비행기로 적용 범위를 한정함.

과하여 운항해서는 안되며, 예상운항시간대에 안전한 접근 및 착륙이 불가능할 경우 대체방안이 수립되어야 한다.

- 쌍발터빈엔진 비행기에 대하여 최대회항시간을 승인할 때, 운영 국가는 감항성과 관련한 종합적인 안전수준 확보를 위한 조치가 취해졌음을 확인해야 하며 해당 비행기에 대한 EDTO 운항에 필요한 감항성과 정비 및 신뢰성 프로그램을 확인해야 한다.
- 운영국가는 항공운송사업자에 대하여 EDTO 인가 시, 항공운송사업자의 운영기준에 항공기 형식별 기준시간과 최대회항시간을 EDTO 인가현황과 함께 명시하여 교부한다.
- 이륙교체공항의 선정이 요구되나, 요구되는 비행시간 이내에 이륙교체공항이 없는 경우 승인된 최대회항시간 이내에 위치한 공항을 이륙교체공항으로 운영할 수 있다.

넷째, EDTO을 위한 항로상 교체공항(EDTO ERA) 요건은 다음과 같다.

- EDTO을 실시할 경우 비행계획서 상에 EDTO ERA가 명시되어야 하고 기장은 이를 확인하여야 한다.
- EDTO ERA 선정 시의 해당 공항 기상조건은 항공기 출발예정시간을 기준으로 가장 빠른 착륙예정시간의 1시간 전부터 가장 늦은 착륙예정시간의 1시간 후까지의 사이에 다음 각 호의 1의 표준 최저 기상치[14] 또는 운항증명소지자가 운영기준으로 인가받은 교체공항 기상최저치 이상이어야 한다.

다섯째, EDTO 운항 시, 쌍발 터빈엔진 비행기와 3발/4발 터빈엔진 비행기에 적용하는 EDTO 기준 중 서로 상이한 주요 기준은 다음과 같다.

- 쌍발 터빈엔진비행기의 경우는 한 개 엔진이 부작동하면, 기장은 안전한 착륙이 가능한 가장 가까운 항로상 교체공항으로 착륙해야 하나, 3발/4발 터빈엔진 비행기의 경우, 한 개 엔진이 부작동하더라도 기장이 안전하다고 판단할 경우에는 가장 가까운 항로상 교체공항을 지나서 계속 운항할 수 있다. 이러한 결정을 할 때, 기장은 모든 관련 요소들을 고려해야 한다.
- 쌍발 터빈엔진 비행기는 EDTO 운항을 위해 추가적인 감항성 요건과 정비프로그램이 요구되나, 3발/4발 터빈엔진 비행기는 EDTO 운항을 위해 별도로 추가적인 감항성 요건이나 정비프로그램이 요구되지 않는다.
- 쌍발 터빈엔진비행기의 경우 180분과 207분 EDTO는 과거 EDTO 운항경험을 고려하여 인가한다.

---

14) 1. 1개의 정밀접근절차(A Single Precision Approach)가 가능한 공항: 운고 600피트 및 시정 3,200미터 또는 당해 공항의 가장 낮은 최저 기상치에 운고 400피트 및 시정 1,600미터를 더한 것 중 높은 기상치.
2. 2개 이상의 정밀접근절차가 가능한 공항: 운고 400피트 및 시정 1,600미터 또는 당해 공항의 가장 낮은 최저 기상치에 운고 200피트 및 시정 800미터를 더한 것 중 높은 기상치.
3. 비정밀접근절차만 가능한 공항: 운고 800피트 및 시정 3,200미터 또는 당해 공항의 가장 낮은 최저 기상치에 운고 400피트 및 시정 1,600미터를 더한 것 중 높은 기상치.

120분 EDTO 승인을 위해서는 당해 기종으로 12개월간 연속 운용한 경험이 있어야 하고, 180분 EDTO 승인을 위해서는 당해 기종으로 120분 EDTO를 12개월간 연속 운용한 경험이 있어야 하며, 207분 EDTO 승인을 위해서는 당해 기종으로 현재 180분 EDTO 승인을 득한 경우에 한한다.

운영자가 EDTO를 항공당국으로부터 승인받기 위해서는 훈련프로그램 준수 및 연료관리 프로그램 등의 요건을 충족해야 하며, 일반직으로 쌍발 터빈엔진 비행기에 적용하는 EDTO에 대한 기준시간은 항로상 교체공항까지의 회항시간이 60을 초과하는 경우에 적용하며,15) 다발(3발 또는 4발) 터빈엔진 비행기에 적용하는 EDTO에 대한 기준시간은 120분 또는 180분을 적용한다.16)

---

15) 시카고협약 부속서 6, Part 1, Figure D-4. Generic EDTO graphical representation for aeroplanes with more than two turbine engines.

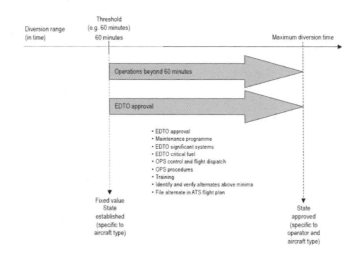

16) 시카고협약 부속서 6, Part 1, Figure D-4. Generic EDTO graphical representation for aeroplanes with more than two turbine engines.

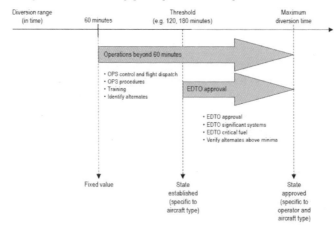

2.1.2 미국의 회항시간 연장운항

FAA는 쌍발 이상의 비행기(3발 이상 비행기중 화물기는 적용 제외)에 대하여 ETOP를 적용하고 있으며 용어는 "Extended Range Twin-engine Operations" 대신에 "Extended Operations"로 변경하여 사용하되 약어는 여전히 ETOP으로 사용하고 있다.

FAA는 ETOP에 대한 기준을 FAR Part 25, Part 121 및 Part 135 등에 규정하고 있다.[17] 미국은 항공기 엔진 제작기술의 발전과 신뢰성 향상으로 쌍발 비행기의 ETOP 운항의 발전을 이끌었으며 3발 이상 비행기(화물기 제외)에 대해서도 ICAO에서 도입하기 이전부터 그 적용 범위를 확대 하였다. ETOP 인가 필요 여부를 결정하는 항로상 한 지점에서 교체공항까지의 기준시간은 쌍발 비행기는 1엔진 고장 상태로 60분, 3발 엔진 이상 비행기는 1엔진 고장 상태로 180분을 적용하고 있다. 미국에서의 ETOP 발전단계별 주요 내용은 다음과 같다.

- 엔진 신뢰성 관련 60분 제한 기준('60-minute' rule) 채택:[18] 1953년 FAA는 비행기의 엔진이 고장날 수 있다는 가정 하에 엔진의 신뢰성을 60분으로 제한하는 기준을 채택하였다. 이로 인해 쌍발 비행기는 엔진 고장에 대비하여 60분 이내에 착륙할 수 있는 교체공항이 있어야 한다.

- 쌍발 비행기에 대한 ETOP 도입:[19] 1985년 비행기 엔진의 안전성 및 신뢰성 향상을 토대로 1엔진 고장 시 항로상 한 지점에서 적합한 교체공항까지 60분을 초과한 120분까지 운항할 수 있는 ETOP를 도입하였으며 점차 그 회항시간의 허용시간을 연장하였다. 최초의 ETOP 운항인가는 1985년 2월 1일 TWA 767-200 Boston-Paris/2986nm 구간이다. ETOP 적용은 지점 간 운항에 있어 우회항로를 직항항로로 변경 운항할 수 있게 됨으로써 연료비 절감 및 운항시간 단축 등 상당한 운영상 효용성을 높이는 계기가 되었다. 또한 3발 이상 비행기가 독점하던 운항노선을 엔진에 대한 신뢰 및 경제성을 바탕으로 쌍발 비행기가 전 세계 장거리 노선으로 운항을 확대하게 되었다.

- ETOP 최대 허용 회항시간 180분과 207분까지 연장:[20] 120분 ETOP의 안전운항 경험 및 신뢰성이 향상되고 태평양 노선 등에 대한 최대 회항시간 연장이 요구됨에 따라, 항로상 최대 허용 회

---

17) FAA, Advisory Circular 120-42B, Extended Operations(ETOP and Polar Operations), 2008.
   FAA, FAR 25.1535, ETOP Approval
   FAA, FAR 121.161, Airplane limitations: Type of route
   FAA, FAR 121.162, ETOP Type Design Approval Basis
   FAA, FAR 135.364, Maximum flying time outside the United States
   노건수 한국항공경영학회지 제9권 제4호 33
   FAA, FAR 121.633, Considering time-limited systems in planning ETOP alternates, 2011.

18) FAR 121.161, 1953.

19) FAA Advisory Circular 120-42, 1985.

20) FAA Advisory Circular 120-42A, 1988.

항시간을 1엔진 고장 시 120분에서 180분으로 연장하였다. 2000년에는 북태평양 지역에서 B777에 대하여 1엔진 고장 시 최대 207분까지 연장할 수 있도록 허용하였다.

- 북극지역(Polar) 운항절차 수립(2001): 북위 78도 이상의 Polar 운항 시 비행기 엔진 수에 상관없이 모든 비행기에 적용할 기준을 수립하였는데, 주요 요건으로는 ERA, 통신, MEL, 훈련 프로그램, 여객기에 대한 여객운송 정상화 계획(recovery plan) 등이 요구된다.

- 3발 이상 비행기(화물기 제외)도 ETOP 적용 확대:[21] 장거리운항이 증가되면서 3발 이상 비행기에 대한 ETOP 적용으로 확대되었다. 항공기술 발달로 운항거리 및 항공기 감항성이 향상되었지만, 운항 여건이 좋지 않은(가용 공항 부재, 극한 기상 조건 등) 장거리운항이 증가하고, 비행중 회항 원인이 단지 엔진고장에만 한정되지 않음을 인식하였다. 또한 180분을 초과하는 운항에서는 극한 지형과 기후, 제한적 항법 및 통신 시설 부재 등으로 엔진 수와 상관없이 모든 항공기에 안전제고 필요성과 함께 모든 장거리운항 비행기는 비행중 화재, 의료상의 비상사태, 치명적인 여압장치 고장 등의 경우에 회항공항으로 갈 수 있어야 한다는 문제의식이 대두되면서 쌍발 비행기 이외에 3발 이상의 비행기도 ETOP을 적용하는 것으로 그 적용 범위를 확대하였다. 3발 이상의 비행기가 항로상 한 지점에서 적합한 교체공항까지 180분을 초과하여 운항할 경우 ETOP 인가가 필요하다고 규정하였다. 다만 3발 이상의 비행기중 화물기에 대해서는 ETOP 적용을 면제하였다. 3발 이상 비행기에 대하여 ETOP 적용을 제외한 것은 지난 35년간의 안전운항경험을 인정하고 추가적인 과도한 비용부담 때문에 반발하는 항공사 및 제작사의 의견을 반영한 것이다. 결국 FAA는 3발 이상 비행기의 ETOP 요건에 쌍발비행기에는 적용하는 추가적인 정비프로그램 요건을 삭제하였으며, Polar 운항에 필요한 최소한의 요건은 별도로 충족하도록 규정하였다. 그러나 1엔진 고장 시 허용되는 최대 회항시간을 240분까지 연장하였으며, 남극노선의 경우 240분도 초과하여 운항할 수 있도록 규정하였다. 이와 같이 엔진 신뢰성 향상 및 운항요건 강화와 함께 최대 회항시간이 1엔진 고장 시 60분, 120분, 180분, 207분 240분으로 연장되었으며, 3발 이상의 비행기도 ETOP을 적용하게 됨으로써 용어를 "Extended Range Twin-engine Operations"에서 "Extended Operations"로 변경하였으며 약어는 여전히 ETOP으로 사용하고 있다.

- 쌍발 비행기의 부정기 또는 전세운항(Commuter or on-demand) 시에도 ETOP 적용:[22] 부정기 또는 전세운항 시에도 ETOP를 적용하며 기준시간은 1엔진 고장 시 최대 회항시간 180분을 적용한다. ETOP 운항을 위한 ETOP 교체공항은 기상요건이 충족되어야 하며, 비행중 교체공항의 지속적인 사

---

21) FAA Advisory Circular 120-42B, 2007.

22) FAR Part 135.364, 2008.

용가능성을 확인하여야 한다. 구조 및 소방등급과 관련하여 180분 이내 ETOP 교체공항은 ICAO 소방등급 4(Category 4) 이상이어야 하고, 180분을 초과하는 경우 추가로 ETOP 운항범위 내의 착륙가능공항 중 1개는 ICAO 소방등급 7(Category 7) 이상이 요구된다.

2.1.3 유럽의 회항시간 연장운항

EASA는 2015년 현재 쌍발 비행기에 한하여 ETOP를 적용하고 3발 이상의 항공기에 대해서는 적용하지 아니하고 있으나 조만간 반영이 예상된다. 인가 기준이 되는 기준시간도 다음과 같이 차별화하여 적용하고 있다.[23]

- 최대이륙중량이 45,360Kg 이상이거나 최대 승객 좌석 수가 20석 이상인 비행기의 기준시간 (threshold time)을 1엔진 고장 순항속도로 60분을 적용한다.[24]
- 최대이륙중량이 45,360Kg 미만이고 최대 승객 좌석 수가 19석 이하인 비행기의 기준시간 (threshold time)을 1엔진 고장 순항속도로 120분 또는 180분을 적용한다.[25]
- 3발 이상의 비행기에 대해서는 아직 적용하지 아니하고 있으며 조만간 관련 법규를 수립하여 적용이 예상된다.

2.2 한국의 회항시간 연장운항

한국은 시카고협약 부속서에서 규정한 SARPs 및 관련 지침에 따라 항공법 및 운항기술기준에 EDTO 기준을 반영하여 적용하고 있으며, 일부 ICAO SARPs 기준은 현실적으로 적용에 어려움이 있어 미국이나, 유럽에서 적용하고 있는 기준을 반영하여 예외적인 완화 기준을 적용히고 있다.[26]

항공운송사업용 비행기(화물만을 운송하는 3개 이상의 터빈발동기를 가진 비행기는 제외한다)가 항로상 한 지점에서 EDTO ERA까지 기준시간을 초과하여 운항할 경우 최대회항시간(2개의 발동기를 가진 비행기의 경우에는 1개의 발동기가 작동하지 아니할 때의 순항속도로, 3개 이상의 발동기를 가

---

23) Commission Regulation(EU) No 965/2012 (CAT.OP.MPA.140)
   AMC GM to Part CAT (Annex to ED Decision 2014/015/R) (AMC1CAT.OP.MPA.140. Maximum distance from an adequate aerodrome for two-engined aeroplanes without an ETOP approval).

24) AMC1CAT.OP.MPA.140.

25) AMC1CAT.OP.MPA.140. Maximum distance from an adequate aerodrome for two-engined aeroplanes without an ETOP approval.

26) 항공법 제69조의 2(회항시간 연장운항의 승인). 2014.11.29. 시행.
   항공법시행규칙 제204조의 2 (회항시간 연장운항의 승인), 2014.11.29. 시행.
   ETOP을 EDTO로 용어를 변경하고 EDTO 적용 대상 비행기를 종전 쌍발 터빈엔진 비행기에서 쌍발이상(쌍발, 3발, 4발) 터빈엔진 비행기로 적용범위를 확대함. 아울러, 화물만을 운송하는 3개 이상의 터빈발동기를 가진 비행기는 적용 제외함.

진 비행기의 경우에는 모든 발동기가 작동할 때의 순항속도로 가장 가까운 공항까지 비행하여 착륙할 수 있는 시간을 말한다)에 해당하는 기준시간을 항공당국에게 인가받아야 하며, 비행기의 엔진 개수별 기준시간은 다음과 같다.

- 쌍발비행기 1시간(60분). 다만, 최대인가승객 좌석 수가 20석 미만이며 최대이륙중량이 4만 5,360 킬로그램 미만인 비행기로서 전세운송에 사용되는 비행기의 경우에는 3시간(180분)으로 한다.
- 3발 이상 비행기는 3시간(180분)

한편 EDTO 운항과 관련하여, 이륙교체공항의 선정이 요구되나, 요구되는 비행시간 이내에 이륙교체공항이 없는 경우 승인된 최대회항시간 이내에 공항이 있을 경우 이를 이륙교체공항으로 운영할 수 있다.

2.3 착안사항

EDTO 적용 확대와 관련하여, 2엔진 비행기만 적용하던 기준을 2엔진 이상 비행기로 확대 적용하면서 안전 고려 측면과 불필요한 규제라는 측면이 함께 부각되었다. 이와 관련하여 주요 논점이 되었던 사항은 다음과 같다.

첫째, EDTO 인가 기준이 되는 기준시간에 대한 산정기준을 쌍발 터빈엔진 비행기는 1개 엔진 부작동 시 순항속도를 기준으로 하는 반면에 다발(3발 이상) 터빈엔진 비행기는 모든 엔진 작동 시 순항속도를 기준으로 한다는 것이다. 이는 엔진에 대한 신뢰도가 높아진 이유를 반영한 것으로 실질적으로 엔진 부작동의 염려가 거의 없고 다발 엔진의 경우 1개 엔진이 부작동되더라도 기준시간 내에 항로상교체공항까지 도달하는 데에 문제가 없기 때문이다.

둘째, 쌍발 터빈엔진 비행기는 EDTO 운항을 위해 추가적인 감항성 요건과 감항성 개조 및 정비프로그램이 요구되나, 3발 이상 다발 터빈엔진 비행기는 EDTO 운항을 위해 별도로 추가적인 감항성 요건이나 감항성 개조 및 정비프로그램이 요구되지 않는다. 이는 추가적인 감항성 요건이나 정비프로그램을 적용하지 않아도 무리가 없음을 인정한 것으로 불필요한 추가비용 발생을 방지하는 효과를 가져왔다.

셋째, 쌍발 터빈엔진비행기의 경우 180분, 207분 EDTO는 과거 EDTO 운항경험을 고려하여 인가한다. 120분 EDTO 승인을 위해서는 당해 기종으로 12개월간 연속 운용한 경험이 있어야 하고, 180분 EDTO 승인을 위해서는 당해 기종으로 120분 EDTO를 12개월간 연속 운용한 경험이 있어야 하며, 207분 EDTO 승인을 위해서는 당해 기종으로 180분 EDTO 승인을 득한 경우에 한한다. 이는 정부에서 수립한 기준을 일률적으로 동일하게 적용하지 말고 항공사의 경험을 고려하여 단계적으로 적용토록 함으로써 안전위험요인을 제거하기 위한 것이다.

넷째, EDTO ERA 선정 시의 해당 공항 기상조건은 항공기 출발예정시간을 기준으로 가장 빠른 착륙예정시간의 1시간 전부터 가장 늦은 착륙예정시간의 1시간 후까지의 사이에 인가받은 교체공항 기상최저치 이상이어야 한다. 이는 항로상 교체공항 적용 요건을 강화하여 EDTO 절차를 보강함으로써 안전을 증진하고자 하는 것이다.

다섯째, ICAO 기준이 마련된 경우라 할지라도 비행기 제작사가 EDTO 인증 요건을 충족하지 못하는 경우 완화된 기준 적용이 필요하다. ICAO는 EDTO를 적용함에 있어서 예외 규정을 두고 있지 않다. 그러나 특정 비행기의 경우 비행기 제작사가 EDTO 인증요건을 충족하지 못하는 경우가 있기 때문에 예외 없이 동일한 기준을 적용할 경우 현재 운항하는 노선을 우회하여 보다 긴 노선으로 운항할 수밖에 없다. 이런 불합리함 때문에 한국도 FAA나 EASA와 같이 예외적으로 완화기준을 적용하고 있다.

3. 수직분리축소공역운항

"수직분리축소(RVSM: Reduced Vertical Separation Minimum)공역운항"이란, 비행고도 29,000피트~41,000피트 사이의 고고도 공역에서 항공기 간의 수직안전거리간격을 2,000피트에서 1,000피트(300m)로 축소하여 적용함으로써 효율적인 공역 활용을 도모하고 공역수용능력을 증대시키는 진보된 공역운항 기법을 말한다.

RVSM공역운항에 대한 기준은 시카고협약 부속서 6 항공기운항(Operation of Aircraft) 및 국내 항공법규에 규정하고 있다.[27]

RVSM은 고고도 공역에서의 수직분리기준을 축소 적용함으로써 항공기가 운항할 수 있는 고도 층이 두 배로 증가되며, 이를 통해 공역수용능력 증대와 효율적인 공역활용 여건을 조성하고, 교통 혼잡 완화, 공중·지상에서의 항공기 운항지연 발생 감소, 항공기 연료소모율 절감 등의 효과가 있다. RVSM 이행을 위해서는 항공기 운항 및 감항분야 승인, 안전 및 공역감시분야 안전평가 수행, 항공교통관제 운영절차 수립 등이 필요하다. 또한 RVSM 공역을 운항하는 항공기는 고도를 유지하는 데 필요한 정밀한 장비를 장착하고 항공기 등록국가의 항공당국으로부터 RVSM공역운항을 위한 승인이 필요하다.

---

27) 시카고협약 부속서 6, Part 1, 7.2. 항공법 제69조의 3. 국토교통부 고시인 운항기술기준.

RVSM공역운항은 단일 국가별로 도입되는 것보다는 지역적으로 운영되어야 시너지 효과와 안전성이 높기 때문에 ICAO에서는 여러 국가를 지역단위로 그룹화하여 RVSM공역운항을 도입하도록 권고하고 있으며 ICAO는 RVSM 전담반을 구성·운영하여 해당국의 RVSM공역운항 도입시행을 위한 준비·이행상태 및 관련국간 협의 등을 수행하고 있으며 해당 국가에 대한 안전평가 결과 등을 종합적으로 고려하여 최종 시행여부를 결정하고 있다.

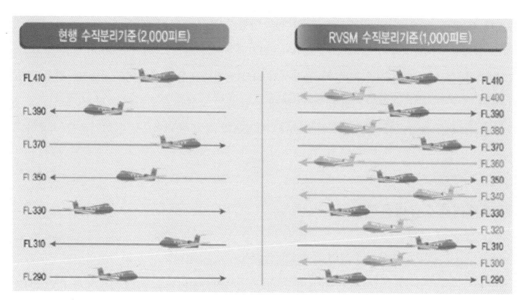

〈그림 9〉 RVSM 수직분리기준

3.1 수직분리축소공역운항 인가

한국의 경우 수직분리축소공역을 운항하고자 하는 항공사는 운영기준에 국토교통부장관으로부터 수직분리축소(RVSM) 운항인가를 받아야 하며, RVSM공역운항 인가에 관한 세부적인 사항은 국토교통부 고시인 운항기술기준에 규정하고 있으며, 주요 내용은 다음과 같다.

- RVSM 공역운항을 위한 장비요건: 항공기로 지역항행협정에 의해 고도 29,000피트 이상 41,000피트 이하에서 300미터(1,000피트)의 최소 수직분리최저치가 적용되는 RVSM 공역을 운항하고자 하는 경우, 당해 항공기는 사전에 RVSM 공역운항에 필요한 장비 장착 요건을 충족해야 하고 정상적으로 작동되어야 RVSM 공역을 운항할 수 있다.
- RVSM 공역에서 지정 고도를 90m 이상 이탈하는 경우 이를 경고하고 기압고도를 자동으로 알려

주는 장비가 구비되어야 한다.

- 감항성 승인: 항공사는 항공기 제작국에서 승인된 자료를 사용하여 RVSM 성능 표준을 충족하고 있음을 증명하여야 한다.

- 감항성 유지 정비프로그램: 승인 받은 정비프로그램에 의하여 고도유지시스템이 RVSM 표준을 지속적으로 충족시키는지를 정기적으로 시험·검사하여야 한다.

- RVSM 운항절차 및 제한사항 등은 운항규정에 포함되어야 하며, 운항승무원은 관련 교육을 이수하여야 한다.

4. 성능기반항행

"성능기반항행(Performance Based Navigation: PBN)공역"이란 특정한 항행성능을 갖춘 항공기만 운항이 허용되는 공역을 말하며 이와 관련된 주요 용어 정의는 다음과 같다.

- "성능기반항행(PBN)"이란 계기접근절차 또는 지정된 공역, ATS(Air Traffic Service) 항로를 운항하는 항공기가 갖추어야 하는 '성능요건(Performance Requirement)'[28]을 기반으로 한 '지역항법'을 말한다. 이때 항공기의 성능요건은 가용성, 기능성, 지속성, 무결성, 정확성의 용어로써 항행요건에 기술된다.

- "항행요건(Navigation specification)"이란 지정된 공역에서 PBN 운항을 하기 위해 요구되는 항공기와 운항승무원의 요건을 말하는 것으로, 항행요건에는 두 종류가 있다.

  ① 필수항행성능(RNP: Required Navigation Performance) 요건[29]

  ② 지역항법(RNAV: Area navigation) 요건[30]

- "필수항행성능(Required Navigation Performance)"이란 특정 공역에 설정된 항공기 횡적 항법 정확도 요건을 말한다. 공역 요건에 따라 RNP10, RNP4, RNP2, RNP1, RNP0.3 등으로 표시하며, RNP 공역에서는 항법 정확도 충족 확인을 위해 항공기에 항법 성능 감시 및 경보 기능이 요구된다.

- "지역항법(Area navigation: RNAV)"이란 지상이나 위성항행안전시설의 적용범위 내에서, 항공기

---

28) '성능요건'은 특정 공역에서 운항 시 요구되는 정확성(Accuracy), 무결성(Integrity), 지속성(Continuity of Function) 및 위성신호 등에 대한 항행요건 (RNAV 요건, RNP 요건)으로 표현됨.

29) RNP 요건은 RNP 4, RNP 접근 등 접두어 RNP에 의해 지정되며, 성능감시 및 경고발령에 관한 요건을 포함하는 지역항법을 기초로 한 항행요건임.

30) RNAV 요건(RNAV specification)은 RNAV 1, RNAV 5 등 접두어 RNAV에 의해 지정되며, 성능 감시 및 경고에 관한 요건을 포함하지 않은 지역항법을 기반으로 하는 항행요건임.

자체에 설치된 항행안전보조장치의 성능한도 내에서, 또는 이들의 혼합된 형식의 항행안전보조장치의 적용범위 내에서 어느 특정성능이 요구되는 비행구간에서 항공기의 운항이 가능하도록 허용한 항행방법을 말한다.

PBN공역에 대한 기준은 시카고협약 부속서 6 및 국내 항공법규에 규정하고 있다.[31]

PBN공역을 운항하기 위해서는 국토교통부장관의 승인을 받아야 하며, 필요 항법장비의 하나 또는 조합을 이용하여 비행시간의 95퍼센트에 해당하는 시간 동안 다음과 같은 항법성능이 충족되어야 한다.

〈표 64〉 PBN 종류별 항법성능 정확도 및 필요 항법 장비

종류	정확도	필요 항법 장비
RNAV 10(RNP10)	±10NM	INS(IRU), FMS, GPS(GNSS)
RNAV 5	±5NM	VOR/DME, DME/DME, INS(IRU), GPS(GNSS)
RNAV 2	±2NM	GPS(GNSS), DME/DME, DME/DME/IRU
RNAV 1	±1NM	GPS(GNSS), DME/DME, DME/DME/IRU
RNP 4	±4NM	GNSS
Basic RNP 1	±1NM	GNSS
RNP APCH	±1-±0.3NM	GNSS
RNP AR APCH	±0.1-±0.3NM	GNSS

* 출처: 국토교통부 고시 운항기술기준

4.1 성능기반항행공역운항 인가

한국의 경우 PBN공역을 운항하고자 하는 항공사는 운영기준에 국토교통부장관으로부터 PBN공역의 운항인가를 받아야 하며, PBN 요구공역 운항인가에 관한 세부적인 사항은 국토교통부에서 발행한 '운항기술기준' 및 '성능기반항행운용지침'에 규정하고 있다.

각 PBN공역에 대한 운항승인기준과 관련하여 각각의 PBN 유형에 합당한 탑재장비요건과 항행성능요건을 충족해야 한다. 이에 대한 운항승인과 관련하여 모든 PBN 종류에 공통적으로 요구되는 주요 내용은 다음과 같다.

- 성능기반항행 요구공역에서의 운항을 위한 장비 성능요건: 성능기반항행 요구공역 운항을 위한 항공기 탑재장비가 동 공역에서 수용될 수 있는 최소한의 성능 수준을 유지할 수 있어야 하며, 항공기에 요구되는 장비의 성능요건이 항법 정확도 요건 및 항법 신뢰도 요건을 충족해야 한다.
- 감항성 승인: 항공사는 당해항공기 제작국에서 승인된 자료를 사용하여 당해 항공기가 성능기반

---

31) 시카고협약 부속서 6, Part 1, 7.2. 항공법 제69조의 3. 국토부 고시인 운항기술기준. 국토부 예규인 성능기반항행 운용지침.

항행 요구공역의 성능 표준을 충족하고 있음을 증명하여야 한다.

- 감항성 유지 정비프로그램: 승인받은 정비프로그램에 의하여 성능기반항행 성능을 지속적으로 충족시키는지를 정기적으로 시험·검사하여야 한다.
- PBN공역 운항절차 및 제한사항 등은 운항규정에 포함되어야 하며, 운항승무원은 관련 교육을 이수하여야 한다.
- 비상업용 항공기 운영자는 정상 절차와 비정상 상황 대응절차 등을 수립하여야 하며, 관련 정보는 승무원이 비행중에 이용할 수 있도록 운항규정 등에 수록되어야 한다.

4.2 착안사항[32]

위성항법시스템(GNSS: Global Navigation Satellite System)을 기반으로 하는 PBN은 기존 재래식항법의 필수 설비인 지상항행안전설비보다 정밀한 항법을 제공할 수 있어 공역 효율성을 높이고 장비 설치 및 유지보수에 소요되는 예산을 절감할 수 있다. 또한 기존 재래식항법으로는 불가능했던 비행경로를 GNSS에서 제공하는 정밀위치정보(waypoint)를 통해 최적화된 항로설계가 가능해져 연료절감에 따른 경제성 향상 및 지구온난화가스(GHG: Greenhouse Gas) 배출 감소에도 기여하고 있다. 이는 ICAO의 주요 목표 중 하나인 환경보호와 항공산업의 지속가능한 성장(Environmental Protection & Sustainable Development of Air Transportation)이라는 비전에 부응하는 것이다.

다시 말해 PBN은 항공기의 RNAV 항행성능을 활용한 공역운영을 가리키며, 이를 지원하는 기반시설로서 항행(예, GNSS, DME 시설 등), 통신(VHF, SATCOM 사용한 Data통신, Voice통신 등), 감시(Radar, ADS-B, ADS-C 시설 등)의 CNS(Communications, Navigation, Surveillance) 3요소가 조화를 이뤄 효율적이고 안전한 공역운영을 추구하는 것을 말한다. 결국 PBN 구축은 항공기의 수평분리기준 축소 운영을 가능하게 하여 경제성이나 환경적인 측면에서 많은 이점이 있다.

PBN 구축과 관련하여 한국은 2008년 당시 국토해양부 항공정책실 내에 국가 PBN 전담반(National PBN Task Force)을 구성하고 2009년 PBN 이행계획(PBN Implementation Plan)을 수립하여 2020년까지 항로(En route), 터미널(Terminal), 접근절차(Approach)에 단계적으로 PBN을 적용하는 '녹색 하늘길 구축사업'을 진행 중에 있다. 하지만 지정학적으로 협소한 공역임에도 불구하고 교통량이 많고 주변에 군(軍)공역의 사용 제한으로 PBN이 도입된 공역에서조차 PBN 절차 활용이 미흡한 실정이다.

PBN 활용을 극대화하기 위해서는 이들 항행시설을 이용하는 항공기의 항행성능이 함께 충족되어

---

32) 송제환, "국제민간항공기구 항공시스템블록업그레이드의 성공적 적용을 위한 성능기반항행 이행 제고 방안에 대한 고찰", 한국항공대학교, 2014, pp.35-72 참조.

야 하며, 한국과 같이 항공교통량이 많은 공역에서는 항공기 간의 안전한 분리와 최고 수준의 교통량 수용을 위해 PBN을 구축한 이후에도 레이더 유도(radar vectoring) 관제방식이 일정부분 필요할 수도 있을 것이다.

단언컨대 PBN은 항공안전, 경제성 및 운항 효용성은 물론 환경보호 증진에 기여하는바, 적극적인 민·군 상호협력을 바탕으로 공역 규제 완화 및 공역 운영 극대화를 통해 PBN 적용 활성화 방안이 강구되어야 할 것이다.

5. 북극항공로 운항

북극항공로 운항(North Polar Operations)이란 북위 78도 이북인 북극지역(North Polar Region)을 통과하는 비행을 말한다. 북극항공로는 앵커리지와 캄차카를 통과하는 일반 항공로를 지날 때보다 비행시간을 약 30분가량 단축할 수 있고, 유류비용이 절감되어 경제성 면에서 높이 평가되고 있는 반면에 북극항공로운항을 위해 항공사는 기후 및 지리적 특성으로 인해 일반적으로 다음과 같이 두 가지 측면의 추가적인 요건을 충족해야 한다.

첫째, 북극지역 운항에 대비한 강화된 추가적인 운항요건을 충족함은 물론 국토교통부로부터 인가를 받아야 한다.

둘째, 승무원에 대한 우주방사선[33] 노출량이 선량한도를 초과하지 않도록 하여야 한다.

5.1 북극항공로 운항 연혁

북극항공로의 최초 개설은 1954년 스칸디나비아 항공(SK)이 DC-6B기로 코펜하겐-북극(앵커리지)-로스앤젤레스(LA) 노선으로, 이 당시 52시간 소요되던 비행시간이 32시간으로 단축되었다. 이후 1994년까지는 러시아(구소련) 공역이 개방되지 않아 대부분의 국가에서는 운용되지 못했다. 1994년 러시아의 공역 개방정책에 따라 미국 항공사들이 북극항공로를 개발하기 시작했고 2001년 공식 항공로로 개방되었으며 현재는 일상적인 운항노선으로 운영되고 있다.[34] 그러나 2001년 공식 항공로로 개방된 시기에는 높은 수준의 운항요건 때문에 이용 항공사가 거의 없었다.

---

33) 지구 이외에 우주상에서 발생하는 방사선으로 크게 두 가지로 구분되며, 태양흑점 폭발 등으로 인해 발생하는 '태양방사선(SEP: Solar Energetic Particle)'과 초신성 폭발 등 태양계 밖에서 들어오는 '은하방사선(GCR: Galactic Cosmic Ray)'이 있음.

34) 한국, 미국, 중국, 캐나다, 싱가포르 등 운항.

한국은 2006년 8월, 안전운항에 필요한 운항관련 정보 등의 실시간 자료 확보 및 운항절차 등을 마련하여 북극항공로 운항을 개시하였으며, 이에 따라 북극항공로를 운항하는 항공사는 북극항공로 이용에 따른 강화된 운항요건을 적용할 뿐 아니라 우주방사선에 대한 안전관리기준을 적용하고 있다.

2015년 7월 현재 북아메리카 중동부 지역과 아시아지역 간에 설정된 북극항공로는 Polar 1, 2, 3, 4, 5로 지정된 5개의 북극항공로가 있다. 이들 북극항공로 중 한국이 사용하는 항공로는 캐나다 ACA(Arctic Control Area)[35]와 러시아 Magadan Oceanic Control Airspace[36] 내에 위치하고 있는 Polar 3, 4, 5 항로이다. Polar 3는 RAMEL(N84.5°)을 통과하는 북극점과 가까운 항로이고, Polar 4는 ORVIT(N79.0°)을 통과하며, Polar 5는 NIKIN(N80.5°)[37]을 통과한다.

5.2 북극항공로 운항 인가

한국의 경우 북극항공로를 운항하고자 하는 항공사는 운영기준에 국토교통부장관으로부터 북극항공로의 운항인가를 받아야 하며, 북극항공로의 운항인가에 관한 신청내용,[38] 운항인가, 운항절차 등 세부적인 사항은 국토교통부장관 고시인 운항기술기준에 규정하고 있다. 운항인가는 운영기준을 통하여 이루어지며 안전 확보 차원에서 북극항공로 운항에 대한 적합성 검사를 실시하며, 항공기 비행절차·정비지원체계·필수항법장비 탑재 여부·항공기 통신능력, 북극지역 교체공항 확보 상태 등이 기준에 적합한지 여부를 확인하다. 한편, 해당 북극항공로가 '자침 부정확 지역(AMU: Area of Magnetic Unreliability)운항'이나 '회항시간 연장운항(EDTO)'의 승인이 필요한 경우에는 함께 인가를 받아야 한다.

북극항공로 운항을 위해서는 일반 항공로 운항에 비하여 연료결빙 방지대책, 최소장비목록(MEL), 항공기 통신능력, 비상착륙 시 구호계획, 교육훈련 등에 있어 강화된 안전기준을 적용하며, 북극항공로를 운항하는 항공기에는 운항승무원이 사용할 수 있는 방한복과 같은 득수 장비도 탑재되어야 한다.

5.3 우주방사선 피폭방사선량의 선량한도

피폭방사선 선량한도에 대해서는 국제방사선방호위원회(ICRP)[39]에 의해 권고기준이 마련되고 있으

---

35) 캐나다 북극 관제구역.

36) 러시아 마가단 비행정보구역(FIR).

37) 항로상 항공기 필수 보고지점.

38) 신청내용으로는 북극지역 운항절차 수립, 북극 항로상 교체공항(En-route Alternate Airport) 요건에 관한 사항, 북극 항로상 교체공항에 비상착륙 시의 이·착륙절차에 관한 사항, 북극 항로상 교체공항에 비상착륙시의 구호계획에 관한 사항, 항공기 연료결빙온도 분석 및 감시프로그램에 관한 사항, 북극 항로로 운항에 필요한 통신절차에 관한 사항 등을 포함함(운항기술기준).

39) 국제방사선방호위원회(ICRP: International Commission of Radiological Protection)는 방사선 방호에 관한 권고와 지침을 제공하는 세계보건기구의 국

며, 미국 및 EU는 ICRP의 권고기준을 고려하여 한계선량 수치에 대하여 보다 엄격하게 접근하고 있다. 아울러 우주방사선 방호에 대한 교육 역시 매우 심도 있게 실시하고 있다.

한국의 경우 승무원에 대한 피폭방사선량 선량한도는 국토교통부 고시인 "승무원에 대한 우주방사선 안전관리규정"[40]에 규정하고 있다.

생활 주변 방사선의 안전관리에 관한 사항을 규정함으로써 국민의 건강과 환경을 보호하여 삶의 질을 향상시키고 공공의 안전에 이바지함을 목적으로 제정·시행된 「생활주변방사선 안전관리법」[41]에 따라 우주방사선으로부터 승무원의 건강 보호와 안전 조치를 이행하기 위하여 필요한 절차, 방법 등 세부 사항을 정하고 있다.

본 규정은 「생활주변방사선 안전관리법」 제18조 제1항에 따라 국제항공운송사업자와 국제항공운송사업자가 운영하는 국제항공노선에 탑승하는 운항승무원 및 객실승무원에 대한 승무원의 피폭방사선량 선량한도[42] 및 선량한도를 초과하지 않도록 국제항공운송사업자가 조치해야 할 의무사항을 규정하고 있다.[43] 승무원에 대한 피폭방사선량 선량한도는 방사선작업종사자에게 적용되는 선량한도와 동일하게 정하고 있다. 아울러 승무원의 피폭방사선량이 선량한도를 초과하지 않도록 국제항공운송사업자가 조치하여야 할 사항을 규정하고, 국토교통부장관은 이의 이행실태에 대해 점검하도록 규정하고 있다.

5.4 착안사항

북극항공로 운항에 대한 국내 연구의 경우 경제성에 대한 연구는 활발하게 진척된 반면에, 북극 항공로의 위험성을 포함한 특성 및 이에 따른 대응 절차 연구·수립은 국제기준에 비하여 미흡한 실정으로 이에 대한 보완이 필요한 실정이다.[44]

제 자문기구이며, ICRP의 권고는 국제적으로 권위를 인정받고 있고 각국의 방사선 방호기준으로 채택되고 있음.

40) 국토교통부 고시 제2013-381, 2013.06.27. 제정·시행. 이 규정은 「생활주변방사선 안전관리법」 제18조, 같은 법 시행령 제9조 및 제10조에 따라 우주방사선으로부터 운항승무원 및 객실승무원의 건강 보호와 안전조치를 이행하기 위하여 필요한 절차, 방법 등 세부 사항을 정함을 목적으로 함.

41) 「생활주변방사선 안전관리법」에는 항공기 승무원과 같이 상시적으로 방사선에 노출될 수 있는 종사자를 보호하기 위하여 관련 규정을 두고 있으나, 항공기에 탑승하는 승객의 경우 비행에 따른 우주방사선의 영향이 미미하여 별도의 규정을 정하고 있지 않음.
   북극항로 1회 운항 시 방사선량은 흉부X-레이 1회 촬영의 약 20% 수준
   - 북극항로 1회 운항 시: 약 0.08밀리시버트(mSv)
   - 흉부 X-레이 1회 촬영 시: 약 0.2~0.5밀리시버트(mSv).

42) "선량한도(線量限度)"란 사람의 신체의 외부에 피폭하는 우주방사선량과 내부에 피폭하는 우주방사선량을 합한 피폭방사선량의 상한 값을 말함.

43) 승무원에 대한 선량한도는 「생활주변방사선 안전관리법 시행령」에 따라 「원자력안전법 시행령」에서 정한 방사선작업종사자에게 적용되는 선량한도와 동일하게 정하고 있음. 선량한도는 연간 50mSv 이하이고, 5년간 누적량이 100mSv 이하로 규정하고 있으나, 이와는 별도로 연간 선량한도를 6mSv 이하로 관리되도록 권고하고 있음. 국제항공운송사업자의 조치 의무사항으로는 국제선에 대한 우주방사선 피폭량 계산, 승무원에 대한 우주방사선 피폭량 관리 및 승무원 교육 프로그램 제공 등이 있음.

44) 김영섭, "민간항공의 북극 항공로 운항 절차와 법률 연구", 한국항공대학교, 2015.

북극항공로 운항관련 주의사항 중에 항공유 빙결방지를 위한 기준을 보완 및 개선할 필요가 있다. 비행중인 항공기의 항공유 온도는 한랭기단(cold air mass) 통과시간, 외기온도, 항공기 특성과 상관관계가 있다. 따라서 동일한 외기온도일지라도 기종별로 연료온도 변화는 상당한 차이를 보일 수 있다. 일반적으로 항공기에 탑재된 항공유 온도는 한랭기단 통과시간과 밀접한 상관관계가 있으며 신형 항공기인 A380은 외부탱크연료온도가 일정온도까지 낮아지면 연료 온도의 추가 하락을 방지하기 위해 연료가 자동으로 내부 탱크로 이동하는 자동시스템이 적용되고 있는 반면에 대부분의 항공기는 수동으로 조작하여 연료 빙결을 방지하고 있다. 최근 기상 이변 등으로 인해 북극항공로 이외에서도 한랭기단이 형성되곤 하는바, 이러한 빙결방지 프로그램 적용이 북극항공로 운항 시로 한정하지 말고 일정시간 이상의 한랭기단을 통과하는 노선으로 확대 적용할 필요가 있으며, 아울러 항공기 기종별 특성을 고려해 개선된 자동시스템이 장착된 항공기에 대해서는 불필요한 업무를 개선할 수 있는 노력이 필요하다.

제6장

항공법정책 현안 및 개선방안

시카고협약 및 부속서 등에서는 다양한 항공안전관련 기준을 제·개정하여 반영하고 있고 체약국은 ICAO SARPs를 토대로 항공안전기준을 수립하여 적용한다. 일반적으로 ICAO 부속서에서는 개괄적인 요건을 규정하고 있고 체약국의 기준에서는 보다 구체적인 기준을 규정하고 있다. 일부 체약국의 경우 아직 ICAO SARPs에 반영되지 않은 기준을 수립하여 적용하기도 하고 때로는 ICAO SARPs가 수립되어 있음에도 불구하고 불가피하게 적용하지 않는 경우도 있다. 따라서 국내에서 ICAO SARPs를 반영할 때, 선도적으로 운영하는 국가의 기준을 고려하는 것은 당연한 이치이며, 이런 경우 항공안전 및 효용성을 함께 고려하여 안전에 위험을 초래하거나 불필요한 규제가 되지 않도록 유의해야 한다.

한국이 ICAO의 항공안전평가 등에서 세계 최고 수준을 유지하고 있지만, 한국의 항공안전기준은 여전히 미흡한 부분이 있으며, 개선·보완해야 할 과제들이 산적해 있다. 이와 관련하여 항공안전기준 개선이 필요한 과제에 대하여 국내 기준 개선과 ICAO 기준 개선으로 구분하여 몇 가지 개선방안을 제언한다.

1. 국내 항공안전기준 개선

항공안전 증진을 목적으로 국제 조약, ICAO SARPs 및 국제 동향을 고려하여 국내항공법의 미흡한 점을 개선하고자 하며 주요 항목은 다음과 같다.

① 국제 표준 용어 사용

조약 및 시카고협약 부속서에서 규정한 표준 용어를 사용한다. 항공안전기준의 직접적인 법원이 되고 있는 시카고협약 및 부속서에서는 항공안전기준을 적용함에 있어 체약국이 통일된 기준을 적용할 의무를 부여하고 있고 아울러 모든 체약국이 통일된 기준을 적용할 수 있도록 국제 표준 및 권고방식에 용어정의를 포함하여 규정하고 있다. 따라서 체약국이 국제 표준 및 권고방식에 합당한 의무를 수행함에 있어 표준으로 규정한 용어정의를 사용하는 것은 당연한 것이며 체약국이 별도로 다르게 정의하여 적용할 수 있는 사항이 아니다.

항공안전기준을 이행할 때, 약속된 용어정의를 사용하는 것은 가장 기본적인 요소이다. 국제조약 및 시카고협약에서 정한 기준을 준수함에 있어 국제표준 및 권고방식에 대한 명확한 이해가 선행되어야 하며, 체약국의 법규 제·개정 및 이행기준을 마련함에 있어 지속적으로 ICAO에서 정한 표준화 용어 및 개념을 반영하고 일치시켜야 한다.

이와 같은 용어정의 및 용어의 통일적 사용과 관련하여, '국제민간항공협약', '표준 및 권고방식', '항공업무', '비행중', '비행시간', 'accident', 'serious incident', 'incident' 등의 용어에 대하여 표준용어로 변경 및 용어통일이 필요하다. 특히 ICAO의 "accident, serious incident, incident"에 해당하는 국내항공법 상의 용어는 ICAO에서 규정하고 있는 용어상의 관계와 중대한 오류를 보이고 있어 개정이 시급하다.

ICAO에서 규정하고 있는 'accident', 'serious incident', 'incident'에 대해 국내 항공법규에서는 '사고', '준사고', '항공안전장애'라고 규정하고 있다. ICAO의 경우 incident가 serious incident를 포함하는 개념 인 데 반하여 이를 번역·반영하여 사용 중인 국내항공법에서는 항공안전장애(incident)가 준사고 (serious incident)를 포함하지 않는 것으로 정의하는 오류를 보이고 있다. 따라서 ICAO 및 체약국에서 serious incident에 한하여 incident data report를 한 경우 ICAO의 표준용어를 사용하고 있는 국가는 incident 중 serious incident에 한하여 보고한 자료로 이해하는 데 무리가 없으나 국내법에 따라 이해하 자면 표기는 incident report(항공안전장애보고)로 하고 실질적으로는 serious incident(준사고)에 대하여 보고한 것으로 이해해야 한다. 더욱이 국내에서 항공안전장애는 준사고를 포함하지 않는 것으로 규정 하고 있으니 정상적으로 이해할 수가 없는 것이다. 이와 같이 국내법의 기준이 ICAO와 개념 차이 및 미흡한 용어 선정으로 인하여 적용상 혼선을 야기하고 있는바 현행 규정을 다음과 같이 개정·보완 하지 않는 한 이런 혼선은 지속될 수밖에 없다.

첫째, accident, serious incident, incident에 대한 국내 법규상의 용어정의를 ICAO에서 정한 용어정의와 일치시켜야 한다. 현재 accident, serious incident, incident에 대한 기본적인 용어정의는 ICAO의 용어정의 와 일치시키는 데 진전이 있었으나 incident와 serious incident와의 관계 설정에 있어서는 중대한 오류가 남아 있으며, serious incident가 incident에 포함되는 특정 incident라는 관계 설정이 필요하다. 시카고협약 부속서에서 정한 용어정의는 모든 체약국이 ICAO에서 정한 기준을 수행함에 있어서 해당 용어에 대 하여 차이 없이 통일된 개념을 가지고 ICAO에서 정한 SARPs 기준을 이행해야 한다는 것에 대한 출발 점임으로 체약국이 임의대로 다르게 규정할 수 있는 것이 아니다.

둘째, 'serious incident', 'incident'에 대한 국내 법규상의 용어를 '준사고', '항공안전장애'가 아니라

'심각한 항공안전장애', '항공안전장애'로 수정하는 것이 필요하다. 국제조약 및 ICAO 등에서 정한 용어를 한국의 용어로 선정할 때는 주관적인 의견을 배제하고 용어 선정 목적뿐 아니라 객관성, 일관성 및 상호 연관성을 깊이 고려해야 한다. 우선 용어 구분을 할 때 일관성 및 상호 연관성을 유지하기 위해 serious incident와 incident는 incident라는 공통분모를 기본적으로 유지할 필요가 있다. 그런 다음에 serious incident에서는 serious와 incident와의 관계를 합당하게 설정해야 한다. 'serious incident'를 '심각한 항공안전장애'로 수정할 경우 'serious incident'는 'incident'의 특정한 형태이기 때문에 문제될 것이 없다. 또한 ICAO에 보고 의무 이행에 대해서도 'accident & incident report'를 '사고 및 항공안전장애 보고'라고 통칭하더라고 전혀 문제될 것이 없다. 즉 '항공안전장애(incident)' 중에 '심각한 항공안전장애(serious incident)'에 한하여 보고의무를 규정한 경우 '항공안전장애'는 '심각한 항공안전장애'만 보고 항목에 포함하면 된다.

셋째, 정부 및 학계의 자료에서조차 빈번히 발생하고 있는 용어사용 오류를 방지하고 현장에서의 올바른 인식을 위하여 적용상 혼선이 예상되는 중요 용어에 대하여는 「항공법시행규칙」 등의 해당 용어에 한글과 영문을 병행할 필요가 있다. 이런 측면에서 '사고(accident)', '심각한 항공안전장애(serious incident)', '항공안전장애(incident)'와 같이 각각 원문을 병행하여 표기하는 것이 필요하다.

넷째, 항공안전장애에 대하여 보고 또는 발생 건수가 많으면 항공안전수준이 낮다고 평가하는 방식에서 탈피해야 한다. 부속서 19에 따르면 항공안전장애는 의무보고 대상이자 동시에 자율보고 대상으로 볼 수 있으며, ICAO는 비처벌 원칙의 자율보고를 매우 중요하게 보고 있다. 항공안전장애는 철저히 의무보고 또는 자율보고를 통해서만 집계할 수 있는 사항이며 이는 보고자의 항공안전에 대한 인식 수준 등 다양한 요인에 따라 집계 결과가 다르게 나타날 뿐 아니라 집계 결과를 다르게 활용할 수 있다. 이런 의미에서 ICAO에서는 자율보고에 대한 비처벌 원칙 준수를 강조하고 있는 것이다. 따라서 항공업무 관련자는 사고 및 심각한 항공안전장애를 제외한 항공안전장애에 대해서는 항공안전장애 보고건수가 많다는 것이 항공안전수준이 낮다는 일방적이고 편향된 사고에서 벗어나야 할 것이다.

② 운항규정 신고절차 개선

운항규정 신고절차에 대한 개선이 필요하다. 운항규정의 종류 및 사안에 따라 운항규정 신고수리를 주무과장 이외에 담당감독관에게 신고수리 권한을 부여하고 신고수리기간이 경과하면 신고수리된 것으로 간주하여 신고수리절차를 간소화하는 것이 필요하다. 항공기 제작사가 항공기 제작사의 항공당국으로부터 이미 인가받은 비행교범 등을 국내 항공사가 항공당국에 신고하여 사용하는 경우 적시에 해당 내용을 적용하는 것이 중요한 것이며, 항공사가 제정한 운항규정도 관련법규와 운영기준 상의 제한을 벗어날 수 있는 것이 아닌바 신고절차를 인가절차와 동일하게 강화하여 운영하는 것은 모두에게 행정력을 낭비하는 행위이다.

③ 휴대용 전자기기(PED)의 사용관련 기준 보완

승객의 휴대용 전자기기(PED)의 사용제한과 관련하여 기준 보완 및 조종실에서의 PED 사용 제한 기준 마련이 필요하다. PED의 사용제한과 관련하여 한국은 "항공기의 성능 및 장비에 악영향을 미칠 수 있는 경우는 PED 사용을 허용하여서는 아니 된다"라고 규정하고 있으나 조종사의 주의집중 및 상황인식 등과 관련하여 조종실에서의 PED 사용에 대해서는 별도로 명시한 제한기준이 없다.

2013년부터 미국을 필두로 PED의 안전성 입증과 함께 비행중 항공기 안에서 승객의 PED 사용이 전면 허용되고 있으며 각 국가로 확대되고 있다. 2014년 EU는 승객이 PED를 비행모드로 설정하지 않아도 사용이 가능하도록 허용 범위를 더욱 확대하였다. 반면에 미국과 EU 모두 조종사의 주의집중 및 상황인식 등을 고려하여 조종실에서의 PED 사용을 엄격히 제한하고 있다. 이와 관련하여 다음과 같은 제도 보완 및 적용이 필요하다.

첫째, PED의 안전성 여부와 상관없이 조종사의 주의집중과 상황인식의 중요성을 고려하여 조종실에서의 PED 사용 제한을 항공법규에 반영하는 것이 필요하다.

둘째, 항공기 안에서의 PED 사용에 대한 최종적인 권한은 항공사에게 있다. 이에 따라 항공사는 항공기 내에서 PED 사용을 전면 허용하기 전에 위험요소를 인식하고 인식된 위험을 관리하는 것이 필요하다.

이 밖에 향후 어느 시점에 비행모드로 설정하는 조건 없이 모든 비행단계에서 PED 사용을 전면 허용하는 경우일지라도 승객의 안전 및 항공기 내 소음방지를 위해 음성통화는 제한하는 것이 바람직하다고 본다.

④ 항공안전장애에 대한 보고의 비처벌 및 데이터 보호

항공안전보고 특히, 항공안전장애에 대한 보고의 비처벌 및 데이터 보호 원칙을 철저하게 준수해야 한다. 사고조사 및 항공안전보고제도를 운영하는 기본적인 목적은 처벌이 아니라 사고의 원인 파악 및 재발방지에 있다. ICAO는 사고조사에 관한 기준에 대해서는 부속서 13에 규정하고 있으며 항공안전보고제도에 관한 기준은 부속서 19에 규정하고 있다. 시카고협약 부속서 19에서 규정하고 있는 보고제도(reporting system)에 따르면, 체약국은 항공안전장애(incident)의 결함사항에 대한 정보 수집을 촉진하기 위해 의무보고시스템(mandatory incident reporting system)과 자율보고시스템(voluntary incident reporting system)을 운영해야 한다. 자율보고는 의무보고에서 누락될 수 있는 항공안전 결함사항에 대한 정보 수집을 촉진함으로써 항공안전을 도모하기 위함이며, 기본적으로 비처벌 및 정보원 보호원칙 준수하에 운영되어야 한다. 이런 관계로 특정 항공안전장애에 대해서는 의무보고 및 자율보고의 대상이 되기 때문에 의무보고 누락 시 이에 대한 치벌이 따를 수 있는 반면에, 자율보고를 통해 비처벌을 기대할 수도 있는 양면성이 있다.

한국의 경우도 ICAO와 같이 사고조사 의무를 부여하고 있으며 항공안전의무보고와 항공안전자율보고를 운영하고 있다. 또한 사고조사의 목적이 처벌이 아닌 사고 원인 파악 및 재발방지에 있다고 규정하고 있으며, 항공안전자율보고와 관련하여 데이터 보호 및 비처벌 원칙을 명시하여 적용하고 있다. 그러나 항공안전자율보고의 대상을 항공안전장애(incident) 이외의 경미한 항공안전장애로 한정하고 있어 ICAO의 용어에서 내포하는 의미와 차이를 보이고 있다. 따라서 항공안전장애 중 심각한 항공안전장애를 제외한 항공안전장애에 대해서는 의무보고 대상인 동시에 자율보고의 대상으로 운영할 필요가 있다. 실질적으로 상황에 따라서는 구분이 모호한 경우가 있을 수 있겠으나 보고의 목적이 원인 파악 및 재발 방지를 위한 분석 및 안전 조치를 통해 항공안전을 증진하기 위함인바 다음과 같이 순기능 위주로 보고제도를 운영할 필요가 있다.

첫째, 항공안전보고 특히, 항공안전장애에 대한 자율보고는 엄격한 데이터 보호 및 비처벌 원칙이 준수되어야 한다. 자율보고의 성공적인 운영을 위하여 보고자에 대한 면책과 관련 정보의 보호가 필수적으로 요구된다. 보고자를 공개하거나 처벌한 사례가 발생할 경우, 오히려 불신으로 인해 사실을 감추는 역효과를 초래할 수 있기 때문에 자율보고를 기대할 수 없다. 따라서 항공안전 자율보고를 운영하는 교통안전공단이 철저하게 독립성을 가지고 비공개 원칙을 준수하며 운영할 수 있는지가 중요한바 이에 대한 객관적이고 명확한 기준 및 절차가 필요하다.

둘째, 항공안전장애에 대한 의무보고에 대해서도 처벌 대신 원인 파악 및 안전조치로의 전환이 필요하다. 한국의 경우 항공안전자율보고는 항공안전장애 이외의 사항(경미한 항공안전장애)으로 한정하고 있는바 심각한 항공안전장애(준사고)를 제외한 항공안전장애에 대해서도 처벌 대신 원인 파악 및 안전조치로의 전환이 필요하다. ICAO는 사고조사의 목적을 사고 원인 파악 및 재발 방지에 두고 있으며, 항공안전장애에 대한 자율보고의 경우 철저한 데이터 보호 및 엄격한 비처벌 원칙을 명시하고 있다. 이는 항공기 사고 방지 및 항공안전을 증진하기 위해 자율보고에 대해서는 필히 비처벌로 운영해야 한다는 의지를 표현한 것인바, 각 체약국은 항공안전장애 발생 시 원인 파악 및 재발 방지를 위해 노력하되 보고행위가 활성화되지 않는 이유를 고려해야 한다. 보고 기피 행위를 방지하기 위해 항공안전장애에 대한 의무보고에 대해서도 데이터 보호에 철저를 기해야 할 것이며, 처벌 대신 안전 조치로의 전환이 필요하다.

셋째, 사건의 발생 원인을 밝히기 위한 사고조사와 민·형사상 책임 여부를 결정하기 위한 조사는 병행해서 복합적으로 행해져서는 아니 되며, 사고조사 과정에서만 밝혀진 비밀사항이 민·형사상 책임을 부과하는 수단으로 사용되어서는 아니 된다. 만일 시카고협약 부속서 13에서 규정하고 있는 사고조사가 민·형사적 조사와 동시에 이루어진다면 이는 부속서 13에서 규정하고 있는 사고조사의 목적을 무용지물로 만드는 것이다. 또한 사고조사 및 보고제도의 정당성과 신뢰성을 약화시키면서 민·형사상 책임을 용이하게 부과하기 위한 수단으로 활용될 가능성이 크고, 사고조사 및 보고제도의 근본적인 목적을 해치게 될 것이다.

⑤ 기장의 권한 보완

기장의 권한에 대한 보완이 필요하다. 동경협약과 시카고협약 부속서에서는 비행중 항공기 안에서의 안전과 질서유지를 위한 비행중 기장의 권한과 책임을 규정하고 있다. 특히 1963년 동경협약에서는 체약국에 등록된 항공기 내에서 '비행중(in flight)' 발생한 범죄를 규율함에 있어 안전과 질서유지를 위한 기장의 권한을 명시하고 있으며, 기장, 승무원 및 승객이 항공기 안전을 위하여 필요한 조치를 취할 수 있는 근거를 두고 있으며, 이로 인하여 발생할 수 있는 어떠한 소송상의 책임을 부담하지 않는다고 규정하고 있다. 반면에 국내 '항공법' 제50조(기장의 권한 등)는 기장의 권한이라는 제목 하에 기장의 책임과 의무만을 명시하고 있으며, 항공법 제166조(기장 등의 권리행사·방해의 죄)에는 직권을 남용한 기장 또는 조종사에 대한 징역형을 언급하고 있다. 또한 항공보안법 제22조는 기장의 권한을 언급하고 있으나 안전조치를 행한 자에 대한 명시적인 면책규정이 없는바 국제조약 대비 기내에서의 안전과 질서유지를 위한 기장의 권한을 축소시키는 결과를 낳고 있다. 따라서 기장의 권한에 대하여 항공법 및 항공보안법이 다음과 같이 보완되어야 한다.

첫째, 안전 위험요소 및 범죄에 대응하여 행하는 안전 운항 및 항공기 내 질서유지를 위한 기장의 권한을 보완해야 한다. 항공법 제50조는 기장의 권한을 언급하면서 권한이 아니고 책임과 의무만을 나열하였다. 또 제166조는 기장등의 권리행사·방해의 죄라 하여 직권을 남용한 기장 또는 조종사에 대한 징역형을 언급하고 제167~168조도 기장에 대한 처벌내용을 담고 있다. 항공기상 범죄에 관한 1963년 동경 협약에서 언급한 기장의 권한은 항공기상 안전과 질서 유지를 위한 진정한 권한인 것을 감안하는 한편 오늘날 항공여행에서 문제되는 것은 직업의식이 투철한 기장의 일탈행위가 아닌 타인에게 방해를 주는 난동승객(unruly passenger)임을 감안할 때 균형 잡힌 내용이 아니다.

둘째, 비행중 기내 범죄에 대응하여 안전 조치를 행한 자에 대하여 면책기준을 보완해야 한다. 항공보안법 제22조상 기장등의 권한에 관한 조항이 '권한'에 관한 사항을 언급한다고 하였으나 동 내용은 미흡하다. 이는 1963년 동경 협약 제6조 2항은 범죄자 제압과 항공안전을 위하여 승무원뿐만 아니라 승객의 도움을 직접 또는 승무원을 통해 간접 요청을 하면서 항공안전 질서 유지를 하도록 허용하고 제10조에서 제압을 당한 문제승객이 이에 대해 책임을 묻지 못하도록 규정한 것을 감안할 때 그러하다. 항공보안법 제22조는 문제의 승객 제압을 위하여 승무원이나 항공운송사업자 소속 직원에게만 지원 요청을 하도록 하고 추후 소송 제기 시 면책규정도 마련하지 않음으로써 스스로 항공기 안전조치 영역을 축소시켰다.

⑥ 2개 형식 이상 항공기 운항에 대비한 기준 마련

2개 형식 이상 운항과 관련하여 ICAO는 유사 정도에 따라 교육훈련을 차별화할 수 있다고 규정하고 있다. 미국과 EU는 항공기별 유사성 정도를 제공함은 물론 유사성 정도에 따른 교육훈련 차별화 기준을 규정할 뿐 아니라 운항할 수 있는 최대 허용 항공기 형식의 수를 제한하는 등 구체적인 항공 안전기준을 규정하여 엄격히 적용하고 있다. 반면에 한국의 경우 2개 형식 이상 항공기 운항에 대한 명시적이고 구체적인 기준이 없다.

특정 항공기 형식을 운항하기 위한 자격을 취득·유지하기 위해서는 자격을 취득하고자 하는 운항 승무원의 경력 및 항공기의 유사성 정도에 따라 훈련 요구량을 다르게 적용할 수 있어야 하나 한국은 항공기 형식별 유사성 정도 및 유사성 정도에 따른 차별화된 훈련 프로그램에 대한 적용 기준이 명확히 수립되어 있지 않아 현실적으로 항공사가 차별화된 훈련프로그램을 적용하는 것은 거의 불가능한 실정이다. 게다가 각 항공기 형식별 차이수준에 대하여 항공당국이 공식적으로 발표한 자료가 없어서 2개 기종 운항 시 각 기종별 교육 훈련 및 운항자격에 대하여 상호 인정할 수 있는 명시적인 근거도 없는 상태이다.

운항하는 항공기 형식 전환 등에 따른 훈련 프로그램은 항공기 형식 간 적용 기준에 차이가 있음을 전제로 설정되나, 항공기 간 유사성 및 운항승무원의 경험 등 능력기반에 따라 다르게 적용할 수 있어야 한다. 따라서 훈련프로그램 인가를 담당하는 항공당국은 훈련프로그램이 적합한지 판단할 수 있어야 하며 이를 위하여 적용 가능한 기준 및 절차가 있어야 한다. 아울러 항공당국인 국토교통부는 독립적으로 항공기 간에 시스템, 조작 및 차이 수준을 분석하고 차이수준에 따라 효율적으로 적용할 수 있는 훈련 프로그램 적용 기준을 수립하든지 아니면 국내 항공사들이 FAA 및 EASA에서 제공한 항공기 형식 간 차이점 분석 및 차이 정도에 따른 차별화된 훈련프로그램을 적용할 수 있도록 구체적으로 명시한 훈련프로그램 인가 절차를 수립하여야 한다.

2개 형식 이상 항공기 운항과 관련하여 항공당국에서 적용 가능한 기준을 마련하고 이에 따라 운항 승인을 할 수 있도록 구체적인 제도 도입이 필요하다. 향후 항공기 발전은 조종실 및 시스템의 유사성을 바탕으로 지속적인 개선이 예상되는바 2개 형식 이상 운항 시 항공안전 및 효용성을 고려하여 적용할 수 있는 구체적인 기준 마련이 필요하다. 항공법규에 2개 형식 이상의 항공기 운항을 위한 기준을 규정해야 하며, 항공당국의 요건 및 운영자의 요건을 구분하여 명시할 필요가 있다. 또한 정부는 항공기간 시스템, 조작, 훈련심사 등에 대한 차이수준을 명확히 분석하고 관련 자료를 고시하여 항공사가 적용할 수 있도록 하여야 한다. 현실적으로 정확한 차이점 분석 및 공식자료 제공 능력에 어려움이 있다면 외국 주요 항공당국(FAA, EASA 등)에서 승인하여 발행한 자료에 의거 국내 항공사가 반영하여 적용할 수 있도록 적용절차를 명시하여야 한다. 아울러 유럽과 같이 모든 일반항공이 적용하는 기준과 항공운송사업자가 적용하는 기준을 구분하여 명시할 필요가 있다. 기본적으로 정부는 항공기별 각 시스템에 대한 차이정도 및 2개 형식 이상의 항공기를 함께 운영할 수 있는지에 대한 지침을 제공해야 하며 항공사는 이를 토대로 각각의 운항자격에 대하여 상호 인정 여부를 항공당국에 인가받아 적용해야 한다. 기본적으로 2개 기종 이상을 운항하기 위해서는 항공기간 유사성이 있어야 하며 특별히 승인된 사항이 아닌 경우 각각의 교육 훈련 및 자격 유지요건을 충족해야 한다.

⑦ 항공법 분법의 타당성 여부 및 추진 방향

항공법 분법이 능사가 아니라 항공법 체계 및 내용이 핵심이다.

항공법규는 기본적으로 국제법 준수가 요구되는바 국내 항공법규체계를 시카고협약 부속서 및 항공선진국의 항공법규체계와 비교가 용이하도록 규정할 필요가 있다. 이런 맥락에서 국내 항공법규체계를 미국 및 EU와 같이 분야별로 체계화하여 규정할 필요가 있다. 다만, 무엇보다 중요한 것은 분법을 함에 있어 법명을 다르게 규정하는 것은 의미가 없고 법규체계상 통일성과 일관성이 있어야 하고 적합한 내용을 규정해야 한다는 것이다. 최근 수년간 항공법규체계 발전 및 보다 충실한 항공안전기준 준수를 위해 추진하고 있는 항공법 분법은 내용 개정보다는 항공법을 항공사업법, 항공안전법, 공항시설법으로 구분하는 정도에 불과하다.

항공법규체계를 살펴보면 ICAO는 일반적이고 개괄적인 요건을 규정하고 체약국은 보다 구체적인 기준을 규정하고 있다. ICAO는 시카고협약에 따라 총 19개 부속서를 제·개정하고 있고, 미국은 14CFR에 Part로 구분하여 규정하고 있으며, EU는 기본법인 항공법과 11종류의 이행법률을 규정하고 있다. 게다가 미국과 EU는 ICAO SARPs 제·개정에 적극적으로 참여하고 있으며, 자국의 항공법규 제·

개정과 관련한 체약국의 준수 의무와 안전성 및 효용성을 고려하여, 미국 EU 간에 항공법규 협력협정을 체결하였다. 이에 따라 관련 법규 제·개정 시 내용을 공유하고 있으며 항공기 감항성 및 인증기준 등을 상호 인정하고 있다. 이런 미국과 EU의 항공법규체계를 고려하면, 한국에서 추진하고 있는 분법 종류는 법규체계 및 분법 종류에 있어 별 의미가 없다고 본다. 특히 각종 항공관련 법령의 내용이 근본적으로 항공안전체계와 관련된 기준을 규정히고 있는 것인바, 항공관련 특정 법명에 '안전'이라는 명칭을 사용하여 범위를 제한하고 축소할 필요가 없다. 시카고협약, 미국의 FAR, EU의 기본법 및 이행법률에서 '항공안전법'과 같이 '안전'이라는 명칭을 사용하지 않는 것은 각 항공법규에서 규정하는 내용 자체가 안전 및 질서정연한 발전과 관련된 기준을 규정하고 있기 때문이다. 국제항공법의 근원이 되는 시카고협약 및 국제적으로 통용되는 항공법 자체가 질서정연한 항공과 관련된 총체적 활동 및 기준을 일관성을 가지고 통일된 체계로 다루는 것이고, 이를 FAA나 EASA 등 외국에서도 항공법으로 통칭하여 관장하고 있는데 생뚱맞게 항공안전법이라면 나머지는 항공안전과 상관이 없다는 것인지 이해할 수 없을 뿐 아니라 근본적으로 시카고협약의 이념 및 목적에 반하는 것으로 판단된다.

다시 말해 항공법규체계에 있어서 가장 중요한 것은 분법 자체가 아니라 종합적이고 체계적인 구성과 이에 적합한 내용이다. 그러기 위해서는 EU와 같이 항공관련 기본법(Basic Regulation, 항공법) 체계 하에 각각의 이행법률을 마련하는 방안이 해법이 될 것이다. 아울러 항공법 분법 여부와 상관없이 지속적으로 제·개정되는 ICAO SARPs 및 국제동향에 부응하여 항공안전기준을 수립하기 위한 부단한 노력이 필요할 것이다.

⑧ 국제 동향 및 신규 발생 문제에 대응 철저

최근 10여 년 동안 국제민간항공은 지속적인 성장과 함께 전반적으로 사고율이 낮아지는 비교적 양호한 실적 및 안전 수준을 유지하여 왔다. 그러나 2014년 이후 발생한 여러 항공기 사고(① 2014년 3월 8일 말레이시아 항공 보잉 777-200 항공기 인도양 실종사고(MH370), ② 2014년 7월 17일 말레이시아 항공 보잉 777-200 항공기 우크라이나 상공 격추사건(MH17), ③ 2015년 3월 24일 독일 저먼윙스 A320 프랑스 남부 알프스 추락사고 등)로 인하여 국제민간항공에 있어 보다 진보된 대응방안의 필요성이 제기되고 있고 ICAO를 중심으로 다각적인 대응방안이 모색되고 있다.

항공안전 및 국제협력은 국제민간항공을 지탱하는 가장 중요한 요소이다.

2014년에 발생한 MH370 실종사고로 전 세계 추적시스템(Global Tracking System)의 강화 필요성이 제기되었고, MH17 격추사건으로 운항정보 공유시스템의 강화를 통한 분쟁지역에서의 위험관리 및 국제적인 공조체계하에서의 사고조사 필요성이 강조되었으며, 저먼윙스의 추락사고로 조종사의 인적

요소 및 인성검사의 중요성이 새롭게 부각되었다. 또한 에볼라 및 메르스와 같은 전염병의 발생은 보건당국과 항공당국의 긴밀한 협조체계의 구축이 필수적임을 상기시켰다.

이와 같은 일련의 사건 사고는 국제 민간항공발전을 저해하는 것으로 ICAO를 중심으로 추가적인 보완 조치를 강구할 필요가 있으며 한국도 참여 활성화를 통한 정보공유와 함께 대응방안 수립을 적극적으로 강구할 필요가 있다.

⑨ 기타 각별한 주의가 필요한 사항

항공안전계획 및 항공안전기준은 비정상 상황 발생에 대한 대책이 아닌 정상적인 시기에 심사숙고하여 수립하는 것이 마땅하다. 만일 항공기 사고 발생 시 대책마련 및 사회적 분위기에 편승하여 항공안전을 도모한다는 이유로 충분한 검토기간을 두지 않고 급하게 항공안전계획을 수립한다거나 질적 향상이 아닌 양적인 증가 및 근간을 흔드는 특수한 항공안전기준을 신설하는 행위는 특히 자제되어야 한다. 민·관·학 항공안전전문가가 부족한 상태에서 실질적 협의마저 소홀히 한다면 항공안전계획 및 기준은 심각한 결함을 내포할 가능성이 크며 이러한 결함으로 인하여 ICAO에서 정한 국제표준에 반하고 항공안전을 저해할 수도 있을 뿐만 아니라 기준 및 현실을 왜곡한 결정으로 인하여 상호 신뢰를 떨어뜨리고 행정력만 낭비하는 결과를 초래하게 될 것이다. 이와 같은 불합리한 결과가 도출되는 것을 방지하기 위한 좋은 사례 및 해결방안으로 시카고협약 부속서 19 안전관리(Safety Management)의 탄생을 예로 들 수 있다. 최근 시카고협약체계에서 항공 안전관리에 있어 중요하게 부각되고 있는 것은 1만여 개 항목의 국제표준 이외에 새로운 기준을 추가하는 것이 아니라, 이미 규정되어 있는 기준을 잘 이행하고 관리하여 항공안전을 담보하는 것이다. 시카고협약 체결 후 약 70년 만에 각 부속서에 산재되어 있는 안진관리 내용을 종합하여 별도로 부속서 19를 탄생시킨 배경이 여기에 있다고 본다. 이런 관점에서 비정상 상황에서 운영자 및 항공당국이 취할 수 있는 가장 최선의 방법은 운영자는 현행 기준을 철저히 이행하고 항공당국은 이에 대한 관리감독을 철저히 하고 상호 협조 및 지원에 최선을 다하는 것이다.

2013년 샌프란시스코에서 발생한 아시아나 항공기 사고 이후 관련 태스크포스에서 항공안전추진방안 중 하나로 거론되었던 몇 가지 사항(① 조종사 등급제, ② 교관 조종사 특수공항 경험요건 강화, ③ 운항경험[1] 시 일정기간 동안 운항승무원 추가 탑승 등)은 국제성 및 전문성에 기반을 둔 항공법규

---

1) 운항경험(Operating Experience)이란 양성과정에 있는 운항승무원이 해 기종 항공기 운항에 필요한 지식 및 기량이 합격수준으로 인정된 후 항공기에 탑승하여 기장/부기장 비행임무를 수행하는 것을 말하며 비행교관이나 검열운항승무원의 Supervision하에 실시한다. 일반적으로 운항경험요구량은 flight time, flight leg, PF/PM Duty 등에 대하여 일정 수준 이상의 요구량을 충족하여야 하며, 항공기 차이 정도 및 운항승무원의 경험수준에 따라 운항경험요구량이 다를 수 있다. 운항경험은 Proficiency Check와 Line Check 사이에 실시한다. 즉 운항경험은 양성훈련 중인 운항승무원이 Proficiency Check에 합격한 후에 실시하며 운항경험 및 Line check가 완료되면 비행교관이나 검열운항승무원의 Supervision 없이 기장/부기장으로서의 비행임무 수행이 가능하다.

측면을 고려할 때 국제기준 및 종합적인 이해가 부족하여 발생한 것으로 이해되며 안건 채택 여부를 떠나 매우 우려할만한 수준으로 평가된다. 이에 관하여 법적 타당성이 결여되어 있음을 지적하지 않더라도 다양한 이견이 있을 수 있으며 이를 각각 명시하면 다음과 같다. ① 조종사는 업무수행능력이 충분한 유자격자로 배출되어야 하는 것이지 기량이 부족한 상태로 배출되어서는 아니 된다. 이와 관련하여 항공당국이 조종사 등급제를 규정할 수 있는 사항이 아니다. ② 일반적으로 교관 조종사는 종합적인 요건을 충족하여 교관 행위를 수행하는 자로 비행과 행정업무를 겸한다. 교관의 특수공항 경험요건 강화는 표면적으로는 합당해 보이나 오히려 운항경험 중인 조종사가 특수공항 경험을 할 수 있는 기회가 줄어들 수 있어 전체적인 항공안전수준을 낮추는 결과를 초래할 수 있는바, 균형 잡힌 조치가 아니다. ③ 운항경험중인 조종사는 기장이나 부기장으로서 해당 임무를 수행해야 하는 자로 적법하게 인정된 자이다. 다시 말해, 교관이나 검열운항승무원 감독하에 기장이나 부기장으로서의 해당 임무 수행이라는 제한조건만 있을 뿐이지 기장이나 부기장으로서의 해당 임무를 수행할 수 있는 합당한 자격이 부여된 자이다. 따라서 운항경험 중 일정기간 동안 운항승무원 추가 탑승을 규정하는 것은 인력 소요의 어려움을 논하기 전에 합당한 논리를 찾기 어려우며 FAA나 EASA 및 시카고협약 체약국의 기준 어디에서도 추가탑승을 규정하고 있음이 확인된 바가 없음을 주지할 필요가 있다. 만약 추가 탑승을 의무적으로 명시할 경우에는 추가 탑승자의 임무내역, 책임의 한계 등이 함께 정의되어야 하며, 이 또한 안전에 도움이 될 수 있다는 명백한 근거를 토대로 이루어져야 한다. 안전 제고의 충분한 근거와 임무내역 및 책임의 한계 없이 추가 탑승을 규정하는 것은 1인 운전 오토바이에 2명을 탑승하도록 하여 안전을 향상시킬 수 있다는 논리와 다를 바 없다. 결론적으로 운항경험 시 운항승무원 추가 탑승 필요 여부는 항공사에서 자체적으로 결정할 사항이지 항공당국이 강제할 수 있는 사항이 아니다.

2. ICAO 항공안전기준 개선

기술의 발달, 항공안전 증진, 통일된 기준 반영을 위해 ICAO SARPs의 내용은 계속해서 신설되기도 하고 변경되기도 한다. 이와 관련하여 ICAO SARPs 제·개정 차원에서 검토가 필요한 몇 가지 방안은 다음과 같다.

① 시카고협약 부속서 1에 종사자 자격증명서의 유효성 보완

조종사 자격증명의 유효성을 효과적으로 확인할 수 있기 위해 ICAO는 시카고협약 부속서 1에 종사자의 자격증명과 관련하여 자격증명에 포함될 내용, 유효성, 양식과 관련하여 보다 구체적인 기준 제공이 필요하다. 일부 자격의 경우 기재내용 및 유효기간을 포함하는 양식을 마련하여 표준 또는 권고방식으로 규정하는 것이 필요하다. 또한 한국도 협약 및 부속서를 충실히 이행하고 무자격 조종사 관리를 철저히 수행하기 위해 일부 자격의 경우 유효기간을 명시하는 것을 긍정적으로 검토할 필요가 있다.

시카고협약 제33조에서 항공기 등록국이 발행한 증명서 및 자격증명서가 ICAO의 최소 기준을 충족하는 한, 각 체약국은 해당 증명서를 상호 인정해야 한다고 규정하고 있다. 또한 시카고협약 부속서 1에서는 국제항공에 종사하는 항공기의 조종사의 경우 자격증명의 유효성을 인정할 수 있는 수준의 자격증명이 있어야 한다고 규정하고 있으나 유효기간을 표기해야 한다는 명시적인 규정이 없다. 아울러 역량(Competency) 유지에 대해서는 일반적으로 회사가 기록을 유지하거나 개인의 비행기록부나 자격증명서에 기록을 유지하는 데 국제선 운항 시 개인용 비행기록부는 일반적으로 휴대하지 않음을 언급하고 있다. 이와 같은 다소 모순되고 모호한 규정으로 인하여 각 국가마다 자격증명을 다른 양식으로 운영하고 있다. EASA는 자격증명의 rating에 유효기간을 명시하고 있는 반면에 한국이 발행한 자격증명에는 유효기간을 명시하고 있지 않아 SAFA 점검 시 지적을 받기도 한다. 조종사 자격증명의 유효성 확인은 항공기 사고 방지 차원에서도 매우 중요한 의미를 가진다. 따라서 항공사 조종사에 대한 자격증명의 유효성은 항공사에서 확인 후 비행 임무를 부여하기는 하나 항공당국이 유효성을 입증할 수 있는 양식으로 자격증명서를 발급하거나 항공당국에서 온라인 시스템을 운영함으로써 자격증명의 유효성을 확인할 수 있는 시스템을 운영해야 한다고 본다. 예를 들어, 운항증명(AOC) 양식을 국제표준으로 통일하여 채택한 바와 같이, 종사자 자격증명에 대해서도 기재내용 및 rating별 유효기간을 포함하는 양식을 마련하여 ICAO SARPs로 채택하는 것이 바람직하다. 이와 관련하여 시카고협약 부속서 1에 자격증명 양식과 관련하여 다음과 같이 반영하는 것이 필요하다고 본다.

- 항공당국은 자격증명을 발급하거나 갱신할 때 rating에 대한 유효기간을 명시할 수 있도록 한다. 만일 자격증명에서 유효한 자격을 확인할 수 없는 경우, 항공당국은 온라인 시스템 등을 운영하여 자격증명의 유효성을 확인할 수 있도록 하여야 한다.

상기와 같이 유효성을 확인할 수 있는 자격증명서 제도를 운영할 경우 각 체약국간에는 세계 어디에서라도 자격증명의 유효성을 확인하고 인정하는 데 문제될 소지가 없게 될 것이다.

② 외국항공사에 대한 무분별한 FAOC 확산 방지

항공당국이 외국항공사에게 승인하여 발급해주는 FAOC(Foreign Air Operator Certificate and/or Operations Specifications)는 ICAO의 기준이 아님에도 불구하고 미국과 EU는 물론 여러 국가에서 적용하고 있는바 무분별한 확산을 방지하고 불편이 최소화 될 수 있는 통일된 지침이 필요하다

시카고협약 제33조에서 각 체약국은 항공기 등록국이 발행한 증명서가 ICAO의 최소 기준을 충족하는 한 상호 인정되어야 한다고 규정하고 있다. 또한 부속서 6에서는 항공당국이 자국의 항공사에게 AOC를 승인하여 발급하도록 규정하고 있고, 외국 항공사에 대한 FAOC는 규정하지 않고 있다. 그럼에도 불구하고 외국 항공사에게 FAOC를 승인해주는 국가가 증가하고 있다.

외국 항공사에게 FAOC 승인 및 감독은 전 세계적으로 항공안전 증진 및 항공기 사고율 감소에 기여한 공로가 크다고 볼 수 있으나, 한편으로는 승인 및 지적사항에 대한 적법성 논란, 행정 편의 및 관리 중심주의를 표방하는 대표적 사례라는 지탄과 함께 항공당국의 업무수행 능력 차이 및 다양한 운영형태로 인하여 항공사에게 불편이 초래되고 있다.

FAOC가 항공안전수준을 재확인하여 항공안전을 확보하고 항공안전 저해 요소를 사전에 제거하기 위해 행하는 제도라 할지라도 국제법규에서 허용되는 범위 내에서 합리적으로 적용되어야 한다. 이런 측면에서 점차 확대되고 있는 외국 항공사에 대한 FAOC 발급은 규정적인 측면 및 운영적인 측면에서 원칙 준수 및 국제적인 협조체계 구축이 필요하며, 무분별한 FAOC의 확대 및 혼선을 방지하기 위해 ICAO에서 통일된 지침을 제공하는 것이 바람직하다.

3. 국내 항공안전체계 전략적 개선방안

한국의 항공안전 체질강화 및 지속적이고 체계적인 항공발전을 위해 다음과 같은 몇 가지 전략적 개선방안을 강구해야 한다.

① 항공안전전문기구 구축 및 활성화: 항공부 또는 항공청 설립

국내 항공부문을 위한 독립관청을 설립하고 항공안전 조직 및 기능을 보완하고 활성화해야 한다. ICAO, FAA, EASA는 각각 전 세계, 미국, 유럽의 항공안전부문을 총체적으로 관장하는 항공전문기구이다. 항공의 기본적인 특성이 국제성과 전문성에 있는바 항공업무를 전문으로 수행할 항공전문기구를 활성화하고 조직을 보완해야 한다. ICAO는 시카고협약에 의거 국제민간항공의 안전, 질서유지와

발전을 위해 항공기술, 시설 등 합리적인 발전을 보장 및 증진하기 위해 설립된 UN 전문기구로 준입법, 사법, 행정 권한을 갖는다. ICAO 설립 취지에 맞게 ICAO는 '글로벌 민간항공시스템의 지속적 성장 달성'이라는 비전을 제시하고 있으며 이러한 비전 달성을 위해 ICAO의 미션 및 전략목표도 이에 부합하는 내용을 담고 있다. 항공안전은 가장 중요한 ICAO의 미션 및 전략목표 중의 하나이다. FAA는 미국 교통부에 소속되어 있는 기관으로 항공관련 제반 법규, 산업, 시설 등에 대한 규정 및 항공안전부문을 총체적으로 관장하고 있으며, NTSB는 FAA로부터 완전 독립하여 사고조사업무를 담당하고 있다. EASA는 EU Basic Regulation에서 언급하고 있는 '단일 특별 전문기구(single specialised expert body)'에 부합하는 항공안전전문기구로서, EASA 설립 이유는 유럽 내 다양한 항공 조직으로 인한 적용상의 일관성 결여 및 강제성 부족 등을 보완하기 위해 법적으로 적합한 권한이 부여된 단일 전문기구가 필요한 것에 기인한다. EASA는 European public law에 의해 설립 운영되고 있는 유럽항공안전기관으로서 고유한 법적 지위를 갖는다. EASA의 기본적인 임무는 민간항공분야의 전반적인 안전기준 및 환경보호기준을 최상의 기준으로 증진하는 것이다. EASA는 민간 항공안전 및 제품의 환경보호 관련하여 법규수립 지원 및 법규이행과 관련된 업무를 담당한다.

이와 같이 ICAO, FAA, EASA는 항공안전부문을 총체적으로 관장하면서 지속적으로 항공법규에 대한 기준 검토를 통하여 입법안을 마련하고 세부 지침을 적시에 제공하고 있다. 예를 들어 EASA의 인증부문 조직에는 대형항공기 및 헬기, 환경 부문, 부품, 설계, 안전정보 이외에 일반항공 및 무인항공기(general aviation & remotely piloted aircraft systems)에 대한 담당조직이 있어 각각 해당 업무를 관장하고 있다. 반면에 한국은 국토교통부 항공정책실에서 한공안전부문에 대한 업무를 수행하고 있으나 조직이 미약하고 전문가가 부족하여 입법안 마련 및 세부 지침 제공에 어려움을 겪고 있다. 따라서 국내 항공부문의 기능과 조직을 강화하고 항공전문 인력을 대폭 보강하여 적시에 입법안 마련 및 지침을 원활히 제공할 수 있어야 한다. 이런 맥락에서 인원 구성에 있어서는 각 부문별 전문가들이 대폭 보강되어야 하며, 조직 보강에 있어서는 항공의 특성이 국제성과 전문성에 있음을 고려하여 법규부문 등을 추가하는 것이 무엇보다 시급하다고 본다. 또한 독립적으로 업무를 수행할 필요성이 있는 사고조사와 자율보고를 담당하는 기관은 현행 항공정책실과 행정, 인력, 재무 등 모든 면에서 완전 독립하여 원인 분석 및 재발방지를 위한 본연의 임무에 충실할 수 있는 조직으로 개편하는 것이 필요하다.

이와 같이 항공안전 전문조직 구축 및 활성화를 위해서는 항공부 또는 항공청이라는 독립관청의 설립이 필요한데 2013년 항공실적으로 볼 때 세계 6번째 항공대국인 한국의 항공업무처리에 어울리는 행정부 조직이 될 것이다.

② 항공전문조직의 강화를 통한 항공법규체계 정비

항공당국(현 국토교통부, 항공부, 또는 항공청) 내에 국제성과 전문성을 겸비한 항공법무조직 등과 같은 항공전문조직의 강화가 필요하다. 국제성과 전문성이 요구되는 항공부문의 특성을 고려하고 국제적 항공안전기준을 제대로 반영하기 위해 항공당국의 조직 중에는 항공부문의 항공실무 및 국제조약에 해박한 자가 전문적으로 입법 검토 및 법률 지원을 할 수 있는 별도의 항공법무조직이 구성되어야 하며 항공법무조직에서 항공법규체계를 지속적으로 정비 및 유지해야 한다. 시카고협약 체약국은 전문적인 지식이 요구되는 ICAO SARPs 및 국제동향에 맞추어 지속적으로 항공법규체계를 재정비하고 지원할 수 있는 기반이 구축되어야 한다. SARPs의 내용을 이행하기 위해서는 명확한 지침이 적시에 마련되어야 하나, 한국의 경우 전문 인력 부족 및 유기적인 시스템이 구축·운영이 미흡하여 적시에 지침 지원이 어려운 실정이다.

항공법무조직의 중요성과 관련하여 ICAO는 이사회의 산하기관으로 법률위원회를 두고 있으며, FAA 및 EASA도 별도의 법무조직을 두고 입법 검토 및 법률지원을 하고 있듯이, 각 체약국은 항공안전과 관련하여 시카고협약 및 부속서에서 정한 SARPs를 관련법령에 반영할 필요가 있는바 전문적인 항공법규담당조직이 필요하다. 유럽의 경우 Basic Regulation에 근거하여 EASA를 설립하고 EASA에서 입법 검토 및 지원을 하도록 규정하고 있으며, EASA 내에 별도의 법무조직을 두면서, 각 부문의 체계적인 지원 하에 지속적으로 항공법규 부문의 발전을 보여주고 있다. 이에 반하여 한국은 항공법규 재개정 업무 담당자만을 두고 있고 그나마 잦은 담당자 변경으로 EASA 체계 대비 그 전문성이 현저히 낮은 수준이다.

국제적으로 승인한 국제법규는 국내법과 같은 효력을 가진다. 따라서 시카고협약 체약국은 시카고협약 및 부속서에서 정한 기준을 국내법에 반영하여 적용하고 있다. 시카고협약에서 정한 기준을 준수함에 있어 SARPs에 대한 명확한 이해를 토대로, FAA 및 EU의 기준을 심층 비교 검토하여 국내 법규에 반영해야 한다. 시카고협약 및 SARPs의 근본 취지에 맞게 항공당국과 운영자의 권한 및 책임을 명확히 구분하여 규정해야 할 뿐 아니라, SARPs에서 정한 표준화 용어 및 개념을 반영하고 일치시켜야 한다. 시카고협약체계에서 항공안전기준을 이행할 때, 약속된 표준 용어정의를 사용하는 것이 가장 기본적인 규약임을 명심해야 한다. 아울러 항공안전관련 법규 보완 시 가장 중요하게 고려되어야 할 것은 체계적이고 일관된 항공법규체계를 유지하는 것이며, 지엽적이고 돌출된 항목으로 인하여 톱니바퀴가 어긋나 유기적인 항공안전시스템이 멈춰지거나 역행하는 일은 발생하지 말아야 한다. 이에 따라 지속적으로 제·개정되는 국제기준의 변경 및 국제동향에 선도적으로 대응하기 위해 항공법규전문조직의 구축 및 심도 깊은 연구가 필수적이다.

③ 민·관·학 협력체계 강화를 통한 체계적인 항공안전기준 제·개정

항공안전기준 제·개정에 체계적으로 대응해야 하며, 이를 위해서는 국제기준 동향 분석, 국제협력 및 민·관·학 협력체계를 강화해야 한다. 항공전문 인력이 부족한 상태에서 ICAO 및 특정국가가 추진하는 항공안전기준 제·개정에 체계적으로 대응하기 위해서는 무엇보다 국제 동향 분석, 국제협력 및 상시적인 민·관·학 협력체계가 구축되고 활성화되어 필요 시 국내외적 대응을 적시에 수행할 수 있어야 한다.

ICAO, FAA, EASA는 비전 및 미션과 함께 중장기 전략을 수립하여 단계적으로 업무를 추진하며 국제협력을 강화하고 있다. 한국도 전문가들의 지원하에 체계적인 국제협력을 달성하기 위해서는 국내 전문가를 최대한 활용할 수밖에 없으며 그러기 위해서는 민·관·학이 함께하는 전문가 집단의 상시적인 협력체계 구축 및 활성화가 필요하다.

예를 들어, 승무원 피로관리의 경우 ICAO는 2009년에 12개국의 항공당국, 9개 항공사 및 EASA, IATA, IFALPA 등이 참석한 태스크포스가 있었고, 2009년과 2011년에는 시카고협약 부속서 6의 피로관리 관련 SARPs를 개정하였으며, 이후 태스크포스에 참여했던 미국 및 EASA는 오랜 협의 끝에 자국의 피로관리기준을 보완 및 개정하여 공포하였으나 한국의 경우 지속적으로 승무원의 피로관리기준에 대한 이슈가 제기되었으나 합리적인 해결책을 도출하기에는 아직도 해결해야 할 문제들이 산적해 있다. 기술의 발달 및 항공 안전 증진을 목적으로 ICAO SARPs의 내용은 계속해서 신설되기도 하고 변경되기도 한다. 제도 수립 이전에 적용하고 있는 것들을 기득권이라고 고수하고 변화를 수용하지 않으면 ICAO SARPs 준수는 여러 곳에서의 누수현상을 피할 수 없을 것이다. 합리적인 피로관리 기준 수립 및 이행방법에 있어 중요한 요소는 모든 관계자들의 협조체계 구축이다. 특히 법규 제정자, 전문가, 과학자, 운영자, 승무원 등이 함께 머리를 맞대고 지속적으로 노력해야 하며, 노사 간에는 상호 신뢰를 바탕으로 상호 간 실질적인 개선이 이루어지도록 협력해야 한다.

항공안전 국제기준 준수는 배경, 목적, 내용 및 동향을 정확히 이해하고 적용할 때 국제기준의 준수를 확신할 수 있다. 1회성 평가에서 합격한 것으로서 국제기준을 준수하고 있다고 확신할 수 있는 것이 아니므로 시카고협약 및 부속서별 전문가 조직을 구성하여 상시 활용체계로 운영해야 한다. 부문별 전문가위원회에는 항공법 및 실무경험을 가진 민·관·학 전문가가 참여해야 하며, 부문별 전문가위원회에서 효과적인 항공안전기준이 마련되어야 할 것이다.

④ ICAO 태스크포스 및 SARPs 제·개정 적극 참여

ICAO에서 진행하는 태스크포스 및 SARPs의 제·개정에 적극적으로 참여하여 한국의 국제적 위상을 높여야 한다.

ICAO SARPs는 통일된 기준 적용을 위해 명확한 기준이 필수적이나, 국내에서 종종 ICAO SARPs상의 문구에 대해서도 해석이 상이하여 적용상 혼선이 발생하기도 하고 때로는 항공 기술 발달, 합리적인 개선방안을 적용하기 위해 지속적으로 제·개정이 필요한바, 실제 적용 시 혼선이 없도록 제·개정단계에서 적극적인 참여가 필요하다. 일반적으로 ICAO의 기준 도입 및 강화는 태스크포스에서 검토되어 SARPs 등의 형태로 채택되거나 기존의 권고방식을 표준으로 강화하는 경우가 대다수인바, 한국도 ICAO에서 진행하는 태스크포스에 적극적인 참여 및 체계적인 접근을 통해 제·개정하고자 하는 기준에 대하여 철저하게 대응해야 한다. 이를 위해서 ICAO에서 진행하는 태스크포스 및 활동에 적극 참여하여 한국의 국제적 위상을 지속적으로 강화시켜야 할 것이며 이러한 역할을 지속적으로 강화할 때 ICAO에서의 한국의 최대 현안인 이사국 카테고리의 상향 진출이 가능하겠다.

⑤ 국제기준에 입각한 항공당국과 운영자의 임무와 역할

국제기준에 입각하여 항공당국과 운영자의 일관된 기준 적용 및 협력이 필요하다. 기본적으로 항공당국의 본연의 임무는 적시에 지침 수립, 기준에 입각한 엄격한 인허가 실시 및 운영자에 대한 관리감독을 철저히 수행하는 것이며, 운영자의 본연의 임무는 기준과 절차를 이행함에 있어 운영자의 요건을 충실히 이행하는 것이다. 따라서 운영자에 대한 최상의 항공안전체계 유지는 항공당국과 운영자의 본연의 임무가 제대로 수행될 때 발휘된다. 능력을 지닌 운영자가 수행해야 할 사항을 부득이 항공당국에서 수행할 경우 운영자에게 불편 및 규제를 야기하는 부작용으로 작용할 수 있다.

항공당국의 항공안전감독관(운항자격심사관)이 항공사의 모든 상황을 이해하고 문제를 해결해야 한다고 생각하는 것은 비현실적이다. 항공당국의 항공안전감독관(운항자격심사관)은 기본적으로 항공사에 의해 위촉평가관으로 제안된 자에 대하여 자격부여, 승인 및 관리감독 업무를 수행하도록 하여야 한다. 항공당국은 항공안전감독관(Inspector) 이외에 운항자격심사관(Check pilot)을 별도로 확보해야 하는 것이 아니며, 항공안전감독관 중에서 자격 보유 여부에 따라 심사행위도 할 수 있는 권한이 부여되는 것이다. 이런 연유로, 각 국가는 항공당국 소속으로 운항자격심사관이 아닌 항공안전감독관을 확보하고 있는 것이다. 따라서 한국의 경우 국토교통부 소속 운항자격심사관(Check pilot)을 항공안전감독관(Inspector)으로 명칭을 변경하고, 이들의 주요 업무를 직접적인 심사가 아니라 감독업무로 전환하는 것이 필요하다. 또한 노선심사(Line Check)는 항공사의 운항절차를 잘 숙지하고 있는 항공사 소속 검열운항승무원(Line check pilot)이 실시하고, 국토교통부 소속 항공안전감독관은 검열운항승무원이 제대로 기준에 입각하여 심사행위를 하고 있는지를 감독하는 시스템으로 전환하는 것이 필요하다.

항공법 문제

국제항공공법 관련 조약

- 국제민간항공협약(Convention on International Civil Aviation, 1944)

- 항공기 내에서 행한 범죄 및 기타 행위에 관한 협약(Tokyo Convention, 1963)

- 항공기의 불법납치 억제를 위한 협약(Hague Convention, 1970)

- 민간항공의 안전에 대한 불법적 행위의 억제를 위한 협약(Montreal Convention, 1971)

- 1963년의 동경협약을 개정한 의정서(Montreal Protocol, 2014)

국제항공사법 관련 조약

- 국제항공운송에 있어서의 일부 규칙 통일에 관한 협약(Montreal Convention, 1999)

- 항공기의 제3자 피해배상에 관한 협약 _ 일반위험협약(Montreal General Risk Convention, 2009)

- 항공기 사용 불법방해로 인한 제3자 피해배상에 관한 협약 _ 불법방해배상협약

  (Montreal Terror Convention, 2009)

항공법 문제

1. 국제조약에 대한 설명 중 옳지 않은 것은?

   ① 국제항공법의 법원(法源)으로는 다자조약, 양자협정 등이 있다.

   ② 조약에 관한 내용을 규율하기 위한 다자협약으로 "국가와 국제기구 간 또는 국제기구 상호 간의 조약법에 관한 비엔나협약"이 있다.

   ③ 일반적으로 조약(treaty)은 가장 격식을 따지는 정식의 문서로서 주로 당사국간의 정치적, 외교적 기본관계나 지위에 관한 포괄적인 합의를 기록하는데 사용된다.

   ④ 국제조약은 당해 조약이 발효하면 모든 국가에 적용된다.

   답) ④

2. 다음 중 같은 조약을 지칭하는 것이 아닌 것은?

   ① 국제민간항공협약

   ② 시카고협약

   ③ 국제항공운송협정

   ④ 국제민간항공조약

   답) ③

<보기> (문제 3~문제 12번)

① 국제민간항공협약(1944년)

② 동경협약(1963년)

③ 헤이그협약(1970년)

④ 몬트리올협약(1971년)

⑤ 플라스틱 폭발물 표지협약(1991년)

⑥ 북경협약(2010년)

⑦ 파리협약(1919년)

---

3. <보기>중에 항공질서 발전 및 항공안전기준 등과 관련된 국제 표준 및 권고방식(SARPs : Standards and Recommended practices)을 규정하고 있는 조약은?

답) ①

4. <보기>중에 국제민간항공기구(ICAO)의 설립근거를 명시하고 있는 국제조약은?

답) ①

5. <보기>중에 항공기 내에서 비행중(in flight) 행한 범죄를 규율하기 위해 채택된 최초의 국제 조약은?

답) ②

6. <보기>중에 비행중(in flight) 기장의 권한과 의무를 부여한 국제 조약은?

답) ②

7. <보기>중에 비행중(in flight)인 항공기의 불법 납치를 방지하기 위해 채택된 국제조약은?

답) ③

8. <보기>중에 비행중(in flight) 뿐 아니라 서비스중(in service) 발생한 범죄를 규율하기 위해 채택된 국제조약은?

답) ④

9. <보기>중에 대한항공858편 미얀마 인접상공 폭발사고 및 팬암103편 스코틀랜드 로커비상공 폭발사고가 계기가 되어 채택된 국제조약은?

답) ⑤

10. <보기>중에 항공범죄와 관련된 국제조약 중 아직 발효되지 않은 국제조약은?

답) ⑥

11. <보기>중에 제1차 세계대전 이후, 항공규칙 통일을 위해 채택된 조약으로 절대적 영공주권을 명시하고 있는 국제민간항공협약의 모델로 지칭되는 국제조약은?

답) ⑦

12. <보기>중에 조약의 당사국이 가장 많은 조약은?

답) ①

<보기> (문제 13~문제 14번)

① 군용 항공기

② 세관용 항공기

③ 경찰용 항공기

④ 응급환자이송용 항공기

13. <보기>중에 국제민간항공협약 및 동경협약의 적용대상 항공기가 아닌 것을 모두 고르시오?

답) ① ② ③

14. <보기>중에 국내 항공법을 적용받는 항공기는?

답) ④

15. 다음중 항공기 사고 시 항공운송인의 책임에 대해 규정하고 있는 국제조약을 모두 고르시오?

① 바르샤바협약(1929년)

② 몬트리올협약(1999년)

③ 동경협약(1963년)

④ 헤이그협약(1970년)

답) ① ②

16. 항공기 사고 시 항공운송인의 책임에 대해 규정하고 있는 내용 중 몬트리올협약에서 규정하고 있는 내용이 아닌 것은?

① 소비자 보호 보다는 항공 산업의 보호 및 육성 차원에서 항공운송인의 책임제한을 통한 항공운송산업 발전을 도모하고 있다.

② 여객에 대해서는 2단계 책임제도를 적용한다.

③ 책임제한액과 관련하여 매 5년마다 조정을 검토한다.

④ 항공운송인은 항공보험에 가입해야 한다.

답) ①

17. 국제민간항공협약 부속서에서 규정하고 있는 표준(Standard)와 권고방식(Recommended Practice)에 대한 설명으로 옳지 않은 것은?

① 표준(Standard)이란 국제 항공의 안전, 질서 또는 효율을 위하여 체약국이 준수해야 하는 성능, 절차 등에 대해 필수적인(necessary) 기준을 말한다.

② 체약국에서 정한 기준이 부속서에서 정한 '표준'과 다를 경우, 협약 제 38조에 의거 체약국은 ICAO에 통

보하여야 한다.

③ 표준에 해당하는 내용을 규정할 때 조종사는 'shall'을 사용한다.

④ 권고방식에 해당하는 내용을 규정할 때 조종사는 'shall' 또는 'may'를 사용한다.

답) ④

18. 다음에 해당하는 국제기구는?

국제민간항공협약에 의거 국제민간항공의 안전, 질서유지와 발전을 위해 항공기술, 시설 등 합리적인 발전을 보장 및 증진하기 위해 설립되고 준 입법, 사법, 행정 권한이 있는 UN 전문 기구이다.

① UN

② ICAO

③ IATA

④ FAA

답) ②

19. 국제민간항공협약의 부속서는 총 몇 개의 부속서가 있는가?

① 총 17개 부속서

② 총 18개 부속서

③ 총 19개 부속서

④ 총 20개 부속서

답) ③

20. 국제민간항공협약 부속서중 항공종사자의 면허(자격증명)에 대하여 규정하고 있는 부속서는?

① 제 1 부속서

② 제 2 부속서

③ 제 6 부속서

④ 제 8 부속서

답) ①

(주) 국제민간항공협약 19개 부속서 세목은 본문 참조.

21. 국제민간항공협약 부속서중 유일하게 권고방식(Recommended practice)에 해당되는 내용은 없고 국제 표준(International standards)로만 규정되어 있는 부속서는?

① 제 1 부속서

② 제 2 부속서

③ 제 6 부속서

④ 제 8 부속서

답) ②

22. 승인된 국제법규에 대한 국내법과의 관계를 옳게 설명한 것은?

① 국제법규는 한국의 승인 여부와 관계없이 국내법과 동일하다.

② 한국이 승인한 국제법규는 국내법과 같은 효력을 가진다.

③ 한국이 승인한 국제법규는 국내법보다 상위의 효력을 가진다.

④ 한국이 승인한 국제법규라 하더라도 국내법보다 하위의 효력을 가진다.

답) ②

23. 국제민간항공협약에 대한 국내 법적 효력에 대해 옳게 설명한 것은?

① 국제민간항공협약은 한국에서는 적용되지 않는다.

② 국제민간항공협약은 국내법과 같은 효력을 가진다.

③ 국제민간항공협약은 국내법보다 상위의 효력을 가진다.

④ 국제민간항공협약은 국내법보다 하위의 효력을 가진다.

답) ②

24. 다음과 같은 목적으로 제정된 국내 항공관련 법은?

「국제민간항공조약」 및 같은 조약의 부속서에서 채택된 표준과 방식에 따라 항공기가 안전하게 항행하기 위한 방법을 정하고, 항공시설을 효율적으로 설치·관리하도록 하며, 항공운송사업의 질서를 확립함으로써 항공의 발전과 공공복리의 증진에 이바지함을 목적으로 한다.

① 항공법

② 항공보안법

③ 항공·철도사고조사에 관한 법률

④ 항공운송사업 진흥법

답) ①

25. 다음중 항공기의 운항과 관련하여 발생한 것 중 항공기 사고(Accident)에 해당되지 않는 것은?

① 사람의 사망·중상 또는 행방불명

② 항공기의 중대한 손상·파손 또는 구조상의 결함

③ 항공기의 위치를 확인할 수 없거나 항공기에 접근이 불가능한 경우

④ 근접비행으로 항공기사고로 발전할 가능성이 있었던 것

답) ④

26. 항공기사고 외에 항공기 사고는 발생하지 않았으나 항공기사고로 발전할 수 있었던 것을 무엇이라 하나?

① 경미한 항공기 사고

② 항공기 준사고

③ 항공안전장애

④ 항공안전결함

답) ②

27. 타인의 수요에 맞추어 항공기를 사용하여 유상으로 여객이나 화물을 운송하는 사업?

① 항공기사용사업

② 일반항공

③ 항공운송사업

④ 항공기임대사업

답) ③

28. 항공기에 탑재 또는 휴대해야만 하는 서류에 해당되지 않는 것은?

① 항공기 등록증명서

② 조종사 자격증명

③ 항공기 감항증명서

④ 항공사 사업면허

답) ④

29. 다음과 같은 항공운송사업자의 운항규정중 항공기에 탑재하여 운영해야만 하는 것은?

① 훈련교범, 위험물교범

② 사고절차교범, 보안업무교범

③ 항공기 탑재 및 처리교범

④ 항공기운영교범, 최소장비목록

답) ④

30. 처벌 중심의 사후적 안전관리방식에서 탈피하여 잠재적인 안전저해요소들을 발굴하여 이에 대한 방지책을 수립 및 이행하는 사전 예방적인 안전관리방식을 무엇이라 하나?

① 항공안전관리시스템

② 항공종합관리시스템

③ 항공보안관리시스템

④ 종합항공안전관리체계

답) ①

31. 항공안전관리시스템의 4가지 구성요소에 해당되지 않는 것은?

① 안전정책 및 목표

② 위험요소관리절차

③ 안전보증활동

④ 위험회피절차

답) ④

32. 다음 중 '항공법'에서 규정하고 있는 '항공업무'에 해당되지 않는 것은?

① 항공교통관제

② 운항 관리 및 무선설비의 조작

③ 항공기에 사람이 탑승하지 아니하고 원격·자동으로 비행할 수 있는 항공기의 운항

④ 모의비행장치에서의 비행훈련

답) ④

33. 국내 항공법규에서 비행근무시간, 휴식시간 등 피로관리 기준을 규정하고 있다. 이와 같이 항공법에서 정한 피로관리기준을 준수해야 하는 자는?

① 승무원

② 항공교통관제사

③ 항공정비사

④ 항공사

답) ①

34. 국내 항공법규에서 항공안전의무보고의 대상이 되는 것을 모두 고르시오?

① 항공기 사고

② 항공기 준사고

③ 항공안전장애

④ 경미한 항공안전장애

답) ① ② ③

<보기> (문제 35~문제 37번)

① Accident

② Serious Incident

③ Incident

④ Event

35. <보기>중에 항공법에서 규정하고 있는 '항공안전장애'에 상응하는 국제민간항공협약 부속서 13에서 규정하고 있는 용어는?

답) ③

36. <보기>중에 항공법에서 규정하고 있는 '항공기준사고'에 상응하는 국제민간항공협약 부속서 13에서 규정하고 있는 용어는?

답) ②

37. <보기>중에 항공법에서 규정하고 있는 '항공기사고'에 상응하는 국제민간항공협약 부속서 13에서 규정하고 있는 용어는?

답) ①

38. 항공안전의무보고의 보고 시한에 대한 설명 중 옳지 않은 것은?

① 항공기사고의 경우는 발생시켰거나 발생한 것을 알게 된 즉시 보고해야 한다.

② 항공기준사고의 경우는 발생시켰거나 발생한 것을 알게 된 즉시 보고해야 한다.

③ 항공기준사고의 경우는 발생시켰거나 발생한 것을 알게 된 시점으로부터 24시간 이내에 보고해야 한다.

④ 항공안전장애의 경우는 발생시켰거나 발생한 것을 알게 된 시점으로부터 72시간 이내에 보고해야 한다.

답) ③

39. 비행중(in flight) 항공기 운항에 대한 안전운항 및 승무원, 승객, 화물의 안전에 대하여 최종적인 책임이 있으며, 해당 항공기의 승무원을 지휘·감독하는 자를 무엇이라 하는가?

① 기장

② 보안요원

③ 선임 객실승무원

④ 회사의 사장

답) ①

(주) in flight에 해당하는 용어를 국내 항공법규에서 비행중 또는 운항중으로 혼용하여 사용하고 있음

40. 계기접근절차(Instrument Approach Procedure)를 이용한 접근 및 착륙은 3가지로 구분하고 있다. 3가지 구분으로 적합하지 않은 절차는?

　① 비정밀접근절차

　② 수직유도정보에 의한 접근절차

　③ 정밀접근절차

　④ 시계접근절차

답) ④

<보기> (문제 41~문제 45번)

　① Category-I

　② Category-II

　③ Category-IIIa

　④ Category-IIIb

　⑤ Category-IIIc

---

41. <보기>중에 결심고도가 60m(200ft) 이상이고 시정(visibility)이 800m 이상 또는 활주로가시범위(RVR)가 550m 이상의 기상조건하에서 실시하는 계기접근방식은?

답) ①

42. <보기>중에 정밀접근절차 중 결심고도가 30m(100ft) 이상, 60 m(200 ft) 미만이고, 활주로 가시범위가 300m(1,200 ft) 이상 550m 미만의 기상조건 하에서 실시하는 계기접근 방식은?

답) ②

43. <보기>중에 정밀접근절차 중 결심고도가 없거나 30m(100ft) 미만이고, 활주로 가시범위가 175m(600ft) 이상의 기상조건 하에서 실시하는 계기접근 방식은?

답) ③

44. <보기>중에 정밀접근절차 중 결심고도가 없거나 15m(50ft) 미만이고, 활주로 가시범위가 50m(150ft) 이상이고 175m 미만인 기상조건 하에서 실시하는 계기접근 방식은?

답) ④

45. <보기>중에 정밀접근절차 중 결심고도가 없고 활주로가시범위 제한이 없는 기상조건하에서 실시하는 계기접근 방식은?

답) ⑤

46. 다음 항공기 중 회항시간 연장운항 요건을 충족하지 않아도 되는 항공기는?

① 항공운송사업에 사용되는 2발 비행기

② 항공운송사업에 사용되는 3발 비행기

③ 항공운송사업에 사용되는 4발 비행기

④ 화물만을 운송하는 항공운송사업에 사용되는 3발 비행기

답) ④

<보기> (문제 47~문제 48번)

① 60분

② 120분

③ 180분

④ 240분

---

47. <보기>의 회항시간연장운항(EDTO)에 적용하는 기준시간(threshold time) 중에 국내법에서 규정하고 있는 쌍발 비행기 중 최대인가승객 좌석 수가 20석 미만이며 최대이륙중량이 4만 5,360킬로그램 미만인 비행기로서 전세운송에 사용되는 비행기에 적용되는 기준시간(threshold time)은?

답) ③

48. <보기>의 회항시간연장운항(EDTO)에 적용하는 기준시간(threshold time) 중에 국내법에서 규정하고 있는 3발 이상 비행기에 적용되는 기준시간(threshold time)은?

답) ③

49. 다음의 운항을 무엇이라 하는가?

비행고도 29,000피트 ~41,000피트 사이의 고고도 공역에서 항공기 간에 수직안전거리간격을 2,000피트에서 1,000피트(300m)로 축소하여 적용함으로써 효율적인 공역 활용을 도모하고 공역수용능력을 증대시키는 진보된 공역 운항 기법을 말한다.

① 저 시정 운항

② 회항시간 연장운항

③ 수직분리축소공역 운항

④ 성능기반항행운항

답) ③

50. 수직분리축소공역운항(RVSM)이 적용되는 공역은?

① 비행고도 10,000피트 ~40,000피트

② 비행고도 10,000피트 ~ 50,000피트

③ 비행고도 29,000피트 ~ 41,000피트

④ 비행고도 29,000피트 ~ 51,000피트

답) ③

51. 수직분리축소공역운항(RVSM)에서는 수직안전거리를 얼마로 적용하고 있는가?

① 500피트

② 1,000피트

③ 2,000피트

④ 3,000피트

답) ②

52. 다음을 무엇이라 하는가?

계기접근절차 또는 지정된 공역, ATS 항로를 운항하는 항공기가 갖추어야 하는 '성능요건'을 기반으로 한 '지역항법'을 말한다.

① 성능기반항행

② 성능요구항행

③ 정밀접근절차

④ 정밀운항절차

답) ①

<보기> (문제 53~문제 54번)

① RNAV 1

② RNAV 5

③ RNAV 10

④ RNP AR APCH

---

53. <보기>와 같은 성능기반항행(PBN)에서 항법장비의 하나 또는 조합을 이용하여 비행시간의 95퍼센트에 해당하는 시간 동안 정확도가 ± 10NM이 요구되는 성능기반항행은 무엇인가?

답) ③

54. <보기>와 같은 성능기반항행(PBN)에서 가장 높은 항법장비의 정밀도가 요구되는 것은?

답) ④

55. 다음중 항공교통업무의 목적이 아닌 것은?

① 항공기 간의 충돌 방지

② 기동지역 안에서 항공기와 장애물 간의 충돌 방지

③ 수색·구조를 필요로 하는 항공기에 대한 관계기관에의 정보 제공 및 협조

④ 항공기 등록증명서 및 감항증명서 발행 및 유지

답) ④

56. 항공기운항의 안전성·정규성 및 효율성을 확보하기 위하여 필요한 정보를 비행정보구역에서 비행하는 사람 등에게 제공하는 업무를 무엇이라 하나?

① 항공정보업무

② 항공운항업무

③ 항공통제업무

④ 항공서비스업무

답) ①

57. 공항을 안전하게 운영할 수 있는 체계를 갖추고 있음을 증명하는 것을 무엇이라 하나?

① 공항안전증명

② 공항운영증명

③ 공항안전체계

④ 공항운항체계

답) ②

58. 항공보안법에서 규정하고 있는 "운항중(in flight)"을 옳게 설명한 것은?

① 승객이 탑승한 후 항공기가 이동한 때부터 내리기 위하여 항공기가 정지한 때까지를 말한다.

② 승객이 탑승한 후 항공기의 모든 문이 닫힌 때부터 내리기 위하여 문을 열 때까지를 말한다.

③ 승객이 탑승한 후 항공기가 이륙한 때부터 내리기 위하여 항공기가 착륙한 때까지를 말한다.

④ 승객이 탑승하기 위해 항공기의 모든 문이 열린 때부터 내린 후 문을 닫힌 때까지를 말한다.

답) ②

59. 항공보안법 상에서 운항중인 항공기를 납치하거나 납치를 시도하는 행위 등 항공기의 안전운항을 저해할 우려가 있거나 운항을 불가능하게 하는 행위를 무엇이라 하나?

① 불법방해행위

② 안전저해행위

③ 보안저해행위

④ 안전보안행위

답) ①

60. '항공보안 비밀보고제도'는 항공보안을 저해하는 사건·상황·상태 등에 관한 보안위험 정보를 수집하기 위하여 도입한 제도로서 보고자에 대해서는 철저한 비밀이 보장되는 자율적인 보고제도이다.
    항공보안 비밀보고제도의 운영기관은?
    ① 한국항공진흥협회
    ② 교통안전공단
    ③ 항공안전기술원
    ④ 한국항공우주정책법학회

답) ②

61. 다음 중 항공사고에 해당되지 않는 것은?
    ① 항공기 사고
    ② 항공기 준사고
    ③ 경량항공기 사고
    ④ 초경량비행장치 사고

답) ②

62. 항공기 운항과 관련하여 발생한 다음 사항중 항공기 사고에 포함되지 않는 것은?
    ① 사람의 사망·중상 또는 행방불명
    ② 항공기의 중대한 손상·파손 또는 구조상의 고장
    ③ 항공기의 위치를 확인할 수 없거나 항공기에 접근이 불가능한 경우
    ④ 착륙중 활주로를 벗어난 경우

답) ④

63. 항공기 운항과 관련하여 발생한 항공기의 중대한 손상·파손 또는 구조상의 고장은 항공기 사고에 포함된다. 여기에 해당되지 않는 것은?
    ① 항공기에서 발동기가 떨어져 나간 경우
    ② 발동기의 덮개 또는 역추진장치 구성품이 떨어져 나가면서 항공기를 손상시킨 경우
    ③ 항공기 내부의 감압 또는 여압을 조절하지 못하게 되는 구조적 손상이 발생한 경우
    ④ 한 개 발동기의 고장 또는 손상 및 비상연료 선포

답) ④

64. 항공사고등과 관련된 정보·자료 등의 수집·분석 및 원인규명과 항공안전에 관한 안전권고 등 항공사고등의
    예방을 목적으로 항공사고조사위원회가 수행하는 과정 및 활동을 무엇이라 하나?
    ① 사고방지
    ② 안전권고
    ③ 사고조사
    ④ 사고예방

    답) ③

65. 사고조사에 대한 설명 중 옳지 않은 것은?
    ① 사고조사 기관은 독립성을 가져야 한다.
    ② 사고조사의 목적은 사고원인 파악 및 사고의 재발방지에 있다.
    ③ 사고조사에서 확인된 사고원인은 처벌에 반영되어야 한다.
    ④ 시카고협약 체약국내에서 항공기 사고가 발생한 경우 우선적으로 발생지국이 사고조사 의무를 가진다.

    답) ③

66. 국제민간항공협약 체약국 내에서 항공기 사고가 발생한 경우 일차적으로 사고조사 의무를 가지는 국가는?
    ① 항공기 등록국가
    ② 항공기 사고 발생지국가
    ③ 항공기 제작국가
    ④ 항공기 운영국가

    답) ②

67. 항공기 사고조사 시 관련국 및 ICAO에 사고관련 사고조사 초동보고는 사고 후 며칠이내에 보고해야 하나?
    ① 10일 이내
    ② 20일 이내
    ③ 30일 이내
    ④ 60일 이내

    답) ③

68. 미국연방규정집(Code of Federal Regulations, CFR) 중 미국을 운항하는 외국 항공사에게 적용하는 기준을
    규정하고 있는 CFR은?
    ① FAR Part 121
    ② FAR Part 125
    ③ FAR Part 129

④ FAR Part 135

답) ③

69. 다음과 같은 자격증명별 업무를 수행하는 항공종사자는?

비행기에 탑승하여 다음 각 호의 행위를 하는 것

1. 자가용 조종사의 자격을 가진 자가 할 수 있는 행위

2. 기장 외의 조종사로서 비행기를 조종하는 행위

① 운송용조종사

② 사업용조종사

③ 자가용조종사

④ 부조종사

답) ④

70. 항공신체검사증명 요건을 충족해야 하는 자가 아닌 것은?

① 운항승무원

② 객실승무원

③ 경량항공기조종사

④ 항공교통관제사

답) ②

71. 항공영어구술능력증명에 대한 설명으로 옳지 않은 것은?

① 국제선을 운항하는 조종사 및 항공교통관제사, 무선통신사에게 요구된다.

② 항공영어구술능력증명을 받고자 하는 자는 국토교통부장관이나 항공운송사업자로터 자격인정을 받아야 한다.

③ 항공영어구술능력증명의 등급은 총6등급으로 구분된다.

④ 항공영어구술능력증명의 등급별 유효기간은 4등급은 3년, 5등급은 6년, 6등급은 영구로 한다.

답) ②

72. 국제민간항공협약 및 동 협약 부속서 1에서 규정하고 있는 항공종사자 자격증명에 대한 설명 중 옳지 않은 것은?

① 국제항공에 종사하는 모든 항공기의 조종사는 항공기의 등록국이 발급하거나 유효하다고 인정한 자격증명을 소지해야 한다.

② 각 체약국은 항공기의 등록국이 발급하거나 유효하다고 인정한 자격증명이 협약에 따라 정한 최저 표준을 준수한 경우 유효한 것으로 인정해야 한다.

③ 항공당국은 자격증명을 발행할 때 시카고협약 체약국이 rating의 유효성을 쉽게 판단할 수 있도록 자격증명을 발행해야 한다.

④ 항공종사자에 대한 훈련은 인가된 훈련기관 유무와 상관없이 훈련 과목을 이수하면 된다.

답) ④

73. 항공기의 국적 및 등록에 내한 설명 중 옳지 않은 것은?

① 항공기는 등록국의 국적을 가진다.

② 외국 국적을 갖고 있는 외국에 등록된 항공기라도 국토교통부장관의 사전 허가를 받으면 한국에서 추가로 등록할 수 있다.

③ 국제항공에 사용되는 모든 항공기는 그 적당한 국적과 등록표시가 있어야 한다.

④ 항공기 등록국가는 한 국가에서 다른 국가로 변경할 수 있다.

답) ②

74. 항공기 등록국의 역할 및 의무를 항공기 운영국으로 이관할 수 있도록 한 국제민간항공협약 관련 조항은?

① 국제민간항공협약 제3조

② 국제민간항공협약 제3조의 2(3bis)

③ 국제민간항공협약 제83조

④ 국제민간항공협약 제83조의 2(83bis)

답) ④

75. 항공기의 감항증명(airworthiness certification)에 대한 설명으로 옳지 않은 것은?

① 원칙적으로 항공기 등록국은 항공기에 대한 감항증명서를 발급하여야 한다.

② 국토교통부령으로 특별히 허용된 경우가 아닌 경우, 감항증명은 대한민국 국적을 가진 항공기가 아니면 받을 수 없다.

③ 감항증명을 유효기간을 24개월로 하며 항공기 형식 및 정비능력 등으로 고려하여 유효기간을 연장할 수 있다.

④ 감항증명을 받지 아니한 항공기를 항공에 사용하여서는 아니 된다.

답) ③

76. 항공기의 소음기준적합증명(Aircraft Noise Certification)에 대한 설명으로 옳지 않은 것은?

① 항공기의 소유자등은 항공기에 대하여 소음기준적합증명을 받아야 한다.

② 항공기의 소유자등은 감항증명을 받는 경우와 수리·개조 등으로 항공기의 소음치가 변동된 경우에는 그 항공기에 대하여 소음기준적합증명을 받아야 한다.

③ 항공기의 소유자등은 소음기준적합증명을 받지 않은 항공기를 운항하여서는 아니 된다.

④ 소음기준적합증명의 기준에 적합하지 아니한 항공기는 여객기로 사용될 수 없으며 화물기 전용항공기로만 사용될 수 있다.

답) ④

77. 항공운송사업 외의 사업으로서 타인의 수요에 맞추어 항공기를 사용하여 유상으로 농약 살포, 건설 또는 사진촬영 등의 업무를 하는 사업을 무엇이라 하나?
① 항공기사용사업
② 항공기취급업
③ 항공기대여업
④ 항공기특수사업

답) ①

78. 다음 중 한국에서 규정하고 있는 항공운송사업의 종류가 아닌 것은?
① 국제항공운송사업
② 국내항공운송사업
③ 대형항공운송사업
④ 소형항공운송사업

답) ③

79. '항공기 사용사업'에 해당되지 않는 것은?
① 비료 또는 농약 살포, 씨앗 뿌리기 등 농업 지원
② 광고용 현수막 견인 등 공중광고
③ 사진촬영, 육상 및 해상 측량 또는 탐사
④ 항공기 전세사업

답) ④

80. 항공기 취급업의 종류에 해당되지 않는 것은?
① 항공기급유업
② 항공기하역업
③ 지상조업사업
④ 항공관광업

답) ④

81. 사업허가 요건과 관련하여 사업면허 요건을 충족하지 않아도 되는 것은?

① 국제항공운송사업

② 국내항공운송사업

③ 소형항공운송사업

④ 항공기사용사업

답) ④

82. 소형항공운송사업에 해당하는 여객기의 좌석수 기준은?

① 승객 좌석수 20석 미만

② 승객 좌석수 20석 이하

③ 승객 좌석수 50석 미만

④ 승객 좌석수 50석 이하

답) ④

```
<보기> (문제 83~문제 84번)
① 운항증명
② 운영기준
③ 운항규정
④ 운항기술기준
```

83. <보기>중에 항공당국이 항공운송사업 등을 경영하고자 하는 항공사의 인력, 장비, 시설 및 운항 관리 지원 등 안전 운항 체계를 종합적으로 검사하고, 항공사가 적합한 안전운항 능력을 구비한 경우, 항공사에게 항공운송사업을 개시할 수 있도록 있음을 증명하기 위해 발행하는 증명(서)를 무엇인라 하나?

답) ①

84. <보기>중에 항공당국이 항공사에게 운항증명(AOC) 발급 시 함께 교부하는 것으로 항로 및 공항 등에 대한 운항조건 및 제한사항이 포함되어 있다. 구체적인 운항조건 및 제한사항으로는 위험물 운송, 저시정 운항, 회항시간 연장운항(EDTO), 수직분리축소공역운항(RVSM), 성능기반항행요구공역운항(PBN) 등에 대한 허가 사항 등이 포함되어 있는 것을 무엇이라 하나?

답) ②

85. 국토교통부장관은 운항증명을 하는 경우에는 운항하려는 항로, 공항 및 항공기 정비방법 등에 관하여 국토교통부령으로 정하는 운항조건과 제한 사항이 명시된 운영기준을 정하여 함께 발급하여야 한다. 이와 관련

하여 항공법시행규칙에서 정한 운항조건과 제한 사항에 해당되지 않는 것은?

① 인가된 운항의 종류와 항로의 인가 및 제한사항

② 항공운송사업자 간의 항공기 부품교환 요건

③ 항공운송사업자의 재정 수준

④ 항공운송사업자가 사용할 항공기 기종, 등록기호 및 항공기 임차에 관한 사항

답) ③

86. 운항증명 및 운영기준에 대한 설명 중 옳지 않은 것은?

① 운영기준(Operations Specifications)이란 항공당국이 항공사에게 운항증명 발급 시 함께 교부하는 것으로 항로 및 공항 등에 대한 운항조건 및 제한사항이 포함되어 있다.

② 항공당국은 항공사에게 운항증명을 발급하는 경우 항로, 공항 등에 관하여 운항조건과 제한사항이 명시된 운영기준을 함께 발급한다.

③ 영문 외의 언어로 운영기준을 발행할 경우 영문을 포함하여 발행해야 한다.

④ 항공사는 항공당국이 발행한 운영기준을 준수하여야 하나 항공기에 탑재할 필요는 없다.

답) ④

87. 항공당국이 항공사에게 승인하여 발급한 운영기준에서 확인할 수 있는 내용이 아닌 것은?

① 위험물운송(Dangerous Goods) 승인

② 저 시정 운항(Low Visibility Operations) 승인

③ 회항시간 연장운항(EDTO) 승인

④ 여객 및 화물 운임 기준

답) ④

<보기> (문제 88~문제 90번)

① USOAP

② IASA

③ IOSA

④ USAP

88. <보기>중에 국제민간항공협약 부속서에서 정한 항공안전관련 국제기준에 대하여 ICAO가 국가별 이행실태를 종합적으로 평가하는 제도는?

답) ①

89. <보기>중에 가장 먼저 실시한 항공안전평가로 콜롬비아 국적 아비앙카 항공기의 사고가 발단이 되어 도입된 항공안전평가로 2001년 한국을 불합격 판정한바 있는 항공안전평가는?

답) ②

90. <보기>중에 ICAO에서 실시하는 대표적인 항공보안평가는 무엇인가?

답) ④

91. 항공안전 의무보고 및 항공안전 자율보고에 대한 설명 중 옳지 않은 것은?
① 국제민간항공협약 각 체약국은 항공안전장애 의무보고시스템 및 항공안전장애 자율보고시스템을 수립해야 한다.
② 자율보고시스템은 비처벌(non-punitive)로 운영되어야 하며 비행자료 정보원이 적합하게 보호되어야 한다.
③ 원칙적으로 항공안전 보고시스템 및 안전데이터 분석결과로 얻어진 안전데이터는 안전과 관련된 목적 이외의 용도로 사용하지 않는다.
④ 의무보고시스템은 자율보고시스템에서 다루는 문제점 및 위험보다 다소 낮은 수준의 위험요소를 보고 대상으로 한다.

답) ④

92. 사고조사와 관련해 ICAO의 정보보호에 관한 지침과 성격이 다른 것은?
① 항공기 사고조사는 형사 또는 민사 책임을 결정하는 "법적(legal)" 조사로부터 분리, 독립되어야 한다.
② 항공기 사고조사는 관련자에게 책임을 지우려는 것이 아니라 사고원인을 밝히고자 하는 것이다.
③ 사고와 관련된 안전데이터는 반드시 항공기 사고조사에 사용하기 위해 기밀로 취급되어야한다
④ 사고조사의 목적은 사고원인 파악 및 합당한 처벌 수준을 정하는 데 있다.

답) ④

국제민간항공협약

[일반사항]

- 조약명(국문): 국제민간항공협약
- 조약명(영문): Convention on International Civil Aviation
- 조약약칭: 시카고협약
- 채택일: 1944년 12월 07일
- 채택장소: 미국, 시카고
- 발효일: 1947년 04월 04일
- 자료: ICAO 및 외교부 홈페이지

[우리나라 관련사항]

- 가입서 기탁일: 1952년 11월 11일
- 발효일: 1952년 12월 11일(조약 제38호)

[참고사항]

- 영문 및 국문 모든 개정을 반영함(ICAO Doc 7300/9)
- 본 조약의 한글 번역 내용은 조약 가입 시 작성된 번역본을 그대로 사용함

  단, 일부 문구는 현재 항공법규에서 사용하고 있는 표준 용어와 달라 사용상 혼돈스러움을 피하고 독자의 이해를 위해

  필자가 현재 항공 법규에서 사용하는 용어로 수정하여 부연 기술하였으며 밑줄로 표시함

Convention on International Civil Aviation

국제민간항공협약

Preamble

전 문

WHEREAS the future development of international civil aviation can greatly help to create and preserve friendship and understanding among the nations and peoples of the world, yet its abuse can become a threat to the general security; and.

국제민간항공의 장래의 발달은 세계의 각국과 각 국민 간에 있어서의 우호와 이해를 창조하고 유지하는 것을 크게 조장할 수 있으나 그 남용은 일반적 안전에 대한 위협이 될 수 있으므로,

WHEREAS it is desirable to avoid friction and to promote that cooperation between nations and peoples upon which the peace of the world depends;

각국과 각 국민 간에 있어서의 마찰을 피하고 세계평화의 기초인 각국과 각 국민 간의 협력을 촉진하는 것을 희망하므로,

THEREFORE, the undersigned Governments having agreed on certain principles and arrangements in order that international civil aviation may be developed in a safe and orderly manner and that international air transport services may be established on the basis of equality of opportunity and operated soundly and economically;

따라서 하기 서명 정부는 국제민간항공이 안전하고 정연하게 발달하도록 또 국제항공운송업체가 기회균등주의를 기초로 하여 확립되어서 건전하고 또 경제적으로 운영되도록 하게 하기 위하여 일정한 원칙과 작정에 대한 의견이 일치하여,

Have accordingly concluded this Convention to that end.

이에 본 협약을 결정한다.

PART I AIR NAVIGATION

CHAPTER I GENERAL PRINCIPLES AND APPLICATION OF THE CONVENTION

Article 1   Sovereignty

The contracting States recognize that every State has complete and exclusive sovereignty over the airspace above its territory.

Article 2   Territory

For the purposes of this Convention the territory of a State shall be deemed to be the land areas and territorial waters adjacent thereto under the sovereignty, suzerainty, protection or mandate of such State.

Article 3   Civil and state aircraft

(a) This Convention shall be applicable only to civil aircraft, and shall not be applicable to state aircraft.

(b) Aircraft used in military, customs and police services shall be deemed to be state aircraft.

(c) No state aircraft of a contracting State shall fly over the territory of another State or land thereon without authorization by special agreement or otherwise, and in accordance with the terms thereof.

(d) The contracting States undertake, when issuing regulations for their state aircraft, that they will have due regard for the safety of navigation of civil aircraft.

제 1 부 항공

제 1 장 협약의 일반원칙과 적용

제 1 조   주권

체약국은 각국이 그 영역상의 공간에 있어서 완전하고 배타적인 주권을 보유한다는 것을 승인한다.

제 2 조   영역

본 협약의 적용상 국가의 영역이라 함은 그 나라의 주권, 종주권보호 또는 위임통치하에 있는 육지와 그에 인접하는 영수를 말한다.

제 3 조   민간항공기 및 국가항공기

(a) 본 협약은 민간 항공기에 한하여 적용하고 국가의 항공기에는 적용하지 아니한다.

(b) 군, 세관과 경찰업무에 사용하는 항공기는 국가의 항공기로 간주한다.

(c) 어떠한 체약국의 국가 항공기도 특별협정 또는 기타방법에 의한 허가를 받고 또한 그 조건에 따르지 아니하고는 타국의 영역의 상공을 비행하거나 또는 그 영역에 착륙하여서는 아니 된다.

(d) 체약국은 자국의 국가항공기에 관한 규칙을 제정하는 때에는 민간항공기의 항행의 안전을 위하여 타당한 고려를 할 것을 약속한다.

Article 3bis[1]

(a) The contracting States recognize that every State must refrain from resorting to the use of weapons against civil aircraft in flight and that, in case of interception, the lives of persons on board and the safety of aircraft must not be endangered. This provision shall not be interpreted as modifying in any way the rights and obligations of States set forth in the Charter of the United Nations.

(b) The contracting States recognize that every State, in the exercise of its sovereignty, is entitled to require the landing at some designated airport of a civil aircraft flying above its territory without authority or if there are reasonable grounds to conclude that it is being used for any purpose inconsistent with the aims of this Convention; it may also give such aircraft any other instructions to put an end to such violations. For this purpose, the contracting States may resort to any appropriate means consistent with relevant rules of international law, including the relevant provisions of this Convention, specifically paragraph (a) of this Article. Each contracting State agrees to publish its regulations in force regarding the interception of civil aircraft.

제 3 조의 2[2]

(a) 체약국은 모든 국가가 비행중인 민간항공기에 대하여 무기의 사용을 삼가하여야 하며, 또한 민간항공기를 유도통제하는 경우에 탑승객의 생명과 항공기의 안전을 위태롭게 하여서는 아니 된다는 것을 인정한다. 이 규정은 어떠한 경우에도 국제연합헌장에 규정된 국가의 권리와 의무를 수정하는 것으로 해석되지 아니한다.

(b) 체약국은 모든 국가가 그 주권을 행사함에 있어서, 민간항공기가 허가 없이 그 영토 상공을 비행하거나 또는 이 협약의 목적에 합치되지 아니하는 어떠한 의도로 사용되고 있다고 믿을 만한 합리적인 이유가 있는 경우, 동 민간항공기에 대하여 지정된 공항에 착륙할 것을 요구하거나, 또는 그러한 위반을 종식시키기 위하여 동 민간항공기에 대하여 기타 지시를 할 수 있음을 인정한다. 이러한 목적으로 체약국은 이 협약의 관계 규정, 특히 이 조의 (a)항을 포함한 국제법의 관계 규칙에 합치되는 모든 적절한 수단을 취할 수 있다. 각 체약국은 민간항공기의 유도통제에 관한 자국의 현행 규정을 공표할 것을 동의한다.

---

[1] The 25th(Extraordinary) Session of the Assembly on 10 May 1984 amended the Convention by adopting the Protocol introducing Article 3 bis. This amendment came into force on 1 October 1998.

[2] 제25차 임시총회(1984.5.10.)에서 개정의정서로 채택되어 1998.10.1. 발효함.

(c) Every civil aircraft shall comply with an order given in conformity with paragraph (b) of this Article. To this end each contracting State shall establish all necessary provisions in its national laws or regulations to make such compliance mandatory for any civil aircraft registered in that State or operated by an operator who has his principal place of business or permanent residence in that State. Each contracting State shall make any violation of such applicable laws or regulations punishable by severe penalties and shall submit the case to its competent authorities in accordance with its laws or regulations.

(d) Each contracting State shall take appropriate measures to prohibit the deliberate use of any civil aircraft registered in that State or operated by an operator who has his principal place of business or permanent residence in that State for any purpose inconsistent with the aims of this Convention. This provision shall not affect paragraph (a) or derogate from paragraphs (b) and (c) of this Article.

Article 4 Misuse of civil aviation

Each contracting State agrees not to use civil aviation for any purpose inconsistent with the aims of this Convention.

(c) 모든 민간항공기는 이 조의 (b)항에 따라 내려진 명령에 복종하여야 한다. 이를 위하여 각 체약국은 자국에 등록되어 있거나 또는 자국에 사업의 주된 사무소나 주소를 둔 운용권자에 의하여 운용되는 어떠한 민간항공기도 그러한 명령에 따르도록 하기 위하여 모든 필요한 규정을 자국의 국내법령에 규정하여야 한다. 각 체약국은 그러한 관계법령의 어떠한 위반에 대하여도 엄중이 처벌하여야 하며, 자국의 법령에 따라 자국의 권한 있는 당국에 사건을 회부하여야 한다.

(d) 각 체약국은 자국에 등록되어 있거나 또는 자국에 사업의 주된 사무소나 주소를 둔 운용권자에 의하여 운용되는 어떠한 민간항공기도 이 협약의 목적에 합치되지 아니하는 어떠한 의도로 고의적으로 사용되는 것을 방지하기 위하여 적절한 조치를 취하여야 한다. 이 규정은 이 조의 (a)항에 영향을 미치거나 또는 (b)항과 (c)항을 부분적으로 폐기시켜서는 아니 된다.

제 4 조 민간항공의 남용

각 체약국은, 본 협약의 목적과 양립하지 아니하는 목적을 위하여 민간항공을 사용하지 아니할 것을 동의한다.

CHAPTER II FLIGHT OVER TERRITORY OF CONTRACTING STATES

Article 5   Right of non-scheduled flight

Each contracting State agrees that all aircraft of the other contracting States, being aircraft not engaged in scheduled international air services shall have the right, subject to the observance of the terms of this Convention, to make flights into or in transit non-stop across its territory and to make stops for non-traffic purposes without the necessity of obtaining prior permission, and subject to the right of the State flown over to require landing. Each contracting State nevertheless reserves the right, for reasons of safety of flight, to require aircraft desiring to proceed over regions which are inaccessible or without adequate air navigation facilities to follow prescribed routes, or to obtain special permission for such flights. Such aircrafts, if engaged in the carriage of passengers, cargo, or mail for remuneration or hire on other than scheduled international air services, shall also, subject to the provisions of Article 7, have the privilege of taking on or discharging passengers, cargo, or mail, subject to the right of any State where such embarkation or discharge takes place to impose such regulations, conditions or limitations as it may consider desirable.

제 2 장   체약국영역 상공의 비행

제 5 조   부정기비행의 권리

각 체약국은, 타 체약국의 모든 항공기로서 정기 국제항공업무에 종사하지 아니하는 항공기가 사전의 허가를 받을 필요 없이 피비행국의 착륙요구권에 따를 것을 조건으로, 체약국의 영역 내에의 비행 또는 그 영역을 무착륙으로 횡단비행하는 권리와 또 운수 이외의 목적으로서 착륙하는 권리를 본 협약의 조항을 준수하는 것을 조건으로 향유하는 것에 동의한다. 단 각 체약국은 비행의 안전을 위하여, 접근하기 곤란하거나 또는 적당한 항공 보안시설이 없는 지역의 상공의 비행을 희망하는 항공기에 대하여 소정의 항로를 비행할 것 또는 이러한 비행을 위하여 특별한 허가를 받을 것을 요구하는 권리를 보류한다. 전기의 항공기는 정기 국제항공업무로서가 아니고 유상 또는 대체로서 여객화물 또는 우편물의 운수에 종사하는 경우에도 제7조의 규정에 의할 것을 조건으로, 여객, 화물, 또는 우편물의 적재와 하재를 하는 권리를 향유한다. 단 적재 또는 하재가 실행되는 국가는 그가 필요하다고 인정하는 규칙, 조건 또는 제한을 설정하는 권리를 향유한다.

Article 6　Scheduled air services

No scheduled international air service may be operated over or into the territory of a contracting State, except with the special permission or other authorization of that State, and in accordance with the terms of such permission or authorization.

Article 7　Cabotage

Each contracting State shall have the right to refuse permission to the aircraft of other contracting States to take on in its territory passengers, mail and cargo carried for remuneration or hire and destined for another point within its territory. Each contracting State undertakes not to enter into any arrangements which specifically grant any such privilege on an exclusive basis to any other State or an airline of any other State, and not to obtain any such exclusive privilege from any other State.

Article 8　Pilotless aircraft

No aircraft capable of being flown without a pilot shall be flown without a pilot over the territory of a contracting State without special authorization by that State and in accordance with the terms of such authorization. Each contracting State undertakes to insure that the flight of such aircraft without a pilot in regions open to civil aircraft shall be so controlled as to obviate danger to civil aircraft.

제 6 조　정기 항공업무

정기 국제항공업무는 체약국의 특별한 허가 또는 타의 인가를 받고 그 허가 또는 인가의 조건에 따르는 경우를 제외하고 그 체약국의 영역의 상공을 비행하거나 또는 그 영역에 비입할 수 없다.

제 7 조　국내영업

각 체약국은, 자국영역 내에서 유상 또는 대체의 목적으로 타 지점으로 향하는 여객, 우편물, 화물을 적재하는 허가를 타 체약국의 항공기에 대하여 거부하는 권리를 향유한다. 각 체약국은 타국 또는 타국의 항공기업에 대하여 배타적인 기초 위에 전기의 특권을 특별히 부여하는 협약을 하지 아니하고 또 타국으로부터 전기의 배타적인 특권을 취득하지도 아니할 것을 약속한다.

제 8 조　무조종자 항공기
(무인항공기: 필자 수정)

조종자 없이 비행할 수 있는 항공기는 체약국의 특별한 허가 없이 또 그 허가의 조건에 따르지 아니하고는 체약국의 영역의 상공을 조종자 없이 비행하여서는 아니 된다. 각 체약국은 민간 항공기에 개방되어 있는 지역에 있어서 전기 무조종자항공기의 비행이 민간 항공기에 미치는 위험을 예방하도록 통제하는 것을 보장하는 데 약속한다.

Article 9 Prohibited areas

(a) Each contracting State may, for reasons of military necessity or public safety, restrict or prohibit uniformly the aircraft of other States from flying over certain areas of its territory, provided that no distinction in this respect is made between the aircraft of the State whose territory is involved, engaged in scheduled international airline services, and the aircraft of the other contracting States likewise engaged. Such prohibited areas shall be of reasonable extent and location so as not to interfere unnecessarily with air navigation. Descriptions of such prohibited areas in the territory of a contracting State, as well as any subsequent alterations therein, shall be communicated as soon as possible to the other contracting States and to the International Civil Aviation Organization.

(b) Each contracting State reserves also the right, in exceptional circumstances or during a period of emergency, or in the interest of public safety, and with immediate effect, temporarily to restrict or prohibit flying over the whole or any part of its territory, on condition that such restriction or prohibition shall be applicable without distinction of nationality to aircraft of all other States.

(c) Each contracting State, under such regulations as it may prescribe, may require any aircraft entering the areas contemplated in subparagraphs (a) or (b) above to effect a landing as soon as practicable thereafter at some designated airport within its territory.

제 9 조 금지구역

(a) 각 체약국은 타국의 항공기가 자국의 영역 내의 일정한 구역의 상공을 비행하는 것을 군사상의 필요 또는 공공의 안전의 이유에 의하여 일률적으로 제한하고 또는 금지할 수 있다. 단, 이에 관하여서는 그 영역소속국의 항공기로서 국제정기 항공업무에 종사하는 항공기와 타 체약국의 항공기로서 우와 동양의 업무에 종사하는 항공기간에 차별을 두어서는 아니 된다. 전기 금지구역은 항공을 불필요하게 방해하지 아니하는 적당한 범위와 위치로 한다. 체약국의 영역 내에 있는 이 금지구역의 명세와 그 후의 변경은 가능한 한 조속히 타 체약국과 국제민간항공기구에 통보한다.

(b) 각 체약국은 특별사태 혹은 비상시기에 있어서 또는 공공의 안전을 위하여, 즉각적으로 그 영역의 전부 또는 일부의 상공비행을 일시적으로 제한하고 또는 금지하는 권리를 보류한다. 단, 이 제한 또는 금지는 타의 모든 국가의 항공기에 대하여 국적의 여하를 불문하고 적용하는 것이라는 것을 조건으로 한다.

(c) 각 체약국은 동국이 정한 규칙에 의거하여 전기 (a) 또는 (b)에 정한 구역에 들어가는 항공기에 대하여 그 후 가급적 속히 그 영역 내 어느 지정한 공항에 착륙하도록 요구할 수가 있다.

Article 10 Landing at customs airport

Except in a case where, under the terms of this Convention or a special authorization, aircraft are permitted to cross the territory of a contracting State without landing, every aircraft which enters the territory of a contracting State shall, if the regulations of that State so require, land at an airport designated by that State for the purpose of customs and other examination. On departure from the territory of a contracting State, such aircraft shall depart from a similarly designated customs airport. Particulars of all designated customs airports shall be published by the State and transmitted to the International Civil Aviation Organization established under Part II of this Convention for communication to all other contracting States.

Article 11 Applicability of air regulations

Subject to the provisions of this Convention, the laws and regulations of a contracting State relating to the admission to or departure from its territory of aircraft engaged in international air navigation, or to the operation and navigation of such aircraft while within its territory, shall be applied to the aircraft of all contracting States without distinction as to nationality, and shall be complied with by such aircraft upon entering or departing from or while within the territory of that State.

제 10 조 세관공항에의 착륙

항공기가 본 협약 또는 특별한 허가조항에 의하여 체약국의 영역을 무착륙 횡단하는 것이 허용되어 있는 경우를 제외하고 체약국의 영역에 입국하는 모든 항공기는 그 체약국의 규칙이 요구할 때에는 세관 기타의 검사를 받기 위하여 동국이 지정한 공항에 착륙한다. 체약국의 영역으로부터 출발할 때 전기의 항공기는 동양으로 지정된 세관공항으로부터 출발한다. 지정된 모든 세관공항의 상세는 그 체약국이 발표하고 또 모든 타 체약국에 통보하기 위하여 본 협약의 제2부에 의하여 설립된 국제민간항공기구에 전달한다.

제 11 조 항공에 관한 규제의 적용

국제항공에 종사하는 항공기의 체약국 영역에의 입국 혹은 그 영역으로부터의 출국에 관한 또는 그 항공기의 동 영역 내에 있어서의 운항과 항행에 관한 체약국의 법률과 규칙은 본 협약의 규정에 따를 것을 조건으로 하여 국적의 여하를 불문하고 모든 체약국의 항공기에 적용되고 또 체약국의 영역에의 입국 혹은 그 영역으로부터의 출국 시 또는 체약국의 영역 내에 있는 동안은 전기의 항공기에 의하여 준수된다.

Article 12 Rules of the air

Each contracting State undertakes to adopt measures to insure that every aircraft flying over or maneuvering within its territory and that every aircraft carrying its nationality mark, wherever such aircraft may be, shall comply with the rules and regulations relating to the flight and maneuver of aircraft there in force. Each contracting State undertakes to keep its own regulations in these respects uniform, to the greatest possible extent, with those established from time to time under this Convention. Over the high seas, the rules in force shall be those established under this Convention. Each contracting State undertakes to insure the prosecution of all persons violating the regulations applicable.

Article 13 Entry and clearance regulations

The laws and regulations of a contracting State as to the admission to or departure from its territory of passengers, crew or cargo of aircraft, such as regulations relating to entry, clearance, immigration, passports, customs and quarantine shall be complied with by or on behalf of such passengers, crew or cargo upon entrance into or departure from, or while within the territory of the State.

제 12 조 항공규칙

각 체약국은 그 영역의 상공을 비행 또는 동 영역 내에서 동작하는 모든 항공기와 그 소재의 여하를 불문하고 그 국적표지를 게시하는 모든 항공기가 당해지에 시행되고 있는 항공기의 비행 또는 동작에 관한 법규와 규칙에 따르는 것을 보장하는 조치를 취하는 것을 약속한다. 각 체약국은 이에 관한 자국의 규칙을 가능한 한 광범위하게 본 협약에 의하여 수시 설정되는 규칙에 일치하게 하는 것을 약속한다. 공해의 상공에서 시행되는 법규는 본 협약에 의하여 설정된 것으로 한다. 각 체약국은 적용되는 규칙에 위반한 모든 자의 소추를 보증하는 것을 약속한다.

제 13 조 입국 및 출국에 관한 규칙

항공기의 여객 승무원 또는 화물의 체약국 영역에의 입국 또는 그 영역으로부터의 출국에 관한 동국의 법률과 규칙, 예를 들면 입국, 출국, 이민, 여권, 세관과 검역에 관한 규칙은 동국영역에의 입국 혹은 그 영역으로부터 출국을 할 때 또는 그 영역에 있는 동안 항공기의 여객, 승무원 또는 화물이 스스로 준수하든지 또는 이들의 명의에서 준수되어야 한다.

Article 14　Prevention of spread of disease

Each contracting State agrees to take effective measures to prevent the spread by means of air navigation of cholera, typhus (epidemic), smallpox, yellow fever, plague, and such other communicable diseases as the contracting States shall from time to time decide to designate, and to that end contracting States will keep in close consultation with the agencies concerned with international regulations relating to sanitary measures applicable to aircraft. Such consultation shall be without prejudice to the application of any existing international convention on this subject to which the contracting States may be parties.

Article 15　Airport and similar charges

Every airport in a contracting State which is open to public use by its national aircraft shall likewise, subject to the provisions of Article 68, be open under uniform conditions to the aircraft of all the other contracting States. The like uniform conditions shall apply to the use, by aircraft of every contracting State, of all air navigation facilities, including radio and meteorological services, which may be provided for public use for the safety and expedition of air navigation.

Any charges that may be imposed or permitted to be imposed by a contracting State for the use of such airports and air navigation facilities by the aircraft of any other contracting State shall not be higher:

제 14 조　병역의 만연의 방지

각 체약국은 콜레라, 티프스, 천연두, 황열, 흑사병과 체약국이 수시 지정을 결정하는 타의 전염병의 항공에 의한 만연을 방지하는 효과적인 조치를 취하는 것에 동의하고 이 목적으로서 체약국은 항공기에 대하여 적용할 위생상의 조치에 관하여 국제적 규칙에 관계가 있는 기관과 항시 긴밀한 협의를 한다. 이 협의는 체약국이 이 문제에 대한 현재국제조약의 당사국으로 있는 경우에는 그 적용을 방해하지 아니한다.

제 15 조　공항의 사용료 및 기타의 사용요금

체약국 내의 공항으로서 동국 항공기 일반의 사용에 공개되어 있는 것은 제86조의 규정에 따를 것을 조건으로, 모든 타 체약국이 항공기에 대하여 동일한 균등 조건하에 공개한다.

동일한 균등 조건은 무선전신과 기상의 업무를 포함한 모든 항공 보안시설로 항공의 안전과 신속화를 위하여 공공용에 제공되는 것을 각 체약국의 항공기가 사용하는 경우에 적용한다.

타 체약국의 항공기가 이 공항과 항공보안시설을 사용하는 경우에 체약국으로서 부과하고 또는 부과하는 것을 허여하는 요금은 다음의 것보다 고액이 되어서는 안 된다.

(a) As to aircraft not engaged in scheduled international air services, than those that would be paid by its national air craft of the same class engaged in similar operations, and

(b) As to aircraft engaged in scheduled international air services, than those that would be paid by its national aircraft engaged in similar international air services.

All such charges shall be published and communicated to the International Civil Aviation Organization: provided that, upon representation by an interested contracting State, the charges imposed for the use of airports and other facilities shall be subject to review by the Council, which shall report and make recommendations thereon for the consideration of the State or States concerned. No fees, dues or other charges shall be imposed by any contracting State in respect solely of the right of transit over or entry into or exit from its territory of any aircraft of a contracting State or persons or property thereon.

Article 16 Search of aircraft

The appropriate authorities of each of the contracting States shall have the right, without unreasonable delay, to search aircraft of the other contracting States on landing or departure, and to inspect the certificates and other documents prescribed by this Convention.

(a) 국제정기항공업무에 종사하지 아니하는 항공기에 관하여서는 동양의 운행에 종사하고 있는 자국의 동급의 항공기가 지불하는 것

(b) 국제정기항공업무에 종사하고 있는 항공기에 관하여는 동양의 국제항공기업무에 종사하고 있는 자국의 항공기가 지불하는 것

전기의 요금은 모두 공표하고 국제민간항공기구에 통보한다. 단, 관계체약국의 신입이 있을 때에는 공항과 타 시설의 사용에 대하여 부과된 요금은 이사회의 심사를 받고 이사회는 관계국 또는 관계제국에 의한 심의를 위하여 이에 관하여 보고하고 또 권고한다. 어느 체약국이라도 체약국의 항공기 또는 동양상의 인 혹은 재산이 자국의 영역의 상공의 통과, 동 영역에의 입국 또는 영역으로부터의 출국을 하는 권리에 관한 것에 대해서만은 수수료, 세 또는 타의 요금을 부과하여서는 아니 된다.

제 16 조 항공기의 검사

각 체약국의 당해 관헌은 부당히 지체하는 일 없이, 착륙 또는 출발 시에 타 체약국의 항공기를 검사하고 또 본 협약에 의하여 규정된 증명서와 타 서류를 검열하는 권리를 향유한다.

CHAPTER III NATIONALITY OF AIRCRAFT

Article 17 Nationality of aircraft

Aircrafts have the nationality of the State in which they are registered.

Article 18 Dual registration

An aircraft cannot be validly registered in more than one State, but its registration may be changed from one State to another.

Article 19 National laws governing registration

The registration or transfer of registration of aircraft in any contracting State shall be made in accordance with its laws and regulations.

Article 20 Display of marks

Every aircraft engaged in international air navigation shall bear its appropriate nationality and registration marks.

제 3 장 항공기의 국적

제 17 조 항공기의 국적

항공기는 등록국의 국적을 보유한다.

제 18 조 이중등록

항공기는 일 개 이상의 국가에 유효히 등록할 수 없다. 단, 그 등록은 일국으로부터 타국으로 변경할 수는 있다.

제 19 조 등록에 관한 국내법

체약국에 있어서 항공기의 등록 또는 등록의 변경은 그 국가의 법률과 규칙에 의하여 시행한다.

제 20 조 기호의 표시

국제항공에 종사하는 모든 항공기는 그 적당한 국적과 등록의 표지를 게시한다.

Article 21　Report of registrations

Each contracting State undertakes to supply to any other contracting State or to the International Civil Aviation Organization, on demand, information concerning the registration and ownership of any particular aircraft registered in that State. In addition, each contracting State shall furnish reports to the International Civil Aviation Organization, under such regulations as the latter may prescribe, giving such pertinent data as can be made available concerning the ownership and control of aircraft registered in that State and habitually engaged in international air navigation. The data thus obtained by the International Civil Aviation Organization shall be made available by it on request to the other contracting States.

CHAPTER IV　MEASURES TO FACILITATE AIR NAVIGATION

Article 22　Facilitation of formalities

Each contracting State agrees to adopt all practicable measures, through the issuance of special regulations or otherwise, to facilitate and expedite navigation by aircraft between the territories of contracting State, and to prevent unnecessary delays to aircraft, crews, passengers and cargo, especially in the administration of the laws relating to immigration, quarantine, customs and clearance.

제 21 조　등록의 보고

각 체약국은 자국에서 등록된 특정한 항공기의 등록과 소유권에 관한 정보를, o구가 있을 때에는, 타 체약국 또는 국제민간항공기구에 제공할 것을 약속한다. 또 각 체약국은 국제민간항공기구에 대하여 동 기구가 규정하는 규칙에 의하여 자국에서 등록되고 또 항상 국제항공에 종사하고 있는 항공기의 소유권과 관리에 관한 입수가능한 관계 자료를 게시한 보고서를 제공한다. 국제민간항공기구는 이와 같이 입수한 자료를 타 체약국이 청구할 때에는 이용시킨다.

제 4 장　운항을 용이케 하는 조치

제 22 조　수적의 간이화

각 체약국은 체약국 영역 간에 있어서 항공기의 항행을 용이하게 하고 신속하게 하기 위하여 또 특히 입국항검역, 세관과 출국에 관한 법률의 적용에 있어서 발생하는 항공기 승무원 여객 및 화물의 불필요한 지연을 방지하기 위하여 특별한 규칙의 제정 또는 타 방법으로 모든 실행 가능한 조치를 취하는 것에 동의한다.

Article 23 Customs and immigration procedures

Each contracting State undertakes, so far as it may find practicable, to establish customs and immigration procedures affecting international air navigation in accordance with the practices which may be established or recommended from time to time, pursuant to this Convention. Nothing in this Convention shall be construed as preventing the establishment of customs-free airports.

Article 24 Customs duty

(a) Aircraft on a flight to, from, or across the territory of another contracting State shall be admitted temporarily free of duty, subject to the customs regulations of the State. Fuel, lubricating oils, spare parts, regular equipment and aircraft stores on board an aircraft of a contracting State, on arrival in the territory of another contracting State and retained on board on leaving the territory of that State shall be exempt from customs duty, inspection fees or similar national or local duties and charges. This exemption shall not apply to any quantities or articles unloaded, except in accordance with the customs regulations of the State, which may require that they shall be kept under customs supervision.

제 23 조 세관 및 출입국의 수속

각 체약국은, 실행 가능하다고 인정하는 한 본 협약에 의하여 수시 인정되고 권고되는 방식에 따라 국제항공에 관한 세관 및 출입국절차를 설정할 것을 약속한다. 본 조약의 여하한 규정도 자유공항의 설치를 방해하는 것이라고 해석되어서는 아니 된다.

제 24 조 관 세

(a) 타 체약국의 영역을 향하여, 그 영역으로부터 또는 그 영역을 횡단하고 비행하는 항공기는, 그 국가의 세관규정에 따를 것을 조건으로, 잠정적으로 관세의 면제가 인정된다. 체약국의 항공기가 타 체약국의 영역에 도착할 때에 동 항공기상에 있는 연료, 윤활유, 예비부분품 및 항공기저장품으로서 그 체약국으로부터 출발하는 때에 기상에 적재하고 있는 것은 관세, 검사, 수수료등 국가 혹은 지방세와 과금이 면제된다. 이 면제는 항공기로부터, 내려진 양 또는 물품에는 적용하지 아니한다. 단, 동량 또는 물품을 세관의 감시하에 두는 것을 요구하는 그 국가의 세과규칙에 따르는 경우에는 제외한다.

(b) Spare parts and equipment imported into the territory of a contracting State for incorporation in or use on an aircraft of another contracting State engaged in international air navigation shall be admitted free of customs duty, subject to compliance with regulations of the State concerned, which may provide that the articles shall be kept under customs supervision and control.

Article 25   Aircraft in distress

Each contracting State undertakes to provide such measures of assistance to aircraft in distress in its territory as it may find practicable, and to permit, subject to control by its own authorities, the owners of the aircraft or authorities of the State in which the aircraft is registered to provide such measures of assistance as may be necessitated by the circumstances. Each contracting State, when undertaking search for missing aircraft, will collaborate in coordinated measures which may be recommended from time to time pursuant to this Convention.

Article 26   Investigation of accidents

In the event of an accident to an aircraft of a contracting State occurring in the territory of another contracting State, and involving death or serious injury, or indicating serious technical defect in the aircraft or air navigation facilities, the State in which the accident occurs will institute an inquiry into the circumstances of the accident, in accordance, so far as its laws permit, with the procedure which may be recommended by the International Civil Aviation Organization. The State in which the aircraft is registered shall be given the opportunity to appoint observers to be present at the inquiry and the State holding the inquiry shall communicate the report and findings in the matter to that State.

(b) 국제항공에 종사하는 타 체약국의 항공기에 부가하거나 또는 그 항공기가 사용하기 위하여 체약국의 영역에 수입된 예비부분품과 기기는 그 물품을 세관의 감시와 관리하에 두는 것을 규정한 관계국의 규칙에 따를 것을 조건으로 관세의 면세가 인정된다.

제 25 조   조난 항공기

각 체약국은 그 영역 내에서 조난한 항공기에 대하여 실행 가능하다고 인정되는 구호조치를 취할 것을 약속하고 또 동 항공기의 소유자 또는 동항공기의 등록국의 관헌이 상황에 따라 필요한 구호조치를 취하는 것을, 그 체약국의 관헌의 감독에 따르는 것을 조건으로, 허가할 것을 약속한다. 각 체약국은 행방불명의 항공기의 수색에 종사하는 경우에 있어서는 본 협약에 따라 수시 권고되는 공동조치에 협력한다.

제 26 조   사고의 조사

체약국의 항공기가 타 체약국의 영역에서 사고를 발생시키고 또 그 사고가 사망 혹은 중상을 포함하든가 또는 항공기 또는 항공보안시설의 중대한 기술적 결함을 표시하는 경우에는 사고가 발생한 국가는 자국의 법률이 허용하는 한 국제민간항공기구가 권고하는 절차에 따라 사고의 진상 조사를 개시한다. 그 항공기의 등록국에는 조사에 임석할 입회인을 파견할 기회를 준다. 조사를 하는 국가는 등록 국가에 대하여 그 사항에 관한 보고와 소견을 통보하여야 한다.

Article 27 Exemption from seizure on patent claims

(a) While engaged in international air navigation, any authorized entry of aircraft of a contracting State into the territory of another contracting State or authorized transit across the territory of such State with or without landings shall not entail any seizure or detention of the aircraft or any claim against the owner or operator thereof or any other interference therewith by or on behalf of such State or any person therein, on the ground that the construction, mechanism, parts, accessories or operation of the aircraft is an infringement of any patent, design, or model duly granted or registered in the State whose territory is entered by the aircraft, it being agreed that no deposit of security in connection with the foregoing exemption from seizure or detention of the aircraft shall in any case be required in the State entered by such aircraft.

(b) The provisions of paragraph (a) of this Article shall also be applicable of the storage of spare parts and spare equipment for the aircraft and the right to use and install the same in the repair of an aircraft of a contracting State in the territory of any other contracting State, provided that any patented part or equipment so stored shall not be sold or distributed internally in or exported commercially from the contracting State entered by the aircraft.

제 27 조 특허권에 의하여 청구된 차압의 면제

(a) 국제항공에 종사하고 있는 한 체약국의 항공기가 타 체약국의 영역에의 허가된 입국, 착륙 혹은 무착륙으로 동 영역의 허가된 횡단을 함에 있어서는, 항공기의 구조, 기계장치, 부분품, 부속품 또는 항공기의 운항이, 동항공기가 입국한 영역 소속국에서 합법적으로 허여되고 또는 등록된 발명 특허, 의장 또는 모형을 침해한다는 이유로 전기의 국가 또는 동국 내에 있는 국민에 의하던가 또는 차등의 명의에 의하여 항공기의 차압 혹은 억류항공기의 소유자 혹은 운항자에 대한 청구 또는 항공기에 대한 타의 간섭을 하여서는 아니 된다. 항공기의 차압 또는 억류로부터 전기의 면제에 관한 보증금의 공탁은 그 항공기가 입국한 국가에서는 여하한 경우에 있어서라도 요구되지 아니하는 것으로 한다.

(b) 본조 (a)항의 규정은, 체약국의 항공기를 위하여 예비부분품과 예비기기를 타 체약국의 영역 내에 보관하는 것에 대하여 또 체약국의 항공기를 타 체약국의 영역 내에서 수리하는 경우에 전기의 물품을 사용하고 또 장치하는 권리에 대하여 적용한다. 단, 이와 같이 보관되는 어떠한 특허부분품 또는 특허 기기라도 항공기가 입국하는 체약국에서 국내적으로 판매하고 혹은 배부하고 또는 그 체약국으로부터 상업의 목적으로서 수출하여서는 아니 된다.

(c) The benefits of this Article shall apply only to such States parties to this Convention, as either (1) are parties to the International Convention for the Protection of Industrial Property and to any amendments thereof; or (2) have enacted patent laws which recognize and give adequate protection to invention made by the nationals of the other States parties to this Convention.

Article 28 Air navigation facilities and standard systems

Each contracting State undertakes, so far as it may find practicable, to:

(a) Provide, in its territory, airports, radio services, meteorological services and other air navigation facilities to facilitate international air navigation, in accordance with the standards and practices recommended or established from time to time, pursuant to this Convention;

(b) Adopt and put into operation the appropriate standard systems of communications procedure, codes, markings, signals, lighting and other operational practices and rules which may be recommended or established from time to time, pursuant to this Convention;

(c) Collaborate in international measures to secure the publication of aeronautical maps and charts in accordance with standards which may be recommended or established from time to time, pursuant to this Convention.

(c) 본조의 이익은 본 협약의 당사국으로서, (1) 공업 소유권 보호에 관한 국제협약과 그 개정의 당사국인 국가 또는 (2) 본 협약의 타 당사국 국민에 의한 증명을 승인하고 또 이에 적당한 보호를 부여하는 특허법을 제정한 국가에 한하여 적용한다.

제 28 조 항공시설 및 표준양식

각 체약국은, 실행 가능하다고 인정하는 한, 다음 사항을 약속한다.

(a) 본 협약에 의하여 수시 권고되고 또는 설정되는 표준과 방식에 따라, 영역 내에 공항, 무선업무, 기상업무와 국제항공을 용이하게 하는 타의 항공보안시설을 설정하는 것

(b) 통신수속, 부호, 기호, 신호, 조명의 적당한 표준양식 또는 타의 운항상의 방식과 규칙으로서 본 협약에 의하여 수시 권고되고 또는 설정되는 것을 채택하여 실시하는 것

(c) 본 협약에 의하여 수시 권고되고 또는 설정되는 표준에 따라, 항공지도와 항공지도의 간행을 확실하게 하기 위한 국제적 조치에 협력하는 것

CHAPTER V   CONDITIONS TO BE FULFILLED WITH RESPECT TO AIRCRAFT

Article 29   Documents carried in aircraft

Every aircraft of a contracting State, engaged in international navigation, shall carry the following documents in conformity with the conditions prescribed in this Convention:

(a) Its certificate of registration;

(b) Its certificate of airworthiness;

(c) The appropriate licenses for each member of the crew;

(d) Its journey log book;

(e) If it is equipped with radio apparatus, the aircraft radio station license;

(f) If it carries passengers, a list of their names and places of embarkation and destination;

(g) If it carries cargo, a manifest and detailed declarations of the cargo.

제 5 장   항공기에 관하여 이행시킬 요건

제 29 조   항공기가 휴대하는 서류

국제항공에 종사하는 체약당사국의 모든 항공기는, 본 협약에 정한 조건에 따라 다음의 서류를 휴대하여야 한다:

(a) 등록증명서;

(b) 내항증명서;

(c) 각 승무원의 적당한 면허장;

(d) 항공일지;

(e) 무선전신장치를 장비할 때에는 항공기무선전신국면허장;

(f) 여객을 수송할 때는 그 성명 및 승지와 목적지의 표시;

(g) 화물을 운송할 때는 적하목록과 화물의 세목신고서.

Article 30   Aircraft radio equipment

(a) Aircraft of each contracting State may, in or over the territory of other contracting States, carry radio transmitting apparatus only if a license to install and operate such apparatus has been issued by the appropriate authorities of the State in which the aircraft is registered. The use of radio transmitting apparatus in the territory of the contracting State whose territory is flown over shall be in accordance with the regulations prescribed by that State.

(b) Radio transmitting apparatus may be used only by members of the flight crew who are provided with a special license for the purposes, issued by the appropriate authorities of the State in which the aircraft is registered.

Article 31   Certificates of airworthiness

Every aircraft engaged in international navigation shall be provided with a certificate of airworthiness issued or rendered valid by the State in which it is registered.

Article 32   Licenses of personnel

(a) The pilot of every aircraft and the other members of the operating crew of every aircraft engaged in international navigation shall be provided with certificates of competency and licenses issued or rendered valid by the State in which the aircraft is registered.

제 30 조   항공기의 무선장비

(a) 각 체약국의 항공기는, 그 등록국의 적당한 관헌으로부터, 무선송신기를 장비하고 또 운용하는 면허장을 받은 때에 한하여, 다 체약국의 영역 내에서 또는 그 영역의 상공에서 전기의 송신기를 휴행할 수 있다. 피 비행 체약국의 영역에서의 무선송신기의 사용은 동국이 정하는 규칙에 따라야 한다.

(b) 무선송신기의 사용은 항공기등록국의 적당한 관헌에 의하여 발급된 그 목적을 위한 특별한 면허장을 소지하는 항공기 승무원에 한한다.

제 31 조   내항증명서
(감항증명서: 필자 수정)

국제항공에 종사하는 모든 항공기는 그 등록국이 발급하거나 또는 유효하다고 인정한 내항증명서를 비치한다.

제 32 조   항공종사자의 면허장

(a) 국제항공에 종사하는 모든 항공기의 조종자와 기타의 운항승무원은 그 항공기의 등록국이 발급하거나 또는 유효하다고 인정한 기능증명서와 면허장을 소지한다.

(b) Each contracting State reserves the right to refuse to recognize, for the purpose of flight above its own territory, certificates of competency and licenses granted to any of its nationals by another contracting State.

Article 33 Recognition of certificates and licenses

Certificates of airworthiness and certificates of competency and licenses issued or rendered valid by the contracting State in which the aircraft is registered, shall be recognized as valid by the other contracting States, provided that the requirements under such certificates or licenses were issued or rendered valid are equal to or above the minimum standards which may be established from time to time pursuant to this Convention.

Article 34 Journey log books

There shall be maintained in respect of every aircraft engaged in international navigation a journey log book in which shall be entered particulars of the aircraft, its crew and of each journey, in such form as may be prescribed from time to time pursuant to this Convention.

(b) 각 체약국은 자국민에 대하여 타 체약국이 부여한 기능증명서와 면허장을 자국영역의 상공비행에 있어서 인정하지 아니하는 권리를 보류한다.

제 33 조 증명서 및 면허장의 승인

항공기의 등록국이 발급하거나 또는 유효하다고 인정한 내항증명서, 기능증명서 및 면허장은 타 체약국도 이를 유효한 것으로 인정하여야 한다. 단, 전기의 증명서 또는 면허장을 발급하거나 또는 유효하다고 인정한 요건은 본 협약에 따라 수시 설정되는 최저 표준과 그 이상이라는 것을 요한다.

34 조 항공일지

국제항공에 종사하는 모든 항공기에 관하여서는 본 협약에 따라 수시 특정하게 되는 형식으로 그 항공기 승무원과 각 항공의 세목을 기입한 항공일지를 보지한다.

Article 35 Cargo restrictions

(a) No munitions of war or implements of war may be carried in or above the territory of a State in aircraft engaged in international navigation, except by permission of such State. Each State shall determine by regulations what constitutes munitions of war or implements of war for the purposes of this Article, giving due consideration, for the purposes of uniformity, to such recommendations as the International Civil Aviation Organization may from time to time make.

(b) Each contracting State reserves the right, for reasons of public order and safety, to regulate or prohibit the carriage in or above its territory of articles other than those enumerated in paragraph (a): provided that no distinction is made in this respect between its national aircraft engaged in international navigation and the aircraft of the other States so engaged; and provided further that no restriction shall be imposed which may interfere with the carriage and use on aircraft of apparatus necessary for the operation or navigation of the aircraft or the safety of the personnel or passengers.

Article 36 Photographic apparatus

Each contracting State may prohibit or regulate the use of photographic apparatus in aircraft over its territory.

제 35 조 화물의 제한

(a) 군수품 또는 군용기재는 체약국의 영역 내 또는 상공을 그 국가의 허가 없이 국가항공에 종사하는 항공기로 운송하여서는 아니 된다. 가국은 통일성을 부여하기 위하여 국제민간항공기구가 수시로 하는 권고에 대하여 타당한 고려를 하여 본조에 군수품 또는 군용기재가 무엇이라는 것은 규칙으로서 결정한다.

(b) 각 체약국은 공중의 질서와 안전을 위하여 (a)항에 게시된 이외의 물품에 관하여 그 영역 내 또는 그 영역의 상공운송을 제한하고 또는 금지하는 권리를 보류한다. 단, 이에 관하여서는 국제항공에 종사하는 자국의 항공기와 타 체약국의 동양의 항공기관에 차별을 두어서는 아니 되며, 또한 항공기의 운항 혹은 항행 또는 직원 혹은 여객의 안전을 위하여 필요한 장치의 휴행과 기상사용을 방해하는 제한을 하여서는 아니 된다.

제 36 조 사진기

각 체약국은 그 영역의 상공을 비행하는 항공기에서 사진기를 사용하는 것을 금지하거나 또는 제한할 수 있다.

CHAPTER VI INTERNATIONAL STANDARDS AND RECOMMENDED PRACTICES

Article 37 Adoption of international standards and procedures

Each contracting State undertakes to collaborate in securing the highest practicable degree of uniformity in regulations, standards, procedures, and organization in relation to aircraft, personnel, airways and auxiliary services in all matters in which such uniformity will facilitate and improve air navigation.

To this end the International Civil Aviation Organization shall adopt and amend from time to time, as may be necessary, international standards and recommended practices and procedures dealing with:

(a) Communications systems and air navigation aids, including ground marking;

(b) Characteristics of airports and landing areas;

(c) Rules of the air and air traffic control practices;

(d) Licensing of operating and mechanical personnel;

(e) Airworthiness of aircraft;

(f) Registration and identification of aircraft;

(g) Collection and exchange of meteorological information;

(h) Log books;

(i) Aeronautical maps and charts;

(j) Customs and immigration procedures;

(k) Aircraft in distress and investigation of accidents;

and such other matters concerned with the safety, regularity, and efficiency of air navigation as may from time to time appear appropriate.

제 6 장 국제표준과 권고관행 (국제표준 및 권고방식: 필자수정)

제 37 조 국제표준 및 수속의 채택 (국제표준 및 절차의 채택: 필자수정)

각 체약국은 항공기직원, 항공로 및 부속업무에 관한 규칙, 표준, 수속과 조직에 있어서의 실행 가능한 최고도의 통일성을 확보하는 데에 협력할 것을 약속하여, 이와 같은 통일성으로 운항이 촉진되고 개선되도록 한다.

이 목적으로서 국제민간항공기구는 다음의 사항에 관한 국제표준 및 권고되는 방식과 수속을 필요에 응하여 수시 채택하고 개정한다.

(a) 통신조직과 항공 보안시설(지상표지를 포함);

(b) 공항과 이착륙의 성질;

(c) 항공규칙과 항공 교통관리방식;

(d) 운항관계 및 정비관계 종사자의 면허;

(e) 항공기의 내항성;

(f) 항공기의 등록과 식별;

(g) 기상정보의 수집과 교환;

(h) 항공일지;

(i) 항공지도 및 항공도;

(j) 세관과 출입국의 수속;

(k) 조난 항공기 및 사고의 조사.

또한 항공의 안전, 정확 및 능률에 관계가 있는 타의 사항으로서 수시 적당하다고 인정하는 것.

Article 38 Departures from international standards and procedures

Any State which finds it impracticable to comply in all respects with any such international standard or procedure, or to bring its own regulations or practices into full accord with any international standard or procedure after amendment of the latter, or which deems it necessary to adopt regulations or practices differing in any particular respect from those established by an international standard, shall give immediate notification to the International Civil Aviation Organization of the differences between its own practice and that established by the international standard. In the case of amendments to international standards, any State which does not make the appropriate amendments to its own regulations or practices shall give notice to the Council within sixty days of the adoption of the amendment to the international standard, or indicate the action which it proposes to take. In any such case, the Council shall make immediate notification to all other states of the difference which exists between one or more features of an international standard and the corresponding national practice of that State.

제 38 조 국제표준 및 수속의 배제 (국제표준 및 절차의 배제: 필자 수정)

모든 점에 관하여 국제표준 혹은 수속에 추종하며, 또는 국제표준 혹은 수속의 개정 후 자국의 규칙 혹은 방식을 이에 완전히 일치하게 하는 것이 불가능하다고 인정하는 국가, 혹은 국제표준에 의하여 설정된 것과 특정한 점에 있어 차이가 있는 규칙 또는 방식을 채용하는 것이 필요하다고 인정하는 국가는, 자국의 방식과 국제표준에 의하여 설정된 방식 간의 차이를 직시로 국제민간항공기구에 통고한다. 국제표준의 개정이 있을 경우에, 자국의 규칙 또는 방식에 적당한 개정을 가하지 아니하는 국가는, 국제표준의 개정의 채택으로부터 60일 이내에 이사회에 통지하든가 또는 자국이 취하는 조치를 명시하여야 한다.

이 경우에 있어서 이사회는 국제표준의 특이점과 이에 대응하는 국가의 국내 방식 간에 있는 차이를 직시로 타의 모든 국가에 통고하여야 한다.

Article 39 Endorsement of certificates and licenses

(a) Any aircraft or part thereof with respect to which there exists an international standard of airworthiness or performance, and which failed in any respect to satisfy that standard at the time of its certification, shall have endorsed on or attached to its airworthiness certificate a complete enumeration of the details in respect of which it so failed.

(b) Any person holding a license who does not satisfy in full the conditions laid down in the international standard relating to the class of license or certificate which he holds shall have endorsed on or attached to his license a complete enumeration of the particulars in which he does not satisfy such conditions.

Article 40 Validity of endorsed certificates and licenses

No aircraft or personnel having certificates or licenses so endorsed shall participate in international navigation, except with the permission of the State or States whose territory is entered. The registration or use of any such aircraft, or of any certificated aircraft part, in any State other than that in which it was originally certificated shall be at the discretion of the State into which the aircraft or part is imported.

제 39 조 증명서 및 면허장의 이서

(a) 내항성 또는 성능의 국제표준이 존재하는 항공기 또는 부분품으로서 증명서에 어떤 점에 있어 그 표준에 합치하지 못한 것은 그 합치하지 못한 점에 관한 완전한 명세를 그 내항증명서에 이서하든가 또는 첨부하여야 한다.

(b) 면장을 소지하는 자로서 그 소지하는 면장 또는 증명서의 등급에 관하여 국제표준에 정한 조건을 완전히 이해 못하는 자는 그 조건을 이행 못하는 점에 관한 완전한 명세를 우자의 면허장에 보증하든가 또는 첨부한다.

제 40 조 이서된 증명서 및 면허장의 효력

전기와 같이 보증된 증명서 또는 면허장을 소지하는 항공기 또는 직원은 입국하는 영역의 국가의 허가 없이 국제항공에 종사하여서는 아니 된다. 전기의 항공기 또는 증명을 받은 항공기 부분품으로서 최초에 증명을 받은 국가 이외의 국가에 있어서의 등록 또는 사용은 그 항공기 또는 부분품을 수입하는 국가가 임의로 정한다.

Article 41 Recognition of existing standards of airworthiness

The provisions of this Chapter shall not apply to aircraft and aircraft equipment of types of which the prototype is submitted to the appropriate national authorities for certification prior to a date three years after the date of adoption of an international standard of airworthiness for such equipment.

Article 42 Recognition of existing standards of competency of personnel

The provisions of this Chapter shall not apply to personnel whose licenses are originally issued prior to a date one year after initial adoption of an international standard of qualification for such personnel; but they shall in any case apply to all personnel whose licenses remain valid five years after the date of adoption of such standard.

제 41 조 내항성의 현행표준의 승인 (감항성의 현행표준의 승인: 필자수정)

본 장의 규정은 항공기기로서 그 기기에 대한 내항성의 국제표준을 채택한 일시 후 3년을 경과하기 전에 그 원형이 적당한 국내 관헌에게 증명을 받기 위하여 제출된 형식의 항공기와 항공기 기기에는 적용하지 아니한다.

제 42 조 항공종사자의 기능에 관한 현행표준의 승인

본 장의 규정은 항공종사자에 대한 자격증명서의 국제표준을 최초로 채택한 후 1년을 경과하기 전에 면허장이 최초로 발급되는 직원에게는 적용하지 아니한다. 그러나 전기의 표준을 채택한 일자 후 5년을 경과하고 상금 유효한 면허장을 소지하는 모든 항공종사자에게는 어떠한 경우에 있어서도 적용한다.

PART II

THE INTERNATIONAL CIVIL AVIATION ORGANIZATION

CHAPTER VII   THE ORGANIZATION

Article 43   Name and composition

An organization to be named the International Civil Aviation Organization is formed by the Convention. It is made up of an Assembly, a Council, and such other bodies as may be necessary.

Article 44   Objectives

The aims and objectives of the Organization are to develop the principles and techniques of international air navigation and to foster the planning and development of international air transport so as to:

(a) Insure the safe and orderly growth of international civil aviation throughout the world;

(b) Encourage the arts of aircraft design and operation for peaceful purpose;

(c) Encourage the development of airways, airports, and air navigation facilities for international civil aviation;

(d) Meet the needs of the peoples of the world for safe, regular, efficient and economical air transport;

(e) Prevent economic waste caused by unreasonable competition;

제 2 부

국제민간항공기구

제 7 장   기 구

제 43 조   명칭 및 구성

본 협약에 의하여 국제민간항공기구라는 기구를 조직한다. 본 기구는 총회, 이사회 및 필요한 타의 기관으로 구성된다.

제 44 조   목 적

본 기구의 목적은 다음의 사항을 위하여 국제항공의 원칙과 기술을 발달시키고 또한 국제항공수송의 계획과 발달을 조장하는 것에 있다:

(a) 세계를 통하여 국제민간항공의 안전하고도 정연한 발전을 보장하는 것;

(b) 평화적 목적을 위하여 항공기의 설계와 운항의 기술을 장려하는 것;

(c) 국제민간항공을 위한 항공로, 공항과 항공 보안시설의 발달을 장려하는 것;

(d) 안전하고 정확하며 능률적인 그리고 경제적인 항공수송에 대한 세계제인민의 요구에 응하는 것;

(e) 불합리한 경쟁으로 발생하는 경제적 낭비를 방지하는 것;

(f) Insure that the rights of contracting States are fully respected and that every contracting State has a fair opportunity to operate international airlines;

(g) Avoid discrimination between contracting States;

(h) Promote safety of flight in international air navigation;

(i) Promote generally the development of all aspects of international civil aeronautics.

Article 45[3]   Permanent seat

The permanent seat of the Organization shall be at such place as shall be determined at the final meeting of the Interim Assembly of the Provisional International Civil Aviation Organization set up by the Interim Agreement on International Civil Aviation signed at Chicago on December 7, 1944. The seat may be temporarily transferred elsewhere by decision of the Council, and otherwise than temporarily by decision of the Assembly, such decision to be taken by the number of votes specified by the Assembly. The number of votes so specified will not be less than three-fifths of the total number of contracting States.

(f) 체약국의 권리가 충분히 존중될 것과 체약국이 모든 국제항공 기업을 운영하는 공정한 기회를 갖도록 보장하는 것;

(g) 체약국 간의 차별대우를 피하는 것;

(h) 국제항공에 있어서 비행의 안전을 증진하는 것;

(i) 국제민간항공의 모든 부문의 발달을 일반적으로 촉진하는 것;

제 45 조[4]   항구적 소재지

본 기구의 항구적 소재지는 1944년 12월 7일 시카고에서 서명된 국제민간항공에 관한 중간협정에 의하여 설립된 임시 국제민간항공기구의 중간총회의 최종회합에서 결정되는 장소로 한다. 이 소재지는 이사회의 결정에 의하여 일시적으로 타의 장소에 또한 총회의 결정에 의하여 일시적이 아닌 타의 장소로 이전할 수 있다. 이러한 총회의 결정은 총회가 정하는 표수에 의하여 취하여져야 한다. 총회가 정하는 표수는 체약국의 총수의 5분의3 미만이어서는 아니 된다.

---

3) This is the text of the Article as amended by the 8th Session of the Assembly on 14 June 1954; it entered into force on 16 May 1958. The original text read as follows:
"The permanent seat of the Organization shall be at such place as shall be determined at the final meeting of the Interim Assembly of the Provisional International Civil Aviation Organization set up by the Interim Agreement on International Civil Aviation signed at Chicago on December 7, 1944. The seat may be temporarily transferred elsewhere by decision of the Council."

---

4) 1954.6.14. 8차 총회에서 개정되었으며 1958.5.16. 발효됨.

Article 46 First meeting of Assembly

The first meeting of the Assembly shall be summoned by the Interim Council of the above-mentioned provisional Organization as soon as the Convention has come into force, to meet at a time and place to be decided by the Interim Council.

Article 47 Legal capacity

The Organization shall enjoy in the territory of each contracting State such legal capacity as may be necessary for the performance of its functions. Full juridical personality shall be granted wherever compatible with the constitution and laws of the State concerned.

CHAPTER VIII THE ASSEMBLY

Article 48
Meeting of Assembly and voting

(a) The Assembly shall meet not less than once in three years and shall be convened by the Council at a suitable time and place. Extraordinary meetings of the Assembly may be held at any time upon the call of the Council or at the request of any ten contracting States addressed to the Secretary-General.[5]

---

5) This is the text of the Article as amended by the 14th Session of the Assembly on 15 September 1962; it entered into force on 11 September 1975. The previous text of this Article as amended by the 8th Session of the Assembly on 14 June 1954 and which entered into force on 12 December 1956 read as follows:
"a) The Assembly shall meet not less than once in three years and shall be convened by the Council at a suitable time and place. Extraordinary meetings of the Assembly may be held at any time upon the call of the Council or at the request of any ten contracting States addressed to the

제 46 조 총회의 제1차 회합

총회의 제1차 회합은 전기의 임시기구의 중간이사회가 결정하는 시일과 장소에서 회합하도록 본 협약의 효력발생 후 직시 중간이사회가 소집한다.

제 47 조 법률상의 행위능력

기구는 각 체약국의 영역 내에서 임무의 수행에 필요한 법률상의 행위능력을 향유한다. 완전한 법인격은 관계국의 헌법과 법률에 양립하는 경우에 부여된다.

제 8 장 총 회

제 48 조
총회의 회합 및 표결

(a) 총회는 적어도 매 3년에 1회 회합하고 적당한 시일과 장소에서 이사회가 소집한다. 임시총회는 이사회의 소집 또는 사무장에게 발송된 10개 체약국의 요청이 있을 때 하시라도 개최할 수 있다.[6]

Secretary General."
The original unamended text of the Convention read as follows:
"a) The Assembly shall meet annually and shall be convened by the Council at a suitable time and place. Extraordinary meetings of the Assembly may be held at any time upon the call of the Council or at the request of any ten contracting States addressed to the Secretary General."
6) 제8차 총회에서 개정되고 1956년 12월 12일 효력을 발생한 항임.

(b) All contracting States shall have an equal right to be represented at the meetings of the Assembly and each contracting State shall be entitled to one vote. Delegates representing contracting States may be assisted by technical advisers who may participate in the meetings but shall have no vote.

(c) A majority of the contracting States is required to constitute a quorum for the meetings of the Assembly. Unless otherwise provided in this Convention, decisions of the Assembly shall be taken by a majority of the votes cast.

Article 49
Powers and duties of Assembly

The powers and duties of the Assembly shall be to:

(a) Elect at each meeting its President and other officers;

(b) Elect the contracting States to be represented on the Council, in accordance with the provisions of Chapter IX;

(c) Examine and take appropriate action on the reports of the Council and decide on any matter referred to it by the Council;

(d) Determine its own rules of procedure and establish such subsidiary commission as it may consider to be necessary or desirable;

(e) Vote annual budgets and determine the financial arrangements of the Organization, in accordance with the provisions of Chapter XII;[7]

---

7) This is the text of the Article as amended by the 8th Session of the Assembly on 14 June 1954; it entered into force on 12 December 1956. The original text read as follows:
"e) Vote an annual budget and determine the financial arrangements of the Organization, in accordance with the provisions of Chapter XII;"

(b) 모든 체약국은 총회의 회합에 대표를 파견할 평등한 권리를 향유하고, 각 체약국은 일개의 투표권을 보유한다. 체약국을 대표하는 대표는 회합에는 참가할 수 있으나 투표권을 보유하지 아니하는 기술고문의 원조력을 받을 수 있다.

(c) 총회의 정족수를 구성하기 위하여서는 체약국의 과반수를 필요로 한다. 본 협약에 별단의 규정이 없는 한, 총회의 결정은 투표의 과반수에 의하여 성립된다.

제 49 조
총회의 권한 및 임무

총회의 권한과 임무는 다음과 같다.

(a) 매 회합 시에 의장 및 기타 역원을 선출하는 것;

(b) 제9장의 규정에 의하여 이사회에 대표자를 파견할 체약국을 선출하는 것;

(c) 이사회의 보고를 심사하고 적당한 조치를 취할 것과 이사회로부터 총회에 위탁한 사항을 결정하는 것;

(d) 자체의 의사규칙을 결정하고 필요하다고 인정하는 보조위원회를 설립하는 것;

(e) 제12장의 규정에 의하여 기구의 연도예산을 표결하고 재정상의 분배를 결정하는 것;[8]

---

8) 제8차 총회(1954)에서 개정되고 1956년 12월 12일 효력을 발생한 항임.

(f) Review expenditures and approve the accounts of the Organization;

(g) Refer, at its discretion, to the Council, to subsidiary commissions, or to any other body any matter within its sphere of action;

(h) Delegate to the Council the powers and authority necessary or desirable for the discharge of the duties of the Organization and revoke or modify the delegations of authority at any time;

(i) Carry out the appropriate provisions of Chapter XIII;

(j) Consider proposals for the modification or amendment of the provisions of this Convention and, if it approve of the proposals, recommend them to the contracting States in accordance with the provisions of Chapter XXI;

(k) Deal with any matter within the sphere of action of the Organization not specifically assigned to the Council.

(f) 기구의 지출을 검사하고 결산보고를 승인하는 것;

(g) 그 활동범위내의 사항을 이사회, 보조위원회 또는 타 기관에 임의로 위탁하는 것;

(h) 기구의 임무를 이행하기 위하여 필요한 또는 희구되는 권능과 권한을 이사회에 위탁하고 전기의 권한의 위탁을 하시라도 취소 또는 변경하는 것;

(i) 제13장의 적당한 규정을 실행하는 것;

(j) 본 협약의 규정의 변경 또는 개정을 위한 제안을 심의하고 동 제안을 승인한 경우에는 제21장의 규정에 의하여 이를 체약국에 권고하는 것;

(k) 기구의 활동 범위 내의 사항에서 특히 이사회의 임무로 되지 아니한 것을 처리하는 것.

CHAPTER IX   THE COUNCIL

Article 50
Composition and election of Council

(a) The Council shall be a permanent body responsible to the Assembly. It shall be composed of twenty-seven contracting States elected by the Assembly. An election shall be held at the first meeting of the Assembly and thereafter every three years, and the members of the Council so elected shall hold office until the next following election.[9]

(b) In electing the members of the Council, the Assembly shall give adequate representation to (1) the States of chief importance in air transport; (2) the States not otherwise included which make the largest contribution to the provision of facilities for international civil air navigation; and (3) the States not otherwise included whose designation will insure that all the major geographic areas of the world are represented on the Council. Any vacancy on the Council shall be filled by the Assembly as soon as possible; any contracting State so elected to the Council shall hold office for the unexpired portion of its predecessor's term of office.

---

9) This is the text of the Article as amended by the 28th (Extraordinary) Session of the Assembly on 26 October 1990; it entered into force on 28 November 2002. The original text of the Convention provided for twenty-one members of the Council. That text was subsequently amended by the 13th (Extraordinary) Session of the Assembly on 21 June 1961 this amendment entered into force on 17 July 1962 and provided for twenty-seven members of the Council. A second amendment was adopted by the 17th (A) (Extraordinary) Session of the Assembly on 12 March 1971 this amendment entered into force on 16 January 1973 and provided for thirty members of the Council. A third amendment was adopted by the 21 st Session of the Assembly on 16 October 1974; this amendment entered into force on 15 February 1980 and provided for thirty-three members of the Council.

제 9 장 이 사 회

제 50 조
이사회의 구성 및 선거

(a) 이사회는 총회에 대하여 책임을 지는 상설기관이 된다. 이사회는 총회가 선거한 27개국의 체약국으로서 구성된다. 선거는 총회의 제1차 회합에서 또 그 후는 매 3년에 행하고 또 이와 같이 선거된 이사회의 구성원은 차기의 선거까지 재임한다.[10]

(b) 이사회의 구성원을 선거함에 있어서, 총회는, (1) 항공운송에 있어 가장 중요한 국가 (2) 타점에서 포함되지 아니하나 국제민간항공을 위한 시설의 설치에 최대의 공헌을 하는 국가 (3) 타점에서는 포함되지 아니하나 그 국가를 지명함으로써 세계의 모든 중요한 지리적 지역이 이사회에 확실히 대표되는 국가를 적당히 대표가 되도록 한다. 이사회의 공석은 총회가 가급적 속히 보충하여야 한다. 이와 같이 이사회에 선거된 체약국은 전임자의 잔임기간 중 재임한다.

---

10) 최초 21개국이었으나 제13차 임시총회(1961.6.21.)에서 27개국, 제17차 임시총회(1971.3.12.)에서 30개국, 제21차 총회(1974.10.16.)에서 33개국, 제28차 임시총회(1990.10.26.)에서 36개국으로 각각 개정되었으며 36개국으로의 변경은 2002.11.28. 발효됨.

(c) No representative of a contracting State on the Council shall be actively associated with the operation of an international air service or financially interested in such a service.

Article 51 President of Council

The Council shall elect its President for a term of three years. He may be reelected. He shall have no vote. The Council shall elect from among its members one or more Vice Presidents who shall retain their right to vote when serving an acting President. The President need not be elected from among the representatives of the members of the Council but, if a representative is elected, his seat shall be deemed vacant and it shall be filled by the State which he represented. The duties of the President shall be to:

(a) Convene meetings of the Council, the Air Transport Committee, and the Air Navigation Commission;

(b) Serve as representative of the Council; and

(c) Carry out on behalf of the Council the functions which the Council assigns to him.

Article 52 Voting in Council

Decisions by the Council shall require approval by a majority of its members. The Council may delegate authority with respect to any particular matter to a committee of its members. Decisions of any committee of the Council may be appealed to the Council by any interested contracting State.

(c) 이사회에 있어서 체약국의 대표자는, 국제항공 업무의 운영에 적극적으로 참여하거나 또는 그 업무에 재정적으로 관계하여서는 아니 된다.

제 51 조 이사회의 의장

이사회는 그 의장을 3년의 임기로서 선거한다. 의장은 재선할 수 있다. 의장은 투표권을 보유하지 아니한다. 이사회는 그 구성원 중에서 1인 또는 2인 이상의 부의장을 선거한다. 부의장은 의장대리가 되는 때라도 투표권을 보지한다. 의장은 이사회의 구성원의 대표자 중에서 선거할 필요는 없지만 대표자가 선거된 경우에는 그 의석은 공석으로 간주하고 그 대표자가 대표하는 국가에서 보충한다. 의장의 임무는 다음과 같다:

(a) 이사회, 항공운송위원회 및 항공위원회의 회합을 소집하는 것;

(b) 이사회의 대표자가 되는 것;

(c) 이사회가 지정하는 임무를 이사회를 대리하여 수행하는 것.

제 52 조 이사회에 있어서의 표결

이사회의 결정은 그 구성원의 과반수의 승인을 필요로 한다. 이사회는 특정의 사항에 관한 권한을 그 구성원으로서 구성되는 위원회에 위탁할 수 있다. 이사회와 위원회의 결정에 관하여서는 이해관계가 있는 체약국이 이사회에 소송할 수 있다.

Article 53 Participation without a vote

Any contracting State may participate, without a vote, in the consideration by the Council and by its committees and commissions of any question which especially affects its interests. No member of the Council shall vote in the consideration by the Council of a dispute to which it is a party.

Article 54
Mandatory functions of Council

The Council shall:

(a) Submit annual reports to the Assembly;

(b) Carry out the directions of the Assembly and discharge the duties and obligations which are laid on it by this Convention;

(c) Determine its organization and rules of procedure;

(d) Appoint and define the duties of an Air Transport Committee, which shall be chosen from among the representatives of the members of the Council, and which shall be responsible to it;

(e) Establish an Air Navigation Commission, in accordance with the provisions of Chapter X;

(f) Administer the finances of the Organization in accordance with the provisions of Chapters XII and XV;

(g) Determine the emoluments of the President of the Council;

제 53 조 투표권 없는 참석

체약국은 그 이해에 특히 영향이 미치는 문제에 관한 이사회 또는 그 위원회와 전문위원회의 심의에 투표권 없이 참기할 수 있나. 이사회의 구성원은 자국이 당사국이 되는 분쟁에 관한 이사회의 심의에 있어 투표할 수 없다.

제 54 조
이사회의 수임기능

이사회는 다음 사항을 장악한다:

(a) 총회에 연차보고를 제출하는 것;

(b) 총회의 지령을 수행하고 본 협약이 부과한 임무와 의무를 이행하는 것;

(c) 이사회의 조직과 의사규칙을 결정하는 것;

(d) 항공운송위원회를 임명하고 그 임무를 규정하는 것. 동 위원회는 이사회의 구성원의 대표자 중에서 선거되고 또 이사회에 대하여 책임을 진다.

(e) 제10장의 규정에 의하여 항공위원회를 설립하는 것;

(f) 제12장과 제15장의 규정에 의하여 기구의 재정을 관리하는 것;

(g) 이사회 의장의 보수를 결정하는 것;

(h) Appoint a chief executive officer who shall be called the Secretary General, and make provision for the appointment of such other personnel as may be necessary, in accordance with the provisions of Chapter XI;

(i) Request, collect, examine and publish information relating to the advancement of air navigation and the operation of international air services, including information about the costs of operation and particulars of subsidies paid to airlines from public funds;

(j) Report to contracting States an infraction of this Convention, as well s any failure to carry out recommendations or determinations of the Council;

(k) Report to the Assembly any infraction of this Convention where a contracting State has failed to take appropriate action within a reasonable time after notice of the infraction;

(l) Adopt, in accordance with the provisions of Chapter VI of this Convention, international standards and recommended practices; for convenience, designate them as Annexes to this Convention; and notify all contracting States of the action taken;

(m) Consider recommendations of the Air Navigation Commission for amendment of the Annexes and take action in accordance with the provisions of Chapter XX;

(n) Consider any matter relating to the Convention which any contracting State refers to it.

(h) 제11장의 규정에 의하여 사무총장이라 칭하는 수석 행정관을 임명하고 필요한 타직원의 임명에 관한 규정을 작성하는 것;

(i) 항공의 진보와 국제항공업무의 운영에 관한 정보를 요청, 수집, 심사 그리고 공표하는 것. 이 정보에는 운영의 비용에 관한 것과 공공 자금으로부터 항공기업에 지불된 보조금의 명세에 관한 것을 포함함.

(j) 본 협약의 위반과 이사회의 권고 또는 결정의 불이행을 체약국에 통보하는 것;

(k) 본 협약의 위반을 통고한 후, 상당한 기한 내에 체약국이 적당한 조치를 취하지 아니 하였을 경우에는 그 위반을 총회에 보고하는 것;

(l) 국제표준과 권고되는 방식을, 본 협약 제6장의 규정에 의하여, 채택하여 편의상 이를 본 협약의 부속서로 하고 또한 취한 조치를 모든 체약국에 통고하는 것;

(m) 부속서의 개정에 대한 항공위원회의 권고를 심의하고, 제20장의 규정에 의하여 조치를 취하는 것;

(n) 체약국이 위탁한 본 협약에 관한 문제를 심의하는 것.

Article 55

Permissive functions of Council

The Council may:

(a) Where appropriate and as experience may show to be desirable, create subordinate air transport commissions on a regional or other basis and define groups of states or airlines with or through which it may deal to facilitate the carrying out of the aims of this Convention;

(b) Delegate to the Air Navigation Commission duties additional to those set forth in the Convention and revoke or modify such delegations of authority at any time;

(c) Conduct research into all aspects of air transport and air navigation which are of international importance, communicate the results of its research to the contracting States, and facilitate the exchange of information between contracting States on air transport and air navigation matters;

(d) Study any matters affecting the organization and operation of international air transport, including the international ownership and operation of international air services on trunk routes, and submit to the Assembly plans in relation thereto;

e) Investigate, at the request of any contracting State, any situation which may appear to present avoidable obstacles to the development of international air navigation; and, after such investigation, issue such reports as may appear to it desirable.

제 55 조

이사회의 임의기능

이사회는 다음의 사항을 행할 수 있다:

(a) 적당한 경우와 경험에 의하여 필요성을 인정하는 때에는 지역적 또는 타의 기초에 의한 항공운송소위원회를 창설할 것과 국가 또는 항공기업의 집합 범위를 정하여 이와 함께 또는 이를 통하여 본 협약의 목적수행을 용이하게 하도록 하는 것;

(b) 본 협약에 정한 임무에 추가된 임무를 항공위원회에 위탁하고 그 권한위탁을 하시든지 취소하거나 또는 변경하는 것;

(c) 국제적 중요성을 보유하는 항공운송과 항공의 모든 부문에 관하여 조사를 하는 것; 그 조사의 결과를 체약국에 통보하고 항공운송과 항공상의 문제에 관한 체약국간의 정보교환을 용이하게 하는 것;

(d) 국제간선항공업무의 국제적인 소유 및 운영을 포함하는 국제항공운송의 조직과 운영에 영향을 미치는 문제를 연구하고 이에 관한 계획을 총회에 제출하는 것;

(e) 피할 수 있는 장해가 국제항공의 발달을 방해한다고 인정하는 사태를 체약국의 요청에 의하여 조사하고 그 조사 후 필요하다고 인정하는 보고를 발표하는 것.

CHAPTER X THE AIR NAVIGATION COMMISSION

Article 56 Nomination and appointment of Commission

The Air Navigation Commission shall be composed of twelve members appointed by the Council from among persons nominated by contracting States. These persons shall have suitable qualifications and experience in the science and practice of aeronautics. The Council shall request all contracting States to submit nominations. The President of the Air Navigation Commission shall be appointed by the Council.[11]

Article 57 Duties of Commission

The Air Navigation Commission shall:

(a) Consider, and recommend to the Council for adoption, modifications of the Annexes to this Convention;

(b) Establish technical subcommissions on which any contracting State may be represented, if it so desires;

(c) Advise the Council concerning the collection and communication to the contracting States of all information which it considers necessary and useful for the advancement of air navigation.

---

11) This is the text of the Article as amended by the 27th Session of the Assembly on 6 October 1989; it entered into force on 18 April 2005. The original text of the Convention provided for twelve members of the Air Navigation Commission. That text was subsequently amended by the 18th Session of the Assembly on 7 July 1971; this amendment entered into force on 19 December 1974 and provided for fifteen members of the Air Navigation Commission.

제 10 장 항공위원회
(항행위원회: 필자수정)

제 56 조 위원의 지명 및 임명

항공위원회는 이사회가 체약국이 지명한 자 중에서 임명된 12인의 위원으로서 구성한다. 이들은 항공의 이론과 실제에 관하여 적당한 자격과 경험을 가지고 있어야 한다. 이사회는 모든 체약국에 지명의 제출을 요청한다. 항공위원회의 위원장은 이사회가 임명된다.[12]

제 57 조 위원회의 의무

항공위원회는 다음의 사항을 관장한다.

(a) 본 협약의 부속서의 변경을 심의하고 그 채택을 이사회에 권고하는 것;

(b) 희망된다고 인정되는 경우에는 어떠한 체약국이라도 대표자를 파견할 수 있는 전문소위원회를 설치하는 것;

(c) 항공의 진보에 필요하고 또한 유용하다고 인정하는 모든 정보의 수집과 그 정보의 체약국에의 통보에 관하여 이사회에 조언하는 것.

---

12) 1989.10.6. 제27차 총회에서 개정되어 2005.4.18. 발효(항행위원회 수가 12명에서 15명으로 변경).

CHAPTER XI   PERSONNEL

Article 58   Appointment of personnel

Subject to any rules laid down by the Assembly and to the provisions of this Convention, the Council shall determine the method of appointment and of termination of appointment, the training and the salaries, allowances, and conditions of service of the Secretary General and other personnel of the Organization, and may employ or make use of the services of nationals of any contracting State.

Article 59
International character of personnel

The President of the Council, the Secretary General, and other personnel shall not seek or receive instructions in regard to the discharge of their responsibilities from any authority external to the Organization. Each contracting State undertakes fully to respect the international character of the responsibilities of the personnel and not to seek to influence any of its nationals in the discharge of their responsibilities.

제 11 장 직 원

제 58 조   직원의 임명

총회기 정한 규칙과 본 협약의 규정에 따를 것을 조건으로, 이사회는 사무총장과 기구의 타직원의 임명과 임기종료의 방법, 훈련, 제수당 및 근무조건을 결정하고 또 체약국의 국민을 고용하거나 또는 그 역무를 이용할 수 있다.

제 59 조
직원의 국제적 성질

이사회의 의장, 사무총장 및 타 직원은 그 책임의 이행에 있어 기구외의 권위자로부터 훈령을 요구하거나 또는 수락하여서는 아니 된다. 각 체약국은 직원의 책임의 국제적인 성질을 충분히 존중할 것과 자국민이 그 책임을 이행함에 있어서 이들에게 영향을 미치지 아니할 것을 약속한다.

Article 60

Immunities and privileges of personnel

Each contracting State undertakes, so far as possible under its constitutional procedure, to accord to the President of the Council, the Secretary General, and the other personnel of the Organization, the immunities and privileges which are accorded to corresponding personnel of other public international organizations. If a general international agreement on the immunities and privileges of international civil servants is arrived at, the immunities and privileges accorded to the President, the Secretary General and the other personnel of the Organization shall be the immunities and privileges accorded under that general international agreement.

제 60 조

직원의 면제 및 특권

각 체약국은, 그 헌법상의 절차에 의하여 가능한 한도 내에서, 이사회의 의장, 사무총장 및 기구의 타 직원에 대하여 타의 공적 국제기관이 상당하는 직원에 부여되는 면제와 특권을 부여할 것을 약속한다. 국제적 공무원의 면제와 특권에 관한 일반 국제 협정이 체결된 경우에는, 의장, 사무총장 및 기구의 타 직원에 부여하는 면제와 특권은 그 일반 국제협정에 의하여 부여하는 것으로 한다.

CHAPTER XII FINANCE

Article 61[13)]

Budget and apportionment of expenses

The Council shall submit to the Assembly annual budgets, annual statements of accounts and estimates of all receipts and expenditures. The Assembly shall vote the budgets with whatever modification it sees fit to prescribe, and, with the exception of assessments under Chapter XV to States consenting thereto, shall apportion the expenses of the Organization among the contracting States on the basis which it shall from time to time determine.

Article 62 Suspension of voting power

The Assembly may suspend the voting power in the Assembly and in the Council of any contracting State that fails to discharge within a reasonable period its financial obligations to the Organization.

제 12 장 재 정

제 61 조[14)]

예산 및 경비의 할당

이사회는 연차예산, 연차 결산서 및 모든 수입에 관한 개산을 총회에 제출한다. 총회는 적당하다고 인정하는 수정을 가하여 예산을 표결하고 또 제15장에 의한 동의국에의 할당금을 제외하고 기구의 경비를 총회가 수시 결정하는 기초에 의하여 체약국 간에 할당한다.

제 62 조 투표권의 정지

총회는 기구에 대한 재정상의 의무를 상당한 기간 내에 이행하지 아니한 체약국의 총회와 이사회에 있어서의 투표권을 정지할 수 있다.

---

13) This is the text of the Article as amended by the 8th Session of the Assembly on 14 June 1954; it entered into force on 12 December 1956. The original text read as follows:
"The Council shall submit to the Assembly an annual budget, annual statements of accounts and estimates of all receipts and expenditures. The Assembly shall vote the budget with whatever modification it sees fit to prescribe, and, with the exception of assessments under Chapter XV to States consenting thereto, shall apportion the expenses of the Organization among the contracting States on the basis which it shall from time to time determine."

---

14) 제8차 총회(1954)에서 개정되고 1956년 12월 12일 효력을 발생한 항임.

Article 63　Expenses of delegations and other representatives

Each contracting State shall bear the expenses of its own delegation to the Assembly and the remuneration, travel, and other expenses of any person whom it appoints to serve on the Council, and of its nominees or representatives on any subsidiary committees or commissions of the Organization.

CHAPTER XIII　OTHER INTERNATIONAL ARRANGEMENTS

Article 64　Security arrangements

The Organization may, with respect to air matters within its competence directly affecting world security, by vote of the Assembly enter into appropriate arrangements with any general organization set up by the nations of the world to preserve peace.

Article 65　Arrangements with other international bodies

The Council, on behalf of the Organization, may enter into agreements with other international bodies for the maintenance of common services and for common arrangements concerning personnel and, with the approval of the Assembly, may enter into such other arrangements as may facilitate the work of the Organization.

제 63 조　대표단 및 기타대표자의 경비

각 체약국은 총회에의 자국 대표단의 경비, 이사회 근무를 명한 자 및 기구의 보조적인 위원회 또는 전문 위원회 또는 전문 위원회에 대한 지명자 또는 대표자의 보수, 여비 및 기타 경비를 부담한다.

제 13 장　기타 국제약정

제 64 조　안전보장 약정

기구는 그 권한 내에 있는 항공문제로서 세계의 안전보장에 직접으로 영향을 미치는 것에 관하여 세계의 제국이 평화를 유지하기 위하여 설립한 일반기구와 총회의 표결에 의하여 상당한 협정을 할 수 있다.

제 65 조　타 국제단체와의 약정

이사회는 공동업무의 유지 및 직원에 관한 공동의 조정을 위하여, 그 기구를 대표하여, 타 국제단체와 협정을 체결할 수 있고 또한 총회의 승인을 얻어, 기구의 사업을 용이하게 하는 타의 협정을 체결할 수 있다.

Article 66　Functions relating to other agreements

(a) The Organization shall also carry out the functions placed upon it by the International Air Services Transit Agreement and by the International Air Transport Agreement drawn up at Chicago on December 7, 1944 in accordance with the terms and conditions set forth.

(b) Members of the Assembly and the Council who have not accepted the International Air Services Transit Agreement or the International Air Transport Agreement drawn up at Chicago on December 7, 1944 shall not have the right to vote on any questions referred to the Assembly or Council under the provisions of the relevant Agreement.

PART III
INTERNATIONAL AIR TRANSPORT

CHAPTER XIV
INFORMATION AND REPORTS

Article 67　File reports with Council

Each contracting State undertakes that its international airlines shall, in accordance with requirements laid down by the Council, file with the Council traffic reports, cost statistics and financial statements showing among other things all receipts and the sources thereof.

제 66 조　타 협정에 관한 기능

(a) 기구는 또 1944년 12월 7일 시카고에서 작성된 국제항공업무통과협정과 국제항공운송협정에 의하여 부과된 임무를 이 협약에 정한 조항과 조건에 따라 수행한다.

(b) 총회 및 이사회의 구성원으로서 1944년 12월 7일 시카고에서 작성된 국제항공업무통과협정 또는 국제항공운송협정을 수락하지 아니한 구성원은 관계협정의 규정에 의하여 총회 또는 이사회에 기탁된 사항에 대하여서는 투표권을 보유하지 아니한다.

제 3 부　국제항공운송

제 14 장　정보와 보고

제 67 조　이사회에 대한 보고제출

각 체약국은 그 국제항공기업이 교통보고, 지출통계 및 재정상의 보고서로서 모든 수입과 그 원천을 표시하는 것을, 이사회가 정한 요건에 따라 이사회에 제출할 것을 약속한다.

CHAPTER XV AIRPORTS AND OTHER AIR NAVIGATION FACILITIES

Article 68
Designation of routes and airports

Each contracting State may, subject to the provisions of this Convention, designate the route to be followed within its territory by any international air service and the airports which any such service may use.

Article 69
Improvement of air navigation facilities

If the Council is of the opinion that the airports or other air navigation facilities, including radio and meteorological services, of a contracting State are not reasonably adequate for the safe, regular, efficient, and economical operation of international air services, present or contemplated, the Council shall consult with the State directly concerned, and other States affected, with a view to finding means by which the situation may be remedied, and may make recommendations for that purpose. No contracting State shall be guilty of an infraction of this Convention if it fails to carry out these recommendations.

제 15 장 공과 타의 항공보안시설
(공항과 기타 항행시설: 필자 수정)

제 68 조
항공로 및 공항의 지정

각 체약국은, 본 협약의 규정을 따를 것을 조건으로, 국제항공업무가 그 영역 내에서 종사할 공로와 그 업무가 사용할 수 있는 공항을 지정할 수 있다.

제 69 조
항공시설의 개선

이사회는 무선전신과 기상의 업무를 포함하는 체약국의 공항 또는 타의 항공보안시설이 현존 또는 계획 중의 국제항공업무의 안전하고 정확하며, 또 능률적이고 경제적인 운영을 기하기 위하여 합리적으로 고찰하여 적당하지 아니한 경우에는 그 사태를 구제할 방법을 발견하기 위하여 직접 관계국과 영향을 받은 타국과 협의하고 또 이 목적을 위하여 권고를 할 수 있다. 체약국은 이 권고를 실행하지 아니한 경우라도 본 협약의 위반의 책임은 없다.

Article 70

Financing of air navigation facilities

A contracting State, in the circumstances arising under the provisions of Article 69, may conclude an arrangement with the Council for giving effect to such recommendations. The State may elect to bear all of the costs involved in any such arrangement. If the State does not so elect, the Council may agree, at the request of the State, to provide for all or a portion of the costs.

Article 71 Provision and maintenance of facilities by Council

If a contracting State so requests, the Council may agree to provide, maintain, and administer any or all of the airports and other air navigation facilities, including radio and meteorological services, required in its territory for the safe, regular, efficient and economical operation of the international air services of the other contracting States, and may specify just and reasonable charges for the use of the facilities provided.

제 70 조

항공시설비용의 부담

체약국은 제69조의 규정에 의하여 생기는 사정하에 전기의 권고를 실시하기 위하여 이사회와 협정을 할 수 있다. 동 체약국은 전기의 협정에 포함된 모든 비용을 부담할 수 있다. 동국이 이를 부담하지 아니할 경우에 이사회는 동국의 요청에 의하여 비용의 전부 또는 일부의 제공에 대하여 동의할 수 있다.

제 71 조

이사회에 의한 시설의 설치 및 유지

체약국이 요청하는 경우에는, 이사회는 무선전신과 기상의 업무를 포함한 공항과 기타 항공보안시설의 일부 또는 전부로서 타 체약국의 국제항공업무의 안전하고 정확하며, 또 능률적이고 경제적인 운영을 위하여 영역 내에서 필요하다고 하는 것에 설치, 배원, 유지 및 관리를 하는 것에 동의하고 또 설치된 시설의 사용에 대하여 정당하고 합리적인 요금을 정할 수 있다.

Article 72　Acquisition or use of land

Where land is needed for facilities financed in whole or in part by the Council at the request of a contracting State, that State shall either provide the land itself, retaining title if it wishes, or facilitate the use of the land by the Council on just and reasonable terms and in accordance with the laws of the State concerned.

Article 73
Expenditure and assessment of funds

Within the limit of the funds which may be made available to it by the Assembly under Chapter XII, the Council may make current expenditures for the purposes of this Chapter from the general funds of the Organization. The Council shall assess the capital funds required for the purposes of this Chapter in previously agreed proportions over a reasonable period of time to the contracting States consenting thereto whose airlines use the facilities. The Council may also assess to States that consent any working funds that are required.

제 72 조　토지의 취득 및 사용

체약국의 요청에 의하여 이사회가 전면적으로 또는 부분적으로 출자하는 시설을 위하여 토지가 필요한 경우에는, 그 국가는 그가 희망하는 때에는 소유권을 보류하고 토지 그 자체를 제공하든가 또는 이사회가 정당하고 합리적인 조건으로 또 당해국의 법률에 의하여 토지를 사용할 것을 용이하게 한다.

제 73 조　자금의 지출 및 할당

이사회는 총회가 제12장에 의하여 이사회의 사용에 제공하는 자금의 한도 내에서, 기구의 일반자금으로부터 본 장의 목적을 위하여 경상적 지출을 할 수 있다. 이사회는 본장의 목적을 위하여 필요한 시설자금을 상당한 기간에 선하여 사전에 협정한 율로서 시설을 이용하는 항공기업에 속하는 체약국에서 동의한 자에게 할당한다. 이사회는 필요한 운영자금을 동의하는 국가에 할당할 수 있다.

Article 74 Technical assistance and utilization of revenues

When the Council, at the request of a contracting State, advances funds or provides airports or other facilities in whole or in part, the arrangement may provide, with the consent of that State, for technical assistance in the supervision and operation of the airports and other facilities, and for the payment, from the revenues derived from the operation of the airports and other facilities, of the operating expenses of the airports and the other facilities, and of interest and amortization charges.

Article 75
Taking over of facilities from Council

A contracting State may at any time discharge any obligation into which it has entered under Article 70, and take over airports and other facilities which the Council has provided in its territory pursuant to the provisions of Articles 71 and 72, by paying to the Council an amount which in the opinion of the Council is reasonable in the circumstances. If the State considers that the amount fixed by the Council is unreasonable it may appeal to the Assembly against the decision of the Council and the Assembly may confirm or amend the decision of the Council.

제 74 조 기술원조 및 수입의 이용

체약국의 요청에 의하여, 이사회가 자금을 전불하든가 또는 항공 혹은 타 시설을 전면적으로 혹은 부분적으로 설치하는 경우에, 그 협정은, 그 국가의 동의를 얻어, 그 공항과 타 시설의 감독과 운영에 관하여 기술적 원조를 부여할 것을 규정하고 또 그 공항과 타 시설의 운영비와 이자 그리고 할부상환비를 그 공항과 타 시설의 운영에 의하여 생긴 수입으로부터 지불할 것을 규정할 수 있다.

제 75 조
이사회로부터의 시설의 인계

체약국은 하시라도 그 상황에 따라 합리적이라고 이사회가 인정하는 액을 이사회에 지불하는 것에 의하여, 제70조에 의하여 부담한 채무를 이행하고 또 이사회가 제71조와 제72조의 규정에 의하여 자국의 영역 내에 설치한 공항과 타 시설을 인수할 수 있다. 체약국은, 이사회가 정한 액이 부당하다고 인정하는 경우에는, 이사회의 결정에 대하여 총회에 이의를 제기할 수 있다. 총회는 이사회의 결정을 확인하거나 또는 수정할 수 있다.

Article 76   Return of funds

Funds obtained by the Council through reimbursement under Article 75 and from receipts of interest and amortization payments under Article 74 shall, in the case of advances originally financed by States under Article 73, be returned to the States which were originally assessed in the proportion of their assessments, as determined by the Council.

CHAPTER XVI JOINT OPERATING ORGANIZATION AND POOLED SERVICES

Article 77
Joint operating organizations permitted

Nothing in this Convention shall prevent two or more contracting States from constituting joint air transport operating organizations or international operating agencies and from pooling their air services on any routes or in any regions, but such organizations or agencies and such pooled services shall be subject to all the provisions of this Convention, including those relating to the registration of agreements with the Council. The Council shall determine in what manner the provisions of this Convention relating to nationality of aircraft shall apply to aircraft operated by international operating agencies.

제 76 조   자금의 반제

이사회가 제55조에 의한 변제 또는 제74조에 의한 이자와 할부상환금의 수령으로부터 얻은 자금은, 제73조에 의하여 체약국이 최초에 전불금을 출자하고 있을 경우에는, 최초에 출자가 할당된 그 할당 시에 이사회가 결정한 율로서 반제한다.

제 16 장
공동운영조직과 공동계산업무

제 77 조
공동운영조직의 허가

본 협약은 두 개 이상의 체약국이 공동의 항공운송운영조직 또는 국제운영기관을 조직하는 것과 어느 공로 또는 지역에서 항공업무를 공동 계산하는 것을 방해하지 아니한다. 단, 그 조직 또는 기관과 그 공동 계산업무는 협정의 이사회에의 대 등록에 관한 규정을 포함하는 본 협약의 모든 규정에 따라야 한다. 이사회는 국제운영기관이 운영하는 항공기의 국적에 관한 본 협약의 규정을 여하한 방식으로 적용할 것인가를 결정한다.

Article 78 Function of Council

The Council may suggest to contracting States concerned that they form joint organizations to operate air services on any routes or in any regions.

Article 79 Participation in operating organizations

A State may participate in joint operating organizations or in pooling arrangements, either through its government or through an airline company or companies designated by its government. The companies may, at the sole discretion of the State concerned, be state-owned or partly state-owned or privately owned.

제 78 조 이사회의 기능

이사회는 어느 공로 또는 지역에 있어 항공업무를 운영하기 위하여 공동 조직을 설치할 것을 관계 체약국에 제의할 수 있다

제 79 조 운영조직에의 참가

국가는 자국정부를 통하여 또는 자국정부가 지정한 1 또는 2 이상의 항공회사를 통하여 공동운영조직 또는 공동 계산협정에 참가할 수 있다. 그 항공회사는 관계국의 단독적인 재량으로 국유 또는 일부 국유 또는 사유로 할 수 있다.

PART IV – FINAL PROVISIONS

CHAPTER XVII OTHER AERONAUTICAL AGREEMENTS AND ARRANGEMENTS

Article 80
Paris and Habana Conventions

Each contracting State undertakes, immediately upon the coming into force of this Convention, to give notice of denunciation of the Convention relating to the Regulation of Aerial Navigation signed at Paris on October 13, 1919, or the Convention on Commercial Aviation signed at Habana on February 20, 1928, if is a party to either. As between contracting States, this Convention supersedes the Conventions of Paris and Habana previously referred to.

Article 81 Registration of existing agreements

All aeronautical agreements which are in existence on the coming into force of this Convention, and which are between a contracting State and any other State or between an airline of a contracting State and any other State or the airline of any other State, shall be forthwith registered with the Council.

제 4 부 최종규정

제 17 장
타항공협정의 항공약정

제 80 조
파리협약 및 하바나협약

체약국은, 1919년 10월 13일 파리에서 서명된 항공법규에 관한 조약 또는 1928년 2월 20일 하바나에서 서명된 상업 항공에 관한 협약 중 어느 하나의 당사국인 경우에는, 그 폐기를 본 협약의 효력 발생 후 즉시 통보할 것을 약속한다. 체약국 간에 있어 본 협약은 전기 파리협약과 하바나 협약에 대치한다.

제 81 조 현존협정의 등록

본 협약의 효력발생 시에 존재하는 모든 항공협정으로서 체약국과 타국 간 또는 체약국의 항공기업과 타국 혹은 타국의 항공기업간의 협정은 직시로 이사회에 등록되어야 한다.

Article 82　Abrogation of inconsistent arrangements

The contracting States accept this Convention as abrogating all obligations and understandings between them which are inconsistent with its terms, and undertake not to enter into any such obligations and understandings. A contracting State which, before becoming a member of the Organization has undertaken any obligations toward a non-contracting State inconsistent with the terms of this Convention, shall take immediate steps to procure its release from the obligations. If an airline of any contracting State has entered into any such inconsistent obligations, the State of which it is a national shall use its best efforts to secure their termination forthwith and shall in any event cause them to be terminated as soon as such action can lawfully be taken after the coming into force of this Convention.

Article 83　Registration of new arrangements

Subject to the provisions of the preceding Article, any contracting State may make arrangements not inconsistent with the provisions of this Convention. Any such arrangement shall be forthwith registered with the Council, which shall make it public as soon as possible.

제 82 조 양립할 수 없는 협정의 폐지

체약국은, 본 협약이 본 협약의 조항과 양립하지 아니하는 상호 간의 모든 의무와 양해를 폐지한다는 것을 승인하고 또한 이러한 의무와 양해를 성립시키지 아니할 것을 약속한다. 기구의 가맹국이 되기 전에 본 협약의 조항과 양립하지 아니하는 의무를 비체약국 혹은 비체약국의 국민에 대하여 약속한 체약국은 그 의무를 면제하는 조치를 즉시 그 조치를 취하여야 한다.

제 83 조　신 협정의 등록

체약국은 전조의 규정에 의할 것을 조건으로, 본 협약의 규정과 양립하는 협정을 체결할 수 있다. 그 협정은 직시 이사회에 등록하게 되고 이사회는 가급적 속히 이를 공표한다.

Article 83 bis[15)]

Transfer of certain functions and duties;

(a) Notwithstanding the provisions of Article 12, 30, 31 and 32(a), when an aircraft registered in a Contracting State is operated pursuant to an agreement for the lease, charter or interchange of the aircraft or any similar arrangement by an operator who has his principal place of business or, if he has no such place of business, his permanent residence in another Contracting State, the State of registry may, by agreement with such other State, transfer to it all or part of its functions and duties as State of registry in respect of that aircraft under Article12, 30, 31 and 32(a), the State of registry shall be relieved of responsibility in respect of the functions and duties transferred.

(b) The transfer shall not have effect in respect of other Contracting States before either the agreement between States in which it is embodied has been registered with the Council and made public pursuant to Article 83 or the existence and scope of the agreement have been directly communicated to the authorities of the other Contracting State or States concerned by a State perty to the agreement.

(c) The provisions of paragraphs (a) and (b) above shall also be applicable to cases covered by Article 77.

제 83 조의 2[16)]

일정한 권한 및 의무의 이양

(a) 제12, 30, 31 및 32조(a)의 규정에도 불구하고, 체약국에 등록된 항공기가 항공기의 임차·대절 또는 상호교환 또는 이와 유사한 조치를 위한 협정에 따라 주영업지, 주영업지가 없을 경우에는 상주지가 타방 체약국에 속해 있는 사용자에 의해 운용되고 있을 때는, 등록국은 여타국과의 협정에 의해 제12, 30, 31 및 32조(a)에 따라 등록국의 권한 및 의무의 전부 또는 일부를 이양할 수 있다. 등록국은 이양된 권한 및 의무에 관하여 책임을 면제받는다.

(b) 상기 이양은 이양이 규정된 관련국간의 협정이 제83조에 따라 이사회에 등록되고 공표되거나, 협정의 존재나 범위가 협정당사국에 의하여 여타 관련 체약국에 직접 통지되기 전에는 여타 체약국에 대하여 효력을 가지지 아니한다.

(c) 상기 (a) 및 (b)항의 규정은 제77조에 언급된 제경우에도 적용된다.

---

15) The 23rd Session of the Assembly on 6 October 1980 amended the Chicago Convention by introducing Article 83 bis. This amendment came into force on 20 June 1997.

---

16) 1980.10.3. 제23차 총회에서 개정되었으며 1997.6.20. 발효됨.

CHAPTER XVIII

DISPUTES AND DEFAULT

Article 84   Settlement of disputes

If any disagreement between two or more contracting States relating to the interpretation or application of this Convention and its Annexes cannot be settled by negotiation, it shall, on the application of any State concerned in the disagreement, be decided by the Council. No member of the Council shall vote in the consideration by the Council of any dispute to which it is a party. Any contracting State may, subject to Article 85, appeal from the decision of the Council to an ad hoc arbitral tribunal agreed upon with the other parties to the dispute or to the Permanent Court of International Justice. Any such appeal shall be notified to the Council within sixty days of receipt of notification of the decision of the Council.

제 18 장   분쟁과 위약

제 84 조   분쟁의 해결

본 협약과 부속서의 해석 또는 적용에 관하여 둘 이상의 채약국 간의 의견의 상위가 교섭에 의하여 해결되지 아니하는 경우에는, 그 의견의 상위는 관계 국가의 신청이 있을 때 이사회가 해결한다. 이사회의 구성원은 자국이 당사국이 되는 분쟁에 관하여 이사회의 심리 중에는 투표하여서는 아니 된다. 어느 채약국도 제85조에 의할 것을 조건으로, 이사회의 결정에 대하여 타의 분쟁 당사국과 합의한 중재재판 또는 상설국제사법재판소에 제소할 수 있다. 그 제소는 이사회의 결정통고의 접수로부터 60일 이내에 이사회에 통고한다.

Article 85   Arbitration procedure

If any contracting State party to a dispute in which the decision of the Council is under appeal has not accepted the Statute of the Permanent Court of International Justice and the contracting States parties to the dispute cannot agree on the choice of the arbitral tribunal, each of the contracting States parties to the dispute shall name a single arbitrator who shall name an umpire. If either contracting State party to the dispute fails to name an arbitrator within a period of three months from the date of the appeal, an arbitrator shall be named on behalf of that State by the President of the Council from a list of qualified and available persons maintained by the Council. If, within thirty days, the arbitrators cannot agree on an umpire, the President of the Council shall designate an umpire from the list previously referred to.

The arbitrators and umpire shall then jointly constitute an arbitral tribunal. Any arbitral tribunal established under this or the preceding Article shall settle its own procedure and give its decisions by majority vote, provided that the Council may determine procedural questions in the event of any delay which in the opinion of the Council is excessive.

제 85 조   중재절차

이사회의 결정이 제소되어 있는 분쟁에 대한 당사국인 어느 체약국이 상설 국제사법재판소 규정을 수락하지 아니하고 또 분쟁당사국인 체약국이 중재재판소의 선정에 대하여 동의할 수 없는 경우에는 분쟁당사국인 각 체약국은 일인의 재판위원을 지명하는 일인의 중재위원을 지명한다. 그 분쟁 당사국인 어느 체약국의 제소의 일자로부터 3개월의 기간 내에 중재위원을 지정하지 아니할 경우에는 중재위원도 이사회가 조치하고 있는 유자격자의 현재원 명부 중에서 이사회의 의장이 그 국가를 대리하여 지명한다. 중재위원이 중재재판장에 대하여 30일 이내에 동의할 수 없는 경우에는 이사회의 의장은 그 명부 중에서 중재재판장을 지명한다.

중재의원과 중재재판장은 중재재판소를 공동으로 구성한다. 본조 또는 전조에 의하여 설치된 중재재판소는 그 절차를 정하고 또 다수결에 의하여 결정을 행한다. 단 이사회는 절차문제를 심산 지연이 있다고 인정하는 경우에는 스스로 결정할 수 있다.

Article 86   Appeals

Unless the Council decides otherwise, any decision by the Council on whether an international airline is operating in conformity with the provisions of this Convention shall remain in effect unless reversed on appeal. On any other matter, decisions of the Council shall, if appealed from, be suspended until the appeal is decided. The decisions of the Permanent Court of International Justice and of an arbitral tribunal shall be final and binding.

Article 87
Penalty for non-conformity by airline

Each contracting State undertakes not to allow the operation of an airline of a contracting State through the airspace above its territory if the Council has decided that the airline concerned is not conforming to a final decision rendered in accordance with the previous Article.

Article 88
Penalty for non-conformity by State

The Assembly shall suspend the voting power in the Assembly and in the Council of any contracting State that is found in default under the provisions of this Chapter.

제 86 조   이의신청

이사회가 별도로 정하는 경우를 제외하고, 국제항공기업이 본 협약의 규정에 따라서 운영되고 있는가의 여부에 관한 이사회의 결정은, 이의신입에 의하여 파기되지 아니하는 한, 계속하여 유효로 한다. 타의 사항에 관한 이사회의 결정은, 이의신청이 있는 경우에는, 그 이의신청이 결정되기까지 정지된다. 상설국제사법재판소와 중재재판소의 결정은 최종적이고 구속력을 가진다.

제 87 조
항공기업의 위반에 대한 제재

각 체약국은 자국의 영토상의 공간을 통과하는 체약국의 항공기업의 운영을 당해 항공기업이 전조에 의하여 표시된 최종결정에 위반하고 있다고 이사회가 결정한 경우에는 허가하지 아니할 것을 약속한다.

제 88 조
국가의 위반에 대한 제재

총회는 본장의 규정에 의하여 위약국으로 인정된 체약국에 대하여 총회 및 이사회에 있어서의 투표권을 정지하여야 한다.

CHAPTER XIX   WAR

Article 89   War and emergency conditions

In case of war, the provisions of this Convention shall not affect the freedom of action of any of the contracting States affected, whether as belligerents or as neutrals. The same principle shall apply in the case of any contracting State which declares a state of national emergency. and notifies the fact to the Council.

CHAPTER XX ANNEXES

Article 90
Adoption and amendment of Annexes

(a) The adoption by the Council of the Annexes described in Article 54, subparagraph (1), shall require the vote of two-thirds of the Council at a meeting called for that purpose and shall then be submitted by the Council to each contracting State. Any such Annex or any amendment of an Annex shall become effective within three months after its submission to the contracting States or at the end of such longer period of time as the Council may prescribe, unless in the meantime a majority of the contracting States register their disapproval with the Council.

제 19 장 전 쟁

제 89 조 전쟁 및 긴급사태

전쟁의 경우에, 본 협약의 규정은, 교전국 또는 중립국으로서 영향을 받는 체약국의 행동자유에 영향을 미치지 아니한다. 이러한 원칙은 국가긴급사태를 선언하고 그 사실을 이사회에 통고한 체약국의 경우에도 적용한다.

제 20 장 부 속 서

제 90 조
부속서의 채택 및 개정

(a) 제54조에 언급된 이사회에 의한 부속서의 채택은 그 목적으로 소집된 회합에 있어 이사회의 3분의2의 찬성투표를 필요로 하고, 다음에 이사회가 각 체약국에 송부한다. 이 부속서 또는 그 개정은 각 체약국에의 송달 후 3개월 이내, 또는 이사회가 정하는 그 이상의 기간의 종료 시에 효력을 발생한다. 단, 체약국의 과반수가 그 기간 내에 그 불승인을 이사회에 계출한 경우에는 차한에 부재한다.

(b) The Council shall immediately notify all contracting States of the coming into force of any Annex or amendment thereto.

(b) 이사회는 부속서 또는 그 개정의 효력 발생을 모든 체약국에 직시 통고한다.

CHAPTER XXI RATIFICATIONS, ADHERENCES, AMENDMENTS, AND DENUNCIATIONS

제 21 장 비준, 가입, 개정과 폐기

Article 91 Ratification of Convention

제 91 조 협약의 비준

(a) This Convention shall be subject to ratification by the signatory States. The instruments of ratification shall be deposited in the archives of the Government of the United States of America, which will give notice of the date of the deposit to each of the signatory and adhering States.

(a) 본 협약은 서명국에 의하여 비준을 받을 것을 요한다. 비준서는 미합중국정부의 기록 보관소에 기탁된다. 동국 정부는 각 서명국과 가입국에 기탁일을 통고한다.

(b) As soon as this Convention has been ratified or adhered to by twenty-six States it shall come into force between them on the thirtieth day after deposit of the twenty-sixth instrument. It shall come into force for each State ratifying thereafter on the thirtieth day after the deposit of its instrument of ratification.

(b) 본 협약은 26개국이 비준하거나 또는 가입한 때 제26번의 문서의 기탁 후 30일에 이들 국가 간에 대하여 효력을 발생한다. 본 협약은 그 후 비준하는 각국에 대하여서는 그 비준서의 기탁 후 30일에 효력을 발생한다.

(c) It shall be the duty of the Government of the United States of America to notify the government of each of the signatory and adhering States of the date on which this Convention comes into force.

(c) 본 협약이 효력을 발생한 일을 각 서명국과 가입국의 정부에 통고하는 것은 미합중국정부의 임무로 한다.

Article 92 Adherence to Convention

(a) This Convention shall be open for adherence by members of the United Nations and States associated with them, and States which remained neutral during the present world conflict.

(b) Adherence shall be effected by a notification addressed to the Government of the United States of America and shall take effect as from the thirtieth day from the receipt of the notification by the Government of the United States of America, which shall notify all the contracting States.

Article 93 Admission of other States

States other than those provided for in Articles 91 and 92(a) may, subject to approval by any general international organization set up by the nations of the world to preserve peace, be admitted to participation in this Convention by means of a four-fifths vote of the Assembly and on such conditions as the Assembly may prescribe: provided that in each case the assent of any State invaded or attacked during the present war by the State seeking admission shall be necessary.

제 92 조 협약에의 가입

(a) 본 협약은 연합국과 이들 국가와 연합하고 있는 국가 및 금차 세계전쟁 중 중립이었던 국가의 가입을 위하여 개방된다.

(b) 가입은 미합중국정부에 송달하는 통고에 의하여 행하고 또 미합중국정부가 통고를 수령 후 30일부터 효력을 발생한다. 동국정부는 모든 체약국에 통고한다.

제 93 조 기타 국가의 가입승인

제91조와 제92조(a)에 규정한 국가 이외의 국가는, 세계의 제국이 평화를 유지하기 위하여 설립하는 일반적 국제기구의 승인을 받을 것을 조건으로, 총회의 5분의 2의 찬반투표에 의하여 또 총회가 정하는 조건에 의하여 본 협약에 참가할 것이 용인된다. 단, 각 경우에 있어 용인을 요구하는 국가에 의하여 금차 전쟁 중에 침략되고 또는 공격된 국가의 동의를 필요로 한다.

Article 93bis[17]

(a) Notwithstanding the provisions of Articles 91, 92 and 93, above,

    (1) A State whose government the General Assembly of the United Nations has recommended be debarred from membership in international agencies established by or brought into relationship with the United Nations shall automatically cease to be a member of the International Civil Aviation Organization;

    (2) A state which has been expelled from membership in the United Nations shall automatically cease to be a member of the International Civil Aviation Organization unless the General Assembly of the United Nations attaches to its act of expulsion a recommendation to the contrary.

(b) A State which ceases to be a member of the International Civil Aviation Organization as a result of the provisions of paragraph (A) above may, after approval by the General Assembly of the United Nations, be readmitted to the International Civil Aviation Organization upon application and upon approval by a majority of the Council.

(c) Members of the Organization which are suspended from the exercise of the rights and privileges of membership of the United Nations shall, upon the request of the latter, be suspended from the rights and privileges of membership in this Organization.

제 93 조의 2[18]

(a) 위 제91조, 제92조 및 제93조와 관계없이,

    (1) 국제연합총회가 국제연합에 의하여 설립되었거나 또는 국제연합과 관계된 국제기구의 회원이 되는 것을 금지하는 권고를 받은 국가는 자동적으로 국제민간항공기구의 회원자격이 중단된다.

    (2) 국제연합의 회원자격을 박탈당한 국가는 국제연합총회가 그 회원자격 박탈과 관련하여 달리 권고하지 아니하는 한 자동적으로 국제민간항공기구의 회원자격이 중단된다.

(b) 위 제a항으로 인하여 국제민간항공기의 회원자격이 중단된 국가는 국제연합총회의 승인을 받아 신청에 의하여 이사회의 과반수의 승인을 얻을 경우 국제민간항공기구에 재가입할 수 있다.

(c) 국제연합에서 회원으로서의 권리 및 특권의 행사가 정지된 기구 회원국은 국제연합의 요청에 따라 이 기구에서 회원으로서의 권리 및 특권이 정지된다.

---

17) The 1st Session of the Assembly on 27 May 1947 amended the Chicago Convention by introducing Article 93 bis. This amendment came into force on 20 March 1961.

18) 1947.5.27. 1차 총회에서 개정되었으며 1961.3.20. 발효됨.

Article 94 Amendment of Convention

(a) Any proposed amendment to this Convention must be approved by a two-thirds vote of the Assembly and shall then come into force in respect of States which have ratified such amendment when ratified by the number of contracting States specified by the Assembly. The number so specified shall not be less than two-thirds of the total number of contracting States.

(b) If in its opinion the amendment is of such a nature as to justify this course, the Assembly in its resolution recommending adoption may provide that any State which has not ratified within a specified period after the amendment has come into force shall thereupon cease to be a member of the Organization and a party to the Convention.

Article 95 Denunciation of Convention

(a) Any contracting State may give notice of denunciation of this Convention three years after its coming into effect by notification addressed to the Government of the United States of America, which shall at once inform each of the contracting States.

(b) Denunciation shall take effect one year from the date of receipt of the notification and shall operate only as regards the State effecting the denunciation.

제 94 조 협약의 개정

(a) 본 협약의 개정안은 총회의 3분의 2의 찬성투표에 의하여 승인되어야 하고 또 총회가 정하는 수의 체약국이 비준한 때에 그 개정을 비준한 국가에 대하여 효력을 발생한다. 총회의 정하는 수는 체약국의 총수의 3분의 2의 미만이 되어서는 아니 된다.

(b) 총회는 전항의 개정이 성질상 정당하다고 인정되는 경우에는, 채택을 권고하는 결의에 있어 개정의 효력 발생 후 소정의 기간 내에 비준하지 아니하는 국가는 즉시 기구의 구성원과 본 협약의 당사국의 지위를 상실하게 된다는 것을 규정할 수 있다.

제 95 조 협약의 폐기

(a) 체약국은 이 협약의 효력 발생의 3년 후에 미합중국정부에 보낸 통고에 의하여서 이 협약의 폐기를 통고할 수 있다. 동국정부는 즉시 각 체약국에 통보한다.

(b) 폐기는 통고의 수령일로부터 1년 후에 효력을 발생하고 또 폐기를 행한 국가에 대하여서만 유효하다.

CHAPTER XXII DEFINITIONS

Article 96 For the purpose of this
Convention the expression:

(a) "Air service" means any scheduled air service performed by aircraft for the public transport of passengers, mail or cargo.

(b) "International air service" means an air service which passes through the air space over the territory of more than one State.

(c) "Airline" means any air transport enterprise offering or operating an international air service.

(d) "Stop for non-traffic purposes" means a landing for any purpose other than taking on or discharging passengers, cargo or mail.

제 22 장 정 의

제 96 조 본 협약의 적용상:

(a) 「항공업무」라 함은 여객, 우편물 또는 화물의 일반수송을 위하여 항공기로서 행하는 정기항공업무를 말한다.

(b) 「국제항공업무」라 함은 2이상의 국가의 영역상의 공간을 통과하는 항공업무를 말한다.

(c) 「항공기업」이라 함은 국제항공업무를 제공하거나 또는 운영하는 항공수송기업을 말한다.

(d) 「운수이외의 목적으로서의 착륙」이라 함은 여객, 화물 또는 우편물의 적재 또는 하재 이외의 목적으로서의 착륙을 말한다.

SIGNATURE OF CONVENTION

IN WITNESS WHEREOF, the undersigned plenipotentiaries, having been duly authorized, sign this Convention on behalf of their respective governments on the dates appearing opposite their signatures.

DONE at Chicago the seventh day of December 1944, in the English language. A text drawn up in the English, French, and Spanish languages, each of which shall be of equal authenticity, shall be open for signature at Washington, D. C. Both texts shall be deposited in the archives of the Government of the United States of America, and certified copies shall be transmitted by that Government to the governments of all the States which may sign or adhere to this Convention. This Convention shall be open for signature at Washington, D.C.[19]

협약의 서명

이상의 증거로서 하명의 전권위원은, 정당한 권한을 위임받아, 각자의 정부를 대표하여 그 서명의 반대편에 기재된 일자에 본 협약에 서명한다.

1944년 12월 7일 시카고에서 영어로서 본문을 작성한다. 영어, 불란서어와 서반아어로서 기술한 본문 1통을 각어와 같이 동등한 정본으로 하고 워싱턴 D.C.에서 서명을 위하여 공개한다. 양 본문은 미합중국정부의 기록보관소에 기탁되고 인증등본은 동국 정부가 본 협약에 서명하거나 또는 가입한 모든 국가의 정부에 송달한다.[20]

---

19) This is the text of the final paragraph as amended by the 22nd Session of the Assembly on 30 September 1977; it entered into force on 17 August 1999. The original text read as follows:
"DONE at Chicago the seventh day of December 1944 in the English language. A text drawn up in the English, French and Spanish languages, each of which shall be of equal authenticity, shall be open for signature at Washington, D.C. Both texts shall be deposited in the archives of the Government of the United States of America, and certified copies shall be transmitted by that Government to the governments of all the States which may sign or adhere to this Convention."

---

20) 1977.9.30. 제22차 총회에서 개정되었으며, 1999.8.17. 발효됨.

항공기 내에서 행한 범죄 및 기타 행위에 관한 협약

[일반사항]

- 조약명(국문): 항공기 내에서 행한 범죄 및 기타 행위에 관한 협약
- 조약명(영문): Convention on Offenses and Certain Other Acts Committed on Board Aircraft
- 조약약칭: 동경협약
- 채택일: 1963년 09월 14일
- 채택장소: 동경
- 발효일: 1969년 12월 04일
- 자료: ICAO 및 외교부 홈페이지

[우리나라 관련사항]

- 비준서 기탁일 1971년 02월 19일
- 발효일 1971년 05월 20일

  (조약 제385호)

Convention on Offences and Certain Other Acts Committed on Board Aircraft

항공기 내에서 행한 범죄 및 기타 행위에 관한 협약

THE STATES Parties to this Convention HAVE AGREED as follows:

본 협약의 당사국은 다음과 같이 합의하였다.

CHAPTER I
SCOPE OF THE CONVENTION

제 1 장 협약의 범위

Article 1

제 1 조

1. This Convention shall apply in respect of:
   (a) offences against penal law;
   (b) acts which, whether or not they are offences, may or do jeopardize the safety of the aircraft or of persons or property therein or which jeopardize good order and discipline on board.

2. Except as provided in Chapter III, this Convention shall apply in respect of offences committed or acts done by a person on board any aircraft registered in a Contracting State, while that aircraft is in flight or on the surface of the high seas or of any other area outside the territory of any State.

3. For the purposes of this Convention, an aircraft is considered to be in flight from the moment when power is applied for the purpose of take-off until the moment when the landing run ends.

4. This Convention shall not apply to aircraft used in military, customs or police services.

1. 본 협약은 다음 사항에 대하여 적용된다.
   (a) 형사법에 위반하는 범죄
   (b) 범죄의 구성여부를 불문하고 항공기와 기내의 인명 및 재산의 안전을 위태롭게 할 수 있거나 하는 행위 또는 기내의 질서 및 규율을 위협하는 행위

2. 제3장에 규정된 바를 제외하고는 본 협약은 체약국에 등록된 항공기가 비행중이거나 공해 수면상에 있거나 또는 어느 국가의 영토에도 속하지 않는 지역의 표면에 있을 때에 동 항공기에 탑승한 자가 범한 범죄 또는 행위에 관하여 적용된다.

3. 본 협약의 적용상 항공기는 이륙의 목적을 위하여 시동이 된 순간부터 착륙 활주가 끝난 순간까지를 비행중인 것으로 간주한다.

4. 본 협약은 군용, 세관용, 경찰용 업무에 사용되는 항공기에는 적용되지 아니한다.

Article 2

Without prejudice to the provisions of Article 4 and except when the safety of the aircraft or of persons or property on board so requires, no provision of this Convention shall be interpreted as authorizing or requiring any action in respect of offences against penal laws of a political nature or those based on racial or religious discrimination.

CHAPTER II JURISDICTION

Article 3

1. The State of registration of the aircraft is competent to exercise jurisdiction over offences and acts committed on board.
2. Each Contracting State shall take such measures as may be necessary to establish its jurisdiction as the State of registration over offences committed on board aircraft registered in such State.
3. This Convention does not exclude any criminal jurisdiction exercised in accordance with national law.

제 2 조

제4조의 규정에도 불구하고, 또한 항공기와 기내의 인명 및 재산의 안전이 요청하는 경우를 제외하고는 본 협약의 어떠한 규정도 형사법에 위반하는 정치적 성격의 범죄나 또는 인종 및 종교적 차별에 기인하는 범죄에 관하여 어떠한 조치를 허용하거나 요구하는 것으로 해석되지 아니한다.

제 2 장 재판관할권

제 3 조

1. 항공기의 등록국은 동 항공기 내에서 범하여진 범죄나 행위에 대한 재판관할권을 행사할 권한을 가진다.
2. 각 체약국은 자국에 등록된 항공기 내에서 범하여진 범죄에 대하여 등록국으로서의 재판관할권을 확립하기 위하여 필요한 조치를 취하여야 한다.
3. 본 협약은 국내법에 따라 행사하는 어떠한 형사재판관할권도 배제하지 아니한다.

Article 4

A Contracting State which is not the State of registration may not interfere with an aircraft in flight in order to exercise its criminal jurisdiction over an offence committed on board except in the following cases:

(a) the offence has effect on the territory of such State

(b) the offence has been committed by or against a national or permanent resident of such State

(c) the offence is against the security of such State

(d) the offence consists of a breach of any rules or regulations relating to the flight or manoeuvre of aircraft in force in such State

(e) the exercise of jurisdiction is necessary to ensure the observance of any obligation of such State under a multilateral international agreement.

CHAPTER III POWERS OF THE AIRCRAFT COMMANDER

Article 5

1. The provisions of this Chapter shall not apply to offences and acts committed or about to be committed by a person on board an aircraft in flight in the airspace of the State of registration or over the high seas or any other area outside the territory of any State unless the last point of take-off or the next point of intended landing is situated in a State other than that of registration, or the aircraft subsequently flies in the airspace of a State other than that of registration with such person still on board.

제 4 조

체약국으로서 등록국이 아닌 국가는 다음의 경우를 제외하고는 기내에서의 범죄에 관한 형사재판관할권의 행사를 위하여 비행중의 항공기에 간섭하지 아니하여야 한다.

(a) 범죄가 상기 국가의 영역에 영향을 미칠 경우,

(b) 상기 국가의 국민이나 또는 영주자에 의하여 또는 이들에 대하여 범죄가 범하여진 경우,

(c) 범죄가 상기 국가의 안전에 반하는 경우,

(d) 상기 국가에서 효력을 발생하고 있는 비행 및 항공기의 조종에 관한 규칙이나 법규를 위반한 범죄가 범하여진 경우,

(e) 상기 국가가 다변적인 국제협정하에 부담하고 있는 의무의 이행을 보장함에 있어서 재판관할권의 행사가 요구되는 경우.

제 3 장 항공기 기장의 권한

제 5 조

1. 본 장의 규정들은 최종 이륙지점이나 차기 착륙예정지점이 등록국 이외의 국가에 위치하거나 또는 범인이 탑승한 채로 동 항공기가 등록국 이외 국가의 공역으로 계속적으로 비행하는 경우를 제외하고는 등록국의 공역이나 공해상공 또는 어느 국가의 영역에도 속하지 아니하는 지역 상공을 비행하는 중에 항공기에 탑승한 자가 범하였거나 범하려고 하는 범죄 및 행위에는 적용되지 아니한다.

2. Notwithstanding the provisions of Article 1, paragraph 3, an aircraft shall for the purposes of this Chapter, be considered to be in flight at any time from the moment when all its external doors are closed following embarkation until the moment when any such door is opened for disembarkation. In the case of a forced landing, the provisions of this Chapter shall continue to apply with respect to offences and acts committed on board until competent authorities of a State take over the responsibility for the aircraft and for the persons and property on board.

2. 제1조제3항에 관계없이 본장의 적용상 항공기는 승객의 탑승이후 외부로 통하는 모든 문이 폐쇄된 순간부터 승객이 내리기 위하여 상기 문들이 개방되는 순간까지를 비행중인 것으로 간주한다. 불시착의 경우에는 본장의 규정은 당해국의 관계당국이 항공기 및 기내의 탑승자와 재산에 대한 책임을 인수할 때까지 기내에서 범하여진 범죄와 행위에 관하여 계속 적용된다.

Article 6

1. The aircraft commander may, when he has reasonable grounds to believe that a person has committed, or is about to commit, on board the aircraft, an offence or act contemplated in Article 1, paragraph 1, impose upon such person reasonable measures including restraint which are necessary:

    (a) to protect the safety of the aircraft, or of persons or property therein; or

    (b) to maintain good order and discipline on board; or

    (c) to enable him to deliver such person to competent authorities or to disembark him in accordance with the provisions of this Chapter.

제 6 조

1. 항공기 기장은 항공기 내에서 어떤 자가 제1조 제1항에 규정된 범죄나 행위를 범하였거나 범하려고 한다는 것을 믿을만한 상당한 이유가 있는 경우에는 그 자에 대하여 다음을 위하여 요구되는 감금을 포함한 필요한 조치를 부과할 수 있다.

    (a) 항공기와 기내의 인명 및 재산의 안전의 보호

    (b) 기내의 질서와 규율의 유지

    (c) 본 장의 규정에 따라 상기 자를 관계당국에 인도하거나 또는 항공기에서 하기조치(disembarkation)를 취할 수 있는 기장의 권한 확보

2. The aircraft commander may require or authorize the assistance of other crew members and may request or authorize, but not require, the assistance of passengers to restrain any person whom he is entitled to restrain. Any crew member or passenger may also take reasonable preventive measures without such authorization when he has reasonable grounds to believe that such action is immediately necessary to protect the safety of the aircraft, or of persons or property therein.

Article 7

1. Measures of restraint imposed upon a person in accordance with Article 6 shall not be continued beyond any point at which the aircraft lands unless:

   (a) such point is in the territory of a non-Contracting State and its authorities refuse to permit disembarkation of that person or those measures have been imposed in accordance with Article 6, paragraph 1 (c) in order to enable his delivery to competent authorities;

   (b) the aircraft makes a forced landing and the aircraft commander is unable to deliver that person to competent authorities; or

   (c) that person agrees to onward carriage under restraint.

2. 항공기 기장은 자기가 감금할 권한이 있는 자를 감금하기 위하여 다른 승무원의 원조를 요구하거나 권한을 부여할 수 있으며, 승객의 원조를 요청하거나 권한을 부여할 수 있으나 이를 요구할 수는 없다. 승무원이나 승객도 누구를 막론하고 항공기와 기내의 인명 및 재산의 안전을 보호하기 위하여 합리적인 예방조치가 필요하다고 믿을만한 상당한 이유가 있는 경우에는 기장의 권한부여가 없어도 즉각적으로 상기 조치를 취할 수 있다.

제 7 조

1. 제6조에 따라서 특정인에게 가하여진 감금조치는 다음 경우를 제외하고는 항공기가 착륙하는 지점을 넘어서까지 계속되어서는 아니된다.

   (a) 착륙지점이 비체약국의 영토 내에 있으며, 동 국가의 당국이 상기특정인의 상륙을 불허하거나, 제6조제1항(c)에 따라서 관계당국에 대한 동인의 인도를 가능하게 하기 위하여 이와 같은 조치가 취하여진 경우,

   (b) 항공기가 불시착하여 기장이 싱기 특정인을 관계당국에 인도할 수 없는 경우,

   (c) 동 특정인이 감금상태하에서 계속 비행에 동의하는 경우.

2. The aircraft commander shall as soon as practicable, and if possible before landing in the territory of a State with a person on board who has been placed under restraint in accordance with the provisions of Article 6, notify the authorities of such State of the fact that a person on board is under restraint and of the reasons for such restraint.

Article 8

1. The aircraft commander may, in so far as it is necessary for the purpose of subparagraph (a) or (b) of paragraph 1 of Article 6, disembark in the territory of any State in which the aircraft lands any person who he has reasonable grounds to believe has committed, or is about to commit, on board the aircraft an act contemplated in Article 1, paragraph 1 (b).

2. The aircraft commander shall report to the authorities of the State in which he disembarks any person pursuant to this Article, the fact of, and the reasons for, such disembarkation.

Article 9

1. The aircraft commander may deliver to the competent authorities of any Contracting State in the territory of which the aircraft lands any person who he has reasonable grounds to believe has committed on board the aircraft an act which, in his opinion, is a serious offence according to the penal law of the State of registration of the aircraft.

2. 항공기 기장은 제6조의 규정에 따라 기내에 특정인을 감금한 채로 착륙하는 경우 가급적 조속히 그리고 가능하면 착륙이전에 기내에 특정인이 감금되어 있다는 사실과 그 사유를 당해국의 당국에 통보하여야 한다.

제 8 조

1. 항공기 기장은 제6조제1항의 (a) 또는 (b)의 목적을 위하여 필요한 경우에는 기내에서 제1조제1항(b)의 행위를 범하였거나 범하려고 한다는 믿을만한 상당한 이유가 있는 자에 대하여 누구임을 막론하고 항공기가 착륙하는 국가의 영토에 그 자를 하기시킬 수 있다.

2. 항공기 기장은 본조에 따라서 특정인을 하기시킨 국가의 당국에 대하여 특정인을 하기시킨 사실과 그 사유를 통보하여야 한다.

제 9 조

1. 항공기 기장은 자신의 판단에 따라 항공기의 등록국의 형사법에 규정된 중대한 범죄를 기내에서 범하였다고 믿을만한 상당한 이유가 있는 자에 대하여 누구임을 막론하고 항공기가 착륙하는 영토국인 체약국의 관계당국에 그 자를 인도할 수 있다.

2. The aircraft commander shall as soon as practicable and if possible before landing in the territory of a Contracting State with a person on board whom the aircraft commander intends to deliver in accordance with the preceding paragraph, notify the authorities of such State of his intention to deliver such person and the reasons therefor.

3. The aircraft commander shall furnish the authorities to whom any suspected offender is delivered in accordance with the provisions of this Article with evidence and information which, under the law of the State of registration of the aircraft, are lawfully in his possession.

Article 10

For actions taken in accordance with this Convention, neither the aircraft commander, any other member of the crew, any passenger, the owner or operator of the aircraft, nor the person on whose behalf the flight was performed shall be held responsible in any proceeding on account of the treatment undergone by the person against whom the actions were raken.

2. 항공기 기장은 전항의 규정에 따라 인도하려고 하는 자를 탑승시킨 채로 착륙하는 경우 가급적 조속히 그리고 가능하면 착륙이전에 동 특정인을 인도하겠다는 의도와 그 사유를 동 체약국의 관계당국에 통보하여야 한다.

3. 항공기 기장은 본조의 규정에 따라 범죄인 혐의자를 인수하는 당국에게 항공기등록국의 법률에 따라 기장이 합법적으로 소지하는 증거와 정보를 제공하여야 한다.

제 10 조

본 협약에 따라서 제기되는 소송에 있어서 항공기 기장이나 기타 승무원, 승객, 항공기의 소유자나 운항자는 물론 비행의 이용자는 피소된 자가 받은 처우로 인하여 어떠한 소송상의 책임도 부담하지 아니한다.

CHAPTER IV
UNLAWFUL SEIZURE OF AIRCRAFT

Article 11

1. When a person on board has unlawfully committed by force or threat thereof an act of interference, seizure, or other wrongful exercise of control of an aircraft in flight or when such an act is about to be committed, Contracting States shall take all appropriate measures to restore control of the aircraft to its lawful commander or to preserve his control of the aircraft.

2. In the cases contemplated in the preceding paragraph, the Contracting State in which the aircraft lands shall permit its passengers and crew to continue their journey as soon as practicable, and shall return the aircraft and its cargo to the persons lawfully entitled to possession.

CHAPTER V
POWERS AND DUTIES OF STATES

Article 12

Any Contracting State shall allow the commander of an aircraft registered in another Contracting State to disembark any person pursuant to Article 8, paragraph 1.

제 4 장
항공기의 불법점유

제 11 조

1. 기내에 탑승한 자가 폭행 또는 협박에 의하여 비행중인 항공기를 방해하거나 점유하는 행위 또는 기타 항공기의 조종을 부당하게 행사하는 행위를 불법적으로 범하였거나 또는 이와 같은 행위가 범하여지려고 하는 경우에는 체약국은 동 항공기가 합법적인 기장의 통제하에 들어가고, 그가 항공기의 통제를 유지할 수 있도록 모든 적절한 조치를 취하여야 한다.

2. 전항에 규정된 사태가 야기되는 경우 항공기가 착륙하는 체약국은 승객과 승무원이 가급적 조속히 여행을 계속하도록 허가하여야 하며, 또한 항공기와 화물을 각각 합법적인 소유자에게 반환하여야 한다.

제 5 장
체약국의 권한과 의무

제 12 조

체약국은 어느 국가를 막론하고 타 체약국에 등록된 항공기의 기장에게 제8조제1항에 따른 특정인의 하기조치를 인정하여야 한다.

Article 13

1. Any Contracting State shall take delivery of any person whom the aircraft commander delivers pursuant to Article 9, paragraph 1.

2. Upon being satisfied that the circumstances so warrant, any Contracting State shall take custody or other measures to ensure the presence of any person suspected of an act contemplated in Article 11, paragraph 1 and of any person of whom it has taken delivery. The custody and other measures shall be as provided in the law of that State but may only be continued for such time as is reasonably necessary to enable any criminal or extradition proceedings to be instituted.

3. Any person in custody pursuant to the previous paragraph shall be assisted in communicating immediately with the nearest appropriate representative of the State of which he is a national.

4. Any Contracting State, to which a person is delivered pursuant to Article 9, paragraph 1, or in whose territory an aircraft lands following the commission of an act contemplated in Article 11, paragraph 1, shall immediately make a preliminary inquiry into the facts.

제 13 조

1. 체약국은 제9조제1항에 따라 항공기 기장이 인도하는 자를 인수하여야 한다.

2. 사정이 그렇게 함을 정당화한다고 확신하는 경우에는 체약국은 제11조제1항에 규정된 행위를 범한 피의자와 동국이 인수한 자의 신병을 확보하기 위하여 구금 또는 기타 조치를 취하여야 한다. 동 구금과 기타 조치는 동국의 법률이 규정한 바에 따라야 하나, 형사적 절차와 범죄인 인도에 따른 절차의 착수를 가능하게 하는 데에 합리적으로 필요한 시기까지에만 계속되어야 한다.

3. 전항에 따라 구금된 자는 동인의 국적국의 가장 가까이 소재하고 있는 적절한 대표와 즉시 연락을 취할 수 있도록 도움을 받아야 한다.

4. 제9조제1항에 따라 특정인을 인수하거나 또는 제11조제1항에 규정된 행위가 범하여진 후 항공기가 착륙하는 영토국인 체약국은 사실에 대한 예비조사를 즉각 취하여야 한다.

5. When a State, pursuant to this Article, has taken a person into custody, it shall immediately notify the State of registration of the aircraft and the State of nationality of the detained person and, if it considers it advisable, any other interested State of the fact that such person is in custody and of the circumstances which warrant his detention. The State which makes the preliminary enquiry contemplated in paragraph 4 of this Article shall promptly report its findings to the said States and shall indicate whether it intends to exercise jurisdiction.

Article 14

1. When any person has been disembarked in accordance with Article 8, paragraph 1, or delivered in accordance with Article 9, paragraph 1, or has disembarked after committing an act contemplated in Article 11, paragraph 1, and when such person cannot or does not desire to continue his journey and the State of landing refuses to admit him, that State may, if the person in question is not a national or permanent resident of that State, return him to the territory of the State of which he is a national or permanent resident or to the territory of the State in which he began his journey by air.

5. 본 조에 따라 특정인을 구금한 국가는 항공기의 등록국 및 피구금자의 국적국과 타당하다고 사료할 경우에는 이해관계를 가진 기타 국가에 대하여 특정인이 구금되고 있으며 그의 구금을 정당화하는 상황등에 관한 사실을 즉시 통보하여야 한다. 본 조 제4항에 따라 예비조사를 취하는 국가는 조사의 결과와 재판권을 행사할 의사가 있는가의 여부에 대하여 상기 국가들에게 즉시 통보하여야 한다.

제 14 조

1. 제8조제1항에 따라 특정인이 하기조치를 당하였거나 또는 제9조제1항에 따라 인도되었거나 제11조제1항에 규정된 행위를 범한 후 항공기에서 하기조치를 당하였을 경우, 또한 동인이 여행을 계속할 수 없거나 계속할 의사가 없는 경우에 항공기가 착륙한 국가가 그의 입국을 허가하지 아니할 때에는 동인이 착륙국가의 국민이거나 영주자가 아니라면 착륙국가는 동인이 국적을 가졌거나 영주권을 가진 국가의 영토에 송환하거나 동인이 항공여행을 시작한 국가의 영토에 송환할 수 있다.

2. Neither disembarkation, nor delivery, nor the taking of custody or other measures contemplated in Article 13, paragraph 2, nor return of the person concerned, shall be considered as admission to the territory of the Contracting State concerned for the purpose of its law relating to entry or admission of persons and nothing in this Convention shall affect the law of a Contracting State relating to the expulsion of persons from its territory.

Article 15

1. Without prejudice to Article 14, any person who has been disembarked in accordance with Article 8, paragraph 1, or delivered in accordance with Article 9, paragraph 1, or has disembarked after committing an act contemplated in Article 11, paragraph 1, and who desires to continue his journey shall be at liberty as soon as practicable to proceed to any destination of his choice unless his presence is required by the law of the State of landing for the purpose of extradition or criminal proceedings.

2. Without prejudice to its law as to entry and admission to, and extradition and expulsion from its territory, a Contracting State in whose territory a person has been disembarked in accordance with Article 8, paragraph 1, or delivered in accordance with Article 9, paragraph 1 or has disembarked and is suspected of having committed an act contemplated in Article 11, paragraph 1, shall accord to such person treatment which is no less favourable for his protection and security than that accorded to nationals of such Contracting State in like circumstances.

2. 특정인의 상륙, 인도 및 제13조제2항에 규정된 구금 또는 기타 조치나 동인의 송환은 당해 체약국의 입국관리에 관한 법률의 적용에 따라 동국 영토에 입국이 허가된 것으로 간주되지 아니하며, 본 협약의 어떠한 규정도 자국 영토로부터의 추방을 규정한 법률에 영향을 미치지 아니한다.

제 15 조

1. 제14조의 규정에도 불구하고 제8조제1항에 따라 항공기에서 하기조치를 당하였거나, 제9조제1항에 따라 인도되었거나, 제11조제1항에 규정된 행위를 범한 후 항공기에서 내린 자가 여행을 계속할 것을 원하는 경우에는 범죄인 인도나 형사적 절차를 위하여 착륙국의 법률이 그의 신병확보를 요구하지 않는 한 그가 선택하는 목적지로 향발할 수 있도록 가급적 조속히 자유롭게 행동할 수 있게 하여야 한다.

2. 입국관리와 자국 영토로부터의 추방 및 범죄인 인도에 관한 법률에도 불구하고, 제8조제1항에 따라 특정인이 하기조치를 당하였거나 제9조제1항에 따라 인도되었거나 제11조제1항에 규정된 행위를 범한 것으로 간주된 자가 항공기에서 내린 경우에는 체약국은 동인의 보호와 안전에 있어 동국이 유사한 상황하에서 자국민에게 부여하는 대우보다 불리하지 않는 대우를 부여하여야 한다.

CHAPTER VI OTHER PROVISIONS

Article 16

1. Offences committed on aircraft registered in a Contracting State shall be treated, for the purpose of extradition, as if they had been committed not only in the place in which they have occurred but also in the territory of the State of registration of the aircraft.

2. Without prejudice to the provisions of the preceding paragraph, nothing in this Convention shall be deemed to create an obligation to grant extradition.

Article 17

In taking any measures for investigation or arrest or otherwise exercising jurisdiction in connection with any offence committed on board an aircraft the Contracting States shall pay due regard to the safety and other interests of air navigation and shall so act as to avoid unnecessary delay of the aircraft, passengers, crew or cargo.

제 6 장 기타 규정

제 16 조

1. 체약국에서 등록된 항공기 내에서 범하여진 범행은 범죄인 인도에 있어서는 범죄가 실제로 발생한 장소에서 뿐만 아니라 항공기 등록국의 영토에서 발생한 것과 같이 취급되어야 한다.

2. 전항의 규정에도 불구하고 본 협약의 어떠한 규정도 범죄인을 허용하는 의무를 창설하는 것으로 간주되지 아니한다.

제 17 조

항공기 내에서 범하여진 범죄와 관련하여 수사 또는 체포 조치를 취하거나 재판권을 행사함에 있어서 체약국은 비행의 안전과 이에 관련된 기타 권익에 대하여 상당한 배려를 하여야 하며 항공기, 승객, 승무원 및 화물의 불필요한 지연을 피하도록 노력하여야 한다.

Article 18

If Contracting States establish joint air transport operating organizations or international operating agencies, which operate aircraft not registered in any one State those States shall, according to the circumstances of the case, designate the State among them which, for the purposes of this Convention, shall be considered as the State of registration and shall give notice thereof to the International Civil Aviation Organization which shall communicate the notice to all States Parties to this Convention.

CHAPTER VII FINAL CLAUSES

Article 19

Until the date on which this Convention comes into force in accordance with the provisions of Article 21, it shall remain open for signature on behalf of any State which at that date is a Member of the United Nations or of any of the Specialized Agencies.

Article 20

1. This Convention shall be subject to ratification by the signatory States in accordance with their constitutional procedures.
2. The instruments of ratification shall be deposited with the International Civil Aviation Organization.

제 18 조

여러 체약국들이 이들 중 어느 한 국가에도 등록되지 아니한 항공기를 운항하는 공동 항공운송 운영기구나 국제적인 운영기구를 설치할 경우에는 이들 체약국은 그때그때의 상황에 따라서 본 협약의 적용상 등록국으로 간주될 국가를 그들 중에서 지정하여야 하며, 이 사실을 국제민간항공기구에 통보하여 본 협약의 모든 당사국에게 통보하도록 하여야 한다.

제 7 장　최종 조항

제 19 조

제21조에 따라 효력을 발생하는 날까지 본 협약은 서명 시에 국제연합 회원국이거나 또는 전문기구의 회원국인 모든 국가에게 서명을 위하여 개방된다.

제 20 조

1. 본 협약은 각국의 헌법절차에 따라서 서명국이 비준하여야 한다.

2. 비준서는 국제민간항공기구에 기탁된다.

Article 21

1. As soon as twelve of the signatory States have deposited their instruments of ratification of this Convention, it shall come into force between them on the ninetieth day after the date of the deposit of the twelfth instrument of ratification. It shall come into force for each State ratifying thereafter on the ninetieth day after the deposit of its instrument of ratification.

2. As soon as this Convention comes into force, it shall be registered with the Secretary-General of the United Nations by the International Civil Aviation Organization.

Article 22

1. This Convention shall, after it has come into force, be open for accession by any State Member of the United Nations or of any of the Specialized Agencies.

2. The accession of a State shall be effected by the deposit of an instrument of accession with the International Civil Aviation Organization and shall take effect on the ninetieth day after the date of such deposit.

제 21 조

1. 12개의 서명국이 본 협약에 대한 비준서를 기탁한 후 본 협약은 12번째의 비준서 기탁일부터 90일이 되는 날에 동 국가들 간에 발효한다. 이후 본 협약은 이를 비준하는 국가에 대하여 비준서 기탁이후 90일이 되는 날에 발효한다.

2. 본 협약이 발효하면 국제민간항공기구는 본 협약을 국제연합사무총장에게 등록한다.

제 22 조

1. 본 협약은 효력 발생 후 국제연합 회원국이나 전문기구의 회원국이 가입할 수 있도록 개방된다.

2. 상기 국가의 가입은 국제민간항공기구에 가입서를 기탁함으로써 효력을 발생하며, 동 기탁이후 90일이 되는 날에 동국에 대하여 발효한다.

Article 23

1. Any Contracting State may denounce this Convention by notification addressed to the International Civil Aviation Organization.
2. Denunciation shall take effect six months after the date of receipt by the International Civil Aviation Organization of the notification of denunciation.

Article 24

1. Any dispute between two or more Contracting States concerning the interpretation or application of this Convention which cannot be settled through negotiation, shall, at the request of one of them, be submitted to arbitration. If within six months from the date of the request for arbitration the Parties are unable to agree on the organization of the arbitration, any one of those Parties may refer the dispute to the International Court of Justice by request in conformity with the Statute of the Court.
2. Each State may at the time of signature or ratification of this Convention or accession thereto, declare that it does not consider itself bound by the preceding paragraph. The other Contracting States shall not be bound by the preceding paragraph with respect to any Contracting State having made such a reservation.
3. Any Contracting State having made a reservation in accordance with the preceding paragraph may at any time withdraw this reservation by notification to the International Civil Aviation Organization.

제 23 조

1. 체약국은 국제민간항공기구 앞으로 된 통고로서 본 협약을 폐기할 수 있다.

2. 상기 폐기는 국제민간항공기구 앞으로 된 폐기통고가 접수된 날로부터 6개월 이후에 효력을 발생한다.

제 24 조

1. 본 협약의 해석이나 적용에 있어서 둘 또는 그 이상의 체약국 간에 협상을 통한 해결을 볼 수 없는 분쟁이 있을 경우에는 이중 어느 국가이든지 중재회부를 요청할 수 있다. 중재요청의 날로부터 6개월 이내에 당사자들이 중재기구에 관한 합의에 도달하지 못하는 경우에는 이중 어느 당사자든지 국제사법재판소의 규정에 따른 요청으로 동 분쟁을 국제사법재판소에 제소할 수 있다.

2. 각국은 본 협약에 대한 서명, 비준 또는 가입 시에 자국이 전항에 구속되지 아니한다는 바를 선언할 수 있다. 기타 체약국은 상기와 같은 유보를 선언한 체약국과의 관계에서는 전항에 구속되지 아니한다.

3. 전항에 따라 유보를 선언한 체약국은 언제든지 국제민간항공기구에 대한 통고로서 동 유보를 철회할 수 있다.

Article 25

Except as provided in Article 24 no reservation may be made to this Convention.

Article 26

The International Civil Aviation Organization shall give notice to all States Members of the United Nations or of any of the Specialized Agencies:

(a) of any signature of this Convention and the date thereof;

(b) of the deposit of any instrument of ratification or accession and the date thereof;

(c) of the date on which this Convention comes into force in accordance with Article 21, paragraph 1;

(d) of the receipt of any notification of denunciation and the date thereof; and

(e) of the receipt of any declaration or notification made under Article 24 and the date thereof.

제 25 조

제24조에 규정한 이외에는 본 협약에 대한 유보를 할 수 없다.

제 26 조

국제민간항공기구는 모든 국제연합 회원국과 전문기구의 회원국에 대하여 다음 사항을 통보한다.

(a) 본 협약에 대한 서명과 그 일자.

(b) 비준서 또는 가입서의 기탁과 그 일자.

(c) 제21조제1항에 따른 본 협약의 발효 일자.

(d) 폐기통고의 접수와 그 일자.

(e) 제24조에 따른 선언 또는 통고의 접수와 그 일자.

IN WITNESS WHEREOF the undersigned Plenipotentiaries, having been duly authorized, have signed this Convention.

DONE at Tokyo on the fourteenth day of September One Thousand Nine Hundred and Sixty-three in three authentic texts drawn up in the English, French and Spanish languages.

This Convention shall be deposited with the International Civil Aviation Organization with which, in accordance with Article 19, it shall remain open for signature and the said Organization shall send certified copies thereof to all States Members of the United Nations or of any Specialized Agency.

이상의 증거로서 하기 전권위원은 정당히 권한을 위임받고 본 협약에 서명하였다.

1963년 9월 14일 도쿄에서 동등히 정본인 영어, 불어 및 서반아어본의 3부를 작성하였다.

본 협약은 국제민간항공기구에 기탁되고 제19조에 따라 서명이 개방되며, 동 기구는 모든 국제연합 회원국과 전문기구의 회원국에게 협약의 인증등본을 송부하여야 한다.

항공기의 불법납치 억제를 위한 협약

[일반사항]

- 조약명(국문): 항공기의 불법납치 억제를 위한 협약
- 조약명(영문): Convention for the Suppression of Unlawful Seizure of Aircraft
- 조약약칭: 헤이그협약
- 채택일 및 장소: 1970년 12월 16일 헤이그
- 발효일: 1971년 11월 28일

[우리나라 관련사항]

- 비준서 기탁일 1971년 01월 18일
- 발효일 1973년 02월 17일
  (조약 제460호)

- Source: 외교부 홈페이지

Convention for the Suppression of Unlawful Seizure of Aircraft

항공기의 불법납치 억제를 위한 협약

PREAMBLE

전문

THE STATES PARTIES TO THIS CONVENTION:

본 협약 당사국들은,

CONSIDERING that unlawful acts of seizure or exercise of control of aircraft in flight jeopardize the safety of persons and property, seriously affect the operation of air services, and undermine the confidence of the peoples of the world in the safety of civil aviation;

비행중에 있는 항공기의 불법적인 납치 또는 점거행위가 인명 및 재산의 안전에 위해를 가하고 항공업무의 수행에 중대한 영향을 미치며 또한 민간항공의 안전에 대한 세계 인민의 신뢰를 저해하는 것임을 고려하고,

CONSIDERING that the occurrence of such acts is a matter of grave concern;

그와 같은 행위의 발생이 중대한 관심사임을 고려하고,

CONSIDERING that, for the purpose of deterring such acts, there is an urgent need to provide appropriate measures for punishment of offenders;

그와 같은 행위를 방지하기 위하여 범인들의 처벌에 관한 적절한 조치들을 규정하기 위한 긴박한 필요성이 있음을 고려하여,

HAVE AGREED AS FOLLOWS:

다음과 같이 합의하였다.

Article 1

Any person who on board an aircraft in flight:

(a) unlawfully, by force or threat thereof, or by any other form of intimidation; seizes, or exercises control of, that aircraft, or attempts to perform any such act, or

(b) is an accomplice of a person who performs or attempts to perform any such act commits an offence (hereinafter referred to as "the offence").

Article 2

Each Contracting State undertakes to make the offence punishable by severe penalties.

Article 3

1. For the purposes of this Convention, an aircraft is considered to be in flight at any time from the moment when all its external doors are closed following embarkation until the moment when any such door is opened for disembarkation. In the case of a forced landing, the flight shall be deemed to continue until the competent authorities take over the responsibility for the aircraft and for persons and property on board.

2. This Convention shall not apply to aircraft used in military, customs or police services.

제 1 조

비행중에 있는 항공기에 탑승한 여하한 자도

(a) 폭력 또는 그 위협에 의하여 또는 그밖의 어떠한 다른 형태의 협박에 의하여 불법적으로 항공기를 납치 또는 점거하거나 또는 그와 같은 행위를 하고자 시도하는 경우, 또는

(b) 그와 같은 행위를 하거나 하고자 시도하는 자의 공범자인 경우에는 죄(이하 "범죄"라 한다)를 범한 것으로 한다.

제 2 조

각 체약국은 범죄를 엄중한 형벌로 처벌할 수 있도록 할 의무를 진다.

제 3 조

1. 본 협약의 목적을 위하여 항공기는 탑승 후 모든 외부의 문이 닫힌 순간으로부터 하기를 위하여 그와 같은 문이 열려지는 순간까지의 어떠한 시간에도 비행중에 있는 것으로 본다. 강제착륙의 경우, 비행은 관계당국이 항공기와 기상의 인원 및 재산에 대한 책임을 인수할 때까지 계속하는 것으로 본다.

2. 본 협약은 군사, 세관 또는 경찰업무에 사용되는 항공기에는 적용하지 아니한다.

3. This Convention shall apply only if the place of take-off or the place of actual landing of the aircraft on board which the offence is committed is situated outside the territory of the State of registration of that aircraft; it shall be immaterial whether the aircraft is engaged in an international or domestic flight.

4. In the cases mentioned in Article 5, this Convention shall not apply if the place of take-off and the place of actual landing of the aircraft on board which the offence is committed are situated within the territory of the same State where that State is one of those referred to in that Article.

5. Notwithstanding paragraphs 3 and 4 of this Article, Articles 6, 7, 8 and 10 shall apply whatever the place of take-off or the place of actual landing of the aircraft, if the offender or the alleged offender is found in the territory of a State other than the State of registration of that aircraft.

Article 4

1. Each Contracting State shall take such measures as may be necessary to establish its jurisdiction over the offence and any other act of violence against passengers or crew committed by the alleged offender in connection with the offence, in the following cases:

   (a) when the offence is committed on board an aircraft registered in that State;

   (b) when the aircraft on board which the offence is committed lands in its territory with the alleged offender still on board;

---

3. 본 협약은 기상에서 범죄가 행하여지고 있는 항공기의 이륙장소 또는 실제의 착륙장소가 그 항공기의 등록국가의 영토 외에 위치한 경우에만 적용되며, 그 항공기가 국제 혹은 국내 항행에 종사하는지 여부는 가리지 아니한다.

4. 제5조에서 언급된 경우에 있어서 본 협약은 기상에서 범죄가 행하여지고 있는 항공기의 이륙장소 및 실제의 착륙장소가 동조에 언급된 국가 중의 하나에 해당하는 국가의 영토 내에 위치한 경우에는 적용하지 아니한다.

5. 본조 제3 및 제4항에 불구하고, 만약 범인 또는 범죄혐의자가 그 항공기의 등록국가 이외의 영토 내에서 발견된 경우에는 그 항공기의 이륙장소 또는 실제의 착륙장소 여하를 불문하고 제6, 제7, 제8 및 제10조가 적용된다.

제 4 조

1. 각 체약국은 범죄 및 범죄와 관련하여 승객 또는 승무원에 대하여 범죄혐의자가 행한 기타 폭력행위에 관하여 다음과 같은 경우에 있어서 관할권을 확립하기 위하여 필요한 제반 조치를 취하여야 한다.

   (a) 범죄가 당해국에 등록된 항공기 기상에서 행하여진 경우

   (b) 기상에서 범죄가 행하여진 항공기가 아직 기상에 있는 범죄혐의자를 싣고 그 영토 내에 착륙한 경우

(c) when the offence is committed on board an aircraft leased without crew to a lessee who has his principal place of business or, if the lessee has no such place of business, his permanent residence, in that State.

2. Each Contracting State shall likewise take such measures as may be necessary to establish its jurisdiction over the offence in the case where the alleged offender is present in its territory and it does not extradite him pursuant to Article 8 to any of the States mentioned in paragraph 1 of this Article.

3. This Convention does not exclude any criminal jurisdiction exercised in accordance with national law.

Article 5

The Contracting States which establish joint air transport operating organizations or international operating agencies, which operate aircraft which are subject to joint or international registration shall, by appropriate means, designate for each aircraft the State among them which shall exercise the jurisdiction and have the attributes of the State of registration for the purpose of this Convention and shall give notice thereof to the International Civil Aviation Organization which shall communicate the notice to all States Parties to this Convention.

(c) 범죄가 주된 사업장소 또는 그와 같은 사업장소를 가지지 않은 경우에는 주소를 그 국가에 가진 임차인에게 승무원 없이 임대된 항공기 기상에서 행하여진 경우

2. 각 체약국은 또한 범죄혐의자가 그 영토 내에 존재하고 있으며, 제8조에 따라 본조 제1항에서 언급된 어떠한 국가에도 그를 인도하지 않는 경우에 있어서 범죄에 관한 관할권을 확립하기 위하여 필요한 제반조치를 취하여야 한다.

3. 본 협약은 국내법에 의거하여 행사되는 어떠한 형사 관할권도 배제하지 아니한다.

제 5 조

공동 또는 국제등록에 따라 항공기를 운영하는 공동 항공운수 운영기구 또는 국제운영기관을 설치한 체약국들은 적절한 방법에 따라 각 항공기에 대하여 관할권을 행사하고 본 협약이 목적을 위하여 등록국가의 자격을 가지는 국가를 당해국 중에서 지명하여야 하며, 또한 국제민간항공기구에 그에 관한 통고를 하여야 하며, 동 기구는 본 협약의 전 체약국에 동 통고를 전달하여야 한다.

Article 6

1. Upon being satisfied that the circumstances so warrant, any Contracting State in the territory of which the offender or the alleged offender is present, shall take him into custody or take other measures to ensure his presence. The custody and other measures shall be as provided in the law of that State but may only be continued for such time as is necessary to enable any criminal or extradition proceedings to be instituted.

2. Such state, shall immediately make a preliminary enquiry into the facts.

3. Any person in custody pursuant to paragraph 1 of this Article shall be assisted in communicating immediately with the nearest appropriate representative of the State of which he is a national.

4. When a State, pursuant to this Article, has taken a person into custody, it shall immediately notify the State of registration of the aircraft, the State mentioned in Article 4, paragraph 1 (c), the State of nationality of the detained person and, if it considers it advisable, any other interested States of the fact that such person is in custody and of the circumstances which warrant his detention. The State which makes the preliminary enquiry contemplated in paragraph 2 of this Article shall promptly report its findings to the said States and shall indicate whether it intends to exercise jurisdiction.

제 6 조

1. 사정이 그와 같이 허용한다고 인정한 경우, 범인 및 범죄혐의자가 그 영토 내에 존재하고 있는 체약국은 그를 구치하거나 그의 신병확보를 위한 기타 조치를 취하여야 한다. 동 구치 및 기타 조치는 그 국가의 국내법에 규정된 바에 따라야 하나, 형사 또는 인도절차를 취함에 필요한 시간 동안만 계속될 수 있다.

2. 그러한 국가는 사실에 대한 예비조사를 즉시 행하여야 한다.

3. 본조 제1항에 따라 구치 중에 있는 어떠한 자도 최근거리에 있는 본국의 적절한 대표와 즉시 연락을 취하는데 도움을 받아야 한다.

4. 본조에 의거하여 체약국이 어떠한 자를 구치하였을 때, 그 국가는 항공기의 등록국가, 제4조 제1항(c)에 언급된 국가, 피구치자가 국적을 가진 국가 및 타당하다고 생각할 경우 기타 관계 국가에 대하여 그와 같은 자가 구치되어 있다는 사실과 그의 구치를 정당화하는 사정을 즉시 통고하여야 한다. 본조 제2항에 규정된 예비조사를 행한 국가는 전기 국가에 대하여 그 조사결과를 즉시 보고하여야 하며 그 관할권을 행사할 의도가 있는지 여부를 명시하여야 한다.

Article 7

The Contracting State in the territory of which the alleged offender is found shall, if it does not extradite him, be obliged, without exception whatsoever and whether or not the offence was committed in its territory, to submit the case to its competent authorities for the purpose of prosecution. Those authorities shall take their decision in the same manner as in the case of any ordinary offence of a serious nature under the law of that State.

Article 8

1. The offence shall be deemed to be included as an extraditable offence in any extradition treaty existing between Contracting States. Contracting States undertake to include the offence as an extraditable offence in every extradition treaty to be concluded between them.

2. If a Contracting State which makes extradition conditional on the existence of a treaty receives a request for extradition from another Contracting State with which it has no extradition treaty, it may at its option consider this Convention as the legal basis for extradition in respect of the offence. Extradition shall be subject to the other conditions provided by the law of the requested State.

3. Contracting States which do not make extradition conditional on the existence of a treaty shall recognize the offence as an extraditable offence between themselves subject to the conditions provided by the law of the requested State.

제 7 조

그 영토 내에서 범죄혐의자가 발견된 체약국은 만약 동인을 인도하지 않을 경우에는, 예외 없이, 또한 그 영토 내에서 범죄가 행하여진 것인지 여부를 불문하고 소추를 하기 위하여 권한 있는 당국에 동 사건을 회부하여야 한다. 그러한 당국은 그 국가의 법률상 중대한 성질의 일반적인 범죄의 경우에 있어서와 같은 방법으로 결정을 내려야 한다.

제 8 조

1. 범죄는 체약국들 간에 현존하는 인도조약상의 인도범죄에 포함되는 것으로 간주된다. 체약국들은 범죄를 그들 사이에 체결될 모든 인도조약에 인도범죄로서 포함할 의무를 진다.

2. 인도에 관하여 조약의 존재를 조건으로 하는 체약국이 상호 인도조약을 체결하지 않은 타 체약국으로부터 인도 요청을 받은 경우에는, 그 선택에 따라 본 협약을 범죄에 관한 인도를 위한 법적인 근거로서 간주할 수 있다. 인도는 피요청국의 법률에 규정된 기타 제 조건에 따라야 한다.

3. 인도에 관하여 조약의 존재를 조건으로 하지 않는 체약국들은 피요청국의 법률에 규정된 제 조건에 따를 것을 조건으로 범죄를 동 국가들 간의 인도범죄로 인정하여야 한다.

4. The offence shall be treated, for the purpose of extradition between Contracting States, as if it had been committed not only in the place in which it occurred but also in the territories of the States required to establish their jurisdiction in accordance with Article 4, paragraph 1.

Article 9

1. When any of the acts mentioned in Article 1 (a) has occurred or is about to occur, Contracting States shall take all appropriate measures to restore control of the aircraft to its lawful commander or to preserve his control of the aircraft.

2. In the cases contemplated by the preceding paragraph, any Contracting State in which the aircraft or its passengers or crew are present shall facilitate the continuation of the journey of the passengers and crew as soon as practicable, and shall without delay return the aircraft and its cargo to the persons lawfully entitled to possession.

Article 10

1. Contracting States shall afford one another the greatest measure of assistance in connection with criminal proceedings brought in respect of the offence and other acts mentioned in Article 4. The law of the State requested shall apply in all cases.

4. 범죄는, 체약국 간의 인도목적을 위하여, 그것이 발생한 장소에서뿐만 아니라 제4조제1항에 따라 관할권을 확립하도록 되어 있는 국가들의 영토 내에서 행하여진 것과 같이 다루어진다.

제 9 조

1. 제1조(a)에서 언급된 어떠한 행위가 발생하였거나 또는 발생하려고 하는 경우 체약국은 항공기에 대한 통제를 적법한 기장에게 회복시키거나 또는 그의 항공기에 대한 통제를 보전시키기 위하여 적절한 모든 조치를 취하여야 한다.

2. 전항에 규정된 경우에 있어서 항공기, 그 승객 또는 승무원이 자국 내에 소재하고 있는 어떠한 체약국도 실행이 가능한 한 조속히 승객 및 승무원의 여행의 계속을 용이하게 하여야 하며, 항공기 및 그 화물을 정당한 점유권자에게 지체 없이 반환하여야 한다.

제 10 조

1. 체약국들은 범죄 및 제4조에 언급된 기타 행위와 관련하여 제기된 형사소송절차에 관하여 상호 간 최대의 협조를 제공하여야 한다. 피요청국의 법률은 모든 경우에 있어서 적용된다.

2. The provisions of paragraph 1 of this Article shall not affect obligations under any other treaty, bilateral or multilateral, which governs or will govern, in whole or in part, mutual assistance in criminal matters.

Article 11

Each Contracting State shall in accordance with its national law report to the Council of the International Civil Aviation Organization as promptly as possible any relevant information in its possession concerning:

(a) the circumstances of the offence;

(b) the action taken pursuant to Article 9;

(c) the measures taken in relation to the offender or the alleged offender, and, in particular, the results of any extradition proceedings or other legal proceedings.

Article 12

1. Any dispute between two or more Contracting States concerning the interpretation or application of this Convention which cannot be settled through negotiation, shall, at the request of one of them, be submitted to arbitration. If within six months from the date of the request for arbitration the Parties are unable to agree on the organization of the arbitration, any one of those Parties may refer the dispute to the International Court of Justice by request in conformity with the Statute of the Court.

2. 본조 제1항의 규정은 형사문제에 있어서 전반적 또는 부분적인 상호협조를 규정하거나 또는 규정할 그 밖의 어떠한 양자 또는 다자조약상의 의무에도 영향을 미치지 아니한다.

제 11 조

각 체약국은 그 국내법에 의거하여 국제민간항공기구이사회에 그 국가가 소유하고 있는 다음에 관한 어떠한 관계 정보도 가능한 한 조속히 보고하여야 한다.

(a) 범죄의 상황

(b) 제9조에 의거하여 취하여진 조치

(c) 범인 또는 범죄혐의자에 대하여 취하여진 조치, 또한 특히 인도절차 또는 기타 법적절차의 결과

제 12 조

1. 협상을 통하여 해결될 수 없는 본 협약의 해석 또는 적용에 관한 2개국 또는 그 이상의 체약국들 간의 어떠한 분쟁도 그들 중 일 국가의 요청에 의하여 중재에 회부된다. 중재 요청일로부터 6개월이 내에 체약국들이 중재 구성에 합의하지 못할 경우에는, 그들 당사국중의 어느 일국가가 국제사법재판소에 동 재판소규정에 따라 분쟁을 부탁할 수 있다.

2. Each State may at the time of signature or ratification of this Convention or accession thereto, declare that it does not consider itself bound by the preceding paragraph. The other Contracting States shall not be bound by the preceding paragraph with respect to any Contracting State having made such a reservation.

3. Any Contracting State having made a reservation in accordance with the preceding paragraph may at any time withdraw this reservation by notification to the Depositary Governments.

Article 13

1. This Convention shall be open for signature at The Hague on 16 December 1970, by States participating in the International Conference on Air Law held at The Hague from 1 to 16 December 1970 (hereinafter referred to as The Hague Conference). After 31 December 1970, the Convention shall be open to all States for signature in Moscow, London and Washington. Any State which does not sign this Convention before its entry into force in accordance with paragraph 3 of this Article may accede to it at any time.

2. This Convention shall be subject to ratification by the signatory States. Instruments of ratification and instruments of accession shall be deposited with the Governments of the Union of Soviet Socialist Republics, the United Kingdom of Great Britain and Northern Ireland, and the United States of America, which are hereby designated the Depositary Governments.

2. 각 체약국은 본 협약의 서명 또는 비준, 또는 가입 시에 자국이 전항규정에 구속되지 아니하는 것으로 본다는 것을 선언할 수 있다. 타방체약국들은 그러한 유보를 행한 체약국에 관하여 전항규정에 의한 구속을 받지 아니한다.

3. 전항규정에 의거하여 유보를 행한 어떠한 체약국도 기탁 정부에 대한 통고로써 동 유보를 언제든지 철회할 수 있다.

제 13 조

1. 본 협약은 1970년 12월 1일부터 16일까지 헤이그에서 개최된 항공법에 관한 국제회의(이하 "헤이그회의"라 한다)에 참가한 국가들에 대하여 1970년 12월 16일 헤이그에서 서명을 위하여 개방된다. 1970년 12월 31일 이후 협약은 모스크바, 런던 및 워싱턴에서 서명을 위하여 모든 국가에 개방된다. 본조 제3항에 따른 발효 이전에 본 협약에 서명하지 않은 어떠한 국가도 언제든지 본 협약에 가입할 수 있다.

2. 본 협약은 서명국에 의한 비준을 받아야 한다. 비준서 및 가입서는 이에 기탁정부로 지정된 소비에트사회주의공화국연방, 대영제국 및 미합중국에 기탁되어야 한다.

3. This Convention shall enter into force thirty days following the date of the deposit of instrument of ratification by ten States signatory to this Convention which participated in The Hague Conference.

4. For other States, this Convention shall enter into force on the date of entry into force of this Convention in accordance with paragraph 3 of this Article, or thirty days following the date of deposit of their instruments of ratification or accession, whichever is later.

5. The Depositary Governments shall promptly inform all signatory and acceding States of the date of each signature, the date of deposit of each instrument of ratification or accession, the date of entry into force of this Convention, and other notices.

6. As soon as this Convention comes into force, it shall be registered by the Depositary Governments pursuant to Article 102 of the Charter of the United Nations and pursuant tp Article 83 of the Convention on International Civil Aviation. (Chicago, 1944)

Article 14

1. Any Contracting State may denounce this Convention by written notification to the Depositary Governments.

2. Denunciation shall take effect six months following the date on which notification is received by the Depositary Governments.

3. 본 협약은 헤이그회의에 참석한 본 협약의 10개 서명국에 의한 비준서 기탁일 후 30일에 효력을 발생한다.

4. 기타 국가들에 대하여, 본 협약은 본조 제3항에 따른 본 협약의 발효일자 또는 당해국의 비준서 또는 가입서를 기탁한 일자 후 30일 중에서 나중의 일자에 효력을 발생한다.

5. 기탁 정부들은 모든 서명 및 가입국에 대하여 매 서명일자, 매 비준서 또는 가입서의 기탁일자, 본 협약의 발효일자 및 기타 통고를 즉시 통보하여야 한다.

6. 본 협약은 발효하는 즉시 국제연합헌장 제10조에 따라, 또한 국제민간항공협약(시카고, 1944) 제83조에 따라 기탁정부들에 의하여 등록되어야 한다.

제 14 조

1. 어떠한 체약국도 기탁정부들에 대한 서면통고로써 본 협약을 폐기할 수 있다.

2. 폐기는 기탁정부들에 의하여 통고가 접수된 일자의 6개월 후에 효력을 발생한다.

IN WITNESS WHEREOF the undersigned Plenipotentiaries, being duly authorised thereto by their Governments, have signed this Convention.

DONE at The Hague, this sixteenth day of December, one thousand nine hundred and seventy, in three originals, each being drawn up in four authentic texts in the English, French, Russian and Spanish languages.

이상의 증거로써 하기 전권 대표들은, 그들 정부로부터 정당히 권한을 위임받아 본 협정에 서명하였다.

일천구백칠십년 십이월 십육일, 각기 영어, 불어, 러시아 및 서반아어로 공정히 작성된 원본 3부로 작성하였다.

민간항공의 안전에 대한 불법적 행위의 억제를 위한 협약

[일반사항]

- 조약명(국문): 민간항공의 안전에 대한 불법적 행위의 억제를 위한 협약
- 조약명(영문): Convention for the Suppression of Unlawful Acts against the Safety of Civil Aviation
- 채택일자 및 장소: 1971년 09월 23일 몬트리올
- 발효일: 1973년 01월 26일

[우리나라 관련사항]

- 가입서 기탁일: 1973년 08월 02일
- 발효일: 1973년 09월 01일(조약 제484호)
- 선언내용: 동 협약에 대한 대한민국 정부의 가입은 대한민국 정부가 국가 또는 정부로 승인하지 아니한 영역 또는 집단의 승인을 의미하는 것은 아니다.

- Source: 외교부 홈페이지

Convention for the Suppression of Unlawful Acts Against the Safety of Civil Aviation

민간항공의 안전에 대한 불법적 행위의 억제를 위한 협약

The States Parties to the Convention

Considering that unlawful acts against the safety of civil aviation jeopardize the safety of persons and property, seriously affect the operation of air services, and undermine the confidence of the peoples of the world in the safety of civil aviation;

Considering that the occurrence of such acts is a matter of grave concern;

Considering that, for the purpose of deterring such acts, there is an urgent need to provide appropriate measures for punishment of offenders;

Have agreed as follows:

본 협약 당사국들은,

민간항공의 안전에 대한 불법적 행위가 인명 및 재산의 안전에 위해를 가하고, 항공업무의 수행에 중대한 영향을 미치며, 또한 민간항공의 안전에 대한 세계인민의 신뢰를 저해하는 것임을 고려하고,

그러한 행위의 발생이 중대한 관심사임을 고려하고,

그러한 행위를 방지하기 위하여 범인들의 처벌에 관한 적절한 조치를 규정할 긴박한 필요성이 있음을 고려하여,

다음과 같이 합의하였다.

Article 1

1. Any person commits an offence if he unlawfully and intentionally:

   (a) performs an act of violence against a person on board an aircraft in flight if that act is likely to endanger the safety of that aircraft; or

   (b) destroys an aircraft in service or causes damage to such an aircraft which renders it incapable of flight or which is likely to endanger its safety in flight; or

   (c) places or causes to be placed on an aircraft in service, by any means whatsoever, a device or substance which is likely to destroy that aircraft, or to cause damage to it which renders it incapable of flight, or to cause damage to it which is likely to endanger its safety in flight; or

   (d) destroys or damages air navigation facilities or interferes with their operation, if any such act is likely to endanger the safety of aircraft in flight; or

   (e) communicates information which he knows to be false, thereby endangering the safety of an aircraft in flight.

2. Any person also commits an offence if he:

   (a) attempts to commit any of the offences mentioned in paragraph 1 of this Article; or

   (b) is an accomplice of a person who commits or attempts to commit any such offence.

제 1 조

1. 여하한 자도 불법적으로 그리고 고의적으로;

   (가) 비행중인 항공기에 탑승한자에 대하여 폭력 행위를 행하고 그 행위가 그 항공기의 안전에 위해를 기할 가능성이 있는 경우; 또는

   (나) 운항중인 항공기를 파괴하는 경우 또는 그러한 비행기를 훼손하여 비행을 불가능하게 하거나 또는 비행의 안전에 위해를 줄 가능성이 있는 경우; 또는

   (다) 여하한 방법에 의하여서라도, 운항중인 항공기상에 그 항공기를 파괴할 가능성이 있거나 또는 그 항공기를 훼손하여 비행을 불가능하게 할 가능성이 있거나 또는 그 항공기를 훼손하여 비행의 안전에 위해를 줄 가능성이 있는 장치나 물질을 설치하거나 또는 설치되도록 하는 경우; 또는

   (라) 항공시설을 파괴 혹은 손상하거나 또는 그 운용을 방해하고 그러한 행위가 비행중인 항공기의 안전에 위해를 줄 가능성이 있는 경우; 또는

   (마) 그가 허위임을 아는 정보를 교신하여, 그에 의하여 비행중인 항공기의 안전에 위해를 주는 경우;

   에는 범죄를 범한 것으로 한다.

2. 여하한 자도 :

   (가) 본 조 1항에 규정된 범죄를 범하려고 시도한 경우; 또는

   (나) 그러한 범죄를 범하거나 또는 범하려고 시도하는 자의 공범자인 경우;

   에도 또한 범죄를 범한 것으로 한다.

Article 2

For the purposes of this Convention:

(a) an aircraft is considered to be in flight at any time from the moment when all its external doors are closed following embarkation until the moment when any such door is opened for disembarkation; in the case of a forced landing, the flight shall be deemed to continue until the competent authorities take over the responsibility for the aircraft and for persons and property on board;

(b) an aircraft is considered to be in service from the beginning of the preflight preparation of the aircraft by ground personnel or by the crew for a specific flight until twenty-four hours after any landing; the period of service shall, in any event, extend for the entire period during which the aircraft is in flight as defined in paragraph (a) of this Article.

Article 3

Each Contracting State undertakes to make the offences mentioned in Article 1 punishable by severe penalties.

제 2 조

본 협약의 목적을 위하여;

(가) 항공기는 탑승 후 모든 외부의 문이 닫힌 순간으로부터 하기를 위하여 그러한 문이 열려지는 순간까지의 어떠한 시간에도 비행중에 있는 것으로 본다. 강제착륙의 경우, 비행은 관계당국이 항공기와 기상의 인원 및 재산에 대한 책임을 인수할 때까지 계속하는 것으로 본다;

(나) 항공기는 일정 비행을 위하여 지상직원 혹은 승무원에 의하여 항공기의 비행 전 준비가 시작된 때부터 착륙 후 24시간까지 운항 중에 있는 것으로 본다. 운항의 기간은, 어떠한 경우에도, 항공기가 본 조 1항에 규정된 비행 중에 있는 전 기간 동안 계속된다.

제 3 조

각 체약국은 제1조에 규정된 범죄를 엄중한 형벌로 처벌할 수 있도록 할 의무를 진다.

Article 4

1. This Convention shall not apply to aircraft used in military, customs or police services.

2. In the cases contemplated in subparagraphs (a), (b), (c) and (e) of paragraph 1 of Article 1, this Convention shall apply, irrespective of whether the aircraft is engaged in an international or domestic flight, only if:

    (a) the place of take-off or landing, actual or intended, of the aircraft is situated outside the territory of the State of registration of that aircraft; or

    (b) the offence is committed in the territory of a State other than the State of registration of the aircraft.

3. Notwithstanding paragraph 2 of this Article, in the cases contemplated in subparagraphs (a), (b), (c) and (e) of paragraph 1 of Article 1, this Convention shall also apply if the offender or the alleged offender is found in the territory of a State other than the State of registration of the aircraft.

4. With respect to the States mentioned in Article 9 and in the cases mentioned in subparagraphs (a), (b), (c) and (e) of paragraph 1 of Article 1, this Convention shall not apply if the places referred to in subparagraph (a) of paragraph 2 of this Article are situated within the territory of the same State where that State is one of those referred to in Article 9, unless the offence is committed or the offender or alleged offender is found in the territory of a State other than that State.

제 4 조

1. 본 협약은 군사, 세관 또는 경찰 업무에 사용되는 항공기에는 적용되지 아니한다.

2. 제1조 1항의 세항 (가), (나), (다) 및 (마)에 규정된 경우에 있어서, 본 협약은 항공기가 국제 또는 국내선에 종사하는지를 불문하고;

    (가) 항공기의 실제 또는 예정된 이륙 또는 착륙 장소가 그 항공기의 등록국가의 영토 외에 위치한 경우; 또는

    (나) 범죄가 그 항공기 등록국가 이외의 국가 영토 내에서 범하여진 경우에만 적용된다.

3. 본 조 2항에 불구하고 제1조1항 세항 (가), (나), (다) 및 (마)에 규정된 경우에 있어서, 본 협약은 범인 및 범죄 혐의자가 항공기 등록 국가 이외의 국가 영토 내에서 발견된 경우에도 적용된다.

4. 제9조에 언급된 국가와 관련하여 또한 제1조 1항 세항 (가), (나), (다) 및 (마)에 언급된 경우에 있어서, 본 협약은 본 조 2항 세항 (가)에 규정된 장소들이 제9조에 규정된 국가의 하나에 해당하는 국가의 영토 내에 위치한 경우에는, 그 국가 이외의 국가 영토 내에서 범죄가 범하여지거나 또는 범인이나 범죄 혐의자가 발견되지 아니하는 한, 적용되지 아니한다.

5. In the cases contemplated in subparagraph (d) of paragraph 1 of Article 1, this Convention shall apply only if the air navigation facilities are used in international air navigation.

6. The provisions of paragraphs 2, 3, 4 and 5 of this Article shall also apply in the cases contemplated in paragraph 2 of Article 1.

Article 5

1. Each Contracting State shall take such measures as may be necessary to establish its jurisdiction over the offences in the following cases:

   (a) when the offence is committed in the territory of that State;

   (b) when the offence is committed against or on board an aircraft registered in that State;

   (c) when the aircraft on board which the offence is committed lands in its territory with the alleged offender still on board;

   (d) when the offence is committed against or on board an aircraft leased without crew to a lessee who has his principal place of business or, if the lessee has no such place of business, his permanent residence, in that State.

2. Each Contracting State shall likewise take such measures as may be necessary to establish its jurisdiction over the offences mentioned in Article 1, paragraph 1 (a), (b) and (c), and in Article 1, paragraph 2, in so far as that paragraph relates to those offences, in the case where the alleged offender is present in its territory and it does not extradite him pursuant to Article 8 to any of the States mentioned in paragraph 1 of this Article.

5. 제1조 1항 세항 (라)에 언급된 경우에 있어서, 본 협약은 항공시설이 국제 항공에 사용되는 경우에만 적용된다.

6. 본 조 2, 3, 4 및 5항의 규정들은 제1조 2항에 언급된 경우에도 적용된다.

제 5 조

1. 각 체약국은 다음과 같은 경우에 있어서 범죄에 대한 관할권을 확립하기 위하여 필요한 제반 조치를 취하여야 한다.

   (가) 범죄가 그 국가의 영토 내에서 범하여진 경우

   (나) 범죄가 그 국가에 등록된 항공기에 대하여 또는 기상에서 범하여진 경우

   (다) 범죄가 기상에서 범하여지고 있는 항공기가 아직 기상에 있는 범죄 혐의자와 함께 그 영토 내에 착륙한 경우

   (라) 범죄가 주된 사업장소 또는 그러한 사업장소를 가지지 않은 경우에는 영구 주소를 그 국가 내에 가진 임차인에게 승무원 없이 임대된 항공기에 대하여 또는 기상에서 범하여진 경우

2. 각 체약국은 범죄 혐의자가 그 영토 내에 소재하고 있으며, 그를 제8조에 따라 본 조 1항에 언급된 어떠한 국가에도 인도하지 않는 경우에 있어서, 제1조 1항 (가), (나) 및 (다)에 언급된 범죄에 관하여 또한 제1조 2항에 언급된 범죄에 관하여, 동조가 그러한 범죄에 효력을 미치는 한, 그 관할권을 확립하기 위하여 필요한 제반조치를 또한 취하여야 한다.

3. This Convention does not exclude any criminal jurisdiction exercised in accordance with national law.

Article 6

1. Upon being satisfied that the circumstances so warrant, any Contracting State in the territory of which the offender or the alleged offender is present, shall take him into custody or take other measures to ensure his presence. The custody and other measures shall be as provided in the law of that State but may only be continued for such time as is necessary to enable any criminal or extradition proceedings to be instituted.

2. Such State shall immediately make a preliminary enquiry into the facts.

3. Any person in custody pursuant to paragraph 1 of this Article shall be assisted in communicating immediately with the nearest appropriate representative of the State of which he is a national.

4. When a State, pursuant to this Article, has taken a person into custody, it shall immediately notify the States mentioned in Article 5, paragraph 1, the State of nationality of the detained person and, if it considers it advisable, any other interested State of the fact that such person is in custody and of the circumstances which warrant his detention. The State which makes the preliminary enquiry contemplated in paragraph 2 of this Article shall promptly report its findings to the said States and shall indicate whether it intends to exercise jurisdiction.

3. 본 협약은 국내법에 따라 행사되는 어떠한 형사 관할권도 배제하지 아니한다.

제 6 조

1. 사정이 그와 같이 허용한다고 인정한 경우, 범인 및 범죄협의자가 그 영토 내에 소재하고 있는 체약국은 그를 구치하거나 그의 신병확보를 위한 기타 조치를 취하여야 한다. 동구치 및 기타 조치는 그 국가의 국내법에 규정된 바에 따라야 하나, 형사 또는 인도 절차를 취함에 필요한 시간 동안만 계속될 수 있다.

2. 그러한 국가는 사실에 대한 예비 조사를 즉시 행하여야 한다.

3. 본 조 1항에 따라 구치 중에 있는 어떠한 자도 최근거리에 있는 그 본국의 적절한 대표와 즉시 연락을 취하는데 도움을 받아야 한다.

4. 본 조에 의거하여 체약국이 어떠한 자를 구치하였을 때, 그 국가는 제5조1항에 언급된 국가, 피구치자가 국적을 가진 국가 및 타당하다고 생각할 경우 기타 관계국가에 대하여 그와 같은 자가 구치되어 있다는 사실과 그의 구치를 정당화하는 사정을 즉시 통고하여야 한다. 본 조 2항에 규정된 예비조사를 행한 국가는 전기 국가에 대하여 그 조사 결과를 즉시 보고하여야 하며, 그 관할권을 행사할 의도가 있는지의 여부를 명시하여야 한다.

Article 7

The Contracting State in the territory of which the alleged offender is found shall, if it does not extradite him, be obliged, without exception whatsoever and whether or not the offence was committed in its territory, to submit the case to its competent authorities for the purpose of prosecution. Those authorities shall take their decision in the same manner as in the case of any ordinary offence of a serious nature under the law of that State.

Article 8

1. The offences shall be deemed to be included as extraditable offences in any extradition treaty existing between Contracting States. Contracting States undertake to include the offences as extraditable offences in every extradition treaty to be concluded between them.

2. If a Contracting State which makes extradition conditional on the existence of a treaty receives a request for extradition from another Contracting State with which it has no extradition treaty, it may at its option consider this Convention as the legal basis for extradition in respect of the offences. Extradition shall be subject to the other conditions provided by the law of the requested State.

제 7 조

그 영토 내에서 범죄 혐의자가 발견된 체약국은 만약 동인을 인도하지 않은 경우, 예외 없이 또한 그 영토 내에서 범죄가 범하여진 것인지 여부를 불문하고, 소추를 하기 위하여 권한 있는 당국에 동 사건을 회부하여야 한다. 그러한 당국은 그 국가의 법률상 중대한 성질의 일반 범죄의 경우에 있어서와 같은 방법으로 그 결정을 내려야 한다.

제 8 조

1. 범죄는 체약국간에 현존하는 인도 조약상의 인도 범죄에 포함되는 것으로 간주된다. 체약국은 범죄를 그들 사이에 체결될 모든 인도 조약에 인도 범죄로 포함할 의무를 진다.

2. 인도에 관하여 조약의 존재를 조건으로 하는 체약국이 상호 인도조약을 체결하지 않은 타 체약국으로부터 인도 요청을 받은 경우에는, 그 선택에 따라 본 협약을 범죄에 관한 인도를 위한 법적인 근거로서 간주할 수 있다. 인도는 피요청국의 법률에 규정된 기타 제 조건에 따라야 한다.

3. Contracting States which do not make extradition conditional on the existence of a treaty shall recognize the offences as extraditable offences between themselves subject to the conditions provided by the law of the requested State.

4. Each of the offences shall be treated, for the purpose of extradition between Contracting States, as if it had been committed not only in the place in which it occurred but also in the territories of the States required to establish their jurisdiction in accordance with Article 5, paragraph 1 (b), (c) and (d).

Article 9

The Contracting States which establish joint air transport operating organizations or international operating agencies, which operate aircraft which are subject to joint or international registration shall, by appropriate means, designate for each aircraft the State among them which shall exercise the jurisdiction and have the attributes of the State of registration for the purpose of this Convention and shall give notice thereof to the International Civil Aviation Organization which shall communicate the notice to all States Parties to this Convention.

Article 10

1. Contracting States shall, in accordance with international and national law, endeavour to take all practicable measure for the purpose of preventing the offences mentioned in Article 1.

3. 인도에 관하여 조약의 존재를 조건으로 하지 않는 체약국들은 피요청국의 법률에 규정된 제 조건에 따를 것을 조건으로 범죄를 동 국가들 간의 인도범죄로 인정하여야 한다.

4. 각 범죄는, 체약국간의 인도 목적을 위하여, 그 것이 발생한 장소에서뿐만 아니라 제5조 1항 (나), (다) 및 (라)에 의거하여 그 관할권을 확립하도록 되어 있는 국가의 영토 내에서 범하여진 것처럼 취급된다.

제 9 조

공동 또는 국제 등록에 따라 항공기를 운영하는 공동 항공운수 운영기구 또는 국제운영기관을 설치한 체약국들은 적절한 방법에 따라 각 항공기에 대하여 관할권을 행사하고 본 협약의 목적을 위하여 등록국가의 자격을 가지는 국가는 당해국 중에서 지명하여야 하며 또한 국제민간항공기구에 그에 관한 통고를 하여야 하며, 동 기구는 본 협약의 전 체약국에 동 통고를 전달하여야 한다.

제 10 조

1. 체약국은, 국제법 및 국내법에 따라, 제1조에 언급된 범죄를 방지하기 위한 모든 실행 가능한 조치를 취하도록 노력하여야 한다.

2. When, due to the commission of one of the offences mentioned in Article 1, a flight has been delayed or interrupted, any Contracting State in whose territory the aircraft or passengers or crew are present shall facilitate the continuation of the journey of the passengers and crew as soon as practicable, and shall without delay return the aircraft and its cargo to the persons lawfully entitled to possession.

Article 11

1. Contracting States shall afford one another the greatest measure of assistance in connection with criminal proceedings brought in respect of the offences. The law of the State requested shall apply in all cases.
2. The provisions of paragraph 1 of this Article shall not affect obligations under any other treaty, bilateral or multilateral, which governs or will govern, in whole or in part, mutual assistance in criminal matters.

Article 12

Any Contracting State having reason to believe that one of the offences mentioned in Article 1 will be committed shall, in accordance with its national law, furnish any relevant information in its possession to those States which it believes would be the States mentioned in Article 5, paragraph 1.

2. 제1조에 언급된 범죄의 하나를 범함으로써, 비행이 지연되거나 또는 중단된 경우, 항공기, 승객 또는 승무원이 자국 내에 소재하고 있는 어떠한 체약국도 실행이 가능한 한 조속히 승객 및 승무원의 여행의 계속을 용이하게 하여야 하며, 항공기 및 그 화물을 정당한 점유권자에게 지체 없이 반환하여야 한다.

제 11 조

1. 체약국들은 범죄와 관련하여 제기된 형사 소송 절차에 관하여 상호 간 최대의 협조를 제공하여야 한다. 피요청국의 법률은 모든 경우에 있어서 적용된다.

2. 본 조 1항의 규정은 형사문제에 있어서 전반적 또는 부분적인 상호 협조를 규정하거나 또는 규정할 그 밖의 어떠한 양자 또는 다자조약상의 의무에 영향을 미치지 아니한다.

제 12 조

제1조에 언급된 범죄의 하나가 범하여질 것이라는 것을 믿게 할 만한 이유를 가지고 있는 어떠한 체약국도, 그 국내법에 따라 제5조 1항에 언급된 국가에 해당한다고 믿어지는 국가들에게 그 소유하고 있는 관계정보를 제공하여야 한다.

Article 13

Each Contracting State shall in accordance with its national law report to the Council of the International Civil Aviation Organization as promptly as possible any relevant information in its possession concerning:

(a) the circumstances of the offence;

(b) the action taken pursuant to Article 10, paragraph 2;

(c) the measures taken in relation to the offender or the alleged offender and, in particular, the results of any extradition proceedings or other legal proceedings.

Article 14

1. Any dispute between two or more Contracting States concerning the interpretation or application of this Convention which cannot be settled through negotiation, shall, at the request of one of them, be submitted to arbitration. If within six months from the date of the request for arbitration the Parties are unable to agree on the organization of the arbitration, any one of those Parties may refer the dispute to the International Court of Justice by request in conformity with the Statute of the Court.

2. Each State may at the time of signature or ratification of this Convention or accession thereto, declare that it does not consider itself bound by the preceding paragraph. The other Contracting States shall not be bound by the preceding paragraph with respect to any Contracting State having made such a reservation.

제 13 조

각 체약국은 그 국내법에 의거하여 국제민간항공기구 이사회에 그 국가가 소유하고 있는 다음에 관한 어떠한 관계 정보도 가능한 한 조속히 보고하여야 한다.

(가) 범죄의 상황

(나) 제10조 2항에 의거하여 취하여진 조치

(다) 범인 또는 범죄 혐의자에 대하여 취하여진 조치, 또한 특히 인도절차 기타 법적 절차의 결과

제 14 조

1. 협상을 통하여 해결될 수 없는 본 협약의 해석 또는 적용에 관한 2개국 또는 그 이상의 체약국들 간의 어떠한 분쟁도 그들 중 일국가의 요청에 의하여 중재에 회부된다. 중재 요청일로부터 6개월 이내에 체약국들이 중재구성에 합의하지 못할 경우에는, 그AU 당사국 중의 어느 일국가가 국제사법재판소에 동 재판소 규정에 따라 분쟁을 부탁할 수 있다.

2. 각 체약국은 본 협약의 서명, 비준, 또는 가입시에 자국이 전항 규정에 구속되지 아니한 것으로 본다는 것을 선언할 수 있다. 타방 체약국들은 그러한 유보를 행한 체약국에 관하여 전항 규정에 의한 구속을 받지 아니한다.

3. Any Contracting State having made a reservation in accordance with the preceding paragraph may at any time withdraw this reservation by notification to the Depositary Governments.

Article 15

1. This Convention shall be open for signature at Montreal on 23 September 1971, by States participating in the International Conference on Air Law held at Montreal from 8 to 23 September 1971 (hereinafter referred to as the Montreal Conference). After 10 October 1971, the Convention shall be open to all States for signature in Moscow, London and Washington. Any State which does not sign this Convention before its entry into force in accordance with paragraph 3 of this Article may accede to it at any time.

2. This Convention shall be subject to ratification by the signatory States. Instruments of ratification and instruments of accession shall be deposited with the Governments of the Union of Soviet Socialist Republics, the United Kingdom of Great Britain and Northern Ireland, and the United States of America, which are hereby designated the Depositary Governments.

3. This Convention shall enter into force thirty days following the date of the deposit of instruments of ratification by ten States signatory to this Convention which participated in the Montreal Conference.

3. 전항 규정에 의거하여 유보를 행한 어떠한 체약국도 수탁정부에 대한 통고로써 동 유보를 언제든지 철회할 수 있다.

제 15 조

1. 본 협약은 1971년 9월 8일부터 23일까지 몬트리올에서 개최된 항공법에 관한 국제회의(이하 몬트리올 회의라 한다)에 참가한 국가들에 대하여 1971년 9월 23일 몬트리올에서 서명을 위하여 개방된다. 1971년 10월 10일 이후 본 협약은 모스크바, 런던 및 워싱턴에서 서명을 위하여 모든 국가에 개방된다. 본 조 3항에 따른 발효 이전에 본 협약에 서명하지 않은 어떠한 국가도 언제든지 본 협약에 가입할 수 있다.

2. 본 협약은 서명국에 의한 비준을 받아야 한다. 비준서 및 가입서는 이에 수탁정부로 지정된 소련, 영국 및 미국 정부에 기탁되어야 한다.

3. 본 협약은 몬트리올 회의에 참석한 본 협약의 10개 서명국에 의한 비준서 기탁일로부터 30일 후에 효력을 발생한다.

4. For other States, this Convention shall enter into force on the date of entry into force of this Convention in accordance with paragraph 3 of this Article, or thirty days following the date of deposit of their instruments of ratification or accession, whichever is later.

5. The Depositary Governments shall promptly inform all signatory and acceding States of the date of each signature, the date of deposit of each instrument of ratification or accession, the date of entry into force of this Convention, and other notices.

6. As soon as this Convention comes into force, it shall be registered by the Depositary Governments pursuant to Article 102 of the Convention on International Civil Aviation (Chicago, 1944).

Article 16

1. Any Contracting State may denounce this Convention by written notification to the Depositary Governments.

2. Denunciation shall take effect six months following the date on which notification is received by the Depositary Governments.

4. 기타 국가들에 대하여, 본 협약은 본 조 3항에 따른 본 협약의 발효일자 또는 당해국의 비준서 또는 가입서 기탁일자 후 30일 중에서 나중의 일자에 효력을 발생한다.

5. 수탁정부들은 모든 서명 및 가입국에 대하여 서명일자, 비준서 또는 가입서의 기탁일자, 본 협약의 발효일자 및 기타 통고를 즉시 통보하여야 한다.

6. 본 협약은 발효하는 즉시 국제연합 헌장 제102조에 따라, 또한 국제민간항공협약(시카고, 1944) 제83조에 따라 수탁정부들에 의하여 등록되어야 한다.

제 16 조

1. 어떠한 체약국도 수탁정부들에 대한 서면통고로써 본 협약을 폐기할 수 있다.

2. 폐기는 수탁정부들에 의하여 통고가 접수된 일자로부터 6개월 후에 효력을 발생한다.

IN WITNESS WHEREOF the undersigned Plenipotentiaries, being duly authorized thereto by their Governments, have signed this Convention.

DONE at Montreal, this twenty-third day of September, one thousand nine hundred and seventy-one, in three originals, each being drawn up in four authentic texts in the English, French, Russian and Spanish languages.

이상의 증거로써 하기 전권대표들은, 그들 정부로부터 정당히 권한을 위임받아 본 협약에 서명하였다.

일천구백칠십일년 구월 이십삼일, 각기 영어, 불어, 로어 및 서반아어로 공정히 작성된 원본 3부로 작성하였다.

1963년의 동경협약을 개정한 의정서

PROTOCOL
to Amend the Convention on Offences and Certain Other Acts Committed on
Board Aircraft
Done at Montr al on 4 April 2014
(ICAO Doc 10034)

PROTOCOL
to Amend the Convention on Offences and Certain Other Acts Committed on
Board Aircraft

THE CONTRACTING STATES TO THIS PROTOCOL,

NOTING that States have expressed their concern about the escalation of the severity and frequency of unruly behaviour on board aircraft that may jeopardize the safety of the aircraft or of persons or property therein or jeopardize good order and discipline on board;

RECOGNIZING the desire of many States to assist each other in curbing unruly behaviour and restoring good order and discipline on board aircraft;

BELIEVING that in order to address these concerns, it is necessary to adopt provisions to amend those of the Convention on Offences and Certain Other Acts Committed on Board Aircraft signed at Tokyo on 14 September 1963;

HAVE AGREED AS FOLLOWS:

Article I

This Protocol amends the Convention on Offences and Certain Other Acts Committed on Board Aircraft, signed at Tokyo on 14 September 1963 (hereinafter referred to as "the Convention").

Article II

Article 1, paragraph 3, of the Convention shall be replaced by the following:

"Article 1

3. For the purposes of this Convention:

a) an aircraft is considered to be in flight at any time from the moment when all its external doors are closed following embarkation until the moment when any such door is opened for disembarkation; in the case of a forced landing, the flight shall be deemed to continue until the competent authorities take over the responsibility for the aircraft and for persons and property on board; and

b) when the State of the operator is not the same as the State of registration, the term "the State of registration", as used in Articles 4, 5 and 13 of the Convention shall be deemed to be the State of the operator."

Article III

Article 2 of the Convention shall be replaced by the following:

"Article 2

Without prejudice to the provisions of Article 4 and except when the safety of the aircraft or of persons or property on board so requires, no provision of this Convention shall be interpreted as authorizing or requiring any action in respect of offences against penal laws of a political nature or those based on discrimination on any ground such as race, religion, nationality, ethnic origin, political opinion or gender."

Article IV

Article 3 of the Convention shall be replaced by the following:

"Article 3

1. The State of registration of the aircraft is competent to exercise jurisdiction over offences and acts committed on board.

1 bis. A State is also competent to exercise jurisdiction over offences and acts committed on board:

a) as the State of landing, when the aircraft on board which the offence or act is committed lands in its territory with the alleged offender still on board;

and

b) as the State of the operator, when the offence or act is committed on board an aircraft leased without crew to a lessee whose principal place of business or, if the lessee has no such place of business, whose permanent residence, is in that State.

2. Each Contracting State shall take such measures as may be necessary to establish its jurisdiction as the State of registration over offences committed on board aircraft registered in such State.

2 bis. Each Contracting State shall also take such measures as may be necessary to establish its jurisdiction over offences committed on board aircraft in the following cases:

a) as the State of landing, when:

i) the aircraft on board which the offence is committed has its last point of take-off or next point of intended landing within its territory, and the aircraft subsequently lands in its territory with the alleged offender still on board; and

ii) the safety of the aircraft or of persons or property therein, or good order and discipline on board, is jeopardized;

b) as the State of the operator, when the offence is committed on board an aircraft leased without crew to a lessee whose principal place of business or, if the lessee has no such place of business, whose permanent residence, is in that State.

2 ter. In exercising its jurisdiction as the State of landing, a State shall consider whether the offence in question is an offence in the State of the operator.

3. This Convention does not exclude any criminal jurisdiction exercised in accordance with national law."

Article V

The following shall be added as Article 3 bis of the Convention:

"Article 3 bis

If a Contracting State, exercising its jurisdiction under Article 3, has been notified or has otherwise learned that one or more other Contracting States are conducting an investigation, prosecution or judicial proceeding in respect of the same offences or acts, that Contracting State shall, as appropriate, consult those other Contracting States with a view to coordinating their actions. The obligations in this Article are without prejudice to the obligations of a Contracting State under Article 13."

Article VI

Article 5, paragraph 2, of the Convention shall be deleted.

Article VII

Article 6 of the Convention shall be replaced by the following:

"Article 6

1. The aircraft commander may, when he has reasonable grounds to believe that a person has committed, or is about to commit, on board the aircraft, an offence or act contemplated in Article 1, paragraph 1, impose upon such person reasonable measures including restraint which are necessary:
   a) to protect the safety of the aircraft, or of persons or property therein; or
   b) to maintain good order and discipline on board; or
   c) to enable him to deliver such person to competent authorities or to disembark him in accordance with the provisions of this Chapter.
2. The aircraft commander may require or authorize the assistance of other crew members and may request or authorize, but not require, the assistance of in-flight security officers or passengers to restrain any person whom he is entitled to restrain. Any crew member or passenger may also take reasonable preventive measures without such authorization when he has reasonable grounds to believe that such action is immediately necessary to protect the safety of the aircraft, or of persons or property therein.

3. An in-flight security officer deployed pursuant to a bilateral or multilateral agreement or arrangement between the relevant Contracting States may take reasonable preventive measures without such authorization when he has reasonable grounds to believe that such action is immediately necessary to protect the safety of the aircraft or persons therein from an act of unlawful interference, and, if the agreement or arrangement so allows, from the commission of serious offences.

4. Nothing in this Convention shall be deemed to create an obligation for a Contracting State to establish an in-flight security officer programme or to agree to a bilateral or multilateral agreement or arrangement authorizing foreign in-flight security officers to operate in its territory."

Article VIII

Article 9 of the Convention shall be replaced by the following:

"Article 9

1. The aircraft commander may deliver to the competent authorities of any Contracting State in the territory of which the aircraft lands any person who he has reasonable grounds to believe has committed on board the aircraft an act which, in his opinion, is a serious offence.

2. The aircraft commander shall as soon as practicable and if possible before landing in the territory of a Contracting State with a person on board whom the aircraft commander intends to deliver in accordance with the preceding paragraph, notify the authorities of such State of his intention to deliver such person and the reasons therefor.

3. The aircraft commander shall furnish the authorities to whom any suspected offender is delivered in accordance with the provisions of this Article with evidence and information which are lawfully in his possession."

Article IX

Article 10 of the Convention shall be replaced by the following:

"Article 10

For actions taken in accordance with this Convention, neither the aircraft commander, any other member of the crew, any passenger, any in-flight security officer, the owner or operator of the aircraft, nor the person on whose behalf the flight was performed shall be held responsible in any proceeding on account of the treatment undergone by the person against whom the actions were taken."

Article X

The following shall be added as Article 15 bis of the Convention:

"Article 15 bis

1. Each Contracting State is encouraged to take such measures as may be necessary to initiate appropriate criminal, administrative or any other forms of legal proceedings against any person who commits on board an aircraft an offence or act referred to in Article 1, paragraph 1, in particular:

    a) physical assault or a threat to commit such assault against a crew member;

    or

    b) refusal to follow a lawful instruction given by or on behalf of the aircraft commander for the purpose of protecting the safety of the aircraft or of persons or property therein.

2. Nothing in this Convention shall affect the right of each Contracting State to introduce or maintain in its national legislation appropriate measures in order to punish unruly and disruptive acts committed on board."

Article XI

Article 16, paragraph 1, of the Convention shall be replaced by the following:

"Article 16

1. Offences committed on board aircraft shall be treated, for the purpose of extradition between the Contracting States, as if they had been committed not only in the place in which they occurred but also in the territories of the Contracting States required to establish their jurisdiction in accordance with paragraphs 2 and 2 bis of Article 3."

Article XII

Article 17 of the Convention shall be replaced by the following:

"Article 17

1. In taking any measures for investigation or arrest or otherwise exercising jurisdiction in connection with any offence committed on board an aircraft, the Contracting States shall pay due regard to the safety and other interests of air navigation and shall so act as to avoid unnecessary delay of the aircraft passengers, crew or cargo.

2. Each Contracting State, when fulfilling its obligations, or exercising a permitted discretion under this Convention, shall act in accordance with the obligations and responsibilities of States under international law. In this respect, each Contracting State shall have regard for the principles of due process and fair treatment."

Article XIII

The following shall be added as Article 18 bis of the Convention:

"Article 18 bis

Nothing in this Convention shall preclude any right to seek the recovery, under national law, of damages incurred, from a person disembarked or delivered pursuant to Article 8 or 9 respectively."

Article XIV

The texts of the Convention in the Arabic, Chinese and Russian languages annexed to this Protocol shall, together with the texts of the Convention in the English, French, and Spanish languages, constitute texts equally authentic in the six languages.

Article XV

As between the Contracting States to this Protocol, the Convention and this Protocol shall be read and interpreted together as one single instrument and shall be known as the Tokyo Convention as amended by the Montréal Protocol, 2014.

Article XVI

This Protocol shall be open for signature in Montréal on 4 April 2014 by States participating in the International Air Law Conference held at Montréal from 26 March to 4 April 2014. After 4 April 2014, this Protocol shall be open to all States for signature at the Headquarters of the International Civil Aviation Organization in Montréal until it enters into force in accordance with Article XVIII.

Article XVII

1. This Protocol is subject to ratification, acceptance or approval by the signatory States. The instruments of ratification, acceptance or approval shall be deposited with the Secretary General of the International Civil Aviation Organization, who is hereby designated as the Depositary.

2. Any State which does not ratify, accept or approve this Protocol in accordance with paragraph 1 of this Article may accede to it at any time. The instruments of accession shall be deposited with the Depositary.

3. Ratification, acceptance, approval or accession to this Protocol by any State which is not a Contracting State to the Convention shall have the effect of ratification, acceptance, approval or accession to the Tokyo Convention as amended by the Montréal Protocol, 2014.

Article XVIII

1. This Protocol shall enter into force on the first day of the second month following the date of the deposit of the twenty-second instrument of ratification, acceptance, approval or accession with the Depositary.

2. For each State ratifying, accepting, approving or acceding to this Protocol after the deposit of the twenty-second instrument of ratification, acceptance, approval or accession, this Protocol shall enter into force on the first day of the second month following the date of the deposit by such State of its instrument of ratification, acceptance, approval or accession.

3. As soon as this Protocol enters into force, it shall be registered with the United Nations by the Depositary.

Article XIX

1. Any Contracting State may denounce this Protocol by written notification to the Depositary.
2. Denunciation shall take effect one year following the date on which notification is received by the Depositary.

Article XX

The Depositary shall promptly notify all signatory and Contracting States to this Protocol of the date of each signature, the date of deposit of each instrument of ratification, acceptance, approval or accession, the date of coming into force of this Protocol, and other relevant information.

IN WITNESS WHEREOF the undersigned Plenipotentiaries, having been duly authorized, have signed this Protocol.

DONE at Montréal on the fourth day of April of the year Two Thousand and Fourteen in the English, Arabic, Chinese, French, Russian and Spanish languages, all texts being equally authentic, such authenticity to take effect upon verification by the Secretariat of the Conference under the authority of the President of the Conference within ninety days hereof as to the conformity of the texts with one another. This Protocol shall be deposited with the International Civil Aviation Organization, and certified copies thereof shall be transmitted by the Depositary to all Contracting States to this Protocol.

국제항공운송에 있어서의 일부 규칙 통일에 관한 협약

[일반사항]

- 조약명(국문): 국제항공운송에 있어서의 일부 규칙 통일에 관한 협약
- 조약명(영문): Convention for the Unification of Certain Rules for International Carriage by Air
- 조약약칭: 1999 몬트리올협약
- 채택일자: 1999년 05월 28일
- 채택장소: 몬트리올
- 발효일: 2003년 11월 04일
- 기탁처: ICAO
- ICAO Doc 9740

[우리나라 관련사항]

- 가입서 기탁일: 2007년 10월 15일
- 발효일: 2007년 12월 29일(조약 제1876호)

- Source: 외교부 홈페이지

CONVENTION FOR THE UNIFICATION OF CERTAIN RULES FOR INTERNATIONAL CARRIAGE BY AIR

국제항공운송에 있어서의 일부 규칙 통일에 관한 협약

THE STATES PARTIES TO THIS CONVENTION

RECOGNIZING the significant contribution of the Convention for the Unification of Certain Rules relating to International Carriage by Air signed in Warsaw on 12 October 1929, hereinafter referred to as the "Warsaw Convention", and other related instruments to the harmonization of private international air law;

RECOGNIZING the need to modernize and consolidate the Warsaw Convention and related instruments;

RECOGNIZING the importance of ensuring protection of the interests of consumers in international carriage by air and the need for equitable compensation based on the principle of restitution;

REAFFIRMING the desirability of an orderly development of international air transport operations and the smooth flow of passengers, baggage and cargo in accordance with the principles and objectives of the Convention on International Civil Aviation, done at Chicago on 7 December 1944;

이 협약의 당사국은,

1929년 10월 12일 바르샤바에서 서명된 국제항공운송에 있어서의 일부 규칙 통일에 관한 협약(이하 '바르샤바협약'이라 한다) 및 기타 관련 문서들이 국제항공사법의 조화에 지대한 공헌을 하여왔음을 인식하며,

바르샤바협약 및 관련 문서를 현대화하고 통합하여야 할 필요성을 인식하며,

국제항공운송에 있어서 소비자 이익 보호의 중요성과 원상회복의 원칙에 근거한 공평한 보상의 필요성을 인식하며,

1944년 12월 7일 시카고에서 작성된 국제민간항공협약의 원칙과 목적에 따른 국제항공운송사업의 질서정연한 발전과 승객·수하물 및 화물의 원활한 이동이 바람직함을 재확인하며,

CONVINCED that collective State action for further harmonization and codification of certain rules governing international carriage by air through a new Convention is the most adequate means of achieving an equitable balance of interests;

HAVE AGREED AS FOLLOWS:

Chapter 1   General Provisions

Article 1 — Scope of Application

1. This Convention applies to all international carriage of persons, baggage or cargo performed by aircraft for reward. It applies equally to gratuitous carriage by aircraft performed by an air transport undertaking.

2. For the purposes of this Convention, the expression international carriage means any carriage in which, according to the agreement between the parties, the place of departure and the place of destination, whether or not there be a break in the carriage or a transhipment, are situated either within the territories of two States Parties, or within the territory of a single State Party if there is an agreed stopping place within the territory of another State, even if that State is not a State Party. Carriage between two points within the territory of a single State Party without an agreed stopping place within the territory of another State is not international carriage for the purposes of this Convention.

새로운 협약을 통하여 국제항공운송을 규율하는 일부 규칙의 조화 및 성문화를 진작하기 위한 국가의 공동행동이 공평한 이익균형의 달성에 가장 적합한 수단임을 확신하며,

다음과 같이 합의하였다.

제1장   총   칙

제1조   적용 범위

1. 이 협약은 항공기에 의하여 유상으로 수행되는 승객·수하물 또는 화물의 모든 국제운송에 적용된다. 이 협약은 항공운송기업이 항공기에 의하여 무상으로 수행되는 운송에도 동일하게 적용된다.

2. 이 협약의 목적상, 국제운송이라 함은 운송의 중단 또는 환적이 있는지 여부를 불문하고, 당사자 간 합의에 따라 출발지와 도착지가 두 개의 당사국의 영역 내에 있는 운송, 또는 출발지와 도착지가 단일의 당사국 영역 내에 있는 운송으로서 합의된 예정 기항지가 타 국가의 영역 내에 존재하는 운송을 말한다. 이때 예정 기항지가 존재한 타 국가가 이 협약의 당사국인지 여부는 불문한다. 단일의 당사국 영역 내의 두 지점 간 수행하는 운송으로서 타 국가의 영역 내에 합의된 예정 기항지가 존재하지 아니하는 것은 이 협약의 목적상 국제운송이 아니다.

3. Carriage to be performed by several successive carriers is deemed, for the purposes of this Convention, to be one undivided carriage if it has been regarded by the parties as a single operation, whether it had been agreed upon under the form of a single contract or of a series of contracts, and it does not lose its international character merely because one contract or a series of contracts is to be performed entirely within the territory of the same State.

4. This Convention applies also to carriage as set out in Chapter V, subject to the terms contained therein.

Article 2 – Carriage Performed by State and Carriage of Postal Items

1. This Convention applies to carriage performed by the State or by legally constituted public bodies provided it falls within the conditions laid down in Article 1.

2. In the carriage of postal items, the carrier shall be liable only to the relevant postal administration in accordance with the rules applicable to the relationship between the carriers and the postal administrations.

3. Except as provided in paragraph 2 of this Article, the provisions of this Convention shall not apply to the carriage of postal items.

3. 2인 이상의 운송인이 연속적으로 수행하는 운송은 이 협약의 목적상, 당사자가 단일의 취급을 한 때에는, 단일의 계약형식 또는 일련의 계약형식으로 합의하였는지 여부를 불문하고 하나의 불가분의 운송이라고 간주되며, 이러한 운송은 단지 단일의 계약 또는 일련의 계약이 전적으로 동일국의 영역 내에서 이행된다는 이유로 국제적 성질이 상실되는 것은 아니다.

4. 이 협약은 또한, 제5장의 조건에 따라, 동장에 규정된 운송에도 적용된다.

제2조 국가가 수행하는 운송 및 우편물의 운송

1. 이 협약은 제1조에 규정된 조건에 합치하는 한, 국가 또는 법적으로 설치된 공공기관이 수행하는 운송에도 적용된다.

2. 우편물의 운송의 경우, 운송인은 운송인과 우정당국 간 관계에 적용되는 규칙에 따라 관련 우정당국에 대해서만 책임을 진다.

3. 본 조 제2항에서 규정하고 있는 경우를 제외한 이 협약의 규정은 우편물의 운송에 적용되지 아니한다.

Chapter II

Documentation and Duties of the Parties Relating to the Carriage of Passengers, Baggage and Cargo

Article 3 — Passengers and Baggage

1. In respect of carriage of passengers, an individual or collective document of carriage shall be delivered containing:
   (a) an indication of the places of departure and destination;
   (b) if the places of departure and destination are within the territory of a single State Party, one or more agreed stopping places being within the territory of another State, an indication of at least one such stopping place.

2. Any other means which preserves the information indicated in paragraph 1 may be substituted for the delivery of the document referred to in that paragraph. If any such other means is used, the carrier shall offer to deliver to the passenger a written statement of the information so preserved.

3. The carrier shall deliver to the passenger a baggage identification tag for each piece of checked baggage.

4. The passenger shall be given written notice to the effect that where this Convention is applicable it governs and may limit the liability of carriers in respect of death or injury and for destruction or loss of, or damage to, baggage, and for delay.

제2장

승객·수하물 및 화물의 운송과 관련된 증권과 당사자 의무

제3조 승객 및 수하물

1. 승객의 운송에 관하여 다음 사항을 포함한 개인용 또는 단체용 운송증권을 교부한다.

   가. 출발지 및 도착지의 표시

   나. 출발지 및 도착지가 단일의 당사국 영역 내에 있고 하나 또는 그 이상의 예정 기항지가 타 국가의 영역 내에 존재하는 경우에는 그러한 예정 기항지 중 최소한 한 곳의 표시

2. 제1항에 명시된 정보를 보존하는 다른 수단도 동항에 언급된 증권의 교부를 대체할 수 있다. 그러한 수단이 사용되는 경우, 운송인은 보존된 정보에 관한 서면 신고서의 교부를 승객에게 제안한다.

3. 운송인은 개개의 위탁수하물에 대한 수하물 식별표를 여객에게 교부한다.

4. 운송인은 이 협약이 적용가능한 경우 승객의 사망 또는 부상 및 수하물의 파괴·분실 또는 손상 및 지연에 대한 운송인의 책임을 이 협약이 규율하고 제한할 수 있음을 승객에게 서면으로 통고한다.

5. Non-compliance with the provisions of the foregoing paragraphs shall not affect the existence or the validity of the contract of carriage, which shall, nonetheless, be subject to the rules of this Convention including those relating to limitation of liability.

Article 4 – Cargo

1. In respect of the carriage of cargo, an air waybill shall be delivered.
2. Any other means which preserves a record of the carriage to be performed may be substituted for the delivery of an air waybill. If such other means are used, the carrier shall, if so requested by the consignor, deliver to the consignor a cargo receipt permitting identification of the consignment and access to the information contained in the record preserved by such other means.

Article 5 – Contents of Air Waybill of Cargo Receipt

The air waybill or the cargo receipt shall include:
(a) an indication of the places of departure and destination;
(b) if the places of departure and destination are within the territory of a single State Party, one or more agreed stopping places being within the territory of another State, an indication of at least one such stopping place; and
(c) an indication of the weight of the consignment.

---

5. 전항의 규정에 따르지 아니한 경우에도 운송계약의 존재 및 유효성에는 영향을 미치지 아니하며, 책임의 한도에 관한 규정을 포함한 이 협약의 규정이 적용된다.

제 4 조 화 물

1. 화물 운송의 경우, 항공운송장이 교부된다.

2. 운송에 관한 기록을 보존하는 다른 수단도 항공운송장의 교부를 대체할 수 있다. 그러한 수단이 사용되는 경우, 운송인은 송하인의 요청에 따라 송하인에게 운송을 증명하고 그러한 수단에 의하여 보존되는 기록에 포함된 정보를 수록한 화물수령증을 교부한다.

제5조 항공운송장 또는 화물수령증의 기재사항

항공운송장 또는 화물수령증에는 다음의 사항을 기재한다.
가. 출발지 및 도착지의 표시
나. 출발지 및 도착지가 단일의 당사국 영역 내에 존재하고 하나 또는 그 이상의 예정 기항지가 타 국가의 영역 내에 존재하는 경우에는 그러한 예정 기항지의 최소한 한 곳의 표시

다. 화물의 중량 표시

Article 6 — Document Relating to the Nature of the Cargo

The consignor may be required, if necessary, to meet the formalities of customs, police and similar public authorities to deliver a document indicating the nature of the cargo. This provision creates for the carrier no duty, obligation or liability resulting therefrom.

Article 7 — Description of Air Waybill

1. The air waybill shall be made out by the consignor in three original parts.
2. The first part shall be marked "for the carrier"; it shall be signed by the consignor. The second part shall be marked "for the consignee"; it shall be signed by the consignor and by the carrier. The third part shall be signed by the carrier who shall hand it to the consignor after the cargo has been accepted.
3. The signature of the carrier and that of the consignor may be printed or stamped.
4. If, at the request of the consignor, the carrier makes out the air waybill, the carrier shall be deemed, subject to proof to the contrary, to have done so on behalf of the consignor.

제6조 화물의 성질에 관련된 서류

세관·경찰 및 유사한 공공기관의 절차를 이행하기 위하여 필요한 경우, 송하인은 화물의 성질을 명시한 서류를 교부할 것을 요구받을 수 있다. 이 규정은 운송인에게 어떠한 의무·구속 또는 그에 따른 책임을 부과하지 아니한다.

제7조 항공운송장의 서식

1. 항공운송장은 송하인에 의하여 원본 3통이 작성된다.
2. 제1의 원본에는 '운송인용'이라고 기재하고 송하인이 서명한다. 제2의 원본에는 '수하인용'이라고 기재하고 송하인 및 운송인이 서명한다. 제3의 원본에는 운송인이 서명하고, 화물을 접수받은 후 송하인에게 인도한다.
3. 운송인 및 송하인의 서명은 인쇄 또는 날인하여도 무방하다.
4. 송하인의 청구에 따라 운송인이 항공운송장을 작성하였을 경우, 반증이 없는 한 운송인은 송하인을 대신하여 항공운송장을 작성한 것으로 간주된다.

Article 8 – Documentation for Multiple Packages

When there is more than one package:

(a) the carrier of cargo has the right to require the consignor to make out separate air waybills;

(b) the consignor has the right to require the carrier to deliver separate cargo receipts when the other means referred to in paragraph 2 of Article 4 are used.

Article 9 – Non-compliance with Documentary Requirements

Non-compliance with the provisions of Articles 4 to 8 shall not affect the existence or the validity of the contract of carriage, which shall, nonetheless, be subject to the rules of this Convention including those relating to limitation of liability.

Article 10 – Responsibility for Particulars of Documentation

1. The consignor is responsible for the correctness of the particulars and statements relating to the cargo inserted by it or on its behalf in the air waybill or furnished by it or on its behalf to the carrier for insertion in the cargo receipt or for insertion in the record preserved by the other means referred to in paragraph 2 of Article 4. The foregoing shall also apply where the person acting on behalf of the consignor is also the agent of the carrier.

제 8 조 복수화물을 위한 증권

1개 이상의 화물이 있는 경우,

가. 화물의 운송인은 송하인에게 개별적인 항공운송장을 작성하여 줄 것을 청구할 권리를 갖는다.

나. 송하인은 제4조제2항에 언급된 다른 수단이 사용되는 경우에는 운송인에게 개별적인 화물수령증의 교부를 청구할 권리를 갖는다.

제 9 조 증권상 요건의 불이행

제4조 내지 제8조의 규정에 따르지 아니하는 경우에도 운송계약의 존재 및 유효성에는 영향을 미치지 아니하며, 책임의 한도에 관한 규정을 포함한 이 협약의 규정이 적용된다.

제 10 조 증권의 기재사항에 대한 책임

1. 송하인은 본인 또는 대리인이 화물에 관련하여 항공운송장에 기재한 사항, 본인 또는 대리인이 화물수령증에의 기재를 위하여 운송인에게 제공한 사항, 또는 제4조제2항에 언급된 다른 수단에 의하여 보존되는 기록에의 기재를 위하여 운송인에게 제공한 사항의 정확성에 대하여 책임진다. 이는 송하인을 대신하여 행동하는 자가 운송인의 대리인인 경우에도 적용된다.

2. The consignor shall indemnify the carrier against all damage suffered by it, or by any other person to whom the carrier is liable, by reason of the irregularity, incorrectness or incompleteness of the particulars and statements furnished by the consignor or on its behalf.

3. Subject to the provisions of paragraphs 1 and 2 of this Article, the carrier shall indemnify the consignor against all damage suffered by it, or by any other person to whom the consignor is liable, by reason of the irregularity, incorrectness or incompleteness of the particulars and statements inserted by the carrier or on its behalf in the cargo receipt or in the record preserved by the other means referred to in paragraph 2 of Article 4.

Article 11 - Evidentiary Value of Documentation

1. The air waybill or the cargo receipt is prima facie evidence of the conclusion of the contract, of the acceptance of the cargo and of the conditions of carriage mentioned therein.

2. Any statements in the air waybill or the cargo receipt relating to the weight, dimensions and packing of the cargo, as well as those relating to the number of packages, are prima facie evidence of the facts stated; those relating to the quantity, volume and condition of the cargo do not constitute evidence against the carrier except so far as they both have been, and are stated in the air waybill or the cargo receipt to have been, checked by it in the presence of the consignor, or relate to the apparent condition of the cargo.

2. 송하인은 본인 또는 대리인이 제공한 기재사항의 불비·부정확 또는 불완전으로 인하여 운송인이나 운송인이 책임을 부담하는 자가 당한 모든 손해에 대하여 운송인에게 보상한다.

3. 본 조 제1항 및 제2항의 규정을 조건으로, 운송인은 본인 또는 대리인이 화물수령증 또는 제4조제2항에 언급된 다른 수단에 의하여 보존되는 기록에 기재한 사항의 불비·부정확 또는 불완전으로 인하여 송하인이나 송하인이 책임을 부담하는 자가 당한 모든 손해에 대하여 송하인에게 보상한다.

제 11 조 증권의 증거력

1. 항공운송장 또는 화물수령증은 반증이 없는 한, 그러한 증권에 언급된 계약의 체결, 화물의 인수 및 운송의 조건에 관한 증거가 된다.

2. 화물의 개수를 포함한, 화물의 중량·크기 및 포장에 관한 항공운송장 및 화물수령증의 기재사항은 반증이 없는 한, 기재된 사실에 대한 증거가 된다. 화물의 수량·부피 및 상태는 운송인이 송하인의 입회하에 점검하고, 그러한 사실을 항공운송장이나 화물수령증에 기재한 경우 또는 화물의 외양에 관한 기재의 경우를 제외하고는 운송인에게 불리한 증거를 구성하지 아니한다.

Article 12 - Right of Disposition of Cargo

1. Subject to its liability to carry out all its obligations under the contract of carriage, the consignor has the right to dispose of the cargo by withdrawing it at the airport of departure or destination, or by stopping it in the course of the journey on any landing, or by calling for it to be delivered at the place of destination or in the course of the journey to a person other than the consignee originally designated, or by requiring it to be returned to the airport of departure. The consignor must not exercise this right of disposition in such a way as to prejudice the carrier or other consignors and must reimburse any expenses occasioned by the exercise of this right.

2. If it is impossible to carry out the instructions of the consignor, the carrier must so inform the consignor forthwith.

3. If the carrier carries out the instructions of the consignor for the disposition of the cargo without requiring the production of the part of the air waybill or the cargo receipt delivered to the latter, the carrier will be liable, without prejudice to its right of recovery from the consignor, for any damage which may be caused thereby to any person who is lawfully in possession of that part of the air waybill or the cargo receipt.

제 12 조 화물의 처분권

1. 송하인은 운송계약에 따른 모든 채무를 이행할 책임을 조건으로, 출발공항 또는 도착공항에서 화물을 회수하거나, 운송도중 착륙할 때에 화물을 유치하거나, 최초 지정한 수하인 이외의 자에 대하여 도착지에서 또는 운송도중에 화물을 인도할 것을 요청하거나 또는 출발공항으로 화물을 반송할 것을 청구함으로써 화물을 처분할 권리를 보유한다. 송하인은 운송인 또는 다른 송하인을 해하는 방식으로 이러한 처분권을 행사해서는 아니 되며, 이러한 처분권의 행사에 의하여 발생한 어떠한 비용도 변제하여야 한다.

2. 송하인의 지시를 이행하지 못할 경우, 운송인은 즉시 이를 송하인에게 통보하여야 한다.

3. 운송인은 송하인에게 교부한 항공운송장 또는 화물수령증의 제시를 요구하지 아니하고 화물의 처분에 관한 송하인의 지시에 따른 경우, 이로 인하여 항공운송장 또는 화물수령증의 정당한 소지인에게 발생된 어떠한 손해에 대하여도 책임을 진다. 단, 송하인에 대한 운송인의 구상권은 침해받지 아니한다.

4. The right conferred on the consignor ceases at the moment when that of the consignee begins in accordance with Article 13. Nevertheless, if the consignee declines to accept the cargo, or cannot be communicated with, the consignor resumes its right of disposition.

Article 13 — Delivery of the Cargo

1. Except when the consignor has exercised its right under Article 12, the consignee is entitled, on arrival of the cargo at the place of destination, to require the carrier to deliver the cargo to it, on payment of the charges due and on complying with the conditions of carriage.
2. Unless it is otherwise agreed, it is the duty of the carrier to give notice to the consignee as soon as the cargo arrives.
3. If the carrier admits the loss of the cargo, or if the cargo has not arrived at the expiration of seven days after the date on which it ought to have arrived, the consignee is entitled to enforce against the carrier the rights which flow from the contract of carriage.

Article 14 — Enforcement of the Rights of Consignor and Consignee

The consignor and the consignee can respectively enforce all the rights given to them by Articles 12 and 13, each in its own name, whether it is acting in its own interest or in the interest of another, provided that it carries out the obligations imposed by the contract of carriage.

4. 송하인에게 부여된 권리는 수하인의 권리가 제13조에 따라 발생할 때 소멸한다. 그럼에도 불구하고 수하인이 화물의 수취를 거절하거나 또는 수하인을 알 수 없는 때에는 송하인은 처분권을 회복한다.

제 13 조 화물의 인도

1. 송하인이 제12조에 따른 권리를 행사하는 경우를 제외하고, 수하인은 화물이 도착지에 도착하였을 때 운송인에게 정당한 비용을 지급하고 운송의 조건을 충족하면 화물의 인도를 요구할 권리를 가진다.

2. 별도의 합의가 없는 한, 운송인은 화물이 도착한 때 수하인에게 통지를 할 의무가 있다.

3. 운송인이 화물의 분실을 인정하거나 또는 화물이 도착되었어야 할 날로부터 7일이 경과하여도 도착되지 아니하였을 때에는 수하인은 운송인에 대하여 계약으로부터 발생된 권리를 행사할 권리를 가진다.

제 14 조 송하인과 수하인의 권리행사

송하인과 수하인은 운송계약에 의하여 부과된 채무를 이행할 것을 조건으로 하여 자신 또는 타인의 이익을 위하여 행사함을 불문하고 각각 자기의 명의로 제12조 및 제13조에 의하여 부여된 모든 권리를 행사할 수 있다.

Article 15 – Relations of Consignor and Consignee or Mutual Relations of Third Parties

1. Articles 12, 13 and 14 do not affect either the relations of the consignor and the consignee with each other or the mutual relations of third parties whose rights are derived either from the consignor or from the consignee.

2. The provisions of Articles 12, 13 and 14 can only be varied by express provision in the air waybill or the cargo receipt.

Article 16 – Formalities of Customs, Police or Other Public Authorities

1. The consignor must furnish such information and such documents as are necessary to meet the formalities of customs, police and any other public authorities before the cargo can be delivered to the consignee. The consignor is liable to the carrier for any damage occasioned by the absence, insufficiency or irregularity of any such information or documents, unless the damage is due to the fault of the carrier, its servants or agents.

2. The carrier is under no obligation to enquire into the correctness or sufficiency of such information or documents.

제 15 조 송하인과 수하인의 관계 또는 제3자와의 상호관계

1. 제12조·제13조 및 제14조는 송하인과 수하인의 상호관계 또는 송하인 및 수하인과 이들 중 어느 한쪽으로부터 권리를 취득한 제3자와의 상호관계에는 영향을 미치지 아니한다.

2. 제12조·제13조 및 제14조의 규정은 항공운송장 또는 화물수령증에 명시적인 규정에 의해서만 변경될 수 있다.

제16조 세관·경찰 및 기타 공공기관의 절차

1. 송하인은 화물이 수하인에게 인도될 수 있기 전에 세관·경찰 또는 기타 공공기관의 절차를 이행하기 위하여 필요한 정보 및 서류를 제공한다. 송하인은 그러한 정보 및 서류의 부재·불충분 또는 불비로부터 발생한 손해에 대하여 운송인에게 책임을 진다. 단, 그러한 손해가 운송인·그의 고용인 또는 대리인의 과실에 기인한 경우에는 그러하지 아니한다.

2. 운송인은 그러한 정보 또는 서류의 정확성 또는 충분성 여부를 조사할 의무가 없다.

Chapter III Liability of the Carrier and Extent of Compensation for Damage

Article 17 – Death and Injury of Passengers – Damage to Baggage

1. The carrier is liable for damage sustained in case of death or bodily injury of a passenger upon condition only that the accident which caused the death or injury took place on board the aircraft or in the course of any of the operations of embarking or disembarking.

2. The carrier liable for damage sustained in case of destruction or loss of, or of damage to, checked baggage upon condition only that the event which caused the destruction, loss or damage took place on board the aircraft or during any period within which the checked baggage was in the charge of the carrier. However, the carrier is not liable if and to the extent that the damage resulted from the inherent defect, quality or vice of the baggage. In the case of unchecked baggage, including personal items, the carrier is liable if the damage resulted from its fault or that of its servants or agents.

3. If the carrier admits the loss of the checked baggage, or if the checked baggage has not arrived at the expiration of twenty-one days after the date on which it ought to have arrived, the passenger is entitled to enforce against the carrier the rights which flow from the contract of carriage.

4. Unless otherwise specified, in this Convention the term "baggage" means both checked baggage and unchecked baggage.

제 3 장 운송인의 책임 및 손해배상의 범위

제 17 조 승객의 사망 및 부상 – 수하물에 대한 손해

1. 운송인은 승객의 사망 또는 신체의 부상의 경우에 입은 손해에 대하여 사망 또는 부상을 야기한 사고가 항공기상에서 발생하였거나 또는 탑승과 하강의 과정에서 발생하였을 때에 한하여 책임을 진다.

2. 운송인은 위탁수하물의 파괴·분실 또는 손상으로 인한 손해에 대하여 파괴·분실 또는 손상을 야기한 사고가 항공기상에서 발생하였거나 또는 위탁수하물이 운송인의 관리하에 있는 기간 중 발생한 경우에 한하여 책임을 진다. 그러나 운송인은 손해가 수하물 고유의 결함·성질 또는 수하물의 불완전에 기인하는 경우 및 그러한 범위 내에서는 책임을 부담하지 아니한다. 개인소지품을 포함한 휴대수하물의 경우, 운송인·그의 고용인 또는 대리인의 과실에 기인하였을 때에만 책임을 진다.

3. 운송인이 위탁수하물의 분실을 인정하거나 또는 위탁수하물이 도착하였어야 하는 날로부터 21일이 경과하여도 도착하지 아니하였을 때 승객은 운송인에 대하여 운송계약으로부터 발생되는 권리를 행사할 권한을 가진다.

4. 별도의 구체적인 규정이 없는 한, 이 협약에서 '수하물'이라는 용어는 위탁수하물 및 휴대 수하물 모두를 의미한다.

Article 18 – Damage to Cargo

1. The carrier is liable for damage sustained in the event of the destruction or loss of or damage to, cargo upon condition only that the event which caused the damage so sustained took place during the carriage by air.

2. However, the carrier is not liable if and to the extent it proves that the destruction, or loss of, or damage to, the cargo resulted from one or more of the following:

   (a) inherent defect, quality or vice of that cargo;

   (b) defective packing of that cargo performed by a person other than the carrier or its servants or agents;

   (c) an act of war or an armed conflict;

   (d) an act of public authority carried out in connection with the entry, exit or transit of the cargo.

3. The carriage by air within the meaning of paragraph 1 of this Article comprises the period during which the cargo is in the charge of the carrier.

4. The period of the carriage by air does not extend to any carriage by land, by sea or by inland waterway performed outside an airport. If, however, such carriage takes place in the performance of a contract for carriage by air, for the purpose of loading, delivery or transhipment, any damage is presumed, subject to proof to the contrary, to have been the result of an event which took place during the carriage by air. If a carrier, without the consent of the consignor, substitutes carriage by another mode of transport for the whole or part of a carriage intended by the agreement between the parties to be carriage by air, such carriage by another mode of transport is deemed to be within the period of carriage by air.

제 18 조 화물에 대한 손해

1. 운송인은 화물의 파괴·분실 또는 손상으로 인한 손해에 대하여 손해를 야기한 사고가 항공운송 중에 발생하였을 경우에 한하여 책임을 진다.

2. 그러나 운송인은 화물의 파괴·분실 또는 손상이 다음 중 하나 이상의 사유에 기인하여 발생하였다는 것이 입증되었을 때에는 책임을 지지 아니한다.

   가. 화물의 고유한 결함·성질 또는 화물의 불완전

   나. 운송인·그의 고용인 또는 대리인이외의 자가 수행한 화물의 결함이 있는 포장

   다. 전쟁 또는 무력분쟁행위

   라. 화물의 입출국 또는 통과와 관련하여 행한 공공기관의 행위

3. 본 조 제1항의 의미상 항공운송은 화물이 운송인의 관리하에 있는 기간도 포함된다.

4. 항공운송의 기간에는 공항외부에서 행한 육상·해상운송 또는 내륙수로운송은 포함되지 아니한다. 그러나 그러한 운송이 항공운송계약을 이행함에 있어서, 화물의 적재·인도 또는 환적을 목적으로 하여 행하여졌을 때에는 반증이 없는 한 어떠한 손해도 항공운송 중에 발생한 사고의 결과라고 추정된다. 운송인이 송하인의 동의 없이 당사자 간 합의에 따라 항공운송으로 행할 것이 예정되어 있었던 운송의 전부 또는 일부를 다른 운송수단의 형태에 의한 운송으로 대체하였을 때에는 다른 운송수단의 형태에 의한 운송은 항공운송의 기간 내에 있는 것으로 간주된다.

Article 19 – Delay

The carrier is liable for damage occasioned by delay in the carriage by air of passengers, baggage or cargo. Nevertheless, the carrier shall not be liable for damage occasioned by delay if it proves that it and its servants and agents took all measures that could reasonably be required to avoid the damage or that it was impossible for it or them to take such measures.

Article 20 – Exoneration

If the carrier proves that the damage was caused or contributed to by the negligence or other wrongful act or omission of the person claiming compensation, or the person from whom he or she derives his or her rights, the carrier shall be wholly or partly exonerated from its liability to the claimant to the extent that such negligence or wrongful act or omission caused or contributed to the damage. When by reason of death or injury of a passenger compensation is claimed by a person other than the passenger, the carrier shall likewise be wholly or partly exonerated from its liability to the extent that it proves that the damage was caused or contributed to by the negligence or other wrongful act or omission of that passenger. This Article applies to all the liability provisions in this Convention, including paragraph 1 of Article 21.

제 19 조 지 연

운송인은 승객·수하물 또는 화물의 항공운송 중 지연으로 인한 손해에 대한 책임을 진다. 그럼에도 불구하고, 운송인은 본인·그의 고용인 또는 대리인이 손해를 피하기 위하여 합리적으로 요구되는 모든 조치를 다하였거나 또는 그러한 조치를 취할 수 없었다는 것을 증명한 경우에는 책임을 지지 아니한다.

제 20 조 책임 면제

운송인이 손해배상을 청구하는 자 또는 그로부터 권한을 위임받은 자의 과실·기타 불법적인 작위 또는 부작위가 손해를 야기하였거나 또는 손해에 기여하였다는 것을 증명하였을 때에는 그러한 과실·불법적인 작위 또는 부작위가 손해를 야기하였거나 손해에 기여한 정도에 따라 청구자에 대하여 책임의 전부 또는 일부를 면제받는다. 승객의 사망 또는 부상을 이유로 하여 손해배상이 승객 이외의 자에 의하여 청구되었을 때, 운송인은 손해가 승객의 과실·불법적인 작위 또는 부작위에 기인하였거나 이에 기여하였음을 증명한 정도에 따라 책임의 전부 또는 일부를 면제받는다. 본 조는 제21조제1항을 포함한 이 협약의 모든 배상책임규정에 적용된다.

Article 21 – Compensation in Case of Death or Injury of Passengers

1. For damages arising under paragraph 1 of Article 17 not exceeding 100,000 Special Drawing Rights for each passenger, the carrier shall not be able to exclude or limit its liability.

2. The carrier shall not be liable for damages arising under paragraph 1 of Article 17 to the extent that they exceed for each passenger 100,000 Special Drawing Rights if the carrier proves that:

   (a) such damage was not due to the negligence or other wrongful act or omission of the carrier or its servants or agents; or

   (b) such damage was solely due to the negligence or other wrongful act or omission of a third party.

Article 22 – Limits of Liability in Relation to Delay, Baggage and Cargo

1. In the case of damage caused by delay as specified in Article 19 in the carriage of persons, the liability of the carrier for each passenger is limited to 4,150 Special Drawing Rights.

제 21 조 승객의 사망 또는 부상에 대한 배상

1. 운송인은 승객당 100,000SDR을 초과하지 아니한 제17조제1항상의 손해에 대한 책임을 배제하거나 제한하지 못한다.
   상의 손해에 대한 책임을 배제하거나 제한하지 못한다.

2. 승객당 100,000SDR을 초과하는 제17조제1항상의 손해에 대하여, 운송인이 다음을 증명하는 경우에는 책임을 지지 아니한다.

   가. 그러한 손해가 운송인·그의 고용인 또는 대리인의 과실·기타 불법적인 작위 또는 부작위에 기인하지 아니하였거나,

   나. 그러한 손해가 오직 제3자의 과실·기타 불법적인 작위 또는 부작위에 기인하였을 경우

제 22 조 지연·수하물 및 화물과 관련한 배상책임의 한도

1. 승객의 운송에 있어서 제19조에 규정되어 있는 지연에 기인한 손해가 발생한 경우, 운송인의 책임은 승객 1인당 4,150SDR로 제한된다.

2. In the carriage of baggage, the liability of the carrier in the case of destruction, loss, damage or delay is limited to 1,000 Special Drawing Rights for each passenger unless the passenger has made, at the time when the checked baggage was handed over to the carrier, a special declaration of interest in delivery at destination and has paid a supplementary sum if the case so requires. In that case the carrier will be liable to pay a sum not exceeding the declared sum, unless it proves that the sum is greater than the passenger's actual interest in delivery at destination.

3. In the carriage of cargo, the liability of the carrier in the case of destruction, loss, damage or delay is limited to a sum of 17 Special Drawing Rights per kilogram, unless the consignor has made, at the time when the package was handed over to the carrier, a special declaration of interest in delivery at destination and has paid a supplementary sum if the case so requires. In that case the carrier will be liable to pay a sum not exceeding the declared sum, unless it proves that the sum is greater than the consignor's actual interest in delivery at destination.

2. 수하물의 운송에 있어서 수하물의 파괴·분실·손상 또는 지연이 발생한 경우 운송인의 책임은 승객 1인당 1,000SDR로 제한된다. 단, 승객이 위탁수하물을 운송인에게 인도할 때에 도착지에서 인도 시 이익에 관한 특별신고를 하였거나 필요에 따라 추가요금을 지급한 경우에는 그러하지 아니한다. 이러한 경우, 운송인은 신고가액이 도착지에 있어서 인도 시 승객의 실질이익을 초과한다는 것을 증명하지 아니하는 한 신고가액을 한도로 하는 금액을 지급할 책임을 진다.

3. 화물의 운송에 있어서 화물의 파괴·분실·손상 또는 지연이 발생한 경우 운송인의 책임은 1킬로그램당 17SDR로 제한된다. 단, 송하인이 화물을 운송인에게 인도할 때에 도착지에서 인도 시 이익에 관한 특별신고를 하였거나 필요에 따라 추가 요금을 지급한 경우에는 그러하지 아니하다. 이러한 경우, 운송인은 신고가액이 도착지에 있어서 인도 시 송하인의 실질이익을 초과한다는 것을 증명하지 아니하는 한 신고가액을 한도로 하는 금액을 지급할 책임을 진다.

4. In the case of destruction, loss, damage or delay of part of the cargo, or of any object contained therein, the weight to be taken into consideration in determining the amount to which the carrier's liability is limited shall be only the total weight of the package or packages concerned. Nevertheless, when the destruction, loss, damage or delay of a part of the cargo, or of an object contained therein, affects the value of other packages covered by the same air waybill, or the same receipt or, if they were not issued, by the same record preserved by the other means referred to in paragraph 2 of Article 4, the total weight of such package or packages shall also be taken into consideration in determining the limit of liability.

5. The foregoing provisions of paragraphs 1 and 2 of this Article shall not apply if it is proved that the damage resulted from an act or omission of the carrier, its servants or agents, done with intent to cause damage or recklessly and with knowledge that damage would probably result; provided that, in the case of such act or omission of a servant or agent, it is also proved that such servant or agent was acting within the scope of its employment.

4. 화물의 일부 또는 화물에 포함된 물건의 파괴·분실·손상 또는 지연의 경우, 운송인의 책임한도를 결정함에 있어서 고려하여야 할 중량은 관련 화물의 총 중량이다. 그럼에도 불구하고 화물의 일부 또는 화물에 포함된 물건의 파괴·분실·손상 또는 지연이 동일한 항공운송장 또는 화물수령증에 기재하거나 또는 이러한 증권이 발행되지 아니하였을 때에는 제4조제2항에 언급된 다른 수단에 의하여 보존되고 있는 동일한 기록에 기재되어 있는 기타 화물의 가액에 영향을 미칠 때에는 운송인의 책임한도를 결정함에 있어 그러한 화물의 총 중량도 고려되어야 한다.

5. 손해가 운송인·그의 고용인 또는 대리인이 손해를 야기할 의도를 가지거나 또는 무모하게 손해가 야기될 것을 인지하고 행한 작위 또는 부작위로부터 발생되었다는 것이 입증되었을 때에는 본 조 제1항 및 제2항에 전술한 규정은 적용되지 아니한다. 단, 고용인 또는 대리인이 작위 또는 부작위를 행한 경우에는 그가 자기의 고용업무의 범위 내에서 행하였다는 것이 입증되어야 한다.

6. The limits prescribed in Article 21 and in this Article shall not prevent the court from awarding, in accordance with its own law, in addition, the whole or part of the court costs and of the other expenses of the litigation incurred by the plaintiff, including interest. The foregoing provision shall not apply if the amount of the damages awarded, excluding court costs and other expenses of the litigation, does not exceed the sum which the carrier has offered in writing to the plaintiff within a period of six months from the date of the occurrence causing the damage, or before the commencement of the action, if that is later.

Article 23 − Conversion of Monetary Units

1. The sums mentioned in terms of Special Drawing Right in this Convention shall be deemed to refer to the Special Drawing Right as defined by the International Monetary Fund. Conversion of the sums into national currencies shall, in case of judicial proceedings, be made according to the value of such currencies in terms of the Special Drawing Right at the date of the judgement. The value of a national currency, in terms of the Special Drawing Right, of a State Party which is a Member of the International Monetary Fund, shall be calculated in accordance with the method of valuation applied by the International Monetary Fund, in effect at the date of the judgement, for its operations and transactions. The value of a national currency, in terms of the Special Drawing Right, of a State Party which is not a Member of the International Monetary Fund, shall be calculated in a manner determined by that State.

6. 제21조 및 본 조에 규정된 책임제한은 자국법에 따라 법원이 원고가 부담하는 소송비용 및 소송과 관련된 기타 비용에 이자를 포함한 금액의 전부 또는 일부를 재정하는 것을 방해하지 아니한다. 전기 규정은 소송비용 및 소송과 관련된 기타 비용을 제외한, 재정된 손해액이 손해를 야기한 사건의 발생일로부터 6월의 기간 내에 또는 소송의 개시가 상기 기간 이후일 경우에는 소송 개시 전에 운송인이 원고에게 서면으로 제시한 액수를 초과하지 아니한 때에는 적용되지 아니한다.

제 23 조 화폐단위의 환산

1. 이 협약에서 특별인출권으로 환산되어 언급된 금액은 국제통화기금이 정의한 특별인출권을 의미하는 것으로 간주된다. 재판절차에 있어서 국내통화로의 환산은 판결일자에 특별인출권의 국내통화환산액에 따라 정한다. 국제통화기금의 회원국의 특별인출권의 국내통화환산금액은 국제통화기금의 운영과 거래를 위하여 적용하는 평가방식에 따라 산출하게 되며, 동 방식은 판결일자에 유효하여야 한다. 국제통화기금의 비회원국인 당사국의 특별인출권의 국내통화환산금액은 동 당사국이 결정한 방식에 따라 산출된다.

2. Nevertheless, those States which are not Members of the International Monetary Fund and whose law does not permit the application of the provisions of paragraph 1 of this Article may, at the time of ratification or accession or at any time thereafter, declare that the limit of liability of the carrier prescribed in Article 21 is fixed at a sum of 1,500,000 monetary units per passenger in judicial proceedings in their territories; 62,500 monetary units per passenger with respect to paragraph 1 of Article 22; 15,000 monetary units per passenger with respect to paragraph 2 of Article 22; and 250 monetary units per kilogram with respect to paragraph 3 of Article 22. This monetary unit corresponds to sixty-five and a half milligrams of gold of millesimal fineness nine hundred. These sums may be converted into the national currency concerned in round figures. The conversion of these sums into national currency shall be made according to the law of the State concerned.

3. The calculation mentioned in the last sentence of paragraph 1 of this Article and the conversion method mentioned in paragraph 2 of this Article shall be made in such manner as to express in the national currency of the State Party as far as possible the same real value for the amounts in Articles 21 and 22 as would result from the application of the first three sentences of paragraph 1 of this Article. States Parties shall communicate to the depositary the manner of calculation pursuant to paragraph 1 of this Article, or the result of the conversion in paragraph 2 of this Article as the case may be, when depositing an instrument of ratification, acceptance, approval of or accession to this Convention and whenever there is a change in either.

2. 그럼에도 불구하고, 국제통화기금의 비회원국이며 자국법에 따라 본 조 제1항의 적용이 허용되지 아니하는 국가는 비준·가입 시 또는 그 이후에 언제라도 제21조에 규정되어 있는 운송인의 책임한도가 자국의 영역에서 소송이 진행 중인 경우 승객 1인당 1,500,000 화폐단위, 제22조제1항과 관련해서는 승객 1인당 62,500 화폐단위, 제22조제2항과 관련해서는 승객 1인당 15,000 화폐단위 및 제22조제3항과 관련해서는 1킬로그램당 250 화폐단위로 고정된다고 선언할 수 있다. 이와 같은 화폐단위는 1000분의 900의 순도를 가진 금 65.5밀리그램에 해당한다. 국내통화로 환산된 금액은 관계국 통화의 단수가 없는 금액으로 환산할 수 있다. 국내통화로 환산되는 금액은 관련국가의 법률에 따른다.

3. 본 조 제1항 후단에 언급된 계산 및 제2항에 언급된 환산방식은 본 조 제1항의 전 3단의 적용에 기인되는 제21조 및 제22조의 가액과 동일한 실질가치를 가능한 한 동 당사국의 국내통화로 표시하는 방법으로 할 수 있다. 당사국들은 본 조 제1항에 따른 산출방식 또는, 경우에 따라 본 조 제2항에 의한 환산의 결과를 이 협약의 비준서·수락서·승인서 또는 가입서 기탁 시 또는 상기 산출방식이나 환산결과의 변경 시 수탁자에 통보한다.

Article 24 — Review of Limits

1. Without prejudice to the provisions of Article 25 of this Convention and subject to paragraph 2 below, the limits of liability prescribed in Articles 21, 22 and 23 shall be reviewed by the Depositary at five-year intervals, the first such review to take place at the end of the fifth year following the date of entry into force of this Convention, or if the Convention does not enter into force within five years of the date it is first open for signature, within the first year of its entry into force, by reference to an inflation factor which corresponds to the accumulated rate of inflation since the previous revision or in the first instance since the date of entry into force of the Convention. The measure of the rate of inflation to be used in determining the inflation factor shall be the weighted average of the annual rates of increase or decrease in the Consumer Price Indices of the States whose currencies comprise the Special Drawing Right mentioned in paragraph 1 of Article 23.

2. If the review referred to in the preceding paragraph concludes that the inflation factor has exceeded 10 percent, the Depositary shall notify States Parties of a revision of the limits of liability. Any such revision shall become effective six months after its notification to the States Parties. If within three months after its notification to the States Parties a majority of the States Parties register their disapproval, the revision shall not become effective and the Depositary shall refer the matter to a meeting of the States Parties. The Depositary shall immediately notify all States Parties of the coming into force of any revision.

제 24 조 한도의 검토

1. 이 협약 제25조의 규정을 침해하지 아니하고 하기 제2항을 조건으로 하여, 제21조 내지 제23조에 규정한 책임한도는 5년 주기로 수탁자에 의하여 검토되어야 하며, 최초의 검토는 이 협약의 발효일로부터 5년이 되는 해의 연말에 실시된다. 만일 이 협약이 서명을 위하여 개방된 날로부터 5년 내에 발효가 되지 못하면 발효되는 해에 협약의 발효일 이후 또는 이전 수정이후 누적 물가상승률에 상응하는 물가상승요인을 참고하여 검토된다. 물가상승요인의 결정에 사용되는 물가상승률의 기준은 제23조제1항에 언급된 특별인출권을 구성하는 통화를 가진 국가의 소비자물가지수의 상승 또는 하강률의 가중평균치를 부여하여 산정한다.

2. 전항의 규정에 따라 검토를 행한 결과 인플레이션 계수가 10퍼센트를 초과하였다면 수탁자는 당사국에게 책임한도의 수정을 통고한다. 이러한 수정은 당사국에게 통고된 후 6월 경과 시 효력을 발생한다. 만일 당사국에게 통고된 후 3월 이내에 과반수의 당사국들이 수정에 대한 불승인을 표명한 때에는 수정은 효력을 발생하지 아니하며, 수탁자는 동 문제를 당사국의 회합에 회부한다. 수탁자는 모든 당사국에게 수정의 발효를 즉시 통보한다.

3. Notwithstanding paragraph 1 of this Article, the procedure referred to in paragraph 2 of this Article shall be applied at any time provided that one-third of the States Parties express a desire to that effect and upon condition that the inflation factor referred to in paragraph 1 has exceeded 30 percent since the previous revision or since the date of entry into force of this Convention if there has been no previous revision. Subsequent reviews using the procedure described in paragraph 1 of this Article will take place at five-year intervals starting at the end of the fifth year following the date of the reviews under the present paragraph.

Article 25 — Stipulation on Limits

A carrier may stipulate that the contract of carriage shall be subject to higher limits of liability than those provided for in this Convention or to no limits of liability whatsoever.

Article 26 — Invalidity of Contractual Provisions

Any provision tending to relieve the carrier of liability or to fix a lower limit than that which is laid down in this Convention shall be null and void, but the nullity of any such provision does not involve the nullity of the whole contract, which shall remain subject to the provisions of this Convention.

3. 본 조 제1항에도 불구하고, 본 조 제2항에 언급된 절차는 당사국의 3분의 1이상이 이전의 수정 또는 이전에 수정이 없었다면 이 협약의 발효일이래 본 조 제1항에 언급된 인플레이션계수가 30퍼센트를 초과할 것을 조건으로 하여 그러한 효과에 대한 의사를 표시한 경우에는 언제나 적용 가능하다. 본 조 제1항에 기술된 절차를 사용한 추가검토는 본 항에 따른 검토일로부터 5년이 되는 해의 연말에 개시하여 5년 주기로 한다.

제 25 조 한도의 규정

운송인은 이 협약이 정한 책임한도보다 높은 한도를 정하거나 어떤 경우에도 책임의 한도를 두지 아니한다는 것을 운송계약에 규정할 수 있다.

제 26 조 계약조항의 무효

운송인의 책임을 경감하거나 또는 이 협약에 규정된 책임한도보다 낮은 한도를 정하는 어떠한 조항도 무효다. 그러나 그러한 조항의 무효는 계약 전체를 무효로 하는 것은 아니며 계약은 이 협약의 조항에 따른다.

Article 27 - Freedom to Contract

Nothing contained in this Convention shall prevent the carrier from refusing to enter into any contract of carriage, from waiving any defences available under the Convention, or from laying down conditions which do not conflict with the provisions of this Convention.

Article 28 - Advance Payments

In the case of aircraft accidents resulting in death or injury of passengers, the carrier shall, if required by its national law, make advance payments without delay to a natural person or persons who are entitled to claim compensation in order to meet the immediate economic needs of such persons. Such advance payments shall not constitute a recognition of liability and may be offset against any amounts subsequently paid as damages by the carrier.

Article 29 - Basis of Claims

In the carriage of passengers, baggage and cargo, any action for damages, however founded, whether under this Convention or in contract or in tort or otherwise, can only be brought subject to the conditions and such limits of liability as are set out in this Convention without prejudice to the question as to who are the persons who have the right to bring suit and what are their respective rights. In any such action, punitive, exemplary or any other non-compensatory damages shall not be recoverable.

제 27 조 계약의 자유

이 협약의 어떠한 규정도 운송인이 운송계약의 체결을 거절하거나, 이 협약상의 항변권을 포기하거나 또는 이 협약의 규정과 저촉되지 아니하는 운송조건을 설정하는 것을 방해하지 못한다.

제 28 조 선배상지급

승객의 사망 또는 부상을 야기하는 항공기 사고시, 운송인은 자국법이 요구하는 경우 자연인 또는 배상을 받을 권한이 있는 자의 즉각적인 경제적 필요성을 충족시키기 위하여 지체 없이 선배상금을 지급한다. 이러한 선배상지급은 운송인의 책임을 인정하는 것은 아니며, 추후 운송인이 지급한 배상금과 상쇄될 수 있다.

제 29 조 청구의 기초

승객·수하물 및 화물의 운송에 있어서, 손해에 관한 어떠한 소송이든지 이 협약·계약·불법행위 또는 기타 어떠한 사항에 근거하는지 여부를 불문하고, 소를 제기할 권리를 가지는 자와 그들 각각의 권리에 관한 문제를 침해함이 없이, 이 협약에 규정되어 있는 조건 및 책임한도에 따르는 경우에만 제기될 수 있다. 어떠한 소송에 있어서도, 징벌적 배상 또는 비보상적 배상은 회복되지 아니한다.

Article 30 — Servants, Agents — Aggregation of Claims

1. If an action is brought against a servant or agent of the carrier arising out of damage to which the Convention relates, such servant or agent, if they prove that they acted within the scope of their employment, shall be entitled to avail themselves of the conditions and limits of liability which the carrier itself is entitled to invoke under this Convention.

2. The aggregate of the amounts recoverable from the carrier, its servants and agents, in that case, shall not exceed the said limits.

3. Save in respect of the carriage of cargo, the provisions of paragraphs 1 and 2 of this Article shall not apply if it is proved that the damage resulted from an act or omission of the servant or agent done with intent to cause damage or recklessly and with knowledge that damage would probably result.

Article 31 — Timely Notice of Complaints

1. Receipt by the person entitled to delivery of checked baggage or cargo without complaint is prima facie evidence that the same has been delivered in good condition and in accordance with the document of carriage or with the record preserved by the other means referred to in paragraph 2 of Article 3 and paragraph 2 of Article 4.

제 30 조 고용인·대리인 — 청구의 총액

1. 이 협약과 관련된 손해로 인하여 운송인의 고용인 또는 대리인을 상대로 소송이 제기된 경우, 그들이 고용범위 내에서 행동하였음이 증명된다면 이 협약하에서 운송인 자신이 주장할 수 있는 책임의 조건 및 한도를 원용할 권리를 가진다.

2. 그러한 경우, 운송인·그의 고용인 및 대리인으로부터 회수가능한 금액의 총액은 전술한 한도를 초과하지 아니한다.

3. 화물운송의 경우를 제외하고는 본 조 제1항 및 제2항의 규정은 고용인 또는 대리인이 손해를 야기할 의도로 무모하게, 또는 손해가 발생할 것을 알고 행한 작위 또는 부작위에 기인한 손해임이 증명된 경우에는 적용되지 아니한다.

제 31 조 이의제기의 시한

1. 위탁수하물 또는 화물을 인도받을 권리를 가지고 있는 자가 이의를 제기하지 아니하고 이를 수령하였다는 것은 반증이 없는 한 위탁수하물 또는 화물이 양호한 상태로 또한 운송서류 또는 제3조제2항 및 제4조제2항에 언급된 기타 수단으로 보존된 기록에 따라 인도되었다는 명백한 증거가 된다.

2. In the case of damage, the person entitled to delivery must complain to the carrier forthwith after the discovery of the damage, and, at the latest, within seven days from the date of receipt in the case of checked baggage and fourteen days from the date of receipt in the case of cargo. In the case of delay, the complaint must be made at the latest within twenty-one days from the date on which the baggage or cargo have been placed at his or her disposal.

3. Every complaint must be made in writing and given or dispatched within the times aforesaid.

4. If no complaint is made within the times aforesaid, no action shall lie against the carrier, save in the case of fraud on its part.

Article 32 — Death of Person Liable

In the case of the death of the person liable, an action for damages lies in accordance with the terms of this Convention against those legally representing his or her estate.

Article 33 — Jurisdiction

1. An action for damages must be brought, at the option of the plaintiff, in the territory of one of the States Parties, either before the court of the domicile of the carrier or of its principal place of business, or where it has a place of business through which the contract has been made or before the court at the place of destination.

2. 손상의 경우, 인도받을 권리를 가지는 자는 손상을 발견한 즉시 또한 늦어도 위탁수하물의 경우에는 수령일로부터 7일 이내에 그리고 화물의 경우에는 수령일로부터 14일 이내에 운송인에게 이의를 제기하여야 한다. 지연의 경우, 이의는 인도받을 권리를 가지는 자가 수하물 또는 화물을 처분할 수 있는 날로부터 21일 이내에 제기되어야 한다.

3. 개개의 이의는 서면으로 작성되어야 하며, 전술한 기한 내에 발송하여야 한다.

4. 전술한 기한 내에 이의가 제기되지 아니한 때에는 운송인에 대하여 제소할 수 없다. 단, 운송인 측의 사기인 경우에는 그러하지 아니한다.

제 32 조   책임 있는 자의 사망

책임 있는 자가 사망하는 경우, 손해에 관한 소송은 이 협약의 규정에 따라 동인의 재산의 법정 대리인에 대하여 제기할 수 있다.

제 33 조   재판관할권

1. 손해에 관한 소송은 원고의 선택에 따라 당시국 중 하나의 영역 내에서 운송인의 주소지, 운송인의 주된 영업소 소재지, 운송인이 계약을 체결한 영업소 소재지의 법원 또는 도착지의 법원 중 어느 한 법원에 제기한다.

2. In respect of damage resulting from the death or injury of a passenger, an action may be brought before one of the courts mentioned in paragraph 1 of this Article, or in the territory of a State Party in which at the time of the accident the passenger has his or her principal and permanent residence and to or from which the carrier operates services for the carriage of passengers by air, either on its own aircraft or on another carrier's aircraft pursuant to a commercial agreement, and in which that carrier conducts its business of carriage of passengers by air from premises leased or owned by the carrier itself or by another carrier with which it has a commercial agreement.

3. For the purposes of paragraph 2,

   (a) "commercial agreement" means an agreement, other than an agency agreement, made between carriers and relating to the provision of their joint services for carriage of passengers by air;

   (b) "principal and permanent residence" means the one fixed and permanent abode of the passenger at the time of the accident. The nationality of the passenger shall not be the determining factor in this regard.

4. Questions of procedure shall be governed by the law of the court seized of the case.

2. 승객의 사망 또는 부상으로 인한 손해의 경우, 소송은 본 조 제1항에 언급된 법원 또는 사고 발생 당시 승객의 주소지와 주된 거주지가 있고 운송인이 자신이 소유한 항공기 또는 상업적 계약에 따른 타 운송인의 항공기로 항공운송서비스를 제공하는 장소이며, 운송인 자신 또는 상업적 계약에 의하여 타 운송인이 소유하거나 임내한 건불로부터 항공운송사업을 영위하고 있는 장소에서 소송을 제기할 수 있다.

3. 제2항의 목적을 위하여,

   가. '상업적 계약'이라 함은 대리점 계약을 제외한, 항공승객운송을 위한 공동서비스의 제공과 관련된 운송인간의 계약을 말한다.

   나. '주소지 및 영구거주지'라 함은 사고발생 당시 승객의 고정적이고 영구적인 하나의 주소를 말한다. 이 경우 승객의 국적은 결정요인이 되지 않는다.

4. 소송절차에 관한 문제는 소송이 계류중인 법원의 법률에 의한다.

Article 34 — Arbitration

1. Subject to the provisions of this Article, the parties to the contract of carriage for cargo may stipulate that any dispute relating to the liability of the carrier under this Convention shall be settled by arbitration. Such agreement shall be in writing.

2. The arbitration proceedings shall, at the option of the claimant, take place within one of the jurisdictions referred to in Article 33.

3. The arbitrator or arbitration tribunal shall apply the provisions of this Convention.

4. The provisions of paragraphs 2 and 3 of this Article shall be deemed to be part of every arbitration clause or agreement, and any term of such clause or agreement which is inconsistent therewith shall be null and void.

Article 35 — Limitation of Actions

1. The right to damages shall be extinguished if an action is not brought within a period of two years, reckoned from the date of arrival at the destination, or from the date on which the aircraft ought to have arrived, or from the date on which the carriage stopped.

2. The method of calculating that period shall be determined by the law of the court seized of the case.

제 34 조 중 재

1. 본 조의 규정에 따를 것을 조건으로, 화물운송계약의 당사자들은 이 협약에 따른 운송인의 책임에 관련된 어떠한 분쟁도 중재에 의하여 해결한다고 규정할 수 있다.

2. 중재절차는 청구인의 선택에 따라 제33조에 언급된 재판관할권 중 하나에서 진행된다.

3. 중재인 또는 중재법원은 이 협약의 규정을 적용한다.

4. 본 조 제2항 및 제3항의 규정은 모든 중재조항 또는 협정의 일부라고 간주되며, 이러한 규정과 일치하지 아니하는 조항 또는 협정의 어떠한 조건도 무효이다.

제 35 조 제소기한

1. 손해에 관한 권리가 도착지에 도착한 날·항공기가 도착하였어만 하는 날 또는 운송이 중지된 날로부터 기산하여 2년 내에 제기되지 않을 때에는 소멸된다.

2. 그러한 기간의 산정방법은 소송이 계류된 법원의 법률에 의하여 결정된다.

Article 36 – Successive Carriage

1. In the case of carriage to be performed by various successive carriers and falling within the definition set out in paragraph 3 of Article 1, each carrier which accepts passengers, baggage or cargo is subject to the rules set out in this Convention and is deemed to be one of the parties to the contract of carriage in so far as the contract deals with that part of the carriage which is performed under its supervision.

2. In the case of carriage of this nature, the passenger or any person entitled to compensation in respect of him or her can take action only against the carrier which performed the carriage during which the accident or the delay occurred, save in the case where, by express agreement, the first carrier has assumed liability for the whole journey.

3. As regards baggage or cargo, the passenger or consignor will have a right of action against the first carrier, and the passenger or consignee who is entitled to delivery will have a right of action against the last carrier, and further, each may take action against the carrier which performed the carriage during which the destruction, loss, damage or delay took place. These carriers will be jointly and severally liable to the passenger or to the consignor or consignee.

제 36 조 순차운송

1. 2인 이상의 운송인이 순차로 행한 운송으로서 이 협약 제1조제3항에 규정된 정의에 해당하는 운송의 경우, 승객·수하물 또는 화물을 인수하는 각 운송인은 이 협약에 규정된 규칙에 따라야 하며, 또한 운송계약이 각 운송인의 관리히에 수행된 운송부분을 다루고 있는 한 동 운송계약의 당사자중 1인으로 간주된다.

2. 이러한 성질을 가지는 운송의 경우, 승객 또는 승객에 관하여 손해배상을 받을 권한을 가지는 자는, 명시적 합의에 의하여 최초의 운송인이 모든 운송구간에 대한 책임을 지는 경우를 제외하고는, 사고 또는 지연이 발생된 동안에 운송을 수행한 운송인에 대하여 소송을 제기할 수 있다.

3. 수하물 또는 화물과 관련하여, 승객 또는 송하인은 최초 운송인에 대하여 소송을 제기할 수 있는 권리를 가지며, 인도받을 권리를 가지는 승객 또는 수하인은 최종 운송인에 대하여 소송을 제기할 권리를 가지며, 또한 각자는 파괴·분실·손상 또는 지연이 발생한 기간 중에 운송을 수행한 운송인에 대하여 소송을 제기할 수 있다. 이들 운송인은 여객·송하인 또는 수하인에 대하여 연대하거나 또는 단독으로 책임을 진다.

Article 37 — Right of Recourse against Third Parties

Nothing in this Convention shall prejudice the question whether a person liable for damage in accordance with its provisions has a right of recourse against any other person.

Chapter IV   Combined Carriage

Article 38 — Combined Carriage

1. In the case of combined carriage performed partly by air and partly by any other mode of carriage, the provisions of this Convention shall, subject to paragraph 4 of Article 18, apply only to the carriage by air, provided that the carriage by air falls within the terms of Article 1.

2. Nothing in this Convention shall prevent the parties in the case of combined carriage from inserting in the document of air carriage conditions relating to other modes of carriage, provided that the provisions of this Convention are observed as regards the carriage by air.

제 37 조   제3자에 대한 구상권

이 협약의 어떠한 규정도 이 협약의 규정에 따라 손해에 대하여 책임을 지는 자가 갖고 있는 다른 사람에 대한 구상권을 행사할 권리가 있는지 여부에 관한 문제에 영향을 미치지 아니한다.

제 4 장   복합운송

제 38 조   복합운송

1. 운송이 항공과 다른 운송형식에 의하여 부분적으로 행하여지는 복합운송의 경우에는 이 협약의 규정들은, 제18조제4항을 조건으로 하여, 항공운송에 대하여만 적용된다. 단, 그러한 항공운송이 제1조의 조건을 충족시킨 경우에 한한다.

2. 이 협약의 어떠한 규정도 복합운송의 경우 당사자가 다른 운송형식에 관한 조건을 항공운송의 증권에 기재하는 것을 방해하지 아니한다. 단, 항공운송에 관하여 이 협약의 규정이 준수되어야 한다.

Chapter V Carriage by Air Performed by a Person other than the Contracting Carrier

Article 39 – Contracting Carrier – Actual Carrier

The provisions of this Chapter apply when a person (hereinafter referred to as "the contracting carrier") as a principal makes a contract of carriage governed by this Convention with a passenger or consignor or with a person acting on behalf of the passenger or consignor, and another person (hereinafter referred to as "the actual carrier") performs, by virtue of authority from the contracting carrier, the whole or part of the carriage, but is not with respect to such part a successive carrier within the meaning of this Convention. Such authority shall be presumed in the absence of proof to the contrary.

Article 40 – Respective Liability of Contracting and Actual Carriers

If an actual carrier performs the whole or part of carriage which, according to the contract referred to in Article 39, is governed by this Convention, both the contracting carrier and the actual carrier shall, except as otherwise provided in this Chapter, be subject to the rules of this Convention, the former for the whole of the carriage contemplated in the contract, the latter solely for the carriage which it performs.

제 5 장
계약운송인 이외의 자에 의한 항공운송

제39조 계약운송인 – 실제운송인

본 장의 규정은 어떤 사람(이하 '계약운송인'이라 한다)이 승객 또는 송하인·승객 또는 송하인을 대신하여 행동하는 자와 이 협약에 의하여 규율되는 운송계약을 체결하고, 다른 사람(이하 '실제운송인'이라 한다)이 계약운송인으로부터 권한을 받아 운송의 전부 또는 일부를 행하지만 이 협약의 의미 내에서 그러한 운송의 일부에 관하여 순차운송인에는 해당되지 않는 경우에 적용된다. 이와 같은 권한은 반증이 없는 한 추정된다.

제 40 조 계약운송인과 실제운송인의 개별적 책임

실제운송인이 제39조에 언급된 계약에 따라 이 협약이 규율하는 운송의 전부 또는 일부를 수행한다면, 본 장에 달리 정하는 경우를 제외하고, 계약운송인 및 실제운송인 모두는 이 협약의 규칙에 따른다. 즉, 계약운송인이 계약에 예정된 운송의 전부에 관하여 그리고 실제운송인은 자기가 수행한 운송에 한하여 이 협약의 규칙에 따른다.

Article 41 – Mutual Liability

1. The acts and omissions of the actual carrier and of its servants and agents acting within the scope of their employment shall, in relation to the carriage performed by the actual carrier, be deemed to be also those of the contracting carrier.

2. The acts and omissions of the contracting carrier and of its servants and agents acting within the scope of their employment shall, in relation to the carriage performed by the actual carrier, be deemed to be also those of the actual carrier. Nevertheless, no such act or omission shall subject the actual carrier to liability exceeding the amounts referred to in Articles 21, 22, 23 and 24. Any special agreement under which the contracting carrier assumes obligations not imposed by this Convention or any waiver of rights or defences conferred by this Convention or any special declaration of interest in delivery at destination contemplated in Article 22 shall not affect the actual carrier unless agreed to by it.

Article 42 – Addressee of Complaints and Instructions

Any complaint to be made or instruction to be given under this Convention to the carrier shall have the same effect whether addressed to the contracting carrier or to the actual carrier. Nevertheless, instructions referred to in Article 12 shall only be effective if addressed to the contracting carrier.

제 41 조 상호 책임

1. 실제운송인이 수행한 운송과 관련하여, 실제운송인·자신의 고용업무의 범위 내에서 행동한 고용인 및 대리인의 작위 또는 부작위도 또한 계약운송인의 작위 또는 부작위로 간주된다.

2. 실제운송인이 수행한 운송과 관련하여, 계약운송인, 자신의 고용업무의 범위 내에서 행동한 고용인 및 대리인의 작위 또는 부작위도 또한 실제운송인의 작위 및 부작위로 간주된다. 그럼에도 불구하고, 그러한 작위 및 부작위로 인하여 실제운송인은 이 협약 제21조 내지 제24조에 언급된 금액을 초과하는 책임을 부담하지 아니한다. 이 협약이 부과하지 아니한 의무를 계약운송인에게 부과하는 특별 합의 이 협약이 부여한 권리의 포기 또는 이 협약 제22조에서 예정된 도착지에서의 인도 이익에 관한 특별신고는 실제운송인이 합의하지 아니하는 한 그에게 영향을 미치지 아니한다.

제 42 조 이의제기 및 지시의 상대방

이 협약에 근거하여 운송인에게 행한 이의나 지시는 계약운송인 또는 실제운송인 어느 쪽에 행하여도 동일한 효력이 있다. 그럼에도 불구하고, 이 협약 제12조에 언급된 지시는 계약운송인에게 행한 경우에 한하여 효력이 있다.

Article 43 — Servants and Agents

In relation to the carriage performed by the actual carrier, any servant or agent of that carrier or of the contracting carrier shall, if they prove that they acted within the scope of their employment, be entitled to avail themselves of the conditions and limits of liability which are applicable under this Convention to the carrier whose servant or agent they are, unless it is proved that they acted in a manner that prevents the limits of liability from being invoked in accordance with this Convention.

Article 44 — Aggregation of Damages

In relation to the carriage performed by the actual carrier, the aggregate of the amounts recoverable from that carrier and the contracting carrier, and from their servants and agents acting within the scope of their employment, shall not exceed the highest amount which could be awarded against either the contracting carrier or the actual carrier under this Convention, but none of the persons mentioned shall be liable for a sum in excess of the limit applicable to that person.

Article 45 — Addressee of Claims

In relation to the carriage performed by the actual carrier, an action for damages may be brought, at the option of the plaintiff, against that carrier or the contracting carrier, or against both together or separately. If the action is brought against only one of those carriers, that carrier shall have the right to require the other carrier to be joined in the proceedings, the procedure and effects being governed by the law of the court seized of the case.

제 43 조 고용인 및 대리인

실제운송인이 수행한 운송과 관련하여, 실제운송인 또는 계약운송인의 고용인 또는 대리인은 자기의 고용업무의 범위내의 행위를 증명할 경우 이 협약하에서 자신이 귀속되는 운송인에게 적용할 이 협약상 책임의 조건 및 한도를 원용할 권리를 가진다. 단, 그들이 책임한도가 이 협약에 따라 원용되는 것을 방지하는 방식으로 행동하는 것이 증명된 경우에는 그러하지 아니한다.

제 44 조 손해배상총액

실제운송인이 수행한 운송과 관련하여, 실제운송인과 계약운송인, 또는 자기의 고용업무의 범위 내에서 행동한 고용인 및 대리인으로부터 회수가능한 배상총액은 이 협약에 따라 계약운송인 또는 실제운송인의 어느 한쪽에 대하여 재정할 수 있는 최고액을 초과하여서는 아니된다. 그러나 상기 언급된 자 중 누구도 그에게 적용가능한 한도를 초과하는 금액에 대하여 책임을 지지 아니한다.

제 45 조 피청구자

실제운송인이 수행한 운송과 관련하여, 손해에 관한 소송은 원고의 선택에 따라 실제운송인 또는 계약운송인에 대하여 공동 또는 개별적으로 제기될 수 있다. 소송이 이들 운송인 중 하나에 한하여 제기된 때에는 동 운송인은 다른 운송인에게 소송절차에 참가할 것을 요구할 권리를 가지며, 그 절차와 효과는 소송이 계류되어 있는 법원의 법률에 따르게 된다.

Article 46 – Additional Jurisdiction

Any action for damages contemplated in Article 45 must be brought, at the option of the plaintiff, in the territory of one of the States Parties, either before a court in which an action may be brought against the contracting carrier, as provided in Article 33, or before the court having jurisdiction at the place where the actual carrier has its domicile or its principal place of business.

Article 47 – Invalidity of Contractual Provisions

Any contractual provision tending to relieve the contracting carrier or the actual carrier of liability under this Chapter or to fix a lower limit than that which is applicable according to this Chapter shall be null and void, but the nullity of any such provision does not involve the nullity of the whole contract, which shall remain subject to the provisions of this Chapter.

Article 48 – Mutual Relations of Contracting and Actual Carriers

Except as provided in Article 45, nothing in this Chapter shall affect the rights and obligations of the carriers between themselves, including any right of recourse or indemnification.

제 46 조 추가재판관할권

제45조에 예정된 손해에 대한 소송은 원고의 선택에 따라 이 협약 제33조에 규정된 바에 따라 당사국 중 하나의 영역 내에서 계약운송인에 대한 소송이 제기될 수 있는 법원 또는 실제운송인의 주소지나 주된 영업소 소재지에 대하여 관할권을 가지는 법원에 제기되어야 한다.

제 47 조 계약조항의 무효

본 장에 따른 계약운송인 또는 실제운송인의 책임을 경감하거나 또는 본 장에 따라 적용가능한 한도보다 낮은 한도를 정하는 것은 무효로 한다. 그러나 그러한 조항의 무효는 계약 전체를 무효로 하는 것은 아니며 계약은 이 협약의 조항에 따른다.

제 48 조 계약운송인 및 실제운송인의 상호관계

제45조에 규정된 경우를 제외하고는 본 장의 여하한 규정도 여하한 구상권 또는 손실보상청구권을 포함하는, 계약운송인 또는 실제운송인 간 운송인의 권리 및 의무에 영향을 미치지 아니한다.

Chapter VI Other Provisions

Article 49 – Mandatory Application

Any clause contained in the contract of carriage and all special agreements entered into before the damage occurred by which the parties purport to infringe the rules laid down by this Convention, whether by deciding the law to be applied, or by altering the rules as to jurisdiction, shall be null and void.

Article 50 – Insurance

States Parties shall require their carriers to maintain adequate insurance covering their liability under this Convention. A carrier may be required by the State Party into which it operates to furnish evidence that it maintains adequate insurance covering its liability under this Convention.

Article 51 – Carriage Performed in Extraordinary Circumstances

The provisions of Articles 3 to 5, 7 and 8 relating to the documentation of carriage shall not apply in the case of carriage performed in extraordinary circumstances outside the normal scope of a carrier's business.

제 6 장 기타 규정

제 49 조 강제적용

적용될 법을 결정하거나 관할권에 관한 규칙을 변경함으로써 이 협약에 규정된 규칙을 침해할 의도를 가진 당사자에 의하여 손해가 발생되기 전에 발효한 운송계약과 모든 특별합의에 포함된 조항은 무효로 한다.

제 50 조 보 험

당사국은 이 협약에 따른 손해배상책임을 담보하는 적절한 보험을 유지하도록 운송인에게 요구한다. 운송인은 취항지국으로부터 이 협약에 따른 손해배상책임을 담보하는 보험을 유지하고 있음을 증명하는 자료를 요구받을 수 있다.

제 51 조 비정상적인 상황하에서의 운송

운송증권과 관련된 제3조 내지 제5조, 제7조 및 제8조의 규정은 운송인의 정상적인 사업범위를 벗어난 비정상적인 상황에는 적용되지 아니한다.

Article 52 — Definition of Days

The expression "days" when used in this Convention means calendar days, not working days.

Chapter VII   Final Clauses

Article 53 — Signature, Ratification and Entry into Force

1. This Convention shall be open for signature in Montreal on 28 May 1999 by States participating in the International Conference on Air Law held at Montreal from 10 to 28 May 1999. After 28 May 1999, the Convention shall be open to all States for signature at the headquarters of the International Civil Aviation Organization in Montreal until it enters into force in accordance with paragraph 6 of this Article.

2. This Convention shall similarly be open for signature by Regional Economic Integration Organisations. For the purpose of this Convention, a "Regional Economic Integration Organisation" means any organisation which is constituted by sovereign States of a given region which has competence in respect of certain matters governed by this Convention and has been duly authorized to sign and to ratify, accept, approve or accede to this Convention.

제 52 조   일의 정의

이 협약에서 사용되는 '일(日)'이라 함은 영업일(營業日)이 아닌 역일(曆日)을 말한다.

제 7 장   최종 조항

제 53 조   서명 · 비준 및 발효

1. 이 협약은 1999년 5월 10일부터 28일간 몬트리올에서 개최된 항공법에 관한 국제회의에 참가한 국가의 서명을 위하여 1999년 5월 28일 개방된다. 1999년 5월 28일 이후에는 본 조 제6항에 따라 이 협약이 발효하기 전까지 국제민간항공기구 본부에서 서명을 위하여 모든 국가에 개방된다.

2. 이 협약은 지역경제통합기구의 서명을 위하여 동일하게 개방된다. 이 협약의 목적상, '지역경제통합기구'라 함은 이 협약이 규율하는 특정 문제에 관하여 권한을 가진, 일정지역의 주권국가로 구성된 기구이며, 이 협약의 서명 · 비준 · 수락 · 승인 및 가입을 위한 정당한 권한을 가진 기구를 말한다.

A reference to a "State Party" or "States Parties" in this Convention, otherwise than in paragraph 2 of Article 1, paragraph 1(b) of Article 3, paragraph (b) of Article 5, Articles 23, 33, 46 and paragraph (b) of Article 57, applies equally to a Regional Economic Integration Organisation. For the purpose of Article 24, the references to "a majority of the States Parties" and "one-third of the States Parties" shall not apply to a Regional Economic Integration Organisation.

3. This Convention shall be subject to ratification by States and by Regional Economic Integration Organisations which have signed it.

4. Any State or Regional Economic Integration Organisation which does not sign this Convention may accept, approve or accede to it at any time.

5. Instruments of ratification, acceptance, approval or accession shall be deposited with the International Civil Aviation Organization, which is hereby designated the Depositary.

6. This Convention shall enter into force on the sixtieth day following the date of deposit of the thirtieth instrument of ratification, acceptance, approval or accession with the Depositary between the States which have deposited such instrument. An instrument deposited by a Regional Economic Integration Organisation shall not be counted for the purpose of this paragraph.

7. For other States and for other Regional Economic Integration Organisations, this Convention shall take effect sixty days following the date of deposit of the instrument of ratification, acceptance, approval or accession.

이 협약상의 '당사국'이란 용어는 제1조제2항·제3조제1항나목·제5조나항·제23조·제33조·제46조 및 제57조나항을 제외하고, 지역경제통합기구에도 동일하게 적용된다. 제24조의 목적상, '당사국의 과반수' 및 '당사국의 3분의 1'이란 용어는 지역경제통합기구에는 적용되지 아니한다.

3. 이 협약은 서명한 당사국 및 지역경제통합기구의 비준을 받는다.

4. 이 협약에 서명하지 아니한 국가 및 지역경제통합기구는 언제라도 이를 수락·승인하거나 또는 이에 가입할 수 있다.

5. 비준서·수락서·승인서 또는 가입서는 국제민간항공기구 사무총장에게 기탁된다. 국제민간항공기구 사무총장은 이 협약의 수탁자가 된다.

6. 이 협약은 30번째 비준서, 수락서, 승인서 및 가입서가 기탁된 날로부터 60일이 되는 날 기탁한 국가 간에 발효한다. 지역경제통합기구가 기탁한 문서는 본 항의 목적상 산입되지 아니한다.

7. 다른 국가 및 지역경제통합기관에 대하여 이 협약은 비준서·수락서·승인서 및 가입서가 기탁된 날로부터 60일이 경과하면 효력을 발생한다.

8. The Depositary shall promptly notify all signatories and States Parties of:

(a) each signature of this Convention and date thereof;

(b) each deposit of an instrument of ratification, acceptance, approval or accession and date thereof;

(c) the date of entry into force of this Convention;

(d) the date of the coming into force of any revision of the limits of liability established under this Convention;

(e) any denunciation under Article 54.

Article 54 — Denunciation

1. Any State Party may denounce this Convention by written notification to the Depositary.

2. Denunciation shall take effect one hundred and eighty days following the date on which notification is received by the Depositary.

Article 55 — Relationship with other Warsaw Convention Instruments

This Convention shall prevail over any rules which apply to international carriage by air:

1. between States Parties to this Convention by virtue of those States commonly being Party to

(a) the Convention for the Unification of Certain Rules relating to International Carriage by Air signed at Warsaw on 12 October 1929 (hereinafter called the Warsaw Convention);

8. 수탁자는 아래의 내용을 모든 당사국에 지체 없이 통고한다.

가. 이 협약의 서명자 및 서명일

나. 비준서·수락서·승인서 및 가입서의 제출 및 제출일

다. 이 협약의 발효일

라. 이 협약이 정한 배상책임한도의 수정의 효 력발생일

마. 제54조 하의 비난

제 54 조 폐 기

1. 모든 당사국은 수탁자에 대한 서면통고로써 이 협약을 폐기할 수 있다.

2. 폐기에 관한 통고는 수탁자에게 접수된 날로부 터 180일 경과 후 효력을 갖는다.

제 55 조 기타 바르샤바 협약문서와의 관계

1. 이 협약은 아래 협약들의 당사국인 이 협약의 당사국간에 국제항공운송에 적용되는 모든 규 칙에 우선하여 적용된다.

가. 1929년 10월 12일 바르샤바에서 서명된 '국 제항공운송에 있어서의 일부 규칙의 통일에 관한 협약(이하 바르샤바협약이라 부른다)

(b) the Protocol to amend the Convention for the Unification of Certain Rules relating to International Carriage by Air signed at Warsaw on 12 October 1929, done at The Hague on 28 September 1955(hereinafter called The Hague Protocol);

(c) the Convention, Supplementary to the Warsaw Convention, for the Unification of Certain Rules relating to International Carriage by Air Performed by a Person other than the Contracting Carrier, signed at Guadalajara on 18 September 1961 (hereinafter called the Guadalajara Convention);

(d) the Protocol to amend the Convention for the Unification of Certain Rules relating to International Carriage by Air signed at Warsaw on 12 October 1929 as amended by the Protocol done at The Hague on 28 September 1955, signed at Guatemala City on 8 March 1971 (hereinafter called the Guatemala City Protocol);

(e) Additional Protocol Nos. 1 to 3 and Montreal Protocol No. 4 to amend the Warsaw Convention as amended by The Hague Protocol or the Warsaw Convention as amended by both The Hague Protocol and the Guatemala City Protocol, signed at Montreal on 25 September 1975 (hereinafter called the Montreal Protocols); or

2. within the territory of any single State Party to this Convention by virtue of that State being Party to one or more of the instruments referred to in sub-paragraphs (a) to (e) above.

나. 1955년 9월 28일 헤이그에서 작성된 '1929년 10월 12일 바르샤바에서 서명된 국제항공운송에 있어서의 일부 규칙의 통일에 관한 협약의 개정의정서'(이하 헤이그의정서라 부른다)

다. 1961년 9월 18일 과달라하라에서 서명된 '계약운송인을 제외한 자에 의하여 수행된 국제항공운송에 있어서의 일부 규칙의 통일을 위한 협약'(이하 과달라하라협약이라 부른다)

라. 1971년 3월 8일 과테말라시티에서 서명된 '1955년 9월 28일 헤이그에서 작성된 의정서에 의하여 개정된, 1929년 10월 12일 바르샤바에서 서명된 국제항공운송에 있어서의 일부 규칙의 통일에 관한 협약의 개정의정서'(이하 과테말라시티의정서라 부른다)

마. 1975년 9월 25일 몬트리올에서 서명된 '헤이그의정서와 과테말라시티의정서 또는 헤이그의정서에 의하여 개정된 바르샤바협약을 개정하는 몬트리올 제1.2.3.4. 추가의정서'(이하 몬트리올의정서라 부른다)

2. 이 협약은 상기 가목 내지 마목의 협약중 하나 이상의 당사국인 이 협약의 단일당사국 영역 내에서 적용된다.

Article 56 — States with more than one System of Law

1. If a State has two or more territorial units in which different systems of law are applicable in relation to matters dealt with in this Convention, it may at the time of signature, ratification, acceptance, approval or accession declare that this Convention shall extend to all its territorial units or only to one or more of them and may modify this declaration by submitting another declaration at any time.

2. Any such declaration shall be notified to the Depositary and shall state expressly the territorial units to which the Convention applies.

3. In relation to a State Party which has made such a declaration:

   (a) references in Article 23 to "national currency" shall be construed as referring to the currency of the relevant territorial unit of that State; and

   (b) the reference in Article 28 to "national law" shall be construed as referring to the law of the relevant territorial unit of that State.

Article 57 — Reservations

No reservation may be made to this Convention except that a State Party may at any time declare by a notification addressed to the Depositary that this Convention shall not apply to:

   (a) international carriage by air performed and operated directly by that State Party for non-commercial purposes in respect to its functions and duties as a sovereign State; and/or

제 56 조 하나 이상의 법체계를 가진 국가

1. 이 협약에서 다루는 사안과 관련하여 서로 상이한 법체계가 적용되는 둘 이상의 영역단위를 가지는 국가는 이 협약의 서명·비준·수락·승인 및 가입 시 이 협약이 모든 영역에 적용되는지 또는 그중 하나 또는 그 이상의 지역에 미치는가를 선언한다. 이는 언제든지 다른 선언을 제출함으로써 변경할 수 있다.

2. 그러한 선언은 수탁자에게 통고되어야 하며, 이 협약이 적용되는 영역단위에 대하여 명시적으로 진술하여야 한다.

3. 그러한 선언을 행한 당사국과 관련하여,

   가. 제23조상 '국내통화'라는 용어는 당사국의 관련 영역단위의 통화를 의미하는 것으로 해석된다.

   나. 제28조상 '국내법'이라는 용어는 당사국의 관련 영역단위의 법을 의미하는 것으로 해석된다.

제 57 조 유 보

이 협약은 유보될 수 있다. 그러나 당사국이 아래의 내용에 대하여 이 협약이 적용되지 않음을 수탁자에 대한 통고로서 선언한 경우에는 그러하지 아니하다.

   가. 주권국가로서의 기능과 의무에 관하여 비상업적 목적을 위하여 당사국이 직접 수행하거나 운영하는 국제운송

(b) the carriage of persons, cargo and baggage for its military authorities on aircraft registered in or leased by that State Party, the whole capacity of which has been reserved by or on behalf of such authorities.

나. 당사국에 등록된 항공기 또는 당사국이 임대한 항공기로서 군당국을 위한 승객·화물 및 수하물의 운송. 그러한 권한전체는 상기 당국에 의하여 또는 상기 당국을 대신하여 보유된다.

IN WITNESS WHEREOF the undersigned Plenipotentiaries, having been duly authorized, have signed this Convention.

이상의 증거로서 아래 전권대표는 정당하게 권한을 위임받아 이 협약에 서명하였다.

DONE at Montreal on the 28th day of May of the year one thousand nine hundred and ninety-nine in the English, Arabic, Chinese, French, Russian and Spanish languages, all texts being equally authentic.

이 협약은 1999년 5월 28일 몬트리올에서 영어·아랍어·중국어·프랑스어·러시아어 및 서반아어로 작성되었으며, 동등하게 정본이다.

This Convention shall remain deposited in the archives of the International Civil Aviation Organization, and certified copies thereof shall be transmitted by the Depositary to all States Parties to this Convention, as well as to all States Parties to the Warsaw Convention, The Hague Protocol, the Guadalajara Convention, the Guatemala City Protocol and the Montreal Protocols.

이 협약은 국제민간항공기구 문서보관소에 기탁되며, 수탁자는 인증등본을 바르샤바협약·헤이그의정서·과달라하라협약·과테말라시티의정서 및 몬트리올 추가의정서의 당사국과 이 협약의 모든 당사국에 송부한다.

항공기의 제3자 피해배상에 관한 협약 _ 일반위험협약

CONVENTION

on Compensation for Damage Caused by Aircraft to Third Parties

Signed at Montr al on 2 May 2009

(ICAO Doc 9919)

CONVENTION

on Compensation for Damage Caused by Aircraft to Third Parties

THE STATES PARTIES TO THIS CONVENTION,

RECOGNIZING the need to ensure adequate compensation for third parties who suffer damage resulting from events involving an aircraft in flight;

RECOGNIZING the need to modernize the Convention on Damage Caused by Foreign Aircraft to Third Parties on the Surface, Signed at Rome on 7 October 1952, and the Protocol to Amend the Convention on Damage Caused by Foreign Aircraft to Third Parties on the Surface, Signed at Rome on 7 October 1952, Signed at Montréal on 23 September 1978;

RECOGNIZING the importance of ensuring protection of the interests of third-party victims and the need for equitable compensation, as well as the need to enable the continued stability of the aviation industry;

REAFFIRMING the desirability of the orderly development of international air transport operations and the smooth flow of passengers, baggage and cargo in accordance with the principles and objectives of the Convention on International Civil Aviation, done at Chicago on 7 December 1944; and

CONVINCED that collective State action for further harmonization and codification of certain rules governing the compensation of third parties who suffer damage resulting from events involving aircraft in flight through a new Convention is the most desirable and effective means of achieving an equitable balance of interests;

HAVE AGREED AS FOLLOWS:

Chapter I Principles

Article 1 — Definitions

For the purposes of this Convention:

(a) an "act of unlawful interference" means an act which is defined as an offence in the Convention for the Suppression of Unlawful Seizure of Aircraft, Signed at The Hague on 16 December 1970, or the Convention for the Suppression of Unlawful Acts Against the Safety of Civil Aviation, Signed at Montreal on 23 September 1971, and any amendment in force at the time of the event;

(b) an "event" occurs when damage is caused by an aircraft in flight other than as a result of an act of unlawful interference;

(c) an aircraft is considered to be "in flight" at any time from the moment when all its external doors are closed following embarkation or loading until the moment when any such door is opened for disembarkation or unloading;

(d) "international flight" means any flight whose place of departure and whose intended destination are situated within the territories of two States, whether or not there is a break in the flight, or within the territory of one State if there is an intended stopping place in the territory of another State;

(e) "maximum mass" means the maximum certificated take-off mass of the aircraft, excluding the effect of lifting gas when used;

(f) "operator" means the person who makes use of the aircraft, provided that if control of the navigation of the aircraft is retained by the person from whom the right to make use of the aircraft is derived, whether directly or indirectly, that person shall be considered the operator. A person shall be considered to be making use of an aircraft when he or she is using it personally or when his or her servants or agents are using the aircraft in the course of their employment, whether or not within the scope of their authority;

(g) "person" means any natural or legal person, including a State;

(h) "State Party" means a State for which this Convention is in force; and

(i) "third party" means a person other than the operator, passenger or consignor or consignee of cargo.

Article 2 — Scope

1. This Convention applies to damage to third parties which occurs in the territory of a State Party caused by an aircraft in flight on an international flight, other than as a result of an act of unlawful interference.

2. If a State Party so declares to the Depositary, this Convention shall also apply where an aircraft in flight other than on an international flight causes damage in the territory of that State, other than as a result of an act of unlawful

interference.

3. For the purposes of this Convention:

    (a) damage to a ship in or an aircraft above the High Seas or the Exclusive Economic Zone shall be regarded as damage occurring in the territory of the State in which it is registered; however, if the operator of the aircraft has its principal place of business in the territory of a State other than the State of Registry, the damage to the aircraft shall be regarded as having occurred in the territory of the State in which it has its principal place of business; and

    (b) damage to a drilling platform or other installation permanently fixed to the soil in the Exclusive Economic Zone or the Continental Shelf shall be regarded as having occurred in the territory of the State which has jurisdiction over such platform or installation in accordance with international law including the United Nations Convention on the Law of the Sea, done at Montego Bay on 10 December 1982.

4. This Convention shall not apply to damage caused by State aircraft. Aircraft used in military, customs and police services shall be deemed to be State aircraft.

Chapter II Liability of the operator and related issues

Article 3 — Liability of the operator

1. The operator shall be liable for damage sustained by third parties upon condition only that the damage was caused by an aircraft in flight.

2. There shall be no right to compensation under this Convention if the damage is not a direct consequence of the event giving rise thereto, or if the damage results from the mere fact of passage of the aircraft through the airspace in conformity with existing air traffic regulations.

3. Damages due to death, bodily injury and mental injury shall be compensable. Damages due to mental injury shall be compensable only if caused by a recognizable psychiatric illness resulting either from bodily injury or from direct exposure to the likelihood of imminent death or bodily injury.

4. Damage to property shall be compensable.

5. Environmental damage shall be compensable, in so far as such compensation is provided for under the law of the State Party in the territory of which the damage occurred.

6. No liability shall arise under this Convention for damage caused by a nuclear incident as defined in the Paris Convention on Third Party Liability in the Field of Nuclear Energy (29 July 1960) or for nuclear damage as defined in the Vienna Convention on Civil Liability for Nuclear Damage (21 May 1963), and any amendment or supplements to these Conventions in force at the time of the event.

7. Punitive, exemplary or any other non-compensatory damages shall not be recoverable.

8. An operator who would otherwise be liable under the provisions of this Convention shall not be liable if the damage is the direct consequence of armed conflict or civil disturbance.

Article 4 — Limit of the operator's liability

1. The liability of the operator arising under Article 3 shall not exceed for an event the following limit based on the mass of the aircraft involved:

   (a) 750,000 Special Drawing Rights for aircraft having a maximum mass of 500 kilogrammes or less;

   (b) 1,500,000 Special Drawing Rights for aircraft having a maximum mass of more than 500 kilogrammes but not exceeding 1,000 kilogrammes;

   (c) 3,000,000 Special Drawing Rights for aircraft having a maximum mass of more than 1,000 kilogrammes but not exceeding 2,700 kilogrammes;

   (d) 7,000,000 Special Drawing Rights for aircraft having a maximum mass of more than 2,700 kilogrammes but not exceeding 6,000 kilogrammes;

   (e) 18,000,000 Special Drawing Rights for aircraft having a maximum mass of more than 6,000 kilogrammes but not exceeding 12,000 kilogrammes;

   (f) 80,000,000 Special Drawing Rights for aircraft having a maximum mass of more than 12,000 kilogrammes but not exceeding 25,000 kilogrammes;

   (g) 150,000,000 Special Drawing Rights for aircraft having a maximum mass of more than 25,000 kilogrammes but not exceeding 50,000 kilogrammes;

   (h) 300,000,000 Special Drawing Rights for aircraft having a maximum mass of more than 50,000 kilogrammes but not exceeding 200,000 kilogrammes;

   (i) 500,000,000 Special Drawing Rights for aircraft having a maximum mass of more than 200,000 kilogrammes but not exceeding 500,000 kilogrammes;

   (j) 700,000,000 Special Drawing Rights for aircraft having a maximum mass of more than 500,000 kilogrammes.

2. If an event involves two or more aircraft operated by the same operator, the limit of liability in respect of the aircraft with the highest maximum mass shall apply.

3. The limits in this Article shall only apply if the operator proves that the damage:

   (a) was not due to its negligence or other wrongful act or omission or that of its servants or agents; or

   (b) was solely due to the negligence or other wrongful act or omission of another person.

Article 5 — Priority of compensation

If the total amount of the damages to be paid exceeds the amounts available according to Article 4, paragraph 1, the total amount shall be awarded preferentially to meet proportionately the claims in respect of death, bodily injury and mental injury, in the first instance. The remainder, if any, of the total amount payable shall be awarded proportionately among the claims in respect of other damage.

Article 6 — Events involving two or more operators

1. Where two or more aircraft have been involved in an event causing damage to which this Convention applies, the operators of those aircraft are jointly and severally liable for any damage suffered by a third party.
2. If two or more operators are so liable, the recourse between them shall depend on their respective limits of liability and their contribution to the damage.
3. No operator shall be liable for a sum in excess of the limit, if any, applicable to its liability.

Article 7 — Court costs and other expenses

1. The court may award, in accordance with its own law, the whole or part of the court costs and of the other expenses of the litigation incurred by the claimant, including interest.
2. Paragraph 1 shall not apply if the amount of the damages awarded, excluding court costs and other expenses of the litigation, does not exceed the sum which the operator has offered in writing to the claimant within a period of six months from the date of the event causing the damage, or before the commencement of the action, whichever is the later.

Article 8 — Advance payments

If required by the law of the State where the damage occurred, the operator shall make advance payments without delay to natural persons who may be entitled to claim compensation under this Convention, in order to meet their immediate economic needs. Such advance payments shall not constitute a recognition of liability and may be offset against any amount subsequently payable as damages by the operator.

Article 9 — Insurance

1. Having regard to Article 4, States Parties shall require their operators to maintain adequate insurance or guarantee covering their liability under this Convention.

2. An operator may be required by the State Party in or into which it operates to furnish evidence that it maintains adequate insurance or guarantee. In doing so, the State Party shall apply the same criteria to operators of other States Parties as it applies to its own operators.

Chapter III Exoneration and recourse

Article 10 — Exoneration

.

If the operator proves that the damage was caused, or contributed to, by the negligence or other wrongful act or omission of a claimant, or the person from whom he or she derives his or her rights, the operator shall be wholly or partly exonerated from its liability to that claimant to the extent that such negligence or wrongful act or omission caused or contributed to the damage.

Article 11 — Right of recourse

Subject to Article 13, nothing in this Convention shall prejudice the question whether a person liable for damage in accordance with its provisions has a right of recourse against any person.

Chapter IV Exercise of remedies and related provisions

Article 12 — Exclusive remedy

1. Any action for compensation for damage to third parties caused by an aircraft in flight brought against the operator, or its servants or agents, however founded, whether under this Convention or in tort or otherwise, can only be brought subject to the conditions set out in this Convention without prejudice to the question as to who are the persons who

have the right to bring suit and what are their respective rights.

2. Article 3, paragraphs 6, 7 and 8, shall apply to any other person from whom the damages specified in those paragraphs would otherwise be recoverable or compensable, whether under this Convention or in tort or otherwise.

Article 13 — Exclusion of liability

Neither the owner, lessor or financier retaining title or holding security of an aircraft, not being an operator, nor their servants or agents, shall be liable for damages under this Convention or the law of any State Party relating to third party damage.

Article 14 — Conversion of Special Drawing Rights

The sums mentioned in terms of Special Drawing Right in this Convention shall be deemed to refer to the Special Drawing Right as defined by the International Monetary Fund. Conversion of the sums into national currencies shall, in case of judicial proceedings, be made according to the value of such currencies in terms of the Special Drawing Right at the date of the judgement. The value in a national currency shall be calculated in accordance with the method of valuation applied by the International Monetary Fund for its operations and transactions. The value in a national currency, of a State Party which is not a Member of the International Monetary Fund, shall be calculated in a manner determined by that State to express in the national currency of the State Party as far as possible the same real value as the amounts in Article 4, paragraph 1.

Article 15 — Review of limits

1. Subject to paragraph 2 of this Article, the sums prescribed in Article 4, paragraph 1, shall be reviewed by the Depositary by reference to an inflation factor which corresponds to the accumulated rate of inflation since the previous revision or in the first instance since the date of entry into force of this Convention. The measure of the rate of inflation to be used in determining the inflation factor shall be the weighted average of the annual rates of increase or decrease in the Consumer Price Indices of the States whose currencies comprise the Special Drawing Right mentioned in Article 14.

2. If the review referred to in the preceding paragraph concludes that the inflation factor has exceeded 10 per cent, the Depositary shall notify the States Parties of a revision of the limits of liability. Any such revision shall become effective six months after the notification to the States Parties, unless a majority of the States Parties register their disapproval. The Depositary shall immediately notify all States Parties of the coming into force of any revision.

Article 16 — Forum

1. Subject to paragraph 2 of this Article, actions for compensation under the provisions of this Convention may be brought only before the courts of the State Party in whose territory the damage occurred.

2. Where damage occurs in more than one State Party, actions under the provisions of this Convention may be brought only before the courts of the State Party the territory of which the aircraft was in or about to leave when the event occurred.

3. Without prejudice to paragraphs 1 and 2 of this Article, application may be made in any State Party for such provisional measures, including protective measures, as may be available under the law of that State.

Article 17 — Recognition and enforcement of judgements

1. Subject to the provisions of this Article, judgements entered by a competent court under Article 16 after trial, or by default, shall when they are enforceable in the State Party of that court be enforceable in any other State Party as soon as the formalities required by that State Party have been complied with.

2. The merits of the case shall not be reopened in any application for recognition or enforcement under this Article.

3. Recognition and enforcement of a judgement may be refused if:

   (a) its recognition or enforcement would be manifestly contrary to public policy in the State Party where recognition or enforcement is sought;

   (b) the defendant was not served with notice of the proceedings in such time and manner as to allow him or her to prepare and submit a defence;

   (c) it is in respect of a cause of action which had already, as between the same parties, formed the subject of a judgement or an arbitral award which is recognized as final and conclusive under the law of the State Party where recognition or enforcement is sought;

   (d) the judgement has been obtained by fraud of any of the parties; or

   (e) the right to enforce the judgement is not vested in the person by whom the application is made.

4. Recognition and enforcement of a judgement may also be refused to the extent that the judgement awards damages, including exemplary or punitive damages, that do not compensate a third party for actual harm suffered.

5. Where a judgement is enforceable, payment of any court costs and other expenses incurred by the plaintiff, including interest recoverable under the judgement, shall also be enforceable.

Article 18 — Regional and multilateral agreements on the recognition and enforcement of judgements

1. States Parties may enter into regional and multilateral agreements regarding the recognition and enforcement of judgements consistent with the objectives of this Convention, provided that such agreements do not result in a lower level of protection for any third party or defendant than that provided for in this Convention.

2. States Parties shall inform each other, through the Depositary, of any such regional or multilateral agreements that they have entered into before or after the date of entry into force of this Convention.

3. The provisions of this Chapter shall not affect the recognition or enforcement of any judgement pursuant to such agreements.

Article 19 — Period of limitation

1. The right to compensation under Article 3 shall be extinguished if an action is not brought within two years from the date of the event which caused the damage.

2. The method of calculating such two-year period shall be determined in accordance with the law of the court seised of the case.

Article 20 — Death of person liable

In the event of the death of the person liable, an action for damages lies against those legally representing his or her estate and is subject to the provisions of this Convention.

Chapter V Final clauses

Article 21 — Signature, ratification, acceptance, approval or accession

1. This Convention shall be open for signature in Montréal on 2 May 2009 by States participating in the International Conference on Air Law held at Montréal from 20 April to 2 May 2009. After 2 May 2009, the Convention shall be open to all States for signature at the Headquarters of the International Civil Aviation Organization in Montréal until it enters into force in accordance with Article 23.

2. This Convention shall be subject to ratification by States which have signed it.

3. Any State which does not sign this Convention may accept, approve or accede to it at any time.

4. Instruments of ratification, acceptance, approval or accession shall be deposited with the International Civil Aviation Organization, which is hereby designated the Depositary.

Article 22 – Regional Economic Integration Organizations

1. A Regional Economic Integration Organization which is constituted by sovereign States and has competence over certain matters governed by this Convention may similarly sign, ratify, accept, approve or accede to this Convention. The Regional Economic Integration Organization shall in that case have the rights and obligations of a State Party to the extent that Organization has competence over matters governed by this Convention.

2. The Regional Economic Integration Organization shall, at the time of signature, ratification, acceptance, approval or accession, make a declaration to the Depositary specifying the matters governed by this Convention in respect of which competence has been transferred to that Organization by its Member States. The Regional Economic Integration Organization shall promptly notify the Depositary of any changes to the distribution of competence, including new transfers of competence, specified in the declaration under this paragraph.

3. Any reference to a "State Party" or "States Parties" in this Convention applies equally to a Regional Economic Integration Organization where the context so requires.

Article 23 – Entry into force

1. This Convention shall enter into force on the sixtieth day following the date of deposit of the thirty-fifth instrument of ratification, acceptance, approval or accession with the Depositary between the States which have deposited such instruments. An instrument deposited by a Regional Economic Integration Organization shall not be counted for the purpose of this paragraph.

2. For other States and for other Regional Economic Integration Organizations, this Convention shall take effect sixty days following the date of deposit of the instrument of ratification, acceptance, approval or accession.

Article 24 – Denunciation

1. Any State Party may denounce this Convention by written notification to the Depositary.

2. Denunciation shall take effect one hundred and eighty days following the date on which notification is received by the Depositary; in respect of damage contemplated in Article 3 arising from an event which occurred before the expiration

of the one hundred and eighty day period, the Convention shall continue to apply as if the denunciation had not been made.

Article 25 — Relationship to other treaties

The rules of this Convention shall prevail over any rules in the following instruments which would otherwise be applicable to damage covered by this Convention:

(a) the Convention on Damage Caused by Foreign Aircraft to Third Parties on the Surface, Signed at Rome on 7 October 1952; or

(b) the Protocol to Amend the Convention on Damage Caused by Foreign Aircraft to Third Parties on the Surface, Signed at Rome on 7 October 1952, Signed at Montréal on 23 September 1978.

Article 26 — States with more than one system of law

1. If a State has two or more territorial units in which different systems of law are applicable in relation to matters dealt with in this Convention, it may at the time of signature, ratification, acceptance, approval or accession declare that this Convention shall extend to all its territorial units or only to one or more of them and may modify this declaration by submitting another declaration at any time.

2. Any such declaration shall be notified to the Depositary and shall state expressly the territorial units to which this Convention applies.

3. For a declaration made under Article 2, paragraph 2, by a State Party having two or more territorial units in which different systems of law are applicable, it may declare that this Convention shall apply to damage to third parties that occurs in all its territorial units or in one or more of them and may modify this declaration by submitting another declaration at any time.

4. In relation to a State Party which has made a declaration under this Article:

(a) the reference in Article 8 to "the law of the State" shall be construed as referring to the law of the relevant territorial unit of that State; and

(b) references in Article 14 to "national currency" shall be construed as referring to the currency of the relevant territorial unit of that State.

Article 27 — Reservations and declarations

1. No reservation may be made to this Convention but declarations authorized by Article 2, paragraph 2, Article 22, paragraph 2, and Article 26 may be made in accordance with these provisions.

2. Any declaration or any withdrawal of a declaration made under this Convention shall be notified in writing to the Depositary.

Article 28 — Functions of the Depositary

The Depositary shall promptly notify all signatories and States Parties of:

(a) each new signature of this Convention and the date thereof;

(b) each deposit of an instrument of ratification, acceptance, approval or accession and the date thereof;

(c) each declaration and the date thereof;

(d) the modification or withdrawal of any declaration and the date thereof;

(e) the date of entry into force of this Convention;

(f) the date of the coming into force of any revision of the limits of liability established under this Convention; and

(g) any denunciation with the date thereof and the date on which it takes effect.

IN WITNESS WHEREOF the undersigned Plenipotentiaries, having been duly authorized, have signed this Convention.

DONE at Montréal on the 2nd day of May of the year two thousand and nine in the English, Arabic, Chinese, French, Russian and Spanish languages, all texts being equally authentic, such authenticity to take effect upon verification by the Secretariat of the Conference under the authority of the President of the Conference within ninety days hereof as to the conformity of the texts with one another. This Convention shall remain deposited in the archives of the International Civil Aviation Organization, and certified copies thereof shall be transmitted by the Depositary to all Contracting States to this Convention, as well as to all States Parties to the Convention and Protocol referred to in Article 25.

항공기 사용 불법방해로 인한 제3자 피해배상에 관한 협약 _ 불법 방해배상협약

CONVENTION

on Compensation for Damage to Third Parties,

Resulting from Acts of Unlawful Interference Involving Aircraft

Signed at Montr al on 2 May 2009

(ICAO Doc 9920)

CONVENTION

on Compensation for Damage to Third Parties,

Resulting from Acts of Unlawful Interference Involving Aircraft

THE STATES PARTIES TO THIS CONVENTION,

RECOGNIZING the serious consequences of acts of unlawful interference with aircraft which cause damage to third parties and to property;

RECOGNIZING that there are currently no harmonized rules relating to such consequences;

RECOGNIZING the importance of ensuring protection of the interests of third-party victims and the need for equitable compensation, as well as the need to protect the aviation industry from the consequences of damage caused by unlawful interference with aircraft;

CONSIDERING the need for a coordinated and concerted approach to providing compensation to third-party victims, based on cooperation between all affected parties;

REAFFIRMING the desirability of the orderly development of international air transport operations and the smooth flow of passengers, baggage and cargo in accordance with the principles and objectives of the Convention on International Civil Aviation, done at Chicago on 7 December 1944; and

CONVINCED that collective State action for harmonization and codification of certain rules governing compensation for the consequences of an event of unlawful interference with aircraft in flight through a new Convention is the most desirable and effective means of achieving an equitable balance of interests;

HAVE AGREED AS FOLLOWS:

Chapter I
Principles

Article 1 — Definitions

For the purposes of this Convention:

(a) an "act of unlawful interference" means an act which is defined as an offence in the Convention for the Suppression of Unlawful Seizure of Aircraft, Signed at The Hague on 16 December 1970, or the Convention for the Suppression of Unlawful Acts Against the Safety of Civil Aviation, Signed at Montréal on 23 September 1971, and any amendment in force at the time of the event;

(b) an "event" occurs when damage results from an act of unlawful interference involving an aircraft in flight;

(c) an aircraft is considered to be "in flight" at any time from the moment when all its external doors are closed following embarkation or loading until the moment when any such door is opened for disembarkation or unloading;

(d) "international flight" means any flight whose place of departure and whose intended destination are situated within the territories of two States, whether or not there is a break in the flight, or within the territory of one State if there is an intended stopping place in the territory of another State;

(e) "maximum mass" means the maximum certificated take-off mass of the aircraft, excluding the effect of lifting gas when used;

(f) "operator" means the person who makes use of the aircraft, provided that if control of the navigation of the aircraft is retained by the person from whom the right to make use of the aircraft is derived, whether directly or indirectly, that person shall be considered the operator. A person shall be considered to be making use of an aircraft when he or she is using it personally or when his or her servants or agents are using the aircraft in the course of their employment, whether or not within the scope of their authority. The operator shall not lose its status as operator by virtue of the fact that another person commits an act of unlawful interference;

(g) "person" means any natural or legal person, including a State;

(h) "senior management" means members of an operator's supervisory board, members of its board of directors, or other senior officers of the operator who have the authority to make and have significant roles in making binding decisions about how the whole of or a substantial part of the operator's activities are to be managed or organized;

(i) "State Party" means a State for which this Convention is in force; and

(j) "third party" means a person other than the operator, passenger or consignor or consignee of cargo.

Article 2 — Scope

1. This Convention applies to damage to third parties which occurs in the territory of a State Party caused by an aircraft in flight on an international flight, as a result of an act of unlawful interference. This Convention shall also apply to such damage that occurs in a State non-Party as provided for in Article 28.

2. If a State Party so declares to the Depositary, this Convention shall also apply to damage to third parties that occurs in the territory of that State Party which is caused by an aircraft in flight other than on an international flight, as a result of an act of unlawful interference.

3. For the purposes of this Convention:

(a) damage to a ship in or an aircraft above the High Seas or the Exclusive Economic Zone shall be regarded as damage occurring in the territory of the State in which it is registered; however, if the operator of the aircraft has its principal place of business in the territory of a State other than the State of Registry, the damage to the aircraft shall be regarded as having occurred in the territory of the State in which it has its principal place of business; and

(b) damage to a drilling platform or other installation permanently fixed to the soil in the Exclusive Economic Zone or the Continental Shelf shall be regarded as having occurred in the territory of the State Party which has jurisdiction over such platform or installation in accordance with international law, including the United Nations Convention on the Law of the Sea, done at Montego Bay on 10 December 1982.

4. This Convention shall not apply to damage caused by State aircraft. Aircraft used in military, customs and police services shall be deemed to be State aircraft.

Chapter II

Liability of the operator and related issues

Article 3 − Liability of the operator

1. The operator shall be liable to compensate for damage within the scope of this Convention upon condition only that the damage was caused by an aircraft in flight.

2. There shall be no right to compensation under this Convention if the damage is not a direct consequence of the event giving rise thereto.

3. Damages due to death, bodily injury and mental injury shall be compensable. Damages due to mental injury shall be compensable only if caused by a recognizable psychiatric illness resulting either from bodily injury or from direct exposure to the likelihood of imminent death or bodily injury.

4. Damage to property shall be compensable.

5. Environmental damage shall be compensable, in so far as such compensation is provided for under the law of the State in the territory of which the damage occurred.

6. No liability shall arise under this Convention for damage caused by a nuclear incident as defined in the Paris Convention on Third Party Liability in the Field of Nuclear Energy (29 July 1960) or for nuclear damage as defined in the Vienna Convention on Civil Liability for Nuclear Damage (21 May 1963), and any amendment or supplements to these Conventions in force at the time of the event.

7. Punitive, exemplary or any other non-compensatory damages shall not be recoverable.

Article 4 − Limit of the operator's liability

1. The liability of the operator arising under Article 3 shall not exceed for an event the following limit based on the mass of the aircraft involved:

   (a) 750,000 Special Drawing Rights for aircraft having a maximum mass of 500 kilogrammes or less;

   (b) 1,500,000 Special Drawing Rights for aircraft having a maximum mass of more than 500 kilogrammes but not exceeding 1,000 kilogrammes;

   (c) 3,000,000 Special Drawing Rights for aircraft having a maximum mass of more than 1,000 kilogrammes but not exceeding 2,700 kilogrammes;

   (d) 7,000,000 Special Drawing Rights for aircraft having a maximum mass of more than 2,700 kilogrammes but not exceeding 6,000 kilogrammes;

   (e) 18,000,000 Special Drawing Rights for aircraft having a maximum mass of more than 6,000 kilogrammes but not exceeding 12,000 kilogrammes;

(f) 80,000,000 Special Drawing Rights for aircraft having a maximum mass of more than 12,000 kilogrammes but not exceeding 25,000 kilogrammes;

(g) 150,000,000 Special Drawing Rights for aircraft having a maximum mass of more than 25,000 kilogrammes but not exceeding 50,000 kilogrammes;

(h) 300,000,000 Special Drawing Rights for aircraft having a maximum mass of more than 50,000 kilogrammes but not exceeding 200,000 kilogrammes;

(i) 500,000,000 Special Drawing Rights for aircraft having a maximum mass of more than 200,000 kilogrammes but not exceeding 500,000 kilogrammes;

(j) 700,000,000 Special Drawing Rights for aircraft having a maximum mass of more than 500,000 kilogrammes.

2. If the event involves two or more aircraft operated by the same operator, the limit of liability in respect of the aircraft with the highest maximum mass shall apply.

Article 5 — Events involving two or more operators

1. Where two or more aircraft have been involved in an event causing damage to which this Convention applies, the operators of those aircraft are jointly and severally liable for any damage suffered by a third party.

2. If two or more operators are so liable, the recourse between them shall depend on their respective limits of liability and their contribution to the damage.

3. No operator shall be liable for a sum in excess of the limit, if any, applicable to its liability.

Article 6 — Advance payments

If required by the law of the State where the damage occurred, the operator shall make advance payments without delay to natural persons who may be entitled to claim compensation under this Convention, in order to meet their immediate economic needs. Such advance payments shall not constitute a recognition of liability and may be offset against any amount subsequently payable as damages by the operator.

Article 7 — Insurance

1. Having regard to Article 4, States Parties shall require their operators to maintain adequate insurance or guarantee covering their liability under this Convention. If such insurance or guarantee is not available to an operator on a per event basis, the operator may satisfy this obligation by insuring on an aggregate basis. States Parties shall not require

their operators to maintain such insurance or guarantee to the extent that they are covered by a decision made pursuant to Article 11, paragraph 1(e) or Article 18, paragraph 3.

2. An operator may be required by the State Party in or into which it operates to furnish evidence that it maintains adequate insurance or guarantee. In doing so, the State Party shall apply the same criteria to operators of other States Parties as it applies to its own operators. Proof that an operator is covered by a decision made pursuant to Article 11, paragraph 1(e) or Article 18, paragraph 3, shall be sufficient evidence for the purpose of this paragraph.

Chapter III
The International Civil Aviation Compensation Fund

Article 8 — The constitution and objectives of the International Civil Aviation Compensation Fund

1. An organization named the International Civil Aviation Compensation Fund, hereinafter referred to as "the International Fund", is established by this Convention. The International Fund shall be made up of a Conference of Parties, consisting of the States Parties, and a Secretariat headed by a Director.

2. The International Fund shall have the following purposes:

    (a) to provide compensation for damage according to Article 18, paragraph 1, pay damages according to Article 18, paragraph 3, and provide financial support under Article 28;

    (b) to decide whether to provide supplementary compensation to passengers on board an aircraft involved in an event, according to Article 9, paragraph (j);

    (c) to make advance payments under Article 19, paragraph 1, and to take reasonable measures after an event to minimize or mitigate damage caused by an event, according to Article 19, paragraph 2; and

    (d) to perform other functions compatible with these purposes.

3. The International Fund shall have its seat at the same place as the International Civil Aviation Organization.

4. The International Fund shall have international legal personality.

5. In each State Party, the International Fund shall be recognized as a legal person capable under the laws of that State of assuming rights and obligations, entering into contracts, acquiring and disposing of movable and immovable property and of being a party in legal proceedings before the courts of that State. Each State Party shall recognize the Director of the International Fund as the legal representative of the International Fund.

6. The International Fund shall enjoy tax exemption and such other privileges as are agreed with the host State. Contributions to the International Fund and its funds, and any proceeds from them, shall be exempted from tax in all

States Parties.

7. The International Fund shall be immune from legal process, except in respect of actions relating to credits obtained in accordance with Article 17 or to compensation payable in accordance with Article 18. The Director of the International Fund shall be immune from legal process in relation to acts performed by him or her in his or her official capacity. The immunity of the Director may be waived by the Conference of Parties. The other personnel of the International Fund shall be immune from legal process in relation to acts performed by them in their official capacity. The immunity of the other personnel may be waived by the Director.

8. Neither a State Party nor the International Civil Aviation Organization shall be liable for acts, omissions or obligations of the International Fund.

Article 9 — The Conference of Parties

The Conference of Parties shall:

(a) determine its own rules of procedure and, at each meeting, elect its officers;

(b) establish the Regulations of the International Fund and the Guidelines for Compensation;

(c) appoint the Director and determine the terms of his or her employment and, to the extent this is not delegated to the Director, the terms of employment of the other employees of the International Fund;

(d) delegate to the Director, in addition to powers given in Article 11, such powers and authority as may be necessary or desirable for the discharge of the duties of the International Fund and revoke or modify such delegations of powers and authority at any time;

(e) decide the period for, and the amount of, initial contributions and fix the contributions to be made to the International Fund for each year until the next meeting of the Conference of Parties;

(f) in the case where the aggregate limit on contributions under Article 14, paragraph 3, has been applied, determine the global amount to be disbursed to the victims of all events occurring during the time period with regard to which Article 14, paragraph 3, was applied;

(g) appoint the auditors;

(h) vote budgets and determine the financial arrangements of the International Fund including the Guidelines on Investment, review expenditures, approve the accounts of the International Fund, and consider the reports of the auditors and the comments of the Director thereon;

(i) examine and take appropriate action on the reports of the Director, including reports on claims for compensation, and decide on any matter referred to it by the Director;

(j) decide whether and in what circumstances supplementary compensation may be payable by the International Fund to passengers on board an aircraft involved in an event in circumstances where the damages recovered by passengers according to applicable law did not result in the recovery of compensation commensurate with that available to third parties under this Convention. In exercising this discretion, the Conference of Parties shall seek to ensure that passengers and third parties are treated equally;

(k) establish the Guidelines for the application of Article 28, decide whether to apply Article 28 and set the maximum amount of such assistance;

(l) determine which States non-Party and which intergovernmental and international non-governmental organizations shall be admitted to take part, without voting rights, in meetings of the Conference of Parties and subsidiary bodies;

(m) establish any body necessary to assist it in its functions, including, if appropriate, an Executive Committee consisting of representatives of States Parties, and define the powers of such body;

(n) decide whether to obtain credits and grant security for credits obtained pursuant to Article 17, paragraph 4;

(o) make such determinations as it sees fit under Article 18, paragraph 3;

(p) enter into arrangements on behalf of the International Fund with the International Civil Aviation Organization;

(q) request the International Civil Aviation Organization to assume an assistance, guidance and supervisory role with respect to the International Fund as far as the principles and objectives of the Convention on International Civil Aviation, done at Chicago on 7 December 1944, are concerned. ICAO may assume these tasks in accordance with pertinent decisions of its Council;

(r) as appropriate, enter into arrangements on behalf of the International Fund with other international bodies; and

(s) consider any matter relating to this Convention that a State Party or the International Civil Aviation Organization has referred to it.

Article 10 — The meetings of the Conference of Parties

1. The Conference of Parties shall meet once a year, unless a Conference of Parties decides to hold its next meeting at another interval. The Director shall convene the meeting at a suitable time and place.

2. An extraordinary meeting of the Conference of Parties shall be convened by the Director:

   (a) at the request of no less than one-fifth of the total number of States Parties;

   (b) if an aircraft has caused damage falling within the scope of this Convention, and the damages are likely to exceed the applicable limit of liability according to Article 4 by more than 50 per cent of the available funds of the International Fund;

   (c) if the aggregate limit on contributions according to Article 14, paragraph 3, has been reached; or

   (d) if the Director has exercised the authority according to Article 11, paragraph 1(d) or (e).

3. All States Parties shall have an equal right to be represented at the meetings of the Conference of Parties and each State Party shall be entitled to one vote. The International Civil Aviation Organization shall have the right to be represented,

without voting rights, at the meetings of the Conference of Parties.

4. A majority of the States Parties is required to constitute a quorum for the meetings of the Conference of Parties. Decisions of the Conference of Parties shall be taken by a majority vote of the States Parties present and voting. Decisions under Article 9, subparagraphs (a), (b), (c), (d), (e), (k), (m), (n) and (o) shall be taken by a two-thirds majority of the States Parties present and voting.

5. Any State Party may, within ninety days after the deposit of an instrument of denunciation the result of which it considers will significantly impair the ability of the International Fund to perform its functions, request the Director to convene an extraordinary meeting of the Conference of Parties. The Director may convene the Conference of Parties to meet not later than sixty days after receipt of the request.

6. The Director may convene, on his or her own initiative, an extraordinary meeting of the Conference of Parties to meet within sixty days after the deposit of any instrument of denunciation, if he or she considers that such denunciation will significantly impair the ability of the International Fund to perform its functions.

7. If the Conference of Parties at an extraordinary meeting convened in accordance with paragraph 5 or 6 decides by a two-thirds majority of the States Parties present and voting that the denunciation will significantly impair the ability of the International Fund to perform its functions, any State Party may, not later than one hundred and twenty days before the date on which the denunciation takes effect, denounce this Convention with effect from that same date.

Article 11 — The Secretariat and the Director

1. The International Fund shall have a Secretariat led by a Director. The Director shall hire personnel, supervise the Secretariat and direct the day-to-day activities of the International Fund. In addition, the Director:

(a) shall report to the Conference of Parties on the functioning of the International Fund and present its accounts and a budget;

(b) shall collect all contributions payable under this Convention, administer and invest the funds of the International Fund in accordance with the Guidelines on Investment, maintain accounts for the funds, and assist in the auditing of the accounts and the funds in accordance with Article 17;

(c) shall handle claims for compensation in accordance with the Guidelines for Compensation, and prepare a report for the Conference of Parties on how each has been handled;

(d) may decide to temporarily take action under Article 19 until the next meeting of the Conference of Parties;

(e) shall decide to temporarily take action under Article 18, paragraph 3, until the next meeting of the Conference of Parties called in accordance with Article 10, paragraph 2(d);

(f) shall review the sums prescribed under Articles 4 and 18 and inform the Conference of Parties of any revision to the limits of liability in accordance with Article 31; and

(g) shall discharge any other duties assigned to him or her by or under this Convention and decide any other matter delegated by the Conference of Parties.

2. The Director and the other personnel of the Secretariat shall not seek or receive instructions in regard to the discharge of their responsibilities from any authority external to the International Fund. Each State Party undertakes to fully respect the international character of the responsibilities of the personnel and not seek to influence any of its nationals in the discharge of their responsibilities.

Article 12 — Contributions to the International Fund

1. The contributions to the International Fund shall be:
    (a) the mandatory amounts collected in respect of each passenger and each tonne of cargo departing on an international commercial flight from an airport in a State Party. Where a State Party has made a declaration under Article 2, paragraph 2, such amounts shall also be collected in respect of each passenger and each tonne of cargo departing on a commercial flight between two airports in that State Party; and
    (b) such amounts as the Conference of Parties may specify in respect of general aviation or any sector thereof.
The operator shall collect these amounts and remit them to the International Fund.

2. Contributions collected in respect of each passenger and each tonne of cargo shall not be collected more than once in respect of each journey, whether or not that journey includes one or more stops or transfers.

Article 13 — Basis for fixing the contributions

1. Contributions shall be fixed having regard to the following principles:
    (a) the objectives of the International Fund should be efficiently achieved;
    (b) competition within the air transport sector should not be distorted;
    (c) the competitiveness of the air transport sector in relation to other modes of transportation should not be adversely affected; and
    (d) in relation to general aviation, the costs of collecting contributions shall not be excessive in relation to the amount of such contributions, taking into account the diversity that exists in this sector.
2. The Conference of Parties shall fix contributions in a manner that does not discriminate between States, operators, passengers and consignors or consignees of cargo.
3. On the basis of the budget drawn up according to Article 11, paragraph 1(a), the contributions shall be fixed having regard to:

(a) the upper limit for compensation set out in Article 18, paragraph 2;

(b) the need for reserves where Article 18, paragraph 3, is applied;

(c) claims for compensation, measures to minimize or mitigate damages and financial assistance under this Convention;

(d) the costs and expenses of administration, including the costs and expenses incurred by meetings of the Conference of Parties;

(e) the income of the International Fund; and

(f) the availability of additional funds for compensation pursuant to Article 17, paragraph 4.

Article 14 — Period and rate of contributions

1. At its first meeting, the Conference of Parties shall decide the period and the rate of contributions in respect of passengers and cargo departing from a State Party to be made from the time of entry into force of this Convention for that State Party. If a State Party makes a declaration under Article 2, paragraph 2, initial contributions shall be paid in respect of passengers and cargo departing on flights covered by such declaration from the time it takes effect. The period and the rate shall be equal for all States Parties.

2. Contributions shall be fixed in accordance with paragraph 1 so that the funds available amount to 100 per cent of the limit of compensation set out in Article 18, paragraph 2, within four years. If the funds available are deemed sufficient in relation to the likely compensation or financial assistance to be provided in the foreseeable future and amount to 100 per cent of that limit, the Conference of Parties may decide that no further contributions shall be made until the next meeting of the Conference of Parties, provided that both the period and rate of contributions shall be applied in respect of passengers and cargo departing from a State in respect of which this Convention subsequently enters into force.

3. The total amount of contributions collected by the International Fund within any period of two consecutive calendar years shall not exceed three times the maximum amount of compensation according to Article 18, paragraph 2.

4. Subject to Article 28, the contributions collected by an operator in respect of a State Party may not be used to provide compensation for an event which occurred in its territory prior to the entry into force of this Convention for that State Party.

Article 15 — Collection of the contributions

1. The Conference of Parties shall establish in the Regulations of the International Fund a transparent, accountable and cost-effective mechanism supporting the collection, remittal and recovery of contributions. When establishing the mechanism, the Conference of Parties shall endeavour not to impose undue burdens on operators and contributors to the funds of the International Fund. Contributions which are in arrears shall bear interest as provided for in the

Regulations.

2. Where an operator does not collect or does not remit contributions it has collected to the International Fund, the International Fund shall take appropriate measures against such operator with a view to the recovery of the amount due. Each State Party shall ensure that an action to recover the amount due may be taken within its jurisdiction, notwithstanding in which State Party the debt actually accrued.

Article 16 – Duties of States Parties

1. Each State Party shall take appropriate measures, including imposing such sanctions as it may deem necessary, to ensure that an operator fulfils its obligations to collect and remit contributions to the International Fund.

2. Each State Party shall ensure that the following information is provided to the International Fund:
   (a) the number of passengers and quantity of cargo departing on international commercial flights from that State Party;
   (b) such information on general aviation flights as the Conference of Parties may decide; and
   (c) the identity of the operators performing such flights.

3. Where a State Party has made a declaration under Article 2, paragraph 2, it shall ensure that information detailing the number of passengers and quantity of cargo departing on commercial flights between two airports in that State Party, such information on general aviation flights as the Conference of Parties may decide, and the identity of the operators performing such flights, are also provided. In each case, such statistics shall be prima facie evidence of the facts stated therein.

4. Where a State Party does not fulfil its obligations under paragraphs 2 and 3 of this Article and this results in a shortfall in contributions for the International Fund, the State Party shall be liable for such shortfall. The Conference of Parties shall, on recommendation by the Director, decide whether the State Party shall pay for such shortfall.

Article 17 – The funds of the International Fund

1. The funds of the International Fund may only be used for the purposes set out in Article 8, paragraph 2.

2. The International Fund shall exercise the highest degree of prudence in the management and preservation of its funds. The funds shall be preserved in accordance with the Guidelines on Investment determined by the Conference of Parties under Article 9, subparagraph (h). Investments may only be made in States Parties.

3. Accounts shall be maintained for the funds of the International Fund. The auditors of the International Fund shall review the accounts and report on them to the Conference of Parties.

4. Where the International Fund is not able to meet valid compensation claims because insufficient contributions have been collected, it may obtain credits from financial institutions for the payment of compensation and may grant security for such credits.

Chapter IV

Compensation from the International Fund

Article 18 − Compensation

1. The International Fund shall, under the same conditions as are applicable to the liability of the operator, provide compensation to persons suffering damage in the territory of a State Party. Where the damage is caused by an aircraft in flight on a flight other than an international flight, compensation shall only be provided if that State Party has made a declaration according to Article 2, paragraph 2. Compensation shall only be paid to the extent that the total amount of damages exceeds the limits according to Article 4.

2. The maximum amount of compensation available from the International Fund shall be 3,000,000,000 Special Drawing Rights for each event. Payments made according to paragraph 3 of this Article and distribution of amounts recovered according to Article 25 shall be in addition to the maximum amount for compensation.

3. If and to the extent that the Conference of Parties determines and for the period that it so determines that insurance in respect of the damage covered by this Convention is wholly or partially unavailable with respect to amounts of coverage or the risks covered, or is only available at a cost incompatible with the continued operation of air transport generally, the International Fund may, at its discretion, in respect of future events causing damage compensable under this Convention, pay the damages for which the operators are liable under Articles 3 and 4 and such payment shall discharge such liability of the operators. The Conference of Parties shall decide on a fee, the payment of which by the operators, for the period covered, shall be a condition for the International Fund taking the action specified in this paragraph.

Article 19 − Advance payments and other measures

1. Subject to the decision of the Conference of Parties and in accordance with the Guidelines for Compensation, the International Fund may make advance payments without delay to natural persons who may be entitled to claim compensation under this Convention, in order to meet their immediate economic needs. Such advance payments shall not constitute recognition of a right to compensation and may be offset against any amount subsequently payable by the International Fund.

2. Subject to the decision of the Conference of Parties and in accordance with the Guidelines for Compensation, the International Fund may also take other measures to minimize or mitigate damage caused by an event.

Chapter V

Special provisions on compensation and recourse

Article 20 — Exoneration

If the operator or the International Fund proves that the damage was caused, or contributed to, by an act or omission of a claimant, or the person from whom he or she derives his or her rights, done with intent or recklessly and with knowledge that damage would probably result, the operator or the International Fund shall be wholly or partly exonerated from its liability to that claimant to the extent that such act or omission caused or contributed to the damage.

Article 21 — Court costs and other expenses

1. The limits prescribed in Articles 4 and 18, paragraph 2, shall not prevent the court from awarding, in accordance with its own law, in addition, the whole or part of the court costs and of the other expenses of the litigation incurred by the claimant, including interest.

2. Paragraph 1 shall not apply if the amount of the damages awarded, excluding court costs and other expenses of the litigation, does not exceed the sum which the operator has offered in writing to the claimant within a period of six months from the date of the event causing the damage, or before the commencement of the action, whichever is the later.

Article 22 — Priority of compensation

If the total amount of the damages to be paid exceeds the amounts available according to Articles 4 and 18, paragraph 2, the total amount shall be awarded preferentially to meet proportionately the claims in respect of death, bodily injury and mental injury, in the first instance. The remainder, if any, of the total amount payable shall be awarded proportionately among the claims in respect of other damage.

Article 23 — Additional compensation

1. To the extent the total amount of damages exceeds the aggregate amount payable under Articles 4 and 18, paragraph 2, a person who has suffered damage may claim additional compensation from the operator.

2. The operator shall be liable for such additional compensation to the extent the person claiming compensation proves that

the operator or its employees have contributed to the occurrence of the event by an act or omission done with intent to cause damage or recklessly and with knowledge that damage would probably result.

3. Where an employee has contributed to the damage, the operator shall not be liable for any additional compensation under this Article if it proves that an appropriate system for the selection and monitoring of its employees has been established and implemented.

4. An operator or, if it is a legal person, its senior management shall be presumed not to have been reckless if it proves that it has established and implemented a system to comply with the security requirements specified pursuant to Annex 17 to the Convention on International Civil Aviation (Chicago, 1944) in accordance with the law of the State Party in which the operator has its principal place of business, or if it has no such place of business, its permanent residence.

Article 24 — Right of recourse of the operator

The operator shall have a right of recourse against:

(a) any person who has committed, organized or financed the act of unlawful interference; and

(b) any other person.

Article 25 — Right of recourse of the International Fund

The International Fund shall have a right of recourse against:

(a) any person who has committed, organized or financed the act of unlawful interference;

(b) the operator subject to the conditions set out in Article 23; and

(c) any other person.

Article 26 — Restrictions on rights of recourse

1. The rights of recourse under Article 24, subparagraph (b), and Article 25, subparagraph (c), shall only arise to the extent that the person against whom recourse is sought could have been covered by insurance available on a commercially reasonable basis.

2. Paragraph 1 shall not apply if the person against whom recourse is sought under Article 25, subparagraph (c) has contributed to the occurrence of the event by an act or omission done recklessly and with knowledge that damage would probably result.

3. The International Fund shall not pursue any claim under Article 25, subparagraph (c) if the Conference of Parties determines that to do so would give rise to the application of Article 18, paragraph 3.

Article 27 — Exoneration from recourse

No right of recourse shall lie against an owner, lessor, or financier retaining title of or holding security in an aircraft, not being an operator, or against a manufacturer if that manufacturer proves that it has complied with the mandatory requirements in respect of the design of the aircraft, its engines or components.

Chapter VI

Assistance in case of events in States non—Party

Article 28 — Assistance in case of events in States non—Party

Where an operator, which has its principal place of business, or if it has no such place of business, its permanent residence, in a State Party, is liable for damage occurring in a State non-Party, the Conference of Parties may decide, on a case-by-case basis, that the International Fund shall provide financial support to that operator. Such support may only be provided:

(a) in respect of damage that would have fallen under the Convention if the State non-Party had been a State Party;

(b) if the State non-Party agrees in a form acceptable to the Conference of Parties to be bound by the provisions of this Convention in respect of the event giving rise to such damage;

(c) up to the maximum amount for compensation set out in Article 18, paragraph 2; and

(d) if the solvency of the operator liable is threatened even if support is given, where the Conference of Parties determines that the operator has sufficient arrangements protecting its solvency.

Chapter VII

Exercise of remedies and related provisions

Article 29 — Exclusive remedy

1. Without prejudice to the question as to who are the persons who have the right to bring suit and what are their respective rights, any action for compensation for damage to a third party due to an act of unlawful interference, however founded, whether under this Convention or in tort or in contract or otherwise, can only be brought against the operator and, if need be, against the International Fund and shall be subject to the conditions and limits of liability

set out in this Convention. No claims by a third party shall lie against any other person for compensation for such damage.

2. Paragraph 1 shall not apply to an action against a person who has committed, organized or financed an act of unlawful interference.

Article 30 — Conversion of Special Drawing Rights

The sums mentioned in terms of Special Drawing Right in this Convention shall be deemed to refer to the Special Drawing Right as defined by the International Monetary Fund. Conversion of the sums into national currencies shall, in case of judicial proceedings, be made according to the value of such currencies in terms of the Special Drawing Right at the date of the judgement. The value in a national currency shall be calculated in accordance with the method of valuation applied by the International Monetary Fund for its operations and transactions. The value in a national currency, of a State Party which is not a Member of the International Monetary Fund, shall be calculated in a manner determined by that State to express in the national currency of the State Party as far as possible the same real value as the amounts in Article 4.

Article 31 — Review of limits

1. Subject to paragraph 2 of this Article, the sums prescribed in Articles 4 and 18, paragraph 2, shall be reviewed by the Director of the International Fund, by reference to an inflation factor which corresponds to the accumulated rate of inflation since the previous revision or in the first instance since the date of entry into force of this Convention. The measure of the rate of inflation to be used in determining the inflation factor shall be the weighted average of the annual rates of increase or decrease in the Consumer Price Indices of the States whose currencies comprise the Special Drawing Right mentioned in Article 30.

2. If the review referred to in the preceding paragraph concludes that the inflation factor has exceeded 10 per cent, the Director shall inform the Conference of Parties of a revision of the limits of liability. Any such revision shall become effective six months after the meeting of the Conference of Parties, unless a majority of the States Parties register their disapproval. The Director shall immediately notify all States Parties of the coming into force of any revision.

Article 32 — Forum

1. Subject to paragraph 2 of this Article, actions for compensation under the provisions of this Convention may be brought only before the courts of the State Party in whose territory the damage occurred.

2. Where damage occurs in more than one State Party, actions under the provisions of this Convention may be brought only before the courts of the State Party the territory of which the aircraft was in or about to leave when the event occurred.

3. Without prejudice to paragraphs 1 and 2 of this Article, application may be made in any State Party for such provisional measures, including protective measures, as may be available under the law of that State.

Article 33 — Intervention by the International Fund

1. Each State Party shall ensure that the International Fund has the right to intervene in proceedings brought against the operator in its courts.

2. Except as provided in paragraph 3 of this Article, the International Fund shall not be bound by any judgement or decision in proceedings to which it has not been a party or in which it has not intervened.

3. If an action is brought against the operator in a State Party, each party to such proceedings shall be entitled to notify the International Fund of the proceedings. Where such notification has been made in accordance with the law of the court seised and in such time that the International Fund had time to intervene in the proceedings, the International Fund shall be bound by a judgement or decision in proceedings even if it has not intervened.

Article 34 — Recognition and enforcement of judgements

1. Subject to the provisions of this Article, judgements entered by a competent court under Article 32 after trial, or by default, shall when they are enforceable in the State Party of that court be enforceable in any other State Party as soon as the formalities required by that State Party have been complied with.

2. The merits of the case shall not be reopened in any application for recognition or enforcement under this Article.

3. Recognition and enforcement of a judgement may be refused if:

   (a) its recognition or enforcement would be manifestly contrary to public policy in the State Party where recognition or enforcement is sought;

   (b) the defendant was not served with notice of the proceedings in such time and manner as to allow him or her to prepare and submit a defence;

   (c) it is in respect of a cause of action which had already, as between the same parties, formed the subject of a judgement or an arbitral award which is recognized as final and conclusive under the law of the State Party where recognition or enforcement is sought;

    (d) the judgement has been obtained by fraud of any of the parties; or

    (e) the right to enforce the judgement is not vested in the person by whom the application is made.

4. Recognition and enforcement of a judgement may also be refused to the extent that the judgement awards damages, including exemplary or punitive damages, that do not compensate a third party for actual harm suffered.

5. Where a judgement is enforceable, payment of any court costs and other expenses incurred by the plaintiff, including interest recoverable under the judgement, shall also be enforceable.

Article 35 – Regional and multilateral agreements on the recognition and enforcement of judgements

1. States Parties may enter into regional and multilateral agreements regarding the recognition and enforcement of judgements consistent with the objectives of this Convention, provided that such agreements do not result in a lower level of protection for any third party or defendant than that provided for in this Convention.

2. States Parties shall inform each other, through the Depositary, of any such regional or multilateral agreements that they have entered into before or after the date of entry into force of this Convention.

3. The provisions of this Chapter shall not affect the recognition or enforcement of any judgement pursuant to such agreements.

Article 36 – Period of limitation

1. The right to compensation under Article 3 shall be extinguished if an action is not brought within two years from the date of the event which caused the damage.

2. The right to compensation under Article 18 shall be extinguished if an action is not brought, or a notification pursuant to Article 33, paragraph 3, is not made, within two years from the date of the event which caused the damage.

3. The method of calculating such two-year period shall be determined in accordance with the law of the court seised of the case.

Article 37 — Death of person liable

In the event of the death of the person liable, an action for damages lies against those legally representing his or her estate and is subject to the provisions of this Convention.

Chapter VIII
Final clauses

Article 38 — Signature, ratification, acceptance, approval or accession

1. This Convention shall be open for signature in Montréal on 2 May 2009 by States participating in the International Conference on Air Law held at Montréal from 20 April to 2 May 2009. After 2 May 2009, the Convention shall be open to all States for signature at the headquarters of the International Civil Aviation Organization in Montréal until it enters into force in accordance with Article 40.

2. This Convention shall be subject to ratification by States which have signed it.

3. Any State which does not sign this Convention may accept, approve or accede to it at any time.

4. Instruments of ratification, acceptance, approval or accession shall be deposited with the International Civil Aviation Organization, which is hereby designated the Depositary.

Article 39 — Regional Economic Integration Organizations

1. A Regional Economic Integration Organization which is constituted by sovereign States and has competence over certain matters governed by this Convention may similarly sign, ratify, accept, approve or accede to this Convention. The Regional Economic Integration Organization shall in that case have the rights and obligations of a State Party, to the extent that the Organization has competence over matters governed by this Convention. Where the number of States Parties is relevant in this Convention, including in respect of Article 10, the Regional Economic Integration Organization shall not count as a State Party in addition to its Member States which are States Parties.

2. The Regional Economic Integration Organization shall, at the time of signature, ratification, acceptance, approval or accession, make a declaration to the Depositary specifying the matters governed by this Convention in respect of which competence has been transferred to that Organization by its Member States. The Regional Economic Integration Organization shall promptly notify the Depositary of any changes to the distribution of competence, including new

transfers of competence, specified in the declaration under this paragraph.

3. Any reference to a "State Party" or "States Parties" in this Convention applies equally to a Regional Economic Integration Organization where the context so requires.

Article 40 — Entry into force

1. This Convention shall enter into force on the one hundred and eightieth day after the deposit of the thirty-fifth instrument of ratification, acceptance, approval or accession on condition, however, that the total number of passengers departing in the previous year from airports in the States that have ratified, accepted, approved or acceded is at least 750,000,000 as appears from the declarations made by ratifying, accepting, approving or acceding States. If, at the time of deposit of the thirty-fifth instrument of ratification, acceptance, approval or accession this condition has not been fulfilled, the Convention shall not come into force until the one hundred and eightieth day after this condition shall have been satisfied. An instrument deposited by a Regional Economic Integration Organization shall not be counted for the purpose of this paragraph.

2. This Convention shall come into force for each State ratifying, accepting, approving or acceding after the deposit of the last instrument of ratification, acceptance, approval or accession necessary for entry into force of this Convention on the ninetieth day after the deposit of its instrument of ratification, acceptance, approval or accession.

3. At the time of deposit of its instrument of ratification, acceptance, approval or accession a State shall declare the total number of passengers that departed on international commercial flights from airports in its territory in the previous year. The declaration at Article 2, paragraph 2, shall include the number of domestic passengers in the previous year and that number shall be counted for the purposes of determining the total number of passengers required under paragraph 1.

4. In making such declarations a State shall endeavour not to count a passenger that has already departed from an airport in a State Party on a journey including one or more stops or transfers. Such declarations may be amended from time to time to reflect passenger numbers in subsequent years. If a declaration is not amended, the number of passengers shall be presumed to be constant.

Article 41 — Denunciation

1. Any State Party may denounce this Convention by written notification to the Depositary.

2. Denunciation shall take effect one year following the date on which notification is received by the Depositary; in respect of damage contemplated in Article 3 arising from events which occurred before the expiration of the one year period and the contributions required to cover such damage, the Convention shall continue to apply as if the denunciation had not been made.

Article 42 – Termination

1. This Convention shall cease to be in force on the date when the number of States Parties falls below eight or on such earlier date as the Conference of Parties shall decide by a two-thirds majority of States that have not denounced the Convention.

2. States which are bound by this Convention on the day before the date it ceases to be in force shall enable the International Fund to exercise its functions as described under Article 43 of this Convention and shall, for that purpose only, remain bound by this Convention.

Article 43 – Winding up of the International Fund

1. If this Convention ceases to be in force, the International Fund shall nevertheless:
   (a) meet its obligations in respect of any event occurring before the Convention ceased to be in force and of any credits obtained pursuant to paragraph 4 of Article 17 while the Convention was still in force; and
   (b) be entitled to exercise its rights to contributions to the extent that these contributions are necessary to meet the obligations under subparagraph (a), including expenses for the administration of the International Fund necessary for this purpose.

2. The Conference of Parties shall take all appropriate measures to complete the winding up of the International Fund including the distribution in an equitable manner of any remaining assets for a purpose consonant with the aims of this Convention or for the benefit of those persons who have contributed to the International Fund.

3. For the purposes of this Article, the International Fund shall remain a legal person.

Article 44 – Relationship to other treaties

1. The rules of this Convention shall prevail over any rules in the following instruments which would otherwise be applicable to damage covered by this Convention:
   (a) the Convention on Damage Caused by Foreign Aircraft to Third Parties on the Surface, Signed at Rome on 7 October 1952; or
   (b) the Protocol to Amend the Convention on Damage Caused by Foreign Aircraft to Third Parties on the Surface, Signed at Rome on 7 October 1952, Signed at Montréal on 23 September 1978.

Article 45 — States with more than one system of law

1. If a State has two or more territorial units in which different systems of law are applicable in relation to matters dealt with in this Convention, it may at the time of signature, ratification, acceptance, approval or accession declare that this Convention shall extend to all its territorial units or only to one or more of them and may modify this declaration by submitting another declaration at any time.

2. Any such declaration shall be notified to the Depositary and shall state expressly the territorial units to which the Convention applies.

3. For a declaration made under Article 2, paragraph 2, by a State Party having two or more territorial units in which different systems of law are applicable, it may declare that this Convention shall apply to damage to third parties that occurs in all its territorial units or in one or more of them and may modify this declaration by submitting another declaration at any time.

4. In relation to a State Party which has made a declaration under this Article:

   (a) the reference in Article 6 to "the law of the State" shall be construed as referring to the law of the relevant territorial unit of that State; and

   (b) references in Article 30 to "national currency" shall be construed as referring to the currency of the relevant territorial unit of that State.

Article 46 — Reservations and declarations

1. No reservation may be made to this Convention but declarations authorized by Article 2, paragraph 2, Article 39, paragraph 2, Article 40, paragraph 3, and Article 45 may be made in accordance with these provisions.

2. Any declaration or any withdrawal of a declaration made under this Convention shall be notified in writing to the Depositary.

Article 47 — Functions of the Depositary

The Depositary shall promptly notify all signatories and States Parties of:

(a) each new signature of this Convention and the date thereof;

(b) each deposit of an instrument of ratification, acceptance, approval or accession and the date thereof;

(c) the date of entry into force of this Convention;

(d) the date of the coming into force of any revision of the limits of liability established under this Convention;

(e) each declaration or modification thereto, together with the date thereof;

(f) the withdrawal of any declaration and the date thereof;

(g) any denunciation together with the date thereof and the date on which it takes effect; and

(h) the termination of the Convention.

IN WITNESS WHEREOF the undersigned Plenipotentiaries, having been duly authorized, have signed this Convention.

DONE at Montréal on the 2nd day of May of the year two thousand and nine in the English, Arabic, Chinese, French, Russian and Spanish languages, all texts being equally authentic, such authenticity to take effect upon verification by the Secretariat of the Conference under the authority of the President of the Conference within ninety days hereof as to the conformity of the texts with one another. This Convention shall remain deposited in the archives of the International Civil Aviation Organization, and certified copies thereof shall be transmitted by the Depositary to all Contracting States to this Convention, as well as to all States Parties to the Convention and Protocol referred to in Article 44.

참고문헌

김두환, 「국제항공법학론」, 한국학술정보, 2005.

김두환, 「국제 국내항공법과 개정상법」, 한국학술정보, 2011.

김맹선·김칠영·양한모·홍순길, 「항공법_이론과 실무」, 한국항공대학교출판부, 2012.

김맹선, "항공법의 발달 과정에 대한 고찰", 한국항공대학교, 2008.

김맹선, "항공안전관리체계 제도변화 연구", 박사학위논문, 2008.

김종복, 「신국제항공법」, 한국학술정보, 2012.

김종복, 「항공판례의 연구」, 한국학술정보, 2008.

마이클 밀데(정준식 역), 「국제항공법과 ICAO」, 법문사, 2011.

박원화, 「국제항공법(제3판)」, 한국학술정보, 2014.

박원화, 「항공사법」, 한국학술정보, 2012.

박원화·정영진, 「항공우주법」, 한국학술정보, 2015.

신동춘, 「항공운송정책론」, 선학사, 2001.

류병운, 「국제법(제2판)」 형설출판사, 2013.

유병화·박노형·박기갑, 「국제법(초판6쇄)」, 법문사, 2005.

이구희, "국내외 항공안전관련 기준에 관한 비교연구", 법학박사 학위논문, 한국항공대학교, 2015.

이구희, "조종사 운항자격제도 국내외 기준 비교연구", 「항공진흥」 통권 제63호, 한국항공진흥협회, 2015.

이구희, "시카고협약체계에서의 외국 항공사에 대한 운항증명제도 연구", 「항공우주정책·법학회지」 제30권 제1호, 2015.

이구희, "시카고협약체계에서의 EU의 항공법규체계 연구", 「항공우주정책·법학회지」 제29권 제1호, 2014.

이구희·박원화, "시카고협약체계에서의 항공안전평가제도에 관한 연구", 「항공우주정책·법학회지」 제28권 제1호, 2013.

이구희·황호원, "항공법규에서의 승무원 피로관리기준 도입방안에 관한 연구", 「항공우주법학회지」 제27권 제1호, 2012.

정영진·이재민·황준식, 「국제법(제14판)」, 신조사, 2015.

홍순길·이강석·이종식, 「국제항공기구론」, 한국항공대학교출판부, 2006.

홍순길·이강빈·김선이·황호원, 「신국제항공우주법」, 동명사, 2013.

대한민국, 항공법령 및 행정규칙, 2015.

대한민국 국토교통부, 제1차 항공정책기본계획(2010~2014), 2009.

대한민국 국토교통부, 제2차 항공정책기본계획(2015~2019), 2014.

대한민국 국토해양부, 「정책자료집(2008.2~2013.2)」, 2013.

대한민국 국토해양부, 「항공정책론」, 백산출판사, 2011.

대한민국 법제처, 중앙행정기관 법제교육.

대한민국 외교부, 조약과 국제법.

EASA (http://www.easa.europa.eu/home.php)

EASA, Operational Evaluation Board Report(Aeroplanes_ Boeing, Airbus), EASA, 2008-2014.

EU(EU/EU/EASA), Regulation(Basic Regulation(BR), Implementing Regulations(IR), Acceptable Means of Compliance and Guidance Meterials(AMC GM), Certification Specifications(CS)), EASA, 2008-2015.

FAA (http://www.faa.gov/)

I.H.Ph. Diederiks-Verschoor Revised by Pablo Mendes de Leon, An Introduction to Air Law(9th), Kluwer Law International BV, 2012.

IASA (http://www.faa.gov/about/initiatives/iasa/)

IASA Civil Aviation Safety Act, Version 2.8, IASA, 2014.

IASA Model Civil Aviation Regulations, Version 2.8, IASA, 2014.

IATA (http://www.iata.org)

ICAO (http://www.icao.int)

ICAO, Annexes(1~19) to the Convention on International Civil Aviation, ICAO, 2014.

ICAO, Convention on International Civil Aviation (ICAO Doc 7300/9), ICAO, 2006.

IOSA (http://www.iata.org/whatwedo/safety/audit/iosa/Pages/index.aspx)

Ludwig Weber, International Civil Aviation Organization An Introduction, Kluwer Law International BV. 2007.

NTSB (http://www.ntsb.gov/)

Paul Stephen Dempsey, Public International Air Law, MeGill Univ. 2008.

Raymond C. Speciale, Fundamentals of Aviation Law, McGraw-Hill, 2006.

U.S. FAA, Code of Federal Regulations Chapter I Federal Aviation Administration, Department of Transportation(CFR 61, 91, 121, 125, 129, 135, 142 etc.), FAA, 2015.

색인

이구희 ————————————————————

한국항공대학교 항공경영학과 졸업
한국항공대학교 대학원 졸업(항공우주법 전공)
법학박사, 학위논문「국내외 항공안전관련 기준에 관한 비교 연구」
대한항공 부장/항공법 강사
정석대학 겸임교수(항공법)
한국항공우주정책·법학회 이사

『항공우주법개론(제2판)』(공저)
「국내외 항공안전 관련 기준에 관한 비교연구」
「조종사 운항자격제도 국내외 기준 비교연구」
「시카고협약체계에서의 외국 항공사에 대한 운항증명제도 연구」
「시카고협약체계에서의 EU의 항공법규체계 연구」
「시카고협약체계에서의 항공안전평가제도에 관한 연구」
「항공법규에서의 승무원 피로관리기준 도입방안에 관한 연구」
기타 논문 다수

항공법정책
이 론 및 실 무

초판인쇄 2015년 12월 25일
초판발행 2015년 12월 25일

지은이 이구희
펴낸이 채종준
펴낸곳 한국학술정보㈜
주소 경기도 파주시 회동길 230(문발동)
전화 031) 908-3181(대표)
팩스 031) 908-3189
홈페이지 http://ebook.kstudy.com
전자우편 출판사업부 publish@kstudy.com
등록 제일산-115호(2000. 6. 19)

ISBN 978-89-268-7146-1 93360